A SEGUNDA GUERRA MUNDIAL

Martin Gilbert

A Segunda Guerra Mundial
A história completa, volume 1: 1939-1942

TRADUÇÃO
Renato Marques

Copyright © 1989 by Martin Gilbert Publicações Ltda.

Grafia atualizada segundo o Acordo Ortográfico da Língua Portuguesa de 1990, que entrou em vigor no Brasil em 2009.

Título original
The Second World War: A Complete History

Capa
Angelo Bottino

Imagem de capa
Autor desconhecido/ National Archives at College Park

Mapas
Sonia Vaz

Preparação
Diogo Henriques

Índice remissivo
Probo Poletti

Revisão
Bonie Santos
Gabriele Fernandes

Dados Internacionais de Catalogação na Publicação (CIP)
(Câmara Brasileira do Livro, SP, Brasil)

Gilbert, Martin, 1936-2015
    A Segunda Guerra Mundial : A história completa, volume 1: 1939-1942 / Martin Gilbert ; tradução Renato Marques. — 1ª ed. — Rio de Janeiro : Objetiva, 2023.

    Título original : The Second World War: A Complete History.
    Bibliografia
    ISBN 978-85-390-0757-8

    1. Segunda Guerra Mundial, 1939-1945 I. Título.

23-148882   CDD-980.033

Índice para catálogo sistemático:
1. Segunda Guerra Mundial : História   980.033
Eliane de Freitas Leite — Bibliotecária — CRB 8/8415

Todos os direitos desta edição reservados à
EDITORA SCHWARCZ S.A.
Praça Floriano, 19, sala 3001 — Cinelândia
20031-050 — Rio de Janeiro — RJ
Telefone: (21) 3993-7510
www.companhiadasletras.com.br
www.blogdacompanhia.com.br
facebook.com/editoraobjetiva
instagram.com/editora_objetiva
twitter.com/edobjetiva

para Hugo

Sumário

Lista de mapas 9
Lista de fotografias 13
Introdução: Os antecedentes da Segunda Guerra Mundial 17

1. A Alemanha invade a Polônia, setembro de 1939 21
2. A Polônia derrotada, outubro de 1939 39
3. A ferrenha Finlândia, novembro de 1939 59
4. A arena de batalhas escandinava, inverno de 1939-40 75
5. O ataque alemão à Europa Ocidental, maio de 1940 96
6. Dunquerque, maio de 1940 113
7. A Batalha pela França, junho de 1940 125
8. A agonia da França, a determinação da Grã-Bretanha, junho-julho de 1940 .. 147
9. A Batalha da Inglaterra, agosto-setembro de 1940 164
10. "A guerra está ganha!" (Hitler), outubro de 1940 176
11. A "nova ordem de tirania" (Roosevelt), inverno de 1940-1 ... 191
12. A guerra se alastra, janeiro-março de 1941 209
13. A conquista alemã da Iugoslávia e da Grécia, abril de 1941 ... 223
14. A queda de Creta; guerra na África, abril-maio de 1941 238
15. A invasão alemã da Rússia, junho de 1941 264
16. Terror no Leste, julho-agosto de 1941 281
17. Rumo a Leningrado, Moscou e Kiev, setembro de 1941 293
18. A Rússia encurralada, setembro-outubro de 1941 311
19. "Decidindo o destino da Europa" (Hitler), novembro de 1941 ... 325

20. Os limites da conquista alemã, dezembro de 1941 337
21. O Japão ataca, dezembro de 1941 352
22. "Já não estamos sozinhos" (Churchill), ano-novo de 1942 369
23. Guerra global, primavera de 1942 388
24. A propagação da resistência e do terror, verão de 1942 412
25. O Eixo triunfa, julho de 1942 431
26. Guadalcanal, Dieppe, El Alamein, agosto-setembro de 1942 448
27. Stalingrado e a Operação Tocha, setembro-outubro de 1942 466
28. A maré vira a favor dos Aliados, inverno de 1942 485

Agradecimentos 497
Referências bibliográficas 501
Mapas regionais 519
Índice remissivo 541

Lista de mapas

MAPAS NO TEXTO

1. A invasão alemã da Polônia, setembro de 1939
2. A Polônia dividida, outubro de 1939
3. A Grande Alemanha, novembro de 1939
4. A Guerra Russo-Finlandesa, novembro de 1939 a março de 1940
5. Escandinávia, 1940
6. A invasão alemã da Europa Ocidental, maio de 1940
7. Dunquerque, maio de 1940
8. A Batalha da França, junho de 1940
9. A queda da França, junho de 1940
10. A Europa da Noruega ao Egito, verão de 1940
11. A Batalha da Inglaterra e a Blitz, agosto-setembro de 1940
12. A invasão italiana da Grécia, outubro de 1940
13. Iugoslávia e Grécia, abril de 1941
14. A evacuação da Ática, abril de 1941
15. Creta, maio de 1941
16. Alemanha e Oriente Médio, o plano alemão de 11 de junho de 1941
17. Alemanha e Rússia às vésperas da guerra
18. A linha Volga-Arkhangelsk e o eixo Berlim-Tiblíssi
19. A guerra se alastra, junho de 1941
20. A invasão alemã da Rússia, 22 de junho de 1941
21. A frente oriental, agosto de 1941

22. O cerco de Leningrado, outubro de 1941 a janeiro de 1944
23. A frente oriental, setembro-outubro de 1941
24. A Batalha de Moscou, inverno de 1941
25. Pearl Harbour, dezembro de 1941
26. A frente oriental, dezembro de 1941
27. O Império Japonês e a chegada da guerra, dezembro de 1941
28. O primeiro campo de extermínio, locais de matança e a frente oriental, 2 de dezembro de 1941
29. Mar do Sul da China, dezembro de 1941
30. A frente oriental, março de 1942
31. Península de Bataan, janeiro-maio de 1942
32. Guerrilheiros soviéticos, 1942
33. Campos de extermínio, deportações, ataques aéreos e represálias
34. A frente oriental, maio de 1942
35. A ofensiva alemã, julho-novembro de 1942
36. Terror no Leste, julho de 1942
37. Stalingrado sitiada, setembro-novembro de 1942
38. Atrás das linhas no Leste, inverno de 1942-3
39. A reconquista soviética do Cáucaso e do Don, inverno de 1942-3

MAPAS REGIONAIS

1. Alemanha
2. O Ruhr
3. Alemanha do Elba ao Oder
4. Alemanha Oriental, Prússia Oriental, Polônia e Estados bálticos
5. Rússia Ocidental
6. França
7. Holanda
8. Grã-Bretanha
9. Vale do Tâmisa
10. Londres
11. Norte da Itália
12. Áustria, Eslováquia, Hungria e Iugoslávia
13. Mediterrâneo
14. A fronteira egípcio-líbia
15. As ilhas do Dodecaneso

16. Sul da Iugoslávia, Bulgária, Grécia e Creta
17. Escandinávia e o Báltico
18. Os comboios do Ártico
19. Oceano Atlântico
20. África Oriental e Oriente Médio
21. Oceano Índico
22. Birmânia, Indochina e China
23. Filipinas e Índias Orientais Holandesas
24. Japão
25. Estados Unidos
26. A Costa Leste dos Estados Unidos
27. Oceano Pacífico
28. Nova Guiné e ilhas Salomão

Lista de fotografias

1. A invasão alemã da Polônia, 1º de setembro de 1939
2. Tropas alemãs no trem a caminho do front polonês
3. Soldados alemães entram na cidade polonesa de Gdynia
4. Prisioneiros de guerra poloneses, capturados pelos alemães em setembro de 1939
5. Hitler passa suas tropas em revista em Varsóvia, 5 de outubro de 1939
6. As forças de ocupação alemãs na Polônia
7. A Guerra Russo-Finlandesa: uma igreja em chamas em Helsinque
8. A Guerra Russo-Finlandesa: soldados finlandeses abandonam sua trincheira
9. O encouraçado de bolso alemão *Admiral Graf Spee* destruído
10. Soldados alemães celebram o Natal de 1939
11. A Linha Siegfried, 14 de janeiro de 1940
12. Maços de folhetos britânicos a serem despejados sobre a Alemanha
13. Tropas alemãs entram na Noruega, 9 de abril de 1940
14. Pilotos de caças Spitfire britânicos, 20 de abril de 1940
15. Navios Aliados em chamas no porto de Narvik
16. Tropas de paraquedistas alemães pousam em um campo holandês, maio de 1940
17. Tropas de paraquedistas alemães na Holanda se preparam para avançar
18. Roterdam em chamas, 14 de maio de 1940
19. Tropas alemãs atravessam uma cidade belga
20. Tropas alemãs na Holanda
21. Londres: tropas britânicas aguardam o pouso de paraquedistas alemães
22. Dunquerque: tropas britânicas aguardam a evacuação
23. Soldados e marinheiros franceses sendo resgatados do mar por um barco inglês

24. Soldados britânicos e franceses a caminho do cativeiro
25. As negociações do armistício franco-alemão, 20 de junho de 1940
26. Hitler em Paris com soldados alemães, 23 de junho de 1940
27. Hitler em frente à Torre Eiffel
28. Soldados alemães em treinamento para a invasão da Grã-Bretanha
29. Pilotos de aviões de combate alemães aguardam a próxima missão contra a Grã-Bretanha
30. Um caça alemão abatido no sul da Inglaterra, agosto de 1940
31. A Batalha da Inglaterra; rastros de fumaça nos céus de Londres
32. Uma estação do metrô de Londres atingida por um bombardeio
33. Hitler durante a campanha iugoslava
34. Navios de guerra britânicos atacados por aviões alemães em Creta
35. Prisioneiros de guerra britânicos em Creta, maio de 1941
36. Um túmulo de guerra britânico em Creta
37. Dois túmulos de guerra alemães em Creta
38. O encouraçado alemão *Bismarck* em ação, 24 de maio de 1941
39. Uma máquina de criptografia alemã Enigma
40. A invasão alemã da Rússia, 22 de junho de 1941
41. Tropas alemãs e prisioneiros de guerra russos
42. A cidade russa de Smolensk na véspera de sua invasão
43. Soldados alemães exauridos da batalha
44. Um piloto de caça britânico e seu "V de Vitória"
45. Uma vítima iugoslava do terror nazista
46. Sepultura de um soldado australiano no Deserto Ocidental
47. Soldados britânicos se rendem no Deserto Ocidental
48. Tropas alemãs avançam na Rússia
49. Russos mortos em Leningrado, outubro de 1941
50. Tropas soviéticas se preparam para a defesa de Moscou
51. Voluntárias russas se preparam para escavar valas antitanque na linha de frente
52. Pearl Harbour, 7 de dezembro de 1941
53. Encouraçados norte-americanos em chamas em Pearl Harbour, 7 de dezembro de 1941
54. Bombardeiro norte-americano destruído em solo em Pearl Harbour
55. Enterrando os mortos em Pearl Harbour
56. Pearl Harbour: lápide memorial a soldado norte-americano desconhecido
57. Soldados alemães recuam de Moscou, 7 de dezembro de 1941
58. O ataque aéreo japonês a Hong Kong, 11 de dezembro de 1941
59. Rendição de Hong Kong, 25 de dezembro de 1941

60. Tropas japonesas comemoram a vitória na Malásia, 31 de janeiro de 1942
61. Tropas japonesas invadem a Birmânia, 31 de janeiro de 1942
62. Um canhão naval britânico em Cingapura dispara uma salva de tiros de treinamento
63. Soldados britânicos em Cingapura marcham para o cativeiro
64. Hitler se encontra com soldados feridos em Berlim
65. Soldados norte-americanos capturados em Bataan, abril de 1942
66. O carro em que viajava o general da SS Reinhard Heydrich sofre uma emboscada em Praga
67. Execução de quatro judeus na Polônia ocupada pelos alemães
68. Soldados japoneses ocupam a ilha norte-americana de Attu, nas Aleutas
69. Soldados britânicos se rendem em Tobruk, 21 de junho de 1942
70. Mulheres judias sendo deportadas para o "leste"
71. Soldados soviéticos em campo de prisioneiros alemão, julho de 1942
72. Tropas alemãs e soldados canadenses mortos em Dieppe, agosto de 1942
73. Tropas britânicas avançam no Deserto Ocidental, 3 de novembro de 1942
74. A frente oriental: a lama russa e um motociclista alemão
75. Feridos alemães sendo evacuados de Stalingrado
76. A suástica é hasteada na Universidade de Stalingrado
77. A suástica decora dois túmulos de guerra alemães

Introdução
Os antecedentes da Segunda Guerra Mundial

As origens da Segunda Guerra Mundial, cuja primeira fase eclodiu em 1º de setembro de 1939, quando a Alemanha atacou a Polônia, remontam a 21 anos antes, quando chegou ao fim a Primeira Guerra Mundial — então conhecida como a Grande Guerra. Quatro anos de massacre em escala descomunal terminaram com a esperança de que, apesar da carnificina e do colapso dos impérios russo, alemão, austro-húngaro e turco, a guerra global, travada em terra, no mar e no ar, tivesse se tornado uma coisa do passado.

Os tratados que se seguiram ao término da Grande Guerra foram ditados pelas potências vitoriosas, encabeçadas por Grã-Bretanha e França. A Alemanha, outrora a potência militar e industrial dominante no centro da Europa, com possessões imperiais na África e no Pacífico, foi reduzida em território, desarmada e sobrecarregada com uma maciça dívida na forma de reparações econômicas: pagamentos de indenizações às potências vitoriosas e aos países contra os quais lutou, incluindo a Bélgica, invadida pelo exército germânico.

Desde os primeiros dias de paz em 1918, e a partir da assinatura do Tratado de Versalhes em 1919, sobreveio no povo alemão o ressentimento. Os alemães haviam sido derrotados, embora nenhum soldado vitorioso tivesse pisado no solo do país, e se viram obrigados a pagar pelos danos causados pelas tropas germânicas que lutaram em solo francês e belga. Os alemães perderam seu antigo território, que jamais havia sido conquistado, incluindo largas porções das regiões ao leste, que passaram a fazer parte da nova República da Polônia, e foram privados de todo o seu império na África. Políticos alemães aspirantes tiraram grande proveito dessas perdas e humilhações. Entre as vozes furiosas, ergueu-se a de um ex-soldado que havia participado de combates durante a Grande Guerra, recebido a Cruz de Ferro de Primeira Classe por bravura e se ferido em um ataque a gás nos últimos meses do conflito: Adolf Hitler.

A arma mais poderosa de Hitler foi o artigo 231 do Tratado de Versalhes, que ficou conhecido como a cláusula de "culpa de guerra" e estipulava que, conforme determinação das potências Aliadas, "a Alemanha aceita a responsabilidade da Alemanha e de seus aliados por todas as perdas e prejuízos aos quais os governos Aliados e nações associadas e seus nacionais foram submetidos como consequência da guerra que lhes foi imposta pela agressão da Alemanha e seus sequazes".

Assim, a Alemanha foi responsabilizada pela guerra, sem qualquer direito de apelação, e com a indignidade adicional de que a soma que teria que pagar à guisa de reparação seria fixada por uma comissão da qual os alemães não poderiam tomar "qualquer parte". Além disso, o Tratado de Versalhes proibiu a Alemanha de se juntar à Áustria, o remanescente de língua alemã do derrotado Império Austro-Húngaro, que se desintegrou e do qual emergiu a Tchecoslováquia independente.

Com o fim da Grande Guerra vieram os esforços para evitar guerras futuras. Criou-se a Liga das Nações, com um pacto que dava às nações ameaçadas o direito de receber ajuda militar dos outros membros da Liga. Em 1920, no entanto, quando o Senado dos Estados Unidos rejeitou o Tratado de Versalhes, a Liga das Nações perdeu seu membro mais poderoso. Os Estados Unidos, cujos exércitos haviam assegurado a vitória dos Aliados, e cujo presidente, Woodrow Wilson, inspirara a criação da Liga, mostraram-se ensimesmados, pouco dispostos a se envolver nos problemas da Europa, ainda que na condição de mediadores.

Internamente, a Alemanha se viu em meio a uma violenta revolução e uma reação igualmente violenta. Hitler encontrou uma plataforma poderosa, alardeando os "perigos" do comunismo no país e apontando para sua imposição na Rússia e nas repúblicas socialistas soviéticas, que se estendiam da Europa Oriental ao oceano Pacífico. O temor europeu acerca do comunismo soviético foi intensificado durante o regime comunista de 133 dias na Hungria. Um antídoto para o comunismo pareceu ser a criação de um regime fascista na Itália, encabeçado por Benito Mussolini.

A Europa esperava encontrar uma fórmula para banir a guerra como forma de resolução de disputas entre as nações. Sob o Tratado de Locarno, uma Alemanha democrática — a República de Weimar, estabelecida em 1919 — assumiu com Grã-Bretanha, França, Bélgica e Itália o compromisso de que não voltariam a se atacar; o tratado, negociado na cidade suíça de Locarno, foi assinado e ratificado em Londres em 1925. Em Locarno também se definiu que quaisquer disputas e agressões entre Alemanha e Polônia ou Tchecoslováquia que não pudessem ser resolvidas entre os países seriam decididas não pela guerra, à qual renunciavam, mas por intermédio da submissão a um tribunal arbitral internacional. Em seguida, os Estados Unidos concordaram em intervir para, por assim dizer, reassegurar a segurança. Em 1928, o secretário de Estado norte-americano, Frank

B. Kellogg, elaborou um Pacto de Paz que convidou todos os membros da Liga das Nações a assinar, proibindo a guerra para sempre entre as nações do mundo.

A paz tinha outro inimigo além do nacionalismo: o colapso econômico. Em 1923, a Alemanha foi fortemente atingida por uma inflação descontrolada, que destruiu o valor da moeda. O desemprego disparou. O incipiente Partido Nazista [Partido Nacional-Socialista dos Trabalhadores Alemães] de Hitler fulminou judeus e comunistas, acusando-os de serem a causa do sofrimento do país. Hitler tentou tomar o poder em Munique. Foi detido e encarcerado. Atrás das grades, escreveu um livro extenso, amargo e venenoso, *Minha luta*. Judeus e comunistas foram apontados como os inimigos a serem eliminados. Em 1929, quando estourou a crise econômica mundial, Hitler, agora já liberto, liderou seu partido em um crescente sucesso eleitoral.

Em janeiro de 1933, após uma prolongada crise política, Hitler foi convidado pelo presidente alemão a se tornar chanceler. Seus primeiros atos legislativos foram instaurar uma ditadura, expulsar do parlamento os representantes do Partido Comunista, que eram em grande número, introduzir uma legislação discriminatória contra os judeus e aprisionar seus oponentes políticos em campos de concentração que logo vieram, como escreveu Churchill, a "esburacar o solo alemão".

Hitler exigiu a revisão do Tratado de Versalhes, cujas cláusulas proibindo a Alemanha de ter exército, marinha ou força aérea substanciais já haviam sido secretamente violadas por governos anteriores. Além disso, acelerou o processo de rearmamento do país. Em 1936, enviou o exército alemão para a Renânia — a área ocidental da Alemanha que o Tratado de Versalhes insistia que fosse completamente desmilitarizada. A Liga das Nações não tomou nenhuma medida. A Grã-Bretanha respondeu assinando um acordo naval anglo-germânico para permitir que a marinha alemã fosse ampliada, na esperança de que Hitler aceitasse um limite para o rearmamento naval.

Em 12 de março de 1938, as tropas hitleristas entraram na Áustria. Em seguida, a Alemanha anexou o país sem disparar um único tiro. Quase imediatamente, Hitler exigiu a anexação dos Sudetos, as áreas de língua alemã da Tchecoslováquia que nunca haviam feito parte do país, tendo pertencido ao Império Austro-Húngaro até 1918. Cedendo à intensa pressão alemã, no final de setembro de 1938, em Munique, os primeiros-ministros britânico e francês — Neville Chamberlain e Édouard Daladier, respectivamente — persuadiram o governo da Tchecoslováquia a ceder os Sudetos à Alemanha. Durante as discussões em Munique, Hitler assegurou que não desejava de forma alguma incluir tchecos étnicos nos limites das fronteiras da Alemanha, mas apenas os falantes de alemão. Contudo, em 15 de março de 1939, ele ocupou a capital tcheca, Praga, e anexou as províncias da Boêmia e da Morávia. Em menor número e cercado por três lados, o povo tcheco não ofereceu resistência.

Os governos britânico e francês acreditaram na palavra de Hitler, que, seis meses antes, em Munique, havia asseverado não ter a intenção de incorporar não alemães ao Reich. Com mais de 6 milhões de tchecos sob seu jugo após a ocupação de Praga, a extensão das verdadeiras ambições territoriais de Hitler passou a ser motivo de grande preocupação. O exército e a força aérea alemães tornavam-se cada vez mais poderosos.

Em 31 de março, a Grã-Bretanha deu uma garantia pública sobre a preservação da independência polonesa. No entanto, desconfiada das ambições da União Soviética, respondeu com frieza a um pedido de uma aliança anglo-soviética e retardou as negociações, antes de se dobrar à relutância polonesa em ver a URSS como parte de qualquer sistema de segurança europeu.

A União Soviética ficou isolada, mas não por muito tempo. Em 23 de agosto de 1939, alemães e soviéticos assinaram um pacto de não agressão. Estava pavimentado o caminho para a Alemanha invadir a Polônia sem o temor de que os soviéticos viessem em defesa dos poloneses. De fato, o Pacto Nazi-Soviético incluía uma cláusula secreta segundo a qual a União Soviética assumiria o controle do leste da Polônia se Hitler conquistasse as porções oeste e central do país.

Com a assinatura do tratado de não agressão entre a Alemanha e a União das Repúblicas Socialistas Soviéticas, o destino da Polônia foi selado. Ainda que, dois dias depois de firmado o pacto, a Grã-Bretanha tivesse assinado uma aliança militar com a Polônia, Hitler estava convencido de que os britânicos não honrariam essa solene promessa. Se ele estivesse certo, a Segunda Guerra Mundial não teria eclodido com o ataque da Alemanha à Polônia em 1º de setembro de 1939: a agressão teria sido apenas mais um avanço territorial alemão sem repercussões tão logo a Polônia fosse derrotada. Mas Hitler cometeu um grave erro de cálculo quando, em agosto de 1939, disse àqueles em seu círculo mais próximo que a Grã-Bretanha não sairia em defesa da Polônia porque "tinha visto aqueles vermes em Munique". Em setembro de 1939, os britânicos já não eram "vermes", mas um povo que concluíra que era melhor ir à guerra do que ver a Alemanha marchar invicta de conquista em conquista sem enfrentar a resistência de ninguém, exceto de suas vítimas imediatas — como vinha ocorrendo até então.

Martin Gilbert, 1º de setembro de 2000
Da edição da Folio Society

1. A Alemanha invade a Polônia

SETEMBRO DE 1939

A Segunda Guerra Mundial foi um dos conflitos mais destrutivos da história da humanidade, tendo vitimado mais de 46 milhões de soldados e civis, muitos em circunstâncias de prolongada e horrível crueldade. Durante os 2174 dias de guerra entre o ataque alemão à Polônia em setembro de 1939 e a rendição do Japão em agosto de 1945, sem dúvida a maioria dos que pereceram, nas frentes de batalha ou atrás das linhas de fogo, eram anônimos sem rosto, exceto para os poucos que os conheciam ou amavam; ainda assim, em muitos casos, que talvez se contem aos milhões, também os indivíduos que anos mais tarde poderiam se lembrar de alguma vítima da guerra foram eles próprios exterminados. Não foram somente 46 milhões de vidas humanas que desapareceram; também foram varridos do mapa a vibrante vitalidade e o sustento que elas haviam herdado e poderiam ter deixado para seus descendentes: um legado de trabalho e alegria, de esforço e criatividade, de aprendizado, esperança e felicidade, que ninguém jamais teve a possibilidade de herdar ou passar adiante.

Inevitavelmente, uma vez que sofreram as maiores agruras da guerra, são os milhões de vítimas que ocupam boa parte destas páginas. Muitas delas podem ser — e são — citadas nominalmente; sua tragédia, bem como a de homens, mulheres e crianças anônimos, constitui o amargo legado da guerra. Nestas páginas há também coragem: a dos soldados, marinheiros e aviadores, a dos guerrilheiros da resistência e a daqueles que, famintos, nus, sem forças e sem armas, foram enviados para a morte.

Quem foi a primeira vítima de uma guerra que ceifaria mais de 46 milhões de vidas? Um prisioneiro desconhecido de um dos campos de concentração de Adolf Hitler, muito provavelmente um criminoso comum. Numa tentativa de fazer a Alemanha parecer a vítima inocente da agressão polonesa, esse homem foi paramentado com um uniforme militar polonês, levado para a cidade fronteiriça alemã de Gleiwitz* e fuzilado pela Gestapo** na noite de 31 de agosto de 1939, em um bizarro e fictício "ataque polonês" à estação de rádio local. Na manhã seguinte, quando as tropas alemãs iniciaram seu avanço pela Polônia, Hitler alegou, como uma de suas razões para a invasão, "o ataque de tropas regulares polonesas insurgentes ao transmissor de rádio de Gleiwitz".

Em homenagem ao chefe da SS*** que ajudou a elaborar a farsa, a encenação de Gleiwitz recebeu o codinome Operação Himmler. Na mesma noite de 31 de agosto, a União Soviética, que menos de uma semana antes se tornara aliada da Alemanha por meio de um pacto de não agressão, finalmente consolidou sua vitória contra os japoneses na fronteira com a Mongólia, quando as tropas comandadas pelo general Gueórgui Júkov destruíram os últimos focos de resistência do 6º Exército japonês no rio Khalkhin Gol. Terminava uma guerra e tinha início outro conflito, que entrou para a história como a Segunda Guerra Mundial.

A investida alemã na Polônia em 1º de setembro de 1939 não foi uma repetição das táticas da Primeira Guerra Mundial de 1914-8; nessa ocasião, soldados de infantaria, avançando em direção uns aos outros até se instalarem em uma linha de trincheiras, desferiram uma série de ataques contra um inimigo imobilizado em posições fortificadas. O método de Hitler era a Blitzkrieg — a guerra-relâmpago. Primeiro, e sem aviso, ataques aéreos destruíam grande parte da força aérea do país invadido enquanto as aeronaves ainda estavam no solo. Em seguida, bombardeiros atacavam as comunicações rodoviárias e ferroviárias do defensor, além de zonas de reunião e preparação de tropas, depósitos de munição e centros civis, causando confusão e pânico. Em uma terceira etapa, bombardeiros de mergulho caçavam colunas de tropas em marcha e as fustigavam sem trégua, ao mesmo tempo que caças metralhavam os refugiados civis que tentavam fugir dos soldados invasores, espalhando caos nas estradas e impedindo a movimentação de avanço das forças de defesa.

---

* Hoje, a cidade polonesa de Gliwice, na Silésia. (N. T.)
** Geheime Staatspolizei, a polícia secreta do Estado nazista. (N. T.)
*** Importante ferramenta do terror nazista, a "tropa de proteção" (Schutzstaffel), conhecida como SS, a princípio formava uma guarda especial com a função de proteger Adolf Hitler e outros líderes do Partido Nazista em eventos públicos. Seus membros, que usavam camisas pretas, para diferenciá-los das camisas marrons dos membros das "tropas de assalto" (a Sturmabteilung, ou SA), formavam uma tropa de elite policial e mais tarde atuaram como guardas dos campos de concentração. Chefiada por Heinrich Himmler (nomeado Reichsführer-SS, "chefe supremo da SS", em 1929), a SS acabou por se tornar o exército particular do Partido Nazista, superando a SA em importância. Era constituída por homens selecionados pela "pureza" racial e pela fidelidade incondicional ao nazismo, e tinha como lema a frase "*Meine Ehre heißt Treue*", "minha honra é a lealdade". De pequena unidade paramilitar, a SS tornou-se um grandioso exército, uma organização poderosa e com grande influência sobre o Terceiro Reich. (N. T.)

Na Polônia, a Blitzkrieg veio do céu, mas também chegou por terra; primeiro, em sucessivas ondas de unidades de infantaria motorizada, tanques leves e artilharia também motorizada que avançaram o máximo possível. Em seguida, tanques pesados penetraram o interior, atacando os flancos das cidades e pontos fortificados. Por fim, depois de provocar uma enorme quantidade de estragos e atravessar uma grande extensão territorial, os batalhões de infantaria — os soldados treinados para o combate a pé —, com o vigoroso apoio da artilharia, ocuparam a área já invadida para arrasar a resistência remanescente e se integrar às unidades mecanizadas do ataque inicial.

Cerca de 24 horas após o ataque alemão à Polônia, um comunicado oficial do governo polonês informou que 130 cidadãos, dentre os quais doze militares, haviam morrido em raides contra Varsóvia, Gdynia e outras cidades:

> Dois bombardeiros alemães foram abatidos e os quatro ocupantes detidos, depois de escaparem milagrosamente ilesos [...] quando 41 aeronaves alemãs em formação apareceram no leste de Varsóvia na tarde de sexta-feira. A população assistiu a uma emocionante batalha aérea sobre o coração da cidade. Várias casas foram incendiadas, e o hospital para crianças judias deficientes foi bombardeado e devastado.

Na manhã de 2 de setembro, um avião de combate alemão bombardeou a estação ferroviária da cidade de Kolo, onde encontrava-se estacionado um trem de refugiados civis evacuados das cidades fronteiriças de Jarocin e Krotoszyn; 111 deles morreram.

O objetivo de Hitler ao invadir a Polônia não era apenas recuperar os territórios perdidos em 1918. Sua intenção era também impor aos poloneses o jugo alemão. Para esse fim, ele ordenou que três regimentos da SS-Totenkopfverbände[*] acompanhassem de perto o avanço da infantaria para colocar em prática as chamadas "medidas de polícia e segurança" por trás das linhas alemãs. No primeiro dia de guerra, Theodor Eicke, o comandante dos três regimentos, explicou a seus oficiais — reunidos em uma de suas bases, o campo de concentração de Sachsenhausen — em que consistiam essas medidas. De acordo com Eicke, a fim de proteger o Reich de Hitler, a SS teria que "encarcerar ou aniquilar" todos os inimigos do nazismo, tarefa que desafiaria até mesmo "a absoluta e inflexível severidade" aprendida pelos homens da SS-Totenkopfverbände nos campos de concentração.

Essas palavras, tão cheias de presságios, logo foram traduzidas em ação; uma semana após a invasão alemã da Polônia, quase 24 mil oficiais e homens da SS-Totenkopfverbände estavam prontos para iniciar sua tarefa. Na lateral de um dos vagões ferroviários de

---

[*] Ou "Unidades da Caveira", organização da SS responsável pela administração dos campos de extermínio do Terceiro Reich. (N. T.)

transporte de soldados alemães para o leste, alguém escreveu em tinta branca: "Vamos à Polônia para esmagar os judeus". Não somente os judeus, mas os poloneses seriam as vítimas dessa guerra por trás da guerra. Dois dias depois de Eicke dar suas instruções à SS-Totenkopfverbände, Heinrich Himmler, o comandante militar da SS, informou ao general Udo von Woyrsch que ele deveria levar a cabo a "supressão radical da incipiente insurreição polonesa nos territórios recém-ocupados da Alta Silésia". A palavra "radical" era um eufemismo para "implacável".

Aldeias inteiras foram incendiadas e reduzidas a cinzas. Em Truskolasy, em 3 de setembro, 55 camponeses poloneses foram presos e fuzilados, entre eles uma criança de dois anos. Em Wieruszów, vinte judeus foram obrigados a se reunir no mercado municipal, entre eles Israel Lewi, um homem de 64 anos. Quando sua filha, Liebe Lewi, correu para junto do pai, um dos alemães, irritado pelo "atrevimento" da menina, mandou-a abrir a boca e disparou um tiro dentro. Liebe Lewi caiu morta. Em seguida, os vinte judeus foram executados.

Nas semanas que se seguiram, atrocidades desse tipo tornaram-se corriqueiras, episódios banais praticados com frequência e em uma escala inaudita. Enquanto os soldados lutavam nas batalhas, os civis eram massacrados atrás das linhas de fogo.

Na tarde de 3 de setembro, bombardeiros alemães atacaram a indefesa cidadezinha de Sulejów, cuja população, que em tempos de paz somava 6500 polacos e judeus poloneses, contava agora com o afluxo de 3 mil refugiados. Em questão de segundos, o centro do vilarejo ardia em chamas. Enquanto milhares corriam em busca de abrigo no bosque dos arredores, aviões alemães, voando baixo, abriram fogo com suas metralhadoras. "Enquanto a gente corria pro bosque", relembrou mais tarde Ben Helfgott, na ocasião um menino, "as pessoas caíam, com as roupas pegando fogo. Nessa noite o céu ficou vermelho por causa do incêndio na cidade."

Em 3 de setembro, Grã-Bretanha e França declararam guerra à Alemanha. "O objetivo imediato do alto-comando alemão", disse Hitler a seus comandantes, "continua a ser a conclusão rápida e vitoriosa das operações contra a Polônia." Às nove da noite, no entanto, um submarino alemão, o U-30, comandado por Julius Lemp, torpedeou o navio de passageiros britânico *Athenia*, confundido com uma belonave. O *Athenia*, que partira de Liverpool com destino a Montreal, havia zarpado antes da declaração de guerra da Grã-Bretanha, com 1103 passageiros a bordo. Das 112 vidas perdidas, 28 eram de norte-americanos. Mas o presidente dos Estados Unidos, Franklin Roosevelt, foi enfático na mensagem que transmitiu via rádio ao povo estadunidense em 3 de setembro: "Que nenhum homem ou mulher diga de forma irrefletida ou falsa que os Estados Unidos enviarão seus exércitos a campos europeus. Neste exato momento está sendo preparada uma proclamação da neutralidade norte-americana".

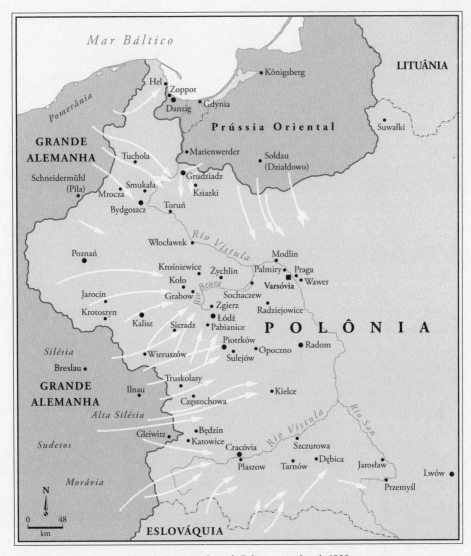

Mapa 1. A invasão alemã da Polônia, setembro de 1939

Confiante em uma vitória rápida, na noite de 3 de setembro Hitler deixou Berlim a bordo de seu trem especial, o *Amerika*, no qual viveria pelas duas semanas seguintes em meio às cenas e congratulações de seu primeiro triunfo militar. O governo britânico, entretanto, colocou em operação o seu "Plano Aéreo Ocidental 14", o lançamento de panfletos de propaganda antinazista nos céus da Alemanha. Ainda na noite de 3 de setembro, dez aeronaves transportaram treze toneladas de folhetos através do mar do

Norte e da fronteira alemã para serem despejados no vale do Ruhr; 6 milhões de folhas de papel nas quais os alemães leram: "Seus governantes os condenaram aos massacres, sofrimentos e privações de uma guerra que não têm a menor esperança de vencer".

O primeiro bombardeio da Grã-Bretanha contra a Alemanha ocorreu em 4 de setembro, enquanto as tropas alemãs continuavam avançando pela Polônia protegidas por um poderio aéreo superior. Nesse dia, dez bombardeiros Blenheim atacaram navios e instalações navais alemãs em Wilhelmshaven. Nenhum navio sofreu danos graves, mas cinco dos bombardeiros foram abatidos por fogo antiaéreo alemão. Entre os mortos britânicos estava o aviador Herbert Brian Lightoller, cujo pai tinha sido o mais velho comandante britânico a sobreviver ao naufrágio do *Titanic* em 1912, antes da Primeira Guerra Mundial.

Na Grã-Bretanha, a notícia desse ataque a navios de guerra alemães elevou o moral. "Vimos inclusive algumas roupas lavadas penduradas no varal", disse aos ouvintes de uma rádio britânica o tenente de voo que comandou o ataque. Ele acrescentou: "Quando sobrevoamos o encouraçado, vimos a tripulação correr às pressas para seus postos. Despejamos nossas bombas. O segundo piloto, voando atrás de mim, viu duas atingirem o alvo". Tanto o tenente de voo quanto o piloto de reconhecimento foram agraciados com a Cruz de Voo Distinto.

Os pilotos britânicos estavam sob ordens de não colocar em risco a vida da população civil alemã. Nesse ponto da guerra, tais ordens pareciam não apenas morais, mas exequíveis. Os comandantes alemães não haviam dado esse tipo de ordem. "Por toda parte eclodiu a brutal guerra de guerrilha", escreveu em 4 de setembro o intendente-geral do exército alemão, Eduard Wagner, "e estamos esmagando impiedosamente o inimigo. Seremos inflexíveis e não daremos ouvidos a argumentos. Já instituímos tribunais de emergência, que estão em sessão contínua. Quanto maior a força do ataque, mais rapidamente a paz voltará a reinar." Esses ataques ocorriam tanto em terra quanto no ar. Na cidade de Bydgoszcz, em 4 de setembro, mais de mil poloneses foram assassinados, inclusive várias dezenas de escoteiros com idades entre doze e dezesseis anos. Os meninos foram perfilados contra uma parede no mercado municipal e fuzilados. Entrando no município de Piotrków em 5 de setembro, os alemães atearam fogo a dezenas de residências de judeus e, em seguida, mataram a tiros os que conseguiram escapar dos edifícios em chamas. Os soldados entraram em um prédio poupado do incêndio, tiraram de lá seis judeus e ordenaram que saíssem correndo; cinco foram mortos a tiros, e o sexto, Reb Bunem Lebel, morreu mais tarde em decorrência dos ferimentos.

Nessa semana, muitas cidadezinhas polonesas arderam em chamas; milhares de polacos morreram queimados ou foram baleados enquanto tentavam fugir. Duas guerras eclodiram ao mesmo tempo: a dos homens armados na frente de batalha e a das aldeias e vilarejos muito distantes da linha de fogo. No mar também teve início um combate que se mostraria selvagem e de grande amplitude. Em 5 de setembro, submarinos alemães afundaram cinco navios mercantes desarmados, quatro britânicos e um francês. Os britânicos não demoraram a responder; o HMS* *Ajax*, em ação nesse dia, afundou dois navios mercantes alemães, "de acordo com as regras da guerra", segundo informou a seus colegas do Gabinete de Guerra o Primeiro Lord do Almirantado, Winston Churchill. Os britânicos haviam ordenado que os navios mercantes germânicos parassem, mas estes não obedeceram.

Dia após dia, à medida que avançavam cada vez mais pelo território polonês, os alemães davam novas demonstrações de desprezo e descaso pelas leis da guerra. Em 6 de setembro, nos campos nos arredores da aldeia polonesa de Mrocza, os germânicos mataram a tiros dezenove oficiais poloneses que já tinham se rendido depois de lutarem com tenacidade contra uma unidade blindada. Os nazistas trancaram outros prisioneiros de guerra poloneses na cabine de sinalização do chefe de uma estação ferroviária e em seguida atearam fogo ao lugar. Os homens morreram carbonizados. Daí em diante, os prisioneiros de guerra já não sabiam se as regras e normas de guerra aceitas e estabelecidas por sucessivas Convenções de Genebra seriam aplicadas a eles: as regras que norteavam os nazistas estavam em completo desacordo com aquelas que haviam evoluído gradualmente ao longo do século anterior.

Para os judeus, a impressão era de que horrores extremos seriam cometidos por esse conquistador que se gabava de ter o povo judaico como sua principal vítima. Em um discurso em Berlim sete meses antes do início da guerra, Hitler havia declarado que, se o confronto eclodisse, "o resultado não será a bolchevização da terra e, portanto, a vitória da judiaria, mas a aniquilação da raça judaica na Europa". Seis dias de guerra já haviam mostrado que o assassinato de judeus seria parte da conquista alemã. Em um gesto de afronta, Chaim Weizmann, o decano estadista do movimento sionista, escreveu ao primeiro-ministro britânico, Neville Chamberlain, para declarar que os judeus lutariam ao lado das democracias contra a Alemanha nazista; sua carta foi publicada no jornal *The Times* em 6 de setembro. Nesse dia, Hitler foi levado de carro de seu trem especial para o campo de batalha em Tuchola, onde tropas polonesas haviam sido cercadas. Enquanto observava a contenda, ele foi informado de que as forças alemãs haviam entrado na cidade de Cracóvia, no sul da Polônia.

A guerra já durava uma semana; Cracóvia, com mais de 250 mil habitantes, estava sob controle alemão. No dia seguinte, 7 de setembro, Reinhard Heydrich, chefe da Polícia de Segurança da SS, disse aos comandantes das forças-tarefas especiais do regimento de Eicke que se preparava para acompanhar o avanço dos soldados: "A classe dominante polonesa deverá ser aniquilada e mantida fora do caminho tanto quanto possível. As

---

* A sigla designa "*His/Her Majesty's Ship*" (navio de Sua Majestade) e identifica os navios da Marinha Real britânica. (N. T.)

classes mais baixas remanescentes não receberão tratamento especial, mas serão subjugadas de uma forma ou de outra". Instalado no trem que fazia as vezes de quartel-general de Hitler, o próprio Eicke coordenou os trabalhos dessas unidades da SS, e foi no trem que, em 7 de setembro, Hitler disse ao comandante em chefe de seu exército, o general Walther von Brauchitsch, que o exército deveria "abster-se de interferir" nas operações da SS, que foram implacáveis. Um dia após a conversa de Hitler com Brauchitsch, um batalhão da SS executou 33 poloneses civis na aldeia de Książki; não demorou para que essas execuções se tornassem ocorrências rotineiras e diárias.

O entourage do círculo íntimo de Hitler logo entendeu o que ele tinha em mente. Em 9 de setembro, o coronel Eduard Wagner discutiu o futuro da Polônia com o chefe do estado-maior do exército de Hitler, o general Franz Halder: "A intenção do Führer e de Hermann Göring", Wagner escreveu em seu diário, "é destruir e exterminar a nação polonesa. Mais do que isso não posso nem sequer sugerir por escrito."

Grã-Bretanha e França viram pouco escopo para ações militares que ajudassem a Polônia de alguma maneira substancial. Em 7 de setembro, unidades militares francesas cruzaram a fronteira alemã em três pontos nos arredores de Saarlouis, Saarbrücken e Zweibrücken. Mas não ocorreu nenhuma escaramuça digna de nota. A frente ocidental estava quieta. Em Londres, uma Comissão de Forças Terrestres especialmente criada pelo Gabinete de Guerra discutiu a escala do futuro esforço militar da Grã-Bretanha. Em sua primeira reunião, em 7 de setembro, Churchill, o novo Primeiro Lord do Almirantado, propôs a criação de um exército de vinte divisões até março de 1940. "Devemos ocupar nosso lugar na linha", disse, "se quisermos manter a Aliança unida e vencer a guerra." Em seu relatório divulgado no dia seguinte, a Comissão de Forças Terrestres estabeleceu, como base para o planejamento das Forças Armadas britânicas, que a guerra duraria "pelo menos três anos". As primeiras vinte divisões deveriam ser criadas nos doze meses seguintes, com o acréscimo de 35 divisões até o final de 1941. Nesse meio-tempo, o principal impulso do esforço de guerra britânico seria necessariamente defensivo: em 7 de setembro foram inaugurados os dois primeiros comboios de navios mercantes, escoltados por contratorpedeiros, um partindo do estuário do Tâmisa através do canal da Mancha para o Atlântico e outro de Liverpool, também para o Atlântico.

Nesse dia, perto da cidade industrial polonesa de Łódź, os últimos defensores polacos ainda tentavam conter o avanço alemão. Seus adversários, as tropas de combate da SS, observaram que, à tarde, em Pabianice,

> os poloneses lançaram mais um contra-ataque. Prorromperam violentamente, passando por cima dos corpos de seus camaradas caídos. Não avançaram com a cabeça baixa, como homens debaixo de uma chuva torrencial — e é assim que a maior parte da infantaria de ataque se move —, mas de cabeça erguida, como nadadores enfrentando as ondas. Eles não titubearam.

Não foi a falta de coragem, mas o poder maciçamente superior da artilharia alemã que, ao cair da noite, forçou esses defensores a se renderem. Pabianice estava perdida. A estrada para Łódź estava aberta.

Na Alemanha, aqueles que se opunham aos excessos do nazismo antes da guerra foram igualmente críticos em relação ao ataque à Polônia. Mas a ameaça de aprisionamento em um campo de concentração era uma poderosa ferramenta de dissuasão de censuras públicas. Antes da guerra, milhares de alemães tinham fugido da tirania. Assim que o conflito teve início, fugir tornou-se praticamente impossível, pois as fronteiras da Grande Alemanha foram fechadas, e se impuseram restrições cada vez mais rígidas ao direito de ir e vir e às comunicações. Os seis meses que se passaram desde a ocupação alemã da Boêmia e da Morávia em março de 1939 permitiram que o sistema da Gestapo fosse estendido a todas as regiões anexadas. Duas capitais europeias outrora independentes, Viena e Praga, sofreram implacável controle nazista: todas as críticas recebiam punição, e toda manifestação de independência de espírito era esmagada. A eclosão da guerra não foi acompanhada do abrandamento nas detenções de oponentes do regime; em 9 de setembro, os registros da Gestapo mostram que 630 prisioneiros políticos tchecos foram levados de trem da Boêmia para o campo de concentração de Dachau, ao norte de Munique. Poucos sobreviveriam às inclementes condições de trabalho e ao tratamento brutal.

A velocidade do avanço alemão na Polônia agora era uma armadilha que capturava soldados e civis. No setor de Poznań, dezenove divisões polonesas — praticamente o mesmo número de tropas que a Grã-Bretanha desejava ter prontas para a ação em março de 1940 — foram cercadas; na batalha que se seguiu, no rio Bzura, 170 mil soldados poloneses foram feitos prisioneiros.

Atrás das linhas, as atrocidades continuaram. Em Będzin, em 8 de setembro, centenas de judeus foram conduzidos à força para uma sinagoga, incendiada logo depois. Duzentos morreram queimados. No dia seguinte, com imenso cinismo, os alemães acusaram os poloneses pelo crime, prenderam um grande número de reféns e executaram trinta deles em uma das principais praças públicas da cidade. Em 10 de setembro, o general Halder anotou em seu diário que um grupo de homens da SS ordenou que cinquenta judeus trabalhassem o dia todo fazendo reparos em uma ponte; mais tarde, os nazistas os encurralaram numa sinagoga e os abateram a tiros. "Estamos agora emitindo ordens ferozes, que eu mesmo redigi ainda hoje", escreveu em seu diário, em 11 de setembro, o coronel Wagner. "Nada como uma sentença de morte! Nos territórios ocupados, não há solução melhor!"

Uma das testemunhas oculares dessa matança de civis foi o almirante Wilhelm Canaris, chefe do Abwehr, o serviço de inteligência, informações militares e contraespionagem das Forças Armadas alemãs. Em 10 de setembro, ele tinha viajado para a linha de frente a fim de observar o exército alemão em ação. Aonde quer que fosse, seus oficiais lhe contavam sobre "uma orgia de massacres". Civis poloneses, eles relatavam, eram forçados a cavar valas coletivas; depois, alinhados na borda das covas, eram fuzilados com tiros de metralhadora. Em 12 de setembro, Canaris foi para o trem-fortaleza que Hitler utilizava como quartel-general, então estacionado em Ilnau, na Alta Silésia, para protestar. Primeiro falou com o general Wilhelm Keitel, chefe do alto-comando da Wehrmacht.* "Recebi informações", disse a Keitel, "de que execuções em massa estão sendo planejadas na Polônia e de que membros da nobreza polonesa e bispos e padres da Igreja Católica foram selecionados para o extermínio."

Keitel insistiu com Canaris que não levasse o assunto adiante. "Se eu fosse você, não me meteria nisso", recomendou. "Quem decidiu isso foi o próprio Führer." Keitel acrescentou que, daquele momento em diante, todos os comandantes militares alemães na Polônia teriam um chefe civil, além do chefe militar. Esse civil seria o responsável por aquilo que Keitel chamou de "programa de extermínio racial". Momentos depois, Canaris se reuniu com Hitler, mas não disse uma palavra a respeito. Abalado por suas descobertas, retornou a Berlim, sua lealdade ao Führer muito enfraquecida. Um oponente de Hitler desde 1933, Carl Goerdeler, ex-prefeito de Leipzig, contou a um colega adversário do nazismo que Canaris havia retornado da Polônia "inteiramente devastado" pela "brutal conduta" da Alemanha na guerra.

O que Keitel chamou de "programa de extermínio racial" recebeu outro nome daqueles que ficaram responsáveis por sua implementação. Em 13 de setembro, um dia depois da visita de Canaris ao trem de Hitler, a Divisão Brandemburgo, uma das unidades da SS-Totenkopfverbände, deu início ao que chamou de "medidas de limpeza e segurança", que incluíam, de acordo com seu próprio relatório, a detenção e o fuzilamento de um grande número de "elementos suspeitos, saqueadores, judeus e poloneses", muitos dos quais foram abatidos "enquanto tentavam escapar". Em duas semanas, a Divisão Brandemburgo havia deixado um rastro de assassinato em mais de treze cidadezinhas e vilarejos poloneses.

O foco da batalha voltou-se para Varsóvia, que os bombardeiros alemães atacavam com considerável ferocidade. A bem da verdade, um dos motes do protesto de Canaris junto a Keitel tinha sido a "devastação" da capital polonesa. Em 14 de setembro, o bombardeio foi especialmente severo. Para os 393 mil judeus de Varsóvia — um terço dos habitantes da cidade —, tratava-se de uma data sagrada e geralmente feliz e festiva de seu calendário, o Ano-Novo judaico. "No momento em que as sinagogas estavam cheias", registrou em

---

* Termo alemão para "força de defesa", designa o conjunto das Forças Armadas da Alemanha durante o Terceiro Reich, englobando o Exército (Heer), a Marinha de Guerra (Kriegsmarine), a Força Aérea (Luftwaffe) e tropas da Waffen-SS. Substituiu a Reichswehr, criada em 1921 após a derrota alemã na Primeira Guerra Mundial. Em 1955, as novas Forças Armadas alemãs foram reorganizadas sob o nome de Bundeswehr. (N. T.)

seu diário uma testemunha ocular polonesa, "Nalewki, o bairro judeu de Varsóvia, sofreu um ataque aéreo. O resultado foi um banho de sangue." Nesse dia, as tropas germânicas entraram no município de Przemyśl, no sul da Polônia, às margens do rio San, onde viviam 17 mil judeus, um terço da população total. Os nazistas imediatamente prenderam 43 dos mais respeitados cidadãos judeus locais, que foram espancados com crueldade e depois fuzilados; entre eles, Asscher Gitter, cujo filho, como tantos filhos de judeus poloneses, emigrara para os Estados Unidos na esperança de que um dia o pai se juntasse a ele. Na mesma data, na cidade de Sieradz, cinco judeus e dois poloneses foram fuzilados; em Częstochowa, a administração civil alemã ordenou que todas as propriedades industriais e comerciais de judeus fossem confiscadas e entregues a "arianos", independentemente de o dono ter fugido da cidade ou permanecido; em Piotrków, emitiu-se um decreto proibindo judeus de andarem nas ruas depois das cinco da tarde; Getzel Frenkel, de 27 anos, que voltava para casa às 17h05, foi morto a tiros por essa violação do decreto.

Ainda que lutasse com obstinação, o exército polonês bateu em retirada; as rotas utilizadas pelas tropas para recuar para o leste eram bombardeadas sem trégua. De acordo com a lembrança de um oficial polaco, em 14 de setembro, a leste de Przemyśl, depois que sua divisão de infantaria atravessou o rio San, aeronaves alemãs

> nos atacavam a intervalos frequentes. Não havia abrigo em lugar nenhum; nada ao redor a não ser a maldita planície. Os soldados se lançavam para fora da estrada, tentando se proteger nas valas e sulcos, mas o infortúnio dos cavalos era ainda pior. Depois de um dos raides, contamos 35 cavalos mortos.

Aquela marcha para o leste, escreveu o oficial, "não parecia a marcha de um exército; estava mais para a jornada de algum povo bíblico, impelido adiante pela ira do céu e dissolvendo-se no deserto". Na manhã seguinte, em Jarosław, Hitler assistiu pessoalmente enquanto os efetivos alemães cruzavam o rio San em perseguição às tropas polonesas.

Diante do desarranjo do exército polonês, os generais de Hitler propuseram que Varsóvia, agora cercada, fosse subjugada pela fome generalizada. Mas Hitler rejeitou a ideia de um cerco de longa duração, ou mesmo breve. A capital polonesa, ele insistiu, era uma fortaleza; deveria ser bombardeada até se render.

Lutando para escapar da investida militar e dos ataques aéreos alemães, o exército polonês tinha esperanças de se reagrupar nas regiões do leste do país, e em particular em torno de Lwów,* a principal cidade da Galícia Oriental. Todavia, nas primeiras horas

---

* A atual Lviv, no oeste da Ucrânia. (N. T.)

de 17 de setembro, essas esperanças foram frustradas. Desconhecida pelos poloneses e até mesmo pelos próprios generais de Hitler, uma cláusula secreta no pacto de não agressão nazi-soviético de 23 de agosto de 1939 criava uma linha de demarcação de uma ponta à outra da Polônia, a leste da qual a União Soviética poderia assumir o controle. Ainda em 17 de setembro, Viátcheslav Mólotov, ministro das Relações Exteriores da URSS, em comunicado divulgado em Moscou, declarou que o governo polonês havia deixado de existir. Como resultado, disse, as tropas soviéticas haviam recebido ordens de ocupar o leste da Polônia. Os poloneses, desesperadamente empenhados na tentativa de se defender do ataque alemão, não tinham meios de articular uma resistência efetiva.

Dois grupos de exércitos soviéticos avançavam agora rumo à linha de demarcação. Faltando 150 quilômetros para que chegassem lá, encontraram tropas alemãs que, a um custo considerável, haviam aberto caminho até as regiões orientais da Polônia. Os germânicos bateram em retirada, entregando aos russos os soldados poloneses que haviam feito prisioneiros. Em Lwów, um general soviético ordenou que os soldados poloneses depusessem as armas. Eles obedeceram. Em seguida, foram cercados pelo Exército Vermelho e conduzidos para o cativeiro. Milhares de outros poloneses foram capturados no avanço das forças russas. E houve também os que se renderam aos russos, não querendo correr o risco de cair nas mãos de alemães. Em Varsóvia, a batalha continuava, com um grande número de baixas de civis poloneses, já que as bombas caíam sem trégua. Nessa noite, no oceano Atlântico, os britânicos sofreram seu primeiro desastre naval: a perda de 518 marinheiros a bordo do porta-aviões *Courageous*, torpedeado ao largo da costa sudoeste da Irlanda pelo submarino alemão U-29, comandado pelo tenente Otto Schuhart. O oficial-chefe do serviço alemão de submarinos, o grão-almirante Karl Dönitz, escreveu em seu diário sobre "um glorioso sucesso". Para Churchill, como Primeiro Lord do Almirantado, foi uma terrível lembrança dos perigos do confronto no mar, pois ele já tinha visto, durante a Primeira Guerra Mundial, como os submarinos alemães quase haviam cortado o abastecimento de víveres e de matéria-prima dos britânicos.

Na Grã-Bretanha, o destino da Polônia angustiava aqueles que viam a impotência dos dois aliados ocidentais, incapazes de lançar qualquer contraofensiva substancial. Em 18 de setembro, um inglês escreveu a um amigo nos Estados Unidos:

> Pobres-diabos! Eles são combatentes magníficos, e creio que todos aqui temos a desagradável sensação de que, uma vez que são nossos aliados, deveríamos — a qualquer custo — ter desferido ataques esmagadores na frente ocidental para desviar a atenção dos alemães. Só posso imaginar que não fizemos isso porque nem nós nem a França temos armamentos e maquinário suficientes.

Os alemães estavam confiantes de que nenhum movimento estratégico britânico ou francês impediria sua vitória iminente. Em 18 de setembro, os britânicos ouviram no rádio pela primeira vez a voz anasalada de William Joyce, que rapidamente ganhou o apelido de "Lord Haw-Haw",* falando de Berlim numa transmissão para dizer a seus conterrâneos que a guerra estava perdida — menos de um mês depois de ele renovar seu passaporte britânico. Em 18 de setembro, um pouco ao norte de Berlim, no campo de concentração de Sachsenhausen, depois de protestar corajosamente sobre os maus-tratos infligidos a seus companheiros de prisão, Lothar Erdmann, um renomado jornalista e sindicalista alemão pré-1933, foi vítima de uma violentíssima surra, sofrendo graves ferimentos internos em decorrência dos quais veio a falecer.

Em Varsóvia, os defensores se recusavam a aceitar a lógica do poderio alemão. Em 18 de setembro, um médico polonês, juntando-se a um grupo em busca de medicamentos, encontrou alguns no porão de uma farmácia, já sob bombardeio da artilharia alemã. Além dos medicamentos, encontrou um espião alemão que vivia na Polônia havia doze anos. Ele foi pego em flagrante com um transmissor de rádio em miniatura, enviando mensagens para o quartel-general do cerco alemão. "Após algumas breves formalidades", registrou o médico, "ele foi devidamente despachado 'com saudações a Hindenburg'."**

Em 19 de setembro, Varsóvia já estava sob impiedoso fogo cerrado havia dez dias consecutivos. Nesse período, haviam morrido milhares de poloneses, vítimas tanto dos ataques aéreos como dos bombardeios de artilharia; eram tantos cadáveres que os parques públicos tiveram de ser usados para os enterros. Com afinco, as forças polonesas lutaram para manter o perímetro da cidade. Vários tanques alemães que tentaram penetrar velozmente nos subúrbios foram imobilizados. Unidades alemãs que avançaram demais foram capturadas. Mas o bombardeio era implacável. "Esta manhã", um policial polonês anotou em seu diário em 19 de setembro, "um bombardeiro alemão lançou um projétil que atingiu uma casa, não muito longe do meu quartel, convertida em prisão temporária para noventa e poucos alemães capturados durante o combate de ontem à noite. Morreram 27 deles."

Enquanto Varsóvia sangrava sob o bombardeio, as primeiras tropas britânicas — um corpo de exército — desembarcaram na França, mas não se programou nenhuma ação para elas. A frente ocidental permaneceu firmemente na defensiva, quieta e passiva. Enquanto isso, ao norte de Varsóvia, Hitler fez uma entrada triunfal na Cidade Livre

---

* A expressão "haw-haw" é usada para descrever depreciativamente a fala hesitante, gaguejante, ou aquela que, de tão estridente, se assemelha ao relincho de um cavalo. (N. T.)
** Paul von Hindenburg (1847-1934), marechal de campo na Primeira Guerra Mundial e presidente da República de Weimar, abriu as portas para a tirania nazista de Adolf Hitler ao designá-lo chanceler em janeiro de 1933. (N. T.)

de Danzig,* que fora separada da Alemanha por insistência das potências vitoriosas no fim da Primeira Guerra Mundial. A multidão que o recebeu ficou histérica de alegria. "Era assim em todo lugar", explicou a um recruta recém-incorporado ao estafe hitlerista Rudolf Schmundt, principal ajudante militar de Hitler. "Na Renânia, em Viena, nos Sudetos e em Memel. Você ainda duvida da missão do Führer?"

Em discurso aos cidadãos de Danzig em 19 de setembro, Hitler falou de "Deus Todo--Poderoso, que agora deu sua bênção a nossas armas". Falou em tom misterioso e fez uma agourenta ameaça à Grã-Bretanha e à França: "Pode ser que chegue muito depressa o momento de usarmos uma arma com a qual nós mesmos não poderíamos ser atacados".

De Danzig, Hitler foi para um hotel numa cidade turística, o balneário de Zoppot. Lá, expôs a um grupo que incluía o dr. Karl Brandt, seu médico pessoal; Philipp Bouhler, Reichsleiter e chefe de gabinete do Partido Nazista; e o dr. Leonardo Conti, secretário da Saúde no Ministério do Interior, seus planos para matar os pacientes com doenças mentais graves dentro da própria Alemanha. A pureza do sangue alemão tinha que ser mantida. O dr. Conti duvidava que, do ponto de vista médico, houvesse qualquer base científica para sugerir vantagens eugênicas a serem obtidas por meio da eutanásia. Mas a única discussão séria foi sobre o método mais rápido e menos doloroso de matar. Com a data retroativa de 1º de setembro de 1939, a ordem de Hitler delegava a Bouhler e a Brandt a "responsabilidade total de ampliar os poderes de certos médicos para oferecer aos pacientes considerados incuráveis uma morte misericordiosa, após o mais rigoroso diagnóstico de sua doença".

O centro nevrálgico das operações do programa de eutanásia seria uma casa de subúrbio em Berlim, no número 4 da Tiergartenstraße, endereço que deu a toda a ação de eutanásia seu codinome: T4. Seu diretor era Werner Heyde, de 37 anos, um professor de neurologia e psiquiatria na Universidade de Würzburg que se filiara ao Partido Nazista em 1933, no momento de triunfo político da organização. A partir de então, haveria uma devassa nos manicômios para selecionar os pacientes elegíveis para "uma morte misericordiosa". Nas palavras de um nazista especialista em eutanásia, o dr. Hermann Pfannmüller: "A ideia de que a nata e a fina flor da nossa juventude perca a vida na frente de batalha de modo a assegurar aos retardados e aos elementos associais uma existência segura no hospício é para mim insuportável".

Desde os primeiros dias da Operação T4, deu-se atenção especial às crianças e, sobretudo, aos recém-nascidos. Em Görden, nas imediações de Brandemburgo, uma instituição pediátrica criou um Departamento Psiquiátrico Especial para a Juventude,

---

* Atual Gdansk, na foz do rio Vístula. (N. T.)

que recebia crianças de toda a Alemanha e as matava. Um dos objetivos, relembrou mais tarde um médico que trabalhou no departamento, era "colocar os recém-nascidos para dormir o mais depressa possível", a fim de prevenir especificamente o surgimento de "laços mais estreitos entre as mães e seus filhos pequenos".

Teve início o programa de eutanásia. Em Görden e em seis outras instituições espalhadas pelo país, os alemães considerados loucos foram condenados à morte. Durante os primeiros dois anos da guerra, dezenas de milhares perderam a vida dessa forma, vítimas da ciência médica pervertida.

Na Polônia, as tropas da força-tarefa especial da SS continuaram a matança de judeus, à medida que um número cada vez maior de cidadezinhas e vilarejos sucumbia ao controle alemão. Em 20 de setembro, a Seção de Operações do 14º Exército alemão informou que os homens estavam ficando inquietos "por conta das medidas ostensivamente ilegais" tomadas nas áreas ocupadas pelo exército pela força-tarefa comandada pelo general Woyrsch. Os soldados das tropas de combate regulares estavam especialmente irritados com o fato de que os homens sob o comando de Woyrsch, em vez de lutarem na frente de batalha, "demonstravam sua coragem contra civis indefesos". O marechal de campo Gerd von Rundstedt imediatamente anunciou que a força-tarefa da SS de Woyrsch não seria mais tolerada na zona de guerra e que as medidas antissemitas já em curso na área de Katowice deveriam cessar.

A crise que surgiu entre os soldados profissionais e seus colegas da SS não foi resolvida. Contudo, planos muito mais ambiciosos estavam sendo preparados. Em 21 de setembro, Reinhard Heydrich convocou os comandantes de todas as unidades da SS na Polônia para uma reunião de emergência em Berlim. Os comandantes que não puderam comparecer receberam um resumo secreto sobre a pauta da reunião. Heydrich afirmou que o "objetivo definitivo" da política alemã em relação aos judeus deveria ser mantido "sob estrito sigilo" e seria implementado em definitivo somente depois de "um longo período". Nesse ínterim, e como pré-requisito para a consecução desse "objetivo definitivo", dali em diante os judeus poloneses deveriam ser concentrados em algumas cidades grandes. Os que residiam em outros lugares, e sobretudo os que viviam no oeste da Polônia, deveriam ser deportados para essas cidades. A porção ocidental do país deveria ser "completamente expurgada de judeus". Todas as terras agrícolas de propriedade judaica deveriam ser confiscadas e "confiadas aos cuidados" de moradores alemães da região, ou até mesmo de camponeses poloneses. Uma vez deportados, os judeus seriam confinados a determinado bairro e proibidos de transitar em outras partes da cidade. Em cada município, um conselho formado por anciãos judeus seria encarregado de garantir o pleno cumprimento das ordens alemãs referentes à movimentação dos judeus. Em caso de "sabotagem dessas instruções", esses conselhos sofreriam ameaças de "severas retaliações".

O plano de Heydrich para recriar no século XX o conceito medieval de gueto pretendia ser apenas uma primeira "etapa" em direção ao que ele e seus colegas de SS chamaram de "a solução final da questão judaica". Todavia, esse plano não exigiu nenhuma interrupção da matança protagonizada pela força-tarefa especial, que já havia suscitado protestos do exército alemão; em 22 de setembro, um dia após a conferência de Heydrich, a Divisão Brandemburgo chegou a Włocławek, onde deu início ao que chamou de "ação judaica", com duração de quatro dias. Lojas pertencentes a judeus foram saqueadas, sinagogas dinamitadas, e dezenas de judeus importantes detidos e fuzilados. Enquanto essa "ação" estava em andamento, Eicke instruiu o comandante da divisão a enviar dois de seus batalhões para Bydgoszcz a fim de conduzir uma nova "ação" contra intelectuais poloneses e autoridades municipais. Como resultado dessa instrução, oitocentos poloneses foram mortos a tiros em 23 e 24 de setembro, menos de três semanas depois do primeiro morticínio aleatório em massa na cidade.

O primeiro dia da nova matança de poloneses em Bydgoszcz coincidiu com o mais sagrado no calendário judaico, o Dia da Expiação, ou Yom Kippur. Para mostrar seu desprezo pelos judeus e poloneses, as autoridades de ocupação alemãs em Piotrków confinaram na sinagoga milhares de prisioneiros de guerra poloneses, entre os quais muitos judeus, e, proibindo-lhes o acesso aos banheiros, obrigaram-nos a fazer suas necessidades nas próprias dependências onde realizavam os cultos. Depois lhes deram objetos sagrados — xales de oração, cortinas do tabernáculo e as capas ornamentais de veludo primorosamente bordadas dos rolos da Torá — e ordenaram que limpassem com eles os excrementos.

No dia em que se cumpriu essa ordem repulsiva e pueril, outra ordem, enviada de Berlim a todos os navios de combate alemães, levou a uma intensificação da guerra no mar: um decreto do Almirantado determinando que qualquer navio mercante britânico ou francês que fizesse uso do rádio depois de ter sido abordado por um submarino alemão fosse afundado ou capturado.

As tropas alemãs e soviéticas agora se enfrentavam ao longo da linha de demarcação pactuada entre Ribbentrop e Mólotov um mês antes. Somente na cidade de Varsóvia, no vilarejo de Modlin, ao norte do rio Vístula e na península de Hel, nos arredores de Danzig, os poloneses ainda se recusavam a se render. "O impiedoso bombardeio continua", um oficial polonês em Varsóvia anotou em seu diário em 25 de setembro. "Até agora, as ameaças alemãs não se materializaram. O povo de Varsóvia está orgulhoso por não se permitir ter medo." Os moradores da cidade estavam também à beira da inanição. "Vi uma cena marcante na rua hoje", acrescentou o oficial. "Um cavalo foi atingido por um projétil e desabou. Quando voltei, uma hora depois, restava apenas o esqueleto. A carne tinha sido cortada pelos habitantes das imediações."

Também em 25 de setembro, os alemães lançaram a Operação Costa, um ataque aéreo contra Varsóvia que envolveu quatrocentos bombardeiros, bombardeiros de mergulho e aeronaves de ataque ao solo, com o apoio de trinta trimotores de transporte, que despejaram um total de 72 toneladas de bombas incendiárias na capital polonesa, causando incêndios de grande envergadura, destruição e um substancial número de mortes. Jadwiga Sosnkowska, esposa de um oficial polonês que mais tarde escapou para a Europa Ocidental, relembrou, um ano depois, "aquela noite terrível", em que se voluntariou para ajudar em um dos hospitais da cidade.

> Na mesa de operações em que eu estava prestando auxílio, era tragédia depois de tragédia. Uma das vítimas era uma menina de dezesseis anos. Ela tinha uma farta cabeleira dourada, o rosto delicado como uma flor, e seus lindos olhos azul-safira estavam cheios de lágrimas. Suas pernas, até os joelhos, tinham sido reduzidas a uma massa ensanguentada em que era impossível distinguir osso de carne; ambas tiveram que ser amputadas acima do joelho. Antes de o cirurgião começar, inclinei-me sobre aquela criança inocente para beijar sua testa pálida, para colocar minha mão impotente em sua cabeça dourada. Ela morreu serenamente no decorrer da manhã, como uma flor colhida por mãos impiedosas.

Nessa mesma noite, lembrou Sosnkowska,

> na mesma mesa de operações, morreu, durante a cirurgia, uma jovem grávida de dezenove anos, cujos intestinos haviam sido dilacerados pela explosão de uma bomba. Faltavam apenas alguns dias para o parto. Nunca soubemos quem eram seu marido e sua família, e essa mulher desconhecida foi enterrada na vala coletiva, junto com os soldados que tombaram em combate.

Os cidadãos de Varsóvia estavam no limite de suas forças. Nem mesmo a resiliência e a determinação de 140 mil soldados seriam capazes de mantê-los a salvo por muito mais tempo. Começaram a circular rumores desvairados, o último recurso dos desesperados. Alguns diziam que um general polonês estava a caminho, desde o leste, encabeçando tropas soviéticas. Outros afirmavam ter visto aviões soviéticos, com os emblemas do martelo e da foice, em combate contra as aeronaves alemãs nos céus da cidade. Na verdade, os aviões soviéticos não eram identificados pela insígnia do martelo e da foice, mas por estrelas vermelhas de cinco pontas. Esse detalhe era irrelevante, no entanto, em meio à disseminação de boatos sobre o resgate iminente.

Em vez do resgate, o que chegou foi um novo ataque militar alemão. Na manhã de 26 de setembro, o general Brauchitsch ordenou que o 8º Exército atacasse. À noite, o comandante da guarnição polonesa pediu uma trégua, mas Brauchitsch recusou. Aceitaria apenas uma rendição completa. A cidade seguiu lutando. Nesse dia, em Berlim, em uma reunião ultrassigilosa, cientistas alemães discutiram como aproveitar a energia da fissão nuclear. Estava claro para eles que seria possível obter um poder explosivo descomunal. Precisariam construir um "queimador de urânio" e destilar imensas quantidades de água pesada, a um custo considerável. Animado com a perspectiva de uma arma de poderio decisivo, o Gabinete de Guerra alemão concordou em patrocinar os necessários e complexos experimentos. Os cientistas teriam à disposição toda a verba necessária.

Às duas da tarde de 27 de setembro, Varsóvia se rendeu; 140 mil soldados poloneses, dentre os quais mais de 36 mil feridos, foram levados para o cativeiro. Nos três dias seguintes, os alemães não fizeram nenhum esforço para entrar na cidade. "Eles estão com medo", escreveu em seu diário um oficial polonês, "de fazer seus soldados marcharem para uma cidade que não tem luz nem água e está cheia de enfermos, feridos e mortos."

Centenas de soldados e civis poloneses feridos poderiam ter sido salvos se lhes tivesse sido oferecida ajuda médica. Mas esse não era o plano nem o método alemão; no dia da rendição de Varsóvia, Heydrich relatou, com evidente satisfação: "Nos territórios ocupados, restam presentes apenas 3% das classes altas polonesas, no máximo". Mais uma vez, as palavras foram usadas para mascarar realidades: "presentes" significava "vivas". Milhares de poloneses — provavelmente mais de 10 mil, entre professores, médicos, padres, proprietários de terras, empresários e as autoridades locais — haviam sido presos e mortos. Os próprios nomes de alguns dos lugares onde foram encarcerados, torturados e abatidos se tornariam sinônimo de suplício e morte: Stutthof, nos arredores de Danzig; o campo de Smukała, nas imediações de Bydgoszcz; a fábrica de graxa Toruń; o Forte VII, em Poznań, e o campo de Soldau,* na Prússia Oriental. Em uma diocese no oeste da Polônia, dois terços dos 690 padres foram presos, e 214 foram mortos a tiros. A Polônia tornou-se a primeira vítima de uma nova barbárie da guerra dentro da guerra: a luta desigual entre conquistadores militares e cativos civis.

---

* No atual município polonês de Działdowo. (N. T.)

2. A Polônia derrotada

OUTUBRO DE 1939

Em Londres e Paris, a queda de Varsóvia provocou perplexidade, uma onda de profunda simpatia e solidariedade pelo povo polonês, espanto com a velocidade do avanço alemão, indignação com a conivência soviética diante da divisão de um Estado que apenas um mês antes era independente, certa vergonha por não terem ajudado ou por não terem podido ajudar a Polônia a resistir ao ataque e, acima de tudo, temor em relação à possibilidade de os praticantes da "guerra-relâmpago" virarem suas armas e táticas contra a Europa Ocidental. Na Grã-Bretanha, esse receio era intensificado pela suspeita da existência de agentes alemães habilmente infiltrados em muitas áreas da vida britânica para informar a Alemanha sobre preparativos militares e realizar atos de sabotagem contra a produção de guerra dos britânicos.

Sem que a opinião pública soubesse, quase todos esses agentes foram presos no início da guerra; um triunfo sigiloso e pouco celebrado da inteligência britânica. Nem mesmo os alemães sabiam dessa perda. E essa tampouco foi a única derrota germânica no mundo clandestino da espionagem. Em 28 de setembro de 1939, um dia após a rendição de Varsóvia, a inteligência alemã caiu em uma bizarra armadilha. Nesse dia, um galês, Arthur Owens, que o serviço secreto alemão acreditava ser um de seus agentes, viajou para a Holanda a fim de fazer contato com seus superiores, quando na verdade estava atuando em prol dos britânicos. Os chefes britânicos de Owens deram a ele o codinome Snow. Ele conseguiu persuadir os alemães de que conseguira estabelecer uma considerável rede de agentes no País de Gales e agora precisava de instruções e dinheiro. Recebeu ambos, e na mesma noite voltou para a Grã-Bretanha. Assim começou o que os operadores britânicos chamaram de "sistema *double-cross*" — ou

"XX",* no estilo codificado da espionagem de tempos de guerra. Esse sistema enganaria totalmente os alemães; duas semanas mais tarde, Owens voltou à Holanda acompanhado de outro suposto recruta para a rede de inteligência alemã: Gwilym Williams, inspetor de polícia aposentado de Swansea, até então ativo no movimento nacionalista galês. Os alemães foram novamente ludibriados. Não apenas deram a Williams, a quem designaram "agente A-3551", uma série de tarefas de sabotagem — que, mais tarde, foram levados a crer que haviam sido realizadas —, mas também lhe forneceram o endereço de um dos poucos genuínos agentes alemães infiltrados na Grã-Bretanha que ainda não haviam sido localizados pela inteligência britânica. Tratava-se do agente A-3725, que passou então a atuar no sistema *double-cross* sob o codinome Charlie. Pelo final do ano, essa rede de espionagem espúria enviava mensagens de rádio quase diariamente para a inteligência alemã em Hamburgo, recrutando mais agentes fictícios e preparando um falso esquema de sabotagem, o Plano Guy Fawkes, para envenenar os reservatórios do País de Gales que forneciam água para as fábricas de aeronaves e munições na região industrial das Midlands, no centro da Inglaterra.

Enquanto Arthur Owens cumpria sua missão de araponga na Holanda, o ministro das Relações Exteriores alemão, Joachim von Ribbentrop, estava a caminho de Moscou, onde, depois de dois dias de negociações, aceitou, em nome da Alemanha, todo o território da Polônia a oeste do rio Vístula, área que incluía a maior parte das regiões mais povoadas e industrializadas do país, ao mesmo tempo concedendo aos soviéticos o domínio sobre o leste polonês e — no que foi uma exigência soviética inesperada — a Lituânia. O acordo que incorporava essa nova divisão da Polônia foi assinado às cinco horas da manhã de 29 de setembro e chamado — sem fazer referência aos Estados polonês e lituano que, destarte, desapareceram — de Tratado de Fronteira e de Amizade Germano-Soviético. O próprio Ióssif Stálin desenhou a nova fronteira em um mapa e o assinou. Em troca da inclusão de Lwów, com os poços de petróleo de Drohobich, no lado soviético da linha, Stálin prometeu fornecer à Alemanha 300 mil toneladas de petróleo por ano.

Quanto aos pormenores no traçado do mapa, Stálin concordou em recuar a linha do rio Vístula para a do rio Bug. Isso significava que as tropas alemãs, que depois de alcançarem o Bug haviam se retirado para o Vístula de modo a permitir que o Exército Vermelho ocupasse a região, agora voltariam mais uma vez ao Bug. Assim, 22 milhões de poloneses estavam agora sob domínio alemão. Em 29 de setembro, quando Ribbentrop voltou a Berlim, a União Soviética assinou um Tratado de Assistência Mútua com o pequeno Estado báltico da Estônia, que dava aos russos o direito de ocupar bases navais

---

* A palavra inglesa *double-cross* (literalmente, "duas cruzes", daí o XX) significa "enganar", "trair"; deu nome ao setor da divisão de contraespionagem do serviço de inteligência britânico que se especializou em converter espiões inimigos capturados, que passavam a servir como agentes duplos dos Aliados. (N. T.)

em Narva, Baltiski, Haapsalu e Pärnu. Seis dias mais tarde, um tratado semelhante foi assinado com a Letônia, e onze dias depois com a Lituânia. Stálin não estava disposto a deixar um vácuo entre as fronteiras soviéticas estabelecidas nos anos pós-Primeira Guerra Mundial, quando o bolchevismo era fraco, e o agora triunfante rolo compressor nazista, cuja fronteira oriental adentrara os territórios das antigas fronteiras imperiais do tsar russo. Naturalmente, Hitler tampouco estava contente em estabelecer uma fronteira oriental indefesa para seu "Reich de mil anos". Em uma ultrassecreta Diretiva n. 5, datada de 30 de setembro, ele deu instruções no sentido de que suas fronteiras polonesas fossem "constantemente fortalecidas e robustecidas como uma linha de segurança militar voltada para o leste", e "que as guarnições necessárias para esse propósito sejam futuramente levadas adiante além da fronteira política do Reich".

Essa mesma diretiva de 30 de setembro também aumentava a escala das atividades alemãs no Ocidente. A "guerra no mar", decretou Hitler, deveria ser travada "não só contra a França, mas também contra a Inglaterra". Doravante, embarcações de transporte de tropas e navios mercantes "identificados como hostis" poderiam ser atacados sem sobreaviso. Isso também se aplicava a navios que navegassem sem iluminação nas águas costeiras britânicas. Além disso, os alemães abririam fogo contra navios mercantes que usassem seu sistema de rádio após terem recebido ordens de parar. Nesse dia, o estado-maior da marinha alemã estipulou que o afundamento de tais navios "deve ser justificado nos diários de bordo de guerra como decorrente de uma possível confusão com um navio de guerra ou cruzador auxiliar".

O afundamento de navios mercantes britânicos ocorria em uma escala cada vez maior. No dia em que foi emitida a diretiva de Hitler, o encouraçado de batalha alemão *Admiral Graf Spee* afundou o navio mercante britânico *Clement*, aumentando as perdas dos Aliados em navios mercantes para um total de 185 mil toneladas em menos de um mês.

Em Paris, em 30 de setembro, um general polonês, Władysław Sikorski, fundou um governo polonês no exílio. Enquanto isso, a cidade de Varsóvia ainda esperava, como nos três dias anteriores, a chegada do exército alemão. "Muitos cadáveres permaneciam insepultos", recordaria Jadwiga Sosnkowska, "e não havia comida nem suprimentos médicos. Foram dias tristes, mas viverão para sempre em minha memória como os dias da maior solidariedade e compaixão fraterna entre os membros da comunidade." E não era apenas uma questão de boas ações; "um oceano de bondade", ela acrescentou, "brotou dos corações humanos, ávidos por salvar, por ajudar, por consolar. As muralhas da cidade haviam caído, mas o povo de Varsóvia permaneceu de pé, de cabeça erguida".

Em 1º de outubro, o exército alemão se preparou para ocupar a capital polonesa. Antes disso, exigiu doze reféns — dez cristãos e dois judeus — que pagariam com a vida caso ocorressem quaisquer distúrbios durante a marcha do exército. Ao entrarem na cidade, os alemães instalaram cozinhas de campanha e começaram a distribuir

Mapa 2. A Polônia dividida, outubro de 1939

gratuitamente sopa e pão para a população faminta. Milhares de pessoas se aglomeraram nessas cozinhas. Sem demora, operadores de câmera montaram seus equipamentos e filmaram cenas para mostrar como as tropas germânicas estavam levando sustento aos polacos esfomeados. Terminadas as filmagens, as cozinhas de campanha desapareceram, assim como os cinegrafistas.

Também em 1º de outubro, os últimos soldados poloneses ainda em ação, na península de Hel, foram forçados a se render. Três contratorpedeiros e três submarinos poloneses conseguiram escapar do bloqueio naval alemão e chegaram a portos britânicos. A guerra no leste acabou: 694 mil soldados poloneses foram capturados pelos alemães, 217 mil estavam em mãos russas. Mais de 60 mil morreram em combate, e três semanas de raides e bombardeios de artilharia, sobretudo em Varsóvia, resultaram na morte de 25 mil civis poloneses. Os alemães, que a despeito de sua tática de "guerra-relâmpago" se viram forçados a lutar contra um inimigo tenaz, perderam 14 mil homens.

Na noite de 1º de outubro, bombardeiros britânicos sobrevoaram Berlim. Em vez de bombas, despejaram panfletos informando os alemães que, embora estes fossem forçados a ir para a guerra "com rações de fome", seus líderes haviam secretamente enviado grandes somas em dinheiro para fora do país. Até mesmo Himmler, declarava o folheto, "que vigia com olhos de lince para que nenhum alemão atravesse a fronteira com mais que dez marcos no bolso, despachou em surdina para o exterior um montante de 527 500 marcos". Após um mês de guerra, 97 milhões de folhetos tinham sido impressos, dos quais 31 milhões já haviam sido distribuídos. Uma piada popular na época dizia respeito a um aviador repreendido por deixar cair um pacote de folhetos ainda fechado, um calhamaço semelhante a um tijolo: "Meu Deus, você poderia ter matado alguém!". O ceticismo da opinião pública acerca da eficácia dos panfletos fez com que muitos deles — 39 milhões, ao todo — fossem reduzidos a polpa de papel em vez de serem jogados dos aviões. Os críticos diziam que aquilo não era uma guerra de verdade, mas uma "guerra de confete". No entanto, o método prosseguiu.

Na Polônia ocupada pela Alemanha, continuou em curso uma guerra cruel, apesar da derrota dos poloneses. Em 4 de outubro, em Berlim, Hitler assinou uma anistia secreta, libertando os homens da SS que haviam sido presos pelas autoridades do exército sob a acusação de brutalidade contra a população civil. No dia seguinte, ele voou para Varsóvia, onde passou em revista as tropas em um desfile da vitória. De volta ao aeródromo, disse aos jornalistas estrangeiros presentes: "Deem uma boa olhada em Varsóvia. É assim que eu posso lidar com qualquer cidade europeia".

Fotografias da capital polonesa devastada pelos bombardeios foram reproduzidas em jornais de todo o mundo, e a pergunta inevitável foi feita: Londres e Paris também seriam alvos de tamanha destruição? Com efeito, foi o próprio Hitler quem, discursando em Berlim em 6 de outubro, declarou: "Por que esta guerra tem que acontecer? Para o restabelecimento da Polônia? A Polônia do Tratado de Versalhes nunca mais vai existir!". No entanto, além da Polônia, que outra razão havia para a guerra? Todos os problemas importantes poderiam ser resolvidos diplomaticamente.

A sugestão de negociações de Hitler era dirigida à Grã-Bretanha e à França; a Polônia fora excluída. No leste, o terror, e nada além do terror, era a ordem do dia. Em 8 de outubro, dois dias após as palavras acalentadoras de Hitler em Berlim, um grupo de mais de vinte poloneses do município de Świecie foi levado por um destacamento da SS para o cemitério judaico. No grupo havia várias crianças de dois a oito anos. Foram todos fuzilados. Cerca de 150 soldados alemães assistiram às execuções. Três deles protestaram para seu oficial médico, que imediatamente escreveu uma carta indignada a Hitler. Não muito tempo depois, Hitler recebeu outra queixa sobre as execuções, agora por parte do general Johannes Blaskowitz. O ajudante de ordens de Hitler, o capitão Gerhard Engel, mostrou ao Führer o relatório. "A princípio ele leu e ouviu tudo com bastante atenção", observou Engel, "mas depois iniciou outra longa diatribe contra as 'ideias pueris' que predominavam no alto-comando das Forças Armadas; não se podia lutar uma guerra recorrendo a métodos do Exército da Salvação."

Ainda em 8 de outubro, Hitler assinou um decreto anexando as regiões da fronteira polonesa com a Silésia e a Prússia Oriental e criando, a partir do território polonês, três distritos ampliados do Reich alemão: Prússia Oriental, Grande Danzig-Prússia Ocidental e Posen. Quatro dias depois, na área restante da Polônia ocupada pelos alemães, incluindo Varsóvia, foi constituído um governo-geral, com capital em Cracóvia. Varsóvia seria rebaixada de capital a cidade de província. O governador-geral escolhido por Hitler foi Hans Frank, conselheiro jurídico do Partido Nazista. Entre suas atribuições incluía-se a "restauração" da ordem pública. A descrição que o próprio Frank fez de sua tarefa foi mais explícita. "A Polônia será tratada como uma colônia", ele escreveu, "e os poloneses se tornarão escravos do Grande Império Alemão."

Em 9 de outubro, em Berlim, Hitler recebeu um empresário sueco, o industrial Birger Dahlerus, que vinha fazendo várias viagens de avião entre Londres e Berlim, via Suécia, com uma proposta, originalmente elaborada por Göring, de um acordo de paz entre a Grã-Bretanha e a Alemanha. Em 5 de outubro, em Londres, Dahlerus se reunira com Lord Halifax, secretário das Relações Exteriores britânico; em 9 de outubro, em Berlim, ele relatou a Hitler que a Grã-Bretanha insistia na restauração do Estado polonês e exigia a destruição imediata de todas as armas de agressão e a realização de um plebiscito na Alemanha sobre certos aspectos da política externa de Hitler. No dia seguinte, 10 de outubro, Dahlerus voltou a se encontrar com o Führer, em duas ocasiões, e foi comunicado dos termos alemães que deveria transmitir à Grã-Bretanha: no tocante aos aspectos territoriais, a Alemanha julgava-se no direito de fortalecer sua nova fronteira com a Rússia e receber de volta ou suas colônias anteriores à Primeira Guerra Mundial ou "territórios substitutos adequados". Entre as duas reuniões com Dahlerus, Hitler emitiu uma nova diretiva ao general Keitel, chefe do estado-maior das Forças Armadas alemãs, e aos comandantes do exército, da marinha e da força aérea. Essa diretiva estabeleceu a Operação Amarelo, codinome para uma ofensiva contra França e Grã-Bretanha.

Na diretiva de 9 de outubro, Hitler descrevia com detalhes uma ofensiva, a ser desferida "com a máxima força possível", através de Luxemburgo, Bélgica e Holanda. O objetivo desse avanço para a França a partir do norte era derrotar "o maior número possível de tropas" do exército francês e, "ao mesmo tempo, conquistar a maior porção de território possível na Holanda, na Bélgica e no norte da França, utilizando então esse território como base para o prosseguimento bem-sucedido da guerra aérea e naval contra a Inglaterra". Isso criaria também uma "ampla área de proteção" do Ruhr, vital em termos econômicos.

"Guerra aérea e naval contra a Inglaterra": as palavras eram assustadoras em suas implicações de um conflito iminente. Também assustadores, de um jeito diferente, foram os formulários de recenseamento enviados nesse mesmo 9 de outubro por Philipp Bouhler, chefe de gabinete do Partido Nazista, a todos os hospitais e médicos, solicitando, aparentemente para fins estatísticos, que listassem os nomes de todos os pacientes senis, loucos infratores e indivíduos de sangue não germânico. Reunidos em segredo, três avaliadores decidiriam então se o paciente viveria ou morreria. O chefe da Chancelaria do Reich, Hans Lammers, queria que o procedimento fosse codificado como parte da legislação alemã. Hitler recusou. Não foi somente nos institutos de eutanásia da Alemanha que a matança de doentes mentais começou a ser posta em prática. Na Polônia ocupada, em Piaśnica, não muito longe de Danzig, milhares de pessoas consideradas "defeituosas" foram assassinadas. Além de poloneses e judeus, morreram em Piaśnica 1200 alemães, enviados ao povoado de instituições psiquiátricas da Alemanha.

Na manhã de 10 de outubro, Hitler recebeu sete de seus mais graduados comandantes militares na Chancelaria, o mesmo edifício de onde, um dia antes, haviam sido enviados os formulários de recenseamento para o programa de eutanásia. A seus generais, o Führer falou sobre as razões para uma guerra no oeste da Europa, lendo um memorando que ele próprio havia redigido e no qual definia como objetivo de guerra da Alemanha "a destruição do poder e da capacidade das potências ocidentais, de modo que não pudessem voltar a se opor à consolidação do Estado alemão e ao pleno progresso do povo alemão na Europa".

Hitler explicou que o tratado firmado com a Rússia tornava possível o ataque à Grã-Bretanha e à França, pois assegurava que a guerra seria travada numa frente única. Mas o tempo não estava do lado da Alemanha. "Nenhum tratado ou pacto", advertiu Hitler, "é capaz de garantir com plena certeza uma neutralidade duradoura com a Rússia soviética". O mais importante no momento era fazer "uma demonstração imediata da força alemã". Era essencial que se preparassem planos sem mais demora. O ataque não poderia começar "cedo demais". E deveria acontecer "sob quaisquer circunstâncias, se possível, neste outono".

Quinze dias haviam se passado desde que cientistas alemães, reunidos em Berlim, haviam informado as autoridades militares sobre a possibilidade de usar a fissão nuclear para criar uma bomba de enorme poder destrutivo. Nesse meio-tempo, nos Estados Unidos, o economista norte-americano Alexander Sachs, amigo de Albert Einstein, tentava agendar um encontro reservado com Roosevelt. Nessa reunião, que aconteceu em 11 de outubro, o economista levou consigo uma carta de Einstein, cujo conteúdo

Mapa 3. A Grande Alemanha, novembro de 1939

explicou ao presidente. A energia atômica permitiria a um homem "explodir seu vizinho" em uma escala até então inconcebível e inimaginável.

"Isso requer providências", foi o comentário de Roosevelt. Dez dias depois, uma comissão consultiva sobre o urânio realizou sua primeira reunião em Washington. Agora os Estados Unidos estavam ativamente empenhados na busca da nova força. Einstein, que, na condição de judeu, fora obrigado a fugir da Alemanha em 1933, mostrou o caminho a seguir para o desenvolvimento de uma revolucionária arma de guerra. Porém mais cinco anos se passariam antes de sua materialização. Nesse ínterim, o poder destrutivo das armas existentes continuou a ser sentido. Na noite de 13 de outubro, o submarino alemão U-47, comandado por Günther Prien, penetrou nas defesas navais britânicas em Scapa Flow* e, na madrugada de 14 de outubro, disparou três torpedos, afundando o encouraçado *Royal Oak*, ainda ancorado; 833 marinheiros morreram.

---

* Braço de mar no arquipélago das Órcades, na Escócia. (N. T.)

Dois dias após o naufrágio do *Royal Oak*, dois bombardeiros alemães sobrevoaram, sem escolta, a costa leste da Escócia. Ambos foram abatidos por caças. Três dos oito tripulantes morreram afogados. Foi a primeira vez que pilotos da força aérea britânica destruíram aeronaves inimigas em território doméstico. Um mês depois, nos céus da França, um jovem neozelandês, o piloto Edgar James Kain, abateu um bombardeiro alemão de uma altitude então recorde para um combate aéreo — 27 mil pés (8230 metros). Mas esses êxitos não foram capazes de compensar a tragédia do *Royal Oak*.

Na Polônia, os alemães não esmoreceram na busca de seus objetivos; em 16 de outubro, todos os poloneses receberam ordem de evacuar o porto e a cidade de Gdynia. Em outras cidades e vilarejos de toda a área anexada pela Alemanha também ocorreram expulsões em massa semelhantes. Os poloneses expulsos tinham que encontrar um lugar para viver em algum outro ponto do país assolado pela guerra, em regiões que já padeciam de severa escassez de alimentos. Ainda assim, só se permitia que levassem consigo os víveres e objetos que fossem capazes de transportar em malas ou trouxas. Suas casas, a maior parte de seus bens e, na maioria dos casos, seus próprios meios de subsistência tinham que ser deixados para trás. As execuções também continuaram, muitas vezes acompanhadas das mais perversas torturas físicas e mentais. Em 17 de outubro, o padre Pawłowski, de setenta anos, pároco do município de Chocz, foi preso pela Gestapo e acusado de porte ilegal de armas. Uma busca em sua casa revelou duas caixas de cartuchos, tudo o que restava de seu amor, anterior à guerra, pela caça de perdizes. Pawłowski foi espancado com tanta brutalidade que seu rosto ficou irreconhecível. Em seguida, foi levado para a cidadezinha vizinha de Kalisz, onde, na praça principal, um poste de execução havia sido montado. A Gestapo obrigou os judeus locais a amarrarem o padre ao poste e, depois de matá-lo a tiros de fuzil, a desamarrarem-no, beijar seus pés e enterrá-lo no cemitério judaico.

Nesse mesmo 17 de outubro, um decreto do Conselho Ministerial para a Defesa do Reich deu às divisões de campanha da ss independência judicial em relação ao exército alemão. Dali em diante, os soldados da ss não seriam mais julgados pelas cortes marciais do exército alemão, mas por seus superiores na própria ss. Também em 17 de outubro, o exército perdeu o controle administrativo da Polônia; em uma reunião na Chancelaria que contou com a presença de Heinrich Himmler e do general Keitel, Hitler anunciou que o governo da Polônia estava agora nas mãos de Hans Frank para a região do governo-geral, Albert Forster para a Grande Danzig-Prússia Ocidental e Arthur Greiser para Posen. Esses membros da alta cúpula do Partido Nazista foram incumbidos de impedir qualquer futuro ressurgimento de uma liderança polonesa. A Polônia deveria ficar empobrecida a ponto de os poloneses desejarem trabalhar na Alemanha. Dentro de dez anos, a Grande Danzig-Prússia Ocidental e Posen deveriam se transformar em "províncias germânicas puras e prósperas em pleno florescimento".

Na mesma noite, o general Keitel conversou sobre esses planos com um coronel do exército que chegou à Chancelaria. "Os métodos a serem empregados", comentou Keitel, "são incompatíveis com todos os nossos princípios existentes." Por toda parte, esses princípios estavam sendo deixados de lado. Em 18 de outubro, Hitler emitiu a Diretiva n. 7 acerca da conduta da guerra, autorizando ataques de submarinos alemães a navios de passageiros "em comboio ou navegando de luzes apagadas"; essa instrução foi enviada a Keitel no mesmo dia.

No Leste Europeu teve início um maciço movimento forçado de pessoas. Nas áreas do leste da Polônia ocupadas pela Rússia, os alemães cujos ancestrais ali haviam se estabelecido dois séculos antes foram despachados, sem mais nem menos e em meio à perplexidade geral, para o outro lado da nova fronteira germano-soviética, a fim de fixar residência no oeste da Polônia. Da mesma maneira, judeus cujos antepassados viviam havia séculos na cidade tchecoslovaca — agora alemã — de Moravská Ostrava foram enfiados à força em vagões de trem, sob a mira de guardas da SS, deportados para o governo-geral e despejados a leste de Lublin em uma "reserva judaica" especial, onde pouco depois receberam a companhia de judeus deportados dos portos do Báltico e de Viena, e até mesmo de judeus apreendidos nas docas de Hamburgo quando esperavam para embarcar em navios com destino aos Estados Unidos. Outros judeus, em especial os que viviam em Chełm, Pułtusk e Ostrów, fugiram da Polônia ocupada para o leste, através do rio Bug, para o lado soviético. Lá, atônitos, deram de cara com judeus poloneses em fuga para o oeste, desesperados para escapar dos perigos do governo comunista e na esperança de que, como na Primeira Guerra Mundial, o jugo alemão pudesse ser menos opressivo.

Com o súbito predomínio da União Soviética nos Estados bálticos, os germano--bálticos, cuja ancestralidade remontava a muitas centenas de anos, descobriram ser eles próprios os beneficiários um tanto surpresos da recém-descoberta cooperação germano-soviética; também eles se viram inesperadamente em movimento, e em 20 de outubro começaram a sair da Estônia rumo a Danzig. Dois dias depois, os alemães começaram a deportar poloneses de Poznań, a maior cidade do oeste da Polônia, com uma população de mais de 250 mil habitantes. A década de preparação para "províncias germânicas puras e prósperas" havia começado.

O mundo aguardava o próximo movimento de Hitler, sem saber se ele voltaria a atacar. Alguns viram em sua oferta de paz de 6 de outubro um alvissareiro sinal de esperança. Outros ficaram alarmados por uma passagem de seu discurso em que declarava: "O destino decidirá. Uma coisa é certa: no curso da história mundial nunca houve dois vencedores, mas, quase sempre, apenas derrotados". Em um discurso secreto para altos funcionários do Partido Nazista em 21 de outubro, Hitler garantiu a seus seguidores que, tão logo deixasse a Inglaterra de joelhos e destruísse a França, voltaria suas atenções para o leste e "mostraria quem era o senhor ali". Os soldados russos, disse ele, eram mal treinados e mal equipados. Assim que desse um jeito no leste, o Führer "começaria a restaurar a Alemanha à sua posição de outrora como potência mundial".

Na Polônia ocupada, a Nova Ordem já estava sendo estabelecida. Em 25 de outubro, no primeiro diário oficial do governo-geral, Hans Frank anunciou que dali em diante todos os homens judeus entre catorze e sessenta anos seriam "obrigados a trabalhar" em projetos de trabalho braçal controlados pelo governo. Alguns partiriam todos os dias em brigadas para realizar tarefas nas imediações das cidades. Outros seriam levados para campos de trabalho especiais instalados junto a projetos de construção distantes. No fim do ano, já havia 28 desses campos na região de Lublin; 21 foram criados na região de Kielce, catorze perto de Varsóvia, doze perto de Cracóvia e dez nos arredores de Rzeszów. As condições nesses campos de trabalho eram terrivelmente duras. Ainda assim, a miserável esmola paga aos trabalhadores propiciava uma forma de sobrevivência para muitos judeus que, expulsos das cidades e vilarejos em que haviam vivido e trabalhado a vida inteira, agora não dispunham de outros meios de subsistência.

Típico da Nova Ordem agora em vigor na Polônia era um aviso afixado nas ruas de Toruń em 27 de outubro pelo chefe local da polícia. Seus dez pontos estipulavam instruções para os cidadãos poloneses cujo "comportamento descarado" teria que mudar. Todos os poloneses deveriam "deixar as calçadas livres" para os alemães. "A rua pertence aos conquistadores, não aos conquistados." Nas lojas e no mercado, representantes das autoridades alemãs e alemães étnicos locais teriam prioridade no atendimento. "Os conquistados vêm depois." Os homens poloneses eram obrigados a tirar o chapéu para "as personalidades importantes do Estado, do Partido e das Forças Armadas". Os poloneses estavam proibidos de usar a saudação *Heil Hitler!*. "Quem incomodar mulheres e meninas alemãs ou lhes dirigir a palavra receberá punição exemplar. As mulheres polonesas que incomodarem cidadãos alemães ou lhes dirigirem a palavra serão enviadas para bordéis."

O grau de seriedade dessas regulamentações ficava claro em um parágrafo final, em que se lia: "Os poloneses incapazes de entender que são eles os conquistados e nós os conquistadores, e que porventura agirem de forma contrária às prescrições acima estipuladas, estarão sujeitos às mais severas punições".

Os poloneses eram agora um povo subjugado. Mas, para a ideologia nazista, conquistar não era suficiente. Era necessário criar uma nova raça, com base na espúria noção de superioridade étnica "ariana". Em 28 de outubro, Himmler emitiu para as unidades da SS uma "ordem de procriação" especial, segundo a qual se tornaria "a sublime tarefa de mulheres e moças alemãs de bom sangue, agindo não por frivolidade, mas movidas por uma profunda seriedade moral, dar à luz filhos de soldados a caminho da batalha". Para assegurar que a criação de uma raça de "super-homens" fosse realizada de forma sistemática, Himmler estabeleceu centros especiais de reprodução humana, dentro de um programa conhecido como Lebensborn [Fonte da Vida], onde as meninas, selecionadas por seus supostos traços "nórdicos" perfeitos, poderiam procriar com homens da SS. Sua prole seria criada em maternidades, lares e orfanatos geridos pelo programa, onde receberia benefícios especiais.

A criação da raça "superior" e a destruição da "raça inferior" caminhavam lado a lado. Para muitos oficiais do exército alemão, no entanto, o tratamento dado à raça "inferior" havia assumido formas inaceitáveis. Numa carta enviada à Chancelaria de Hitler em que protestou contra esses maus-tratos, o general Blaskowitz descreveu um incidente no vilarejo polonês de Turek em 30 de outubro, quando vários judeus

> foram conduzidos às sinagogas e lá obrigados a rastejar entre os bancos, cantando, enquanto eram açoitados com chicotes pelos homens da SS. Em seguida, foram forçados a abaixar as calças para receber chicotadas nas nádegas. Um judeu, que borrou as calças de medo, foi obrigado a lambuzar com seus excrementos o rosto de outros judeus.

Ninguém sabia qual seria o futuro desses judeus. Em visita a Łódź em 2 de novembro, o ministro da Propaganda de Hitler, Joseph Goebbels, escreveu acerca dos 200 mil judeus da cidade: "É indescritível. Eles já deixaram de ser pessoas, são bestas-feras. Não se trata, portanto, de uma tarefa humanitária, mas cirúrgica. Aqui se deve fazer uma incisão radical. Do contrário, a Europa será arruinada pela doença judaica". No mesmo dia, uma revista de Berlim declarou: "Por trás de todos os inimigos da supremacia da Alemanha estão aqueles que exigem nosso cerco — os mais antigos inimigos do povo alemão e de todas as nações saudáveis em ascensão: os judeus".

Uma semana depois desse artigo e da visita de Goebbels a Łódź, os alemães iniciaram a expulsão de todos os 40 mil judeus que viviam nessas regiões da Polônia agora anexadas à Alemanha. A maioria das famílias foi forçada a deixar suas casas da noite para o dia, abandonando propriedades, lojas, negócios e todos os seus bens, exceto os que conseguissem ser colocados em um carrinho ou enfiados em uma mala. Todos os deportados foram enviados para o governo-geral.

Em 3 de novembro, 96 professores poloneses da cidade de Rypin foram convocados à Gestapo, presos e fuzilados, alguns no prédio da escola, outros em bosques nas imediações.

Em 28 de outubro, um bombardeiro alemão em missão de reconhecimento naval foi alvejado e derrubado no espaço aéreo da Escócia, perto da aldeia de Humbie. Foi a primeira aeronave militar alemã a ser abatida em solo britânico na guerra. Dois tripulantes, Gottlieb Kowalke e Bruno Reimann, foram mortos, e os outros dois, o capitão Rolf Niehoff e o piloto Kurt Lehmkuhl, capturados. Ambos passariam os seis anos seguintes como prisioneiros de guerra, primeiro na Inglaterra e depois no Canadá.

Na Europa Ocidental, intensificaram-se os preparativos para enfrentar um possível ataque alemão. Em 27 de outubro, um bem-conceituado militar canadense, o brigadeiro Henry Duncan Graham Crerar, chegou à Inglaterra para estabelecer o núcleo de um quartel-general canadense em Londres. Em 3 de novembro, em Washington, a pedido do presidente Roosevelt, o Congresso revogou a cláusula na Lei de Neutralidade que, desde 1937, proibia tanto o envio de armas norte-americanas para países beligerantes quanto a concessão de créditos econômicos a países em guerra que desejassem comprar armas dos Estados Unidos. Extintas essas barreiras à aquisição de armas por parte de britânicos e franceses, um conselho de compras anglo-francês foi estabelecido em Washington. O chefe do conselho era um industrial canadense nascido na Grã-Bretanha, Arthur Purvis, que no início da Primeira Guerra Mundial, aos 24 anos, fora enviado da Inglaterra para os Estados Unidos a fim de comprar todos os estoques disponíveis de acetona, cuja escassez atrapalhava tremendamente a fabricação britânica de explosivos. O retorno de Purvis aos Estados Unidos marcou uma importante etapa na busca anglo-francesa por armas e munições para enfrentar qualquer possível investida militar alemã.

Em 5 de novembro, dois dias após a revogação do embargo de armas em Washington, Hitler, após fazer furiosas críticas ao general Brauchitsch por conta do espírito "derrotista" do alto-comando do exército alemão, definiu 12 de novembro como a data para o ataque a França, Bélgica e Holanda. Dois dias depois, no entanto, emitiu um adiamento. Os argumentos que Brauchitsch havia apresentado na Chancelaria, e que tanto indignaram o Führer, eram incontestáveis. O exército não estava preparado. O inverno úmido impedia o avanço dos tanques e limitava a quantidade de horas de luz do dia durante as quais a força aérea alemã poderia voar. Mais importante, a Luftwaffe precisava de cinco dias consecutivos de bom tempo para destruir a força aérea francesa, um elemento crucial para o sucesso da "guerra-relâmpago". Contudo, o relatório meteorológico de 7 de novembro era por demais negativo para a segurança da ofensiva.

Ironicamente, Grã-Bretanha e França tomaram conhecimento da data da invasão — 12 de novembro — por duas fontes diferentes. A primeira foi o general Hans Oster, segundo em comando na equipe de inteligência do almirante Canaris, que no dia 7 de novembro comunicou a data ao coronel Jacobus Sas, o adido militar holandês em Berlim. A segunda foi Paul Thümmel, que também integrava a agência de inteligência militar de Canaris e, na condição de agente A-54, informou a mesma data e repassou pormenores à inteligência ocidental por intermédio do governo da Tchecoslováquia exilado em Londres. Desde 1936, Thümmel vinha enviando detalhes das intenções militares alemãs aos serviços de inteligência tchecoslovacos. Nenhuma outra máquina militar tinha espiões tão bem infiltrados e com contatos tão influentes em seu meio — no próprio centro nervoso das operações.

Hitler poderia facilmente alterar a data da guerra, e faria isso várias vezes. Mas a Nova Ordem alemã na Polônia não tolerava adiamentos. Em 5 de novembro, data da decisão do Führer de atacar o oeste da Europa, todos os 167 professores da Universidade de Cracóvia foram detidos pela Gestapo e enviados para o campo de concentração de Sachsenhausen, ao norte de Berlim. Lá, dezessete morreram em decorrência das torturas a que foram submetidos. Entre eles estava o professor Ignatius Chrzanowski, o principal historiador da literatura polonesa; o professor Michał Siedlecki, importante zoólogo e ex-reitor da Universidade de Vilnius; e Stanisław Estreicher, professor de jurisprudência europeia, que recusara uma oferta alemã anterior para se tornar presidente de um protetorado polonês fantoche. Os três estavam na casa dos setenta e poucos anos.

Depois de adiar seu ataque ao oeste da Europa, Hitler viajou em 8 de novembro de Berlim a Munique, para comemorar o 16º aniversário do Putsch da cervejaria, o episódio em 1923 em que havia liderado seus seguidores em uma malograda marcha para tomar o poder na capital da Baviera. Nessa ocasião de celebração à tentativa de golpe, Hitler fez um discurso em que condenou publicamente a Grã-Bretanha por seu "ciúme e ódio" em relação à Alemanha. Sob o domínio nazista, ele declarou, a Alemanha tinha alcançado mais feitos do que a Grã-Bretanha em séculos.

Hitler deixou a cervejaria antes do previsto para voltar a Berlim, onde tinha reunião marcada com seus generais a fim de discutir a nova data para a ofensiva ocidental. Oito minutos depois de ter saído, uma bomba explodiu dentro de um pilar de madeira logo atrás do púlpito onde ele havia discursado. Morreram sete pessoas, e mais de sessenta ficaram feridas. Hitler já estava no trem para Berlim quando recebeu a notícia da explosão. "Agora estou completamente satisfeito", comentou. "O fato de ter deixado a cervejaria mais cedo do que o habitual corrobora a intenção da Providência de permitir que eu alcance meu objetivo."

O autor do atentado foi capturado na mesma noite em Konstanz, quando tentava cruzar a fronteira com a Suíça. O nome do homem que desejava assassinar Hitler era Johann Georg Elser, um carpinteiro e relojoeiro de 36 anos recém-libertado do campo de concentração de Dachau, nos arredores de Munique, onde passara um período preso por ser simpatizante do comunismo. Agora, ele foi enviado para Sachsenhausen na condição de "prisioneiro especial de Hitler".

Na catedral católica de Munique, o cardeal Michael von Faulhaber, o arcebispo da cidade, conduziu uma missa solene para celebrar a "milagrosa maneira" como Hitler havia escapado da tentativa de assassinato. Em 9 de novembro, ocorreu um milagre mais prosaico que o próprio Hitler pôde comemorar logo após seu retorno a Berlim:

o sequestro, por agentes da SS, de dois agentes da inteligência britânica na Holanda, atraídos para a fronteira holandesa-alemã em Venlo. O plano do rapto foi arquitetado por Alfred Naujocks, de 28 anos, que já havia comandado o falso "ataque polonês" à estação de rádio de Gleiwitz na véspera da eclosão da guerra entre a Alemanha e a Polônia. O objetivo do incidente de Venlo, além de descobrir o máximo possível sobre as técnicas e os planos da inteligência britânica, era dar aos alemães um pretexto para invadir a Holanda, com base na alegação de que os holandeses, ao permitirem que dois agentes britânicos operassem em seu território, haviam abandonado sua neutralidade.

Reconhecendo o valor desse sequestro espetacular, Hitler concedeu a um de seus organizadores, Helmut Knochen, a Cruz de Ferro de Primeira e Segunda Classe. Especialista na imprensa dos refugiados alemães na França, na Bélgica e na Holanda, Knochen tinha doutorado em literatura inglesa pela Universidade de Göttingen. Os dois agentes britânicos, o capitão Sigismund Payne Best e o major Richard Henry Stevens, foram encarcerados primeiro em Sachsenhausen e depois em Dachau. Um oficial de inteligência holandês, o tenente Dirk Klop, que os acompanhou até a fronteira, foi baleado e capturado; morreu em decorrência dos ferimentos horas depois, em Düsseldorf.

No campo de concentração de Buchenwald, o dia 9 de novembro foi marcado pela execução de 21 judeus forçados a trabalhar nas pedreiras. O mais jovem, Walter Abusch, tinha apenas dezessete anos; o mais velho, Theodor Kriesshaber, 51.

Em 11 de novembro comemorava-se o Dia da Independência da Polônia. Dois dias antes, em Łódź, os alemães apreenderam vários judeus na rua e ordenaram que destruíssem o monumento ao herói nacional polonês, Kościuszko.* Os judeus eram velhos; o mausoléu era sólido; nem mesmo as coronhas dos rifles ajudaram a acelerar seu trabalho. Por isso, foi necessário explodir o monumento com uma carga de dinamite. No Dia da Independência polonesa propriamente dito, os alemães celebraram marchando sobre os escombros da estátua. Horas depois, no mesmo dia, outrora uma data festiva para os poloneses, os alemães tiraram 350 polacos de um campo de trabalhos forçados nas imediações de Gdynia e os levaram até o pátio de uma prisão na cidadezinha de Wejherowo. Lá, eles receberam ordens de cavar uma série de covas profundas. Os homens foram divididos em grupos; os do primeiro foram perfilados na beira de uma das covas e fuzilados, enquanto os demais eram forçados a assistir à execução. A cada grupo levado para a beira de uma cova e fuzilado, ouviam-se gritos de "Viva a Polônia!".

De uma ponta à outra da Polônia ocupada pelos alemães, essas atrocidades tornavam-se banais. Em 8 de novembro, na estância hidromineral de Ciechocinek, um grupo de

---

* Andrzej Tadeusz Kościuszko (1746-1817), general e líder da revolta contra o Império Russo em 1794. (N. T.)

cinquenta oficiais poloneses, agora prisioneiros de guerra, foi conduzido pelas ruas da cidade com as mãos sobre a cabeça. Depois, foram todos fuzilados. Em Varsóvia, em 9 de novembro, mil intelectuais poloneses — escritores, jornalistas, artistas — foram presos.

A expulsão de poloneses e judeus das áreas anexadas pela Alemanha prosseguia a pleno vapor, em meio a uma série de tribulações para os expulsos. Ao todo, 120 mil polacos, a maioria camponeses, foram desalojados do distrito de Posen, agora conhecido como Warthegau; 35 mil tiveram de deixar a Grande Danzig-Prússia Ocidental, e 15 mil a Alta Silésia Oriental. Em Bydgoszcz, em 27 de novembro, Albert Forster declarou: "Fui nomeado pelo Führer o depositário da causa alemã neste país, com a ordem expressa de voltar a germanizá-lo. Assim, nos próximos anos, farei todo o possível para eliminar qualquer manifestação de polonismo, seja de que tipo for".

Para os judeus desalojados dessas regiões anexadas, uma das áreas de realocação era o distrito de Lublin. Lá, em 9 de novembro, Odilo Globočnik foi nomeado membro da SS e líder da polícia; um notório e virulento antissemita, nos anos anteriores à guerra ele servira como vice-líder distrital do Partido Nazista na Áustria, onde ajudara a pavimentar o caminho para a anexação de Hitler e o controle nazista.

No governo-geral, já estavam sendo tomadas medidas que superavam, em termos de severidade e de selvageria, os espancamentos e assassinatos aleatórios dos seis anos pré-guerra de "luta" nazista. Em 15 de novembro, em Łódź, a principal sinagoga foi incendiada; por ordem dos alemães, os bombeiros poloneses locais foram chamados para evitar que as chamas se espalhassem para os edifícios adjacentes. Em Varsóvia, em 16 de novembro, um edital alemão anunciou laconicamente a execução, naquele dia, de quinze poloneses, um deles judeu. Em Lublin, novo quartel-general de Odilo Globočnik, os livros da Academia Religiosa Judaica da cidade foram levados para a praça central e queimados. "Era uma questão de orgulho especial", relatou mais tarde uma testemunha ocular alemã, "destruir a academia talmúdica, conhecida como a mais formidável da Polônia." A fogueira ardeu por 24 horas. "Os judeus de Lublin", recordou o alemão, "se reuniram e choraram amargamente, e seus gritos e soluços quase nos silenciaram. Convocamos a banda militar, e, com brados de alegria, os soldados abafaram os sons dos lamentos dos judeus."

"A bem da verdade, somos gado aos olhos dos nazistas", anotou em seu diário Chaim Kaplan, um educador de Varsóvia, em 18 de novembro. "Ao supervisionar o trabalho dos judeus, eles têm sempre um chicote nas mãos. Todos os judeus são impiedosamente açoitados." Em 19 de novembro, de acordo com as anotações de Himmler, ele informou pessoalmente o Führer sobre o "fuzilamento de 380 judeus em Ostrów".

Em todas as partes do governo-geral foram implementadas medidas para isolar os judeus dos poloneses. Entre os que já haviam sido expulsos das áreas da Polônia anexadas pela Alemanha estavam os judeus da cidadezinha de Sierpc. Quando eles chegaram a Varsóvia carregando seus patéticos pacotes e trouxas, atestou-se que, além das indignidades da expulsão, haviam sido submetidos a uma peculiar humilhação ainda antes de deixarem Sierpc; todos foram forçados a costurar um distintivo amarelo na lapela do casaco e a escrever nele a palavra "judeu". Em 17 de novembro, em Varsóvia, Chaim Kaplan notou que, quando seus colegas judeus de Varsóvia viram o distintivo, "o rosto deles se cobriu de vergonha". Kaplan, no entanto, aconselhou uma medida de retaliação, adicionando, ao lado da palavra "judeu", as palavras "meu orgulho". Quando sugeriu isso a um dos judeus de Sierpc, no entanto, "o judeu respondeu, como quem sabe das coisas, que o conquistador considera atitudes como essa 'sabotagem' e condena o culpado à morte".

Em 23 de novembro, Hans Frank anunciou, em Cracóvia, que todos os judeus e judias com mais de dez anos em todo o governo-geral deveriam usar uma braçadeira branca de dez centímetros de largura "marcada com a estrela de Sião de seis pontas, presa na parte superior da manga direita de suas vestimentas exteriores e interiores". Em Varsóvia, a estrela tinha que ser azul. "Os transgressores", alertou Frank, seriam presos. Punições muito piores, no entanto, já estavam sendo aplicadas aos judeus de Varsóvia. No dia anterior ao anúncio de Frank, 53 judeus, os residentes do número 9 da rua Nalewki, foram executados como represália pela morte de um policial polonês, cujo assassino judeu morava no mesmo endereço. Os alemães se ofereceram para libertar os 53 mediante o pagamento de um resgate, mas, quando os representantes do Conselho Judaico de Varsóvia levaram o dinheiro à sede da Gestapo, foram informados de que os judeus presos já haviam sido fuzilados. O dinheiro não foi devolvido.

A execução dos 53 judeus da rua Nalewki foi o primeiro assassinato em massa de judeus em Varsóvia. "Isso espalhou pânico entre a população judaica", relembraria mais tarde um judeu. Entre os mortos nessa ação de represália estava Samuel Zamkowy, de 45 anos, um dos mais renomados ginecologistas de Varsóvia.

Alguns indivíduos do exército alemão ficaram chocados diante do que estava acontecendo; em 23 de novembro, um dia após as execuções da rua Nalewki, o general Walter Petzel, o comandante militar alemão do Warthegau, redigiu um relatório, que o general Blaskowitz encaminhou a Hitler, no qual afirmava que em quase "todas as principais localidades" a SS e a Gestapo "realizam execuções públicas". Mais que isso, Petzel acrescentou: "A seleção de vítimas é inteiramente arbitrária, e a maneira como as execuções são conduzidas é, em muitos casos, repulsiva".

Em 25 de novembro, dois funcionários do Gabinete de Política Racial em Berlim, Eberhard Wetzel e Gerhard Hecht, enviaram aos líderes nazistas, inclusive Himmler, suas sugestões para o futuro dos poloneses. "A assistência médica que nos cumpre fornecer", eles escreveram, "deve se limitar à prevenção da propagação de epidemias para o território do Reich." Todas as medidas que servissem para "limitar" a taxa de natalidade dos poloneses deveriam ser "toleradas ou promovidas". Quanto aos judeus: "Somos indiferentes com relação a seu destino higiênico". Assim como no caso dos poloneses, "deve-se restringir de toda forma possível sua procriação".

Em seus planos para forçar a Grã-Bretanha e a França a se renderem, Hitler lançou uma arma que pretendia revolucionar a guerra naval. Tratava-se de uma mina magnética, detonada pelo magnetismo de qualquer navio com casco de ferro que passasse por ela. Em 14 de novembro, em Londres, Churchill informou o Gabinete de Guerra britânico sobre esse novo dispositivo, que começara a causar estragos consideráveis nos navios mercantes britânicos e franceses. Um submarino alemão já havia espalhado uma linha de minas magnéticas em um ponto vital para o tráfego marítimo britânico, defronte à entrada do estuário do Tâmisa. Um navio lança-minas britânico, o HMS *Adventure*, atingiu uma dessas minas e sofreu graves danos. Doze marinheiros morreram.

Especialistas navais britânicos trabalharam sem parar dia e noite para tentar encontrar um meio de fazer frente ao que Churchill chamou, na sigilosa privacidade do Gabinete de Guerra, de "uma grave ameaça, que pode muito bem ser a 'arma secreta' de Hitler". O próprio Hitler estava agora profundamente empenhado em seus planos para uma guerra total no oeste da Europa; em novembro, ele discutiu esses planos com o general Erwin Rommel, que havia demonstrado suas habilidades militares na campanha polonesa. "A decisão do Führer é peremptória e irreversível", observou Rommel. "A tentativa de assassinato em Munique apenas tornou sua resolução ainda mais forte. É maravilhoso testemunhar tudo isso."

Cinco dias após sua conversa com Rommel, Hitler emitiu uma nova diretiva para seus comandantes do estado-maior, definindo os detalhes dos ataques a serem lançados contra a Bélgica e a Holanda. "Onde não houver resistência", ele escreveu, referindo-se à Holanda, "a invasão assumirá o caráter de ocupação pacífica." A marinha de guerra se incumbiria do bloqueio das costas holandesa e belga.

Nesse ínterim, a Kriegsmarine continuou a causar estragos no litoral leste da Grã-Bretanha, lançando por avião minas magnéticas que afundaram navios mercantes indiscriminadamente; em 19 de novembro, dos cinco navios mercantes naufragados, dois eram britânicos, um francês, um sueco e um italiano. Em 20 de novembro, uma mina magnética mandou pelos ares o navio caça-minas *Mastiff*, que realizava uma varredura. Todavia, em 22 de novembro, houve uma reviravolta na sorte para as rotas marítimas da Grã-Bretanha; uma mina magnética lançada por avião havia caído nos lodaçais perto de Shoeburyness e ficara aninhada na lama do alagadiço, intacta. Recolhido na noite seguinte, o artefato foi desmontado e teve seu segredo descoberto. Em 23 de novembro, o Almirantado deu início aos trabalhos para encontrar um antídoto.

Hitler nada sabia sobre a recuperação da mina magnética. No mesmo dia, 23 de novembro, ele falou a seus generais sobre o futuro ataque a Bélgica, Holanda e França. A Grã-Bretanha, no entanto, não precisaria ser invadida, pois "poderia ser forçada a se ajoelhar pela ação dos submarinos e minas".

O discurso de Hitler foi uma afirmação confiante de vitória iminente no oeste da Europa, contanto que a oportunidade fosse aproveitada sem demora. "Pela primeira vez na história, precisamos lutar em uma só frente. A outra, no momento, está aberta. Mas ninguém pode saber ao certo quanto tempo permanecerá assim." Sua própria vida, continuou Hitler, não tinha importância: "Conduzi o povo alemão a grandes conquistas, mesmo que agora sejamos objeto de ódio do mundo exterior". Ele decidiu viver sua vida de maneira que, se tivesse que morrer, não seria com "a mácula da vergonha": "Nesta luta, resistirei ou tombarei", concluiu. "Não sobreviverei à derrota do meu país."

Eram palavras duras. "O Führer falou muito francamente", escreveu Rommel no dia seguinte. "Mas isso também parece bastante necessário, porque quanto mais eu falo com meus camaradas, em cada vez menos deles vejo entusiasmo e convicção no que estão fazendo."

No mar, a confiança de Hitler continuava parecendo pertinente e certeira. Em 24 de novembro, um dia após seu discurso aos generais, o cruzador de batalha alemão *Scharnhorst* afundou o cruzador mercante armado britânico *Rawalpindi* após um bombardeio de catorze minutos. Ao todo, 270 oficiais e tripulantes britânicos morreram afogados; dos 38 sobreviventes, 27 foram levados pelos alemães.

Em 28 de novembro, numa represália pelo lançamento de minas nas águas costeiras da Grã-Bretanha, o governo britânico instituiu um bloqueio naval no mar do Norte a todas as exportações marítimas alemãs. No dia seguinte, em sua Diretiva n. 9, Hitler emitiu novas instruções de guerra, que começavam assim: "Em nossa luta contra as potências ocidentais, a Inglaterra tem se mostrado a animadora do espírito de luta do inimigo e a principal adversária. A derrota dos ingleses é essencial para a vitória definitiva". O meio "mais eficaz" para assegurar essa derrota era "debilitar a economia inglesa em pontos decisivos". Assim que o exército alemão tivesse derrotado os efetivos anglo-franceses no campo de batalha e "se apoderado de um setor da costa" defronte à Inglaterra, a tarefa primordial da marinha e da força aérea alemãs seria "levar a guerra" para a indústria inglesa, por meio do bloqueio naval, do lançamento de minas em alto-mar e do bombardeio aéreo de portos e centros industriais.

As operações de implantação de minas na costa britânica já vinham sendo realizadas em uma escala considerável. Agora, o número de voos de reconhecimento aéreo alemão sobre a Grã-Bretanha era cada vez maior. Em Londres, o Gabinete de Guerra perguntou ao principal órgão de interpretação das intenções alemãs, a Comissão Conjunta de Inteligência, o que significavam todas aquelas atividades. Em 30 de novembro, a comissão respondeu que não era possível fazer mais do que meras suposições acerca do significado de tais movimentações.

3. A ferrenha Finlândia

NOVEMBRO DE 1939

Na manhã de 30 de novembro de 1939, o Exército Vermelho desferiu uma ofensiva militar de grande envergadura através da fronteira soviético-finlandesa. Para os países da Europa Ocidental que já estavam em guerra havia quase três meses, parecia certo que a Finlândia sucumbiria num piscar de olhos; 26 divisões soviéticas, totalizando cerca de 465 mil homens, se lançaram contra nove divisões finlandesas que totalizavam 130 mil combatentes. No mesmo momento, mil aeronaves soviéticas entraram em ação contra 150 aviões finlandeses, nenhum deles moderno. O alto-comando soviético estava tão confiante em uma vitória rápida que muitas de suas tropas usavam uniformes de verão, apesar do início iminente do inverno.

A força aérea de Stálin bombardeou Helsinque com o mesmo grau de destruição com que a força aérea de Hitler havia devastado Varsóvia meses antes. No primeiro dia de guerra, o raide ocasionou a morte de 61 finlandeses na capital. Sobrecarregados, os hospitais ficaram abarrotados de vítimas. "Trouxeram uma mulher já moribunda", escreveu mais tarde Geoffrey Cox, um jornalista nascido na Nova Zelândia, "segurando nos braços um bebezinho morto. Uma menina de doze anos, Dolores Sundberg, teve ambas as pernas esmagadas e morreu na mesa de operação."

Esse ataque, e as fotografias do desastre reproduzidas por todo o país ao longo de muitas semanas, convenceram os finlandeses da necessidade de resistir. "Em todas as frentes que visitei posteriormente", relembrou Geoffrey Cox,

> todos os homens falavam com raiva da tarde de 30 de novembro. Nos casebres de camponeses e nos apartamentos de operários de uma ponta à outra do país, vi jornais e fotos das ruas de Helsinque em chamas. Em grande medida, a ferrenha força do espírito de luta que os finlandeses demonstraram nessa guerra se deveu ao ataque aéreo a Helsinque.

Em 2 de dezembro, a agência de notícias soviética Tass anunciou a criação de um Governo Popular da Finlândia. Nas fronteiras, porém, a resistência finlandesa era formidável. Pequenas unidades de soldados eram capazes de se deslocar rapidamente de bicicleta e sobre esquis ao longo de caminhos estreitos na floresta. Os defensores finlandeses jogavam garrafas cheias de gasolina, com trapos acesos no gargalo, nas torres dos tanques soviéticos: essa granada incendiária simples, mas devastadoramente eficaz, logo foi apelidada de "coquetel molotov".

Não levou muito tempo para que o ataque russo à Finlândia estampasse as principais manchetes da imprensa mundial. Na Grã-Bretanha, na França e nos Estados Unidos, e até mesmo na Alemanha, a reação foi de admiração por um país pequeno que teimava em resistir com unhas e dentes a uma agressão tão maciça. Contudo, por trás do desvio de atenção ocasionado por essa nova guerra, as crueldades iniciadas pela velha guerra e o recrudescimento do domínio nazista continuaram inabaláveis. Na primeira semana de dezembro, todos os pacientes poloneses do hospital psiquiátrico de Stralsund foram levados para o campo de Stutthof, nas proximidades de Danzig, e fuzilados. Seus corpos foram enterrados por prisioneiros poloneses, por sua vez fuzilados tão logo concluíram a medonha tarefa. Na nova fronteira germano-soviética, em Chełm, no governo-geral, os pacientes do manicômio local foram executados por um pelotão de fuzilamento da ss; os doentes que conseguiram escapar das dependências do manicômio foram caçados e mortos.

Quem supervisionava essas matanças não eram soldados, mas médicos. Em 2 de dezembro, depois que o Ministério da Justiça do Reich recebeu queixas contra dois cirurgiões da ss, o dr. Karl Genzken e o dr. Edwin Jung, por realizarem, em Sachsenhausen, bem-sucedidos experimentos de esterilização de criminosos profissionais, o general Richard Glücks, inspetor-geral do sistema de campos de concentração, fez dois apontamentos em carta ao general Karl Wolff, chefe da equipe pessoal de Himmler: primeiro, que os experimentos médicos se justificavam em vista da natureza perigosa dos criminosos envolvidos; e, segundo, que nenhum dos dois médicos poderia prestar esclarecimentos ao Ministério da Justiça, uma vez que haviam sido transferidos para a ss-Totenkopfverbände e estavam naquele exato momento servindo "na frente". É claro que na frente em questão todos os combates já haviam cessado havia mais de dois meses. Logo depois o dr. Genzken deixaria o leste da Polônia para assumir um cargo na Inspetoria Médica da Waffen-ss,* serviço do qual mais tarde se tornaria o chefe.

O trabalho da ss na Polônia foi discutido no dia 5 de dezembro, em Berlim, por Hitler e Goebbels, que acabava de voltar da Polônia. "Conto a ele sobre minha viagem", escreveu Goebbels em seu diário.

---

* As formações militares da ss. (N. T.)

Ele ouve tudo com muita atenção e compartilha da minha opinião acerca da questão judaica e polonesa. Devemos liquidar o perigo judeu. Mas essa ameaça retornará em algumas gerações. Não há panaceia que cure esse mal. A aristocracia polonesa merece ser destruída. Ela não tem qualquer ligação com o povo, que, a seu ver, existe puramente para sua própria conveniência.

Hans Frank, que acompanhou Goebbels a Berlim, esteve presente nesse encontro. "Ele tem uma imensa quantidade de trabalho a fazer", comentou Goebbels, "e já está elaborando uma série de novos planos." Dois dias depois, Hitler emitiu um novo decreto, intitulado "Noite e neblina", autorizando a detenção de "pessoas que ponham em perigo a segurança alemã". Os indivíduos apreendidos não deveriam ser executados imediatamente, mas "desaparecer, sem deixar vestígio, na noite e na neblina". Nas listas dos campos de concentração, as iniciais "NN" — *Nacht und Nebel* — junto ao nome de um preso significariam "execução".

A nova política não acabou, porém, com as execuções públicas, cuja intenção era aterrorizar e dissuadir. Em 8 de dezembro, em Varsóvia, foram fuzilados 31 poloneses, seis deles judeus. Alegou-se, à guisa de pretexto, que estavam envolvidos em "atos de sabotagem". "Já não nos restam forças para chorar", Chaim Kaplan escreveu em seu diário. "O choro constante e contínuo leva ao silêncio. No princípio há gritos; depois, lamentos; por fim, um incompreensível suspiro de lamúria que não deixa nem sequer um eco."

Na Finlândia, o Exército Vermelho continuou suas investidas ao longo de uma frente de 1300 quilômetros, do oceano Ártico ao golfo da Finlândia. No extremo norte, o porto ártico de Petsamo foi invadido, mas em Nautsi, no extremo norueguês da rodovia do Ártico, o avanço das tropas soviéticas foi contido, o que também aconteceu em Kuhmo e Ilomantsi. Três ataques navais soviéticos lançados no golfo da Finlândia contra as cidades portuárias de Turku, Hango e Porvoo, no sul do país, foram rechaçados.

Na Grã-Bretanha e na França, o esforço de resistência finlandês ao ataque soviético suscitou forte simpatia. Em 7 de dezembro, o primeiro-ministro britânico, Neville Chamberlain, anunciou a venda de trinta aviões de caça para a Finlândia. Quatro dias depois, em Genebra, a Liga das Nações iniciou um debate de emergência, que terminou com a expulsão da União Soviética da Liga e um apelo para que todos os auxílios possíveis fossem concedidos aos finlandeses. Mais tarde, Édouard Daladier, o primeiro-ministro francês, enumerou a ajuda militar que a França havia enviado: 145 aviões, 496 armas pesadas, 5 mil metralhadoras, 200 mil granadas de mão, 400 mil fuzis e 20 milhões de cartuchos de munição. Voluntários britânicos, franceses e italianos se ofereceram para lutar e viajaram a Helsinque, onde foram recebidos com entusiasmo pelos finlandeses.

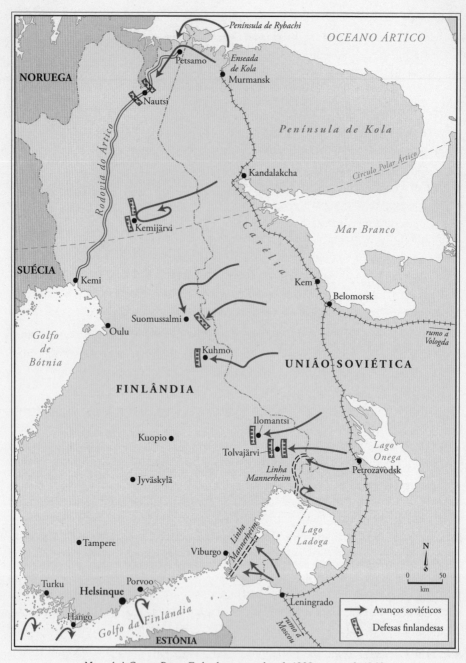

Mapa 4. A Guerra Russo-Finlandesa, novembro de 1939 a março de 1940

Em 12 de dezembro, as tropas finlandesas a leste do município de Suomussalmi entraram em ação contra um regimento de assalto soviético muito mais numeroso. Ainda que não dispusessem de artilharia ou armas antitanque, os finlandeses foram capazes de manter sua posição por cinco dias, em temperaturas muito abaixo de zero. Reforços soviéticos sob o comando do general Aleksei Vinogradov, empacados ao longo de uma estreita estrada de terra batida circundada por um denso bosque, foram atacados em um feroz combate corpo a corpo por tropas finlandesas determinadas a não arredar pé. Também em outros setores da frente de batalha os tanques do Exército Vermelho foram incapazes de avançar contra as minas e coquetéis molotov dos soldados finlandeses, que chegaram a usar toras para arrancar as lagartas dos tanques.

Acompanhando o curso da batalha com admiração pelo empenho dos finlandeses, Hitler estava ocupado com os preparativos de sua própria batalha no oeste do continente. Em 12 de dezembro, ordenou um aumento substancial — de quase 100% — da produção alemã de munições de artilharia, bem como a fabricação em massa de minas navais. Ele já havia ordenado um considerável aumento na construção de submarinos. Mas a guerra no mar nem sempre corria às mil maravilhas para os nazistas; em 13 de dezembro, no Atlântico Sul, o encouraçado de bolso alemão *Admiral Graf Spee*, depois de afundar três navios mercantes britânicos em cinco dias, foi rastreado por três cruzadores britânicos — *Achilles*, *Ajax* e *Exeter* — e, torpedeado mais de cinquenta vezes, buscou refúgio em águas territoriais uruguaias. Quatro dias depois, foi deliberadamente afundado por seu capitão, Hans Langsdorff. Dois dias mais tarde, Langsdorff se matou em um quarto de hotel em Montevidéu.

A opinião pública britânica, ainda perplexa por não ter sido possível salvar a Polônia e cética quanto à eficácia da "guerra de confetes" — o número total de folhetos de propaganda impressos agora aumentara para 118,5 milhões —, regozijou-se com essa vitória naval. Na Polônia ocupada pelos alemães, no entanto, o flagelo da tirania se intensificava cada vez mais. Em 11 de dezembro, todos os judeus que viviam dentro das fronteiras do governo-geral passaram a estar sujeitos a dois anos de trabalhos forçados, com possível prorrogação desse prazo "se o seu propósito educacional não for cumprido". As tarefas eram supervisionadas com rigor: dragagem de pântanos, pavimentação de estradas e construção de fortificações ao longo da nova fronteira soviética. Em 14 de dezembro, os 1500 judeus deportados de Poznań para o governo-geral foram informados de que poderiam levar consigo toda a bagagem que quisessem. Nessa noite, a bagagem foi carregada em vagões especiais de transporte de mercadorias. Pouco antes de o trem partir, no entanto, os vagões foram desacoplados e ficaram para trás. Aos judeus deportados restaram apenas as roupas do corpo.

Ninguém, nem mesmo os alemães, sabia qual seria o destino dos judeus no governo-geral. "Não podemos abater a tiros 2,5 milhões de judeus", escreveu Hans Frank em seu diário em 19 de dezembro, "tampouco envená-los. Mas precisamos tomar providências para extirpá-los de um jeito ou de outro — e isso será feito."

A guerra no mar continuou; em 17 de dezembro, cinco navios de passageiros, convertidos em embarcações de transporte de tropas e escoltados por um cruzador de batalha, um encouraçado e um porta-aviões, atravessaram o Atlântico e chegaram em segurança à Grã-Bretanha. A bordo estavam 7500 canadenses, todos voluntários na guerra contra a Alemanha. Dois dias depois, a marinha alemã lançou ao mar o cruzador corsário* *Atlantis*, de 7860 toneladas, convertido a partir de um cargueiro. Ao longo dos três meses e meio seguintes ele seria preparado para uma missão dramática, abrigando um compartimento especial com capacidade para transportar 92 minas magnéticas. Também se preparava um armamento camuflado: seis canhões de 150 milímetros e dois canhões antiaéreos. A missão do *Atlantis* seria afundar ou capturar navios mercantes Aliados. Para facilitar a tarefa, carregaria várias bandeiras nacionais para encenar falsas saudações amigáveis sempre que se deparasse com um navio mercante; entre essas bandeiras incluíam-se a britânica, a holandesa e a norueguesa.

O *Atlantis* provaria ser um navio de guerra muito eficaz, um dos mais mortíferos da Alemanha. Mas a "arma secreta" representada pela mina magnética estava prestes a deixar de inspirar terror. Em 19 de dezembro, o Almirantado britânico relatou ao Gabinete de Guerra ter concebido um sistema por meio do qual os navios poderiam ser desmagnetizados graças ao uso de uma bobina enrolada no casco exterior. Uma vez desmagnetizados, sua resistência às minas magnéticas aumentava consideravelmente. A fim de manter esse êxito em segredo dos alemães, Churchill deu instruções para que, toda vez que um navio fosse afundado por uma mina comum, se afirmasse, "sempre que possível, que havia sido afundado por minas magnéticas". E, com compreensível alívio, Churchill telegrafou ao presidente Roosevelt: "Parece que conseguimos agarrar o bicho pelo rabo".

Em 22 de dezembro, Stálin completou sessenta anos. Entre os telegramas de felicitações que recebeu estava o de Hitler. Dois dias depois, o Führer viajou de Berlim para Munique. Lá, em conversa com Else Brückmann, uma amiga próxima havia mais de vinte anos, declarou que, nos oito meses seguintes, por meio do uso de minas

---

* Navio mercante armado disfarçado de pacífico navio cargueiro. (N. T.)

magnéticas, obrigaria a Grã-Bretanha a ficar de joelhos. Em seguida, viajando para a frente ocidental, atravessou a fronteira no vilarejo francês de Spicheren, em um ponto onde os alemães haviam empurrado os soldados franceses para trás durante uma breve escaramuça em setembro.

Enquanto Hitler visitava suas unidades militares no oeste da Europa e participava de suas celebrações de Natal, o jugo nazista no leste era marcado por mais uma guinada rumo à barbárie. No vilarejo polonês de Wawer, na margem do rio Vístula oposta a Varsóvia, dois soldados alemães foram mortos por dois criminosos comuns poloneses que tentavam resistir à prisão. Duas horas depois, 170 homens e rapazes foram detidos em Wawer e na aldeia vizinha de Anin. Os alemães obrigaram uma mulher a escolher qual dos homens de sua família ela preferia que fosse levado — o pai, o irmão ou o filho. Todos os 170 detidos foram levados para um túnel ferroviário nos arredores do vilarejo, onde foram obrigados a ficar durante várias horas com as mãos erguidas acima da cabeça. Em seguida, retirados em grupos de dez, foram fuzilados. Os últimos dez foram poupados, para cavar as covas onde seriam enterrados os outros. Entre os mortos estava um menino de doze anos, Stefanek Dankowski, e dois cidadãos norte-americanos, cujos passaportes estadunidenses de nada valeram: um homem chamado Szczgiel e seu filho de dezesseis anos.

Enquanto a polícia de Hitler e a Gestapo consolidavam com mão de ferro seu cruel domínio sobre a Polônia, o exército de Stálin enfrentava um inimigo mais fraco cuja resistência, no entanto, não esmorecia. Os finlandeses não estavam apenas tentando manter sua posição, mas também expulsar os russos da Finlândia. No mesmo dia do massacre de Wawer, os finlandeses revidaram com um contra-ataque em Suomussalmi; depois de quatro dias, em temperaturas de -35ºC, a 163ª Divisão soviética e a 54ª Divisão do general Vinogradov foram forçadas a recuar através da fronteira soviética. Mais de 1500 soldados russos foram enterrados pelos finlandeses. Mas outros 25 mil perderam a vida soterrados sob a neve, mortos em combate ou em decorrência de ferimentos, agonizando no vento gelado. Mais tarde o general Vinogradov foi executado por seu fracasso.

Para as tropas finlandesas em outros setores da frente, a vitória em Suomussalmi foi um poderoso impulso para elevar o moral. O coronel Hjalmar Siilasvuo, comandante dos defensores finlandeses, foi promovido a general e enviado cem quilômetros mais ao sul no encalço de outra divisão russa, encurralada na floresta de Kuhmo. Depois da guerra, ele escreveria acerca dos defensores de Suomussalmi: "Eles mostraram ao povo o caminho da glória, que era repleto de adversidades, mas o único possível".

De volta a Berlim, Hitler encontrou uma carta, enviada da Suíça em 28 de dezembro por Fritz Thyssen, o industrial que o apoiara com grande veemência entre 1932 e 1935.

Em 1937, Thyssen protestou contra a perseguição ao cristianismo na Alemanha; em 1938, contra a perseguição dos judeus. "Agora", ele escreveu,

> o senhor firmou um pacto com o comunismo. Seu Ministério da Propaganda ainda se atreve a afirmar que os bons alemães que votaram no senhor, os oponentes declarados do comunismo, são, em essência, idênticos aos abomináveis anarquistas que arrastaram a Rússia para a tragédia e que o próprio senhor descreveu como "sanguinários criminosos vulgares".

A citação era ao livro de Hitler, *Minha luta*, publicado pela primeira vez em 1925. Mas Hitler não tinha a intenção de romper seu pacto com Stálin, pelo menos não até que tivesse colocado a Grã-Bretanha de joelhos. Tampouco pretendia moderar sua atitude em relação aos judeus. "O mundo judaico-capitalista", ele declarou em 30 de dezembro, em uma mensagem de Ano-Novo ao povo alemão, "não sobreviverá ao século XX." Para os judeus na Polônia ocupada pelos alemães, isso não parecia uma profecia infundada. Durante a primeira semana de janeiro de 1940, setenta judeus morriam de fome a cada dia apenas em Varsóvia. Em 2 de janeiro, em uma tentativa de ocultar a escala dessas mortes, o governo-geral proibiu a publicação de notas de falecimento e obituários.

Em toda a zona do governo-geral, impuseram-se rígidos toques de recolher. Em Varsóvia, os judeus tinham que estar em casa às oito da noite. Quem fosse flagrado na rua depois desse horário, mesmo que tivesse um passe especial, corria o risco de ser fuzilado. Para os poloneses, o início de janeiro foi marcado por mais uma tragédia na mesma escala dos fuzilamentos em Wawer de meados de dezembro. Na ocasião, alguns vagões de gado lacrados chegaram a uma estação de Varsóvia. Dentro deles, treze dias antes, 2 mil prisioneiros de guerra poloneses, trazidos de um campo de concentração na Prússia Oriental, tinham sido trancafiados. Quando os vagões foram abertos, constatou-se que 211 soldados haviam morrido de frio. Os sobreviventes estavam extenuados e emagrecidos ao extremo; vários outros morreram horas depois. Em consequência de tamanha provação, alguns enlouqueceram. Na mesma semana, em 7 de janeiro, na estação de Płaszów, nos arredores de Cracóvia, foram encontrados 28 corpos em um vagão de gado proveniente do Warthegau, que transportava poloneses expulsos da província anexada à Alemanha. Na estação do município de Dębica, 130 quilômetros mais a leste, em um único caminhão havia trinta crianças mortas de frio.

A guerra de Hitler estava prestes a se propagar de leste a oeste; a planejada invasão da Grã-Bretanha, a Operação Amarelo, apenas aguardava por um período de tempo bom e limpo para ser desencadeada. Os preparativos para a derrota britânica prosseguiam sem trégua. Em 3 de janeiro, a inteligência naval alemã recebeu um relatório de Marie Koedel, uma agente nos Estados Unidos, com informações sobre os suprimentos militares norte-americanos comprados pela Grã-Bretanha que estavam sendo carregados na doca de Hamilton, no Brooklyn, sobre os navios em que seriam transportados e sobre as datas e horários de embarque. Koedel conseguiu até mesmo angariar os serviços de um marinheiro britânico que havia abandonado o navio e virado a casaca, Duncan Scott-Ford; mais tarde ele foi descoberto, capturado, levado de volta para a Grã-Bretanha, julgado e enforcado. Mas as informações que ele forneceu, bem como os dados enviados por Koedel, contribuíram para dar aos alemães uma compreensão aprofundada sobre as operações de transporte marítimo britânicas. Uma quantidade considerável das informações obtidas pelos alemães veio também não do trabalho de espiões individuais, mas a partir de uma leitura cuidadosa de publicações da incontida imprensa norte-americana.

Ao longo da costa norueguesa, navios mercantes alemães desdenhavam da neutralidade norueguesa para transportar minério de ferro sueco, fundamental para o esforço de guerra alemão, do terminal ferroviário em Narvik para os portos alemães do mar do Norte. Em 6 de janeiro, o ministro das Relações Exteriores britânico, Lord Halifax, alertou o governo norueguês sobre a intenção da Grã-Bretanha de colocar minas nas águas norueguesas a fim de forçar as embarcações alemãs a navegarem ao largo, em alto-mar, onde poderiam ser atacadas. O aviso foi devidamente anotado, mas as minas não foram instaladas, e os cargueiros de minério alemães continuaram a singrar os mares tranquilamente. Dois dias depois, sem saber ao certo por quanto tempo sua rota de transporte de carga no Atlântico poderia se manter desobstruída, o governo britânico ampliou o racionamento de gêneros alimentícios, até então restrito à carne, à manteiga e ao açúcar. Mas uma sensação de confiança, ou pelo menos de ausência de perigo, permeava a Grã-Bretanha; no mesmo dia, 8 de janeiro, 316 192 crianças voltaram para casa em Londres; quase metade delas havia sido evacuada para a zona rural no início da guerra.

Um homem que temia um ataque alemão à Grã-Bretanha era o ditador italiano, Benito Mussolini. Em 8 de janeiro, o embaixador italiano em Berlim entregou a Hitler uma carta de Mussolini indagando se realmente valeria a pena "arriscar tudo — incluindo o regime — e sacrificar a fina flor das gerações alemãs a fim de apressar a queda de um fruto que necessariamente deve cair e ser colhido por nós, que representamos as novas forças da Europa". As "grandes democracias", Mussolini acrescentou, "carregam dentro de si as sementes de sua decadência".

Hitler não respondeu. Mussolini não reiterou seus protestos. Dois dias depois, na tarde de 10 de janeiro, em uma reunião com seus comandantes em chefe, o Führer definiu 17 de janeiro como a data para o ataque ao oeste da Europa. Os bombardeios de saturação dos aeródromos franceses começariam em 14 de janeiro. Dois milhões de soldados alemães foram posicionados ao longo das fronteiras com Holanda, Bélgica, Luxemburgo e França. A previsão era de dez a doze dias de tempo bom. A Operação

Amarelo recebeu sinal verde. Porém, no dia seguinte, Hitler foi informado de um possível revés em seus planos; um avião leve da força aérea alemã se desgarrara na fronteira belga e fizera um pouso forçado perto da cidadezinha de Mechelen-aan-de-Maas. Um de seus passageiros, o major Helmut Reinberger, levava uma maleta contendo os planos para a operação de ataque aerotransportado à Bélgica. Enquanto tentava queimar os documentos, fora capturado por soldados belgas. "É esse tipo de coisa que pode nos levar a perder a guerra!", foi o comentário franco de Hitler ao saber da aterrissagem de emergência. Nessa tarde, no entanto, ele confirmou que a invasão da Europa Ocidental prosseguiria, conforme planejado, em 17 de janeiro.

Um efeito imediato da captura do major Reinberger foi uma ordem emitida por Hitler em 11 de janeiro, e afixada em todos os quartéis e bases militares, determinando que "ninguém — nenhum órgão, nenhum oficial — tem autorização para saber mais do que o absolutamente indispensável para fins oficiais a respeito de assuntos sigilosos". Todavia, não foi uma quebra dos códigos de segurança, mas a possibilidade de nevoeiro e cerração, que na tarde de 13 de janeiro levou o Führer a ordenar um adiamento de três dias da ofensiva, agora remarcada para 20 de janeiro. Nessa mesma noite, porém, ficou claro em Berlim que os exércitos holandeses e belgas haviam começado a mobilizar suas tropas na fronteira. Também na noite de 13 de janeiro, o coronel Hans Oster, vice-diretor do serviço secreto alemão, repassou detalhes do ataque iminente ao adido militar holandês em Berlim, o major Sas, que por sua vez os retransmitiu a seu colega belga, o coronel Goethals, que os enviou por mensagem codificada a Bruxelas. Como a inteligência alemã era capaz de decifrar os códigos belgas, esse vazamento deve ter sido detectado em Berlim na manhã de 14 de janeiro. Ainda assim, parece ter sido a piora do tempo, e não o receio de uma resistência alertada de antemão sobre a ofensiva, que por fim convenceu Hitler, na tarde de 16 de janeiro, pouco antes da data prevista para o início dos ataques aéreos, a adiar novamente a invasão. "Se não pudermos contar com pelo menos oito dias de tempo bom e claro", Hitler informou a seu estado-maior, "então cancelaremos até a primavera."

A guerra no oeste da Europa foi adiada mais uma vez; na Finlândia, os estrategistas soviéticos adotaram um novo método, o bombardeio aéreo pesado de estradas e entroncamentos ferroviários, depósitos do exército e docas militares, na esperança de conseguirem desfechar um ataque militar efetivo no final do mês. Em um único dia, 14 de janeiro, 35 cidades e aldeias foram bombardeadas. A ajuda da Europa Ocidental, prometida nos primeiros dias de dezembro, estava agora começando a chegar à Finlândia em quantidades consideráveis, assim como voluntários. Apesar do vigoroso protesto soviético, em 13 de janeiro o governo sueco acatou o pedido britânico de permitir que voluntários passassem por seu território, contanto que viajassem desarmados, sem uniforme e não fossem membros no serviço ativo dos exércitos Aliados.

* * *

O governo britânico aguardava, inquieto, alguma indicação de quando os alemães lançariam sua investida. Até então, a única maneira de obter acesso a datas e pormenores era por meio de dicas de última hora de homens como o coronel Oster ou de extravios de documentos, como no incidente do major Reinberger. Em janeiro, entretanto, a inteligência britânica realizou uma extraordinária façanha, que, no devido tempo, transformaria seu método de coleta de informações e a capacidade bélica do país. Ao longo desse mês, os criptógrafos britânicos começaram a decifrar, com alguma frequência, mensagens enviadas pelo mais secreto sistema de comunicação alemão, a máquina de codificação Enigma.

Esse acontecimento decisivo da guerra não foi resultado apenas do esforço britânico; ao longo de muitos meses, criptógrafos franceses estiveram igualmente empenhados no que era em essência uma batalha conjunta anglo-francesa contra o relógio. Britânicos e franceses tinham uma dívida para com o pioneiro trabalho realizado ao longo de mais de uma década por matemáticos poloneses. Foi sobretudo um polonês, Marian Rejewski, quem, com o auxílio de materiais obtidos por um agente secreto francês, Asché, fez a descoberta crucial na Polônia, ainda antes da guerra. Em 16 de agosto de 1939, duas semanas antes da deflagração do conflito, a inteligência polonesa entregou a seus colegas britânicos o mais recente modelo de uma máquina Enigma reconstruída.

A descoberta do segredo da Enigma em janeiro de 1940 dizia respeito ao método da máquina; não teve benefício imediato para a causa Aliada. A cifragem que havia sido quebrada, após um prodigioso esforço, era uma chave Enigma do exército alemão usada em 28 de outubro, mais de dois meses e meio antes. Foram necessários quase nove meses para que a primeira de uma série de várias chaves do sistema Enigma, as que eram utilizadas pela força aérea alemã, começassem a ser quebradas com regularidade, e às vezes quase simultaneamente ao envio da mensagem de Berlim aos comandantes de campo. No entanto, o êxito de meados de janeiro, não obstante todas as suas limitações, teria no devido tempo uma profunda influência nos rumos da guerra.

Não havia nada de secreto no que dizia respeito ao terror que os alemães estavam infligindo no leste. De forma sorrateira, detalhes sobre boa parte das atrocidades chegavam ao oeste em poucos dias. Diplomatas de países neutros em Berlim estavam bem informados, e os editais públicos espalhados por toda a Polônia divulgavam abertamente as execuções.

As execuções em massa se tornaram o método utilizado para tentar intimidar a população polonesa e destruir os alemães considerados indignos de viver. Em 9 de janeiro, o chefe da SS e da polícia da Grande Danzig-Prússia Ocidental, Richard Hildebrandt, informou a Himmler que as duas unidades de tropas de assalto à sua disposição haviam eliminado "cerca de 4 mil pacientes incuráveis de hospitais psiquiátricos poloneses", bem como outros 2 mil pacientes mentais alemães em um hospital psiquiátrico na Pomerânia.

As represálias, alardeadas publicamente, também eram um elemento característico do novo terror. Em 18 de janeiro, após a captura de Andrzej Kott, o líder de uma associação de jovens clandestina em Varsóvia — um jovem cuja família se convertera havia muito do judaísmo ao catolicismo —, a Gestapo prendeu a esmo 255 judeus, levou-os para o bosque de Palmiry, nos arredores de Varsóvia, e os fuzilou. Quatro dias depois, quando se estimava que o número de civis poloneses mortos desde o início da guerra chegava a 15 mil, o papa se pronunciou no Vaticano, em um discurso transmitido via rádio: "O horror e os indesculpáveis excessos cometidos contra um povo indefeso e desabrigado têm sido atestados pelo relato incontestável de testemunhas oculares".

Entre essas testemunhas havia oficiais do exército alemão: no dia da transmissão do pronunciamento do papa, o general de divisão Friedrich Mieth, chefe do estado--maior do 1º Exército alemão, disse a seus oficiais reunidos: "A ss realizou execuções em massa sem o devido julgamento", execuções que "mancharam" a honra do exército alemão. Informado sobre o discurso de Mieth, Hitler o exonerou do cargo.

Em 25 de janeiro, de seu quartel-general em Cracóvia, Hans Frank emitiu uma ordem para a remodelação da economia polonesa dentro do governo-geral, "para o imediato reforço do poderio militar do Reich". Doravante, a Polônia deveria fornecer à Alemanha a madeira, as matérias-primas, os produtos químicos e até mesmo a mão de obra que fossem necessários. Um dos parágrafos da ordem de Frank autorizava

> a preparação e o transporte para o Reich de não menos que 1 milhão de trabalhadores agrícolas e industriais do sexo masculino e feminino, incluindo cerca de 750 mil trabalhadores agrícolas, pelo menos 50% dos quais devem ser mulheres — a fim de salvaguardar a produção agrícola no Reich e suprir a carência de mão de obra industrial.

Assim, estendia-se agora aos poloneses o sistema de trabalho escravo já aplicado aos judeus e aos tchecos. "Cem mil operários tchecos", disse Churchill em uma audiência pública em Manchester em 27 de janeiro, "foram convertidos em escravos e levados para labutar até a morte na Alemanha." Mas o que estava acontecendo com os tchecos, acrescentou Churchill, "não é nada em comparação com as atrocidades que, enquanto profiro estas palavras, estão sendo cometidas contra os poloneses". A partir dos "vergonhosos relatos" das execuções em massa praticadas pelos alemães na Polônia, declarou Churchill, "podemos julgar qual seria nosso destino se caíssemos em suas garras. Mas disso podemos tirar também a força e a inspiração para seguirmos adiante em nossa jornada, sem pausa nem descanso, até que a libertação seja alcançada e a justiça seja feita".

Em 30 de janeiro, três dias após o discurso de Churchill, Reinhard Heydrich estabeleceu em Berlim um novo departamento governamental — chamado IV-D-4 — incumbido de completar os planos de deportação de judeus das regiões anexadas do oeste da Polônia e providenciar todas as futuras deportações, de onde quer que eles fossem trazidos e qualquer que fosse seu destino.

Em 29 de janeiro, diante da incansável resistência militar finlandesa, o governo soviético iniciou negociações secretas na Suécia, com a intenção de abandonar o "Governo Popular da Finlândia", composto de indivíduos indicados pelos comunistas, e, em vez disso, dialogar com o governo do primeiro-ministro finlandês Risto Ryti. A partir desse momento ficou evidente que era possível transigir e alcançar alguma forma de acordo; que a guerra, embora continuasse feroz no front, era agora uma batalha que dizia respeito não à introdução do comunismo na Finlândia, mas a fronteiras e fortalezas; o que estava em jogo era uma tentativa de satisfazer o desejo soviético de contar com uma linha costeira mais longa no golfo da Finlândia a fim de proteger Leningrado, bem como algum grau de controle na entrada para o golfo e um maior controle territorial soviético na Carélia.

Agora o caminho para a paz estava aberto. Dois dias depois, anunciou-se em Helsinque que 377 civis finlandeses haviam morrido em ataques aéreos soviéticos desde o início da guerra, dois meses antes.

Apesar do início das negociações secretas, a Guerra Russo-Finlandesa* continuou. Em 1º de fevereiro, sob o comando do general Semion Timotchenko, o Exército Vermelho lançou uma ofensiva em grande escala contra as principais defesas finlandesas, a Linha Mannerheim. No entanto, apesar de uma combinação de ataques simultâneos de tanques, infantaria e aviões, a linha resistiu e se manteve firme; em 3 de fevereiro estava claro que a União Soviética não seria capaz de garantir uma vitória antecipada. Dois dias depois, em 5 de fevereiro, os primeiros-ministros da França e da Inglaterra se encontraram em Paris para uma reunião do Conselho Supremo de Guerra e concordaram em intervir militarmente na Finlândia e enviar ao país uma força expedicionária com pelo menos três divisões. "Não se pode permitir", disse Neville Chamberlain, "que a Finlândia seja apagada do mapa." As partes decidiram também em princípio que os Aliados assumiriam o controle dos campos de minério de ferro da Suécia em Gällivare. O ideal seria fazer isso por meio do desembarque de um efetivo em Narvik, que dali poderia cruzar o território sueco até a Finlândia, como parte da ajuda britânica aos

---

* Também conhecida como Guerra de Inverno ou Guerra Soviético-Finlandesa, travada de 30 de novembro de 1939 a 12 de março de 1940. (N. T.)

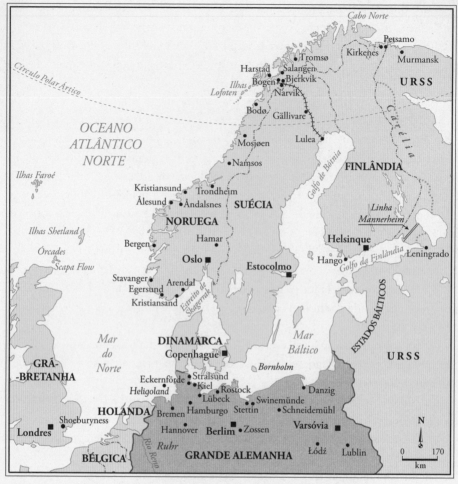

Mapa 5. Escandinávia, 1940

finlandeses, manobra que, segundo Chamberlain, "mataria dois coelhos de uma só cajadada". Na verdade, chegou-se à decisão de materializar a ajuda inicial à Finlândia com um desembarque em três portos noruegueses, Stavanger, Bergen e Trondheim, numa operação a ser realizada pela Força Stratford e iniciada em 20 de março. Somente começando nessa data, explicou Chamberlain ao Gabinete de Guerra em 7 de fevereiro, a Grã-Bretanha e a França "poderiam ter a certeza de rechaçar os alemães".

Três dias mais tarde, as forças soviéticas atacaram a Linha Mannerheim com tamanho ímpeto que conseguiram abrir uma brecha nas fortificações defensivas finlandesas. Depois disso, já não se sabia ao certo se a ajuda britânica chegaria a tempo. No entanto, graças a um supremo esforço de vigor marcial, em 48 horas os finlandeses recuaram com boa organização para uma segunda linha de defesa, que resistiu. Essa pausa para respiro, porém, não seria muito longa. Em 13 de fevereiro, um novo ataque soviético abriu uma brecha de oitocentos metros na segunda linha. As tropas despachadas para cobri-la — integrantes do mais formidável e experiente regimento finlandês, a Cavalaria Ligeira de Tavast — foram aniquiladas quase por completo. Em sucessivas ondas, as tropas soviéticas agora tiravam proveito da brecha; era a tática da "ofensiva em crescendo" planejada pelo ministro soviético da Defesa, o marechal Kliment Vorochílov. Em um comunicado emitido na noite de 13 de fevereiro, o alto-comando finlandês admitiu a perda de "algumas de nossas posições mais avançadas". Geoffrey Cox, o jornalista britânico que desde o início de dezembro acompanhava o exército finlandês, mais tarde relembrou: "Foi o primeiro dos boletins da derrota gradual que a partir daí estavam por vir, constantemente, dia após dia, até o fim da guerra".

O peso dos números falou mais alto. Em 16 de fevereiro, as tropas finlandesas encontravam-se exaustas. Suas reservas estavam esgotadas. Já não era possível desferir mais nenhum contra-ataque sério. O Exército Vermelho ainda tinha homens de sobra.

O dia de tristeza na Finlândia foi de satisfação na Grã-Bretanha; pois nesse dia, no fiorde de Jösing, ao sul de Egersund, a tripulação de um contratorpedeiro britânico, o *Cossack*, violando a neutralidade norueguesa, conseguiu abordar um navio de abastecimento alemão que se abrigava nas águas territoriais norueguesas antes de sair em disparada através do estreito de Skagerrak até o mar Báltico. O navio alemão era o *Altmark*, em cujo porão estavam trancafiados 299 britânicos, tanto marinheiros das forças navais quanto marujos da marinha mercante, que haviam sido capturados no Atlântico Sul. Depois de uma breve escaramuça, quatro marinheiros alemães foram mortos, e os prisioneiros de guerra britânicos, libertados.

Como recompensa por essa façanha, o capitão do *Cossack*, Philip Vian, foi agraciado com a Ordem de Serviços Distintos. Propagandistas alemães condenaram a violação britânica da neutralidade norueguesa. Mas Hitler era da opinião de que a história julgava apenas os êxitos e fracassos; ninguém perguntava ao vencedor se ele estava certo ou errado. O governo britânico, em resposta a um protesto formal da Noruega sobre a violação de suas águas territoriais, respondeu que a própria Noruega violara o direito internacional ao permitir que suas águas fossem usadas pelos alemães para transportar prisioneiros britânicos para a Alemanha.

No entanto, a maior violação do direito internacional nesse mês de fevereiro não ocorreu em um fiorde norueguês. Em 2 de fevereiro, na Polônia, o general Wilhelm Ulex, comandante em chefe alemão do Setor Sul da Fronteira, enviou uma carta de protesto a seu oficial superior, o general Blaskowitz: "O recente aumento no uso de violência por parte da polícia mostra uma quase inacreditável ausência de qualidades humanas e morais; quase se justifica o emprego da palavra 'animalesco'". O general Ulex continuou:

"A única solução que vejo para essa situação revoltante, que mancha a honra de todo o povo alemão, é acabar com todas as formações policiais, exonerar, em conjunto, todos os seus comandantes e dissolver suas respectivas unidades".

Blaskowitz elaborou uma lista de crimes cometidos pela SS, descrevendo em detalhes 33 incidentes de assassinatos e estupros de poloneses e judeus, bem como de pilhagem de seus bens e propriedades. Acerca do comportamento dos oficiais do exército alemão e dos homens sob seu comando, observou Blaskowitz em 6 de fevereiro, sua atitude com relação à SS e à polícia alemã "alterna-se entre a repugnância e o ódio. Todos os soldados sentem nojo e repulsa por esses crimes cometidos na Polônia por cidadãos do Reich e representantes de nosso Estado".

Irritado com essas acusações, em 13 de fevereiro Hans Frank viajou para Berlim a fim de pedir a Hitler que exonerasse Blaskowitz. Dois dias depois, Blaskowitz reiterou suas acusações em uma carta endereçada ao general Brauchitsch. Seu protesto foi em vão; incidentes como os que eram objeto de suas queixas continuavam a se repetir diariamente, contra indivíduos e grupos de trabalhos forçados. "As humilhações e torturas infligidas aos trabalhadores judeus", relatou em 18 de fevereiro o jornal *The Manchester Guardian*, "obrigados por seus supervisores nazistas a dançar, cantar e despir-se durante o trabalho, e até mesmo a se espancarem uns aos outros, não mostram sinais de diminuição."

Não apenas os judeus poloneses, mas todos os polacos deveriam ser submetidos às mais severas crueldades. Em 2 de fevereiro, Richard Glücks, o inspetor-geral do sistema de campos de concentração, informou a Himmler que havia encontrado um local adequado para um novo "campo de quarentena", no qual os poloneses acusados de quaisquer atos de rebelião ou desobediência poderiam ser mantidos, punidos e obrigados a trabalhar. O local era o antigo quartel de um regimento de cavalaria austro-húngaro, uma série de sólidos e imponentes edifícios de tijolos nos arredores da cidade polonesa de Oświęcim, que, agora anexada ao Reich alemão, voltara a ser conhecida por seu nome alemão, Auschwitz.

Não se pretendia usar Auschwitz como local de encarceramento para judeus; seu único propósito inicial era servir como campo de punição para os poloneses. Assim, logo começaram os trabalhos para converter o quartel em um campo de concentração e para encontrar, nos campos já em funcionamento, pessoal adequado para administrar e supervisionar um regime planejado, desde sua concepção, para ser da maior severidade possível.

4. A arena de batalhas escandinava

INVERNO DE 1939-40

Hitler pretendia conquistar a Grã-Bretanha, ou pelo menos colocá-la de joelhos, antes de voltar seus exércitos contra a Rússia. Stálin pretendia proteger a neutralidade soviética pelo maior tempo possível. Em agosto de 1939, firmou seu pacto com Hitler; isso não apenas o poupou do envolvimento na guerra germano-polonesa em defesa da Polônia como também lhe deu uma porção substancial do território polaco. Na esteira da vitória alemã sobre a Polônia, Stálin se protegeu ainda mais contra um possível ataque germânico consolidando o domínio soviético sobre a Lituânia, a Letônia e a Estônia, onde havia adquirido bases militares, garantindo assim que o mar Báltico não fosse usado contra ele — pelo menos não com a mesma facilidade com que poderia ser caso não controlasse esses Estados. No final de novembro, Stálin havia tentado sem sucesso estabelecer um governo comunista na Finlândia. Agora, esforçava-se para conquistar pelo menos um cinturão defensivo no território finlandês.

Stálin anteviu um ataque alemão à União Soviética? Em 15 de novembro de 1939, ele aprovou uma decisão do Conselho Militar Supremo do Exército Vermelho para reduzir em mais de um terço os efetivos das áreas fortificadas fronteiriças permanentes. Seis dias depois, compareceu pessoalmente a uma sessão do Conselho que decidiu dissolver, o mais depressa possível, todo o corpo de tanques soviético, em deferência aos pontos de vista do general Grígori Kulik, para quem a cavalaria ainda tinha um importante papel a desempenhar na guerra. Sem dúvida, tomaram-se decisões que enfraqueceram a capacidade defensiva soviética. Ao mesmo tempo, Stálin tentou negociar nos termos mais duros possíveis com Hitler; por meio de um acordo comercial assinado em Moscou em 11 de fevereiro de 1940, a União Soviética, em troca de petróleo e produtos agrícolas, receberia bens manufaturados, armas e as mais recentes tecnologias de fabricação de armamentos navais, bem como protótipos dos últimos modelos de aeronaves, peças de artilharia antiaérea, bombas e tanques.

Hitler aceitou as exigências de Stálin. Estava determinado a fazer o que fosse necessário para manter a neutralidade da União Soviética enquanto a Alemanha atacava a Europa Ocidental. Até mesmo os projetos do mais moderno encouraçado alemão, o *Bismarck*, foram entregues. Hitler ainda estava confiante de que poderia, no devido tempo, conquistar a Rússia, mas estava igualmente convicto de que não seria capaz de vencer no oeste da Europa a menos que conseguisse garantir uma guerra de frente única. No entanto, mesmo na Europa Ocidental havia perigos. Um deles, desconhecido por Hitler, foi o afundamento de um submarino alemão, o U-33, pelo navio caça-minas HMS *Gleaner*, em 12 de fevereiro. Depois que o submarino foi estabilizado a trinta braças (55 metros) de profundidade, foram recuperados de seu interior três rotores de máquinas Enigma. Esse episódio marcou mais um passo no lento processo de decodificação do ultrassecreto sistema de comunicações da Alemanha durante a guerra. Infelizmente para a Grã-Bretanha, e para a sorte de Hitler, as três chaves navais Enigma não puderam ser quebradas, mas deram ainda assim aos criptoanalistas do governo britânico em Bletchley Park* uma importante noção dos procedimentos operacionais alemães. As três chaves criptográficas recuperadas do submarino receberam os codinomes Golfinho, Lúcio e Ostra, e esforços extenuantes foram colocados em prática para quebrá-las. A "Golfinho", usada pelos navios de superfície alemães, foi rapidamente decifrada, propiciando à Grã-Bretanha uma breve e temporária vantagem.

Por sua destreza em afundar o submarino e recuperar os preciosos rotores da Enigma, o comandante do *Gleaner*, o capitão de corveta Hugh Price, foi condecorado com a Ordem de Serviços Distintos.

Enquanto a inteligência britânica continuava tentando desenvolver métodos de descriptografia para decifrar outras mensagens ultrassecretas alemãs — que até então os decodificadores conseguiam interpretar apenas de maneira irregular —, o serviço secreto soviético conseguia manter sob estrita vigilância a vulnerável fronteira soviética com o Japão. Todos os cálculos de Stálin sobre quando e como agir na Europa Ocidental, se é que chegaria a fazer isso, tinham que levar em consideração a substancial extensão da fronteira soviética com a Manchúria ocupada pelos japoneses. O poderio e as intenções do Japão eram parte fundamental da equação.

Para a sorte da inteligência soviética, um jornalista alemão baseado em Tóquio, Richard Sorge, que atuava como agente soviético, tinha estreitos contatos dentro da embaixada alemã. Na verdade, o estafe da embaixada e até mesmo o próprio embaixador

---

* Instalação militar secreta na qual se realizavam os trabalhos de decifração de códigos alemães, situada no noroeste de Londres. (N. T.)

invariavelmente o consultavam para ouvir suas opiniões e comentários; em setembro de 1939, a embaixada o nomeara editor de seu boletim informativo diário. Em 16 de fevereiro, Sorge enviou a Moscou um detalhado relatório sobre a produção japonesa de munições, aeronaves e caminhões, além de um informe sobre as fábricas nipônicas e sobre a produção de ferro e aço do Japão. Usando o codinome Ramsay, Sorge permitiu que Stálin avaliasse os perigos e ameaças em seu flanco mais distante, mas não menos vulnerável.

Foi graças ao trabalho da inteligência alemã na decifração de sinais navais britânicos que Hitler tomou conhecimento de uma ameaça muito mais próxima: em 5 de fevereiro, ingleses e franceses haviam aprovado um plano para desembarcar efetivos militares em Stavanger, Bergen e Trondheim. No quartel-general do exército alemão em Zossen, nos arredores de Berlim, uma unidade especial sob a supervisão pessoal de Hitler, chefiada pelo capitão da marinha Theodor Krancke, trabalhou para organizar uma contraofensiva, uma operação estratégica calcada no plano de desembarcar tropas alemãs em sete pontos: não apenas em Stavanger, Bergen, Trondheim e Narvik, mas também em Arendal, Kristiansand e Oslo, a capital norueguesa. Em 21 de fevereiro, Hitler nomeou o general Nikolaus von Falkenhorst para comandar a invasão; em conjunto com a unidade do capitão Krancke, Falkenhorst ampliou o plano para incluir a invasão da Dinamarca, a fim de assegurar as linhas de comunicação entre a Alemanha e a Noruega.

Uma nova guerra estava prestes a se iniciar; contingentes da marinha, do exército e da aeronáutica britânicos e alemães vinham recebendo treinamento. As tropas britânicas que se preparavam para rumar para a França foram informadas de que seu destino seria outro, com novas condições, incluindo gelo e neve. Seu treinamento deveria ser adaptado de acordo com essa mudança. Na noite de 24 de fevereiro, o piloto Reginald Whitmarsh, de vinte anos, decolou do aeródromo de Croydon a bordo de um bombardeiro Blenheim em seu primeiro voo noturno solo. A aeronave caiu ainda na decolagem, atingindo uma casa na beira da pista. Whitmarsh morreu na hora. Morreram também as moradoras da casa, Doris Bridge e sua filha de cinco anos, Jill. Ao comentar o acidente, o legista disse que Whitmarsh havia morrido "da mesma maneira galante e corajosa" que aqueles tombados em batalha.

Os pilotos britânicos levantaram voo em 25 de fevereiro, dando início a uma missão de seis dias de sobrevoo intensivo pelos céus de Berlim, Bremen, Kiel, Lübeck, Colônia e Hamburgo. Foi a maior campanha de lançamento de panfletos da guerra. Os folhetos, conhecidos no Ministério do Ar como "bombas brancas", destinavam-se a alertar a população sobre os males do nazismo; na Polônia, esses avisos não eram necessários. Em 27 de fevereiro, uma testemunha ocular em Katowice enviou um relatório que, tão logo chegou à Europa Ocidental, foi prontamente divulgado pelo governo polonês no exílio em Paris. Ele falava sobre "execuções em massa" dos polacos nas imediações do parque municipal:

Entre as vítimas havia padres, que tiveram os olhos enfaixados com lenços. Depois de cada saraivada de tiros do pelotão de fuzilamento, esses mesmos lenços, embora manchados de sangue, eram usados para enfaixar os olhos de outros condenados. Um dos padres não morreu com os disparos e começou a se levantar, mas em seguida foi executado a coronhadas.

Essas execuções não atendiam aos propósitos militares da Alemanha; no final de fevereiro, numa tentativa de fazer uso pleno e efetivo da imensa massa de mão de obra agora à disposição da Alemanha, Berlim decidiu encontrar alguém que supervisionasse e centralizasse a direção dos trabalhos, inclusive o dos operários tchecos e poloneses nas áreas conquistadas, nas fábricas de munições em todo o Reich. O homem escolhido para a tarefa foi Fritz Todt; o sistema que ele criaria, conhecido como Organização Todt, logo viria a se tornar o maior empregador individual da Alemanha, despachando homens e mulheres para regiões industriais em todo o Reich onde gargalos ou deficiências na produção de munições precisassem ser corrigidos. Ao mesmo tempo, Todt garantiu que a indústria de armamentos tirasse o máximo proveito econômico de matérias-primas e metais escassos.

Do lado dos Aliados, a organização se mostrava menos eficaz. Até mesmo a Força Stratford, a prometida expedição militar à Finlândia cuja atuação teria início em 20 de março, chegaria "tarde demais" para ajudar o país, segundo observou o ministro finlandês a Lord Halifax, em Londres, em 1º de março. Nesse mesmo dia, os chefes de estado-maior britânicos alertaram que, como operação militar, a força expedicionária não funcionaria; até mesmo uma "moderada" resistência da Suécia, como agora parecia provável, impediria que a força franco-britânica alcançasse a Finlândia a tempo de ajudar, ou mesmo que chegasse às minas de ferro em Gällivare "antes dos alemães". Em 4 de março, a ideia da Operação Stratford foi abandonada. Um membro do Gabinete de Guerra britânico ficou bastante aliviado; em termos de desviar a atenção do inimigo, Churchill estava convencido de que o envolvimento britânico na Guerra Russo-Finlandesa "não poderia ser considerado uma diversão lucrativa, uma vez que não mobilizava efetivos alemães". Churchill alertou seus colegas do Gabinete de Guerra de que o envio de qualquer coisa para a Finlândia, até mesmo mais aeronaves, "nos enfraqueceria no combate contra a Alemanha".

Os planos alemães para a ocupação da Noruega e da Dinamarca chegaram a um estágio mais próximo da conclusão em 1º de março, quando Hitler emitiu uma diretiva na qual detalhava a Operação Weserübung. Em seu primeiro parágrafo, ele explicava que essa nova operação de guerra "se antecipara à ação inglesa contra a Escandinávia e o Báltico, protegendo nossos suprimentos de minério de ferro da Suécia, e forneceria à marinha e à força aérea bases expandidas para operações contra a Inglaterra". A inferioridade numérica alemã, acrescentou Hitler, "será compensada pela ação hábil e pelo elemento surpresa na execução". A campanha deveria ter "o caráter de uma ocupação pacífica, concebida para proteger pela força das armas a neutralidade dos países nórdicos", mas qualquer resistência norueguesa ou dinamarquesa seria "esmagada por todos os meios disponíveis".

A campanha norueguesa, concluiu Hitler, seria "a mais ousada e a mais importante operação na história das guerras".

Em 4 de março, as forças soviéticas lançaram uma ofensiva de escala maciça contra a cidade finlandesa de Viburgo. O gelo, que até então estava fino demais e por isso havia atrasado a ofensiva, agora se tornara grosso e duro, permitindo que os russos atacassem através da água, contornando a Linha Mannerheim. Uma coluna soviética cruzou 55 quilômetros de gelo, investindo contra o litoral finlandês entre Helsinque e Viburgo, na retaguarda das tropas que defendiam a cidade. A artilharia soviética estabeleceu suas posições ao longo da costa, bombardeando do gelo as linhas de defesa de Viburgo, em ataques contínuos que continuaram durante a noite, acompanhados de raides de bombardeiros soviéticos. Em seguida, na manhã de 5 de março, o governo soviético anunciou que estava "mais uma vez" disposto a negociar a paz com a Finlândia. Incapaz de resistir aos ininterruptos ataques, o governo finlandês cedeu. Pouco depois do meio-dia de 7 de março, o primeiro-ministro finlandês Risto Ryti chegou de avião a Moscou para negociar a paz; nos arredores de Viburgo, porém, a batalha continuava. Em 9 de março, enquanto Ryti ainda estava em Moscou, um comunicado emitido em Helsinque admitia que a segunda linha de defesa finlandesa agora havia sido rompida. "Nestes últimos dias de luta cruenta", recordou Geoffrey Cox, "os combates foram mais intensos do que em qualquer momento em toda a guerra."

Enquanto a paz russo-finlandesa era negociada em Moscou, prosseguiam os preparativos alemães para a invasão da Noruega. Uma vez abandonados os planos anglo-franceses de socorrer a Finlândia, a partir de 4 de março deixou de haver qualquer perspectiva de uma operação de guerra britânica ou francesa. "Aqueles que entendem a situação política e militar andam por aí como se estivessem de luto. Não há fundamento lógico para termos a esperança de que a ação decisiva virá nesta primavera, e a falta de uma decisão significa que nossa terrível aflição vai durar muito tempo", Chaim Kaplan anotou em seu diário, em Varsóvia, em 7 de março. No dia seguinte, em Cracóvia, um membro da Gestapo ouviu um trabalhador polonês cantarolar a melodia do hino nacional — "A Polônia ainda não pereceu" — e o matou a tiros em plena rua.

Também em 8 de março, a incapacidade da Grã-Bretanha de tomar qualquer iniciativa ficou evidente quando os chefes de estado-maior britânicos revelaram, em um relatório secreto, que das 352 armas antiaéreas destinadas à Força Expedicionária

Britânica na França, apenas 152 haviam chegado a seu destino. Dos 48 canhões antiaéreos leves de que a força aérea avançada de ataque britânica na França precisava para se proteger contra um possível contra-ataque alemão, nenhum havia chegado. Para a defesa da própria Grã-Bretanha, os armamentos planejados simplesmente não foram disponibilizados; das 1860 peças de artilharia antiaérea consideradas como requisito mínimo necessário para a defesa aérea do país, não mais de 108 estavam a postos, e sempre concentradas em torno de bases navais e estações de radar, deixando as fábricas aeronáuticas "e outros pontos vitais desprotegidos contra a forma de ataque a que provavelmente estavam mais suscetíveis".

A atividade aérea da própria Grã-Bretanha ainda se limitava a despejar folhetos. Por ocasião dos sobrevoos para o lançamento de folhetos no Ruhr entre 5 e 7 de março, um dos pilotos relatou que "o brilho dos altos-fornos era claramente visível". Em 9 de março, folhetos foram despejados sobre Praga. Nesse mesmo dia, um inglês furioso chamado H. Harwood escreveu uma carta à revista *Time and Tide*:

> A Finlândia está *in extremis*, o estertor da morte na Polônia ecoa pela Europa. Em ambos os casos, a ausência de poderio aéreo foi o fator decisivo. Existem, sem dúvida, razões muito sensatas pelas quais somos impotentes para ajudar, mas isso é motivo para adicionar zombaria à impotência? Se não devemos arriscar levianamente nossa gasolina e nossos pilotos, nem mesmo quando estão em jogo objetivos vitais, qual é a justificativa que explica enviar máquinas a 2300 quilômetros através de um país inimigo para despejar folhetos?

O Gabinete de Guerra britânico estava prestes a iniciar sua primeira operação militar na guerra. E isso aconteceu no exato momento em que o subsecretário de Estado do presidente Roosevelt, Sumner Welles, visitava Roma, Berlim, Paris e Londres em busca de uma fórmula para acabar com o conflito antes que ele se alastrasse. Welles havia falado com Hitler em Berlim; em 10 de março, chegou a Londres. Mas, antes que tivesse a chance de apresentar suas propostas de paz a Neville Chamberlain, o Gabinete de Guerra, presidido pelo próprio Chamberlain, decidiu enviar um efetivo militar britânico ao porto norueguês de Narvik, onde apreendeu 1,5 milhão de toneladas de ferro que aguardavam transporte para a Alemanha, e se preparou para atravessar a fronteira sueca e se apoderar das minas de ferro de Gällivare. Além dessa operação em Narvik, que recebeu o codinome Wilfred, contingentes britânicos desembarcariam em três outros portos noruegueses — Trondheim, Stavanger e Bergen —, de modo a evitar qualquer contra-ataque alemão.

Horas mais tarde, no mesmo dia, quando Sumner Welles explicou seu plano de paz a Chamberlain e Halifax, ressaltando que envolveria o progressivo desarmamento dos países beligerantes, os ministros britânicos responderam que "não era possível confiar em Hitler; mesmo com um grau considerável de desarmamento, a Alemanha poderia facilmente invadir um país fraco, como a Romênia". A Grã-Bretanha poderia até concordar, disseram os ministros, com "um compromisso formal perante os Estados Unidos de não atacar a Alemanha", mas fazia questão de se manter livre para cumprir suas "obrigações de prestar assistência a terceiros que viessem a ser vítimas da agressão germânica".

No dia seguinte a essa declaração de princípios, o Gabinete de Guerra britânico deu autorização formal para a operação militar em Narvik. Assim que chegassem as notícias de um desembarque bem-sucedido na cidade, um segundo contingente aportaria em Trondheim. Outros efetivos seriam mantidos de prontidão para zarpar rumo a Stavanger e Bergen. Nessa reunião de 12 de março também se decidiu que nenhuma comunicação seria feita ao governo norueguês "quanto à nossa intenção de desembarcar uma força em Narvik" até que os navios de fato chegassem ao porto.

A essa iniciativa militar britânica — que, esperava-se, privaria os alemães de seus suprimentos essenciais de minério de ferro — seguiu-se, um dia depois, a assinatura em Moscou de um tratado russo-finlandês. Uma guerra na Escandinávia havia chegado ao fim. Outra, ao que tudo indicava, estava prestes a eclodir. Contudo, assim que notícias do tratado russo-finlandês chegaram a Londres, o Gabinete de Guerra britânico reconsiderou sua decisão e, na manhã do dia 14 de março, decidiu abandonar por completo o plano Narvik. Churchill protestou vigorosamente, sem sucesso. O único efeito dessa ação, advertiu Lord Halifax a seus colegas do Gabinete de Guerra, "seria jogar noruegueses e suecos nos braços dos alemães". A Operação Wilfred estava morta.

A Finlândia pagou um alto preço pela paz, cedendo à Rússia grandes extensões de território ao longo da costa do Báltico e no norte, e arrendando a península de Hango para a Rússia por um período de trinta anos. Mais de 27 mil soldados finlandeses foram mortos. De acordo com Mólotov, a Guerra Russo-Finlandesa vitimou 58 mil russos.

Ao longo de três meses e meio, as tropas soviéticas foram colocadas à prova em um conflito sangrento; apesar das baixas, demonstraram destreza, tenacidade e coragem. Apesar dos contratempos iniciais, tiraram o máximo proveito dos rigores do inverno. Graças sobretudo a sua considerável vantagem em termos numéricos, foram capazes de recorrer a reservas substanciais de efetivos das Forças Armadas, muito mais numerosos que os do adversário. Embora com frequência rechaçados, sempre renovavam os ataques. "Terminou mais uma guerra", escreveu em 13 de março Geoffrey Cox, sentado à mesa de um pequeno café finlandês, quando a notícia do fim das hostilidades foi anunciada no rádio. "Lá fora, o relógio da estação, iluminado pela primeira vez desde 29 de novembro, brilhava em contraste com o céu, um sinal do século XX de que a paz havia chegado."

Para o povo da Polônia, não havia paz e nenhuma perspectiva disso. Mesmo enquanto as armas soviéticas e finlandesas silenciavam no extremo leste do Báltico, desde o porto de Stettin e da antiga cidade fronteiriça de Schneidemühl,* a nordeste de Berlim, judeus alemães continuavam sendo deportados em vagões de carga lacrados para o distrito de Lublin. Essas deportações foram concluídas em 12 de março. Em uma marcha de catorze horas a pé de Lublin para o leste, em meio a neve e a ventos cortantes, 72 dos 1200 deportados de Stettin morreram pela exposição ao frio inclemente.

Na noite de 15 de março, dois bombardeiros britânicos sobrevoaram o mar do Norte, a Dinamarca e o Báltico rumo a Varsóvia, despejando entre 6 e 7 milhões de folhetos sobre a antiga capital polonesa. Nessas longuíssimas viagens, que consumiam uma enorme quantidade de combustível, o plano dos bombardeiros era retornar através da Alemanha para bases aéreas na França. Um deles pousou por engano em território alemão, mas, diante dos olhos de camponeses atônitos, conseguiu decolar novamente e chegar à França em segurança na manhã de 16 de março. Nesse dia, os alemães estavam mais agressivos: quinze bombardeiros germânicos atacaram o ancoradouro da frota britânica em Scapa Flow; uma das bombas atingiu o cruzador pesado *Norfolk* e matou três oficiais. Caindo em terra, uma bomba matou um civil que estava na porta de casa assistindo ao ataque. "Predominava no país o sentimento palpável", disse Churchill ao Gabinete de Guerra dois dias depois, "de que, enquanto os alemães lançavam bombas, nós despejávamos apenas folhetos."

Por fim os britânicos prepararam um ataque aéreo de represália, e em 19 de março despacharam cinquenta bombardeiros através do mar do Norte para lançar suas bombas na base aérea alemã em Hörnum, na ilha de Sylt. Dos aviões envolvidos no ataque, 41 disseram ter encontrado seus alvos, mas um voo de reconhecimento de um caça britânico confirmou mais tarde as declarações alemãs de que nenhum estrago havia sido feito. Um navegador britânico, mais entusiasmado que hábil, conduziu seu piloto para a ilha errada, o mar errado e o país errado. O resultado foi que as bombas foram lançadas sobre a ilha dinamarquesa de Bornholm, no mar Báltico. Felizmente para as relações diplomáticas anglo-dinamarquesas, não houve baixas nem danos.

Na Alemanha, um pequeno grupo de diplomatas, clérigos e militares ressuscitou as discussões, originalmente iniciadas em 1938, quando Hitler ameaçou invadir a

---

* Atual Piła, no noroeste da Polônia. (N. T.)

Tchecoslováquia, acerca de um meio de afastar a possibilidade de uma guerra total com a Grã-Bretanha. Em 16 de março, um desses diplomatas, Ulrich von Hassell, instigado pelo ex-prefeito de Leipzig, Carl Goerdeler, discutiu possíveis iniciativas de paz com dois oficiais do alto escalão das Forças Armadas alemãs. Um deles era o general Ludwig Beck; o outro, o coronel Hans Oster. Aparentemente, o papa Pio XII expressara interesse em algum tipo de negociação que incluísse a "descentralização" da Alemanha e a realização de um "plebiscito" na Áustria, contanto que as partes envolvidas também estivessem dispostas a apoiar "uma mudança no regime e uma declaração de moralidade cristã".

Essas conversas não deram resultado; a angústia do grupo de oposição — que, malgrado a sinceridade de suas intenções, era muito pequeno — estava em total contraste com o implacável trabalho de preparativos militares e a consolidação do domínio nazista em toda a Grande Alemanha. Em 17 de março, um dia após a palestra clandestina de Ulrich von Hassell, Fritz Todt foi formalmente nomeado ministro do Reich para Armamentos, Munições e Produção de Guerra, anunciando uma nova era de eficiência industrial e exploração do trabalho escravo.

Em 18 de março, Hitler se reuniu com Mussolini no passo do Brennero, uma passagem nos Alpes na fronteira entre a Grande Alemanha e a Itália. O ditador italiano estava ansioso para garantir um adiamento de três ou quatro meses da ofensiva alemã no oeste da Europa. Hitler recusou-se a mudar seus planos. Depois que a França fosse derrotada, disse ele, a Grã-Bretanha chegaria a um acordo. Na França, surgia um novo espírito de enfrentamento.

Dois dias após a reunião de Hitler com Mussolini, o governo de Daladier caiu, e Paul Reynaud tornou-se primeiro-ministro da França, propondo imediatamente a retomada do plano anglo-francês de ação nas águas territoriais norueguesas, argumentando, em um memorando secreto para o Gabinete de Guerra britânico, que a esperada retaliação alemã daria à Grã-Bretanha e à França a oportunidade de assumir o controle dos campos de minério de ferro da Suécia. Reynaud foi ainda mais longe e afirmou que a Grã-Bretanha e a França deveriam estancar o fornecimento de petróleo da Rússia para a Alemanha, bombardeando os campos de petróleo soviéticos no Cáucaso.

A proposta de Reynaud para ativar a operação Narvik-Gällivare foi recebida de bom grado pelos chefes de estado-maior britânicos, que, em 26 de março, comunicaram o Gabinete de Guerra que estavam em processo de cogitar a questão de "interromper o comércio de minério de ferro de Gällivare por meio de operações navais" que envolveriam "a violação das águas territoriais norueguesas e suecas". Na tarde seguinte, seus esforços ganharam súbita urgência quando o diretor dos serviços de inteligência do Ministério do Ar em Londres recebeu um relatório com informações segundo as quais, conforme fontes dos serviços secretos suecos, os alemães estavam "concentrando aeronaves e navios de transporte para operações que, na opinião da inteligência sueca, podem consistir na tomada de aeródromos e na ocupação de portos noruegueses".

Estava tudo pronto para o restabelecimento do plano de ação anglo-francês contra Narvik. Em 28 de março, Paul Reynaud voou para Londres para uma reunião do Conselho Supremo de Guerra.

Apesar de suas hesitações anteriores, Neville Chamberlain se encheu de humor combativo. A fim de "manter a coragem e determinação de seus povos", disse ele, "e também para impressionar os neutros, os Aliados devem tomar medidas ativas". Sua primeira proposta foi lançar, "imediatamente", minas navais ao longo do rio Reno. A segunda, tomar "todas as medidas possíveis" para impedir a Alemanha de obter minério de ferro da Suécia. Seria uma "operação naval relativamente simples", explicou Chamberlain, "bloquear a rota, a qualquer momento, por meio de um campo minado. Isso forçaria os navios de minério a entrar em mar aberto, onde seriam apreendidos por uma esquadra britânica". Chamberlain propôs também, como Reynaud havia feito, um ataque aos campos de petróleo soviéticos em Baku, no Cáucaso, a fim de negar à Alemanha "os suprimentos de que tanto necessitava".

Todas essas três propostas de ação, acompanhadas de seus cronogramas, foram por fim aprovadas. O reconhecimento aéreo de Baku começaria em 30 de março. Minas navais seriam lançadas de paraquedas no Reno em 4 de abril, embora mais tarde essa decisão tenha sido adiada. Os campos minados seriam instalados nas águas territoriais norueguesas em 5 de abril. Além disso, se a Alemanha invadisse a Bélgica, as tropas britânicas e francesas se deslocariam através do país até a fronteira alemã "sem esperar por um convite formal".

Essas decisões, obviamente, eram secretas. Porém, em um comunicado público emitido no mesmo dia, anunciou-se que os governos britânico e francês haviam concordado que "não negociarão nem concluirão um armistício ou tratado de paz, exceto por acordo mútuo".

A guerra no mar vinha sendo travada desde setembro de 1939, com graves perdas para a marinha mercante Aliada. Em 31 de março, o cruzador corsário alemão *Atlantis* estava pronto para zarpar em uma incursão ofensiva na qual afundaria 22 navios mercantes, um total de 145 697 toneladas. No dia de sua partida, 753 803 toneladas de embarcações Aliadas já tinham sido afundadas por submarinos alemães nas águas ao redor da Grã-Bretanha, além de 281 154 toneladas afundadas por minas e 36 189 toneladas por ataques aéreos. E toda essa substancial tonelagem de afundamentos de embarcações inimigas custara aos alemães a perda de apenas dezoito submarinos. Em Berlim, as esperanças do círculo de oposição do qual Ulrich von Hassell fazia parte agora se voltavam para a adesão do general Franz Halder.* Em 2 de abril, Hassell falou com Carl Goerdeler, que havia feito contato com Halder. O resultado não foi nem um pouco animador, no entanto; Halder se recusou a considerar qualquer ação "naquele momento". A Inglaterra e a França, disse ele, "declararam guerra contra nós, e agora é preciso ir até o fim".

A oposição alemã a Hitler depositou suas esperanças na relutância dos generais e coronéis de entrar em guerra com a Grã-Bretanha — uma guerra, eles estavam convencidos, que a Alemanha não seria capaz de vencer. Mas a tirania que está na raiz do nazismo já havia intimidado a vontade de resistir. E era uma tirania que nunca descansava. Em 2 de abril, dia em que Hassell foi informado da fracassada abordagem ao general Halder, um destacado membro do Partido Social-Democrata alemão, Ernst Heilmann, estava à beira da morte no campo de concentração de Buchenwald. De ascendência judaica, Heilmann fora deputado do Reichstag de 1928 a 1933. Preso em 1933, fora confinado em diferentes campos de concentração, incluindo Dachau. Submetido a contínuos maus-tratos, em certa ocasião foi atacado por cães de caça, que mutilaram seus braços e mãos. Morreu em 3 de abril de 1940, em Buchenwald. O relatório médico do campo, parte da meticulosa burocracia do totalitarismo, registrou sua morte como "um evidente caso de debilidade e velhice". Ele tinha 59 anos.

Em 2 de abril, Hitler deu a ordem para que a invasão da Noruega começasse dali a cinco dias. Como havia acontecido em novembro, um dos primeiros a repassar à Europa Ocidental a informação da data da ofensiva foi o coronel Oster, que, na tarde de 3 de abril, comunicou a decisão ao adido militar holandês, o coronel Jacobus Sas, que transmitiu a notícia aos adidos navais dinamarquês e norueguês. O dinamarquês imediatamente comunicou Copenhague. Mas Oslo não foi informada; o adido norueguês, Sas descobriu mais tarde, era simpático aos interesses alemães.

Na madrugada de 3 de abril, os três primeiros navios de abastecimento germânicos, camuflados como cargueiros de carvão, zarparam da costa alemã do Báltico rumo a Narvik, 1600 quilômetros ao norte. O carvão que transportavam era verdadeiro; embaixo dele, no entanto, estavam escondidas grandes quantidades de peças de artilharia e munições. Dois mil soldados embarcaram em dez contratorpedeiros, prontos para navegar para o norte assim que a ordem fosse dada. Outras tropas receberam ordens de desembarcar em Trondheim, Stavanger, Kristiansand, Bergen e Oslo. O plano alemão manteve sua escala e seu propósito.

O plano britânico, agora reduzido a uma operação de lançamento de minas na costa norueguesa, com início previsto para 5 de abril, estava prestes a ser executado sem o

---

* Chefe do estado-maior da Wehrmacht. (N. T.)

conhecimento de que uma operação alemã muito maior estava sendo preparada; na verdade, embora os britânicos ainda não soubessem, os desembarques alemães aconteceriam quatro dias depois. Contudo, relatórios da inteligência britânica na Noruega e na Suécia indicaram, na manhã de 3 de abril, que "um número substancial" de efetivos alemães já estava a bordo de navios nos portos de Stettin e Swinemünde, com mais um "pesado contingente de tropas" pronto para embarcar em Rostock.

Apesar desses sinais, Neville Chamberlain declarou, em discurso público em 5 de abril, que "Hitler dormiu no ponto e perdeu a chance". Nesse dia, uma força naval britânica especial partiu de Scapa Flow para minar as águas territoriais norueguesas. A armada foi dividida em duas seções, uma para lançar minas na costa norte da Noruega, a outra ao largo da costa sul. Por azar, a data de 5 de abril fixada pelo Conselho Supremo de Guerra para a instalação das minas norueguesas foi interpretada como o dia em que a força naval deveria zarpar da Grã-Bretanha, e não como o dia em que efetivamente as minas deveriam ser colocadas em alto-mar. Em 6 de abril, as duas forças britânicas navegaram para o leste através do mar do Norte, dando início a uma travessia de três dias. À noite, quando os navios ainda estavam a 48 horas de distância das águas territoriais norueguesas, um avião de reconhecimento do Comando de Bombardeiros britânico relatou "intensa atividade de transporte e um cais intensamente iluminado" no porto alemão de Eckernförde, nas imediações de Kiel. Um pouco depois, às 23h35, outro avião de reconhecimento britânico avistou um navio alemão de grande porte, "possivelmente um cruzador de batalha", a todo vapor, trinta quilômetros ao norte de Heligoland.

Longe do mar do Norte, em uma escuridão tão inescrutável que nem mesmo os relatórios ultrassecretos dos serviços de inteligência eram capazes de perscrutar, ocorreu um evento que deixaria sua marca na demonologia da guerra. A partir do dia 5 de abril, e por quase seis semanas, pequenos grupos de oficiais poloneses que haviam se rendido ao Exército Vermelho em setembro de 1939 — e desde então estavam sendo mantidos em campos de prisioneiros de guerra na Rússia — foram escoltados pela polícia secreta soviética da aldeia de Kozelsk em direção à cidade vizinha de Smolensk. Ao todo, 5 mil poloneses partiram nessa jornada, em grupos de sessenta a trezentos homens. Nenhum deles chegaria a Smolensk. Em vez disso, ainda vestindo o uniforme militar, com as mãos na maioria das vezes amarradas nas costas, eram levados para uma pequena área arborizada perto da aldeia de Katyn e fuzilados com um tiro na nuca. Somente três anos depois seus corpos foram descobertos. Os cadáveres de outros 10 mil oficiais poloneses, também capturados em setembro de 1939 pelas forças soviéticas e mantidos em cativeiro na Rússia, jamais foram descobertos.

* * *

No domingo, 7 de abril, enquanto as duas forças navais britânicas chegavam ao último dia de sua jornada através do mar do Norte, prontas para minar as águas territoriais norueguesas, navios de guerra alemães deixaram seus portos no Báltico e rumaram para o norte, transportando sob o convés um exército para desembarcar em solo norueguês. Assim que a notícia chegou ao Almirantado em Londres, ninguém acreditou. Um relatório do serviço de inteligência dinamarquês, provavelmente baseado no que o coronel Oster havia dito ao coronel Sas, e que este por sua vez comunicara a seu colega dinamarquês em Berlim, afirmava que Hitler tinha ordenado "o deslocamento discreto de uma divisão a bordo de dez navios com destino a Narvik", com a ocupação simultânea da Dinamarca. A data estipulada para a chegada a Narvik era 8 de abril. "Todas essas informações", concluiu a divisão de inteligência do Almirantado britânico, "têm valor duvidoso e podem muito bem ser apenas mais uma manobra na guerra de nervos."

Quando, algumas horas depois, notícias da movimentação efetiva das tropas marítimas alemãs chegaram a Londres, a força naval britânica incumbida de instalar o campo minado no sul recebeu ordem para voltar. Não tivesse feito isso, teria ido diretamente ao encontro dos navios de guerra alemães. A força que se dirigia ao norte prosseguiu em seu caminho.

Em 8 de abril, tendo chegado às águas territoriais norueguesas, a força naval britânica que rumava para o norte começou a instalar suas minas. Nesse meio-tempo, a frota de invasão alemã navegava, imperturbada, em direção a seus vários alvos. Nas primeiras horas de 9 de abril, navios de guerra alemães chegaram ao largo de Trondheim, Bergen e Stavanger; ao amanhecer, mais quatro belonaves germânicas foram avistadas na entrada do fiorde de Oslo. Em Narvik, conforme o subestimado relatório da inteligência dinamarquesa havia corretamente informado, dez contratorpedeiros alemães desembarcaram 2 mil soldados alemães. O comandante norueguês local era um apoiador de Vidkun Quisling, ex-ministro das Relações Exteriores da Noruega e um destacado simpatizante fascista; ele ordenou que sua guarnição não oferecesse resistência ao desembarque dos alemães, notícia que causou especial consternação no Gabinete de Guerra em Londres; os planos britânicos originais, posteriormente descartados, previam um desembarque em Narvik em 20 de março, quase três semanas antes.

Nas primeiras horas de 9 de abril, tropas alemãs desembarcaram em Bergen, Kristiansand, Trondheim e Narvik, ocupando também Copenhague. O rei dinamarquês, Cristiano X, sabendo que seu exército não tinha condições de resistir, ordenou um cessar-fogo imediato, mas o comandante em chefe das forças dinamarquesas, o general William Wain Prior, recusou-se a transmitir a ordem, na esperança de que a resistência armada pudesse continuar. Às 6h45, no entanto, o ajudante de ordens do monarca repassou a instrução. A Dinamarca agora seguia os passos da Polônia para se tornar a segunda conquista militar de Hitler.

Horas mais tarde, o ministro alemão em Oslo entregou ao governo norueguês uma nota exigindo a rendição da Noruega a uma administração germânica. "Em caso de recusa, toda resistência será esmagada." A exigência não foi atendida. Duas horas depois, quando as tropas alemãs de paraquedistas pousaram, o governo norueguês evacuou sua capital, transferindo-a para Hamar, cerca de 110 quilômetros ao norte.

Nessa tarde, Reynaud voou para Londres acompanhado de seu ministro das Relações Exteriores, Édouard Daladier, para uma reunião do Conselho Supremo de Guerra, em que se decidiu enviar à Noruega "vastos regimentos" com destino a "portos no litoral norueguês" e solicitar ao governo belga que autorizasse a entrada das tropas britânicas e francesas no país. Mas os belgas se recusaram a atender ao pedido, alegando que pretendiam "manter uma política de absoluta neutralidade".

No final dessa mesma tarde, Reynaud e Daladier voltaram a Paris. Em Oslo, o general Falkenhorst telegrafou a Hitler: "Noruega e Dinamarca ocupadas conforme instruções". Hitler ficou exultante e disse a Alfred Rosenberg:* "Agora, Quisling pode estabelecer o governo dele em Oslo". E foi exatamente isso que Quisling fez, tornando-se primeiro-ministro do país que ele tanto desejava liderar sob os ditames do código fascista. Entretanto, nem tudo correu bem para a nova Noruega ou para as forças invasoras. Em 10 de abril, para a enorme fúria de Hitler, cinco contratorpedeiros britânicos entraram no porto em Narvik e afundaram dois dos dez contratorpedeiros alemães. Todavia, um dos contratorpedeiros britânicos foi afundado, um encalhou, e o comandante responsável pelo ataque, o capitão Bernard Armitage Warburton-Lee, acabou morto.

Forças norueguesas leais ao rei, recusando-se a aceitar a sujeição do governo de Quisling ao jugo alemão, reagruparam-se da melhor forma que puderam e se prepararam para lutar; milhares de jovens noruegueses juntaram-se às unidades posicionadas ao longo das estreitas e sinuosas estradas de montanha, ainda cobertas por um manto da neve de inverno. Entre esses voluntários estava o escriturário Eiliv Hauge, cuja primeira participação em um combate efetivo aconteceu em 11 de abril, quando uma coluna de ônibus alemães repletos de soldados serpeou interior adentro em direção à sua unidade. Os rapazes noruegueses bloquearam a estrada com troncos de árvores. Quando os alemães começaram a descer dos ônibus, os noruegueses abriram fogo. Em poucos minutos, Hauge relembrou mais tarde, quatro ônibus estavam em chamas. A estrada ficou coalhada de alemães mortos e feridos. Bandeiras brancas de trégua foram acenadas, mas em vão. "Chegando à maioridade de forma vergonhosa", escreveu o

---

* Ministro do Reich para os Territórios Ocupados do Leste. (N. T.)

historiador desse episódio, "Hauge e seus camaradas atiraram também nas bandeiras, até que restaram duzentos silenciosos cadáveres alemães tombados na neve."

Era estranho o contraste entre essa unidade norueguesa em ação pela primeira vez e as unidades britânicas estacionadas na França. "Não há nada a fazer na frente ocidental", escreveu a seus familiares o oficial Ronald Cartland, membro do Parlamento, em carta datada de 12 de abril. "Nós nos acomodamos à existência em uma guerra relativamente pacífica. A 'temporada festiva' chegou. Ofereço almoços 'requintados' e janto fora duas vezes por semana com outras baterias!"

Em Londres, também em 12 de abril, o Gabinete de Guerra decidiu enviar a Narvik um regimento encarregado de desalojar os alemães, estabelecer contato com as tropas norueguesas nos arredores e, com a permissão do Gabinete de Guerra — que ainda seria dada no momento oportuno —, cruzar o território sueco para destruir as instalações de extração de minério de ferro em Gällivare, o objetivo do plano anterior abandonado. No dia seguinte, antes que qualquer desembarque pudesse ocorrer, navios de guerra britânicos, em uma segunda ação em Narvik, afundaram os oito contratorpedeiros alemães restantes. No mesmo dia, tropas britânicas desembarcaram em mais dois portos noruegueses: Åndalsnes, ao sul de Trondheim, e Namsos, ao norte. Alarmado com essa reviravolta adversa, Hitler ordenou a evacuação de Narvik.

Para os britânicos, ficou claro que o mau tempo na Noruega era um inimigo tão árduo quanto os alemães. Em 15 de abril, as tropas britânicas em Namsos relataram que a cidade ficou coberta por um metro e vinte de neve, sem lugar onde se abrigar em caso de ataque aéreo. Um efetivo britânico de seiscentos homens, que deveria cruzar o mar do Norte e desembarcar em Ålesund, ficou retido durante um dia inteiro por causa dos vendavais ao largo da costa escocesa. Em Harstad, Salangen e Bogen, na região de Narvik, onde as tropas britânicas tinham desembarcado, a neve profunda e uma temperatura noturna de -32ºC criaram o perigo adicional de geladuras e amputações. Em Namsos, a artilharia alemã impediu que o comandante militar britânico, o general Carton de Wiart, desembarcasse do hidroavião que o trouxera da Grã-Bretanha. Ao largo de Narvik, o contratorpedeiro *Kimberley* sofreu baixas por conta das rajadas das metralhadoras alemãs posicionadas na costa. Em 16 de abril, um plano aprovado pelo Gabinete de Guerra para tomar os fortes em Trondheim, usando mil soldados canadenses enviados para a Grã-Bretanha, teve que ser adiado por pelo menos seis dias depois que os chefes de estado-maior comunicaram que o ataque, nos moldes em que fora planejado, implicaria um "alto custo em termos de execução". Havia sinais, escreveu nessa noite em seu diário um dos secretários particulares de Neville Chamberlain, de que os noruegueses "perderão o ânimo, a menos que tenham certeza de que contarão com apoio substancial".

Um embate entre exércitos havia começado ao longo de toda a extensão do litoral norueguês. Em 17 de abril, oito dias depois do desembarque aparentemente triunfal de suas tropas em vários pontos diferentes, Hitler deu a ordem: "Esperem o máximo possível". Agora, mais de 13 mil soldados britânicos estavam em terra ao norte de Narvik e ao norte e ao sul de Trondheim. Tropas francesas, unidades da Legião Estrangeira francesa e unidades navais polonesas, em ação pela segunda vez em nove meses, participaram de todas as zonas de operação. Contra esses exércitos, a força aérea alemã empregou seus bombardeiros de mergulho, que haviam tido um efeito devastador sobre as concentrações e movimentações de tropas durante a "guerra-relâmpago" na Polônia. O alto-comando alemão também contava com uma vantagem preciosa nos combates travados na Noruega, uma vez que era capaz de interceptar e decifrar mais de 30% das comunicações navais britânicas no mar do Norte e na região da Noruega; dessa forma, conseguiram localizar e atacar muitos navios que, em outras circunstâncias, poderiam ter passado incólumes.

Os serviços de inteligência britânicos também contavam com uma janela de acesso para as operações do exército e da força aérea alemães. A partir de 15 de abril, a Escola de Códigos e Cifras do Governo Britânico em Bletchley Park quebrou a chave Enigma relativamente descomplicada que fora introduzida para uso da Luftwaffe e do exército alemão durante a campanha norueguesa. O número de mensagens enviadas por meio da Enigma — e portanto lidas em Bletchley — era volumoso. Agora, a maioria dessas comunicações era descriptografada em questão de poucas horas, e algumas apenas uma hora após sua transmissão pelas estações alemãs. Também a partir de 15 de abril, começaram a ser decifradas diariamente não apenas mensagens sobre questões aeronáuticas e do exército, mas também sobre assuntos da marinha de guerra que eram da alçada da força aérea e do exército. Bletchley decodificava uma grande massa de informações relativas não somente ao estado da organização e dos suprimentos alemães, mas também a suas intenções.

As autoridades de inteligência, contudo, estavam completamente despreparadas para fazer uso do que Churchill mais tarde chamaria de sua "galinha dos ovos de ouro". Segundo os historiadores dos serviços secretos britânicos, nem a própria escola de Bletchley nem os departamentos governamentais "estavam equipados para lidar de forma eficaz com as desencriptações". Ainda não havia sido concebido nenhum meio seguro para transmitir as preciosas informações aos comandantes no campo de batalha, ou mesmo para lhes explicar a natureza da inestimável noção que essas informações proporcionavam acerca dos planos e ações do inimigo.

Assim, a quebra da chave Enigma utilizada na Noruega, um triunfo da criptografia, não teve influência alguma no curso da campanha norueguesa. Com o fim da campanha, os alemães interromperam seu uso. Seria necessário um mês para que surgisse outra oportunidade semelhante de ler as mensagens alemãs de maneira tão rápida e completa. Na guerra de informações de inteligência, o vencedor na Noruega foi a Alemanha, não a Grã-Bretanha.

A guerra terrestre também ia de mal a pior para os britânicos; durante vários dias a partir de 17 de abril, o plano do Gabinete de Guerra de desembarcar um contingente em Narvik sofreu veemente resistência do comandante militar em Harstad, o general Pierse Joseph Mackesy. "Não há um único oficial ou homem sob meu comando", Mackesy telegrafou a Londres em 21 de abril, "que não sentirá vergonha de si mesmo e de seu país se milhares de homens, mulheres e crianças norueguesas em Narvik forem submetidos ao bombardeio proposto." A oposição de Mackesy foi decisiva. O plano para tomar Narvik foi abandonado, e com ele abandonou-se também o plano, já adiado antes, de tomar Trondheim usando uma parte substancial das forças que deveriam ter expulsado os alemães de Narvik. Hitler, tão desanimado em 12 de abril, agora, pouco mais de uma semana depois, estava eufórico; em seu aniversário de 51 anos, em 20 de abril, ele ordenou o estabelecimento de um novo regimento da SS, "Norland", no qual noruegueses e dinamarqueses lutariam ao lado dos alemães. "Quem sabe", escreveu o general Rommel em uma carta privada em 21 de abril, "se algum dia existirá outro alemão com tamanho gênio para a liderança militar e semelhante domínio da liderança política!"

A perspicácia política de Hitler ficou evidente em 24 de abril, quando ele nomeou um dirigente do Partido Nazista, Josef Terboven, para assumir o controle efetivo da Noruega de Vidkun Quisling. Depois de apenas quinze dias, o homem cujo nome passou a representar a traição ao próprio país foi alijado de seu breve auge de poder.

Na Polônia, a tortura e a matança continuaram com a mesma intensidade. Em 14 de abril, 220 poloneses, entre os quais muitas mulheres e crianças, foram detidos em vários vilarejos e aldeias nos arredores de Serokomla; todos foram mortos a tiros. Em Stutthof, na noite de 23 de abril, durante as primeiras horas da Páscoa judaica, quando os judeus celebram sua libertação do cativeiro no Egito antigo, todos os judeus no campo de prisioneiros receberam ordens para correr, cair no chão, levantar-se e correr de novo, sem interrupção. Qualquer um que fosse muito lento em obedecer à ordem era espancado até a morte por um capataz, à base de coronhadas de fuzil. Um prisioneiro polonês em Stutthof, no relato que fez desse arremedo de celebração, contou também como a SS atrelou um judeu escultor a um carrinho cheio de areia. Em seguida o obrigaram a correr puxando o carrinho enquanto o açoitavam com um chicote. Quando o homem desmaiou de dor e exaustão, derrubaram o carrinho por cima dele, enterrando-o sob a areia. Ele conseguiu rastejar e se livrar do monte de areia, em meio às alegres risadas dos guardas alemães, que o mergulharam na água e depois o enforcaram. Mas a corda era muito fina e arrebentou. Por fim, trouxeram uma moça judia que estava grávida e, com gargalhadas de desdém, enforcaram os dois numa mesma corda.

A matança de judeus tornou-se motivo de riso e zombaria; a perseguição aos poloneses também era terrível. Em 29 de abril, Rudolf Höss, um membro da SS de 39 anos, chegou ao campo de concentração recém-estabelecido em Auschwitz acompanhado de cinco outros homens da SS. Calculando o tamanho futuro do campo e a natureza das punições e dos trabalhos forçados a serem instituídos contra os prisioneiros poloneses, eles ordenaram que trinta criminosos alemães condenados fossem transferidos de Sachsenhausen para servir como chefes dos alojamentos do novo campo.

Em 1º de maio, as autoridades alemãs na Polônia ordenaram o estabelecimento de um gueto "fechado" na cidade industrial de Łódź. Mais de 160 mil judeus viviam ali; agora, já não se permitiria que saíssem de uma área limitada e superlotada. Dos 31721 apartamentos na área do gueto reservados a eles, a maioria com um único quarto, apenas 725 tinham água corrente. Em 1º de maio, a polícia alemã recebeu ordens de atirar sem aviso em qualquer judeu que se aproximasse da cerca de arame farpado que agora circundava a área.

Alguns alemães ficaram tão perturbados com esses acontecimentos que protestaram junto a seus superiores. No final de abril, o chefe da polícia de Berlim, o conde Wolf Heinrich von Helldorf, outrora um dos maiores entusiastas de Hitler e um de seus mais destacados apoiadores, ouviu de seu adjunto, Canstein, detalhes de uma recente visita a Cracóvia. Em 1º de maio, o conde Helldorf foi falar com o coronel Oster para lhe contar das impressões de Canstein. Em Cracóvia, Canstein havia encontrado o chefe da SS local em um estado "que beirava a histeria", porque nem ele nem seus homens se sentiam capazes de cumprir as ordens que recebiam, a menos que se embriagassem primeiro. Ninguém que executasse as tarefas que eles tinham que cumprir, Helldorf disse a Oster, seria capaz de voltar a levar uma vida normal.

Oster perguntou a Helldorf sobre o moral em Berlim, ao que o chefe da polícia respondeu que apenas 35% a 40% da população da capital era favorável à guerra.

Durante os últimos três dias de abril de 1940, as tropas britânicas e francesas prepararam-se para se retirar de suas precárias bases de operações na Noruega. Em 29 de abril, o comandante militar norueguês, o general Otto Ruge, cujas tropas haviam realizado uma série de ações de retaguarda no sul do país, disse ao general britânico que coordenava a retirada de Åndalsnes que, a menos que os noruegueses recebessem "uma maior intervenção dos Aliados", aconselharia o governo norueguês a iniciar negociações de paz. Em resposta, o general britânico foi autorizado pelo Gabinete de Guerra em Londres a dizer que, embora as forças Aliadas no centro da Noruega estivessem batendo em retirada, os batalhões ao norte de Namsos seriam reforçados, "como ação preliminar para um contra-ataque em direção ao sul". No dia em que essa resposta foi transmitida aos noruegueses, tropas alemãs que tinham partido de Oslo e Trondheim em 10 de abril uniram forças. "Isso é mais do que uma vitória numa batalha", foi o comentário de Hitler, "é uma campanha inteira!"

O Führer não precisava mais se preocupar com quaisquer alterações e mudanças de última hora nos planos dos Aliados no norte da Noruega; em 30 de abril, ele ordenou que o exército alemão se preparasse para lançar a Operação Amarelo contra a Europa Ocidental dentro de 24 horas a qualquer momento a partir de 5 de maio.

Os britânicos, sem saber exatamente onde seria desferido o ataque, retiraram quase uma divisão inteira da França em 2 de maio, temendo que um desembarque alemão em solo britânico pudesse fazer parte do plano militar de Hitler. Nenhuma das mensagens Enigma enviadas de Berlim para os altos comandantes alemães, que teriam revelado os planos, pôde ser descriptografada. O triunfo da decifração na Noruega, tão inesperado que não houve meios de tirar proveito dele, não se repetiria nem na França nem no canal da Mancha a tempo de influenciar a retirada britânica para a costa.

Ao largo de Namsos, a Marinha Real, chegando para evacuar as tropas em terra, encontrou a própria cidade em chamas. O primeiro navio a atracar no cais foi o contratorpedeiro *Kelly*, comandado por Lord Louis Mountbatten, bisneto da rainha Vitória. O *Kelly* recolheu 229 soldados franceses, levou-os até um navio de transporte que aguardava e voltou para evacuar mais homens. Nos céus, os alemães, cientes de toda a movimentação naval britânica graças ao trabalho de leitura e decodificação das mensagens transmitidas de navio para navio, bombardeou incessantemente a força de evacuação. Um contratorpedeiro francês, o *Bison*, foi atingido e explodiu. O contratorpedeiro britânico *Afridi*, afoito para resgatar os sobreviventes, também foi atingido e acabou emborcando. Mais afortunado, o *Kelly* abateu pelo menos um dos bombardeiros de mergulho alemães. "Que festa!", disse Mountbatten. "Mas que sorte não ter sido ainda pior."

Enquanto as tropas alemãs se preparavam para abrir hostilidades na Europa Ocidental, o último ato do drama nórdico estava sendo encenado. Em 4 de maio, o contratorpedeiro polonês *Grom* foi atingido por bombas alemãs perto de Narvik e se partiu em dois; 56 marinheiros poloneses morreram. Enquanto os navios de guerra britânicos se aproximavam a todo vapor para o resgate, metralhadores alemães posicionados na costa abriram fogo contra os homens feridos, que se debatiam e chapinhavam na água. Foi o velho encouraçado britânico *Resolution* que resgatou os homens. Uma vez a bordo, a banda do navio começou a tocar o hino polonês, "A Polônia ainda não pereceu". Mais tarde, um dos poloneses resgatados relembrou: "Nossos olhos estavam úmidos, mas nossos corações latejavam com uma nova sensação de poder, com a promessa de vida".

Como havia acontecido em novembro, o mau tempo forçou uma série de breves adiamentos da Operação Amarelo, embora apenas até 8 de maio. Também como em novembro, notícias dos planos para o ataque, bem como detalhes de cada um dos adiamentos, foram repassados pelo coronel Oster ao adido militar holandês em Berlim, o coronel Sas. Entre os que se opunham ao ataque ao oeste da Europa estava o general Beck, que, com o apoio do coronel Oster, instruiu um advogado católico, Joseph Müller, a viajar a Roma, aparentemente em uma missão do serviço secreto, a fim de alertar o Vaticano, e por meio do Vaticano os Aliados, acerca das intenções de Hitler.

Com a anuência do papa, a informação levada por Müller foi enviada por mensagem de rádio codificada para os núncios papais em Bruxelas e Haia. Essas mensagens foram ouvidas e decifradas pelos serviços de monitoramento de rádio alemães. Canaris foi imediatamente encarregado de investigar o vazamento do qual ele próprio era a fonte. No que foi descrito como "um truque de gênio igualado apenas por sua argúcia", Canaris ordenou a Müller, que acabara de voltar de Roma, que para lá retornasse a fim de investigar de que modo a notícia da data da invasão poderia ter vazado. Hitler, sem saber que estava sendo traído por seu próprio chefe de inteligência, seguiu em frente com seus planos. Nem mesmo um aviso de antemão poderia mitigar o efeito da esmagadora superioridade do golpe que o Führer havia concebido. Em 7 de maio, ele leu dois telegramas decodificados que o embaixador belga no Vaticano acabara de enviar a Bruxelas, mas não se desviou de seu curso. Nem precisava; em 8 de maio, um sumário da inteligência britânica preparado pelo Gabinete de Guerra em Londres afirmou que "ainda não havia indícios" de que uma invasão da Bélgica ou da França fosse iminente, embora alguma ação fosse de se esperar "no futuro imediato". Medidas tomadas pela Alemanha, alertava o relatório, permitiriam que atacasse a Holanda "a qualquer momento, com mínimo aviso prévio".

Ao largo da costa holandesa, navios lança-minas alemães trabalhavam na instalação de campos minados com os quais deteriam qualquer esforço naval britânico em apoio à Holanda. Em 9 de maio, o contratorpedeiro *Kelly*, deslocando-se da Noruega, estava entre os navios de guerra britânicos empenhados na detecção de navios lança-minas. Atacado por um submarino alemão, o *Kelly* ficou bastante avariado, mas sobreviveu. Vinte e sete de seus tripulantes morreram. O capitão, Lord Louis Mountbatten, conseguiu atravessar o mar do Norte e levar o navio ao porto para reparos; mais tarde, o *Kelly* voltaria a navegar e lutar.

Nas primeiras horas da manhã de 9 de maio, após receber auspiciosos relatórios meteorológicos, Hitler definiu o dia seguinte como a data de sua ofensiva ao oeste da Europa. Todos os indícios eram favoráveis a essa expansão da guerra. Em Londres, dois dias antes, o Ministério do Ar informara ao Gabinete de Guerra que, na escala estimada para operações aéreas ativas sobre a França, as reservas britânicas de gasolina e combustível de aviação "durariam apenas de dez a onze semanas". Ao longo de 9 de maio, os mais altos comandantes de Hitler estudaram um grande volume de informações valiosas, em parte obtidas por meio de documentos do exército britânico capturados na Noruega, que lhes forneceram detalhes da ordem de batalha dos britânicos na França. Outros pormenores vieram de mensagens de rádio codificadas transmitidas entre o Ministério da Guerra francês em Paris e suas forças militares ao longo da fronteira. A partir dessas mensagens, captadas via rádio e rapidamente decifradas, o alto-comando alemão pôde tomar conhecimento acerca das disposições e qualidades das tropas Aliadas que teria de enfrentar: seu tamanho, unidade por unidade; seu plano de campanha para avançar até o rio Dyle quando fosse iniciado o ataque germânico; e o fato de que os franceses não tinham planos de lançar uma contraofensiva efetiva contra o flanco da principal linha de avanço alemã.

Na tarde de 9 de maio, Hitler deixou Berlim. Por questões de estrita segurança, insinuou-se até mesmo para seu estado-maior que ele estava a caminho de Oslo. Nessa noite, quando seu trem especial chegou a Hannover, a senha "Danzig" foi enviada aos comandantes no campo de batalha: era o código que indicava que o ataque a Holanda, Bélgica e França tinha sinal verde para seguir em frente. O trem de Hitler continuou rumo a oeste. Pouco antes do amanhecer de 10 de maio, tendo cruzado o Reno, chegou a Euskirchen, uma cidadezinha alemã a menos de cinquenta quilômetros da fronteira belga. Uma hora depois, teve início uma ofensiva em igual medida ambiciosa, perigosa e ousada.

5. O ataque alemão à Europa Ocidental

MAIO DE 1940

Nas primeiras horas de 10 de maio de 1940, as forças alemãs avançaram pela Bélgica e pela Holanda; 136 divisões germânicas, enfrentando tropas Aliadas em número duas vezes menor. Para os britânicos e franceses, como resultado da insistência belga em manter a estrita neutralidade, o primeiro movimento foi cruzar a fronteira francesa e atravessar a Bélgica até a linha do rio Dyle. Enquanto os Aliados avançavam, 2500 aviões alemães atacaram os aeródromos da Bélgica, da Holanda, da França e de Luxemburgo, destruindo muitas aeronaves ainda no solo. Sob o comando do general Kurt Student, tropas aerotransportadas alemãs — 16 mil homens ao todo, a ponta de lança da ofensiva germânica na Holanda — saltaram de paraquedas em Roterdam, Leiden e Haia. Cem soldados germânicos, pousando silenciosamente em planadores no alvorecer, tomaram as pontes belgas sobre o canal Alberto.

O principal baluarte defensivo do canal Alberto era o forte de Eben-Emael. Durante seis meses, um grupo de paraquedistas de elite alemães treinou para capturá-lo. No momento em que se iniciava a ofensiva germânica, 55 deles pousaram no forte, mas ao longo de 10 de maio os defensores belgas, protegidos por maciças fortificações de armas entrincheiradas, resistiram a cargas explosivas e ao considerável poder de fogo do invasor.

Em Londres, às sete horas dessa manhã, o governo britânico recebeu um apelo por socorro dos governos holandês e belga, e imediatamente deu ordens para que minas fossem despejadas no rio Reno, decisão que havia sido tomada mais de um mês antes, mas que, devido à súbita crise norueguesa, nunca fora implementada. Uma hora depois, soube-se em Londres que aeronaves alemãs haviam lançado minas no rio Escalda; tropas alemãs entraram em Luxemburgo; um bombardeio na cidade francesa de Nancy causou a morte de dezesseis civis.

Na mesma manhã, o governo britânico autorizou a Operação XD, para demolir as instalações portuárias holandesas e belgas na foz do Escalda, na hipótese de um avanço alemão chegar tão longe. Pouco depois das quatro da tarde, Hitler foi informado de que a 4ª Divisão Panzer havia cruzado o rio Mosa.* Meia hora depois, em Londres, Neville Chamberlain anunciou ao seu Gabinete de Guerra que, com essa nova emergência, era essencial formar um governo de coalizão que trouxesse os partidos Trabalhista e Liberal para o círculo que tomava as decisões de guerra. Os líderes trabalhistas, no entanto, se recusaram a atuar sob a batuta de Chamberlain, que consideravam o principal responsável pelo despreparo da Grã-Bretanha para a guerra, embora eles próprios tivessem votado contra o alistamento militar compulsório em abril de 1939.

Diante da recusa do Partido Trabalhista de participar de um governo encabeçado por Chamberlain, este não teve outra opção a não ser renunciar. Foi sucedido como primeiro-ministro por Winston Churchill, o principal crítico de suas políticas pré-guerra e um homem que os líderes trabalhistas acreditavam ter a força de vontade e a capacidade de conduzir o país na guerra com energia e desvelo. Formou-se um novo governo, no qual membros de todos os partidos políticos tinham lugar; Churchill acumulou as funções de ministro da Defesa e primeiro-ministro, com autoridade adicional como chefe de uma comissão especial de defesa constituída por ele próprio e pelos chefes de estado-maior e cuja tarefa seria tomar as decisões estratégicas dia a dia e, se necessário, de hora em hora.

Ronald Cartland, um dos vários parlamentares conservadores que serviam então na frente ocidental, ficou encantado com as notícias de Londres. "Winston — nossa esperança — talvez consiga salvar a civilização", comentou em uma carta à família. Nesse dia, a unidade de Cartland se deslocara pela Bélgica. "Multidões de evacuados", ele escreveu. "Sinto muito pelos belgas, é a segunda vez em 25 anos, mas eles são muito corajosos e resolutos."

Apesar da bravura dos belgas, a superioridade do poder de fogo alemão era avassaladora; pouco antes do meio-dia de 11 de maio, os setecentos defensores do forte de Eben-Emael se renderam, depois da morte de 23 deles. Dos 55 alemães do exército invasor, seis morreram. Hitler, que literalmente deu pulos de alegria ao saber da tomada do forte, condecorou com a Cruz de Ferro todos os sobreviventes. A primeira Cruz de Ferro da campanha, no entanto, foi concedida a um oficial da SS, o capitão Krass, do regimento Leibstandarte-SS, que, na manhã de 11 de maio, cruzou o rio Issel na Holanda com uma pequena patrulha, penetrou mais de sessenta quilômetros do território holandês e trouxe de volta cem soldados holandeses que ele e seu pequeno batalhão capturaram durante a incursão.

---

* Meuse, em francês, ou Maas, em holandês; o rio nasce em Pouilly, no planalto de Langres, na França, atravessa a Bélgica e os Países Baixos e desemboca no mar do Norte, estendendo-se por 950 quilômetros. (N. T.)

Desde 1919, vivia na cidadezinha holandesa de Doorn, no exílio, o ex-cáiser alemão que o governo holandês se recusara a extraditar para a Grã-Bretanha para ser julgado como criminoso de guerra. Agora, num dos primeiros atos do governo de Churchill, o ex-cáiser foi indagado se gostaria de ir para a Grã-Bretanha, de modo a escapar dos nazistas. Ele se recusou; algumas horas depois, Doorn foi invadida.

Os Aliados recebiam notícias de êxitos alemães não apenas na Holanda e na Bélgica; na manhã de 11 de maio, soube-se em Londres que a base Aliada em Harstad, ao norte de Narvik, estava sendo implacavelmente bombardeada por aeronaves alemãs, ao mesmo tempo que tropas germânicas, tirando partido do Pacto Nazi-Soviético, eram transportadas por trem de Leningrado para Murmansk, como parte de um possível ataque em pinça no norte da Noruega. O instinto de Churchill, em seu primeiro dia inteiro como primeiro-ministro, foi deslocar as tropas em Harstad para Mosjöen, ao sul, onde uma pequena guarnição britânica ainda resistia; mas os chefes de estado-maior argumentaram que, em vista da "luta de vida e morte na frente ocidental", as tropas eram insuficientes para manter as posições em Mosjöen ou Bodø — como Narvik, ao norte do Círculo Polar Ártico —, que Churchill também esperava reforçar. Como aconteceria com frequência durante a guerra, quando as sugestões de Churchill enfrentavam a veemente oposição de seus estados-maiores, seus planos eram abandonados. O primeiro-ministro britânico, ao contrário de Hitler, não tinha poder para se sobrepor a seus principais conselheiros estratégicos e anular suas decisões. Podia, no entanto, apoiar com considerável vigor as recomendações de seus conselheiros e insistir em sua rápida implementação; em seu primeiro dia como primeiro-ministro, efetivos britânicos ocuparam a dependência dinamarquesa da Islândia, uma importante base estratégica, que era fundamental impedir que caísse nas mãos dos alemães, agora os governantes da Dinamarca. Era necessário desenvolver o quanto antes as bases navais e instalações aéreas da Islândia.

No decorrer de maio, na frente ocidental, os comandantes alemães competiam entre si para ver quem conseguia fazer o maior avanço. "Está tudo uma maravilha até agora", escreveu à esposa nesse dia o general Rommel, comandante da 7ª Divisão Panzer, e acrescentou: "Estou muito à frente dos meus vizinhos". Em 11 de maio, na Holanda, depois de uma marcha de 160 quilômetros, o 18º Exército alemão se reuniu aos paraquedistas que haviam pousado dois dias antes. Nessa noite, o Gabinete de Guerra em Londres foi informado de que nos dois dias de combates haviam sido perdidas 76 aeronaves britânicas.

Em 13 de maio, as tropas de Rommel, avançando através do território belga, cruzaram o rio Mosa em Dinant. Nesse mesmo dia, mais ao sul, as tropas do general Heinz Guderian abriram caminho através da floresta das Ardenas e cruzaram o Mosa nos arredores de Sedan, a primeira substancial travessia alemã da fronteira francesa. Às cinco da madrugada, o rei George VI, que dormia no Palácio de Buckingham, foi acordado por

Mapa 6. A invasão alemã da Europa Ocidental, maio de 1940

um sargento da polícia e informado de que a rainha holandesa, Guilhermina, desejava falar com ele. "Não acreditei nele", escreveu o rei em seu diário, "mas fui ao telefone e era mesmo ela. Ela implorou que eu enviasse aeronaves para a defesa da Holanda. Repassei a mensagem a todos os responsáveis e voltei para a cama." O rei comentou: "Não é sempre que alguém recebe um telefonema a uma hora dessas, e especialmente a ligação de uma rainha. Mas hoje em dia tudo pode acontecer, e coisas muito piores também".

Alertada de que poderia acabar sendo sequestrada pelos alemães e usada como refém, a rainha Guilhermina partiu de Haia para Roterdam, onde embarcou em um contratorpedeiro britânico, o *Hereward*. Seu objetivo era se juntar às Forças Armadas que ainda resistiam em Zeeland. Por causa dos pesados bombardeios alemães, no entanto, ela não pôde desembarcar; assim, cruzou o mar do Norte rumo a Harwich, determinada a fazer mais um apelo aos britânicos por apoio aéreo. Uma vez em Harwich, no entanto, ficou claro para a monarca que a situação na Holanda era desesperadora. Nessa noite, ela foi recebida em Londres pelo rei George VI na estação da Liverpool Street. "Eu não a conhecia pessoalmente", anotou o rei em seu diário. "Ela me contou que, ao partir de Haia, não tinha a intenção de deixar a Holanda, mas a força das circunstâncias a obrigara a vir até aqui. Estava muito transtornada, o que é natural."

Nessa tarde, Churchill disse aos membros de seu novo governo: "Não tenho nada a oferecer além de sangue, trabalho, lágrimas e suor". Ele repetiu essas palavras poucas horas depois, na Câmara dos Comuns, dizendo aos membros do Parlamento:

> Vocês me perguntam: qual é a nossa política? Eu direi: é fazer a guerra, por mar, terra e ar, com toda a nossa capacidade e com toda a força que Deus possa nos dar; travar uma guerra contra uma tirania monstruosa jamais superada no catálogo sinistro e lamentável dos crimes humanos. Essa é a nossa política.

Com relação a qual poderia ser o objetivo da Grã-Bretanha, Churchill foi igualmente enfático: "É a vitória, a vitória a todo custo, a vitória a despeito de todo o terror, a vitória, por mais longa e difícil que seja a estrada; pois sem a vitória não há sobrevivência".

Nessa noite, no Gabinete de Guerra, Churchill soube que, enquanto o estado-maior da força aérea calculava que sessenta esquadrilhas de caças seriam necessárias para a "defesa adequada" da Grã-Bretanha, apenas 39 estavam disponíveis. As áreas de iniciativa Aliada eram poucas e esparsas. Nessa noite, várias centenas de minas aéreas foram despejadas no Reno, interrompendo o tráfego de barcaças alemãs nas imediações de Karlsruhe e Mainz. Essa empreitada rendeu a distribuição de duas Cruzes de Serviços Distintos e dezessete Medalhas de Serviços Distintos. Na Noruega, ainda mais longe da batalha decisiva, as forças francesas comandadas pelo general Antoine Béthouart desembarcaram nas imediações de uma aldeota de pescadores de Bjerkvik, a cerca de cinquenta quilômetros de Narvik por estrada. "Espero que você evacue Narvik o mais depressa possível", Churchill telegrafou em 14 de maio ao comandante britânico, Lord Cork [William Boyle], "e depois avance para o sul com força total." Era uma esperança vã; mas, depois que a Legião Estrangeira francesa, em 15 de maio, tomou Bjerkvik, fazendo setenta prisioneiros, uma esperança que Churchill se recusava a abandonar.

Na manhã de 14 de maio, em frente a uma defesa holandesa mais vigorosa do que ele havia imaginado, Hitler incluiu nas diretivas do dia uma ordem de aniquilação das forças de defesa. "Essa resistência deve ser rapidamente esmagada", dizia a ordem. De imediato, aeronaves alemãs foram desviadas da fronteira belga "para facilitar a rápida conquista da fortaleza Holanda". Seu alvo eram as pontes sobre o rio Mosa em Roterdam. Errando o alvo, muitas bombas caíram no centro da cidade; 814 civis morreram. Rumores e a propaganda Aliada rapidamente multiplicaram essa cifra para algo entre 25 mil e 30 mil vítimas fatais. A realidade já era bastante dura. A boataria incutiu ainda mais terror à vida dos cidadãos franceses e belgas que ainda não haviam sido alvo de bombardeios.

Ao meio-dia, notícias graves chegaram aos comandantes Aliados. Nos arredores de Sedan, os alemães haviam ampliado de maneira considerável a cabeça de ponte estabelecida anteriormente por Guderian. Agora, com as forças britânicas e francesas encurraladas na Bélgica de maneira substancial, havia a possibilidade de que os alemães fossem capazes de usar essa posição fortificada como base para operações de cerco na retaguarda dos exércitos Aliados, abrindo caminho através das Ardenas em um amplo semicírculo em direção aos portos do canal da Mancha. Esse era de fato o plano de Hitler. "O progresso da ofensiva até o momento", ele observou em sua Diretiva n. 11, emitida nesse dia, "mostra que o inimigo falhou em avaliar a tempo a ideia básica de nossas operações."

Extremamente alarmado, o alto-comando francês solicitou aos britânicos o máximo apoio aéreo no setor de Sedan, no que foi prontamente atendido. Ao todo, 71 bombardeiros britânicos receberam ordens de voar para o setor sul. Atacando pontes flutuantes e colunas de tropas alemãs em ondas sucessivas, foram fustigados com ferocidade tanto por caças alemães quanto pelas baterias de defesa antiaérea em solo. Ao cair da noite, quarenta das 71 aeronaves já estavam fora de combate. O piloto de um desses aviões abatidos, o tenente de voo Parkinson, conseguiu voltar para a linha de frente francesa, mas foi baleado e se feriu gravemente. Fugindo da França, atuou mais uma vez como piloto; em uma operação de despejo de suprimentos para a resistência francesa, foi novamente abatido. Dessa vez, morreu.

Ao fracasso da ofensiva de bombardeiros britânicos em deter o avanço alemão através de Sedan equiparava-se a incapacidade das tropas francesas de manter suas posições. O cerco de Hitler na retaguarda das linhas Aliadas havia começado; no intervalo de um mês ele isolaria a Força Expedicionária Britânica da batalha principal e deixaria Paris vulnerável a um avanço rápido. Os britânicos e franceses ainda tinham, em 14 de maio, que se desenredar de vez da Noruega. Nesse dia, a base britânica em Harstad foi atacada com bombas incendiárias, que destruíram dois navios Aliados. Um terceiro navio, o transatlântico polonês *Chrobry*, conduzia um batalhão da Guarda Irlandesa — quatrocentos soldados, ao todo — rumo ao sul, para Bodø, quando foi atacado; entre os vinte soldados mortos incluíam-se o comandante e todos os oficiais superiores do batalhão.

Os Aliados tiveram um lampejo de boas notícias em 14 de maio, quando Arthur Purvis, chefe da missão de compras anglo-francesa em Washington, relatou que, dos cem aviões de caça que naquele momento estavam sendo construídos nos Estados Unidos, a Grã-Bretanha teria permissão para comprar 81; das outras 524 aeronaves encomendadas, 324 estariam prontas para entrega "dentro de dois ou três meses".

O desvio de tantas aeronaves para a Grã-Bretanha representava, explicou Purvis, "um verdadeiro sacrifício por parte das Forças Armadas dos Estados Unidos, pois por conta disso muitas esquadrilhas não poderão obter seu complemento de aviões modernos". Purvis atribuiu a decisão, essencial para a Grã-Bretanha, pelo menos a longo prazo, à "boa vontade" de Roosevelt e de seu secretário do Tesouro, Henry Morgenthau, que chegou a ponto de dar uma "garantia enfática" de que as novas encomendas que estavam sendo feitas pela força aérea dos Estados Unidos, como parte de seu próprio programa de expansão, não iriam interferir sob hipótese nenhuma nos pedidos já feitos pela Grã-Bretanha.

Esses futuros benefícios não eram apenas de longo prazo, mas também secretos. Em 14 de maio, o foco total dos temores dos Aliados estava na Holanda e nas Ardenas. Na Holanda, os batalhões aerotransportados do general Kurt Student haviam entrado em Roterdam e negociavam a rendição da cidade. Antes de concluir as negociações, Student supervisionou pessoalmente seus homens enquanto desarmavam um grande contingente de tropas holandesas. Nesse momento, unidades da SS chegaram e, ao verem tantos soldados holandeses armados, abriram fogo. O próprio Student foi baleado na cabeça. Não fosse a perícia de um cirurgião holandês que o operou nessa noite, certamente teria falecido.

A essa altura os franceses já haviam começado a entrar em pânico. Pouco depois das sete horas na manhã de 15 de maio, Paul Reynaud telefonou a Winston Churchill para dizer que um contra-ataque francês às forças alemãs que haviam invadido Sedan tinha fracassado, que "o caminho para Paris estava aberto" e que "a batalha estava perdida". Reynaud falou em "desistir da luta". Churchill fez o melhor que pôde para acalmar o primeiro-ministro francês. Ele não deveria se deixar enganar, disse, por mensagens "apavoradas". Mas Churchill não tinha ilusões quanto à gravidade da situação. "Os pequenos países", ele escreveu numa mensagem telegrafada a Roosevelt em 15 de maio, "são simplesmente esmagados, um por um, como palitos de fósforo." Quanto à Grã-Bretanha, Churchill acrescentou: "Esperamos, em um futuro próximo, ser alvo de ataques aqui também, tanto por aviões quanto por tropas de paraquedistas e aerotransportadas, e estamos nos preparando para eles".

A confiança de Churchill se refletia também no estado de ânimo das tropas britânicas na França. Ronald Cartland, em carta à mãe datada de 15 de maio, pouco antes de sua unidade se retirar da linha do rio Escalda, mostrava um estado de espírito combativo, ainda que sombrio: "No fim das contas venceremos, mas teremos pela frente horrores e adversidades. Isso não há como evitar". Ao sul, no ponto onde Rommel havia cruzado o Mosa, tanques franceses na aldeia de Denée se lançaram em uma tentativa desesperada de deter o avanço do exército alemão. Enquanto os tanques eram destruídos um após o outro, os alemães mantiveram um implacável fogo de barragem de artilharia. Ao sair de seu blindado em chamas, o comandante de uma companhia, o capitão Gilbert, foi morto por uma rajada de metralhadora, mesmo destino da maior parte de sua equipe de tanqueiros. Ao anoitecer, 65 tanques franceses haviam sido destruídos, e 24 soldados franceses estavam mortos. Mas venderam caro suas vidas, destruindo pelo menos trinta dos Panzers de Rommel. Um dos comandantes da companhia francesa, o capitão Jacques Lehoux, morto na explosão de seu tanque, foi postumamente nomeado Cavaleiro da Legião de Honra. Seu principal adversário na batalha, o major Friedrich Filzinger, foi agraciado pessoalmente por Hitler, três semanas depois, com a Cruz de Cavaleiro.

No fim da tarde de 15 de maio, tropas britânicas ainda estavam desembarcando no porto holandês de IJmuiden, numa tentativa de última hora de reforçar a resistência holandesa. Enquanto saltavam em terra, chegaram ao porto, vindos de Amsterdam, seis caminhões. Eles traziam duzentos judeus, a maioria crianças, aos cuidados de uma holandesa, Geertruida Wijsmuller. Muitas dessas pessoas sob sua responsabilidade eram crianças judias alemãs que haviam conseguido chegar à Holanda antes da guerra e agora estavam novamente em trânsito. "Zarpamos às sete horas", relembraria mais tarde Harry Jacobi, uma dessas crianças.

> Já em alto-mar, longe da costa, olhamos para trás e vimos uma enorme coluna de fumaça negra subindo dos tanques de armazenamento de petróleo que haviam sido incendiados para impedir que os alemães se apoderassem do combustível. Às nove da noite chegou a notícia, captada pelo rádio do navio. Os holandeses tinham capitulado.

As crianças encontraram um refúgio seguro na Grã-Bretanha.

Hitler era agora o governante de mais um Estado europeu. Na Holanda, os avós de Harry Jacobi, que não tinham conseguido arranjar um lugar nos ônibus lotados, deviam estar entre as dezenas de milhares de vítimas judias holandesas do Führer. Nessa noite, pela primeira vez desde a ofensiva do exército alemão no oeste, cinco dias antes, bombardeiros britânicos atacaram alvos industriais alemães no Ruhr. Ao todo, decolaram 78 bombardeiros. Todos voltaram a salvo, embora dezesseis não tenham conseguido localizar seus alvos; 24 bombardearam refinarias e reservatórios de petróleo, que arderam em labaredas ferozes avistadas pelas tripulações na viagem de volta para casa.

Incapaz de romper a neutralidade norte-americana e enviar para a Grã-Bretanha aeronaves novas e prontas para voar, o próprio Roosevelt propôs, na noite de 15 de maio, uma maneira de contornar uma cláusula remanescente na Lei de Neutralidade dos Estados Unidos: voar com os aviões até a divisa com o Canadá, "empurrá-los" para o outro lado da fronteira e, em seguida, pilotá-los até a ilha de Terra Nova, de onde poderiam ser colocados a bordo de navios. "Nós já sabemos", Purvis comunicou a Londres, "que esse método é legal e viável."

Ao longo de 16 de maio, o avanço alemão continuou: Rommel penetrou oitenta quilômetros em território francês, em direção a Cambrai, e Guderian alcançou um ponto cerca de cem quilômetros a leste de Sedan. Nesse dia, o general Maurice Gamelin ordenou que as forças francesas deixassem a Bélgica. Churchill, a caminho de Paris, deu ordens para que a Operação XD fosse imediatamente colocada em prática. Em Antuérpia, como parte desse plano de destruição, dois oficiais britânicos, o tenente Cadzow e o tenente Wells, despejaram 150 mil toneladas de combustível no rio Escalda.

Ao chegar a Paris nessa tarde, Churchill insistiu que um contingente Aliado resistisse na defesa da linha Antuérpia-Namur. "Perdemos Namur", foi o comentário de Reynaud. Os franceses, liderados por Gamelin, pressionaram para que seis esquadrilhas adicionais de caças britânicos fossem enviadas para a França, além das quatro que já lá estavam e de outras quatro que, na mesma manhã, o Gabinete de Guerra concordara em ceder. Mas Churchill chamou a atenção para o fato de que as defesas aéreas da própria Grã-Bretanha estavam em perigo e dispunham de apenas 39 esquadrilhas, quatro das quais já haviam sido reservadas para atuar na França. A urgência do pedido francês, no entanto, fez com que o primeiro-ministro britânico o encaminhasse por telegrama a seu Gabinete de Guerra. "Não seria bom do ponto de vista histórico", advertiu Churchill, "se negássemos os pedidos da França e isso resultasse em sua ruína." Ademais, não se deveriam subestimar "as dificuldades crescentes" do avanço alemão "caso enfrente um vigoroso contra-ataque".

Nessa noite, o Gabinete de Guerra concordou que mais três esquadrilhas britânicas "atuassem na França do amanhecer ao meio-dia", sendo substituídas "durante o período da tarde" por três outras esquadrilhas. Isso pelo menos as pouparia do perigo de serem atacadas ainda em solo nos aeródromos franceses.

Em Paris, o medo de um avanço alemão iminente levou ao pânico. Punhados de documentos oficiais foram atirados das janelas do Ministério das Relações Exteriores da França e queimados no gramado. Mas os Panzers de Guderian não avançaram em direção a Paris; em vez disso, rumaram para o noroeste, e ao meio-dia de 17 de maio chegaram ao rio Oise, em Origny, menos de dezesseis quilômetros a leste de Saint-Quentin. Atacando-os, mas incapazes de detê-los, estavam os tanques da 4ª Divisão Blindada francesa, comandada por um dos pioneiros da guerra blindada, o coronel Charles de Gaulle. Em reconhecimento à bravura demonstrada nesse dia, De Gaulle foi promovido a general-brigadeiro.

Em todos os setores do front, os alemães vinham obtendo êxitos que iam além de suas expectativas. Em 17 de maio, as tropas do 6º Exército do general Walter von Reichenau entraram em Bruxelas, a quinta capital a ser ocupada pelas tropas alemãs em nove meses. Recuando de Bruxelas em direção à costa do canal da Mancha, a 3ª Divisão Britânica, comandada pelo general Bernard Montgomery, assumiu sua posição na linha do rio Dendre. Somente no quartel-general de Hitler é que pareceu haver um momento de dúvida. "Um dia muito desagradável!", anotou em seu diário o general Halder. "O Führer está excessivamente nervoso. Desconfia do próprio sucesso; tem medo de correr riscos; a verdade é que ele preferia que parássemos agora."

O nervosismo de Hitler era desproposital. Em 18 de maio, os comandantes de suas divisões Panzer continuaram a avançar no mesmo ritmo veloz de antes; Rommel chegou a Cambrai, Guderian ocupou Saint-Quentin. Um dos altos comandantes franceses, o general Henri Giraud, entrando em Le Cateau-Cambrésis com o que restava de seu 9º Exército, foi capturado pelos alemães — sem que Giraud soubesse, tropas alemãs haviam chegado à cidade algumas horas antes. Durante esse dia, o principal porto belga, Antuérpia, caiu nas mãos dos nazistas. "Não preciso lhe falar sobre a gravidade do que aconteceu", Churchill telegrafou a Roosevelt. "Estamos determinados a perseverar até o fim, seja qual for o resultado da grande batalha que assola a França. Em todo caso, devemos esperar em breve uma ofensiva aqui no modelo holandês, e esperamos dar conta do recado."

O "modelo holandês" era o emprego de tropas de paraquedistas para tomar posse de pontos vitais. A fim de proteger a Grã-Bretanha contra o "grande número" de tropas alemãs que poderiam chegar transportadas por aeronaves e "precedidas por paraquedistas", Churchill e seus chefes de estado-maior cogitaram, em 18 de maio, a possibilidade de recrutar tropas britânicas de lugares distantes como a Palestina, e até a Índia, e trazê-las pelo comboio naval mais veloz possível.

Em Paris, também em 18 de maio, com receio de movimentos de subversão, o novo ministro do Interior, Georges Mandel, iniciou uma ampla caçada a pessoas consideradas suspeitas. "Inúmeras detenções eram feitas em plena rua", recordou um empresário canadense no fim do mês. "O tráfego é controlado com mão de ferro. Policiais, com baionetas em riste, param os transeuntes e exigem documentos de identificação."

À medida que a Batalha da França prosseguia, o moral britânico foi reforçado pela convicção de que os bombardeios sobre o Ruhr, que se iniciaram em 15 de maio e se estenderam pelas três noites seguintes, tinham sido muito eficazes. Contudo, em 19 de maio, quando percorreu o Ruhr, o jornalista norte-americano William Shirer viu "pouquíssimos estragos". Quanto à população alemã, cujo estado de espírito teria sofrido "um abalo mortífero" com os ataques aéreos, de acordo com o que noticiava a British Broadcasting Corporation (BBC), Shirer constatou que "sobretudo as mulheres, de pé nas pontes sobre as estradas principais, aplaudiam a partida das tropas para a Bélgica e a França". O único sinal da presença da Força Aérea Real (RAF) que Shirer notou nesse dia foi nas imediações de Hannover, onde viu os destroços de um grande bombardeiro britânico "caído em um campo a cem metros da autoestrada".

Nesse dia, na França, a ss-Totenkopfverbände entrou em ação pela primeira vez, ao receber ordens para ir em auxílio da 7ª Divisão Panzer de Rommel nos arredores de Cambrai. Seus adversários eram as tropas marroquinas, que defendiam com tenacidade várias pequenas aldeias da região. Os soldados da ss lutaram com igual ferocidade, matando duzentos marroquinos — apenas dezesseis alemães morreram. Nessa noite, Churchill falou ao povo britânico em sua primeira transmissão radiofônica como primeiro-ministro. "Este é um dos períodos mais espantosos da longa história da França e da Grã-Bretanha. É também, sem dúvida, o mais sublime." Britânicos e franceses, lado a lado, "avançavam para resgatar não apenas a Europa, mas a humanidade, da tirania mais pérfida e mais nociva à alma que já obscureceu e manchou as páginas da história." Atrás dos exércitos e frotas da Grã-Bretanha e da França reunia-se "um grupo de Estados destroçados e raças intimidadas: tchecos, poloneses, noruegueses, dinamarqueses, holandeses, belgas, sobre os quais a longa noite da barbárie cairá, sem que reste nem mesmo uma única estrela de esperança, a menos que vençamos, como devemos e iremos vencer".

A maneira como a Grã-Bretanha e a França seriam capazes de vencer a guerra não estava, nesse momento, muito clara. Eram os britânicos e franceses, não os alemães, que pareciam prestes a sucumbir. Nessa manhã, enquanto o avanço nazista ameaçava criar uma cunha entre as forças inimigas ao norte e ao sul do rio Somme, Churchill ordenou ao Almirantado britânico que reunisse "um grande número de navios", a postos para seguir rumo "aos portos e enseadas da costa francesa". Agora estava claro, ele disse ao Almirantado, que era fundamental fazer planos imediatos para a eventual necessidade de "evacuar da França a Força Expedicionária Britânica". No mesmo dia também foram feitos planos para a mobilização de "colunas móveis", a fim de reforçar a segurança dos aeroportos como medida de prevenção contra o desembarque de paraquedistas alemães em solo britânico. A própria Londres era agora considerada um possível alvo desse tipo de ataque; em 20 de maio, Churchill aprovou um esquema de destacamentos munidos de metralhadoras ligeiras e bloqueios de arame farpado nas estradas para proteger as repartições do governo em Whitehall — incluindo o número 10 da Downing Street[*] — de uma tentativa alemã de tomar o centro da capital.

Nessa noite, colunas de blindados alemães, chegando a Amiens, avançaram em direção a Abbeville, isolando a Força Expedicionária Britânica da maior parte do exército francês e de suas próprias bases e suprimentos no oeste da França. Centenas

---

[*] Whitehall é o nome de uma rua e região de Londres que abriga vários ministérios, entre os quais o da Economia e o das Relações Exteriores, e costuma ser usado para se referir ao governo ou à máquina pública britânicos. Já o número 10 da Downing Street, além de endereço da sede do governo, é a residência oficial do primeiro-ministro. (N. T.)

de milhares de soldados britânicos, franceses e belgas estavam agora encurralados, de costas para o mar. Hitler ficou exultante. O general Alfred Jodl, que estava a seu lado, apontou que o Führer "fala com apreço sobre o exército alemão e seus comandantes. Ele agora se ocupa do tratado de paz que deverá abordar o tema da devolução de territórios roubados do povo alemão ao longo dos últimos quatrocentos anos...". Hitler "daria o troco" nos franceses em retaliação aos termos de paz impostos à Alemanha em 1918 e fazia questão de conduzir suas próprias negociações de paz na floresta de Compiègne.* Quanto à Grã-Bretanha, "os ingleses podem ter sua paz assim que nos devolverem nossas colônias".

Eufórico, Hitler já estava pensando sobre os termos de um tratado de paz. Porém, a oeste de Compiègne, a guerra sangrenta continuava; nessa noite, nos arredores de Beauvais, um avião alemão foi abatido e caiu com dois aviadores em uma área sobre a qual aeronaves germânicas vinham metralhando refugiados franceses e belgas que tentavam fugir para o sul. Desarmados, os dois aviadores estavam na beira da estrada, cercados por uma multidão de civis, quando um soldado francês se aproximou, puxou a pistola e atirou na cabeça de um deles, matando-o na mesma hora. O aviador morto era o sargento Wilhelm Ross, de 23 anos; ele foi enterrado ali mesmo, um dos 1597 alemães "mortos em combate" naquela semana no oeste da França. Outro aviador alemão morto em 20 de maio como resultado de ferimentos de batalha foi o príncipe Guilherme de Hohenzollern, neto do ex-cáiser e herdeiro do trono imperial alemão. O próprio ex--cáiser, exilado na Holanda desde 1918, tendo recusado a oferta de Churchill em 10 de maio para se refugiar na Grã-Bretanha, permaneceu em território holandês — seu local de exílio em Doorn foi primeiro invadido e, em seguida, protegido pelos sucessores dos mesmos exércitos que ele havia lançado contra a França e a Bélgica em 1914.

Em 21 de maio, tropas alemãs chegaram a Le Crotoy, um pequeno balneário à beira--mar na costa do canal da Mancha, na foz do rio Somme. Com isso, os exércitos Aliados na França foram cortados ao meio. O caminho estava aberto para que as forças de Hitler empurrassem os britânicos para a costa do mar do Norte e os destruíssem. Esse perigo levou, no mesmo dia, a um contra-ataque britânico em Arras, quando 58 tanques sob o comando do general Giffard Martel quase causaram pânico na 7ª Divisão Panzer. No decorrer da investida, morreram 89 homens de Rommel, número de baixas quatro vezes maior do que o verificado durante a invasão da França. O principal regimento da SS-Totenkopfverbände, mais uma vez enviado para dar apoio a Rommel, destruiu 22 tanques, mas perdeu 39 homens. Apenas a chegada de bombardeiros de mergulho evitou mais baixas alemãs.

* Onde os representantes alemães haviam assinado a rendição na Primeira Guerra Mundial. (N. T.)

Pela primeira vez em onze dias de batalha, as tropas alemãs foram forçadas a recuar; e não apenas os soldados, mas os valiosos Panzer, dos quais tanto dependiam. Preocupado com a possibilidade de os tanques sofrerem avarias ainda mais graves, e temendo que os britânicos na França se mostrassem dispostos a lutar até o último homem, Hitler ordenou a interrupção da ofensiva contra os portos do canal da Mancha.

No leste, a guerra contra os doentes mentais deu uma nova guinada para pior em 21 de maio, quando uma "unidade especial" foi enviada a Soldau com o objetivo de matar mais de 1500 pacientes que haviam sido transferidos de hospitais de toda a Prússia Oriental. As execuções foram concluídas em dezoito dias; assim que terminou o trabalho, a unidade informou a Berlim que os doentes haviam sido "evacuados com sucesso".

Na frente ocidental, britânicos e franceses agora planejavam um contra-ataque para reunir suas forças através da ponta de lança alemã; o general Maxime Weygand, autor do plano, prometeu atacar os alemães pelo sul. Nessa noite, na Grã-Bretanha, o líder da União Britânica de Fascistas, Sir Oswald Mosley, e outros 35 importantes membros da organização foram detidos — em uma semana, receberiam na prisão a companhia de 346 seguidores.

O dia 22 de maio marcou uma etapa importante e dramática na capacidade da Grã-Bretanha de decifrar as comunicações via rádio ultrassecretas dos alemães, pois foi nesse dia que os decodificadores em Bletchley Park quebraram a chave Enigma usada com mais frequência pela força aérea alemã. Dali em diante, a inteligência britânica foi capaz de ler, dia após dia, todas as mensagens enviadas do quartel-general da Luftwaffe para o campo de batalha e do campo de batalha para o quartel-general. Entre as mensagens mais importantes estavam aquelas trocadas entre os oficiais de ligação da aeronáutica e o exército, que forneceram muitas indicações sobre a posição e as intenções das formações de campanha alemãs, quando se voltaram em direção ao mar.

A "torrente de informações secretas sobre operações militares", escreveram os historiadores oficiais da inteligência britânica, "era descriptografada, traduzida, corrigida e interpretada" em uma taxa de mil mensagens decifradas por dia, que em seguida eram enviadas por teletipo ou correio especial para Whitehall. Ao mesmo tempo, a partir de 24 de maio, as mensagens mais importantes eram repassadas diretamente de Bletchley para os quartéis-generais da Força Expedicionária Britânica e da RAF. Para se assegurar de que os alemães não descobrissem que seu método de comunicação ultrassecreto havia sido violado, os britânicos usavam um código de criptografia especial, enviado por sinais especiais através de uma unidade móvel do serviço de inteligência que auxiliava os comandantes em chefe na interpretação do material sigiloso e os orientava quanto à melhor maneira de tirar proveito dele.

A decifração do código Enigma forneceu aos comandantes britânicos, então no limite de seus esforços, uma valiosa via de acesso às atividades e intenções da força

Mapa 7. Dunquerque, maio de 1940

aérea alemã, e em muitos casos também do exército alemão. Foi necessário algum tempo, entretanto, para que os criptógrafos de Bletchley chegassem a um perfeito domínio sobre os muitos problemas que surgiam. "Além da enorme quantidade de informações", escreveram os historiadores da máquina Enigma, "os textos fervilhavam de obscuridades — abreviações para designar unidades e equipamentos, referências a mapas, quadrículas e coordenadas, codinomes geográficos e pessoais, descrições superficiais, jargões de serviço e outras alusões misteriosas", para não mencionar as dificuldades que por vezes surgiam em decorrência de erros de interceptação ou por corruptelas textuais, bastante comuns no contexto de mensagens enviadas no calor da batalha. Uma dificuldade específica durante os primeiros dias de descriptografia nesse mês de maio foi que o quartel-general da força aérea alemã, em suas instruções, e os comandantes germânicos em campo, em suas respostas, faziam frequentes referências a pontos em uma série de mapas do estado-maior britânico na escala 1:50.000, que o exército britânico já deixara de usar havia muito. Incapazes de obter um conjunto desses mapas, os criptógrafos de Bletchley foram forçados a reconstruí-los a partir das referências dos alemães, um processo extremamente trabalhoso. Apesar dessas adversidades, os decodificadores ingleses obtiveram informações que poderiam ter sido inestimáveis se o exército britânico não estivesse em uma precipitada retirada.

As forças britânicas que recuavam para o mar foram poupadas de uma investida alemã imediata não como resultado de um golpe da inteligência inglesa, mas porque os germânicos, tendo dividido os exércitos Aliados, tratavam as tropas estacionadas em Flandres como um alvo secundário em comparação com os batalhões franceses que voltavam em direção a Paris. Os alemães tampouco sabiam ao certo qual era o número de homens encurralados na costa; as estimativas dos germânicos em 23 de maio eram de apenas 100 mil homens, um quarto da quantidade real. Além disso, o general sobre quem recaía a maior responsabilidade pelo ataque, Ewald von Kleist, vira quase 15% de seus transportes serem destruídos nas duas semanas anteriores de combates; assim, recebeu de bom grado a pausa ordenada por Hitler. E não parecia possível que as forças britânicas pudessem ser evacuadas por mar. Göring havia assegurado ao Führer que a força aérea alemã poderia evitar qualquer tentativa nesse sentido. Logo, não havia urgência em atacar com ímpeto os homens que, em 21 de maio, se mostraram capazes de um contragolpe tão vigoroso e custoso. Às seis horas da tarde do dia 23 de maio, o general Rundstedt, por sua própria iniciativa, emitiu ordens ao 4º Exército alemão: "Parem imediatamente amanhã".

Sem nada saber sobre a ordem de Rundstedt, o exército britânico ainda aguardava o planejado contra-ataque francês a partir do sul. Às dez da noite, Churchill se reuniu com o rei no Palácio de Buckingham. "Ele me disse", escreveu o rei em seu diário, "que se o plano francês elaborado por Weygand não desse certo, teria de ordenar o retorno da Força Expedicionária Britânica para a Inglaterra. Essa operação significaria a perda de todas as armas, tanques, munições e suprimentos enviados à França." Já Ronald Cartland, da Força Expedicionária Britânica, escreveu em carta à mãe, em 23 de maio: "Depois de dez dias, estamos de volta ao mesmo lugar de onde partimos. Que guerra estranha!".

"Em movimento o dia inteiro, é claro", o general Rommel escreveu à esposa em 24 de maio. "Mas, pelas minhas estimativas, venceremos a guerra em quinze dias." Hitler, em visita ao quartel-general de Rundstedt nesse dia, previu que a guerra terminaria em seis semanas. Aí o caminho estaria livre para um acordo com a Grã-Bretanha. Em seguida, Hitler e Rundstedt discutiram o destino das tropas britânicas encurraladas na costa do canal da Mancha. Os dois concordaram que era possível lançar mão de ataques aéreos contra o perímetro sitiado. Mas Rundstedt propôs que seus tanques parassem assim que alcançassem o canal abaixo de Dunquerque, de modo que pudessem ser poupados de operações contra os franceses. Hitler concordou. Um pouco depois, ao meio-dia, o 4º Exército recebeu uma segunda ordem de "parada", emitida em nome de Hitler. Por ora, todos os ataques no perímetro de Dunquerque deveriam ser "interrompidos".

Um efeito dessa segunda ordem de "parada" foi que a SS-Totenkopfverbände, a fim de fortalecer a linha nas imediações de Béthune, teve que efetuar uma pequena retirada através do canal d'Aire. Ao perceberem a movimentação alemã, os britânicos começaram um intenso fogo de barragem de artilharia, durante o qual morreram 42 homens.

Quando, no fim da noite, o general Halder enviou a Rundstedt permissão para atacar Dunquerque, o marechal de campo recusou, alegando: "Os grupos mecanizados devem primeiro ser autorizados a se recompor". "Ao contrário das expectativas", registrou dias depois o ajudante de ordens de Hitler, "o Führer deixou a decisão em grande parte para Rundstedt." Mas tratava-se apenas de suspender por algum tempo as operações, a fim de recobrar as forças e aguardar a chegada de reforços. O objetivo alemão continuava a ser a vitória militar. "O próximo objetivo de nossas operações", afirmou Hitler em sua Diretiva n. 13, de 24 de maio, "é aniquilar as forças francesas, inglesas e belgas cercadas em Artois e Flandres por meio de um ataque concêntrico a partir do nosso flanco norte e da rápida ocupação desta área na costa do canal."

Enquanto o exército alemão fazia uma pausa, teve início a evacuação britânica. Em 24 de maio, mil homens embarcaram em Boulogne. Outros duzentos, no entanto, não conseguiram escapar antes que tropas alemãs entrassem no porto na manhã seguinte. Nos céus ao largo de Dunquerque, o ataque aéreo autorizado por Hitler começou imediatamente; em 24 de maio, um navio francês, o *Chacal*, foi afundado. Ao largo de Calais, onde a guarnição britânica estava isolada até mesmo do perímetro de Dunquerque, o contratorpedeiro *Wessex* também foi afundado, e o contratorpedeiro polonês *Bzura* sofreu graves avarias enquanto bombardeava posições alemãs na costa.

Agora o governo britânico começava a fazer planos para evacuar as tropas britânicas de Dunquerque. A leste da península de Dunquerque, no entanto, os alemães conseguiram criar uma cunha entre as forças britânicas e belgas que seguravam a linha entre Menin e Ypres. "Soldados!", exortou o rei belga Leopoldo em 25 de maio. "A grande batalha que esperávamos começou. Será um combate duro. Lutaremos com toda a nossa força e energia suprema." A batalha ocorria, acrescentou o rei, "no mesmo terreno em que enfrentamos o invasor em 1914 e saímos vitoriosos".

Os soldados belgas, respondendo ao apelo do rei, continuaram a resistir, mas os contra-ataques que desferiram com considerável vigor a fim de tentar fechar a lacuna foram rechaçados. Felizmente para os britânicos, um carro do estado-maior alemão capturado em 25 de maio continha um documento que fornecia detalhes minuciosos dos planos germânicos para tirar proveito da brecha entre os exércitos Aliados. Como resultado dessa oportuna informação de inteligência, o comandante em chefe britânico, Lord Gort [John Vereker], pôde ordenar que avançassem para a brecha duas divisões que se preparavam para atacar em outro ponto — na verdade, tratava-se das divisões que deveriam ter seguido para o sul, para fora da armadilha alemã, conforme a parte britânica do plano concebido por Weygand. Somente o abandono da esperança provavelmente falsa de romper uma brecha ao sul ensejaria a defesa do perímetro por meio do qual uma evacuação para o mar seria possível. Nesse dia, na sequência da discussão de Hitler com o general Rundstedt, a força aérea alemã lançou todas as suas aeronaves disponíveis em um ataque às instalações portuárias de Zeebrugge, Blankenberge, Oostende, Nieuport e Dunquerque. Sem perceber que Dunquerque seria o principal porto de embarque, Göring direcionou o bombardeio mais pesado contra Oostende.

Apesar da ordem de "parada" de Hitler, em 25 de maio uma pequena unidade de combate da ss-Totenkopfverbände, sob o comando do capitão Harrer, cruzou o canal d'Aire nas imediações de Béthune, o mesmo que haviam atravessado em retirada no dia anterior. Avistando um motociclista britânico que acelerava na direção da unidade, um dos homens abriu fogo, derrubando o soldado, que caiu em uma vala, ferido no ombro. Os homens da ss se aproximaram, colocaram o britânico de pé e tentaram, sem sucesso, entabular conversa com ele. O capitão Harrer então lhe perguntou, em inglês trôpego, se ele falava francês. Como o soldado britânico não respondeu, Harrer sacou sua pistola e atirou na cabeça do homem à queima-roupa.

6. Dunquerque

MAIO DE 1940

Foi em 26 de maio de 1940 que Hitler se deu conta de que havia cometido um grave erro ao aprovar a ordem de "parada" de 24 de maio. Até então, não tinha percebido que a Força Expedicionária Britânica estava se preparando para a evacuação. Nessa manhã, no entanto, aviões de reconhecimento aéreo alemães relataram a presença de treze navios de guerra e nove embarcações para transporte de soldados no porto de Dunquerque. "É provável", concluiu a inteligência do exército germânico, "que o embarque da Força Expedicionária Britânica já tenha começado." Às 13h30, Hitler convocou seu comandante em chefe do exército e aprovou, segundo as anotações do general Jodl, "uma ofensiva de grupos blindados e divisões de infantaria a partir do oeste em direção a Tournai-Cassel-Dunquerque". A ordem foi transmitida por telefone do quartel-general de Hitler às 15h30. Três horas e meia depois, às sete da noite, um sinal de rádio enviado do Almirantado em Londres ao vice-almirante Bertram Ramsay em Dover o instruiu: "dar início à Operação Dínamo".

Dínamo foi o codinome escolhido para a operação de evacuação do maior número possível de soldados das praias de Dunquerque. Em 26 de maio, esperava-se que 45 mil homens pudessem ser retirados nos dois dias tidos como o máximo prazo disponível. Conforme Hitler e Rundstedt haviam combinado, a força aérea alemã atacou com todo o seu poderio, com o intuito de impossibilitar a evacuação. Contudo, os pilotos do comando de caças, entre os quais britânicos, canadenses e poloneses, estavam igualmente determinados a manter os céus acima das praias suficientemente livres para remover da zona de perigo o máximo número de tropas. Nos nove dias de evacuação, 176 aeronaves alemãs foram abatidas sobre as praias, com a perda de 106 aviões britânicos. A batalha nos céus ajudou a evitar o desastre.

Também contribuíram para o sucesso da evacuação as tropas britânicas que lutaram em ações de retaguarda em todo o perímetro de Dunquerque, bem como os regimentos sitiados em Calais. Sob o comando do brigadeiro Claude Nicholson, as tropas britânicas em Calais travaram combates ferozes contra batalhões alemães. Navios chegaram mais tarde para retirá-las. Porém, pouco antes da meia-noite de 26 de maio, Nicholson recebeu um telegrama do Gabinete de Guerra em Londres: "A evacuação não ocorrerá (repito: não ocorrerá), e as embarcações requisitadas para esse fim devem retornar a Dover". Cada hora a mais que a guarnição de Calais continuava a existir e resistir, declarava a mensagem, era da "maior ajuda" para a Força Expedicionária Britânica.

Na noite de 26 de maio, o presidente Roosevelt transmitiu um apelo à Cruz Vermelha dos Estados Unidos:

> Esta noite, pelas estradas outrora pacíficas da Bélgica e da França, milhões de pessoas estão agora em movimento, deixando suas casas para escapar das bombas, granadas e metralhadoras, sem abrigo e quase totalmente sem comida. Elas seguem em frente, aos trancos e barrancos, sem saber para qual destino a estrada as levará.

Poucas horas após o discurso de Roosevelt, o exército belga enviou para a batalha suas últimas reservas, que mal compunham três regimentos. Eles combateram com afinco, mas nem mesmo sua tenacidade foi capaz de fechar, ou sequer estreitar, a lacuna entre as tropas britânicas e belgas; entre Roulers e Thielt, oito quilômetros da linha de frente estavam desguarnecidos; mais ao norte, em uma brecha entre Maldegem e Ursel, a estrada para Bruges estava aberta. "O círculo de fogo se aperta à nossa volta", escreveu em seu diário em 27 de maio o general belga Oscar Michiels.

> Milhares de refugiados, misturados com a população local, fogem através de uma estreita faixa de território totalmente exposta ao fogo de artilharia e a bombardeios aéreos. Nosso último meio de resistência se quebra sob o peso de uma superioridade esmagadora; não podemos mais esperar qualquer apoio ou qualquer outra solução a não ser a destruição total.

Em 27 de maio, na extremidade sul do perímetro de Dunquerque, a oitenta quilômetros do porto, travou-se um combate feroz entre as unidades da SS-Totenkopfverbände e as tropas britânicas. Em uma casa de fazenda próxima ao vilarejo de Paradis, 99 homens do Regimento Real de Norfolk resistiram e impediram o avanço de uma companhia da SS até sua munição se esgotar. Seu oficial comandante, o major Lisle Ryder, fez um apelo final por apoio de artilharia, mas foi informado de que não havia disponibilidade. Dentro do estábulo onde haviam se refugiado, os homens decidiram, por meio de votação, que deveriam se render. Amarraram uma toalha branca em um rifle e saíram em fila, mas foram recebidos por uma rajada de metralhadora. Cinco minutos depois, tentaram novamente se render; dessa vez, os alemães apareceram, dando gritos de triunfo e agitando seus fuzis. Um oficial que falava inglês mandou os ingleses seguirem por uma estradinha até um descampado adjacente, onde foram instruídos a se ajoelhar. Em seguida, cinco de cada vez, receberam ordens de se levantar para serem revistados, e aos poucos foi surgindo uma pilha com máscaras de gás, capacetes de aço e cigarros. Qualquer soldado que se recusasse a cooperar era golpeado com coronhadas de fuzil.

Em seguida, os prisioneiros foram conduzidos para a estrada, onde tiveram que esperar por um longo tempo enquanto regimentos motorizados alemães passavam em sentido oeste; mais tarde, foram obrigados a marchar para um campo, onde havia um comprido celeiro feito de tijolos, em frente ao qual se via uma vala rasa. Duas metralhadoras tinham sido montadas de frente para o celeiro. Os primeiros homens das colunas de prisioneiros foram forçados a entrar na vala, e, quando chegaram à extremidade oposta do celeiro, a ordem foi dada com um grito: "Fogo!".

Assim que cessou o tiroteio, os soldados alemães receberam ordens de ajustar a baioneta na ponta dos fuzis e avançar. Eles obedeceram, esfaqueando até a morte os homens que tinham sido apenas feridos pelos tiros, ao passo que outros foram assassinados com disparos de pistola. Depois ouviu-se um apito, e os soldados alemães saíram da vala. Mataram ao todo 97 soldados britânicos. Inacreditavelmente, dois sobreviveram: os soldados rasos Albert Pooley e William O'Callagan, deitados entre os corpos.

Nessa noite, sob pesado aguaceiro, os praças Pooley e O'Callagan conseguiram rastejar para fora da pilha de cadáveres. Depois de serem abrigados por alguns dias pela esposa de um lavrador francês, Madame Duquenne-Créton, que fez o melhor que pôde para cuidar de seus ferimentos, eles se entregaram aos alemães e mais uma vez foram feitos prisioneiros de guerra. Pooley estava tão gravemente ferido na perna que mais tarde foi repatriado para a Inglaterra, via Sudão, em uma troca de feridos em estado grave em abril de 1943. Seu relato foi recebido com considerável ceticismo; somente depois da guerra, quando O'Callagan voltou para a Grã-Bretanha, foi que se esclareceu a selvageria do episódio; com efeito, o depoimento conjunto dos dois soldados teve um papel fundamental para que o oficial responsável por dar a ordem de fogo, o capitão da ss Fritz Knochlein, fosse julgado por um tribunal militar britânico em Hamburgo, condenado à morte e enforcado.

Em 27 de maio, com a Operação Dínamo em andamento, as praias de Dunquerque ficaram abarrotadas de tropas à espera de barcos. Nos céus de Dunquerque, cinquenta aviões alemães foram destruídos, ao custo da perda de catorze aeronaves britânicas. Mas a escala da ofensiva aérea alemã era tão descomunal que muitos soldados amaldiçoaram a RAF por não fazer mais para protegê-los. Entre as centenas de embarcações vindas de todos os portos e balneários do sul da Grã-Bretanha nesse dia estava o *Mona's Isle*, um antigo vapor de turismo que fora munido de armas e já estava em serviço como navio de abordagem e interceptação. O vapor foi bombardeado assim que chegou a mar aberto, e os quarenta evacuados que levava a bordo morreram.

Nesse dia, em uma medida para dificultar a descida de paraquedistas alemães na Grã-Bretanha, deram-se ordens para que os campos de cultivo no leste da Inglaterra fossem arados e para que se espalhassem obstáculos adequados em outros possíveis locais de pouso. Ao mesmo tempo, bombardeiros britânicos, em uma nova iniciativa, sobrevoaram o Ruhr para bombardear a refinaria de petróleo alemã em Gelsenkirchen. Às onze da noite, quando os bombardeiros ainda sobrevoavam o mar do Norte, a Força Expedicionária Britânica recebeu a notícia de que, com o rompimento da frente belga sob o incessante bombardeio aéreo e a maciça artilharia da Alemanha, o rei da Bélgica pedira um armistício. De fato, Leopoldo enviara um emissário através das linhas alemãs às cinco da tarde. O emissário retornou cinco horas depois, para dizer que os alemães exigiam a rendição incondicional. Depois de consultar o estado-maior do exército, o rei aceitou. Às quatro da manhã de 28 de maio, o cessar-fogo entrou em vigor. A Bélgica resistira, bravamente, durante dezoito dias.

Em Paris, o governo belga, já no exílio, repudiou a ação do rei. Mas o exército belga não existia mais; fora esfacelado no campo de batalha. Na Câmara dos Comuns, Churchill alertou que não era o momento de "julgar" a ação de Leopoldo.

> Quaisquer que possam ser nossos sentimentos acerca dos fatos, até o ponto em que deles temos conhecimento, devemos nos lembrar de que a noção de fraternidade entre os muitos povos que caíram nas mãos do agressor, e que ainda o enfrentam, terá um papel importante a desempenhar em dias melhores do que aqueles pelos quais estamos passando neste momento.

Em seguida, Churchill falou sobre a situação da retirada das tropas britânicas de Dunquerque, que classificou como "gravíssima". A rendição do exército belga "aumenta consideravelmente um perigo já enorme". As tropas, entretanto, estavam lutando "com a maior disciplina e tenacidade". De todo modo, a Câmara dos Comuns precisava se preparar para "notícias duras e pesadas". Nada que possa acontecer em Dunquerque, declarou Churchill,

> poderá de forma alguma nos eximir de nosso dever de defender a causa mundial à qual nos devotamos; tampouco destruir a confiança em nossa força para abrir passagem, como em outras ocasiões ao longo da nossa história, em meio a desastres e tristezas, até a derrota final do inimigo.

Durante as 24 horas anteriores, 14 mil homens haviam sido levados de volta sãos e salvos de Dunquerque a Dover. Enquanto a evacuação prosseguia, as tropas Aliadas no norte da Noruega ainda avançavam; nas primeiras horas de 28 de maio, ocorreu a tão esperada — mas agora praticamente ignorada — entrada em Narvik. No decorrer da derradeira batalha pelo porto, morreram 150 soldados britânicos, franceses, norueguesses e poloneses. Sem que os homens que haviam entrado em Narvik soubessem, o Gabinete de Guerra britânico já autorizara a Operação Alfabeto, a evacuação de Narvik tão logo fosse capturada. A autorização fora dada quatro dias antes, em 24 de maio, definindo-se a data de retirada para, no mais tardar, 8 de junho. O mesmo Gabinete de Guerra autorizou a evacuação de Bodø até 31 de maio. De toda a campanha norueguesa restou uma derradeira operação naval, proposta por Churchill em 24 de maio, que recebeu o codinome Paul: a implantação de minas nas imediações do porto sueco de Luleå, para impedir que os navios alemães carregados de minério de ferro tivessem passagem fácil pelo Báltico agora que o gelo derretera. "A Operação Paul é indispensável", disse Churchill dez dias depois a seu principal conselheiro militar, o general Hastings Ismay, e acrescentou: "dê um jeito para que nenhum argumento de neutralidade impeça nossas ações."

No decorrer de 28 de maio, outros 25 mil soldados britânicos foram evacuados de Dunquerque em segurança. Entre as embarcações de resgate estava um navio a vapor com propulsão de roda de pás, o barco turístico *Brighton Belle*, que, ao colidir com os destroços de um naufrágio, foi uma das quatro embarcações a afundar nesse dia. Ainda defendendo o perímetro cada vez menor, as tropas britânicas conseguiram, por algum tempo, isolar o comandante da SS, Sepp Dietrich, de seus homens; ele foi obrigado a passar grande parte do dia escondido em uma vala. Na aldeia de Wormhout, a apenas trinta quilômetros de Dunquerque, 45 britânicos do Regimento Real de Warwickshire resistiram obstinadamente às tentativas de avanço do regimento da Leibstandarte-SS. Por fim, já sem munição, os britânicos se renderam, como os soldados em Paradis haviam feito no dia anterior. Um deles, o praça Alfred Toombs, mais tarde relembrou como, após a rendição, um soldado de seu regimento, o praça Gould, que havia se ferido em combate e "estava caído no chão", foi morto a tiros por um dos guardas da SS. Outro homem ferido "foi baleado enquanto estava caído na estrada". Os demais prisioneiros de guerra, desarmados, foram levados para um descampado, onde se juntaram a outros quarenta homens capturados no mesmo dia — todos feridos, à exceção de um deles. Em seguida, foram conduzidos a um grande celeiro, vigiado por soldados da SS.

"Vi que eles tinham insígnias parecidas com um relâmpago bifurcado na lapela", recordou o soldado Toombs.

Um dos guardas chamou quatro homens do celeiro e atirou neles. O prisioneiro de guerra de mais alta patente, o capitão Allen, imediatamente saiu para protestar. Também foi morto a tiros. Os prisioneiros de guerra foram mandados para os fundos do celeiro. Em seguida, dois guardas alemães jogaram granadas lá dentro, ao mesmo tempo que outros guardas, posicionados na frente, na lateral e nos fundos da construção, abriram fogo com metralhadoras. Nesse momento, o soldado Toombs conseguiu fugir; outros que o acompanhavam foram abatidos. Toombs e quatro outros sobreviveram. Mas 45 de seus companheiros morreram.

Horas depois, também em Wormhout, mais 35 prisioneiros de guerra britânicos foram capturados e assassinados. O oficial da SS que ordenou as execuções de Wormhout foi o capitão Wilhelm Mohnke. Indagado sobre o "tratamento a ser dispensado aos prisioneiros", ele respondeu, de acordo com a lembrança do cabo da SS Carl Kummert, que "deveriam ser fuzilados".

Muitos dos soldados da SS que participaram dos massacres em Paradis e Wormhout já haviam entrado em ação em setembro, em combates na campanha da Polônia. Tinham conhecimento do tipo de ações que poderiam ser realizadas por trás de uma máscara de sigilo e com a aprovação de seus superiores. Em 28 de maio, o dia da matança em Wormhout, Himmler deu os retoques finais em um documento, já aprovado por Hitler, que visava a uma maciça redução da população no leste europeu conquistado. O documento previa que a população do que outrora fora a Polônia, com seus diversos grupos, deveria ser "dividida no maior número possível de partes e fragmentos". Em seguida, os "elementos racialmente valiosos" seriam "extraídos dessa mixórdia", deixando-se o refugo "apodrecer". Se essas medidas fossem implementadas de forma consistente, escreveu Himmler, ao longo dos dez anos seguintes a população do governo-geral "necessariamente se reduzirá a um restolho de seres humanos abaixo do padrão", que consistiria, então, de uma "mão de obra acéfala" capaz de fornecer à Alemanha um suprimento anual de trabalhadores braçais ocasionais. As crianças que fossem "racialmente valiosas" seriam levadas para a Alemanha e "germanizadas"; o "rebotalho" seria deliberadamente largado à própria sorte para vegetar, cada pessoa recebendo uma educação primária suficiente apenas para aprender "a contar até um máximo de quinhentos, escrever o próprio nome e saber que é o desígnio de Deus que sejam criaturas obedientes aos alemães, honradas, trabalhadoras e corajosas".

Em 28 de maio, Himmler observou que o próprio Hitler dera instruções para que se fizesse apenas um "número limitado" de cópias desse documento, que "não deveria ser reproduzido nem divulgado, e tinha de ser tratado como ultrassecreto". A ordem era que os altos comandantes da SS a quem se poderia mostrá-lo o recebessem em mãos de um oficial, que esperaria até o fim da leitura e exigiria do leitor uma confirmação por escrito de que havia tomado ciência do conteúdo — declaração que o oficial levaria consigo.

* * *

Em Dunquerque, ao longo de 29 de maio, a evacuação prosseguiu. Nas primeiras horas, o contratorpedeiro *Grafton* foi atacado por dois torpedeiros alemães enquanto recolhia sobreviventes de outro navio; 35 oficiais a bordo morreram. Horas mais tarde, o HMS *Waverley*, um navio a vapor com propulsão de roda de pás previamente convertido em caça-minas, com seiscentos soldados a bordo, foi atacado em sua viagem de retorno por doze bombardeiros de mergulho alemães, em uma batalha que também se revelou desigual. O único canhão antiaéreo a bordo foi reforçado pelo fogo concentrado dos fuzis dos soldados; mas, depois de meia hora de persistente ataque aéreo, o *Waverley* desapareceu sob as ondas. Mais de trezentos soldados a bordo se afogaram. Nesse dia, Churchill escreveu em um memorando dirigido a todos os ministros e mais altos funcionários de seu Gabinete:

> Nestes dias sombrios, o primeiro-ministro ficaria grato se todos os seus colegas no governo, assim como os funcionários nos cargos mais importantes, mantivessem um moral elevado em seus círculos, sem minimizar a gravidade dos eventos, mas mostrando confiança em nossa capacidade e inabalável determinação para continuar a guerra até fazermos cair por terra a intenção do inimigo de submeter a seu domínio toda a Europa.

Nesse dia, um total de 47 310 homens foram evacuados de Dunquerque. Hitler, reunindo-se em Cambrai com os comandantes de seu grupo de exércitos, informou-os de que decidira "mobilizar imediatamente as forças blindadas para uma ofensiva ao sul, de modo a acertar as contas com os franceses". "Talvez a França desista do combate, agora que não lhe resta esperança", escreveu à esposa o general Rommel. "Se não fizer isso, vamos esmagá-la até o último canto."

Para o exército britânico, a saga de Dunquerque estava quase no fim. Depois de quatro dias de evacuação, os alemães se aproximavam, e seus ataques aéreos se tornavam mais intensos. Nas primeiras horas de 30 de maio, cerca de 80 mil homens foram evacuados, mas as condições nas praias, disse Churchill na reunião matinal do Gabinete de Guerra, eram "difíceis". Às duas da tarde, o primeiro-ministro instruiu Lord Gort a entregar seu comando a outro oficial e voltar para a Inglaterra assim que sua força de combate no perímetro de Dunquerque fosse reduzida ao equivalente a três divisões. O sucessor de Gort receberia ordens de dar continuidade à defesa do perímetro, mas, acrescentou Churchill, "quando a seu juízo não for mais possível uma resistência organizada, capaz de infligir dano proporcional ao inimigo, ele está autorizado, em consulta com o comandante francês, a capitular formalmente para evitar um massacre inútil".

"Capitular formalmente". Eram palavras agourentas. Menos de três semanas se passaram desde que o exército de Gort adentrara o território belga para fechar a porta ao avanço alemão através da fronteira do país. Agora, nas palavras de um historiador da evacuação de Dunquerque, a porta "se fechou com estrondo na cara da França e se despedaçou". Entre os defensores do perímetro de Dunquerque que perderam a vida em 30 de maio estava Ronald Cartland, membro do Parlamento britânico. "O modo de vida pelo qual ele lutou", escreveu Winston Churchill seis meses depois, "certamente prevalecerá e persistirá graças aos esforços e sacrifícios de homens como ele."

Em Dunquerque, os navios franceses se juntaram aos britânicos no trabalho de resgate. Em 30 de maio, o contratorpedeiro francês *Bourrasque*, atingindo uma mina enquanto voltava para Dover, afundou; aproximadamente 150 dos homens que ele havia acabado de resgatar nas praias morreram afogados. Um pouco mais tarde, o contratorpedeiro britânico *Wakefield* foi atacado por bombardeiros de mergulho alemães e também afundou. Nessa manhã, no entanto, apesar do bombardeio aéreo, 4 mil homens foram evacuados em apenas uma hora. Por instruções específicas de Churchill, as tropas francesas e britânicas estavam sendo evacuadas lado a lado. Em 31 de maio, o número total de soldados britânicos e franceses evacuados foi de 68 104 homens.

Apesar da rendição da Bélgica, muitos navios de pesca belgas também se juntaram à armada de pequenos navios; em 31 de maio, o *Lydie Suzanne* trouxe 105 homens de volta para Dover; o *Zwaluw*, 58; o *Corjesu*, 274; o *Jonge Jan*, 270; e o *A5*, 234.

Em 31 de maio, em Paris, em reunião do Conselho Supremo de Guerra, Paul Reynaud implorou a Churchill que enviasse mais tropas para a França, a fim de se juntarem às forças francesas que ainda resistiam na defesa da linha do rio Somme. "Não há mais efetivos disponíveis que possam ser enviados de imediato", respondeu Churchill. "Precisamos de uma reserva no Reino Unido para lidar com uma possível invasão aérea ou por mar." Como resultado da batalha na França, até mesmo a defesa da Grã-Bretanha estava em perigo. Das 39 esquadrilhas originalmente consideradas como o mínimo necessário para a defesa aérea do país, dez tinham sido enviadas para a França; "agora resta pouca coisa dessas dez esquadrilhas". Quanto às tropas, restavam apenas três divisões em território britânico, e nem mesmo elas estavam totalmente equipadas. As outras catorze divisões ainda em treinamento estavam municiadas apenas de rifles "e, portanto, são totalmente inadequadas para a guerra moderna". No entanto, duas divisões britânicas já estavam no oeste da França, aptas a se juntar à defesa de Paris, e esperava-se a chegada de um contingente de 14 mil australianos à Grã-Bretanha em 12 de junho; embora ainda não estivessem devidamente treinados ou equipados, eram homens "da mais alta qualidade".

Determinado a persuadir os franceses a não entregar os pontos, Churchill falou sobre sua convicção de que a Grã-Bretanha e a França "precisavam apenas continuar lutando até a vitória". Mesmo que uma delas fosse derrubada, a outra não deveria abandonar o combate. "O governo britânico estava preparado para travar uma guerra do Novo Mundo se, por conta de algum desastre, a própria Inglaterra fosse destruída." Era necessário ter em mente, disse Churchill, que se a Alemanha derrotasse um dos Aliados, ou ambos, "não teria piedade; eles seriam reduzidos para sempre ao status de vassalos ou escravos".

Em suas conversas com os líderes franceses em 31 de maio, Churchill enfatizou a disposição dos Estados Unidos de "nos dar uma ajuda vultosa". Mesmo que não entrassem na guerra, os Estados Unidos tinham sido "despertados" pelos acontecimentos recentes. Os franceses deveriam, portanto, encomendar aço e outros produtos essenciais dos norte-americanos "em grandes quantidades". Mesmo se a Grã-Bretanha e a França não tivessem condições de pagar por esses suprimentos, "os Estados Unidos continuariam a entregá-los". Um dia antes, em Washington, Arthur Purvis comprou um vasto arsenal: quinhentos morteiros, quinhentos canhões de campanha, "alguns milhares" de peças de artilharia antiaérea, 10 mil metralhadoras, 25 mil rifles automáticos, 500 mil rifles de repetição Lee Enfield e 100 milhões de cartuchos de munições para armas e rifles. Em 31 de maio, logo após o retorno de Churchill a Londres, Purvis relatou mais um sucesso: o general George Marshall, chefe do estado-maior do exército dos Estados Unidos, estava "disposto a abrir uma exceção" na legislação de neutralidade dos Estados Unidos e, declarando como "excedente" uma quantidade substancial de munições norte-americanas, disponibilizá-las para a Grã-Bretanha. Purvis também assegurou aos britânicos "prioridade" para a compra de 15 mil toneladas de um novo explosivo, o trinitrotolueno (TNT).

Entre as pessoas com quem Churchill se reuniu em Paris estava o marechal Philippe Pétain, o "herói de Verdun" durante a Primeira Guerra Mundial e um símbolo da determinação francesa de resistir à Alemanha qualquer que fosse o custo. Mas quando outro dos franceses presentes, Roland de Margerie,* falou em levar a luta para o Norte da África francês caso a França fosse invadida, a expressão no rosto de Pétain, Churchill recordaria mais tarde, tornou-se "distante e sombria, dando-me a sensação de que ele cogitaria a possibilidade de firmar uma paz em separado".

Nessa noite, o general Gort partiu de Dunquerque e retornou à Inglaterra, deixando nas mãos do general Harold Alexander a responsabilidade de supervisionar a fase final da evacuação. Apenas 20 mil soldados britânicos e 60 mil franceses ainda aguardavam o embarque. Em 1º de junho, no entanto, várias unidades alemãs conseguiram se aproximar o suficiente de Dunquerque para fustigar as praias com sua artilharia. No ar, bombardeiros de mergulho alemães intensificaram seus ataques; em poucas horas, três contratorpedeiros britânicos e um francês foram afundados, juntamente com duas

---

* Diplomata e consultor de relações internacionais de Reynaud. (N. T.)

embarcações de transporte de tropas, um navio caça-minas e uma canhoneira. Nesse dia, apesar dos bombardeios aéreos e terrestres, os 64 229 homens foram evacuados.

Uma das embarcações incumbidas de levar os homens de volta de Dunquerque em junho foi o iate *Sundowner*, cujo dono e piloto era um comandante naval aposentado, Charles Herbert Lightoller, o mais velho oficial sobrevivente do naufrágio do *Titanic*, cujo filho mais novo fora um dos primeiros pilotos a morrer em combate no mês de setembro. Mais tarde, Lightoller relembrou como, antes da guerra, seu filho, "em diferentes momentos, me deu muitas informações úteis sobre táticas de ataque, defesa e fuga (coisas em que, ao que parece, ele era especialmente bom). Em grande medida, atribuo o sucesso da nossa travessia, feita sem uma única baixa, a sua ajuda involuntária". Acompanhado do filho mais velho e de um batedor da marinha, o comandante Lightoller levou 130 homens de volta à Inglaterra.

Para a Grã-Bretanha, a questão mais premente, à medida que a evacuação de Dunquerque se aproximava do fim, era se os alemães lançariam uma invasão imediata contra seu território, possivelmente em questão de dias. O exército britânico estava em seu momento de maior fraqueza, com suas duas melhores divisões agora prontas para entrar em ação a partir de bases no oeste da França. O número de esquadrilhas da RAF disponíveis tinha sido reduzido a menos do que o mínimo considerado necessário para resistir a um invasor. No entanto, a angústia de não saber se Hitler voltaria suas forças imediatamente contra a Grã-Bretanha não era compartilhada pelos vinte e poucos homens que conduziam os rumos da política do país.

Como resultado dos esforços de centenas de decifradores em Bletchley Park empenhados em descriptografar a máquina Enigma, nos nove dias anteriores, a partir de 22 de maio, a inteligência militar britânica conseguira ler as diretivas ultrassecretas da força aérea alemã poucos dias — e às vezes poucas horas — após serem emitidas para os comandantes da Luftwaffe na França. Isso não apenas fornecia aos Aliados detalhes operacionais locais, mas, conforme a inteligência militar informou em 1º de junho, deixava claro que a prioridade alemã era derrotar os franceses. Antes da queda da França, uma invasão da Grã-Bretanha era improvável; simplesmente não havia planos ou preparativos para essa ação. Se existissem, as descriptografias da Enigma teriam revelado. Mas o fato é que não havia uma única mensagem Enigma mencionando qualquer movimentação de aeronaves, necessária se Hitler quisesse dar prosseguimento ao sucesso em Dunquerque com um ataque através do canal da Mancha.

A determinação de Churchill nesse 1º de junho se refletiu em uma mensagem que ele enviou ao diretor da National Gallery, que havia sugerido o envio das pinturas mais valiosas da instituição para o Canadá. "Não", escreveu Churchill. "Enterre-as em cavernas e porões. Nada deve sair do país. Vamos vencê-los." Hitler, que nesse dia estava em Bruxelas, disse a seus generais que havia interrompido o avanço de suas divisões de blindados nos arredores de Dunquerque porque "não podia dar-se ao luxo" de desperdiçar esforços militares. "Afligia-me", disse ele, "a possibilidade de o inimigo lançar uma ofensiva desde o Somme e aniquilar a fraca força blindada do exército, quem sabe chegando até Dunquerque."

Como a inteligência britânica havia imaginado, todo o esforço militar de Hitler se concentraria agora no avanço ao sul do Somme, em direção a Paris. Para ajudar os franceses a enfrentar essa ameaça, Churchill havia prometido a Reynaud enviar para a frente de Somme-Aisne o maior número possível dos 16 mil soldados britânicos, franceses e poloneses prestes a serem evacuados de Narvik após reagrupamento na Escócia. Para agilizar essa operação, Churchill concordara em antecipar a evacuação de Narvik em seis dias, para 2 de junho. No dia seguinte, baseando-se em mensagens Enigma interceptadas e decifradas que não revelavam nenhum plano alemão imediato de invasão, os chefes de estado-maior britânicos concordaram em enviar reforços à França, muito embora a Grã-Bretanha estivesse, como eles mesmos expressaram, "perigosamente exposta ao risco de um ataque aéreo e/ou invasão decisivo".

À meia-noite de 2 de junho, os últimos 3 mil soldados britânicos e franceses haviam sido evacuados de Dunquerque, elevando o total para 338 226 homens em sete dias. Era quase exatamente três vezes mais que o número de evacuados da península de Galípoli no final de 1915. Ao todo, 222 embarcações navais e 665 embarcações civis transportaram homens entre Dunquerque e a costa britânica. Seis contratorpedeiros e 24 embarcações menores foram perdidos. Trinta e oito contratorpedeiros britânicos, que não haviam sido concebidos para transportar grandes quantidades de homens, levaram 91 624 soldados. Navios caça-minas evacuaram 30 942. Trinta barcos a motor holandeses transportaram 20 284. Contratorpedeiros franceses levaram 7 623. Centenas de navios mercantes, embarcações de transporte de tropas, chalupas, corvetas e balandras transportaram outras dezenas de milhares. Em muitos aspectos, porém, as mais notáveis proezas foram realizadas pelas pequenas embarcações: traineiras, navios de cabotagem, rebocadores, barcos abertos, botes salva-vidas, barcos pesqueiros, cruzeiros fluviais, navios a vapor com propulsão de roda de pás e mais de seiscentas pequenas embarcações de lazer que, somadas, evacuaram mais de 80 mil homens, em grupos que variavam de várias centenas a meia dúzia.

O êxito dessas embarcações não foi um ato de guerra menos eficaz do que um triunfo naval. Além disso, nos céus de Dunquerque, a RAF obteve o que foi certamente a primeira vitória substancial dos Aliados no ar; entre 25 de maio e 5 de junho, houve dias em que, para cada aeronave britânica abatida, três aviões alemães eram destruídos, um bom presságio de batalhas aéreas ainda por vir. No entanto, esses êxitos tinham um aspecto deprimente: 34 mil soldados britânicos haviam sido feitos prisioneiros de guerra em Dunquerque e arredores.

Assim que os últimos 3 mil soldados foram evacuados, bem como 71 armas pesadas e 595 veículos, o general Alexander e o comandante naval em Dunquerque, o capitão William Tennant, inspecionaram o porto e a orla em um veloz barco a motor para se certificar de que nenhum soldado havia ficado para trás. Satisfeitos, voltaram para o cais e embarcaram para a Grã-Bretanha. Hitler, que nesse dia estava em Charleville, falou a seus generais sobre a admiração que tinha pelo jugo britânico na Índia. Um general escreveu em seu diário:

> Ele salienta que, sem uma marinha igual à da Grã-Bretanha, não poderíamos manter por muito tempo as colônias inglesas. Assim, podemos facilmente encontrar uma base para um acordo de paz com os britânicos. A França, por outro lado, deve ser pisoteada e esmagada; ela deve pagar a conta.

Os pensamentos de Hitler já estavam voltados para o leste da Europa. "Agora que a Grã-Bretanha provavelmente estará disposta a um acordo de paz", disse ao general Rundstedt, em Charleville, "darei início ao derradeiro acerto de contas com o bolchevismo."

7. A Batalha pela França

JUNHO DE 1940

Com suas forças no perímetro de Dunquerque prestes a serem liberadas para se juntar ao movimento de avanço ao sul, Hitler deu início ao passo mais ambicioso da guerra até então, a fim de concretizar o que o cáiser não conseguira fazer nos quatro anos de incessante batalha entre 1914 e 1918: a tomada de Paris. "Fui chamado hoje à presença do Führer", o general Rommel escreveu à esposa em 2 de junho de 1940. "Estamos todos em esplêndida forma."

Em 3 de junho, a força aérea alemã bombardeou Paris. Ao todo, morreram 195 civis e 59 soldados. Entre as baixas civis, muitos colegiais que haviam se abrigado em um caminhão que seria atingido em cheio por uma bomba. Foi apenas sob a ameaça de severas penalidades que Georges Mandel, o ministro do Interior, conseguiu evitar a fuga de funcionários públicos da capital. Em Berlim, o almirante Kurt Fricke, chefe do Departamento de Operações da marinha alemã, divulgou um memorando sobre a estratégia a ser adotada no pós-guerra. Todos os povos dos países da Europa Ocidental ocupados por Hitler — Noruega, Dinamarca, Holanda, Bélgica e França — deveriam tornar-se "política, econômica e militarmente dependentes da Alemanha". Quanto à França, deveria ser destruída do ponto de vista militar e econômico, e sua população tão reduzida que o país nunca mais conseguiria se reerguer para encorajar os Estados menores.

A confiança alemã era fácil de entender. Mas, em 3 de junho, o Gabinete de Guerra britânico foi informado de que Haakon, o rei norueguês, embora se preparasse para deixar o país rumo ao exílio na Inglaterra, "acreditava que no fim os Aliados venceriam".

Em 4 de junho, os britânicos avaliaram sua capacidade de combater uma força invasora caso a França sucumbisse e as tropas alemãs resolvessem, por fim, atravessar com força total o canal da Mancha. Em solo britânico havia apenas quinhentos canhões pesados, alguns dos quais velharias de museu. Nesse mesmo dia, o Gabinete de Guerra soube que, entre 19 de maio e 1º de junho, haviam sido produzidas 453 aeronaves de todos os tipos, com uma perda de 436 no mesmo período. Fabricaram-se 39 caças Spitfire, e 75 foram perdidos. O número de aeronaves ativas em 2 de junho era 504. Em 2 de junho, o chefe do comando de caças, Sir Hugh Dowding, comunicou ao Gabinete de Guerra que, caso os alemães lançassem um ataque aéreo contra a Grã-Bretanha, "não poderia garantir superioridade no ar por mais de 48 horas". Dowding, aliás, não era um dos que, na época, sabiam das mensagens Enigma decifradas que deixavam claro que uma invasão não ocorreria — pelo menos não antes da derrota da França.

No entanto, os britânicos haviam sido forçados a deixar para trás no perímetro de Dunquerque uma vasta quantidade de armamentos: 475 tanques e 38 mil veículos; 12 mil motocicletas; 8 mil telefones de campanha e 1855 aparelhos de rádio; quatrocentas armas antitanque, mil canhões pesados; 8 mil metralhadoras Bren e 90 mil fuzis, além de impressionantes 7 mil toneladas de munição. Havia agora menos de 600 mil fuzis e 12 mil canhões e metralhadoras Bren na Grã-Bretanha. Essas perdas levariam entre três e seis meses para serem compensadas.

Na tarde de 4 de junho, Churchill discursou na Câmara dos Comuns e disse aos membros do Parlamento, que estavam exultantes com a evacuação de Dunquerque, mas compreensivelmente temerosos em relação ao futuro:

> Ainda que vastas extensões da Europa e muitos Estados antigos e célebres tenham caído ou possam cair nas garras da Gestapo e de todo o odioso aparato do domínio nazista, não devemos esmorecer, tampouco fracassar. Iremos até o fim. Lutaremos na França, lutaremos nos mares e oceanos, lutaremos nos céus com confiança crescente e força cada vez maior. Defenderemos nossa ilha, custe o que custar.

Dirigindo-se aos milhões de britânicos que não viam de que maneira a Grã-Bretanha seria capaz de resistir a uma invasão alemã, Churchill declarou:

> Lutaremos nas praias, lutaremos nas pistas e terrenos de pouso, lutaremos nos campos e nas ruas, lutaremos nas colinas. Não nos renderemos jamais. E mesmo que esta ilha ou grande parte dela seja subjugada e passe fome — algo que não acredito nem por um momento que vá acontecer —, então nosso império além-mar, armado e protegido pela Frota Britânica, continuará a combater, até que, na boa hora de Deus, o Novo Mundo, com toda a sua força e poderio, venha socorrer e libertar o Velho.

As palavras de Churchill deram coragem a seus compatriotas; em um momento de dúvida e angústia, ele lhes disse: "Não nos renderemos jamais". As pessoas que o ouviram falar se sentiram mais fortes, capazes de enfrentar o futuro com uma sensação de unidade nacional e orgulho. "Lutaremos na França"; essas três palavras eram não uma promessa vaga, mas uma realidade imediata; 224 318 soldados britânicos haviam sido evacuados de Dunquerque, mas 136 mil permaneceram no oeste francês, prontos para serem lançados na batalha. Outros tantos estavam vindo da Noruega; os primeiros 4500 soldados Aliados foram evacuados com sucesso de Narvik na noite de 3 de junho. Havia também 200 mil soldados poloneses na França, os remanescentes do exército polaco que enfrentara os alemães nove meses antes na Polônia e conseguira escapar atravessando a Romênia.

No fim da tarde de 4 de junho, Hitler, tendo mudado seu quartel-general para uma aldeia em solo belga, Brûly-de-Pesche, perto da fronteira com a França, ordenou que 143 divisões alemãs avançassem ao longo de uma frente de 225 quilômetros. Para enfrentá-las, foram mobilizadas 65 divisões francesas. Às quatro da manhã de 5 de junho, a batalha começou. Enquanto as forças alemãs abriram seu ataque em direção ao sul com um feroz fogo de artilharia e intenso bombardeio aéreo ao longo da linha do Somme e do Aisne, o general Weygand fez um apelo às tropas francesas que teriam que encarar a investida. "Que a lembrança dos sofrimentos do nosso país os inspire na firme resolução de resistir. O destino da nação e o futuro de nossos filhos depende da determinação de vocês." Nesse mesmo dia, em busca dos militares mais capacitados para ajudar a coordenar a batalha, Paul Reynaud nomeou o recém-promovido general De Gaulle para o cargo de subsecretário de Guerra.

As tropas britânicas também entraram em ação em 5 de junho, mantendo-se firmes no flanco direito dos franceses, entre Abbeville e o mar. A história oficial britânica registrou que, "embora tenham lutado com obstinada tenacidade", foram forçadas a recuar e, em seguida, praticamente esmagadas em consequência das baixas crescentes, da escassez de munição e da "superioridade numérica do inimigo". Apesar de inúmeros atos de heroísmo, esse foi o destino de toda a linha Aliada.

Nesse dia, na linha de frente ao norte de Chantilly, um dos mais exímios pilotos de caça da Luftwaffe, Werner Mölders, foi forçado a se ejetar de seu Messerschmitt em chamas. Saltando de paraquedas, ao chegar ao solo ele descobriu que estava do lado alemão do front. Voltando imediatamente ao combate, terminaria o ano com um placar de 68 "mortes" — o cômputo de aviões franceses e britânicos que abateu, tornando-se o primeiro piloto alemão a receber a cobiçada Cruz de Cavaleiro em todos os seus três graus: Folhas de Carvalho, Espadas e, a mais rara das condecorações, Diamantes.

Em Londres, agora que as mensagens criptografadas da Enigma eram interpretadas com precisão, e uma vez que a invasão iminente não era mais uma possibilidade, Churchill decidiu colocar à disposição de Reynaud para a batalha na França duas esquadrilhas de caças e quatro esquadrilhas de bombardeiros. Ele também acatou o pedido de Reynaud de enviar mais tropas britânicas para a França; a 52ª Divisão iniciaria sua travessia do canal da Mancha no dia seguinte. O primeiro-ministro britânico também queria ação imediata contra as forças alemãs que já controlavam partes da costa do canal e solicitou a seus estrategistas militares que preparassem investidas "com tropas especialmente treinadas da classe dos caçadores, capazes de criar um reinado de terror ao longo dessas costas", inclusive desembarcando em solo francês tanques com a capacidade de "desferir um ataque profundo no interior, cortando uma via de comunicação vital, e, em seguida, rastejar de volta, deixando atrás de si um rastro de cadáveres alemães".

As "melhores" tropas alemãs, argumentou Churchill, estariam às voltas com o ataque a Paris, e as "tropas germânicas regulares" seriam deixadas ao longo da costa do canal da Mancha entre o Somme e Dunquerque. A vida desses soldados, ele escreveu, "deve ser transformada em um intenso tormento".

Em 6 de junho, os alemães romperam brechas em vários pontos das defesas francesas. Pairava no ar o cheiro de uma vitória alemã total. "Depois da guerra", Goebbels escreveu em triunfo em seu diário nesse dia, "cuidaremos rapidamente da questão dos judeus." No dia seguinte, o rei Haakon da Noruega e seu governo embarcaram em Tromsø no cruzador britânico *Devonshire* com destino a Londres. Antes de partir, o rei

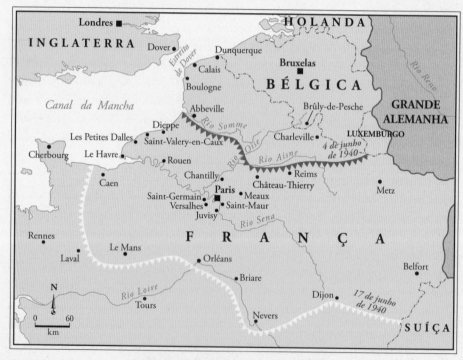

Mapa 8. A Batalha da França, junho de 1940

comunicou ao povo norueguês, numa transmissão radiofônica, que todas as operações militares haviam sido encerradas; a 6ª Divisão fora obrigada a capitular, e o chefe da defesa, general Otto Ruge, era agora prisioneiro. "Quando tomamos conhecimento das ordens", escreveu mais tarde o coronel Otto Hjersing Munthe-Kaas, "as unidades ficaram quase paralisadas. Os homens foram tomados de profundo pesar e raiva. Alguns choraram. Todas as batalhas, toda a dura resistência, todos os vitoriosos combates haviam sido em vão". "Todas as nossas esperanças ruíram", relembrou mais tarde um jovem soldado norueguês, "e as pessoas sentiram que haviam sido abandonadas por seus líderes e Aliados."

Em outra parte, esses Aliados, igualmente em menor número, estavam empenhados em mais uma batalha. Nos dia 5 e 6 de junho, a fim de tentar dificultar o apoio aéreo britânico à França, os alemães enviaram cerca de cem bombardeiros ao espaço aéreo da Grã-Bretanha. O governo inglês, no entanto, instigado por Churchill, aumentou de modo substancial o apoio aéreo à França em 6 de junho e novamente em 7 de junho, contribuindo no dia 6 com um total de 144 caças para a batalha aérea sobre a França, o equivalente a doze esquadrilhas, e realizando, nesse dia, mais de cem surtidas contra alvos indicados pelo alto-comando francês. Duas esquadrilhas de caças adicionais seriam enviadas à França em 8 de junho, assim como 24 unidades completas de balões de barragem, com suas respectivas tripulações, para a defesa de Paris.

À medida que os alemães avançavam, sua euforia aumentava. "Enquanto nosso comboio percorria a estrada principal Dieppe-Paris", Rommel registrou em 7 de junho, "passamos por um tanqueiro alemão que dirigia um trator francês com um tanque atrelado. O rosto do jovem soldado estava radiante, cheio de alegria com o sucesso." O próprio Rommel também estava feliz da vida. "A quantidade de prisioneiros e pilhagem que fizemos hoje foi tremenda", ele escreveu, "e não para de aumentar a cada hora. Nossas baixas foram insignificantes." Contudo, em 8 de junho, alarmado pela "resistência extremamente robusta" dos franceses ao norte de Paris, Hitler emitiu sua Diretiva n. 14, na prática interrompendo o avanço no triângulo Château-Thierry-Metz-Belfort e deslocando para o front de Paris as tropas que ele esperava usar para invadir o leste da França.

Na Noruega, em 8 de junho, a evacuação britânica de Narvik chegou ao fim. Durante os últimos esforços navais britânicos, o porta-aviões *Glorious* e dois contratorpedeiros, o *Ardent* e o *Acasta*, foram afundados, o que resultou na morte de 1515 oficiais e marinheiros. Apenas 43 sobreviveram: quarenta do *Glorious*, dois do *Ardent* e um, o experiente marinheiro de convés Carter, do *Acasta*. Mas como a evacuação dos últimos 25 mil soldados foi bem-sucedida, a sensação de luto nesse dia foi amenizada ao se mesclar com uma sensação de alívio.

Juntamente com o *Glorious* foram afundadas as aeronaves de duas esquadrilhas completas, com a morte de todos os pilotos, à exceção de dois. No mesmo dia 8 de junho,

Paul Reynaud implorou a Churchill que enviasse à França mais duas ou três esquadrilhas para somarem forças com os cinco grupamentos de aviões britânicos já estacionados no país. Reunindo-se em Londres, porém, o Gabinete de Guerra recebeu a informação de que duas dessas cinco esquadrilhas, que tinham estado em ação naquele mesmo dia, haviam perdido dez de seus dezoito aviões. Agora, Churchill tentava sopesar o pedido de Reynaud. "Podemos considerar que a presente batalha é decisiva para a França e para nós mesmos", disse, "e nela empregar todos os nossos recursos de combate, numa tentativa de salvar a situação e alcançar a vitória. Se falharmos, então teremos que nos render." A alternativa, disse Churchill a seus colegas do Gabinete de Guerra,

> é reconhecer que, embora a presente batalha terrestre seja de grande importância, não seria decisiva para a Grã-Bretanha. Se a França for derrotada e forçada a se submeter, poderemos continuar a lutar com boas esperanças de uma vitória final, contanto que asseguremos uma forma de não debilitar demais nossas defesas aéreas; contudo, se jogarmos fora nossa defesa, a guerra estará perdida, mesmo que a frente na França venha a ser estabilizada, uma vez que a Alemanha estará livre para voltar sua força aérea contra nós, e estaremos então à mercê dos germânicos.

Já não se tratava mais de uma questão de equilíbrio entre as necessidades e forças domésticas britânicas e da Europa continental; agora, era uma questão de sobrevivência. Churchill disse a seus colegas: "Uma coisa é certa: se este país for derrotado, a guerra estará perdida tanto para a França como para nós, ao passo que, contanto que sejamos fortes, poderemos vencer a guerra e, ao fazê-lo, restituir a posição da França".

O Gabinete de Guerra foi unânime em aceitar a lógica do argumento de Churchill. Nenhum outro avião de combate seria enviado à França. No dia seguinte, 9 de junho, enquanto as tropas alemãs avançaram rapidamente em direção a Rouen, mais de 2 mil soldados britânicos e franceses se reuniram no porto do canal de Le Havre para serem evacuados para a Grã-Bretanha. Outras tropas francesas, inteiramente isoladas do corpo principal do exército francês, recuaram até Saint-Valery-en-Caux. Ali, no dia 10 de junho, a 51ª Divisão britânica, sob o comando do general Victor Fortune, travou uma luta desesperada contra forças alemãs muito mais numerosas. O comandante francês, general Marcel Ihler, exortou Fortune a se juntar a ele na rendição de seus respectivos exércitos, mas o britânico se recusou. Em certo momento, quando os homens do regimento Gordon Highlanders estavam prestes a abrir fogo contra os tanques alemães que avançavam em sua direção, soldados franceses transportando bandeiras brancas de rendição marcharam diretamente na frente do regimento britânico, impedindo que este abrisse fogo.

Durante todo o dia 10 de junho, as evacuações por mar continuaram, desde Le Havre, Cherbourg e a própria Saint-Valery-en-Caux. Mais a leste, os franceses foram empurrados para trás através do rio Sena e bateram em retirada em meio a muita desordem em direção ao rio Loire. Reynaud sugeriu que deveria haver uma última batalha de resistência na Bretanha, ideia apoiada por De Gaulle. Weygand, contudo, chegara à conclusão de que a derrota era iminente e queria que suas forças se rendessem.

Nessa tarde, como que para indicar o quanto a França devia estar perto da derrota, Mussolini declarou guerra não apenas à França, mas também à Grã-Bretanha. Hitler comentou: "Primeiro foram covardes demais para participar. Agora estão com pressa para pegar sua parte dos despojos".

Em Londres, todos os italianos com idade entre dezesseis e setenta anos que viviam na Inglaterra havia menos de vinte anos foram detidos e encarcerados — 4100 pessoas no total, entre as quais muitos gerentes, chefs de cozinha e garçons dos principais hotéis e restaurantes da cidade. Em Washington, Roosevelt enviou uma mensagem via rádio para o povo norte-americano: "Neste décimo dia de junho de 1940, a mão que segurava a adaga apunhalou as costas de seu vizinho". Roosevelt fez também uma promessa à França e à Grã-Bretanha: "Concederemos aos adversários da força os recursos materiais desta nação. Não vamos desacelerar nem nos desviar. As placas e os sinais pedem velocidade: em frente e a toda velocidade!".

Infelizmente para a Grã-Bretanha e a França, os alemães eram os únicos seguindo em frente e a toda velocidade. "A vista do mar com os penhascos de ambos lados", escreveu Rommel sobre sua chegada em 10 de junho a Les Petites Dalles, na costa do canal da Mancha, "empolgou e comoveu cada um de nós, tanto quanto o pensamento de que havíamos alcançado a costa da França. Saímos de nossos veículos e caminhamos pela praia de cascalho até a beira da água, que veio roçar nossas botas."

Para os britânicos, a evacuação tornou-se mais uma vez o centro das atividades navais. Em 10 de junho, o capitão de corveta Peter Scott, filho de Robert Falcon Scott, o explorador do Ártico que perdera a vida na tentativa de chegar ao polo Sul em 1912, levou o contratorpedeiro HMS *Broke* a Saint-Valery-en-Caux para evacuar o maior número possível de homens da 51ª Divisão. Aterrando apenas 45 minutos antes do horário em que deveria levantar âncora, conseguiu reunir 120 soldados, 95 dos quais feridos, e embarcá-los em segurança.

As declarações de guerra da Itália abriram vastas e novas zonas de combate. Na África Oriental, a Itália era soberana na Eritreia e havia conquistado a Etiópia. No continente africano, a Grã-Bretanha era vizinha da Itália na Somalilândia Britânica e na África Oriental Britânica.* No Norte da África, a Itália era soberana na Líbia, cuja

---

* Atual Quênia. (N. T.)

fronteira com o Egito estava a menos de 730 quilômetros do canal de Suez, via navegável imperial que era de extrema importância para a Grã-Bretanha. Em 11 de junho, como se quisesse demonstrar que sua declaração de guerra aos britânicos era séria, a força aérea italiana bombardeou Porto Sudão e Aden. Também em 11 de junho, realizou oito ataques separados à ilha britânica de Malta, no mar Mediterrâneo.

Os governos britânico e francês, alertados por seus respectivos serviços de inteligência mais de uma semana antes quanto à provável declaração de guerra italiana, haviam feito planos em 3 de junho para bombardear alvos militares na Itália assim que a guerra estourasse. Na noite de 11 de junho, bombardeiros britânicos decolaram de suas bases na Inglaterra e sobrevoaram a França para atingir alvos em Gênova e Turim. Na África Oriental Britânica também se realizou um pequeno ataque de bombardeio contra uma instalação militar italiana na Eritreia. A guerra havia chegado à África. E também ao oceano Pacífico. Dois dias após a declaração de guerra da Itália não apenas contra a Grã-Bretanha e a França, mas contra seus respectivos impérios, o cruzador mercante armado australiano *Manoora*, navegando nos arredores da ilha de Nauru, avistou e perseguiu um navio mercante italiano, o *Romolo*, cuja tripulação, sem meios para se defender, mas pouco disposta a se render, optou por afundar deliberadamente a embarcação.

No entanto, não era a África nem o Pacífico, mas a França, o fulcro da guerra em 11 de junho, dia em que as forças alemãs ocuparam Reims e o governo francês deixou Paris em direção ao sul, para o Loire. Nessa tarde, Churchill voou através do canal da Mancha para tentar descobrir por si mesmo o que a França pretendia fazer; reuniu-se com o governo francês em Briare, no rio Loire. Lá, foi informado pelo general Alphonse Joseph Georges da enorme escala das baixas francesas desde a retomada da ofensiva alemã a partir de 5 de junho. Das 103 divisões Aliadas na linha, 35 haviam sido totalmente destruídas. Outras, reduzidas "a dois batalhões e algumas armas". A linha existente, na situação em que estava, "era mantida por nada mais do que um tênue biombo de divisões fracas e exaustas, sem o apoio de reservas na retaguarda".

Churchill exortou os franceses a transformarem Paris em uma fortaleza, a lutarem em todas as ruas. Uma grande cidade, disse ele, se defendida com obstinação, "conseguiria absorver imensos exércitos". Ao ouvirem isso, observou uma testemunha ocular britânica, "os franceses ficaram perceptivelmente paralisados". Converter Paris numa "cidade em ruínas", respondeu o marechal Pétain, "não resolverá a questão". As tropas francesas, disse Reynaud, "estavam exauridas pela falta de sono e estraçalhadas pela ação dos bombardeiros inimigos. Não havia esperança de alívio em parte alguma".

Uma vez mais, Reynaud apelou por apoio aéreo britânico adicional. Uma vez mais, no entanto, Churchill reiterou que não havia reforços disponíveis. Enviar mais esquadrilhas de caças para a França, onde seis a oito esquadrões britânicos já tomavam parte em combates diários, alegou, poderia "destruir a última esperança que os Aliados tinham de desmantelar o poderio da Alemanha". Embora o colapso da França abrisse "o mais angustiante dos cenários", acrescentou Churchill, "ele tinha certeza de que mesmo assim seriam capazes de infligir a derrota aos alemães".

Apesar de uma breve discussão sobre um plano para defender a Bretanha, que um grupo de generais franceses, incluindo De Gaulle, estava disposto a examinar, ficou claro que os recursos para uma resistência militar bem-sucedida estavam esgotados quase por completo. Churchill, que agora falava do dia em que a própria França estaria sob a ocupação alemã, disse a Reynaud e seus colegas: "É possível que os nazistas dominem a Europa, mas será uma Europa em rebelião, e, ao fim e ao cabo, é líquido e certo que um regime cujas vitórias se devem sobretudo a suas máquinas mais cedo ou mais tarde desmoronará. As máquinas vencerão as máquinas".

Essa perspectiva de longo prazo não ajudou a confortar os franceses. Naquela noite, enquanto Churchill se preparava para ir para a cama, em Briare, o marechal Pétain informou a Reynaud "que seria necessário pedir um armistício".

"As máquinas vencerão as máquinas": as palavras de Churchill não eram mera autoilusão. Naquela mesma noite, enquanto ele dormia na França, os primeiros suprimentos militares norte-americanos para a Grã-Bretanha e a França estavam sendo carregados a bordo de um navio nas docas do exército dos Estados Unidos em Raritan, Nova Jersey. Seiscentos vagões ferroviários de carga levaram seus preciosos carregamentos para o cais; eram os suprimentos autorizados por Roosevelt dez dias antes, incluindo novecentos canhões de campanha e 80 mil metralhadoras. Havia também meio milhão de rifles, fabricados em 1917 e 1918 e desde então conservados com graxa, acompanhados, cada um, de 250 cartuchos de munição. Em Londres, antes de partir para a França, Churchill aprovou um programa de munições segundo o qual de quinhentos a seiscentos tanques pesados estariam prontos para entrar em ação até o final de março de 1941.

Nesse mesmo 11 de junho, longe da catástrofe na França, o exército norueguês foi finalmente desmobilizado; desarmados, seus soldados voltaram para casa. Alguns, determinados a se juntar aos Aliados, conseguiram deixar a Noruega nos últimos navios de guerra britânicos a navegar para o oeste atravessando de novo o mar do Norte ou cruzando a fronteira com a Suécia. Um deles, Theodor Broch, prefeito da malfadada Narvik, relembrou:

> Nossa terra estava desolada, mas nunca tinha parecido tão esplêndida, tão desejável. Nossos líderes já haviam sido escorraçados para o estrangeiro. Nossos navios haviam afundado ou ido embora. Ao longo da fronteira havia rapazes como eu. Outros milhares viriam. Tivemos que sair para aprender o único ofício que tínhamos negligenciado. Construímos boas casas nas montanhas, mas em nosso desleixo não cuidamos de protegê-las da maneira adequada.

Broch acrescentou:

Agora, estrangeiros haviam tomado posse de nossa terra. Eles a saqueariam e roubariam antes de voltarmos. Mas o país em si eles não conseguiriam estragar. O mar, os fiordes e as montanhas — a isso somente nós poderíamos dar vida. Iríamos voltar. As montanhas esperariam por nós.

Na manhã de 12 de junho, mais um revés para a causa Aliada: em Saint-Valery-en-Caux, na costa do canal da Mancha, 46 mil soldados franceses e britânicos sob o comando do general Ihler, incluindo os 8 mil soldados britânicos sob o comando do general Fortune, se renderam a Rommel. A artilharia alemã, disparando diretamente nas praias, tinha impedido a evacuação por mar de mais de 3321 soldados britânicos e franceses; não haveria uma segunda Dunquerque. "Nada menos que doze generais foram feitos prisioneiros", Rommel escreveu mais tarde, "entre os quais quatro comandantes de divisão." Um tenente da força aérea alemã, que até uma hora antes tinha sido prisioneiro de guerra, foi encarregado de vigiar os generais capturados e seus estados-maiores. "Ele ficou visivelmente encantado", escreveu Rommel, "com a mudança de papel."

Nessa noite, o general Weygand telefonou para o governador militar de Paris, o general Pierre Héring, ordenando-lhe que declarasse Paris uma cidade aberta. A capital francesa não se tornaria, como desejava Churchill, palco de combates. Nenhum tanque, nenhuma barricada, nenhum atirador enfrentaria as tropas alemãs quando elas chegassem. Os alemães se dispuseram a aceitar esse acordo contanto que os franceses cessassem todas as atividades militares ao longo de uma ampla faixa de cidades suburbanas. O general Héring consentiu. Os alemães marchariam sem qualquer resistência por Saint-Germain, Versalhes, Juvisy, Saint-Maur e Meaux.

Setenta anos haviam se passado desde o primeiro cerco alemão de Paris durante a Guerra Franco-Prussiana, quando a capital francesa enviou mensagens e suprimentos por balões de ar quente. Mais de 25 anos haviam se passado desde que os exércitos do cáiser avançaram até Meaux, sem conseguir, durante quatro anos de guerra, chegar a Paris, apesar de avançarem até Château-Thierry em junho de 1918. Agora, pela terceira vez em setenta anos, Paris estava em perigo.

A Grã-Bretanha não pretendia abandonar a França à própria sorte. Conforme Churchill prometera a Reynaud, tropas britânicas adicionais foram despachadas para o território francês, incluindo homens evacuados de Narvik e tropas canadenses já aquarteladas na Grã-Bretanha. Em 12 de junho, o general Alan Brooke, nomeado para comandar essas forças, chegou à França. No mesmo dia, Churchill, ainda em Briare, informou Reynaud de que os reforços já estavam sendo mobilizados nas imediações de Le Mans. Ao mesmo tempo, cem bombardeiros britânicos, a partir de suas bases na Grã-Bretanha, atacaram as linhas de comunicação alemãs de acordo com alvos específicos designados pelos franceses. Além disso, cinquenta caças britânicos e setenta bombardeiros britânicos ainda atuavam contra o avanço das tropas alemãs desde bases no interior rural da França.

Nessa tarde, Churchill voltou para a Inglaterra e viu, de 8 mil pés (2400 metros) de altitude, o porto de Le Havre em chamas, também sob ataque alemão. À noite, foi a vez de Le Havre ser o palco de mais uma evacuação; na madrugada de 13 de junho, 2222 soldados britânicos foram levados de volta em segurança para a Inglaterra, enquanto outros 8837 foram removidos pela costa francesa até Cherbourg, onde se prepararam para retornar ao combate ao lado das tropas francesas no Loire. Mas os franceses ainda lutariam por muito mais tempo? Em Londres, Churchill comunicou a seu Gabinete de Guerra que em Briare os ministros franceses "tinham sido cuidadosamente bem-educados e dignos, mas era evidente que a França estava perto do fim da resistência organizada".

Em um esforço de última hora para fortalecer a determinação francesa, Churchill voltou à França em 13 de junho. O governo francês estava então em Tours. Agora era "tarde demais", disse Reynaud, para organizar um reduto na Bretanha. Agora não havia esperança de "qualquer vitória rápida". A França dera "o melhor de si, sua juventude, seu sangue; mais do que isso não poderia fazer". Tinha o direito de negociar uma paz em separado com a Alemanha.

Churchill exortou Reynaud a recorrer a mais uma possibilidade de esperança, um apelo direto a Roosevelt, "nos termos mais veementes", pedindo a participação norte-americana. "Uma promessa firme dos Estados Unidos", disse o primeiro-ministro britânico, introduziria "um fator novo e imenso" favorável à França. Reynaud concordou em tentar e enviou um telegrama a Roosevelt instigando os Estados Unidos a "jogarem o peso do poderio norte-americano na balança a fim de salvar a França, vanguarda da democracia". Em seu telegrama, Reynaud pedia a Roosevelt: "Declare guerra, se puder, mas, em todo caso, na falta de uma força expedicionária, envie-nos toda forma de ajuda". Se isso fosse feito, então, com o pleno apoio dos Estados Unidos, a Grã-Bretanha e a França seriam capazes de "marchar para a vitória".

Nesse mesmo dia, Hitler concedeu uma entrevista exclusiva ao correspondente da Hearst Press, Karl von Wiegand, a quem ressaltou a completa inexistência de quaisquer projetos territoriais alemães na América do Norte ou do Sul.

A determinação de Reynaud em continuar na luta, caso a resposta de Roosevelt fosse favorável, não era compartilhada por seus colegas de gabinete. Após o retorno de Churchill à Grã-Bretanha, Weygand reiterou seu apelo por um armistício. Outros ministros, liderados por Mandel, queriam transferir o governo para o Norte da África francês e continuar a luta a partir de lá. Horas mais tarde, quando as tropas alemãs chegaram ainda mais perto de Paris, o governo se deslocou mais ao sul, para Bordeaux, onde recebeu a resposta de Roosevelt. O governo norte-americano, dizia ele, estava fazendo "tudo ao seu alcance para disponibilizar aos governos Aliados o material de que necessitavam com tanta urgência, e estamos redobrando nossos esforços para fazer ainda mais".

Essa mensagem, é claro, estava longe de ser uma declaração de guerra, mas sua divulgação poderia ao menos encorajar os franceses a continuarem na luta. Roosevelt era favorável à divulgação, mas o secretário de Estado, Cordell Hull, se opôs. O governo britânico fez o possível para persuadir Hull a mudar de ideia. Na manhã de 14 de junho, Lord Halifax telegrafou ao embaixador britânico na França, então em Bordeaux: "Pareceu-nos impossível que o presidente enviasse essa mensagem se não desejasse que fosse publicada, e seu teor era muito próximo da etapa definitiva de uma declaração de guerra".

Churchill ainda alimentava a esperança de que a resposta norte-americana convencesse os franceses a seguirem lutando. Se a França continuasse a resistir, ele telegrafou a Reynaud no final de 13 de junho, uma declaração de guerra estadunidense "inevitavelmente ocorreria", e, com ela, uma "excelente oportunidade de viabilizar a coalizão econômica e marítima de âmbito mundial com impactos fatais para o domínio nazista".

Ainda não havia nenhuma perspectiva de uma coalizão desse tipo. Em 14 de junho, eram outras potências que estavam unindo forças. Nesse dia, a União Soviética deu um ultimato ao governo da Lituânia, exigindo que permitisse que as forças russas ocupassem o país. A Lituânia obedeceu. Dois dias depois, Letônia e Estônia sofreram destino semelhante. Entrementes, Roosevelt confirmou que seu telegrama a Reynaud não poderia ser publicado. Sua mensagem chegou a Londres na madrugada de 14 de junho. Os Estados Unidos, comentou um dos secretários particulares de Churchill, "dormiram no ponto, em termos militares e industriais. Podem vir a ser muito úteis para nós daqui a um ano, mas agora estamos vivendo uma hora de cada vez".

No exato momento em que a desalentadora negativa de Roosevelt chegou a Londres, tropas alemãs entravam em Paris. Por volta das seis e meia da manhã de 14 de junho, veículos militares germânicos chegaram à Place de la Concorde, e um posto de comando alemão foi instalado no Hôtel Crillon. Dois milhões de parisienses já haviam fugido da cidade. Os 700 mil que permaneceram foram acordados pelo som dos alto-falantes nazistas anunciando a imposição de um toque de recolher a partir das oito da noite. Uma enorme bandeira com a suástica foi pendurada sob o Arco do Triunfo, e pontualmente, às 9h45, liderados por uma banda militar, soldados do 4º Exército do general Günther von Kluge marcharam ao longo da Champs-Élysées, em uma deliberada imitação da marcha da vitória francesa de novembro de 1918.

Uma hora e quinze minutos depois, às onze em ponto, o chefe da polícia de Paris, Roger Langeron, recebeu ordens de se apresentar ao comandante alemão e entregar os arquivos policiais referentes a todos os ativistas políticos. Para a fúria do comandante, Langeron explicou que esses arquivos já haviam sido removidos de Paris.

As comemorações alemãs continuaram. E prosseguiu também o estabelecimento do sistema da Gestapo: espionagem, informantes, prisões e terror. Nessa manhã chegaram a Paris os primeiros vinte funcionários da Gestapo, chefiados por Helmut Knochen, coronel da SS de trinta anos e já renomado, graças ao bem-sucedido sequestro do major Stevens e do capitão Best na fronteira holandesa, em novembro.

Nesse momento de triunfo alemão, um oficial britânico, o conde de Suffolk [Charles "Jack" Howard], juntamente com sua secretária, Eileen Beryl Morden, e seu motorista, Fred Hards, estava na França em missão especial a pedido do governo britânico. Sua

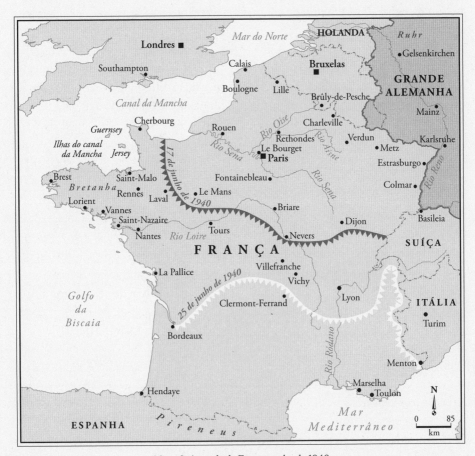

Mapa 9. A queda da França, junho de 1940

tarefa era encontrar e trazer de volta para a Grã-Bretanha 2,5 milhões de libras esterlinas em diamantes industriais franceses essenciais para a fabricação de máquinas-ferramentas, bem como maquinários raros e específicos fundamentais para a produção de armamentos. Além disso, eles haviam sido incumbidos de levar de volta para a Grã-Bretanha o estoque de água pesada fabricada na França por um grupo de cientistas nucleares e proporcionar aos cientistas um refúgio seguro em território britânico.

A missão do conde de Suffolk foi bem-sucedida. Em 14 de junho, dois cientistas, Hans von Halban e Lew Kowarski, que já haviam sido removidos de Clermont-Ferrand para o sul, estavam em Bordeaux com 26 latas — toda a reserva mundial — de água pesada, um elemento essencial para a pesquisa de urânio necessária para a construção de uma bomba atômica. Em Bordeaux, o conde, seu motorista, sua secretária, os cientistas, a água pesada, os diamantes industriais e as máquinas-ferramentas embarcaram no carvoeiro *Broompark*, à sua espera. Enquanto navegavam para a Inglaterra, o navio ao lado deles foi afundado por uma mina magnética; quatro dias depois, eles chegaram em segurança a Falmouth.

Outros não conseguiram fugir. Ainda em 14 de junho, enquanto os alemães marchavam, triunfantes, em Paris, o judeu austríaco Ernst Weiss, de 56 anos, cometeu suicídio em seu apartamento na capital francesa. Romancista, ex-oficial médico do exército do Império Austro-Húngaro na Primeira Guerra Mundial, ele tinha sido aluno de Freud e amigo de Kafka. Em março de 1938, quando Hitler anexou a Áustria, Weiss fugiu de Viena para Praga. Em março de 1939, quando as forças alemãs entraram na Tchecoslováquia, fugiu de Praga para Paris. Agora, sentia que não havia mais esperança. No leste, a 1600 quilômetros de distância, os alemães começaram a deportação de 728 poloneses, até então detidos na prisão de Tarnów, para o novo campo de concentração em Auschwitz. Alguns haviam sido presos por tentar escapar do governo-geral para a Eslováquia, ao sul. Outros, porque eram líderes comunitários, padres e professores de escolas de ensino fundamental e médio. Três desses deportados eram judeus — dois advogados e o diretor de uma escola hebraica local; nenhum dos judeus sobreviveu aos tormentos do campo — e apenas 134 dos poloneses permaneceriam vivos. Quando o trem de passageiros que os transportava para Auschwitz passou pela estação de Cracóvia, os deportados ouviram, pelo sistema de alto-falantes, um animado locutor anunciar com alarde a queda de Paris.

Enquanto os parisienses observavam os conquistadores alemães, os cidadãos de Rennes, no oeste da França, ficaram surpresos ao ver tropas canadenses atravessarem às pressas a cidade. Esses efetivos haviam desembarcado pela manhã em Brest, e sua intenção era chegar ao front o mais rápido possível. "Por toda parte as pessoas nos aplaudiam e incentivavam", comentou um dos oficiais. "Nossos rapazes estão inchados de tão envaidecidos, parece que vão explodir feito cargas de dinamite." Continuando sua jornada de trem, eles alcançaram Laval ao anoitecer. Quando se acomodaram para passar a noite, viram a longa fila de carros e carroças, lotados de roupas de cama, parados na beira da estrada ou avançando para o oeste em direção ao litoral.

Em 15 de junho, as tropas alemãs tomaram Verdun, a fortaleza que em 1916 resistira a todos os ataques alemães e por cuja defesa tenaz o marechal Pétain ganhara enorme aclamação. No oeste da França, as tropas canadenses que tinham avançado até Laval iniciaram os preparativos para entrar em ação contra os alemães, a trinta quilômetros dali. Porém, pela manhã, receberam a ordem de pegar o trem para Saint-Malo, no litoral, onde, às cinco da tarde, embarcaram no navio a vapor britânico *Biarritz*, com destino a Southampton. Suas únicas baixas: seis homens que desapareceram durante a viagem de ida e volta para Laval.

Também em 15 de junho, em Bordeaux, Reynaud disse ao embaixador britânico que, se os Estados Unidos não concordassem em entrar na guerra "muito em breve", a França seria incapaz de continuar a lutar, mesmo a partir do Norte da África. Assim que recebeu a mensagem de Reynaud, Churchill telegrafou a Roosevelt para reforçar o apelo de Reynaud por uma declaração de guerra estadunidense. "Quando falo da entrada dos Estados Unidos na guerra", explicou Churchill,

> é claro que não estou pensando em termos de uma força expedicionária, o que sei estar fora de questão. O que tenho em mente é o tremendo efeito moral que essa decisão por parte dos norte-americanos poderia ter, não somente na França, mas em todos os países do mundo, e, no sentido contrário, nos povos alemão e italiano.

Esse telegrama foi enviado de Londres para Washington às 22h45 de 15 de junho. Não foi mais eficaz do que os anteriores. Roosevelt não tinha a menor intenção de entrar na guerra, pouco importava a maneira como a questão era formulada ou disfarçada. Tampouco os fatos davam qualquer indício de que a França seria capaz de persistir na batalha por muito mais tempo. Paris estava perdida. Verdun estava perdida. Também em 15 de junho, dos 261 caças britânicos enviados à França nos dez dias anteriores, 75 haviam sido abatidos ou destruídos em solo por bombardeiros alemães. Outros 120 estavam inutilizáveis ou sem combustível para voar de volta à Grã-Bretanha, e tiveram de ser queimados em aeródromos franceses para evitar sua captura pelos alemães. Foram levadas de volta para a Grã-Bretanha 66 aeronaves. Em dez dias, a Força Aérea Real havia perdido 25% de seus de aviões de combate.

Em 16 de junho, os alemães entraram em Dijon. Enquanto o governo francês se reunia em Bordeaux para discutir a nova crise, um Grupo de Exército alemão, até então imóvel, cruzou o Reno em Colmar. Na reunião do gabinete francês, Pétain, como vice-primeiro-ministro, pediu um armistício imediato e ameaçou renunciar caso seus colegas recusassem. Desesperado, Reynaud pediu à Grã-Bretanha para desobrigar a França de seu compromisso de não negociar uma paz em separado. O governo britânico não tinha outra escolha a não ser concordar. Fez isso impondo como condição "o embarque imediato da frota francesa para portos britânicos". Nenhuma promessa nesse sentido foi feita. Como último recurso, o governo britânico ofereceu à França uma "União Anglo-Francesa" que continuaria a lutar na guerra mesmo que a França fosse devastada. Os dois países, unidos como um só, não poderiam ser derrotados a menos que a Grã-Bretanha também sucumbisse. Reynaud foi favorável a esse plano. Seus colegas não se mostraram entusiasmados. Assim, Reynaud renunciou.

No início da noite, o marechal Pétain formou um novo governo. Seu primeiro ato, às onze horas da noite, foi pedir aos alemães um armistício. No final da manhã de 18 de junho, em seu quartel-general em Brûly-de-Pesche, Hitler soube da solicitação do governo francês. Encantado, ergueu um dos joelhos num salto de alegria, movimento único e extático captado por seu cinegrafista oficial, Walter Frentz, mas que John Grierson, produtor de documentários a serviço do Exército canadense, transformaria em "loop" — ou seja, uma imagem repetida numa série sequencial de quadros de modo a dar a impressão de que Hitler estava dançando.

As negociações para um armistício começaram quase imediatamente; no entanto, Hitler tomou a precaução de ordenar a suas tropas que continuassem a avançar rumo a oeste, a fim de tomar Cherbourg e Brest e ocupar Estrasburgo, cidade que a Alemanha havia conquistado em 1887 e a França recuperara em 1918.

A principal preocupação de Hitler, à medida que decorriam as negociações para um armistício ao longo de 17 de junho, era que os franceses ainda pudessem ser instigados pela Grã-Bretanha, ou que, açulados pela severidade dos termos de paz que ele próprio lhes impunha, dessem prosseguimento à guerra no Norte da África. A fim de evitar esses perigos, o Führer estava disposto a admitir a sobrevivência da França como potência soberana; dessa forma, um governo francês legítimo continuaria a exercer sua soberania sobre as colônias francesas no exterior, que em outras circunstâncias poderiam acabar nas mãos de um governo baseado no norte do continente africano ou ser apreendidas pela Grã-Bretanha. De modo a assegurar uma aparência de realidade a um governo francês soberano, Hitler precisaria deixar uma parte da França não ocupada sob o governo direto de um primeiro-ministro e um gabinete franceses, algo que se dispunha a fazer, ainda que Paris tivesse que permanecer dentro da zona ocupada pela Alemanha.

Ao meio-dia de 17 de junho, Pétain falou via rádio ao povo francês para informá-lo de que as negociações para um armistício estavam em andamento. "Graças a Deus, agora estamos por nossa conta", foi o comentário de Tubby Mermagen, comandante de uma esquadrilha de caças britânica. "Ele expressou os sentimentos de todos nós", recordou mais tarde um dos comandantes de voo, Douglas Bader. Nessa tarde, Churchill se dirigiu em uma transmissão radiofônica ao povo britânico:

O que quer que tenha acontecido na França, não faz a menor diferença para nossas ações e propósito. Faremos o nosso melhor para sermos dignos dessa grande honra. Defenderemos nossa casa na ilha e, ao lado do Império Britânico, continuaremos a lutar, invencíveis, até que a maldição de Hitler seja extirpada da humanidade. Temos certeza de que no final dará tudo certo.

Nessa noite, bombardeiros britânicos atacaram as instalações petrolíferas alemãs em Leuna, ao sul de Leipzig, no coração da Alemanha.

Ao longo de 17 de junho, as tropas britânicas foram evacuadas da França. A Operação Ariel, como foram chamadas as novas evacuações, teve quase a mesma escala da Operação Dínamo de Dunquerque, embora sem o risco de um ataque iminente por terra. De Cherbourg foram evacuados 30 630 homens; de Saint-Malo, 21 474 canadenses; de Brest, 32 584 soldados e aviadores foram resgatados; de Saint-Nazaire e Nantes, 57 235; de La Pallice, 2303 britânicos e poloneses, e, de uma dezena de portos na metade sul da costa atlântica da França, 19 mil soldados, a maioria poloneses. Nos oito dias entre 16 e 24 de junho, todos os 163 225 foram removidos em segurança. Um dos barcos, no entanto, não teve tanta sorte; em 17 de junho, 5 mil soldados e civis embarcaram no transatlântico *Lancastria* em Saint-Nazaire. Assim que deixou o porto em direção à Inglaterra, o navio foi atingido por um bombardeiro alemão e afundou. Quase 3 mil dos homens a bordo morreram afogados.

Ao ser informado de detalhes do desastre, Churchill proibiu a publicação imediata da notícia, temendo seu efeito negativo sobre o moral da população. "Eu tinha a intenção de divulgar a notícia alguns dias depois", ele relembrou depois da guerra, "mas os eventos se sucederam sobre nós, tão sombrios e tão velozes, que me esqueci de suspender a proibição, e levou algum tempo para que esse horror chegasse ao conhecimento público." Apenas seis semanas mais tarde, depois que os fatos foram divulgados nos Estados Unidos, o governo inglês revelou a notícia.

As tropas britânicas, polonesas, canadenses e francesas que deixaram a França na Operação Ariel tinham motivos para acreditar que seu retorno à Grã-Bretanha seria seguido rapidamente por uma invasão alemã da ilha, agora vulnerável. Mas Hitler ainda não havia arquitetado esse plano. "Com relação ao desembarque na Grã-Bretanha", o quartel-general naval alemão foi informado pelo alto-comando em 17 de junho, "o Führer não ainda expressou qualquer intenção nesse sentido, estando bem ciente das dificuldades envolvidas numa operação dessa envergadura. Até agora, portanto, o alto--comando das Forças Armadas não realizou nenhum trabalho preparatório."

Nessa noite, assim como na noite da véspera, bombardeiros britânicos partiram rumo a alvos na Alemanha, incumbidos de atacar "fábricas de aviões, fábricas de alumínio, refinarias de petróleo e comunicações" de uma ponta à outra do Ruhr. Entretanto, a confiança e a determinação demonstradas nesses ataques não foram capazes de mascarar a grave realidade na França, onde, nas cinco semanas desde 10 de maio, 959 aeronaves haviam sido destruídas, e 1192 pilotos e tripulantes, abatidos.

Ao meio-dia de 18 de junho, Hitler encontrou-se com Mussolini em Munique. Para a surpresa do Duce, de acordo com o que anotou em seu diário o ministro das Relações Exteriores italiano, o conde Gian Galeazzo Ciano, Hitler apresentou "muitas reservas quanto à conveniência de demolir o Império Britânico, que ele considera, ainda hoje, ser um importante fator no equilíbrio mundial". Apesar das objeções de Mussolini, Hitler em seguida endossou as propostas apresentadas por Ribbentrop, mas que na verdade eram do próprio Hitler, acerca da negociação de termos de paz lenientes para a França. "Hitler é agora o jogador que fez a grande jogada, quebrou a banca", escreveu Ciano, "e quer se levantar e sair da mesa de jogo sem arriscar mais nada."

Hitler estava convicto de que a determinação francesa de resistir havia sido esfacelada. Em Bordeaux, o ministro das Relações Exteriores francês, Paul Baudouin, e o ministro da Marinha, o almirante Jean Louis Xavier François Darlan, asseguraram ao embaixador britânico que a frota francesa seria levada para um lugar seguro ou seria deliberadamente afundada, mas jamais cairia nas mãos do inimigo. Essas palavras corajosas mascaravam a total inépcia para colocar o plano em prática. Igualmente corajosas — e, ao que tudo indicava, igualmente vazias, exceto em termos de valentia — foram as palavras que o general De Gaulle proferiu num discurso em Londres, transmitido via rádio às seis horas da tarde. O governo francês, disse ele, "alegando a derrota de nossos exércitos", iniciou negociações com os alemães com o objetivo de pôr fim às hostilidades. "Mas a última palavra terá sito dita? Devemos abandonar todas as esperanças? Nossa derrota é definitiva? Não!"

De Gaulle garantiu aos ouvintes que

> a causa da França não está perdida. Os mesmos fatores que levaram à nossa derrota podem, um dia, nos levar à vitória. Pois a França não está sozinha! Não está sozinha! Atrás dela há um vasto Império, e ela pode se unir em causa comum ao Império Britânico, que comanda os mares e continua a lutar.

Tal como a Grã-Bretanha, acrescentou De Gaulle, a França também pode "utilizar sem reservas os imensos recursos industriais dos Estados Unidos". O resultado do combate, afirmou De Gaulle, não fora decidido pela Batalha da França. "Esta é uma guerra mundial." Erros haviam sido cometidos, mas o fato inconteste era que

> continua a haver no mundo tudo aquilo de que necessitamos para um dia esmagar nossos inimigos. Hoje somos esmagados pelo peso das forças mecanizadas que foram lançadas

contra nós, mas ainda podemos vislumbrar um futuro em que forças mecanizadas ainda mais potentes nos trarão a vitória. Nesse momento é que o destino do mundo será decidido.

Com o vigoroso eco das palavras pronunciadas por Churchill em Briare em 11 de junho — "As máquinas vencerão as máquinas" —, De Gaulle seguiu adiante para fazer um apelo a todos os oficiais franceses que "no momento estão em solo britânico, ou que possam vir a estar no futuro, com ou sem armas", e também a todos os engenheiros e trabalhadores qualificados franceses, para que "entrem em contato comigo. Aconteça o que acontecer, a chama da resistência francesa não deve se apagar e não se apagará".

Um general-brigadeiro exilado de 49 anos desafiava a autoridade de um marechal da França. Suas palavras foram ouvidas por muitos com respeitosa incredulidade. Hoje, estão inscritas em uma placa fixada na parede do prédio em que ele as proferiu.

Durante todo o dia 18 de junho, forças alemãs continuaram a avançar através da França, determinadas a criar uma zona de ocupação não por meio de negociações, mas pela força militar; ao cair da noite, ocuparam Cherbourg. "Enfrentamos alguns momentos ruins", Rommel escreveu à esposa,

> e no início os contingentes inimigos eram entre vinte a quarenta vezes mais numerosos que os nossos. Além disso, dispunham de vinte a 35 fortificações prontas para a ação e muitas baterias individuais. No entanto, graças ao nosso vigoroso empenho, conseguimos cumprir em pouquíssimo tempo a ordem especial do Führer de tomar Cherbourg rapidamente.

Outros comandantes alemães foram igualmente bem-sucedidos. Além disso, em 18 de junho, Vannes, Rennes, Briare, Le Mans, Nevers e Colmar já estavam ocupadas.

No mesmo dia, como que em uma escancarada atitude de afronta, bombardeiros britânicos atacaram alvos militares em Hamburgo e Bremen.

Em 19 de junho, os britânicos iniciaram a evacuação das ilhas do canal da Mancha, tão próximas da França que inevitavelmente cairiam em mãos alemãs tão logo a França caísse. Ao todo, 22 656 cidadãos britânicos foram retirados em cinco dias. Também em 19 de junho, enquanto as tropas alemãs entravam em Nantes e Brest e se aproximavam de Saint-Nazaire, um oficial naval francês, o capitão Pierre Ronarch, conseguiu tirar o encouraçado *Jean Bart* da doca seca em Saint-Nazaire, onde o navio estava sendo preparado para entrar em ação, e navegou até Casablanca, no Marrocos francês. No campo de batalha, trinta soldados marroquinos sofreram com a selvageria de uma unidade da SS que estava em ação entre Dijon e Lyon; depois de obrigá-los a sair de uma posição de retaguarda, os homens da SS se recusaram a fazê-los prisioneiros; por considerar que os marroquinos eram uma raça inferior, os nazistas mataram até mesmo os que estavam dispostos a se render.

* * *

Em 20 de junho, uma delegação francesa, composta de um diplomata, um general do exército, um general da força aérea e um almirante, viajou para Rethondes, na floresta de Compiègne, com o intuito de conduzir as negociações de armistício com os alemães. No mesmo dia, Hitler disse ao almirante Erich Raeder que um dos benefícios da derrota da França era que a Alemanha poderia enviar todos os seus judeus, e todos os judeus da Polônia, para a ilha francesa de Madagascar, no oceano Índico.

Na manhã de 21 de junho, enquanto os negociadores em Rethondes davam andamento às conversas, as últimas tropas alemãs alcançaram seu ponto de maior avanço. De Rennes, Rommel escreveu à esposa: "A guerra agora se transformou gradualmente em um passeio-relâmpago pela França. Em alguns dias, tudo estará acabado para sempre. As pessoas aqui estão aliviadas por tudo estar se passando de maneira tão tranquila". As coisas não estavam tão calmas assim nas imediações do vilarejo de Villefranche, ao sul de Nevers, onde um pelotão da SS-Totenkopfverbände, em ação contra as tropas francesas e marroquinas, fez 25 prisioneiros franceses brancos, mas nenhum marroquino. Os combates desse dia, declarou o comunicado da divisão, renderam "25 prisioneiros franceses e 44 negros mortos".

Longe do campo de batalha, em uma clareira banhada de sol na floresta de Compiègne, o dia 21 de junho marcou a derradeira humilhação do governo francês. Hitler decidira apresentar aos seus plenipotenciários os termos do armistício no mesmo vagão de trem em que os alemães haviam assinado a rendição no final da Primeira Guerra Mundial, e que desde então tinha sido uma orgulhosa demonstração francesa da vitória sobre a Alemanha. Até serem levados de Bordeaux para Compiègne, os negociadores franceses não tinham ideia de onde as conversas seriam realizadas. Agora, às três e meia da tarde de 21 de junho, eles se viram dentro do próprio vagão, frente a frente com um Hitler triunfante e silencioso, enquanto o general Keitel lia em voz alta o preâmbulo dos termos do armistício alemão. Depois de dez minutos, Hitler saiu; em seguida, Keitel disse aos quatro franceses que os termos não estavam sujeitos a discussão, apenas anuência. Ficaria sob ocupação alemã 60% do território da França. Na zona não ocupada seria instalado um governo francês incumbido da administração dos impérios coloniais. A frota francesa não teria permissão de sair do controle do governo francês. Todos os prisioneiros de guerra franceses — ao todo, mais de 1,5 milhão de pessoas — permaneceriam sob o jugo alemão.

Assim que Hitler deixou o cenário do triunfo da França em 1918 — e, agora, o da sua humilhação —, os negociadores franceses continuaram a debater; nesse ínterim, vários membros do antigo governo Reynaud, que tinham a esperança de continuar a resistência no Norte da África, entre eles Georges Mandel, estavam a bordo de um navio a caminho de Casablanca. Nesse mesmo dia, o presidente e os ministros do governo polonês no exílio, instalados em Paris após a derrota da Polônia, zarparam para Southampton; num gesto de apoio, o rei George VI foi à estação Paddington, em Londres, para lhes dar as boas-vindas em sua nova cidade de exílio.

As negociações de armistício em Compiègne continuaram ao longo de 22 de junho, dia em que o exército italiano, avançando ao longo da Riviera francesa, ocupou Menton. Às seis horas da tarde, o general Keitel, irritado com os adiamentos que os negociadores franceses em Compiègne ainda insistiam em obter, decretou: "Se não chegarmos a um acordo dentro de uma hora, as negociações serão interrompidas e a delegação será conduzida de volta às linhas francesas". Ato contínuo, os negociadores telefonaram ao governo francês em Bordeaux para obter instruções. Foram autorizados a assinar. Às 18h50, o armistício foi assinado. A França era a sexta nação a sucumbir à Alemanha em menos de nove meses.

Os ex-ministros franceses que nutriam a esperança de manter uma França soberana no Norte da África foram informados da assinatura do armistício enquanto ainda estavam a bordo do navio ao longo da costa do Atlântico a caminho de Casablanca. Em 22 de junho, o navio mercante armado alemão *Pinguin*, imbuído da missão de afundar navios mercantes britânicos, zarpou da costa do mar do Norte para a "Sibéria", codinome de um ponto no oceano Índico entre as ilhas Maurício e a Austrália onde, juntamente com três outros colegas corsários, se encontraria com navios de carga que os abasteceriam de alimentos, munições e combustível.

Hitler, senhor da Polônia, da Noruega, da Dinamarca, da Holanda, da Bélgica e agora da França, não esqueceu sua determinação de colocar a Grã-Bretanha de joelhos. Mas encontrou em Churchill um adversário igualmente determinado. "O governo de Sua Majestade", declarou Churchill nessa noite, "acredita que, aconteça o que acontecer, será capaz de conduzir a guerra — onde quer que ela ocorra, no mar, no ar e em terra — a um desfecho vitorioso."

A Grã-Bretanha tentava deixar claro que pretendia continuar lutando; o mesmo jornal que em 23 de junho estampou a manchete "Franceses assinam armistício" trazia, na última página, o título "RAF bombardeia Berlim, afunda navios e incendeia refinarias de petróleo". Nessa noite, o primeiro grupo de voluntários especiais das "companhias de ataque" britânicas realizou uma série de ofensivas-relâmpago na costa francesa entre Calais e Boulogne. Não enfrentou resistência e regressou são e salvo à Inglaterra.

Às três e meia da manhã de 23 de junho, Hitler deixou seu quartel-general em Brûly-de-Pesche e voou para o aeroporto de Le Bourget, nos arredores de Paris. Seria a primeira e única visita do Führer à capital francesa ocupada. Chegando à cidade às

5h45, ele fez um rápido passeio de carro pelos locais mais notáveis, incluindo a Ópera Nacional de Paris, cuja arquitetura admirava de longe nos tempos de estudante, e o túmulo de Napoleão. Depois de deixar os Invalides, disse à sua comitiva: "Foi o maior e mais formidável momento da minha vida". Em seguida, deu ordens para que os restos mortais do filho de Napoleão, o duque de Reichstadt, sepultado em Viena, fossem transferidos a Paris de modo a repousarem ao lado do pai. "Sou grato ao destino", disse Hitler a um de seus ajudantes, "por ter visto esta cidade cuja aura sempre me inquietou."

Durante o passeio por Paris, Hitler ordenou a destruição de dois monumentos da Primeira Guerra Mundial, a estátua do general Charles Mangin, um dos vitoriosos de 1918, e o memorial a Edith Cavell, a enfermeira britânica morta em Bruxelas por um pelotão de fuzilamento alemão em 1915. Sua ordem foi cumprida. Saindo de Paris às oito e meia, Hitler voltou ao aeroporto, ordenou que seu piloto sobrevoasse várias vezes a cidade e voltou a seu quartel-general. "Era o sonho da minha vida ter a oportunidade de ver Paris", disse ao arquiteto Albert Speer, seu amigo pessoal. "Não tenho palavras para expressar como estou feliz por realizar esse sonho hoje."

Dezesseis meses depois, relembrando essa visita à capital francesa, Hitler disse ao general Kluge: "O primeiro vendedor de jornal que me reconheceu ficou perplexo". O homem estava vendendo exemplares do *Le Matin*. Quando os carros se aproximavam, corria em direção aos potenciais clientes, tentando empurrar o jornal nas mãos deles e gritando o tempo todo: "*Le Matin! Le Matin!*". De repente, ao ver quem estava no carro, bateu em retirada.

De volta a Brûly-de-Pesche, Hitler pediu a Albert Speer que redigisse um decreto "ordenando a retomada em grande escala das obras" nos novos edifícios públicos e monumentos que Speer projetara para Berlim, sob a orientação do próprio Führer. Todas as obras de construção propostas haviam sido interrompidas devido à eclosão da guerra em setembro de 1939. Agora, deveriam ser reiniciadas. "Paris não é linda?", Hitler perguntou a Speer. "Berlim deve ser ainda mais bonita. No passado, sempre me perguntei se precisaria ou não destruir Paris. Mas, quando tivermos terminado as obras em Berlim, Paris não passará de uma sombra. Por que deveríamos destruí-la?"

A nova Berlim deveria estar pronta em 1950. Essa "realização", Hitler disse a Speer, seria "o maior passo para a preservação de nossa história".

8. A agonia da França, a determinação da Grã-Bretanha

JUNHO-JULHO DE 1940

Em 24 de junho de 1940, o primeiro navio transportando internados de guerra nascidos na Alemanha e na Itália zarpou da Grã-Bretanha com destino ao Canadá. Churchill e seu governo estavam determinados a não manter em seu meio possíveis quintas-colunas. Muitos dos enviados através do Atlântico eram refugiados judeus do nazismo que haviam encontrado guarida na Grã-Bretanha. Mas, por conta da urgência do momento, não havia tempo para separar as pessoas inofensivas das potencialmente perigosas. Mais ao sul, no mesmo oceano, também em 24 de junho, os ex-ministros franceses chegaram a Casablanca e receberam a notícia de que o governador-geral do Marrocos, o general Auguste Noguès, que uma semana antes fizera um apelo pela continuidade da guerra do Norte da África, já havia aceitado o armistício. Em Londres, o general De Gaulle pediu a criação de uma Comissão Nacional Francesa para reunir todos os compatriotas que desejassem continuar lutando; parecia uma voz clamando no deserto.

Nesse momento, o futuro da Grã-Bretanha parecia sombrio, até mesmo para Churchill. "Nunca entrarei em negociações de paz com Hitler", ele declarou ao primeiro-ministro canadense Mackenzie King em 2 de junho, "mas obviamente não posso obrigar a isso um futuro governo, o qual, se formos abandonados pelos Estados Unidos e derrotados aqui, poderá muito facilmente se tornar uma espécie de Quisling, pronto para aceitar o domínio e a proteção alemães."

Na Holanda, em 2 de junho, o governador-geral alemão Arthur Seyss-Inquart suspendeu o parlamento; onze dias depois, decretaria que ouvir transmissões de rádio britânicas era crime passível de punição pelo Estado. Na esteira da vitória alemã total, essas ordens pareciam naturais, irresistíveis. Quando, nas primeiras horas do dia 25 de junho, o armistício franco-alemão entrou formalmente em vigor, os custos do insucesso da guerra tornaram-se evidentes de uma forma brutal: morreram 92 mil soldados franceses, 7500 soldados belgas e 2900 soldados holandeses. Os britânicos, que agora temiam uma invasão, haviam perdido 3500 homens. Os alemães, senhores da Europa do cabo Norte aos Pireneus e do oceano Atlântico ao rio Bug, perderam 45 mil homens nesta que era sua terceira campanha vitoriosa em menos de dez meses. "Finalmente o armistício está em vigor", Rommel escreveu à esposa em 25 de junho. "Agora estamos a menos de 320 quilômetros da fronteira espanhola e esperamos seguir em frente até lá, de modo a termos em nossas mãos toda a costa atlântica. Como tudo tem sido maravilhoso!"

Durante todo o período de agonia da França, os Estados Unidos mantiveram uma persistente neutralidade. Em 26 de junho, o governo da Turquia, ansioso para não ser arrastado para o torvelinho do conflito que se alargava, anunciou sua postura de "não beligerância". A União Soviética, sempre ciente de suas perdas territoriais após a Primeira Guerra Mundial e tendo em mente o poderio alemão e sua capacidade de desferir ações-relâmpago, exigiu que a Romênia cedesse a província da Bessarábia e a região da Bucovina setentrional. A fim de não incomodar nem alarmar seu aliado russo, Hitler pressionou o governo romeno a concordar com as demandas soviéticas. No dia seguinte, os romenos obedeceram.

Hitler permaneceu em seu quartel-general em Brûly-de-Pesche ao longo de todo o dia 25 de junho. Mais uma vez, o que ocupava seus pensamentos era o futuro arquitetônico do Reich. "Berlim deve ser reconstruída o mais depressa possível", ele escreveu nesse dia, "de modo a refletir o esplendor da capital de um Reich forte, em consonância com a grandeza de nossa vitória." O mesmo se aplicava, ele escreveu, à reconstrução de Munique, Linz e Hamburgo, e aos salões em Nuremberg. Todos os dirigentes do Reich, autoridades do governo local e lideranças do Partido Nazista deviam ajudar o inspetor-geral de edificações em Berlim "na execução de sua tarefa".

Partindo de Brûly-de-Pesche em 26 de junho e levando consigo dois de seus ex--companheiros de armas, Hitler visitou os locais da frente ocidental onde havia lutado na Primeira Guerra. Juntos, eles encontraram a casa na qual haviam se alojado, atrás das linhas de combate. Em um momento da jornada, Hitler escalou uma encosta coberta de mato em busca de uma mureta de concreto atrás da qual se lembrava de ter se abrigado naqueles dias distantes. Ainda estava lá. Mas, no trajeto de carro por Lille, passou por um desagradável incidente, do qual se lembraria dezesseis meses mais tarde, em conversa com o general Kluge. "Ainda tenho diante de mim", disse Hitler, "a imagem mental daquela mulher em Lille que me viu de sua janela e exclamou: 'O diabo!'"

O trabalho desse "diabo" nunca cessava. Em 26 de junho, enquanto Hitler revisitava antigas assombrações, sua polícia e a Gestapo fuzilavam escritores, políticos e líderes cívicos poloneses na floresta de Palmiry, que se tornou um local de execuções. Entre aqueles que os nazistas mataram nesse dia estava o político e escritor Mieczysław Niedziałkowski, líder dos socialistas polacos, editor do jornal socialista *Robotnik* e membro do parlamento polonês.

Na França ocupada pelos alemães, em 27 de junho, estes instalaram duas estações de rádio, uma em Brest e outra em Cherbourg, para emitir feixes de ondas de rádio que serviriam para orientar os bombardeiros e direcioná-los a seus alvos na Grã-Bretanha. Os alemães usaram seu sistema de comunicações mais secreto, o Enigma, para transmitir as instruções referentes à instalação e configuração dessas duas estações; assim, nesse mesmo dia os britânicos souberam sobre os radioemissores. Na Grã-Bretanha, predominava também uma sensação contínua de alívio pelo fato de estar lutando sozinha. "No que me diz respeito", o rei George VI escreveu à mãe, a rainha Maria, em 27 de junho, "sinto-me mais feliz agora que não temos aliados com quem somos obrigados a ser gentis e que temos de paparicar."

No dia seguinte, chegou da Itália a notícia de que o marechal Italo Balbo, governador da Líbia e um renomado aviador, fora morto nos céus de Tobruk; voltando de um voo de reconhecimento na fronteira com o Egito, o avião em que viajava foi abatido por engano pela artilharia antiaérea italiana.

Também em 28 de junho, mensagens interceptadas da Enigma alertaram a inteligência britânica para o fato de que a maioria dos bombardeiros alemães de longo alcance, depois de concluírem sua missão na França e de uma parada numa base para manutenção e reparos, estariam novamente à disposição em 8 de julho. Uma ofensiva aérea à Grã-Bretanha era, portanto, uma possibilidade iminente. Em 30 de junho, guarnições alemãs desembarcaram em solo britânico: as ilhas de Jersey e Guernsey, no canal da Mancha, ao largo da costa francesa. Não enfrentaram resistência. Nesse mesmo dia, na distante Bessarábia, forças aerotransportadas soviéticas aterrissaram nos arredores do porto de Izmail, no Danúbio. Também não encontraram resistência.

Os alemães, senhores de um território tão vasto, não demoraram a planejar a melhor forma de tirar proveito dele. Em 30 de junho, Hitler comunicou às autoridades militares alemãs em Paris instruções "para levarem sob custódia todas as obras de arte, sejam de propriedade do Estado, sejam de coleções privadas em mãos de judeus". Não se tratava, ele explicou, de uma expropriação, "mas de uma transferência para a nossa custódia, como garantia para eventuais negociações de paz". Não foram saqueados apenas os museus, mas também as principais coleções particulares judaicas e os acervos dos principais marchands judeus.

Nesse dia, um tema de natureza diferente foi discutido por Hitler, quando Himmler lhe mostrou um plano adicional para colonizar as áreas da Polônia anexadas pela Alemanha com "vigorosa linguagem germânica". O que Himmler propôs foi transferir para a Alemanha a oitava parte da população polonesa dessas áreas — como "raça racialmente aceitável", enquanto os outros sete oitavos seriam expulsos para o governo-geral. Soldados alemães e homens da SS, depois de cumprirem dois e quatro anos de serviço militar, respectivamente, seriam enviados para as áreas anexas a fim de cultivar a terra durante oito anos, e em seguida deveriam se casar e assumir a posse de uma fazenda ou propriedade. Poloneses do governo-geral forneceriam a mão de obra. Os polacos que tivessem relações sexuais com seus senhores seriam condenados à morte ou receberiam longas sentenças de prisão. "O Führer disse que todos os argumentos que apresentei estavam corretos", observou Himmler.

No dia seguinte a essa conversa, o Ministério do Interior anunciou em Berlim que no instituto psiquiátrico em Görden, "sob a direção de especialistas, todas as possibilidades terapêuticas serão administradas de acordo com os conhecimentos mais recentes". Por trás dessa formalidade branda, o assassinato de crianças tidas como deficientes mentais foi instituído sem demora, no âmbito do programa T4 de eutanásia. A morte geralmente ocorria 24 horas após a chegada a Görden. Sob uma regra estabelecida pelo dr. Viktor Brack, chefe do departamento de eutanásia da Chancelaria de Hitler, o assassinato efetivo tinha que ser feito por um médico.

Alguns assassinatos eram cometidos por meio de injeções, aplicadas em quatro a seis pacientes por vez; porém, cada vez mais se recorria ao uso de gás: grupos de dezoito a vinte pacientes eram conduzidos a falsos "chuveiros", onde se sentavam em bancos enquanto o gás era inserido ao longo da tubulação de água. O dr. Irmfried Eberl, chefe do departamento de eutanásia de Brandemburgo, havia aperfeiçoado essa técnica de intoxicação; tanto o dr. Brack como o médico pessoal de Hitler, o dr. Brandt, expressaram sua satisfação com o sistema. Era necessário comprovar que os condenados à morte por gás se encaixavam em certas categorias ou requisitos: deficiência mental, esquizofrenia, hospitalização prolongada ou incapacidade total de trabalhar. Os judeus alemães pacientes em manicômios não tinham que atender a esses critérios. Mesmo antes do anúncio do Ministério do Interior, os primeiros assassinatos de judeus por meio do uso de gás tóxico ocorreram em Brandemburgo, quando duzentos homens, mulheres e crianças judeus de uma instituição mental berlinense foram trazidos em seis ônibus.

Enquanto Hitler e Himmler discutiam a pureza racial e o estado-maior nazista tomava medidas para colocá-la em prática, o governo britânico continuou a se preparar para o bombardeio aéreo que julgava ser inevitável, se não iminente. Em 30 de junho, o navio mercante *Cameronia* partiu de Nova York com destino a Glasgow levando a bordo dezesseis aeronaves enviadas pelos norte-americanos aos ingleses. No dia seguinte, como um sinal da determinação britânica de levar a guerra contra Hitler de volta à Europa continental, ministros e altos funcionários examinaram a proposta de criação de uma organização para controlar todas as atividades subversivas, de sabotagem e propaganda política fraudulenta em países inimigos, dominados pelo inimigo ou neutros. Assim nasceu a Executiva de Operações Especiais, Churchill lhe daria um lema e um objetivo quando disse a seu primeiro diretor político, o ministro da Economia de Guerra, Hugh Dalton: "Incendeiem a Europa!".

Em 2 de julho, o marechal Pétain transferiu seu governo de Bordeaux, onde se formara nos derradeiros momentos da retirada francesa, para Vichy, designada como a capital da "zona não ocupada". Entre os ministros de Pétain estava o almirante Darlan, que, na condição de chefe da marinha sob Reynaud, mostrava-se determinado a não permitir que a frota francesa caísse sob o controle alemão, mas que, na qualidade de ministro da marinha do governo que havia assinado o armistício, parecia igualmente determinado a não quebrar os termos do acordo que suspendia as hostilidades deslocando a mesma frota para águas neutras ou britânicas. Temendo que a frota francesa fosse tomada pelos alemães e usada para fazer parte de uma armada de invasão alemã, o governo britânico lançou a Operação Catapulta, o envio de uma força naval britânica de Gibraltar para a base naval francesa de Mers-el-Kébir, em Orã, a fim de persuadir o comandante naval francês lá posicionado a mandar seus navios para longe do alcance alemão ou a afundá-los deliberadamente.

Antes que pudesse haver um confronto naval ao largo de Orã, a tragédia se abateu sobre alguns dos presos civis que a Grã-Bretanha estava transportando através do Atlântico para o Canadá; o navio em que embarcaram, o *Arandora Star*, antes um luxuoso transatlântico da classe Blue Star, foi torpedeado ao largo da costa da Irlanda, o que resultou em 714 mortos, em sua maioria cidadãos italianos e alemães. Entre os alemães que morreram afogados incluíam-se vários refugiados judeus que ainda eram, tecnicamente, estrangeiros inimigos, e mais de uma centena de marinheiros mercantes alemães que haviam sido capturados no mar. Também morreram afogados 37 guardas e quatro tripulantes do navio, bem como um ex-espião alemão, o n. 3528 na lista dos serviços de inteligência alemães. Seu irmão, que usava o codinome Charlie e outrora atuara como o espião n. 3725, havia concordado em trabalhar para os britânicos. Menos propenso a cooperar, o n. 3528 foi classificado como estrangeiro da categoria A, detido e enviado para o outro lado do Atlântico. Um contratorpedeiro canadense resgatou os 868 passageiros sobreviventes. Ao ler um relatório do naufrágio que detalhava vários esforços de salvamento, Churchill escreveu: "O caso do corajoso alemão que dizem ter salvado tantas vidas suscita a questão do tratamento especial a ser dado a ele, por meio de liberdade condicional ou outra forma". Infelizmente, não havia nenhuma evidência concreta de sua identidade.

O comandante do submarino alemão cujos torpedos afundaram o *Arandora Star* era Günther Prien, que já havia afundado o *Royal Oak*. Entretanto, apesar do sucesso de Prien, os navios de transporte de presos continuaram a cruzar o oceano. Em 2 de julho, outro transatlântico, o *Ettrick*, partiu com destino ao Canadá, onde chegou em segurança. A bordo estava o físico alemão refugiado Klaus Fuchs, de 29 anos, que seis meses depois retornaria à Grã-Bretanha para dar continuidade a seu trabalho sobre os segredos da física atômica; mais tarde, ele revelaria esses segredos à União Soviética, com a qual já estava comprometido ao embarcar no *Ettrick*.

Também em 2 de julho, Hitler ordenou que suas forças terrestres, navais e aéreas preparassem planos detalhados para a invasão da Grã-Bretanha. Não definiu uma data, mas afirmou que um desembarque era possível "contanto que se possa assegurar a superioridade aérea e cumprir outras condições necessárias". A superioridade aérea não podia ser tomada como um fato absoluto; a cada semana aumentava o fluxo de munições dos Estados Unidos para a Grã-Bretanha. Em 3 de julho, o *Britannic* zarpou de Nova York rumo à Grã-Bretanha transportando em seus porões mais de 10 milhões de cartuchos de munição de rifle, 50 mil rifles e cem canhões de campanha; seis dias depois, partiu o *Western Prince*. Ambos cruzaram o Atlântico com tranquilidade. A inteligência britânica não desconhecia a essência das intenções de Hitler; também em 3 de julho, os chefes de estado-maior britânicos concluíram que provavelmente uma tentativa de invasão seria precedida por uma batalha aérea de grandes proporções.

No entanto, não foi uma ação alemã, mas uma ação britânica, que dominou essa primeira semana de julho; no dia 3 os ingleses levaram a cabo a Operação Catapulta: o plano era capturar, ou pelo menos neutralizar, todos os navios de guerra franceses onde quer que pudessem estar, e assim evitar que caíssem nas mãos dos alemães. A maior concentração individual desses navios estava em Mers-el-Kébir, para onde alguns tinham fugido desde portos na França continental a fim de escapar da apreensão pelos alemães. De acordo com os ingleses, no que dizia respeito aos navios franceses ancorados em Mers-el-Kébir, eram quatro as opções: levá-los para portos britânicos, a fim de "lutar a nosso lado"; conduzi-los até portos britânicos e entregá-los a tripulações britânicas; desmilitarizá-los; ou afundá-los, de modo que os alemães não pudessem se servir deles. Os franceses recusaram todas as quatro possibilidades. A Grã-Bretanha ofereceu uma quinta alternativa: navegar para as Índias Ocidentais [Antilhas] Francesas, onde seriam ou desarmados ou entregues aos Estados Unidos até o fim da guerra. Mais uma vez os franceses recusaram; ato contínuo, as forças navais britânicas que cercavam Mers-el-Kébir abriram fogo. O bombardeio durou cinco minutos. Quando acabou, mais de 1250 marinheiros franceses, que apenas duas semanas antes eram aliados da Grã-Bretanha, estavam mortos.

Durante esse bombardeio de cinco minutos, os franceses perderam o moderno cruzador de batalha *Dunkerque* e os antigos encouraçados *Provence* e *Bretagne*. Mas um segundo cruzador de batalha, o *Strasbourg*, o porta-aviões *Commandant Teste* e cinco contratorpedeiros conseguiram avançar a todo vapor, romper as forças do cerco e cruzar o Mediterrâneo rumo a Toulon.

Também em 3 de julho, todos os navios franceses ancorados em portos britânicos foram abordados e capturados sem disparar um único tiro, exceto a bordo do submarino *Surcouf*, onde, devido a um mal-entendido, dois marinheiros, um francês e um britânico, foram baleados e mortos.

As mortes em Mers-el-Kébir causaram considerável amargura na França. Quanto ao julgamento da ação britânica, Churchill declarou na Câmara dos Comuns em 4 de julho: "Com toda a confiança, deixo [a ação do governo] a juízo do Parlamento. A juízo da nação e a juízo dos Estados Unidos. A juízo do mundo e da história". A ação da Grã-Bretanha em Orã, Churchill recebeu a informação seis meses depois por um emissário norte-americano, foi o que afinal convenceu Roosevelt de que a Grã-Bretanha tinha a força de vontade para continuar a lutar, ainda que sozinha.

Em 5 de julho, dois dias após o afundamento da frota francesa em Mers-el-Kébir, o governo do marechal Pétain em Vichy rompeu relações diplomáticas com a Grã-Bretanha. No sudeste da Europa, a Romênia, despojada pela Rússia da província oriental da Bessarábia, optou por ingressar no Eixo teuto-italiano. No Extremo Oriente, o Japão pediu ao governo de Pétain autorização para utilizar bases militares, navais e aéreas na Indochina francesa; em seguida, enquanto as negociações ainda estavam em andamento, os japoneses ocuparam pontos estratégicos ao longo da costa. Em reação a isso, em 5 de julho, o Congresso dos Estados Unidos aprovou a Lei de Controle de Exportações, proibindo a exportação para o Japão de peças de aeronaves, minérios e produtos químicos sem uma licença especial. A essa medida se seguiu, três semanas depois, o estabelecimento de um sistema de licenças de exportação para impedir a venda aos japoneses de querosene de aviação, lubrificantes, ferro e sucata de aço. A própria existência de territórios ultramarinos de Vichy no Extremo Oriente abria o espectro de uma guerra no Pacífico; uma guerra numa região onde dois Estados europeus, França e Holanda, ambos invadidos pela Alemanha, tinham substanciais territórios coloniais — agora praticamente indefensáveis — cobiçados pelo Japão, e onde cruzadores corsários alemães haviam começado a afundar sistematicamente navios mercantes britânicos.

O governo britânico, cujas responsabilidades imperiais incluíam a Birmânia, a Malásia e Hong Kong, agora tinha que levar em consideração a exigência japonesa de fechar a estrada da Birmânia, principal rota terrestre de fornecimento de armas da colônia britânica para a fronteira da China. Em 6 de julho, o embaixador britânico no Japão foi instruído a resistir a essa exigência, com base no argumento de que se tratava de discriminação contra a China. Ele respondeu, no entanto, que se a estrada não fosse fechada, havia o perigo concreto de um ataque japonês. Cumpriu-se a exigência e a estrada foi bloqueada, mas, como resultado da insistência britânica, apenas por três meses. Esse ato de apaziguamento, porém, atestou a incapacidade da Grã-Bretanha de enfrentar um terceiro inimigo.

No entanto, chegaram notícias alentadoras para a alta cúpula dos decisores políticos britânicos quando, em 6 de julho, após uma análise de mensagens Enigma interceptadas da força aérea alemã, ficou claro que a força de bombardeiros germânicos de primeira linha não era tão vasta quanto se acreditava a princípio. A inteligência aérea havia estimado que os alemães teriam condições de lançar 2500 bombardeiros contra a Grã-Bretanha, com capacidade de despejar diariamente 4800 toneladas de bombas. As mensagens Enigma revelaram que o número verdadeiro era de 1250 bombardeiros, com capacidade de lançar 1800 toneladas diárias de explosivos.

Dois dias depois de saber que o poderio dos bombardeiros alemães havia sido exagerado, Churchill apresentou suas ideias sobre quais seriam os rumos da guerra. Caso Hitler "seja repelido aqui ou não tente a invasão, recuará para o leste, e aí não teremos como detê-lo. Mas há algo que o trará de volta e o derrubará: um ataque absolutamente devastador de bombardeiros pesados deste país contra a pátria nazista".

A pátria nazista estava em meio a um período de alegria. Em 6 de julho, Hitler retornou a Berlim pela primeira vez desde o início da guerra na Europa Ocidental quase dois meses antes. Um milhão de bandeiras com a suástica haviam sido distribuídas gratuitamente para as grandes multidões que compareceram para aclamá-lo. Todos os Estados contra os quais seus exércitos marcharam em 10 de maio se renderam. Restava conquistar apenas a Grã-Bretanha, aparentemente indefesa. Enquanto o Führer e sua comitiva faziam seu percurso triunfal por Berlim, bombardeiros alemães iniciavam ataques diurnos à Grã-Bretanha; em 6 de julho, bombas com alta carga explosiva lançadas em Aldershot mataram três soldados do Regimento Real de Artilharia Canadense.

A Grã-Bretanha ficou perplexa diante da vulnerabilidade de uma população pacífica, e até mesmo dos soldados que corriam o risco de morrer mesmo estando longe do campo de batalha. Mas havia também um campo de batalha distante do território britânico que começava a afetar a consciência pública britânica; em 6 de julho, como resultado de um reconhecimento fotográfico aéreo bem-sucedido, aeronaves inglesas baseadas em um porta-aviões atacaram alvos navais italianos na Líbia, nos arredores de Tobruk. No dia seguinte, o almirante francês no comando das embarcações francesas, então ancoradas no porto egípcio de Alexandria, concordou em neutralizar seus navios, conforme a solicitação britânica; não deveria haver um segundo Mers-el-Kébir no Mediterrâneo. Nos portos atlânticos de Casablanca e Dacar, no entanto, as autoridades navais francesas permaneceram leais a Vichy. Como resultado, lanchas torpedeiras e aviões lança-torpedos britânicos atacaram os encouraçados *Richelieu* e *Jean Bart*, deixando-os fora de ação por vários meses.

A guerra em terra deu lugar quase inteiramente à guerra no mar. Em 9 de julho, uma força naval britânica entrou em confronto com tropas italianas ao largo da Calábria, o dedão da bota da Itália. Decolando do porta-aviões *Eagle*, aeronaves britânicas dominaram os céus, num combate que chegou ao fim quando o principal navio da frota italiana, o encouraçado *Giulio Cesare*, foi gravemente danificado pela nau capitânia britânica, o encouraçado *Warspite*, e teve que se refugiar no porto de Messina. Também em 9 de julho, o cruzador corsário alemão *Komet* zarpou da Alemanha rumo ao norte e, com a ajuda de quebra-gelos soviéticos, completou a longa e árdua passagem através do estreito de Bering para desembocar no Pacífico Norte; o *Komet* afundaria seis navios mercantes antes de retornar à Alemanha.

Por um breve momento, Hitler se contentou com outros assuntos além da guerra. Em 9 de julho, retirado no Obersalzberg (sua residência alpina perto de Berchtesgaden), ele fez uma série de esboços a lápis para uma nova ópera em Linz, como parte de seu plano de transformar a cidadezinha provincial em que vivera na juventude em uma importante metrópole. Entretanto, nesse mesmo dia em que Hitler meditava e desenhava, um pastor protestante alemão, Paul-Gerhard Braune, administrador de uma instituição hospitalar em Berlim, redigia uma carta-protesto ao Führer contra o programa de eutanásia, que, segundo ele, constituía um "plano em grande escala para exterminar milhares de seres humanos"; os assassinatos "solapam gravemente os fundamentos morais de toda a nação"; eram "simplesmente indignos" de instituições dedicadas à cura. A matança, acrescentou Braune, de tão generalizada, já abarcava pessoas "lúcidas e responsáveis", colocando em perigo "a ética do povo como um todo". Braune ia adiante e encerrava com uma pergunta: "A quem a lei deve proteger, se não aos desamparados?".

Braune foi informado pelo chefe da Chancelaria de Hitler, Hans Lammers, de que o programa de eutanásia não poderia ser interrompido. Um mês depois, foi preso. O mandado de prisão, assinado por Heydrich, acusava-o de "sabotar, de forma irresponsável, medidas do regime". Detido por dez semanas no presídio da Gestapo em Berlim, Braune foi libertado com a condição de não empreender nenhuma ação contra as políticas do governo ou do partido.

Em 10 de julho, uma formação de 120 bombardeiros e caças alemães atacou um comboio marítimo britânico no canal da Mancha. Ao mesmo tempo, mais setenta aviões alemães bombardearam instalações portuárias no sul do País de Gales. Os britânicos dispunham de apenas seiscentos aviões de caça em condições de uso para se opor aos invasores; medidas urgentes eram necessárias a fim de elevar esse número para o que se considerava o mínimo aceitável para a segurança — pelo menos mil aparelhos. Pediu-se à população que contribuísse com o novo objetivo prioritário de produção de aeronaves, fornecendo todo o alumínio que pudessem encontrar ao Ministério da Produção de Aeronaves, que ainda em 10 de julho declarou:

> Transformaremos suas panelas e frigideiras em aviões Spitfire e Hurricane, Blenheim e Wellington. Todos aqueles que tiverem panelas e frigideiras, chaleiras, aspiradores de pó, ganchos para pendurar chapéus, cabides, formas de calçados, acessórios de banheiro, ferragens e enfeites domésticos, caixas de cigarro ou quaisquer outros artigos feitos totalmente ou em parte de alumínio devem entregá-los imediatamente.

Numa tentativa de manter elevado o moral britânico e causar desconforto aos alemães, em 14 de julho uma das "companhias de ataque" especiais desferiu uma investida contra a ilha de Guernsey, no canal da Mancha, onde estavam estacionados 469 soldados alemães. Sob o codinome Operação Embaixador, a ação causou algum estrago, mas um de seus homens morreu afogado e dois foram feitos prisioneiros de guerra. "Daqui em diante evitaremos outros fiascos tolos como os cometidos em Guernsey", foi o comentário de Churchill.

Esse 14 de julho, Dia da Queda da Bastilha na França, foi para os franceses um momento de luto nacional e séria reflexão. Em Londres, o general De Gaulle e outros líderes de seu novo movimento, Franceses Livres, depositaram coroas de flores no Cenotáfio e prometeram lutar até a libertação da França. "Há um ano, em Paris", disse Churchill em uma transmissão radiofônica para a Grã-Bretanha e a França, "assisti ao majestoso desfile do exército francês e do império francês na Champs-Élysées. Quem pode prever o que os anos vindouros trarão?" Para Churchill, havia não apenas na Grã-Bretanha, mas em todos os países,

> um imenso número de pessoas que combaterão com lealdade nesta guerra, mas seus nomes nunca serão conhecidos, suas ações jamais serão registradas. Esta é uma guerra do Soldado Desconhecido, mas todos devemos nos esforçar, sem esmorecer em nossa fé ou no cumprimento do nosso dever, e assim a maldição sombria de Hitler será extirpada de nossa era.

Dois dias após o discurso de Churchill, Hitler emitiu a Diretiva n. 16, "acerca dos preparativos para uma operação de desembarque na Inglaterra", que recebeu o codinome Operação Leão-Marinho. Uma ofensiva aérea deveria ter início no dia 5 de agosto, com o objetivo principal de impossibilitar que a RAF lançasse "qualquer ataque significativo contra a travessia alemã". Quanto à travessia em si, Hitler não fixou uma data, embora tenha pedido que os "preparativos" fossem concluídos em meados de agosto.

Os raides e o perigo eram agora frequentes na vida britânica. Nos dezessete primeiros dias de julho, 194 civis britânicos foram mortos. Em 19 de julho, três dias após a diretiva sobre a Operação Leão-Marinho, Hitler fez um discurso em Berlim no qual descreveu sua "oferta de paz" para a Grã-Bretanha. "Se a luta continuar", advertiu, "só poderá terminar em aniquilação para um de nós. O sr. Churchill acredita que será a Alemanha. Eu sei que será a Grã-Bretanha"; Hitler seguiu adiante: "Não sou o derrotado que implora por misericórdia. Falo como um vitorioso. Não vejo nenhuma razão para que esta guerra continue. Gostaríamos de evitar o sacrifício de milhões de vidas". E concluiu: "Será possível que uma vez mais o sr. Churchill ignore minha declaração, dizendo que ela simplesmente nasce do medo e das dúvidas acerca da vitória? Neste caso, terei aliviado minha consciência em relação às coisas que estão por vir".

Churchill não foi o único a rejeitar a oferta de Hitler; Roosevelt também recusou. Havia apenas uma maneira de lidar com um país totalitário, declarou no mesmo dia o presidente norte-americano: "por meio da resistência, não do apaziguamento". Também em 19 de julho, Roosevelt assinou a Lei da Marinha de Dois Oceanos, autorizando um substancial aumento da presença da força naval norte-americana no Pacífico e no Atlântico. Com 358 navios de guerra já em serviço e 130 em construção, a lei previa mais sete encouraçados, dezoito porta-aviões, 27 cruzadores, 42 submarinos e 115 contratorpedeiros.

Embora apenas a Grã-Bretanha estivesse agora em guerra com a Alemanha, uma sensação de conflito global havia tomado conta das nações ocidentais; o fechamento da estrada da Birmânia e a Lei da Marinha de Dois Oceanos eram sinais evidentes disso, bem como, em 21 de julho, a anexação formal pela União Soviética dos três Estados bálticos: Estônia, Letônia e Lituânia. Essa ação de Stálin foi mais oportuna do que ele imaginava, pois no mesmo dia Hitler convocou seus comandantes militares ao Obersalzberg e lhes comunicou sobre sua intenção de invadir a União Soviética.

As palavras de Hitler não eram meros devaneios; no dia seguinte, ele instruiu o general Halder a iniciar o planejamento detalhado, e uma equipe especial, chefiada pelo general Erich Marcks, foi criada para preparar um plano de trabalho que duas semanas depois deveria estar pronto para ser submetido à sua apreciação. Aos líderes militares convocados ao Obersalzberg, Hitler falou também sobre a invasão da Grã-Bretanha, mas com uma perceptível falta de entusiasmo, dizendo-lhes que se não houvesse superioridade aérea não poderia haver desembarques; além disso, a menos que a primeira onda de desembarques pudesse ser concluída até meados de setembro, a piora das condições do tempo impossibilitaria que a Luftwaffe fornecesse cobertura aérea adequada para as tropas. "Se os preparativos não puderem ser concluídos com certeza absoluta até o início de setembro", advertiu o Führer, "será necessário cogitar outros planos."

Estava claro que a Grã-Bretanha não pretendia desistir da luta. "Nunca quisemos a guerra", declarou em 22 de julho Lord Halifax, secretário das Relações Exteriores britânico, em resposta à "proposta de paz" de Hitler três dias antes. "Não há dúvida de que ninguém aqui deseja que a guerra dure um dia além do necessário. Mas não cessaremos de lutar até que a nossa liberdade e a dos outros esteja assegurada." Nesse dia, em Tóquio, um novo governo, encabeçado pelo príncipe Fumimaro Konoe, chegou ao poder e imediatamente começou a aumentar a pressão sobre a França de Vichy para que cedesse bases militares na Indochina francesa. O novo governo avisou que não descartava o uso da força para atingir seu objetivo, o qual, declarou o governo nipônico nove dias depois, era "o estabelecimento de uma Nova Ordem na grande Ásia Oriental".

Os valores morais da Nova Ordem do príncipe Konoe, tais quais os do Reich de mil anos de Hitler, giravam em torno de uma "raça superior" para quem os fins sempre justificavam os meios. Esses fins eram a supremacia, a disciplina e a unanimidade; os meios eram tão brutais quanto as circunstâncias exigissem. Portanto, quando, na noite de 24 de julho, um torpedeiro alemão avistou um navio mercante francês desarmado — o *Meknès*, que zarpara de Southampton levando a bordo 1179 militares da marinha francesa repatriados, com sua bandeira francesa realçada pela luz de um holofote, as laterais do casco e as vigias iluminadas —, não hesitou em atacar. O capitão do *Meknès* parou o navio, tocando uma sirene para sinalizar a manobra aos alemães, e transmitiu por código Morse o nome e a nacionalidade de sua nau, mas a única resposta que obteve foi um torpedo. O *Meknès* foi a pique, e 383 marinheiros franceses morreram afogados.

Na Grã-Bretanha, De Gaulle não era o único a hastear o estandarte da rebeldia. Em 23 de julho, formou-se um governo provisório da Tchecoslováquia. Dois dias depois, Churchill autorizou as forças polonesas na Grã-Bretanha, 14 mil homens ao todo, a receber diretamente fuzis norte-americanos tão logo as armas chegassem dos Estados Unidos. Outras tropas estrangeiras, então sob treinamento militar na Grã-Bretanha, compunham-se de 4 mil tchecos, 3 mil alemães antinazistas, 2 mil franceses, mil holandeses, mil noruegueses e quinhentos belgas. Mas a principal escassez da Grã-Bretanha continuavam sendo as aeronaves. Em 25 de julho, Churchill soube da assinatura em Washington, no dia anterior, de um acordo que determinava que os aviões norte-americanos seriam distribuídos conforme a carência britânica, mas também para atender às necessidades dos próprios Estados Unidos; na verdade, das cerca de 33 mil aeronaves que estavam sendo fabricadas nos Estados Unidos, 19 092 seriam reservadas para a força aérea estadunidense e 14 375 entregues à Grã-Bretanha. Proporções semelhantes estavam sendo definidas com relação a todos os rifles, tanques, canhões de campanha, artilharia antitanque e munições fabricados nos Estados Unidos. Esses acordos cobririam as necessidades estimadas da Grã-Bretanha até o final de 1941.

Para os povos da Polônia ocupada pelos alemães, a tirania não abrandou. Dois mil judeus, enviados do vilarejo de Radom à fronteira germano-soviética a fim de cavar valas antitanque, morreram depois de alguns poucos meses, em decorrência dos severos maus-tratos. Em 26 de julho, nas pedreiras do campo de concentração de Mauthausen, nos arredores de Linz, Edmund Bursche, ex-reitor da Faculdade de Teologia Protestante da Universidade de Varsóvia, morreu de exaustão devido aos implacáveis trabalhos forçados e aos espancamentos. Tinha 79 anos.

As mortes dos judeus de Radom, assim como a do professor Bursche, foram mantidas em segredo; mas outros aspectos da Nova Ordem alemã foram amplamente divulgados. Em um artigo sobre as leis de esterilização alemãs, Ernst Rudin, professor de psiquiatria da Universidade de Munique e pioneiro da "ciência racial" nazista, elogiou a liderança política de Hitler por ter tido a coragem de implementar "medidas racial-higiênicas" para romper com "o terror das pessoas de tipo inferior".

Foi fácil impor uma política racial nos países conquistados. Mais difícil estava sendo ampliar as áreas conquistadas. Em 29 de julho, o quartel-general da marinha alemã informou Hitler de que um desembarque na costa britânica não seria possível até a segunda metade de setembro, e mesmo assim a marinha alemã não seria capaz de dar apoio contra qualquer contra-ataque britânico prolongado a partir do mar. O almirante Otto Schniewind, chefe do estado-maior da marinha, escreveu: "É impossível aceitar a responsabilidade por qualquer operação desse tipo durante o ano em curso".

Não era apenas com relação a uma ofensiva ocidental que os militares profissionais alemães hesitavam. Foi também no dia 29 de julho que o general Jodl informou ao chefe da seção de planejamento do estado-maior do exército alemão, o coronel Walther Warlimont, acerca do plano de Hitler de atacar a Rússia "o quanto antes". Jodl mencionou maio de 1941 como a data mais provável. Warlimont e outros oficiais de sua seção de planejamento protestaram, alegando que se tratava de uma repetição da guerra de duas frentes que levara à derrota da Alemanha em 1918. Mas Jodl lhes deu uma resposta que não permitia contra-argumentos. "Senhores", disse ele, "este não é um assunto para discussão, mas uma decisão do Führer!"

Em 21 de julho, quinze navios zarparam de portos norte-americanos com destino à Grã-Bretanha transportando armamentos e equipamentos. Enquanto prosseguiam em sua lenta jornada rumo ao leste, Hitler convocou ao Obersalzberg os chefes do alto-comando, da marinha e do exército para discutir a invasão. O almirante Raeder, comandante em chefe da marinha, chegou de avião de Berlim e primeiro sugeriu um adiamento da Operação Leão-Marinho do dia 13 de setembro para, pelo menos, o dia 19; mas em seguida expressou sua preferência por uma data muito mais distante, maio de 1941, ocasião em que, segundo ele, a Alemanha contaria com dois novos encouraçados,

Mapa 10. A Europa da Noruega ao Egito, verão de 1940

o *Tirpitz* e o *Bismarck*, para se somar aos dois já existentes. A essa altura haveria também muitos outros navios de guerra de menor porte.

Para Hitler não seria fácil contestar os argumentos do almirante Raeder. No entanto, ele deu uma demonstração de determinação e insistiu que a invasão deveria ocorrer no dia 15 de setembro, contanto que um bombardeio aéreo de uma semana de duração no sul da Inglaterra conseguisse causar danos substanciais à Marinha Real britânica, à Força Aérea Real e a portos essenciais. "Do contrário", Hitler deu o braço a torcer, "a operação será adiada até maio de 1941."

O almirante Raeder regressou a Berlim no mesmo dia. O general Brauchitsch e o general Halder, que haviam chegado de avião do quartel-general do estado-maior em Fontainebleau, permaneceram com o Führer, que lhes falou de seus planos de invadir a Rússia. Até o futuro da Grã-Bretanha se encaixava nesses planos. "Com a Rússia esmagada", disse Hitler a seus dois generais, "a última esperança britânica será destruída. A Alemanha será então senhora da Europa e dos Bálcãs."

Em seguida, Hitler passou a explicar a Halder e Brauchitsch que a invasão da Rússia poderia acontecer na primavera de 1941. "Quanto mais cedo a Rússia for esmagada, melhor", disse o Führer, e acrescentou: "A operação faz sentido apenas se pudermos, com um único golpe, destruir o Estado russo até a raiz. A mera conquista de terras não bastará". Um total de 120 divisões alemãs, das 180 que, segundo os planos, deveriam estar disponíveis a essa altura, lançaria um ataque triplo, o primeiro contra Kiev e o segundo contra Moscou, através dos Estados bálticos; uma vez que essas duas divisões se reunissem, uma terceira operação avançaria contra os campos de petróleo de Baku.

Em 31 de julho, enquanto Hitler instruía seus oficiais superiores sobre o plano de invasão da Rússia, os britânicos deram um passo pequeno, mas importante, no sentido de proteger sua linha vital de comunicações no Mediterrâneo, inaugurando a Operação Pressa, por meio da qual o porta-aviões *Argus*, tendo partido de Gibraltar para um ponto ao largo da Sardenha, lançou doze caças para percorrer os 320 quilômetros até Malta, a ilha britânica já sob persistente ataque aéreo italiano. A operação foi um êxito quase completo, prejudicado apenas pelo abate do avião de um dos doze pilotos de caça, o tenente Keeble, morto em um combate aéreo sobre o Grão-Porto de Malta. Seu adversário italiano também morreu. Em duelos aéreos nos céus da Alemanha, da Grã-Bretanha, da França até o armistício, e sobre o Mediterrâneo durante os meses de junho e julho de 1940, 526 pilotos britânicos morreram em ação.

Hitler emitiu agora a Diretiva n. 17, "acerca da condução da guerra aérea e marítima contra a Inglaterra". Dando continuidade ao que havia dito ao almirante Raeder, Hitler afirmou que uma ofensiva aérea alemã bem-sucedida era um pré-requisito para um desembarque marítimo na Grã-Bretanha. Datada de 1º de agosto, a diretiva clamava por uma "intensificação da guerra aérea" em 5 de agosto ou depois. Seria o "Dia da Águia". A inteligência britânica conhecia o codinome, mas não sabia o que significava. Os ataques deveriam ser dirigidos "principalmente contra aeronaves, suas instalações terrestres e suas redes de abastecimento, mas também contra a indústria aeronáutica, incluindo as fábricas de equipamentos antiaéreos". Nesse dia, quando um piloto alemão relatou a Göring que os caças Spitfire britânicos com que se deparara nos céus da Inglaterra eram tão bons quanto os caças alemães, Göring respondeu: "Se isso for verdade, terei de mandar o inspetor geral da força aérea para o pelotão de fuzilamento". O inspetor, Ernst Udet, um ás da aviação da Primeira Guerra Mundial, estava presente e abriu um sorriso educado, mas não foi capaz de esquecer o insulto.

Um insulto menos eficaz foi lançado pelo rádio em 2 de agosto por William Joyce, conhecido pelos ouvintes britânicos como Lord Haw-Haw, por conta de seu sotaque. "A gloriosa Força Aérea Real", disse Joyce nessa noite na Rádio Bremen, "estava ocupada demais despejando bombas em campos e cemitérios da Alemanha para lutar na Batalha da França."

Os britânicos não estavam dispostos a sofrer insultos, tampouco a ser cortejados. Quando, em 2 de agosto, o rei Gustavo da Suécia secretamente ofereceu seus serviços a Hitler e ao rei George VI para estabelecer contatos com vistas a uma paz negociada, o rei britânico anotou em seu diário: "Até que a Alemanha esteja preparada para viver pacificamente com seus vizinhos na Europa, será sempre uma ameaça. Temos que nos livrar de seu espírito agressivo, de suas máquinas de guerra e das pessoas que foram ensinadas a usá-las".

Em 3 de agosto, chegou à Grã-Bretanha um grande contingente de soldados canadenses, entre os quais vários cidadãos dos Estados Unidos que haviam se alistado como voluntários. No dia seguinte, foi a vez de um novo destacamento de tropas australianas. Um dia depois, desembarcou mais um contingente de pilotos e aviadores da Rodésia do Sul. Nada disso era um bom presságio para os planos de invasão de Hitler, se é que ele ainda acreditava que sua força aérea poderia de fato criar as condições necessárias para um desembarque livre de oposição aérea. Em 5 de agosto, a ofensiva alemã contra os alvos aéreos britânicos foi adiada por causa do mau tempo. Nesse dia, submeteu-se à apreciação de Hitler um plano que estava claramente muito mais próximo de seu instinto e ambição: o plano para a invasão da Rússia, que o Führer havia pedido que o general Erich Marcks elaborasse.

O plano apresentado pelo general Marcks previa um eventual avanço alemão à linha Arkhangelsk-Górki-Rostov.* Todas as 147 divisões atacariam, tendo Leningrado, Moscou

---

* Ver Mapa 18, na página 261.

e Kiev-Rostov como os primeiros objetivos; 44 divisões seriam mantidas na reserva. Surpresa e velocidade eram a chave para a vitória, que, na previsão do general Marcks, seria assegurada entre nove e dezessete semanas após o início da ofensiva.

Em 8 de agosto, três dias após receber o plano de Marcks, Hitler incumbiu o coronel Warlimont de preparar as áreas de mobilização na Prússia Oriental e na Polônia ocupada pela Alemanha para a ofensiva seguinte; o importante era, sobretudo, não fazer nada que despertasse as suspeitas de Stálin, que deveria ser levado a acreditar que as tropas estavam sendo deslocadas para o leste como maneira de fugir do alcance dos bombardeiros britânicos.

Mesmo antes do início do ataque aéreo alemão previsto na diretiva de Hitler de 1º de agosto, combates aéreos nos céus sobre a Grã-Bretanha já eram uma ocorrência diária, assim como os bombardeios britânicos contra alvos industriais alemães, em especial no Ruhr. Em 8 de agosto, um piloto polonês foi um dos que perderam a vida, abatido no ar. "Pobre sujeito", escreveu um colega piloto polonês, "nunca mais verá a Polônia. Estará ausente de sua esquadrilha quando, um dia, pela misericórdia de Deus, ela voltar a pousar no campo de aviação de Dęblin. Bem, ele não foi o primeiro a partir, e não será o último."

Em 9 de agosto, trezentos aviões alemães sobrevoaram o sudeste da Inglaterra e a costa do canal da Mancha. Seus alvos eram as estações de radar em Portland Bill e Weymouth. Em batalha contra caças britânicos enviados para interceptá-los, dezoito aeronaves alemãs foram abatidas. Em 11 de agosto, e novamente no dia seguinte, lançaram-se novos ataques a estações de radar. Eram as últimas preliminares para a ofensiva principal; em 13 de agosto, com as defesas de radar da Grã-Bretanha ainda essencialmente intactas, a força aérea alemã lançou o Dia da Águia, no qual uma série de caças germânicos — 1485, no total — levantaram voo em busca de bases aéreas e fábricas de aviões que deveriam rapidamente ser destruídas como prelúdio da invasão.

9. A Batalha da Inglaterra

AGOSTO-SETEMBRO DE 1940

No Dia da Águia, 13 de agosto de 1940, a Alemanha lançou sua quarta campanha militar em menos de um ano. Porém, ao contrário dos três ataques anteriores, contra Polônia, Escandinávia, França e Países Baixos, a ofensiva dessa vez foi unicamente aérea, sem o acompanhamento de qualquer operação em terra. Desde o início, os alemães foram surpreendidos pela perícia dos pilotos britânicos. Das 1485 aeronaves germânicas que cruzaram o canal da Mancha nesse dia, 45 foram abatidas, em contraste com a perda de apenas treze caças britânicos. Quase todos os tripulantes alemães que saltaram de paraquedas ou fizeram pousos de emergência foram mortos ou capturados; as baixas britânicas foram de apenas sete pilotos — os demais saltaram de paraquedas ou fizeram pousos forçados em segurança em solo britânico. No segundo dia, o mau tempo limitou a quinhentos o número de aeronaves de ataque. Mesmo assim, 75 delas, número ainda maior do que na véspera, foram derrubadas, para a perda de 34 aviões britânicos. O mesmo padrão se repetiu no terceiro dia, em que houve setenta baixas alemãs contra 27 britânicas. Em três dias de combates aéreos, os alemães perderam 190 aeronaves. Contudo, nos dez primeiros dias de ataque alemão, cem aeronaves britânicas foram destruídas em solo.

Enquanto a Batalha da Inglaterra era travada nos céus do sul, os dirigentes no centro da política britânica sabiam exatamente o que estava em jogo nesse combate; pois, em 14 de agosto, após uma cuidadosa análise de mensagens Enigma da força aérea alemã, o parecer da Comissão de Inteligência Combinada do Departamento Topográfico Inter-Serviços foi o de que nenhuma decisão definitiva sobre a invasão fora ou seria tomada pelas autoridades alemãs "enquanto se aguardava o resultado da presente luta pela superioridade aérea".

Também em 14 de agosto chegaram à ilha sitiada boas notícias vindas do outro lado do Atlântico, quando Roosevelt concordou em ceder à Grã-Bretanha cinquenta contratorpedeiros norte-americanos em troca da permissão para utilizar bases navais britânicas no Caribe e no Atlântico Ocidental. Ironicamente, 14 de agosto também foi o dia em que o general Halder registrou em seu diário que o exército alemão estava procurando na Prússia Oriental um local que pudesse servir como quartel-general para Hitler durante a invasão da Rússia.

Se 14 de agosto foi um dia de alívio para a Grã-Bretanha, o dia seguinte, 15 de agosto, ficou marcado como a data em que a Luftwaffe submeteu a um teste definitivo seu poderio e suas táticas. Se o ataque tivesse êxito, então ainda seria possível preparar uma invasão antes das tempestades de outono. Ao todo, 520 bombardeiros e 1270 caças alemães cruzaram o canal da Mancha entre as 11h30 e as 18h30.

Em 15 de agosto foram abatidas 75 aeronaves alemãs, ao passo que os britânicos perderam 34. Era uma proporção de baixas insustentável no longo prazo. No dia seguinte, porém, um ataque aéreo igualmente severo, embora rechaçado, teve relativo sucesso, porque conseguiu destruir 47 aeronaves britânicas em solo em Brize Norton e outras treze em campos de aviação de outras partes do sul da Inglaterra. O general Ismay, observando da sala de operações do Comando do Grupo de Caças de Combate n. 11 os rumos da batalha que se desenrolava, mais tarde relembrou: "Houve combates pesados durante a tarde, e em dado momento todas as esquadrilhas do grupo estavam em ação no ar; não havia nada na reserva, e o mapa sobre a mesa mostrava novas ondas de aviões inimigos no ataque através da costa. Passei mal de tanto medo".

Em 16 de agosto, a Comissão de Inteligência Combinada do Departamento Topográfico Inter-Serviços repetiu sua avaliação, a partir da análise de uma mensagem da Luftwaffe interceptada, de que a Grã-Bretanha não seria invadida sem que houvesse antes uma nítida vitória aérea. A rádio alemã já havia assegurado essa vitória: "Fomos informados por Lord Haw-Haw", escreveu em seu diário em 16 de agosto um oficial canadense,

> de que o sudeste da Inglaterra está em ruínas e o moral de nosso povo completamente abalado. Bem, existe uma grande quantidade de buracos enormes em uma série de campos, e alguns edifícios foram destruídos. Mas há bombardeiros e caças alemães espalhados por todo o interior, de Maidstone a Guildford. Quanto ao nosso moral, está subindo... e subindo... e subindo!

Nesse dia, mais a oeste, acima de Southampton, um piloto de caça, o tenente de voo James Nicolson, patrulhando a cidade a bordo de um Hurricane, foi atacado por quatro caças alemães. O avião foi atingido, e o próprio Nicolson ferido por um estilhaço de canhão. Sua cabine foi invadida pelas chamas, e ele já estava prestes a abandonar a aeronave quando avistou um caça alemão Messerschmitt; Nicolson atacou e derrubou a nave inimiga, mas, como resultado de ter adiado sua ejeção por quatro minutos, sofreu graves queimaduras no rosto, pescoço e pernas. Por esse ato, recebeu a Cruz de Vitória; foi o único piloto de caça a ser contemplado com a mais alta condecoração militar concedida por bravura durante a Batalha da Inglaterra — e, com efeito, durante toda a guerra. Hoje, uma placa assinala o local perto do qual Nicolson, gravemente queimado, aterrissou de paraquedas.

Em 17 de agosto, os alemães foram forçados a reduzir o nível de intensidade do ataque; alguns de seus caças — os Stuka — provaram ser muito vulneráveis e foram retirados dos combates. Nessa noite, bombardeiros britânicos sobrevoaram o canal da Mancha e o mar do Norte na direção oposta à dos agressores diurnos, bombardeando mais uma vez refinarias de petróleo e fábricas de munições. No mesmo dia, fez-se uma contagem secreta de todas as baixas britânicas desde o primeiro dia de guerra: haviam morrido 8266 marinheiros, 4400 soldados e, vítimas de ataques aéreos alemães, 729 civis. O número de pilotos e tripulantes mortos ou desaparecidos chegou a 3851.

Sobre os ombros dos pilotos que restavam, pesou o fardo de mais uma investida alemã na tentativa de romper as defesas aéreas britânicas. Contudo, em 18 de agosto, os danos impingidos aos alemães voltaram a ser tremendos — 71 aeronaves abatidas, contra 27 britânicas. Um dos ases do ar da Grã-Bretanha, Douglas Bader, mais tarde descreveria essa noite nos seguintes termos: "Göring se retirou para dar descanso a seus pilotos, lamber as próprias feridas e calcular o custo: perdas da ordem de 367 aeronaves".

Em 19 de agosto, não houve nenhum ataque aéreo alemão contra a Grã-Bretanha. "Eles estão cometendo um grande erro", disse Churchill a um de seus secretários nessa noite, "ao nos dar uma trégua." No dia seguinte, 20 de agosto, em discurso na Câmara dos Comuns, Churchill falou de como a gratidão

> de todos os lares em nossa ilha, em nosso império e, com efeito, em todo o mundo, exceto na morada dos culpados, é dirigida aos aviadores britânicos, que, destemidos diante de todas as disparidades, incansáveis diante dos constantes desafios e perigos mortais, com seus feitos de bravura e devoção, estão virando a maré da guerra mundial. Nunca, no campo dos conflitos humanos, tantos deveram tanto a tão poucos.

Nos cinco dias de intensos ataques aéreos entre 13 e 18 de agosto, Hitler havia falhado em assegurar a única condição definida como necessária à invasão — a anulação do poderio aéreo da Grã-Bretanha. Agora, Churchill advertia que os bombardeiros britânicos continuariam a fustigar as indústrias militares e as comunicações alemãs, bem como as bases aéreas e os depósitos de suprimentos usados no esforço ofensivo contra a Grã-Bretanha, e que atacariam "numa escala cada vez maior até o fim da guerra,

Mapa 11. A Batalha da Inglaterra e a Blitz, agosto-setembro de 1940

podendo atingir dentro de um ano dimensões até então jamais sonhadas". Churchill declarou que, "de todas as estradas para a vitória, [bombardear a Alemanha] era uma das mais garantidas, se não a mais curta".

Churchill não sabia que Hitler já havia preparado a base preliminar para um ataque à Rússia. Estava ciente, no entanto, de que esse ataque era provável, e queria que Hitler soubesse que a Grã-Bretanha não ficaria de braços cruzados. "Mesmo que legiões nazistas triunfem no mar Negro", disse o primeiro-ministro britânico em seu discurso de 2 de agosto, "ou mesmo no Cáspio; mesmo que Hitler esteja às portas da Índia, nada terá a ganhar se ao mesmo tempo todo o aparato econômico e científico do poderio bélico alemão estiver despedaçado e pulverizado em seu próprio território."

* * *

Em 19 de agosto, tirando proveito da preocupação da Grã-Bretanha com o ataque aéreo alemão, as forças italianas ocuparam Berbera, capital da Somalilândia Britânica. No dia seguinte, bombardeiros italianos atacaram Gibraltar. Mas essas investidas não passaram de meras alfinetadas, bastante eclipsadas em importância na terceira semana de agosto, quando uma missão de três oficiais do estado-maior norte-americano chegou a Londres para coordenar a política anglo-americana no mais alto nível. Esses três oficiais, o almirante Robert Lee Ghormley, o brigadeiro-general Kenneth Strong e o general Delos Emmons, foram imediatamente capazes de refutar o recente relatório enviado a Roosevelt pelo embaixador norte-americano em Londres, Joseph P. Kennedy, acerca do "devastador efeito dos ataques aéreos alemães sobre os portos, campos e a indústria de armamentos da Inglaterra".

Sob o pretexto de discutir a padronização de armas, numa missão de grau de importância relativamente baixo, a delegação norte-americana estava no país, na verdade, para entabular as primeiras conversas entre os estados-maiores da Grã-Bretanha e dos Estados Unidos — um país beligerante, o outro neutro, mas ambos unidos em um propósito comum e cada vez mais próximo. Não somente os assuntos militares, navais e aéreos britânicos e norte-americanos estavam se tornando cada vez mais intimamente entrelaçados, mas na esfera da inteligência houve um aumento na percepção da necessidade de compartilhar as informações sigilosas conhecidas. Em 22 de agosto, como que para confirmar a observação de Churchill de dois dias antes sobre o "triunfo nazista no mar Negro", Paul Thümmel, o oficial de inteligência alemão que servia também como o "agente secreto A-54" da inteligência britânica, relatou ter sabido por um oficial do estado-maior da Alemanha que o setor do serviço de inteligência alemão responsável pela área russa vinha se expandindo desde junho, que as atividades de contrainteligência germânica contra a Rússia também passariam por considerável expansão, e que a organização da contrainteligência alemã na Romênia fora reforçada por especialistas no sul da Ucrânia, na Crimeia e no Cáucaso.

A possibilidade de uma invasão alemã da Rússia não poderia ignorar a urgência do momento presente; em 23 de agosto, a força aérea germânica lançou sua quarta ofensiva maciça desde o Dia da Águia, bombardeando fábricas de aeronaves e tanques de armazenamento de petróleo britânicos. Uma esquadrilha de cerca de doze bombardeiros, desviando-se da rota, despejou explosivos em Londres. Nove civis foram mortos. No dia seguinte, em um experimento concebido para deter qualquer força invasora alemã antes que pudesse chegar à costa e desembarcar, os britânicos despejaram gasolina no mar através de doze canos, a um volume de doze toneladas por hora, e atearam fogo no combustível, criando na praia e no mar uma parede de chamas intransponível para qualquer invasor. A fim de elevar o moral da população britânica, o experimento recebeu considerável divulgação, mas os responsáveis pela ideia estavam cientes de que, sempre que o vento mudava, os vagalhões de fumaça negra e espessa eram empurrados de volta para a praia, cegando e sufocando os potenciais defensores.

No começo da noite de 25 de agosto, bombardeiros britânicos atacaram fábricas de armamentos alemãs no norte de Berlim; alguns, desorientados com as nuvens carregadas e o teto baixo, e inadvertidamente se desviando da rota, como os bombardeiros alemães haviam feito duas noites antes nos céus de Londres, despejaram suas bombas no centro da cidade. William Shirer anotou em seu diário:

> A concentração de fogo antiaéreo foi a maior que já testemunhei. Proporcionou uma visão magnífica e terrível. E foi estranhamente ineficaz. Nenhum avião foi derrubado; nenhuma aeronave foi sequer detectada pelos holofotes, que piscavam freneticamente enquanto vasculhavam os céus noturnos.

Nessa noite, nenhum civil alemão morreu; mas os folhetos despejados pelos bombardeiros avisaram os poucos berlinenses que conseguiram pegá-los que "a guerra iniciada por Hitler vai continuar e perdurar enquanto perdurar o próprio Hitler".

Em 26 de agosto, os alemães lançaram um novo ataque aéreo contra aeródromos britânicos em todo o sul da Inglaterra; mas, pela primeira vez, todas as formações alemãs, à exceção de uma, foram forçadas a recuar, rechaçadas pela bem-sucedida interceptação de caças britânicos. No dia seguinte, os britânicos encarregados de decifrar as mensagens Enigma da força aérea alemã puderam concluir, com segurança, que "do sucesso desta operação dependerá a decisão quanto à invasão". Agora estava em pauta não apenas definir a data da invasão, mas se de fato os alemães invadiriam ou não a Grã-Bretanha.

Na noite de 28 de agosto, durante um novo ataque aéreo britânico a Berlim, que visava atingir apenas alvos militares, morreram dez civis alemães. Na estrada em direção ao aeroporto de Tempelhof, William Shirer registrou em seu diário: "Bombas de noventa quilos caíram na rua, arrancaram a perna de um vigilante antiaéreo parado na entrada de casa e mataram quatro homens e duas mulheres que, imprudentemente, assistiam ao clarão das explosões do vão de uma porta".

A força aérea alemã estava determinada a não desistir de sua tentativa de destruir o poderio aéreo britânico. Em 30 de agosto houve um novo ataque, dessa vez por oitocentos aviões alemães, contra os nove centros de comando operacional de caças britânicos no sul da Inglaterra. Nos céus sobre Biggin Hill, um dos principais aeródromos atacados, dezessete aeronaves alemãs foram abatidas, ao passo que os britânicos perderam apenas um avião, cujo piloto, saltando de paraquedas, sobreviveu e voltou à batalha. Nessa noite, como que para deixar claro que a pressão não arrefeceria, os bombardeiros germânicos lançaram bombas incendiárias em Londres. Cruzando a costa do canal da Mancha na direção oposta, bombardeiros britânicos novamente atacaram alvos militares em Berlim. "Os britânicos nos metralharam para valer ontem à noite", William Shirer observou em seu diário, "e até mesmo as autoridades alemãs admitiram que os estragos foram maiores do que nunca. Um amigo alemão apareceu para me contar que a grande fábrica da Siemens foi atingida."

No final de agosto, a batalha aérea pela Grã-Bretanha já durava duas semanas e meia e era o foco de intensa preocupação pública na Grã-Bretanha e de entusiásticas esperanças na Alemanha. Mas um perigo mais distante dominava os pensamentos dos membros do Gabinete de Guerra britânico: a vulnerabilidade das forças inglesas no Egito. Por mais de um mês, os britânicos haviam enfrentado um exército italiano hostil na Líbia, que poderia, a qualquer momento, partir para a ofensiva. A fim de fortalecer os contingentes britânicos no Egito, ainda que com algum risco para a defesa terrestre da Grã-Bretanha, em 30 de agosto a marinha britânica iniciou a Operação Chapéus, enviando o encouraçado *Valiant*, o porta-aviões *Illustrious* e vários outros navios de guerra ao longo de toda a extensão do Mediterrâneo, de Gibraltar a Alexandria, com aeronaves, armas e munições. A viagem de seis dias transcorreu sem qualquer interferência das forças aéreas ou navais italianas.

Em 31 de agosto, retomou-se a ofensiva aérea alemã contra as bases operacionais de caças britânicos; três aeródromos foram atacados, e 39 aeronaves alemãs foram abatidas. Nos dois dias seguintes, houve novos raides contra Biggin Hill. Outro bombardeio noturno sobre Londres em 2 de setembro coincidiu com a divulgação da notícia de que 1075 civis britânicos haviam sido mortos durante os ataques aéreos no mês de agosto. A melhor notícia desse dia foi a assinatura do contrato anglo-americano para bases de contratorpedeiros; quatro dias depois, os primeiros seis contratorpedeiros estadunidenses foram entregues aos britânicos em Halifax, na Nova Escócia.

Em 3 de setembro, primeiro aniversário da declaração de guerra da Grã-Bretanha contra a Alemanha, quatro espiões — um alemão e três holandeses — desembarcaram no litoral sul da Inglaterra. Sua tarefa era produzir relatórios com informações sobre as defesas costeiras, os efetivos e movimentações do exército e da força aérea. Capturados poucas horas depois, os quatro foram levados a julgamento em novembro; três deles morreram enforcados no mês seguinte. O quarto homem, um dos holandeses, foi mantido preso durante a guerra; mais tarde, cumpriu pena de prisão na Holanda.

Em 4 de setembro, discursando em Berlim, Hitler disse a uma plateia formada principalmente por enfermeiras e assistentes sociais alemãs: "Quando eles declararem que intensificarão seus ataques às nossas cidades, então arrasaremos as cidades deles". E acrescentou: "Chegará a hora em que um de nós terá que sucumbir, e não será a

Alemanha nacional-socialista". William Shirer, que ouviu o discurso do Führer, escreveu em seu diário:

> Embora sombrio e carregado de ódio a maior parte da noite, Hitler teve também seus momentos bem-humorados e alegres. A plateia achou "muito engraçado" quando ele lhes disse: "Na Inglaterra, estão muito curiosos e não param de perguntar: 'Por que ele não vem?' Tenham calma. Tenham calma. Ele está chegando! Ele está chegando!".

Sob interrogatório, os quatro espiões a serviço da Alemanha que desembarcaram na Grã-Bretanha em 3 de setembro confirmaram seu status de guarda avançada para a invasão — que, segundo eles, poderia ocorrer a qualquer momento. Em 5 de setembro, a unidade de reconhecimento fotográfico britânica registrou um aumento no número de barcaças em Oostende. Em 6 de setembro, bombardeios alemães às instalações portuárias ao longo da costa sul da Grã-Bretanha fizeram soar o alarme de invasão "amarelo", indicando "provável ataque nos próximos três dias". Os britânicos não sabiam, mas esses indícios eram todos ou desprovidos de sentido ou deliberadas enganações; na verdade, 6 de setembro foi o dia em que novas divisões alemãs começaram a se movimentar em direção às regiões da Polônia anexadas pela Alemanha e à fronteira soviética, onde outras 35 divisões, seis delas blindadas, estavam agora reunidas. Fato igualmente desconhecido dos britânicos era que em 9 de setembro o almirante Raeder havia perguntado a Hitler sobre o cronograma da invasão. "A decisão do Führer de desembarcar na Inglaterra", disse Raeder a seus oficiais subordinados, "ainda não está tomada, longe disso, uma vez que ele tem a convicção de que a derrota dos britânicos será alcançada mesmo sem uma invasão." Raeder acrescentou: "Não passa pela cabeça de Hitler concretizar o desembarque se o risco da operação for alto demais".

Para assegurar a "derrota dos britânicos" sem uma invasão, e depois de mais de três semanas de ataques a bases de caças e postos de comando britânicos, Hitler agora ordenou que Londres fosse bombardeada. Göring, confiante em um golpe de mestre, seguiu para o Pas-de-Calais a bordo de seu trem, o *Asia*, a fim de assumir o comando das operações.

Pouco antes das quatro horas da tarde do dia 7 de setembro, trezentos bombardeiros alemães, escoltados por seiscentos caças, chegaram em duas ondas, tendo como alvo as docas de Londres. Nessa mesma tarde, a inteligência britânica tentou descobrir o significado do deslocamento em larga escala de barcaças para bases avançadas no canal da Mancha, do cancelamento de todos os pedidos de folga de soldados do exército alemão para o dia seguinte e dos relatórios produzidos a partir do interrogatório dos quatro espiões capturados quatro dias antes, cuja tarefa, ao que parecia, era recolher informações sobre a movimentação de todas as formações da reserva britânica no quadrilátero

Oxford-Ipswich-Londres-Reading. De súbito pareceu claro que a invasão poderia ser iminente. Essa dedução foi comunicada aos chefes de estado-maior às 17h30.

Enquanto os chefes de estado-maior discutiam essa perspectiva ameaçadora, os bombardeiros alemães continuaram seu ataque maciço, enfrentando a resistência de toda a força de caças britânica restante. "Batalhas nos céus, bem acima de nossas cabeças, vêm ocorrendo a tarde inteira", anotou em seu diário Tony Foster, um oficial canadense. "Em certo momento contei 24 paraquedas descendo."

À tarde e no início de noite, 337 toneladas de bombas foram despejadas sobre Londres. As docas eram o alvo principal, mas muitas caíram sobre áreas residenciais no entorno, matando 448 londrinos. Enquanto procuravam as docas, os bombardeiros despejaram suas bombas em algumas das ruas mais pobres e superlotadas de Londres, cujos cortiços e precárias casas de pensão eram mais vulneráveis do que a maioria dos edifícios ao impacto da explosão das bombas e aos incêndios que se seguiam. Nem todas as mortes foram causadas por bombas; um caça britânico, alvejado enquanto abatia um bombardeiro alemão, caiu sobre um abrigo antiaéreo civil depois que seu piloto saltou de paraquedas. Três pessoas de uma mesma família no interior do abrigo tiveram morte instantânea.

Precisamente às 20h07, quando o bombardeio aéreo estava no auge, a senha "Cromwell" foi transmitida a unidades militares de toda a Grã-Bretanha. A mensagem era clara: a invasão alemã estava prestes a começar.

Por todo o país, os sinos das igrejas tocaram, mais um sinal previamente combinado de que a invasão era iminente. Todas as forças de defesa domésticas deveriam se colocar em estado de "ação imediata". Nessa mesma noite, Tony Foster escreveu em seu diário: "Todos confinados em quartéis. Espera-se que a invasão ocorra amanhã. Estamos prontos para entrar em ação uma hora depois de recebermos a ordem".

Na manhã de 8 de setembro, a expectativa era de que a invasão alemã se iniciasse a qualquer momento. Mas não havia nenhuma invasão com hora marcada, tampouco prevista com antecedência. Tudo dependia do resultado da nova batalha aérea, o bombardeio direto da capital inglesa. Todavia, tendo fracassado em sua tentativa de aniquilar o poderio da aviação de combate britânica nas três semanas após o Dia da Águia, a Luftwaffe agora sofria consideravelmente com a alta capacidade de resistência dos caças britânicos. Em 8 de setembro, quando duzentos bombardeiros alemães atacaram centrais elétricas e linhas ferroviárias da capital inglesa, 88 aeronaves germânicas foram abatidas, com apenas 21 perdas britânicas. Nessa tarde, Churchill foi levado para um abrigo antiaéreo no East End de Londres, onde na noite anterior quarenta pessoas haviam morrido em um ataque direto. "Foi bom você ter vindo, Winnie", gritaram os sobreviventes, enquanto se aglomeravam ao redor dele. "Achamos mesmo que você viria nos ver. Nós aguentamos o tranco. Dê o troco a eles na mesma moeda!"

Pilotos de caça poloneses, tchecos e canadenses estavam tão ansiosos quanto seus colegas britânicos para varrer do mapa os inimigos. Em 8 de setembro, quando quatrocentos aviões alemães cruzaram a costa britânica, foram recebidos por mais de duzentos caças britânicos; na batalha aérea que se seguiu, tiveram 28 aeronaves abatidas, contra dezenove dos ingleses. Para os londrinos cujas casas estavam sendo bombardeadas, porém, havia um medo crescente com relação a qual seria o desfecho da batalha. "Nas áreas portuárias", lia-se em um relatório da inteligência britânica em 9 de setembro, "a população mostra sinais visíveis de nervos em frangalhos, como resultado das constantes provações." Nesse dia, o rei George VI foi informado da aflição no East End. Partiu imediatamente para visitar os cenários da devastação causada pelos bombardeios e assegurou às vítimas de duas noites consecutivas de terror que todos os seus compatriotas eram solidários a eles em suas agruras.

A Blitz de Londres, como ficou conhecida, continuou em 10 de setembro. "A tensão aumentou em todos os lugares", declarou outro relatório de inteligência, "e, quando soa a sirene, as pessoas correm loucamente em busca de abrigo, com os rostos lívidos de pavor." Ao meio-dia, o Gabinete de Guerra foi informado de que o bombardeio das duas noites anteriores tinha sido "completamente indiscriminado". De imediato ficou decidido que, como medida de retaliação, os bombardeiros britânicos que sobrevoassem a Alemanha seriam instruídos a "não voltar para casa com suas bombas, mesmo se não conseguissem localizar os alvos que tinham ordens para destruir". As bombas deveriam ser despejadas em qualquer lugar. Nessa noite, bombardeiros britânicos atacaram Berlim com força; uma bomba caiu no jardim da casa de Joseph Goebbels.

Em 11 de setembro, em mais uma guinada de suas ambições do oeste para o leste, Hitler decidiu enviar para a Romênia missões de seu exército e de sua força aérea, cuja tarefa era organizar a proteção dos poços de petróleo romenos e das refinarias de petróleo em Ploieşti e preparar instalações para uso em futuras operações contra a Rússia. Cinco dias antes, em Bucareste, o rei Carlos havia abdicado em favor do filho, entregando o poder efetivo ao marechal Ion Antonescu,* cujas inclinações pró-alemãs eram bem conhecidas e cujo desejo de recuperar a província oriental da Bessarábia só poderia ser realizado numa aliança com a Alemanha.

Entre os alvos dos bombardeios alemães na noite de 12 de setembro estavam não apenas as docas de Londres, mas as zonas portuárias de Liverpool, Swansea e Bristol. Em seu voo de volta para casa, um bombardeiro alemão caiu em uma casa em Newport.

---

* O rei Carol Caraiman de Hohenzollern-Sigmaringen, ou Carlos II da Romênia, abdicou em favor de seu filho Miguel em setembro de 1940. (N. T.)

A residência pegou fogo, e uma menina judia de catorze anos, Myrtle Phillips, ficou presa em meio às chamas. O irmão dela, Malcolm, de dezessete anos, correu para dentro da casa na tentativa de salvá-la. Ambos morreram. Seu pai, um pacifista convicto, visitou no hospital local o piloto alemão, o único de uma tripulação de quatro pessoas a sobreviver à queda da aeronave, para lhe assegurar que a morte trágica dos filhos não era culpa dele, mas parte das muitas terríveis injustiças da guerra.

Em 13 de setembro, os italianos cruzaram a fronteira da Líbia com o Egito, ocupando Sollum. Agora a Grã-Bretanha estava ameaçada em duas frentes. Mas, no dia seguinte, Hitler explicou a seus comandantes que as condições prévias para uma invasão da Grã-Bretanha "ainda não estavam dadas". O bombardeio de Londres, no entanto, continuaria. "Se 8 milhões de habitantes enlouquecerem", comentou Hitler, "isso pode levar a uma catástrofe. Se tivermos tempo bom e conseguirmos neutralizar a força aérea inimiga, então até mesmo uma invasão em pequena escala poderá fazer maravilhas."

Não era a força aérea britânica, porém, mas a Alemanha, que estava sendo "neutralizada". Em 12 de setembro, Churchill declarou: "Não há dúvida de que Herr Hitler está exaurindo seus aviões de combate em altíssima velocidade. Se continuar nesse ritmo por muitas semanas, acabará por se desgastar e arruinar parte vital de sua força aérea". Três dias depois, em 15 de setembro, a Luftwaffe lançou um ataque maciço com 230 bombardeiros e setecentos caças contra Londres, Southampton, Bristol, Cardiff, Liverpool e Manchester. Dessa força de ataque, 56 aviões foram abatidos, ao passo que os britânicos perderam apenas 23 aeronaves.

Um dos aviões alemães caiu no pátio da Estação Victoria, em Londres. Seu piloto, Robert Zehbe, escapou para o distrito de Kennington. Gravemente ferido, foi atacado por civis furiosos, mas acabou sendo resgatado pelas autoridades. Mais tarde, morreu em decorrência dos ferimentos.

Embora 1419 civis britânicos tenham sido mortos durante a segunda semana de agosto — 1286 deles em Londres —, os combates nos céus, sobre os quais Churchill havia alertado, estavam transformando em pesadelo os planos de Hitler de conquistar o oeste da Europa. No dia seguinte, como parte do plano britânico de destruir o maior número possível das barcaças posicionadas para a invasão, pilotos de caças poloneses atacaram o porto de Boulogne. "Nossos rapazes mergulharam como loucos", escreveu em seu diário um piloto polonês, "despedaçando a doca n. 6, juntamente com dezenas de barcos preparados para a invasão."

Em 17 de setembro, Hitler adiou a invasão da Grã-Bretanha "até segunda ordem", dizendo a seu ajudante naval, o tenente Karl von Puttkammer: "Conquistamos a França ao custo de 30 mil homens. Durante uma noite de travessia do canal podemos perder um múltiplo muito maior desse número — e o sucesso não é garantido". A Blitz continuaria. Mas a batalha de Hitler pela Inglaterra, para todos os efeitos, estava perdida. Os britânicos continuariam sofrendo. Mas não sucumbiriam. O rugido dos Panzers, o guincho agudo dos bombardeiros de mergulho, o tropel da marcha de soldados alemães — sons que acompanharam os horrores da conquista e a catástrofe da ocupação na Polônia, na Dinamarca, na Noruega, na Holanda, na Bélgica, em Luxemburgo e na França — não seriam ouvidos na Grã-Bretanha, pelo menos não em 1940.

10. "A guerra está ganha!" (Hitler)

OUTUBRO DE 1940

O fracasso do plano de Hitler de debilitar o poderio aéreo britânico o suficiente para tornar possível a invasão não pôs um ponto-final nem ao conflito entre a Grã-Bretanha e a Alemanha nem à selvageria do combate. Em 17 de setembro de 1940, o dia da verdadeira derrota de Hitler nos céus, 77 crianças e 217 adultos britânicos morreram afogados quando o navio que os levava para o Canadá, o *City of Benares*, foi torpedeado no meio do Atlântico. Uma das crianças sobreviventes, Colin Ryder-Richardson, de onze anos, tentou salvar a babá do afogamento. "Eu simplesmente não conseguia largar o corpo dela, mesmo depois de morta", relembraria ele mais tarde, "e outros tiveram que ajudar a tirá-la de meus braços." Por sua bravura, o menino recebeu o King's Award, uma honraria até então jamais concedida a alguém tão jovem. A coragem de vários outros tripulantes e passageiros civis também foi reconhecida; entre eles, o taifeiro George Purvis, que salvou quatro crianças da morte por afogamento, e uma das acompanhantes das crianças, Mary Cornish, que, juntamente com 46 adultos e seis crianças, ficaram à deriva por oito dias em um barco aberto antes de serem resgatados.

Na guerra de espionagem, os alemães iam de mal a pior. Em 19 de setembro, seu agente galês, Arthur Owens, que na verdade trabalhava para os britânicos desde a eclosão da guerra, um ano antes, começou a transmitir uma série de relatórios em que recomendava alvos para bombardeiros alemães. Essas mensagens foram preparadas de antemão para ele pelo serviço de inteligência do Ministério do Ar britânico. Nesse mesmo dia os alemães acionaram outro agente, Wulf Schmidt, que pousou de paraquedas na Inglaterra. Detido, submetido a interrogatório e persuadido a virar a casaca, Schmidt recebeu o codinome Tate, e duas semanas depois já estava enviando sua primeira mensagem como agente duplo. Os alemães consideravam seu trabalho de espionagem tão eficaz e sua atuação como "chefe pagador" de outros espiões — todos eles também agentes duplos — tão profícua que Schmidt acabaria por receber a Cruz de Ferro de Primeira Classe.

Houve muitas façanhas dignas de distinção e louvor; em 21 de setembro, um oficial canadense, o tenente J. M. S. Patton, que não tinha capacitação em desarmamento de bombas, removeu um artefato não detonado que caiu sobre uma fábrica em Surrey. Foi condecorado com a Cruz de George. Seu compatriota canadense, o capitão D. W. Cunnington, que o ajudou a colocar a bomba em um trenó e arrastá-la para longe, foi premiado com a Medalha de George. Nos quarenta dias transcorridos desde o Dia da Águia, 15 mil toneladas de bombas foram despejadas sobre território britânico.

A Grã-Bretanha e a França estavam prestes a lançar sua primeira ofensiva; em 23 de setembro, forças britânicas e francesas se juntaram para desferir a Operação Ameaça, cujo objetivo era a tomada pacífica do porto de Vichy, controlado por Dacar, como uma preliminar para conquistar a África Ocidental francesa em nome da causa da brigada dos Franceses Livres. Para a surpresa das forças de ataque, as autoridades de Vichy não somente se recusaram a transferir sua lealdade para De Gaulle, mas abriram fogo contra os navios britânicos. A guarnição de Dacar tinha à disposição uma arma poderosíssima, o encouraçado *Richelieu*, que atirou com seus canhões de 400 milímetros, nunca antes usados em combate. Depois que dois navios de guerra britânicos, o cruzador *Cumberland* e o antigo encouraçado *Resolution*, foram atingidos, a operação foi cancelada. Ter insistido no desembarque, Churchill disse a Roosevelt, "nos amarraria a um compromisso excessivo e inoportuno, quando paramos para pensar no que já temos em mãos".

Na semana encerrada em 26 de setembro, enquanto a Blitz prosseguia, apesar das fortes perdas sofridas pela força aérea alemã, mais de 1500 civis britânicos foram mortos, 1300 deles em Londres; no final de setembro, o número de baixas civis no mês subiu para 6954.

Na Europa ocupada pelos alemães, as agruras da população não diminuíram, e a vida era marcada por episódios quase diários de sofrimento e terror. Em 19 de setembro, várias centenas de poloneses foram presos em Varsóvia e enviados para campos de trabalhos forçados, para a morte quase certa — alguns tiveram como destino as pedreiras de Mauthausen; outros, as celas de Auschwitz. Em 20 de setembro, um oficial da SS, Philip Schmitt, recebeu seus primeiros quinze prisioneiros belgas em um novo campo de punições, o forte Breendonk, em um dos subúrbios ao sul de Antuérpia. Em 22 de setembro, em Poznań, capital da região anexada à Alemanha no oeste da Polônia, o Gauleiter* Arthur Greiser informou a todos os oficiais alemães sob sua autoridade:

---

* Líder provincial egresso do Partido Nacional-Socialista e nomeado por Hitler, a quem prestava contas. (N. T.)

"É necessário que as relações com os poloneses sejam implacavelmente restritas às necessidades criadas por aspectos econômicos e de serviço". Todo alemão que mantivesse com poloneses quaisquer relações de natureza diferente daquelas vinculadas ao trabalho destes seria "colocado em prisão preventiva". As polonesas que tivessem relações com membros da comunidade alemã poderiam "ser enviadas para bordéis". Nesse dia, em Berlim, William Shirer escreveu em seu diário: "Nós sabemos que Himmler mandou enforcar, sem direito a julgamento, pelo menos um polonês por ter tido relações sexuais com uma mulher alemã".

A produção de hortifrútis das propriedades rurais polonesas deveria estar à disposição, sobretudo, dos alemães. Quando os agricultores poloneses se recusavam a entregar sua contribuição, as punições eram drásticas. Em 30 de setembro, um edital afixado nos muros de Sochaczew informava aos habitantes locais que "o moleiro Niedzinski agiu em desacordo com os regulamentos sobre o fornecimento de alimentos ao governo-geral. Por isso, seu moinho em Kuklówka, perto de Radziejowice, foi completamente destruído por um incêndio".

O isolamento dos judeus também se espalhava, não apenas na Polônia, mas em outras partes da Europa. Em 10 de agosto, medidas antijudaicas haviam sido introduzidas na Romênia. Em 27 de agosto, o governo do marechal Pétain revogara um decreto pré-guerra que proibia todos os incitamentos ao ódio racial na França. Em Luxemburgo, em 5 de setembro, as autoridades alemãs de ocupação introduziram as Leis de Nuremberg de 1935, transformando os judeus em cidadãos de segunda categoria e confiscando todas as 355 empresas de propriedade de judeus no ducado. Na própria Alemanha, a noite de 24 de setembro marcou a primeira exibição do filme *O judeu Süss*, por cuja produção Goebbels manifestara um interesse especial. Deturpando de maneira deliberada e grosseira um episódio histórico, o filme retratava os judeus como uma dupla ameaça: primeiro havia os judeus fisicamente repulsivos do "gueto", com seus grotescos sotaques "semitas", facilmente reconhecíveis; mas havia também os sofisticados judeus da "corte", muito mais perigosos, entre eles o judeu Süss, para quem nenhuma infâmia era grande demais contanto que saciasse sua ávida busca por dinheiro e poder.

Impregnada de ódio, essa versão nazista de um evento histórico foi exibida em cinemas em toda a Alemanha e na Europa ocupada, bem como em sessões especiais para a Juventude Hitlerista. Em 30 de setembro, Himmler ordenou pessoalmente a todos os policiais e membros da SS que assistissem ao filme durante o inverno. Até mesmo o mundo do cinema e do entretenimento havia sido coagido a servir à causa do ódio racial.

Um dos elementos da política nazista de terror e assassinato era de ordem econômica; as casas, empresas, propriedades e até mesmo os pertences pessoais de todas as vítimas poderiam ser transformados em lucro. Em 23 de setembro, na qualidade de chefe da SS, Himmler assinou um decreto ordenando que "todos os dentes, obturações de ouro e pontes dentárias fossem retirados da boca dos detentos dos campos". O cumprimento da ordem, conhecida como Operação Dente, era responsabilidade do tenente-coronel Hermann Pook, da SS. Assim que chegavam a um campo de concentração, os presos tinham a boca examinada em busca de dentes e implantes de ouro. Quando algum era encontrado, o preso recebia uma pequena tatuagem no braço esquerdo, para uma identificação fácil e rápida no necrotério do campo quando chegasse a hora. Ao mesmo tempo, preenchia-se um formulário com a localização exata do dente e seu peso estimado em ouro. No final da guerra, milhões dessas fichas foram recuperadas pelos Aliados.

O ouro coletado na Operação Dente foi entregue ao Reichsbank* e creditado ao Escritório Central de Economia e Administração da SS, que também empregava mão de obra escrava em pedreiras, serrarias e fábricas têxteis em toda a Europa ocupada pelos alemães.

Agora os britânicos bombardeavam Berlim quase todas as noites. Em 24 de setembro, William Shirer observou que o ataque da noite anterior havia atingido "algumas importantes fábricas no norte da cidade, uma imensa fábrica de gás" e dois grandes pátios e terminais ferroviários. Goebbels, que jantava no Hotel Adlon com o ministro das Relações Exteriores da Espanha e uma comitiva de dignitários, teve que levar os convidados para terminar o jantar no abrigo antiaéreo do hotel. Em 25 de setembro, o ataque foi ainda mais pesado e longo, com cinco horas de bombardeio. "Os britânicos deveriam fazer isso todas as noites", escreveu Shirer. "Não importa que a destruição seja de pequena monta. Os estragos na noite passada não foram grandes. Mas o efeito psicológico foi tremendo."

Enquanto sua própria capital era bombardeada, os alemães apertavam o cerco e endureciam o controle sobre os territórios recém-conquistados. Em 25 de setembro, o governante alemão da Noruega, Josef Terboven, após vilipendiar os noruegueses com quem vinha negociando a criação de um Conselho de Estado, extinguiu o conselho administrativo existente e instalou em Oslo um novo governo constituído por simpatizantes nazistas. Quase imediatamente criou-se uma "frente norueguesa", para servir como um foco de resistência clandestina de base ampla. Um norueguês escreveu que

> o ressentimento, a tristeza e a amargura experimentados de início, por conta das vergonhosas negociações, deram lugar a uma libertadora sensação de alívio. Respirávamos um ar mais puro, porque a situação fora finalmente esclarecida: a resistência era o único caminho a percorrer, por mais longo e difícil que fosse.

* O banco central da Alemanha. (N. T.)

* * *

No Extremo Oriente, na última semana de setembro, aprofundou-se ainda mais a separação das potências em confronto. No dia 25, os Estados Unidos anunciaram um novo empréstimo à China; eles continuariam a apoiar o general Chiang Kai-shek em sua luta contra o Japão. No dia seguinte, os norte-americanos ampliaram o sistema de controle de exportações para os japoneses, de modo a incluir todos os tipos de sucata de ferro e aço. Em 27 de setembro, Alemanha, Itália e Japão concluíram um Pacto Tripartite, estendendo até o Extremo Oriente o Eixo Roma-Berlim, enaltecendo a criação de uma Nova Ordem europeia e asiática e prometendo que cada uma das partes ajudaria as demais caso alguma delas fosse atacada por uma potência não envolvida na guerra na Europa — ou seja, pelos Estados Unidos. Em 8 de outubro, a Grã-Bretanha reabriu a estrada da Birmânia, rota de abastecimento para a China.

Em 27 de setembro, os judeus da zona ocupada da França foram obrigados a portar uma cédula de identidade com marcações especiais, e, no caso dos comerciantes, a afixar nas vitrines das lojas um cartaz amarelo e preto com os dizeres "estabelecimento judaico". No dia seguinte, livros de 842 autores foram retirados de todas as livrarias francesas, inclusive obras de escritores e emigrados judeus e patriotas franceses. No final do mês, Theodor Dannecker, de 27 anos, chegou a Paris incumbido de criar uma seção judaica especial do Escritório Central de Segurança de Berlim, reportando-se diretamente a seu superior na capital, Adolf Eichmann. Agora os judeus eram obrigados a se registrar em ordem alfabética nas delegacias de polícia francesas, onde tinham de fornecer também informações detalhadas sobre endereço, nacionalidade e profissão. Henri Bergson, que morreria de velhice poucos meses depois, preencheu em seu formulário: "Acadêmico. Filósofo. Ganhador do prêmio Nobel. Judeu".

Em 30 de setembro, três agentes alemães, dois homens e uma mulher, desembarcaram na costa da Escócia, perto da pequena vila de pescadores de Buckie. Em um intervalo de 48 horas, foram detidos e levados a julgamento — e os dois homens, Karl Drugge e Robert Petter, condenados à forca. Em outros lugares, porém, o outono e o inverno de 1940 foram um período de considerável êxito alemão. Em outubro, doze submarinos alemães, operando em alcateias* a partir da zona ocupada ao longo da costa francesa no Atlântico, e agora livres dos perigos do mar do Norte e do canal da Mancha, afundaram 32 navios mercantes Aliados. Mais tarde, chamariam esse período de "o ano da fartura".

---

* O conceito tático de alcateia consistia no ataque simultâneo de submarinos a um comboio. (N. T.)

Em 1º de outubro, o exército alemão lançou a Operação Otto, um abrangente programa de construção e melhorias em todas as estradas e ferrovias que levavam à fronteira soviética. Na margem ocidental do rio Bug, com mão de obra escravizada polonesa e judaica, construiu-se uma Linha Otto. Nesses canteiros de obras trabalharam prisioneiros judeus trazidos de várias cidades polonesas, como Varsóvia, Radom e Częstochowa, mas também de cidades da Eslováquia. Um campo de extermínio que serviria como base para os trabalhos na Linha Otto foi instalado em Bełżec, aldeia polonesa na fronteira oriental da Grande Alemanha.

Em outubro de 1940, Alfred Rosenberg criou uma força-tarefa especial incumbida de transportar para a Alemanha objetos culturais valiosos dos países europeus ocupados. Mais de 5 mil pinturas, incluindo telas de Rembrandt, Rubens, Goya, Gainsborough e Fragonard, foram retiradas de museus e casas particulares. Além delas, milhares de objetos de porcelana, bronzes, moedas antigas, ícones e móveis dos séculos XVII e XVIII. Em Frankfurt, Rosenberg inaugurou o Instituto de Investigação da Questão Judaica e declarou em seu discurso de abertura: "A Alemanha só haverá de considerar a Questão Judaica como resolvida depois que o último judeu tiver deixado o espaço vital da Grande Alemanha". Nesse meio-tempo, "os bens e propriedades judaicos sem dono" estavam amplamente disponíveis para quem deles quisesse tomar posse nas centenas de lares e lojas de judeus na França, na Bélgica e na Holanda.

Em 3 de outubro, os 150 mil judeus que viviam em Varsóvia foram obrigados a se mudar para o bairro predominantemente judaico da cidade, que deveria ser cercado por muros; isso obrigou mais de 400 mil judeus a viverem num espaço já superpovoado onde antes residiam 250 mil pessoas. Àqueles forçados a se mudarem para essa área permitia-se levar apenas o que conseguissem carregar ou transportar em carrinhos de mão. Todo o restante de suas posses — mobília pesada, artigos de decoração, fogões, fornos, móveis, acessórios e estoques de loja — tinha que ser abandonado. Mais de 100 mil poloneses que residiam na área agora designada como "gueto" também tiveram que se mudar e abandonar todos os seus bens, exceto os que conseguissem carregar.

"A melancolia reinava em nosso quintal", escreveu em seu diário o historiador Emanuel Ringelblum, que vivia no bairro judeu de Varsóvia, assim que foram divulgados os detalhes da mudança para o gueto. "Uma dona de casa" — uma senhora polonesa católica — "reside lá faz 37 anos e agora terá que deixar seus móveis para trás. Milhares de estabelecimentos comerciais cristãos serão arruinados." No dia seguinte, os judeus do subúrbio de Praga, do outro lado do rio Vístula, foram expulsos de suas casas e instruídos a seguir para o novo gueto. "Hoje foi um dia assustador", escreveu Ringelblum. "A visão de judeus carregando seus trapos e velhas roupas de cama causava uma impressão terrível. Mesmo proibidos de levar seus móveis, alguns judeus o fizeram."

"A guerra está ganha!", Hitler disse a Mussolini quando se encontraram no passo do Brennero, em 4 de outubro. "O resto é apenas uma questão de tempo." O povo britânico estava sob "uma pressão desumana"; apenas a esperança de ajuda norte-americana e russa os mantinha na guerra. No dia seguinte, porém, apesar da bazófia, Hitler, incapaz de suportar a perda de aviões de combate — um total de 433 caças desde o Dia da Águia, em 13 de agosto —, ordenou o fim dos ataques diurnos à Grã-Bretanha. Em 5 de outubro ocorreu o primeiro dos ataques aéreos exclusivamente noturnos. Por segurança, centenas de milhares de londrinos começaram a dormir nas profundezas de estações e túneis do metrô; um túnel com pouco menos de dois quilômetros de comprimento entre as estações de Bethnal Green e Liverpool Street abrigou 4 mil pessoas. Centenas de milhares de crianças deixaram a capital mais uma vez para viver na zona rural; em meados de outubro, o número de crianças evacuadas chegou a 489 mil.

Em 7 de outubro, tropas alemãs entraram na Romênia; mais um passo em direção ao objetivo de Hitler de construir uma frente oriental ininterrupta contra a Rússia. Cinco dias depois, o Führer emitiu ordens para que a Operação Leão-Marinho fosse abandonada por completo; ela deveria ser mantida apenas como uma manobra enganosa para desviar a atenção dos russos dos preparativos para a guerra que se engendrava contra eles.

Os prisioneiros de guerra britânicos na França agora começavam a buscar maneiras de escapar. Em 10 de outubro, um jovem oficial subalterno, Jimmy Langley, capturado em Dunquerque com graves ferimentos na cabeça e nos braços — o esquerdo, de tão estilhaçado, teve de ser amputado e ainda estava infeccionado —, fugiu de um hospital em Lille. Foi abrigado por uma família francesa que morava a cerca de dois quilômetros do hospital e lhe ofereceu roupas e pernoite. Algumas semanas depois, estava em Marselha, na França de Vichy, no caminho de volta para a Grã-Bretanha.

Langley logo desempenharia um importante papel na coordenação, a partir de Londres, do perigoso trabalho de fuga, evasão e retorno à Grã-Bretanha de muitas centenas de prisioneiros de guerra e aviadores. Esse trabalho não se limitava ao resgate; cada soldado, marinheiro ou aviador que conseguia regressar levava consigo preciosos conhecimentos e informações sigilosas sobre as Forças Armadas alemãs e sobre a vida civil na Alemanha e nas terras ocupadas.

Para os aviadores abatidos em combates aéreos na Grã-Bretanha, ou que haviam sofrido queimaduras graves, a unidade especial de queimados em East Grinstead, chefiada pelo cirurgião plástico neozelandês Archibald McIndoe, tornou-se a tábua de salvação; nessa unidade, os feridos passavam pelo lento, doloroso e desfigurante processo de recuperação, tratamento que, não fossem a dedicação e a perícia de McIndoe e sua equipe, teria sido impossível. Em cinco anos e meio, receberam cuidados em East Grinstead 4500 aviadores, dos quais duzentos precisaram ser submetidos à reconstrução total do rosto e das mãos.

Em 12 de outubro, o presidente Roosevelt falou em Dayton, Ohio. "Nosso caminho é claro. Nossa decisão está tomada. Continuaremos a reforçar nossas defesas e nossa produção de armamentos. Continuaremos a ajudar aqueles que resistem à agressão e que agora mantêm os agressores longe de nossa costa." Um dia antes, em Lashio, na Birmânia, com a reabertura da estrada da Birmânia para o envio de suprimentos para a China, 5 mil trabalhadores chineses haviam carregado 20 milhões dólares em combustível de alta octanagem, asas de aeronaves, canos de rifles e algodão cru em 2 mil caminhões de fabricação norte-americana. Embora Roosevelt não tenha mencionado nada disso em seu discurso, estava claro que a China não seria abandonada.

Falando sobre a Blitz, Roosevelt disse à plateia: "Os homens e mulheres da Grã-Bretanha mostraram de que maneira as pessoas livres defendem o que sabem ser certo. Sua heroica defesa ficará para sempre gravada na história. Será a prova perpétua de que a democracia, quando posta à prova, pode mostrar de que é feita". Hitler pensava de outra forma: "Que os britânicos anunciem o que bem quiserem", disse a um ministro italiano em visita à Alemanha em 14 de outubro; "a situação em Londres deve estar horrível". No mesmo dia, em Londres, na hora do almoço, os integrantes de uma companhia de teatro que na véspera estreara um espetáculo, mas cujos camarins haviam sido bombardeados durante a noite, trocaram de roupa em cima do palco para sua segunda apresentação. Com uma hora de duração, seu repertório consistia numa seleção de cenas de peças shakespearianas. "Shakespeare derrota Hitler" foi a manchete do jornal *Daily Express* na manhã seguinte.

Hitler não ficou impressionado com essa bravata. Em conversa com seu visitante italiano em 14 de outubro, disse: "Vamos esperar para ver como Londres estará daqui a dois ou três meses. Se não posso invadi-los, posso pelo menos destruir toda a indústria deles!". Na noite seguinte, o bombardeio mais intenso da guerra até então atingiu os londrinos com um golpe feroz. Registraram-se novecentos focos de incêndio. Dezenas de abrigos foram atingidos. Uma bomba explodiu na estação de Balham e abriu uma cratera no teto da plataforma subterrânea; das seiscentas pessoas lá abrigadas, 64 morreram — enterradas vivas sob o monte de terra e cascalho. Uma chuva de bombas caiu das oito da noite às cinco da manhã. Quando o dia raiou, havia quatrocentos londrinos mortos.

Na noite seguinte, 16 de outubro, bombardeiros britânicos atacaram as bases navais alemãs em Kiel. Nesse dia, o Gabinete britânico decidiu que, se o mau tempo impossibilitasse a identificação de alvos específicos, as bombas deveriam ser lançadas em grandes cidades como Berlim. Também se deliberou que a população não deveria ser informada dessa nova diretiva, como medida de precaução para as pessoas não se decepcionarem caso a única arma ofensiva da Grã-Bretanha, o bombardeio de precisão, se mostrasse muito menos eficaz do que se imaginava.

Nos Estados Unidos, 16 de outubro marcou o primeiro dia de alistamentos segundo a Lei de Treinamento e Serviço Militar Seletivo. Nesse único dia, mais de 16 milhões de norte-americanos se alistaram. "Estamos mobilizando nossos cidadãos", declarou Roosevelt em um pronunciamento pelo rádio, "convocando homens e mulheres, propriedades e dinheiro, para que contribuam para o sucesso de nossa defesa."

Um inesperado exemplo da eficácia da defesa norte-americana se deu nesse mesmo dia, com a detenção, em Boston, de George Armstrong, marinheiro mercante britânico que abandonou seu navio, foi para Nova York, onde entrou em contato com o consulado-geral da Alemanha, e depois voltou a Boston a fim de reunir informações sobre os comboios que atravessariam o Atlântico. Detido antes que pudesse causar qualquer estrago, no devido tempo Armstrong foi deportado para a Grã-Bretanha, onde se tornou o primeiro britânico a ser julgado por espionagem na guerra. Considerado culpado, foi condenado à forca.

As pretensas atividades de Armstrong destacaram os perigos da travessia do Atlântico para os marinheiros mercantes. No dia seguinte à sua prisão, seis submarinos alemães, caçando em formação de alcateia, atacaram um comboio de 35 navios que transportavam suprimentos de guerra do Canadá para a Grã-Bretanha. Sob o codinome SC-7 (as iniciais de *slow convoy*, ou comboio lento), o grupo de navios partira originalmente de Sydney, na Nova Escócia. Os submarinos afundaram vinte navios. Um dia depois, perseguiram um segundo comboio, o HX-79, que zarpara de Halifax — de seus 49 navios, doze foram afundados. Em dois dias, 152 mil toneladas de carga foram destruídas. Entre os comandantes dos submarinos que realizaram esse trabalho devastador estava Günther Prien, que afundara o *Royal Oak*, e Heinrich Bleichrode, cujos torpedos haviam afundado o *City of Benares* quase exatamente um mês antes. Em 21 de outubro, quando os submarinos vitoriosos retornaram à sua base em Lorient, na costa atlântica da França, os bombardeiros alemães lançaram seu ducentésimo ataque aéreo ao porto de Liverpool, uma das principais vias de acesso da Grã-Bretanha ao Atlântico.

Na terceira semana de outubro, o transatlântico *Empress of Britain* zarpou de Liverpool para o Canadá. A 240 quilômetros da costa da Irlanda, foi atacado, o que resultou na morte de cinquenta tripulantes e passageiros. Os demais desembarcaram sãos e salvos, e o transatlântico foi rebocado de volta para a Grã-Bretanha. Porém, durante a viagem, foi torpedeado por um submarino alemão e afundou.

Todavia, nem todo submarino alemão era capaz de realizar ataques e sair ileso; quatro dias após os afundamentos dos comboios SC-7 e HX-79, o submarino alemão U-32 foi forçado a subir à tona depois de ser atingido por bombas de profundidade. Seu comandante, Hans Jenisch, foi o primeiro ás da navegação submarina a ser capturado. Ele e sua tripulação foram interrogados. O interrogador britânico observou em seu relatório:

> Os prisioneiros eram todos nazistas fanáticos e odiavam intensamente os britânicos, o que não tinha ficado tão evidente em casos anteriores. Eles defendem a guerra irrestrita e estão dispostos a tolerar todo tipo de violência, agressão, crueldade, violação de tratados e outros crimes como medidas necessárias para que a raça germânica obtenha o controle da Europa.

Os êxitos alemães ao longo de 1940, acrescentou o interrogador, "parecem ter assentado a figura de Hitler na mente dessas pessoas não apenas como um Deus, mas como seu único Deus".

Na Europa ocupada pelos alemães, os laços da tirania se apertavam continuamente. Em 20 de outubro, Arthur Greiser, governador e Gauleiter da província do Warthegau, no leste da Alemanha, disse a seus dirigentes que "os poloneses não podem ser nada além de elementos servis" e reiterou seu apelo à firmeza: "sejam implacáveis, sempre implacáveis". Dois dias depois, mais de 5 mil judeus alemães das províncias de Baden, Sarre e Palatinado, no oeste da Alemanha, foram enviados de trem via França para campos de prisioneiros nos Pireneus franceses. Todos os seus bens e propriedades, incluindo casas, lojas e pertences pessoais, foram confiscados pelos alemães nas cidades e aldeias de onde haviam sido expulsos e nas quais seus antepassados tinham vivido por muitos séculos. O maior desses campos de internamento ficava em Gurs. "Deste campo", relembrou mais tarde um pastor alemão chamado Heinrich Grüber, "recebíamos, em Berlim, notícias muito ruins, notícias ainda piores do que as que nos chegavam da Polônia. Os prisioneiros não dispunham de medicamentos nem de instalações sanitárias de qualquer tipo."

O pastor Grüber protestou. Por seu ato de coragem, foi detido e enviado como prisioneiro para o campo de concentração de Sachsenhausen.

À medida que chegavam à Grã-Bretanha notícias sobre as deportações, os campos de concentração e a perseguição aos judeus, recrudescia a determinação de não esmorecer sob os contínuos bombardeios aéreos alemães, que na semana encerrada em 16 de outubro haviam matado 1567 pessoas, 1388 delas em Londres. Em 21 de outubro, Churchill se dirigiu via rádio ao povo francês. "Almejamos extinguir a vida e a alma de Hitler e do hitlerismo. É o nosso único e permanente objetivo, até o fim. Das outras nações nada cobiçamos, exceto seu respeito." Churchill terminou seu pronunciamento com palavras que um francês descreveu como gotas de sangue em uma transfusão: "Boa noite, então: durmam bem, a fim de reunir forças para a manhã. Porque a manhã virá. Ela brilhará intensamente sobre os corajosos e verdadeiros, suavemente sobre todos os que sofrem pela causa, gloriosa sobre os túmulos dos heróis. Assim brilhará o amanhecer".

Na terceira semana de outubro, Hitler deixou a Alemanha rumo à França no *Amerika*, seu trem especial. Em 22 de outubro, encontrou-se em Montoire, na zona ocupada pelos alemães, com Pierre Laval, vice-primeiro-ministro da França de Vichy. Hitler estava ansioso para que Laval concordasse com uma política mais ativa de Vichy contra a Grã-Bretanha, cuja derrota, o Führer declarou, era inevitável. Laval assegurou que desejava a derrota do país que havia manchado a honra da França em Mers-el-Kébir e Dacar. No dia seguinte, Hitler continuou sua jornada de trem em direção ao sul até a fronteira com a França em Hendaye, onde se reuniu com o líder espanhol, o general Francisco Franco. Contudo, apesar da insistência do Führer, Franco se recusou a firmar uma aliança com a Alemanha, ou, como Hitler queria, a permitir que as tropas alemãs passassem pela Espanha para atacar os britânicos em Gibraltar. Esse ataque, disse Hitler, poderia ocorrer em 10 de janeiro. Em seguida, ele daria Gibraltar à Espanha. Mas Franco não se deixou seduzir; depois de nove horas de discussão, ainda se recusava a atrelar seu destino ao da Alemanha. "Prefiro que me extraiam três ou quatro dentes", o Führer disse a Mussolini, "a ter que falar com aquele homem de novo."

Franco regressou a Madri; furioso com a postura do governante espanhol, que se recusara a ingressar no Eixo e lhe negara os meios de atacar Gibraltar, Hitler retornou a Montoire, agora para se reunir com o marechal Pétain, com quem igualmente insistiu acerca da necessidade de uma colaboração mais estreita entre a França de Vichy e a Alemanha, "da forma mais eficaz possível na luta contra a Grã-Bretanha no futuro". Pétain, assim como Franco, foi evasivo. Porém, ao contrário de Franco, pareceu a Hitler uma figura mais digna, e mereceu elogios como um homem que "quer apenas o melhor para seu país". Ainda que sua anuência pudesse ter assegurado o retorno à França de mais de 1,5 milhão de prisioneiros de guerra franceses, Pétain se recusou a concordar a entrar na guerra contra a Grã-Bretanha e se esquivou do pedido de Hitler para que a França de Vichy tomasse medidas para expulsar De Gaulle e as forças dos Franceses Livres de suas bases na África Equatorial francesa.

A propósito, foi na África Equatorial francesa que, no dia 27 de outubro, De Gaulle anunciou a criação do Conselho de Defesa do Império para o movimento dos Franceses Livres. Todas as possessões francesas ainda leais a Vichy foram convidadas a aderir. Em um veemente apelo aos franceses espalhados pelo mundo, De Gaulle declarou: "Conclamo à guerra, isto é, para o combate ou o sacrifício, todos os homens e todas as mulheres dos territórios franceses que se uniram em apoio a mim". Em "estreita união" com os Aliados da França, a parte do "patrimônio nacional" que estava nas mãos da brigada dos

Franceses Livres seria defendida, ao passo que em outras plagas a tarefa seria "atacar o inimigo onde for possível, mobilizar todos os nossos recursos militares, econômicos e morais, manter a ordem pública e fazer reinar a justiça".

Churchill ficou muito impressionado com essa "Declaração de Brazzaville", como se tornou conhecida. Alguns dias depois, ele escreveu a seu ministro das Relações Exteriores, Anthony Eden, dizendo que a declaração estava fadada "a ter um grande efeito na mentalidade dos franceses, em virtude tanto de seu escopo quanto de sua lógica. Ela mostra De Gaulle sob uma luz muito diferente daquela de um militar comum". Duas semanas depois, Churchill garantiu a De Gaulle que, se o governo de Vichy bombardeasse Gibraltar ou tomasse qualquer ação agressiva contra o território, "bombardearemos Vichy e perseguiremos o governo de Vichy aonde quer que escolha ir".

Não era a França de Pétain, no entanto, mas a Itália de Mussolini, que estava às vésperas de levar a cabo uma ação militar.

Em 28 de outubro de 1940, as forças italianas na Albânia, conquistada por Mussolini um ano e meio antes, invadiram a Grécia. Em menos de catorze meses, nove países tinham sido invadidos sem aviso prévio: Polônia, Finlândia, Dinamarca, Noruega, Holanda, Bélgica, Luxemburgo, França e agora a Grécia. Mais uma vez, soldados e civis seriam submetidos a bombardeios aéreos. Mais uma vez, tanto os que tomassem parte

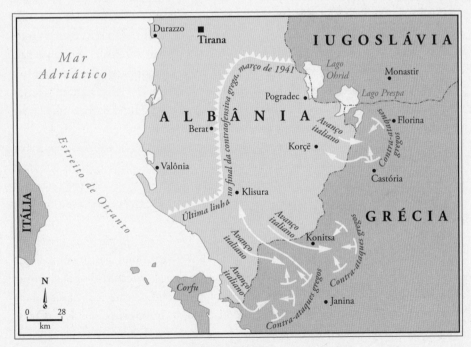

Mapa 12. A invasão italiana da Grécia, outubro de 1940

dos combates quanto os que se escondessem sofreriam igualmente a devastação e o sofrimento da guerra.

Hitler recebeu a notícia da invasão da Itália à Grécia a bordo do *Amerika*, numa viagem entre Munique e Florença, onde Mussolini o cumprimentou em alemão com as palavras "Führer, estamos em marcha!". Hitler ficou furioso, por considerar que o ataque à Grécia era um grande erro estratégico. A seu ver, a continuação do avanço pelo Egito, tomando a base naval britânica em Alexandria, ou a ocupação de Creta, no Mediterrâneo, teria feito muito mais sentido. Mas agora a Itália estava enredada em um país montanhoso, enfrentando um inimigo tenaz, enquanto deixava seu flanco líbio exposto a um contra-ataque britânico.

Aparentemente, os Estados Unidos continuavam determinados a não se envolver em ações militares diretas na Europa. Em 30 de outubro, dois dias após a invasão italiana da Grécia, Roosevelt, então em plena campanha de reeleição, declarou para uma plateia em Boston: "Dou-lhes mais uma garantia. Eu disse antes e vou dizer de novo, de novo e de novo. Seus filhos não serão mandados para nenhuma guerra estrangeira".

Essas "guerras estrangeiras" tinham duas vertentes, com uma longínqua terceira já em perspectiva; na Grécia, no terceiro dia do ataque italiano, as forças de Mussolini se mostraram incapazes de avançar tanto quanto pretendiam e, em decorrência das péssimas condições atmosféricas, foram forçadas a desistir de seu plano de desembarcar na ilha de Corfu. Na Grã-Bretanha, em outubro de 1940, morreram 6334 civis, dos quais 643 tinham menos de dezesseis anos; em 31 de outubro, Churchill disse a seus comandantes militares que, no leste da Europa, os alemães "inevitavelmente voltariam seus olhos para o Cáspio e para o enorme tesouro representado pelos campos petrolíferos de Baku".

A previsão de Churchill não era uma fantasia; no dia em que ele a fez, Arthur Greiser, governador e Gauleiter alemão do Warthegau, almoçava com Hitler e Martin Bormann na Chancelaria de Berlim. Greiser expressou seu aborrecimento pelo fato de os olhos do povo alemão estarem agora voltados para o oeste, e não para o leste. Os espaços de que a Alemanha necessitava para seu projeto de expansão e colonização só poderiam ser obtidos no leste. "O Führer concordou que essa opinião era correta", observou Bormann.

Os serviços de inteligência britânicos, recorrendo parcialmente a mensagens Enigma interceptadas, confirmaram a previsão de Churchill e o desejo de Greiser. Em 31 de outubro, a inteligência militar britânica informou que o exército alemão passava por um vasto programa de motorização, que um movimento contínuo das divisões alemãs da Europa Ocidental rumo à Polônia estava em curso e que agora havia setenta divisões alemãs no leste e no sudeste da Europa. O número de divisões mecanizadas também vinha aumentando; na primavera, já teriam recebido o treinamento completo. O que a inteligência militar não sabia era se essas forças estavam destinadas a operações na Rússia ou no Oriente Médio.

Quatro dias antes da invasão da Grécia pela Itália, a Grã-Bretanha e os Estados Unidos concluíram um acordo secreto que deu ao governo britânico considerável confiança em sua capacidade de longo prazo de virar a maré da invasão contra a Alemanha durante o ano de 1942. Segundo os termos desse acordo, assinado em 24 de outubro, o governo dos Estados Unidos aceitou "fornecer equipamento completo e garantir a manutenção" de dez divisões britânicas usando armamentos norte-americanos que naquele momento estavam em produção, a tempo para a "campanha de 1942". Os Estados Unidos prometeram também "assegurar prioridade" ao material necessário para a manutenção dessas divisões no campo de batalha. "Isso é esplêndido", comentou Churchill ao ouvir a notícia. Ele também foi informado, em 26 de outubro, de que o pedido britânico de suprimentos militares a serem comprados dos Estados Unidos incluía 78 milhões de cartuchos de munição de fuzis, 78 milhões de cartuchos compatíveis com as submetralhadoras Thompson, mais de 2,5 milhões de toneladas de explosivos e 250 motores de aeronaves. A fim de instigar Roosevelt a aprovar essas encomendas e a acelerar sua remessa, Churchill telegrafou a ele em 2 de outubro: "A Causa Mundial está nas suas mãos".

Os planos da Grã-Bretanha de levar a guerra terrestre à Alemanha em 1942 eram um sinal da determinação de seus dirigentes e de seu povo de não aceitar o domínio alemão da Europa. Mas a fúria dos ataques aéreos alemães não arrefeceu. Em 28 de outubro, mais de 450 aeronaves germânicas atacaram alvos estratégicos em todo o sul da Inglaterra. Os britânicos derrubaram 28 aviões inimigos e perderam apenas sete caças, mas os danos causados foram consideráveis. Em Londres, cinquenta pessoas perderam a vida enquanto se abrigavam sob um arco ferroviário em Croydon, e dezoito morreram na cripta de uma igreja em Southwark. Em 1º de novembro, decididos a levar a guerra a ambas as capitais inimigas, os bombardeiros britânicos atacaram alvos militares em Berlim e Roma. Mas Churchill, ainda insatisfeito, escreveu ao chefe do estado-maior da aeronáutica: "A quantidade de bombas despejadas na Alemanha é lamentavelmente pequena".

Agora a Grã-Bretanha enviou à Grécia toda a ajuda que podia, incluindo uma esquadrilha de quinze aeronaves que estavam estacionadas no Egito para defender Alexandria e o canal de Suez contra um ataque dos italianos, cujas tropas estavam agora entrincheiradas no território egípcio, em Sidi Barrani, a cerca de cem quilômetros da fronteira. "Se a Grécia fosse massacrada", Churchill advertiu seu Gabinete de Guerra em 4 de novembro, "diriam que, apesar de nossas garantias, havíamos permitido que mais um pequeno aliado fosse devorado."

A Grã-Bretanha deu sua garantia de auxílio à Grécia em abril de 1939. Contudo, praticamente não dispunha de nenhum equipamento militar excedente que pudesse oferecer. Algumas tropas britânicas, alguns canhões antiaéreos e uma bateria de defesa costeira estavam a caminho. Mas foi graças aos esforços dos próprios gregos que a invasão italiana veio a ser refreada. Em 4 de novembro, uma semana após o início da ofensiva italiana, as forças gregas contra-atacaram e começaram a empurrar os italianos de volta a seu ponto de partida.

A noite de 3 de novembro foi a primeira, desde 7 de setembro, em que não houve ataques aéreos alemães a Londres. A Luftwaffe estava chegando ao ponto de exaustão. Ao longo dos três meses anteriores, 2433 aeronaves alemãs haviam sido abatidas na Grã-Bretanha, com a morte de 6 mil aviadores. Essas perdas eram especialmente inaceitáveis em vista da determinação de Hitler de atacar a Rússia.

Em 4 de novembro, Hitler disse ao general Halder: "Devemos fazer todo o possível para estar prontos para o confronto final". No alto-comando alemão havia quem quisesse usar os estreitos de Dardanelos e de Bósforo como meios de abrir caminho, através da Turquia, até a Síria, sob o controle de Vichy. "Só poderemos chegar aos estreitos", Hitler disse a Halder, "quando a Rússia for derrotada."

11. A "nova ordem de tirania" (Roosevelt)

INVERNO DE 1940-1

Em 5 de novembro de 1940, Franklin D. Roosevelt foi reeleito presidente do Estados Unidos. "É uma estrondosa bofetada em Hitler, Ribbentrop e todo o regime nazista", William Shirer escreveu em seu diário de Berlim. Esse regime, no entanto, estava determinado a cortar a linha de comunicações transatlântica da Grã-Bretanha enquanto os Estados Unidos permanecessem neutros e seus navios de guerra, passivos. No mesmo dia da reeleição de Roosevelt, o comboio HX-84, de 37 navios, partindo de Halifax, na Nova Escócia, com destino à Grã-Bretanha, foi atacado em pleno Atlântico pelo encouraçado de bolso alemão *Admiral Scheer*.

A escolta do comboio ficou a cargo do *Jervis Bay*, antigo navio de passageiros australiano agora convertido em cruzador mercante armado. Decidido a atrasar o ataque alemão ao comboio e assim ganhar tempo, o capitão do *Jervis Bay*, Edward Stephen Fogarty Fegen, ordenou que o comboio se espalhasse e encarou a disputa desigual. Irlandês nascido em Tipperary, Fegen servira na Marinha Real durante a Primeira Guerra e agora continuava a comandar a luta mesmo depois de ter boa parte do braço esquerdo estilhaçado por uma bomba alemã. Mais tarde, ele foi morto em combate. Após 25 minutos de batalha, o *Jervis Bay* afundou; 189 de seus oficiais e tripulantes morreram afogados. O capitão Krancke, comandante do *Admiral Scheer*, não fez nenhuma tentativa de resgatar os 65 sobreviventes que se agarraram aos destroços. Horas depois, Sven Olander, capitão do navio mercante sueco *Stureholm*, voltou para recolhê-los, com grande risco para sua própria embarcação. Como resultado das ordens do capitão Fegen para o comboio se dispersar, apenas cinco navios mercantes do grupo foram atingidos por Krancke e afundaram. Ao longo dos cinco meses seguintes, Krancke restringiria seus esforços destrutivos a navios mercantes desacompanhados de escolta e afundaria mais onze embarcações desse tipo.

O capitão Fegen foi condecorado com a Cruz de Vitória "pela intrépida bravura, ao desafiar condições irremediavelmente adversas e um inimigo superior e dar a própria vida para salvar os muitos navios que estava encarregado de proteger".

Para o povo britânico, cada desastre com os comboios marítimos parecia anunciar a iminência de uma invasão alemã. Na verdade, porém, as ordens de Hitler para que se interrompessem todos os preparativos para a invasão estavam sendo cumpridas, e em 6 de novembro o quartel-general do 16º Exército alemão encaminhou uma mensagem Enigma da força aérea dando instruções para que uma parte do aparato usado para equipar as barcaças de invasão na Bélgica e no norte da França "retornasse aos depósitos", deixando para trás apenas os equipamentos necessários para a realização de "exercícios".

Essa mensagem foi captada ao mesmo tempo por seus destinatários alemães e pelo Serviço de Decodificação de Sinais da inteligência britânica. No início da noite de 6 de novembro, uma tradução da interceptação britânica foi enviada às 31 pessoas "que tinham de estar por dentro de tudo". Agora elas podiam ter certeza de que por um bom tempo os planos militares de Hitler não incluiriam a invasão da Grã-Bretanha.

Aqueles no centro da política britânica receberam mais boas notícias no dia seguinte, 7 de novembro, quando, apenas 48 horas após a reeleição de Roosevelt para a presidência dos Estados Unidos, o chefe da missão britânica de compras em Washington, Arthur Purvis, discutiu com o próprio Roosevelt acerca dos armamentos de que a Grã-Bretanha necessitava para poder colocar em ação um exército de 55 divisões até meados de 1942. Mobilizar um exército de tamanha magnitude seria impossível sem a ajuda norte-americana; Roosevelt, agora com a confiança de quem havia vencido a disputa presidencial, disse a Purvis que "sua regra geral" seria disponibilizar ao Reino Unido armas e munições "num esquema meio a meio". Ele também ajudaria a Grã-Bretanha a compensar as depredações causadas pelos submarinos alemães, reformando, para uso dos britânicos, setenta "embarcações de guerra" que estavam fora de serviço desde o fim da Primeira Guerra Mundial e construindo trezentos navios mercantes novos. Para assegurar que a Grã-Bretanha tivesse condições de pagar por essas compras, Roosevelt disse que os Estados Unidos arcariam com os custos de construção; em seguida, "arrendariam" os navios para os britânicos, um sistema que, segundo ele, poderia ser estendido para cobrir outras compras de armamentos.

Construir e arrendar; a partir desse conceito, que Roosevelt propôs a Purvis em 7 de novembro, nasceu a solução que permitia à Grã-Bretanha adquirir armas dos Estados Unidos, mesmo depois de seu crédito e de suas reservas de ouro terem se esgotado: a Lei de Empréstimos e Arrendamentos. Sabendo que Roosevelt era não apenas receptivo, mas também inventivo em relação às necessidades da Grã-Bretanha, o governo britânico pôde seguir adiante em seu esforço de guerra com uma confiança muito maior do que se estivesse realmente "sozinho".

Em 7 de novembro, bombardeiros britânicos atacaram as fábricas de armamentos Krupp em Essen. Nesse mesmo dia, durante a Operação Capa, cinco navios de guerra britânicos, liderados pelo encouraçado *Barham*, partiram de Gibraltar em uma viagem ao longo de toda a extensão do Mediterrâneo rumo ao Egito, para reforçar as forças navais lá posicionadas. Fizeram a jornada sem ser incomodados. Em 8 de novembro, Hitler teve que antecipar em uma hora seu discurso em Munique, no aniversário de sua tentativa de tomar o poder na Baviera em 1923, de modo a evitar que seu pronunciamento fosse interrompido pelos bombardeiros da Grã-Bretanha. Na noite seguinte, um dos pilotos britânicos que sobrevoou Munique disse à BBC: "Estava tão claro que conseguíamos enxergar com nitidez as casas e ruas. Era uma noite perfeita, o sonho de qualquer lançador de bombas. Ao todo, pairamos de um lado para o outro e estudamos nosso alvo por cerca de vinte minutos". O alvo era um pátio ferroviário. "Por todo o caminho", acrescentou o piloto, "vi aqueles grandes galpões de locomotivas pretas surgindo à nossa frente. E o artilheiro frontal disparou os canhões de luz, o que achei uma boa medida..."

Nessa noite, no front greco-italiano, o comandante de uma divisão alpina de infantaria leve captou uma transmissão da BBC anunciando que os italianos seriam "esmagados por três divisões gregas". Imediatamente, ordenou que seus homens recuassem até a fronteira. Dois dias depois, em 11 de novembro, 24 torpedeiros britânicos, decolando do porta-aviões *Illustrious* no mar Jônico, 270 quilômetros ao largo da costa italiana, colocaram em prática a Operação Julgamento, fustigando com seus torpedos a frota fascista, então ancorada no porto de Taranto. O encouraçado italiano *Duilio* foi afundado; dois outros encouraçados e cruzadores sofreram graves avarias.

Nessa noite, quatro navios mercantes italianos foram afundados por belonaves britânicas no estreito de Otranto. Nos céus da Grã-Bretanha, treze bombardeiros italianos estavam entre as 25 aeronaves abatidas durante o dia. "Os italianos caíram muito rapidamente do céu", anotou em seu diário o rei George VI. "Não tentarei ser vingativo, mas essa notícia me agradou."

Ainda que o rei não soubesse, 11 de novembro também foi um dia de mau agouro para os britânicos, quando, no oceano Índico, o vapor *Automedon* foi atacado pelo cruzador corsário *Atlantis*, que disparou 28 projéteis contra a ponte de comando. O capitão do *Automedon* e muitos de seus oficiais e tripulantes morreram; quando os alemães abordaram, encontraram um saco intacto, cuidadosamente selado e amarrado a um peso, de modo a ser atirado ao mar em caso de perigo. Dentro dele havia uma série de documentos secretos, incluindo um exemplar do livro de códigos da marinha mercante britânica válidos a partir de 1º de janeiro e um parecer dos chefes de estado-maior admitindo que, em caso de guerra contra o Japão, seria impossível defender Hong Kong, Malásia ou Cingapura. Essa avaliação foi levada às pressas para a embaixada da

Alemanha no Japão, e de lá transmitida via rádio, em código, para Berlim, onde o adido naval japonês tomou conhecimento de seu teor. O saco encontrado no *Automedon* foi um importante êxito para os serviços de inteligência alemães, e um sinal para o Japão da vulnerabilidade dos britânicos no Sudeste Asiático.

A descoberta dos segredos do *Automedon*, somada à vitória naval britânica em Taranto, deu aos japoneses alívio e inspiração. O uso bem-sucedido de torpedos aéreos foi notado imediatamente em Tóquio, onde o almirante Isoroku Yamamoto, comandante em chefe da Frota Combinada japonesa, vislumbrou um meio de anular o poderio marítimo dos Estados Unidos: atacando, na base naval de Pearl Harbour, uma frota ancorada, como a Grã-Bretanha havia feito. Tratava-se da Operação Z, e, um dia depois de Taranto, seu planejamento teve prioridade sobre todos os outros projetos navais. Um norte-americano tomou nota do papel desempenhado pelos torpedos aéreos na vitória de Taranto. "O sucesso do ataque aéreo britânico contra navios ancorados", escreveu Frank Knox, secretário da Marinha, "sugere que medidas de precaução devem ser tomadas de imediato para proteger Pearl Harbour contra um ataque-surpresa no caso de deflagração de uma guerra entre os Estados Unidos e o Japão. O maior perigo virá do torpedeamento aéreo."

No campo de concentração de Dachau, ao norte de Munique, no coração da Baviera, o dia 1º de novembro marcou a primeira execução em massa oficial. As vítimas eram 55 intelectuais poloneses que haviam sido deportados de Cracóvia para a Alemanha. Em Paris, na manhã de 11 de novembro, cidadãos franceses colocaram coroas de flores no Túmulo do Soldado Desconhecido e grupos de parisienses se reuniram nas ruas para lembrar os mortos de ambas as guerras. À tarde, os alemães começaram a dispersar os manifestantes e prenderam 123 pessoas — entre os detidos havia noventa crianças em idade escolar. Nos confrontos, quatro pessoas ficaram feridas. "Dentro em pouco", Churchill havia dito ao povo francês em sua transmissão radiofônica três semanas antes, "vocês serão capazes de reforçar o braço que luta pela sua causa, e devem fazer isso." Contudo, esse momento ainda não havia chegado. Dois dias depois, no entanto, na África Central, forças dos Franceses Livres entraram em Libreville; em 48 horas, De Gaulle arrancou todo o território do Gabão do governo de Vichy.

Hitler já havia decidido que a invasão da Grã-Bretanha era praticamente impossível. Em sua Diretiva n. 18, de 12 de novembro, ele propôs a seus comandantes a Operação Félix, cujo intuito era induzir a Espanha a entrar na guerra ao lado da Alemanha. O verdadeiro objetivo da operação, porém, era tomar Gibraltar, e em seguida utilizar as ilhas Canárias espanholas, a ilha portuguesa da Madeira e partes do Marrocos espanhol para "expulsar os ingleses do Mediterrâneo ocidental". Quanto à Rússia, afirmava a nova diretiva, "prosseguirão todos os preparativos relativos ao leste, para os quais as ordens verbais já foram dadas", e haveria novas diretivas "sobre essa questão, assim que o plano operacional básico do Exército for submetido a mim e aprovado".

Essa clara indicação de que uma invasão da Rússia continuava sendo o principal objetivo de Hitler coincidiu com a visita a Berlim de Viátcheslav Mólotov, ministro das Relações Exteriores soviético. Em uma conversa com o Führer em 12 de novembro, Mólotov quis saber que papel a Rússia teria na Nova Ordem criada pelo Pacto Tripartite entre Alemanha, Itália e Japão e qual era a situação nos Bálcãs e na Romênia no que dizia respeito aos interesses russos. Hitler não tinha resposta a dar, e em vez disso declarou que seria melhor interromper a reunião, "pois do contrário seremos pegos pelo alerta de ataque aéreo".

Em 13 de novembro, Mólotov deu prosseguimento a suas conversas com Ribbentrop, que propôs que a União Soviética se tornasse parceira do Pacto Tripartite. Mólotov foi ambíguo quanto à adesão soviética ao Eixo, referindo-se aos reveses da Itália na Grécia e em Taranto e dizendo a Ribbentrop que a seu ver "os alemães davam como favas contadas que a guerra contra a Inglaterra já estava ganha". O desconforto de Ribbentrop aumentou quando bombardeiros britânicos voltaram a atacar Berlim e eles foram obrigados a interromper um jantar de comemoração na embaixada soviética e continuar a conversa no abrigo antiaéreo privativo na casa do próprio Ribbentrop. Para jogar sal na ferida e piorar ainda mais a situação, Mólotov disse que "não lamentava o alarme antiaéreo", pois proporcionava a oportunidade para uma discussão "exaustiva". Quando Ribbentrop insistiu que a Grã-Bretanha estava derrotada, e, portanto, seu império disponível para ser repartido entre as potências do Eixo, ao qual a Rússia deveria se aliar, Mólotov observou asperamente: "Se é assim, por que estamos sentados neste abrigo antiaéreo? E de quem são as bombas que estão caindo tão perto que dá para ouvir as explosões mesmo daqui, escondidos?".

Contudo, foi um comentário de Mólotov que convenceu Hitler de que as ambições soviéticas lhe trariam apenas dificuldades caso o Pacto Mólotov-Ribbentrop de agosto de 1939 continuasse sendo a base da política alemã; em dado momento de sua discussão subterrânea, Mólotov disse a Ribbentrop que a Rússia talvez jamais desistisse inteiramente de seu interesse nas rotas de acesso ocidentais ao Báltico: as águas dos estreitos de Kattegat e Skagerrak, entre a Dinamarca, a Noruega e a Suécia, antes sob controle dinamarquês, mas desde maio sob domínio alemão.

Hitler ficou indignado; mas seus próprios planos de agir contra a Rússia prosseguiram sem interrupção. Em 13 de novembro, quando Göring o avisou de que a força aérea alemã talvez não tivesse forças para destruir o poderio industrial russo, Hitler lhe disse que as necessidades de longo prazo da guerra contra a Grã-Bretanha tornavam essencial o controle alemão dos campos de petróleo do Cáucaso. A Alemanha poderia ganhar a guerra contra a Rússia em questão de poucos meses. Göring foi instruído a preparar seus efetivos aéreos para começar a atacar em 1º de maio.

A inteligência britânica estava ciente desses planos. Em 13 de novembro, o serviço secreto inglês soube que a Alemanha planejava motorizar um terço de todas as suas divisões, perfazendo um total de setenta unidades blindadas e motorizadas, e que também estava aumentando suas divisões de paraquedistas e de veículos a motor. Já se sabia do plano de aumentar para dezoito o número de divisões alemãs na Romênia, efetivo muito maior do que o necessário para treinar o exército romeno ou proteger os campos petrolíferos do país em Ploieşti.

A inteligência britânica não era a única a notar os preparativos de Hitler para atacar a Rússia; em 18 de novembro, Richard Sorge, o espião alemão de Stálin em Tóquio com contatos próximos na embaixada da Alemanha no Japão, enviou suas primeiras mensagens para Moscou informando sobre os preparativos germânicos para abrir uma frente oriental.

Hitler ficara enfurecido com o "tremendo esforço" britânico para bombardear Munique no dia da comemoração festiva do Führer em 8 de novembro. Seis dias depois, quando quinhentos bombardeiros alemães mais uma vez levantaram voo para atravessar o mar do Norte, foram avisados de que nem Hitler nem Göring estavam "dispostos a permitir que um ataque à capital do movimento nazista passasse em brancas nuvens".

O alvo dos bombardeiros era Coventry. O raide foi tão feroz e eficaz que atingiu 27 fábricas vitais de produção de material bélico, paralisando os trabalhos por muitos meses. Porém, no decorrer do bombardeio, teve início uma tempestade de fogo que assolou grande parte do centro da cidade. Ao todo, 60 mil edifícios, de um total de 75 mil, foram destruídos ou gravemente danificados, e 568 homens, mulheres e crianças morreram. Mais de quatrocentas das vítimas fatais tinham queimaduras tão graves que foi impossível identificá-las; acabaram enterradas em uma vala comum.

Por uma área de mais de 260 quilômetros quadrados, o centro da cidade de Coventry ficou em ruínas, originando um novo verbo em língua alemã, "*koventrieren*", "coventriar", ou seja, arrasar, demolir completamente. No Ministério do Ar, em Londres, o marechal do ar Arthur Travers Harris, que mais tarde seria nomeado chefe do Comando de Bombardeiros, observou que o ataque alemão a Coventry ensinou aos britânicos o "princípio" de iniciar "incêndios simultâneos" de modo que nenhum serviço de bombeiros fosse capaz de controlá-los. Enquanto isso, os ataques aéreos germânicos continuaram todas as noites; na semana seguinte, como resultado de bombardeios na mesma escala de Coventry, 484 civis foram mortos em Londres e 228 em Birmingham: no mês de novembro, o número total de civis britânicos mortos chegou a 4588. Quatro dias depois do ataque a Coventry, 31 soldados foram mortos em Theydon Bois, ao norte da capital, por uma mina alemã lançada por paraquedas, arma que, flutuando até o chão pela ação do vento, não poderia ter a pretensão de se dirigir a um alvo específico.

A resposta britânica a esses ataques foi rápida. Em 16 de novembro, dois dias depois de Coventry, durante um ataque a Hamburgo, ainda que as nuvens e uma espessa camada de gelo impossibilitassem um ataque preciso contra alvos militares, bombas foram lançadas, matando 233 civis alemães.

Para a Itália, a campanha da Grécia foi um fiasco. Em 15 de novembro, as forças gregas romperam a linha italiana, fazendo um grande número de prisioneiros. Em Menton, cidade francesa logo além da fronteira com a Itália, apareceram cartazes com a advertência: "Aqui é território francês. Gregos, não avancem mais!". Para ajudar ainda mais os gregos, reforços aéreos e de artilharia britânicos estavam a caminho, incluindo vinte caças e 24 canhões de campanha. Em 18 de novembro, no Obersalzberg, Hitler expressou ao conde Ciano sua fúria pelo fracasso da campanha grega. Se, como resultado da guerra entre Itália e Grécia, os britânicos adquirissem uma base aérea em Atenas, seriam capazes, advertiu o Führer, de bombardear os poços de petróleo e as instalações romenas em Ploieşti. Para evitar esse desfecho, seria necessária a intervenção dos alemães, que, contudo, não poderiam interferir antes de meados de março.

Os italianos conseguiram apenas transformar a Grécia em uma potência na guerra; além disso, os gregos eram aliados da Grã-Bretanha. Em sua conversa com Ciano e, nesse mesmo dia, com o ministro das Relações Exteriores espanhol, Serano Suner, Hitler enfatizou a urgência da necessidade de fechar o Mediterrâneo, isolando os britânicos no Egito e em Malta e impedindo-os de usar o mar como base para um ataque à própria Itália. Para isso, a Espanha teria que atacar Gibraltar e fechar o estreito.

Em 19 de novembro, Suner comunicou a Hitler que a Espanha precisaria de 400 mil toneladas de grãos antes que fosse possível declarar guerra à Grã-Bretanha. Hitler entendeu que essa exigência era apenas uma tática de protelação para, no final, evitar qualquer comprometimento. Enquanto isso, os britânicos mantiveram seus ataques de bombardeio em uma programação regular, fustigando alvos industriais em Hamburgo em 15 de novembro e, quatro dias depois, a fábrica de armamentos Škoda em Pilsen, na Tchecoslováquia. Além disso, no dia 21 de novembro, atacaram bases italianas na Líbia, incluindo Benghazi, a partir do Egito. No dia seguinte, as forças gregas, ainda avançando, alcançaram Korçë, 25 quilômetros além da fronteira com a Albânia, capturando 2 mil soldados italianos, 135 peças de artilharia e seiscentas metralhadoras, o que lhes assegurou uma quantidade de armamentos muito maior do que a Grã-Bretanha havia sido capaz de fornecer.

Exultante com a travessia da fronteira albanesa, o presidente grego, o general Ioánnis Metaxás, disse a seu povo: "Nós lutamos não apenas por nossa própria existência, mas também pela libertação dos outros povos dos Bálcãs e da Albânia". Com a invasão da Grécia, agora rechaçada de maneira tão ignominiosa, Mussolini deu ao Eixo sua primeira derrota. Mas em outros lugares os indícios ainda eram de um triunfo; em 23 de novembro, a Romênia assinou o Pacto Tripartite. Nessa noite, bombardeiros alemães lançaram um pesado ataque noturno ao porto britânico de Southampton.

Em 24 de novembro, a Eslováquia também aderiu ao Pacto Tripartite. Nessa noite, bombardeiros alemães assolaram a cidade de Bristol, enquanto, da Líbia, bombardeiros italianos atacaram a base naval britânica em Alexandria. Em 25 de novembro, no entanto, apesar da chegada de uma numerosa força naval italiana, três velozes navios mercantes britânicos zarparam de Gibraltar e percorreram sem problemas o caminho até Malta e Alexandria, para onde levaram suprimentos de guerra essenciais. Foi a chamada Operação Coleira, a primeira em que navios mercantes britânicos, e não de guerra, atravessaram com êxito o que Mussolini orgulhosamente descrevera como o "lago italiano". Dois dias depois, enquanto os navios mercantes se aproximavam de seu destino, encouraçados britânicos danificavam um cruzador italiano e dois contratorpedeiros em ação ao largo da costa da Sardenha.

Nesse mês de novembro, na Europa ocupada pela Alemanha, as autoridades nazistas trabalhavam sem trégua para impor sua vontade. No gueto de Varsóvia, Emanuel Ringelblum escreveu em seu diário: "Hoje, 19 de novembro, um cristão que havia arremessado um saco de pão por cima do muro foi morto a tiros". Na Holanda, em 2 de novembro, após protestos de professores e alunos da Universidade de Delft contra novas leis antijudaicas, os alemães fecharam a universidade e proibiram os alunos de se inscreverem em outra instituição de ensino. Em 2 de novembro, o Ministério da Propaganda enviou de Berlim um memorando para Otto Abetz, o embaixador da Alemanha em Paris: "O resultado de nossa luta vitoriosa deve ser o esmagamento do predomínio francês em termos de propaganda cultural, na Europa e no mundo". Qualquer apoio à cultura francesa seria considerado um "crime" contra a nação alemã. No mesmo dia, também em Berlim, um segundo filme antissemita, *O eterno judeu*,* teve sua primeira exibição. Pretendendo explicar o papel destrutivo desempenhado pelos judeus na história mundial, o filme justapunha cenas de judeus e ratos; de acordo com a explicação apresentada na

---

* Disfarçado de "documentário" e dirigido por Fritz Hippler, a ideia do filme era alimentar na população alemã uma cultura de ódio e asco pelos judeus, para desmoralizar sua raça e religião e igualá-los a seres subumanos. (N. T.)

película, tais quais os ratos, os judeus eram criaturas portadoras de doenças, "indivíduos imundos loucos por dinheiro, desprovidos de quaisquer valores mais elevados – corruptores do mundo".

Assim era a ideologia nazista; no dia da estreia do filme, o mais importante ideólogo do nacional-socialismo, Alfred Rosenberg, que havia montado uma força-tarefa para pilhar obras de arte francesa, escolheu como quartel-general a casa de um judeu que conseguira escapar para o exterior e tomou posse de quatro grandes armazéns, incluindo uma loja de departamentos de propriedade de judeus, nos quais guardaria as obras roubadas.

Em nome dos poloneses cativos, uma vingança diária estava sendo levada a cabo nos céus da Grã-Bretanha, à medida que os pilotos poloneses voavam a serviço da Força Aérea Real contra a contínua ofensiva de bombardeios alemã. Em 2 de novembro, o avião de um desses pilotos da RAF, o sargento Zigmund Klein, caiu no canal e ele nunca mais foi visto. "Ao que parece perdemos um piloto e aliado muito corajoso", afirmou o registro britânico.

No Atlântico, um grupo de quatro submarinos alemães afundou onze navios mercantes e um cruzador mercante armado em 1º de dezembro. No mesmo mês, no Pacífico, dois cruzadores corsários alemães afundaram cinco navios mercantes australianos e bombardearam a fábrica de fosfato na ilha de Nauru. Mas a mente de Hitler estava agora voltada para a Rússia; em uma conferência de quatro horas de duração com seus comandantes em 5 de dezembro, o Führer falou com certa riqueza de detalhes sobre o plano e os rumos do ataque, enfatizando a importância de capturar Leningrado e Stalingrado, os "criadouros bolcheviques", e nem tanto Moscou, que o marechal de campo Brauchitsch afirmava ser o ponto central tanto das comunicações soviéticas quanto da fabricação de munições. "Moscou não é tão importante", insistiu Hitler. Somente depois que Leningrado fosse capturada é que os exércitos deveriam avançar em direção a ela. O Führer acrescentou: "A hegemonia sobre a Europa será decidida na batalha contra a Rússia". A derrota da União Soviética ajudaria os alemães a colocarem a Grã-Bretanha de joelhos.

Qualquer que fosse a estratégia, numa coisa todos os presentes à conferência concordavam de maneira unânime: os russos seriam facilmente derrotados. "O Exército Vermelho não tem líderes", declarou o general Halder. Os soldados russos eram "burros". O Exército Vermelho era tão inferior em armas quanto o exército francês. A inexistência de modernas baterias de campanha na Rússia dava liberdade e plenos poderes aos Panzers alemães. Os russos não tinham nada além de "unidades blindadas mal-ajambradas" para se opor aos tanques germânicos. O exército alemão fragmentaria as forças russas em blocos separados; depois, recorrendo a cercos, lançaria mão de um "estrangulamento" das partes isoladas.

"Não tem líderes", "burros", "estrangulamento"; palavras cheias de confiança pronunciadas nesse 5 de dezembro. Os russos foram relegados à categoria de um povo inferior e incompetente, cujo exército refletia suas inadequações. Um dia depois da conferência, o general Jodl instruiu seu adjunto, o general Warlimont, a preparar um pormenorizado esboço de plano para a invasão da Rússia; era conhecido de início como Operação Fritz, mas Hitler rapidamente mudou seu nome para Barbarossa.

Frederico Barbarossa — Barba Ruiva —, imperador do Sacro Império Romano-Germânico, marchara com seu exército rumo ao leste, no ano de 1190, para tomar a Terra Santa dos infiéis. Agora, seus descendentes já recorriam a métodos tão cruéis quanto os que ele havia usado em seu tempo, antes que o verniz da civilização cristã abrandasse — ou pelo menos suprimisse temporariamente — os instintos mais degradados da humanidade. "Já houve casos", Chaim Kaplan escreveu em seu diário em Varsóvia, em 6 de dezembro, "em que judeus corajosos foram fuzilados à vista de toda a família e os assassinos escaparam impunes, pretextando que o 'judeu imundo' havia amaldiçoado o Führer e era dever deles vingar sua honra." Três dias depois, também em Varsóvia, Emanuel Ringelblum registrou em seu diário, em 9 de dezembro, a cena em que um soldado alemão "saltou de um automóvel que passava e atingiu um menino na cabeça com uma barra de ferro. O menino morreu".

Desde 13 de setembro, as forças italianas estavam em solo egípcio, ocupando uma faixa de litoral desértico de Sollum a Sidi Barrani e constituindo uma ameaça potencial a Alexandria e ao canal de Suez.

Trabalhando no Cairo, os criptógrafos do exército britânico decodificaram as mensagens cifradas usadas por todas as formações militares italianas, até o nível das brigadas, tanto em suas comunicações táticas como com seus serviços de inteligência. Na primeira semana de dezembro, os comandantes britânicos sabiam exatamente os pontos fortes e fracos das forças italianas. Com base nessas informações de inteligência, puderam elaborar planos para atacar as posições italianas em 9 de dezembro. Na noite de 7 de dezembro, uma operação de patrulha especial com uma unidade de veículos blindados verificou detalhes de uma lacuna em um campo minado italiano.

Em 9 de dezembro teve início a ofensiva. Duas divisões britânicas, totalizando 36 mil homens, metade dos quais soldados indianos, atacaram sete divisões italianas. Os 75 mil italianos foram massacrados, ao passo que menos de cem britânicos e indianos morreram. O exército italiano, após sua primeira batalha séria no Deserto Ocidental do Egito, bateu em retirada.

Poucas horas depois, a esse sério revés italiano no Mediterrâneo oriental seguiu-se uma importante derrota alemã no extremo oeste. Pois em 10 de dezembro, depois que o general Franco recusou pela segunda vez o apelo de Hitler para permitir que as tropas alemãs atravessassem a Espanha e tomassem Gibraltar, o Führer foi forçado a emitir uma diretiva cancelando a Operação Félix. A negativa de Franco era especialmente irritante porque o líder espanhol acrescentara à sua recusa um acordo para entrar na guerra contra os britânicos "assim que a Inglaterra estivesse a ponto de colapsar". Em sua Diretiva n. 19, de 10 de dezembro, e de modo a evitar um novo insucesso, Hitler delineou planos que incluíam a ocupação definitiva da França de Vichy – a Operação Átila –, a fim de controlar a base naval francesa em Toulon e os aeródromos franceses no Mediterrâneo. A guerra, que seis meses antes parecia confinada ao norte da Europa, agora havia se espalhado – inteiramente como resultado de iniciativas malsucedidas da Itália – para o Mediterrâneo.

Nesse mês de dezembro, a guerra aérea atingiu um novo nível de intensidade. Quase todas as noites, bombardeiros britânicos voavam para o leste e bombardeiros alemães voavam para o oeste a fim de realizar missões idênticas: destruir a capacidade bélica do inimigo e sua determinação de prosseguir em guerra. Em 7 de dezembro, bombardeiros britânicos atacaram a cidade industrial alemã de Düsseldorf. Em 12 de dezembro, os alemães bombardearam a cidade siderúrgica inglesa de Sheffield. No mesmo dia, o Gabinete de Guerra britânico, ainda compartilhando a indignação popular com a destruição de Coventry, e já ciente de que os alemães lançavam minas de paraquedas sem qualquer critério, autorizou "a máxima destruição possível em uma cidade a definir". Quatro dias depois, a cidade escolhida, Mannheim, foi alvo de bombardeios, mas a devastação causada foi bem menor do que em Coventry, e apenas 23 civis morreram. Ironicamente, o dia do bombardeio de Mannheim coincidiu com a data em que um relatório secreto do governo britânico aconselhava o Comando de Bombardeiros a, no futuro, dar primazia a alvos petrolíferos alemães; uma diretiva nesse sentido seria emitida em 13 de janeiro de 1941.

A crueldade dos bombardeios em ambos os lados do mar do Norte só era igualada pela coragem das pessoas incumbidas de ajudar as vítimas. Em 13 de dezembro, tentando desarmar um artefato não detonado em Manor Park, no leste de Londres, dois especialistas do esquadrão antibomba, o capitão M. F. Blaney e o tenente James, morreram despedaçados numa explosão, tão violenta que matou também um sargento, um segundo-cabo, cinco sapadores e um superintendente de polícia que vigiavam a operação de descarte da bomba do outro lado da estrada. Por sua coragem, o capitão Blaney foi condecorado postumamente com a Cruz de George.

Em 13 de dezembro, determinado a colocar em prática seus planos contra a Rússia e não permitir que fossem solapados pelos fracassos italianos no Mediterrâneo, Hitler emitiu a Diretiva n. 20, ordenando um intenso reforço de suas tropas posicionadas na Romênia a fim de possibilitar a ocupação do norte da Grécia. Era a Operação Marita, que incluía, conforme Hitler descreveu em linhas gerais nesse dia, a tomada de bases britânicas nas ilhas gregas. No desfecho da operação, informava o Führer a seus comandantes, "as forças mobilizadas serão retiradas para utilização em nova missão".

Essa "nova missão" era a Operação Barbarossa, a invasão da Rússia; em 16 de dezembro, o marechal russo Vorochílov deu ordens para a preparação da defesa terrestre da base naval de Sebastopol. A escala dos preparativos de Hitler, no entanto, era muito mais ampla. Em 18 de dezembro, o Führer transmitiu a seus comandantes militares de mais alta patente a Diretiva n. 21, instruindo-os a tomar medidas práticas "para esmagar a Rússia soviética em uma campanha rápida". Esses preparativos deveriam ser iniciados imediatamente e concluídos até 15 de maio de 1941. Esperava-se que tanto a Finlândia quanto a Romênia lutassem ao lado dos alemães. Hitler advertiu: "É de suma importância, no entanto, que a intenção de atacar não se torne perceptível".

Em sua diretiva de 18 de dezembro, Hitler estabeleceu em onze páginas de descrição detalhada os papéis que o exército, a força aérea e a marinha alemães deveriam desempenhar, as linhas de ataque e a sequência de objetivos — primeiro Leningrado, depois Kiev, em seguida Moscou. O "objetivo final", explicou ele, era "erguer uma barreira contra a Rússia asiática" na linha geográfica "Volga-Arkhangelsk".

Para Hitler e os nazistas, a palavra "asiático" era sinônimo de "bárbaro". No entanto, havia na Alemanha muitas pessoas, entre as quais médicos e padres, que começaram a caracterizar como bárbaro o próprio programa de eutanásia nazista. Alguns protestos por escrito chegaram a Hitler; outros circularam clandestinamente. Irritado, Heinrich Himmler disse ao dr. Brack e ao dr. Bouhler em 19 de dezembro: "Se a Operação T4 tivesse sido confiada à SS, as coisas ocorreriam de forma diferente. Quando o Führer nos incumbe de realizar um trabalho, sabemos como fazer do modo correto, sem causar alvoroço inútil entre o povo".

Esse "alvoroço inútil" logo forçaria Hitler a abandonar o programa de eutanásia, não sem antes condenar à morte 50 mil pessoas "defeituosas", inclusive milhares de crianças. Menos de seis meses depois, no entanto, Himmler e seus homens seriam encarregados de realizar outro "trabalho".

No Norte da África, as forças britânicas chegaram à fronteira com a Líbia em 17 de dezembro. "Seu primeiro objetivo", Churchill telegrafou ao comandante em chefe, "deve ser espancar o exército italiano e afastá-lo a todo custo da costa africana." Na Noruega, em 21 de dezembro, todos os membros da Suprema Corte renunciaram, inclusive o presidente do tribunal, por se recusarem a administrar uma justiça sob os auspícios da Alemanha. Em 23 de dezembro, em Paris, os alemães executaram um engenheiro civil, Jacques Bonsergent, que comparecera inadvertidamente a uma manifestação em 11 de novembro e fora detido e agredido por seus captores alemães. Bonsergent estava em Paris para o casamento de um amigo.

No dia da execução do engenheiro, Hitler estava na França, visitando unidades militares na costa do canal da Mancha. Nesse dia, seu trem, o *Amerika*, encontrava-se em Boulogne, e teve que ser desviado para um túnel quando bombardeiros britânicos começaram a fustigar instalações militares alemãs nos arredores. Duas noites antes, bombardeiros britânicos haviam atacado Berlim, matando 45 civis. "Baixas muito consideráveis", Goebbels comentou em seu diário em 24 de dezembro.

Em Varsóvia, na semana anterior ao Natal, várias centenas de telegramas chegaram a lares poloneses, relatando a morte de maridos, pais ou filhos que já haviam sido levados para campos de concentração. A maioria dessas mortes ocorreu em Auschwitz.

Na esfera da inteligência, no fim de dezembro vieram à tona vários fatos que não foram recebidos de bom grado por quem deles tomou conhecimento. Em 28 de dezembro, o Comando de Bombardeiros britânico soube que suas repetidas ofensivas contra instalações petrolíferas alemãs em Gelsenkirchen não tinham sido nem um pouco eficazes, apesar de terem ocorrido não menos de 28 raides contra esse tipo de alvo em sete meses. Nesse mesmo dia, de Tóquio, o espião soviético Richard Sorge informou Moscou de que um novo exército alemão de reserva, com quarenta divisões, estava sendo formado em Leipzig. Em 30 de dezembro, os serviços de inteligência britânicos, principalmente a partir de mensagens Enigma interceptadas da força aérea alemã, calcularam com precisão a escala das tropas germânicas arregimentadas na Romênia, e também na Bulgária, em preparação para o ataque à Grécia. Outra fonte, um informante que "no passado se mostrara digno de confiança", cravou o início de março como a data definida para o ataque alemão.

Em 29 de dezembro, o presidente Roosevelt falou pelo rádio ao povo norte-americano: "As pessoas na Europa que estão se defendendo não nos pedem para lutar no lugar delas, mas apenas os instrumentos de guerra, os aviões, os tanques, as armas, os cargueiros que lhes permitirão lutar pela sua liberdade e pela nossa segurança". E acrescentou: "Devemos ser o grande arsenal da democracia". Nessa noite, na Grã-Bretanha, os alemães despejaram bombas incendiárias em Londres em uma escala sem precedentes, criando uma grande faixa de fogo em ambas as margens do rio Tâmisa. Muitos edifícios famosos, entre os quais o Guildhall e oito igrejas de Wren,* foram destruídos ou severamente danificados. Bombeiros atentos foram capazes de salvar a Catedral de São Paulo, impedindo que fosse engolfada pelas chamas, mas a maré excepcionalmente baixa tornou o combate ao fogo ainda mais difícil do que normalmente seria. Com o ataque, o número de civis britânicos mortos subiu para 3793 apenas no mês de dezembro.

O ano de 1941 começou com um ataque britânico de grandes proporções contra a fortaleza italiana de Bardia, na fronteira com a Líbia. Soldados britânicos e australianos iniciaram seu avanço em 1º de janeiro, auxiliados por um considerável bombardeio naval. Entre os navios mobilizados na ofensiva estava o encouraçado *Valiant*, que levava a bordo um aspirante a oficial de marinha de dezenove anos, o príncipe Philip da Grécia, filho do príncipe Andrew** e mais tarde duque de Edimburgo.*** "Toda a operação foi espetacular", ele escreveu em seu diário. Em 5 de janeiro, o baluarte de Bardia caiu, e com ele 35 949 prisioneiros italianos. Batendo em retirada para o oeste, o comandante italiano, o general Annibale Bergonzoli, conseguiu chegar a Tobruk com alguns milhares de homens.

Enquanto se preparavam para rechaçar os italianos ainda mais para o oeste, os britânicos continuaram enviando reforços para a Grécia. O *Valiant*, com o príncipe Philip a bordo, estava entre os navios que escoltaram as tropas britânicas para a ilha de Creta. Animado com a vitória da Grã-Bretanha e com a ajuda inglesa, em 4 de janeiro o exército grego havia renovado seu avanço pela Albânia, lançando suas treze divisões contra dezesseis divisões italianas e empurrando os inimigos de volta para a fronteira em direção a Klisura. Dois dias depois, os britânicos lançaram a Operação Excesso, o envio de três navios mercantes, carregados de suprimentos militares e escoltados por cinco navios de guerra, de Gibraltar a Atenas. Os navios chegariam à Grécia em segurança.

Enquanto os navios britânicos zarpavam com sua preciosa carga para atravessar o Mediterrâneo em 6 de janeiro, o presidente Roosevelt falou em Washington das "quatro liberdades humanas essenciais" que deveriam estar na base de um mundo futuro: liberdade de expressão, liberdade para adorar a Deus, libertação da miséria e libertação do medo, o que, "traduzido em termos mundiais, significa uma redução global de armamentos, a tal ponto e de forma tão completa que nenhuma nação esteja em condições de cometer um ato de agressão física contra qualquer vizinho, em qualquer parte do mundo".

---

* Referência ao cientista, médico, astrônomo e arquiteto Christopher Wren (1632-1723), a quem foi confiada a tarefa de reconstruir os edifícios de Londres após o desastroso Grande Incêndio de 1666. Sua principal obra, a reconstrução da Catedral de São Paulo, em que trabalhou de 1673 a 1711, resistiu incólume à Segunda Guerra Mundial; a majestosa cúpula, intacta sob os bombardeios alemães, tornou-se um símbolo da resistência dos ingleses aos ataques nazistas. (N. T.)
** Também conhecido como André, príncipe da Grécia e Dinamarca (1882-1944). (N. T.)
*** E futuro marido da rainha Elizabeth II. (N. T.)

Esse tipo de mundo, acrescentou Roosevelt, era "a própria antítese da assim chamada 'nova ordem de tirania' que os ditadores procuram criar despejando bombas". Em Londres, nessa mesma semana, uma dessas bombas caiu na estação Bank de metrô, matando 111 pessoas que buscavam refúgio na aparente segurança dos profundos túneis subterrâneos. Em 10 de janeiro, no Mediterrâneo, bombardeiros alemães baseados na Sicília atacaram um comboio que havia partido de Gibraltar a caminho de Malta. Dois navios mercantes foram afundados, e o porta-aviões *Illustrious* sofreu graves avarias. Já o cruzador *Southampton* ficou tão estropiado que os próprios britânicos foram forçados a afundá-lo durante o bombardeio alemão; oitenta de seus tripulantes morreram. Foi a primeira ação aérea alemã no Mediterrâneo, um mau presságio para os britânicos, no exato momento em que a Itália sofria severas e frustrantes derrotas.

Em 7 de janeiro, as forças britânicas e australianas agora em solo italiano na Líbia haviam começado sua marcha em direção a Tobruk. No dia seguinte, também em solo italiano, na Albânia, os gregos atacaram a guarnição fascista em Klisura, que foi tomada em 10 de janeiro, dia em que o projeto da Lei de Empréstimos e Arrendamentos foi apresentado no Congresso norte-americano.

As vitórias gregas e britânicas levaram Hitler a emitir, em 11 de janeiro, sua Diretiva n. 22, na qual finalmente reconheceu que deveria ajudar Mussolini, pois do contrário enfrentaria graves problemas a partir do sul. "A Tripolitânia deve ser assegurada", ele escreveu, "e o perigo de um colapso na frente albanesa deve ser eliminado." Assim, tropas alemãs seriam enviadas a Trípoli, enquanto os aviões alemães "continuarão a operar a partir da Sicília", atacando as forças navais e as comunicações marítimas britânicas. As tropas alemãs também estariam prontas para avançar pela Albânia, a fim de permitir que o exército italiano "passe para a ofensiva em uma data posterior".

A nova diretiva de Hitler colocava a Grã-Bretanha e a Alemanha em conflito direto no Mediterrâneo. Comunicada apenas um dia após o bombardeio alemão do *Illustrious*, ela foi seguida, 24 horas depois, por um raide britânico, em que aeronaves decolaram de Malta para atacar bases aéreas germânicas na Sicília. Em 13 de janeiro, numa tentativa de fortalecer sua posição nas regiões dos Bálcãs até então dominadas pelos italianos, Hitler convidou o rei Bóris da Bulgária para uma visita a Berlim, insistindo que os búlgaros se juntassem ao Eixo, abrissem suas fronteiras para as tropas alemãs em seu avanço contra a Grécia e tomassem parte em operações militares ao lado dos alemães. No entanto, assim como havia feito antes dele o general Franco, o rei Bóris recusou.

No mesmo dia, 13 de janeiro, em reunião com seus comandantes militares em Moscou, Stálin falou da possibilidade de uma guerra em duas frentes — contra o Japão no leste e contra a Alemanha no oeste — e afirmou que a Rússia deveria se preparar para esse cenário. A guerra futura seria caracterizada por manobras rápidas. Portanto, as unidades de infantaria deveriam diminuir em tamanho e crescer em mobilidade.

Quando chegasse, o confronto seria maciço; se os russos quisessem romper as linhas inimigas, era de extrema importância manter uma superioridade geral numa proporção de pelo menos dois para um em relação ao inimigo. Para tanto, seria necessário criar unidades motorizadas de movimento rápido, equipadas com armas automáticas. Essas unidades precisariam ter uma organização excepcional no tocante a suas fontes de abastecimento e uma volumosa reserva de materiais que "teriam de fluir para a linha de frente a partir de todas as regiões do país". Os estoques de alimentos também teriam de ser preparados em uma escala substancial. A decisão do governo tsarista de estocar torradas, por exemplo, era "sensata", afirmou Stálin, que explicou a seus generais: "Um gole de chá e uma torrada, e você tem uma refeição quente".

Nesse dia, enquanto Stálin falava a seus comandantes e definia as tarefas que teriam de realizar em caso de guerra, um de seus espiões mais bem-sucedidos, Leopold Trepper, iniciava suas atividades em Paris, sob a fachada de um escritório de importação e exportação de tecidos. Trepper, um judeu nascido nas províncias polonesas do Império Tsarista, reuniu em torno de si um pequeno grupo de comunistas, na maior parte judeus, incluindo Hillel Katz, também polonês, que já havia sido expulso da Palestina pelos britânicos por conta de suas atividades comunistas. Enquanto realizava seu trabalho de "importação e exportação", Trepper fez amizade com Ludwig Kainz, um engenheiro que trabalhava para a Organização Todt. Foi por meio de Kainz que Trepper soube dos preparativos alemães ao longo da fronteira germano-soviética, e imediatamente tomou providências para repassar, via rádio, a informação a Moscou.

Nos últimos meses de 1940, o embaixador estadunidense na Grã-Bretanha, Joseph Kennedy, vinha enviando relatórios a Washington nos quais salientava a possibilidade de derrota britânica e os nocivos impactos que a Blitz acarretava não apenas para os edifícios, mas para o moral da população. Na tentativa de descobrir se a Grã-Bretanha realmente teria condições de permanecer em guerra, em vez de se limitar a receber armamentos fabricados nos Estados Unidos para mais tarde entregá-los de mão beijada aos alemães, Roosevelt enviou ao país um emissário, Harry Hopkins. "As pessoas aqui são incríveis, a começar por Churchill", Hopkins escreveu a Roosevelt em 14 de janeiro, "e se a coragem bastasse para vencer, o resultado da guerra seria inevitável. Mas eles precisam desesperadamente da nossa ajuda, e estou certo de que o senhor presidente não permitirá que nada se interponha no caminho."

Nessa carta, Hopkins relatou o alerta de Churchill de que os bombardeiros alemães no Mediterrâneo "tornam mais difícil a operação da frota"; dois dias depois, mais de setenta bombardeiros de mergulho alemães, decolando de suas bases na Sicília, atacaram o Grão-Porto de Valetta, em Malta, na tentativa de afundar o porta-aviões *Illustrious*. No decorrer do ataque, as instalações portuárias sofreram estragos consideráveis.

Além disso, duzentos edifícios públicos e privados em Valetta foram destruídos, e morreram mais de cinquenta civis. Nesse que foi o primeiro de uma série de ataques que os malteses apelidaram de a "Ilustre Blitz", dez aeronaves alemãs foram abatidas. Todavia, a ofensiva germânica não havia terminado; dois dias depois, 85 bombardeiros de mergulho protagonizaram um raide surpresa ao campo de aviação de Luqa, ocasião em que seis bombardeiros britânicos foram destruídos em solo e o próprio aeródromo tornou-se inutilizável. Apesar disso, o *Illustrious* sofreu apenas leves danos adicionais e conseguiu, antes do final do mês, trocar os perigos de Malta pela segurança do Egito.

A Batalha da Inglaterra durou menos de dois meses. A Batalha de Malta duraria mais de dois anos. Sob contínuo bombardeio aéreo, a população maltesa se referiu a essa provação como "o segundo cerco", o primeiro tendo ocorrido quase quatrocentos anos antes, em 1565.

Em 17 de janeiro, quando as notícias do primeiro dia da Batalha de Malta chegaram à Grã-Bretanha, Harry Hopkins era o convidado de honra em um banquete em Glasgow. "Suponho que você queira saber", ele comentou com Churchill nessa noite, "o que vou dizer ao presidente Roosevelt quando retornar aos Estados Unidos." Churchill de fato queria saber. A resposta foi uma citação de versículos bíblicos do Livro de Rute: "Pois para onde fores, irei também, onde for tua moradia, será também a minha; teu povo será o meu povo e teu Deus será o meu Deus"; em seguida, em voz baixa, Hopkins acrescentou: "Até o fim".

Nesse inverno, na Europa ocupada pelos alemães, os grilhões da tirania se tornavam cada vez mais pesados. Em 10 de janeiro, todos os judeus holandeses foram obrigados a se registrar — ato burocrático simples e ordeiro, que, no entanto, era um mau presságio. Em 13 de janeiro, na cidade alemã de Brandemburgo, o jornal local noticiou sentenças de quinze a dezoito meses de prisão para três alemãs que haviam dado comida e cigarros a prisioneiros de guerra poloneses.

Em 20 de janeiro, o Serviço de Segurança alemão compilou uma série de relatórios sobre a recepção do público à exibição do filme *O eterno judeu*. De acordo com relatório de Munique, "imediatamente houve alívio e aplausos entusiásticos no ponto do filme em que o Führer aparece e faz um discurso para anunciar que uma nova guerra poderia ocasionar apenas a aniquilação final dos judeus". De acordo com o relatório do Serviço de Segurança, para muitas pessoas "a natureza repulsiva do material e, em particular, as cenas de abate ritual são repetidamente citadas nas conversas como a principal razão para não assistirem ao filme". Segundo relatórios do oeste da Alemanha e de Breslau, muitas pessoas foram vistas "saindo do cinema enojadas" no meio da sessão, com declarações como "Nós vimos *O judeu Süss* e já estamos fartos da imundície judaica".

Em Paris, em 21 de janeiro, a Gestapo prendeu Roger Langeron, o ex-delegado que os alemães haviam nomeado chefe do Departamento de Polícia nos primeiros dias de ocupação, sete meses antes. Agora ele não queria mais servi-los; seu patriotismo prevalecera sobre as lisonjas e ameaças germânicas. No mesmo dia, na capital romena, Bucareste, o antissemitismo dos legionários da Guarda de Ferro levou a uma caçada a judeus nas ruas. Milhares foram capturados e espancados de forma brutal; 120 foram mortos. Muitas das vítimas foram levadas para matadouros de gado e assassinadas, segundo um relatório, "de acordo com as próprias práticas rituais dos judeus para o abate de animais". Eram as mesmas "práticas" mostradas e expostas ao ridículo em *O eterno judeu*.

Na Noruega, com a ajuda de informantes noruegueses, os alemães prenderam membros de um grupo de resistência baseado na cidade de Haugesund; em fevereiro, dez dos jovens envolvidos foram encarcerados e condenados à "prisão perpétua", e só escaparam da pena de morte depois que quatro deles se comprometeram a trabalhar no desmantelamento de bombas não detonadas. Em Paris, em 11 de fevereiro, Rudolf Hilferding, líder do Partido Social-Democrata alemão no entreguerras e duas vezes ministro das Finanças na República de Weimar, morreu na prisão em decorrência de brutais ferimentos infligidos pela Gestapo. Socialista e judeu, ele havia fugido da Alemanha para a Dinamarca em 1933, e depois para a Suíça, estabelecendo-se por fim no sul da França em 1938; Hilferding fazia constantes alertas — como em 1934, no Programa de Praga de seu partido no exílio — acerca dos perigos que os governantes da Alemanha nazista representavam para o mundo. Agora ele havia se tornado mais uma de suas vítimas. A polícia francesa de Vichy, depois de lhe prometer imunidade, levara-o até a fronteira das zonas ocupadas e o entregara à Gestapo.

Nos guetos fechados e vigiados em toda a Polônia, os alemães impuseram restrições tão severas ao fornecimento de alimentos que centenas de judeus morriam de fome todos os meses. Em Varsóvia, em janeiro de 1941, o número de mortos por inanição chegou a 2 mil. Em fevereiro, foi igualmente alto. No dia 28 desse mês, Emanuel Ringelblum escreveu em seu diário: "Quase todos os dias, as pessoas caem mortas ou inconscientes no meio da rua. Ninguém mais se impressiona".

O poder das autoridades de ocupação alemãs de tiranizar por meio da fome, do medo e do terror era ilimitado. Em seu diário, Ringelblum registrou também o episódio de uma deportação de judeus para Varsóvia. Durante uma parada na jornada, um guarda alemão jogou na neve uma criança de três anos. "A mãe saltou do vagão e tentou salvá-la. O guarda a ameaçou com um revólver. A mãe insistiu que para ela a vida não tinha valor sem o filho. Então os alemães ameaçaram matar a tiros todos os judeus do vagão. A mãe chegou a Varsóvia e enlouqueceu."

Depois de quinhentos dias de guerra, a loucura dessa mulher atestava o triunfo não apenas dos exércitos, mas do mal.

12. A guerra se alastra

JANEIRO-MARÇO DE 1941

Em 19 de janeiro de 1941, abriu-se outro front com o lançamento de uma ofensiva britânica contra os italianos na Eritreia, na Somalilândia e na Etiópia. O dia do ataque foi escolhido depois de a inteligência britânica ler e decodificar instruções secretas italianas que ordenavam para essa semana a retirada de tropas posicionadas em Kassala, vilarejo no interior do Sudão anglo-egípcio que havia sido ocupado pelos italianos no verão de 1940.

Durante cinco meses, as forças britânicas, totalizando 30 mil homens, avançaram em três direções convergentes rumo à capital etíope Adis Abeba. Ao longo dessa campanha, desde o primeiro dia, todas as instruções militares secretas dos italianos foram interceptadas por atentos criptógrafos britânicos. Cada uma das diretivas operacionais secretas enviadas do ou para o vice-rei italiano relativas às manobras militares diárias e aos problemas do exército era imediatamente captada e usada para frustrar quaisquer eventuais planos ou para tirar proveito das fraquezas que porventura vinham à tona.

No primeiro dia da ofensiva britânica na África Oriental, um Mussolini bem mais humilde chegou ao Obersalzberg como convidado de Hitler. No segundo dia da visita, forças britânicas entraram em Kassala. Nesse mesmo dia, na Cirenaica,* forças australianas lançaram seu ataque a Tobruk, que já havia sido sitiada pela 7ª Divisão Blindada britânica. Hitler concordou imediatamente, como já havia declarado na diretiva transmitida a seus comandantes, em enviar um contingente alemão para Trípoli. Escolheu tropas da 15ª Divisão Blindada, sob o comando de Rommel. Já era quase tarde demais,

---

* A costa oriental da moderna Líbia, uma referência à cidade mais importante da região na antiguidade, Cirene. (N. T.)

pois em 22 de janeiro as forças britânicas e australianas que cercavam Tobruk finalmente entraram no porto, capturando como prisioneiros 25 mil soldados italianos.

Foram dias alvissareiros para a Grã-Bretanha. Em 23 de janeiro, na Operação Escombros, cinco navios mercantes noruegueses zarparam do porto sueco de Gotemburgo, passaram pelo estreito de Skagerrak, juntaram-se a um efetivo naval britânico e, a despeito de pesados ataques aéreos alemães, chegaram a Scapa Flow sem sofrer avarias ou baixas. Na guerra marítima, entretanto, os alemães contavam com duas armas formidáveis, os cruzadores de batalha *Gneisenau* e *Scharnhorst*. Ainda em 23 de janeiro, essas duas belonaves também cruzaram o mar do Norte, e por pouco não se depararam com a força naval britânica que escoltava o comboio da Operação Escombros na volta para casa; ao chegarem ao Atlântico, os cruzadores iniciaram uma sucessão de ataques que resultaram no naufrágio de 22 navios mercantes.

A vulnerabilidade dos navios e das instalações portuárias ficou evidente em 24 de janeiro, em conexão não com o Atlântico, mas com o Pacífico. Pois nesse dia o secretário da Marinha dos Estados Unidos, Frank Knox, escreveu a seu colega no Departamento de Guerra para apontar que, "se eclodir a guerra com o Japão, acredita-se que é bastante provável que as hostilidades sejam iniciadas por um ataque-surpresa à frota ou à base naval de Pearl Harbour"; Knox alertou que isso acarretava a possibilidade "de um desastre de grandes proporções".

Em 24 de janeiro, foram os alemães que se alegraram, quando um de seus pilotos de caça, Franz von Werra — que fora aprisionado depois de seu avião cair no sul da Inglaterra, em junho de 1940 —, apareceu em Nova York, episódio que recebeu considerável publicidade. Duas semanas antes ele estava entre os mais de mil prisioneiros de guerra alemães que haviam deixado a Grã-Bretanha a bordo do *Duchess of York*[*] com destino a campos de prisioneiros de guerra no Canadá. Dos oito fugitivos do trem que levava os prisioneiros através do território do Canadá, Werra foi o único a ter êxito. Enquanto estava em Nova York, Hitler o condecorou com a Cruz de Cavaleiro da Cruz de Ferro por uma façanha aérea anterior ainda não confirmada. Durante três meses o Canadá solicitou a extradição de Werra dos Estados Unidos; enquanto prosseguiam as disputas legais, anunciou-se que ele havia retornado à Alemanha, passando por México, Panamá, Brasil e Espanha.

Em 27 de janeiro, enquanto a fuga de Werra ainda era o assunto mais comentado em Nova York, um grupo de altos oficiais britânicos e norte-americanos se reuniu secretamente em Washington, com autorização de Churchill e Roosevelt, para determinar "os melhores métodos pelos quais as Forças Armadas dos Estados Unidos e da Comunidade Britânica, com seus aliados atuais, serão capazes de derrotar a Alemanha e suas

---

[*] Transatlântico convertido em navio de transporte de tropas. (N. T.)

potências aliadas, caso os Estados Unidos se vejam obrigados a recorrer à guerra". Essas conversas anglo-americanas, que receberam o codinome ABC, chegaram a prever uma possível "unidade de comando no campo de batalha em casos de operações conjuntas táticas ou estratégicas".

Uma área de operações conjuntas não teve que esperar até os Estados Unidos entrarem na guerra. Enquanto as negociações em Washington ainda estavam em curso, e como resultado direto delas, seis norte-americanos, incluindo o major Abraham Sinkov e o capitão Leo Rosten, do Serviço de Decodificação de Sinais da inteligência britânica, cruzaram o Atlântico levando uma carga preciosa: uma máquina de criptografia Púrpura, o equivalente japonês da alemã Enigma. Com essa máquina, os norte-americanos, e agora os britânicos, puderam ler uma série de mensagens diplomáticas, consulares, navais e mercantes ultrassecretas enviadas pelos japoneses. Assim como acontecia com as mensagens Enigma, as comunicações recebidas pela máquina Púrpura foram decifradas em Bletchley. Nesse mesmo inverno, os decodificadores britânicos obtiveram outros êxitos no âmbito do sistema Enigma: primeiro, a quebra das mensagens criptografadas manuais do serviço secreto alemão — o Abwehr — e, em seguida, a chave Enigma utilizada pelas ferrovias germânicas para suas comunicações ultrassecretas sobre transportes militares.

Em termos de triunfos na decifração de mensagens, os alemães não tiveram sucessos comparáveis ao desempenho dos anglo-americanos, e conseguiam a maior parte de suas informações secretas do mundo bem menos abrangente da interceptação de sinais locais e táticos, e por meio de agentes individuais. Em 28 de janeiro, Waldemar Othmer, alemão de nascimento que vivia nos Estados Unidos desde os dez anos, enviou à inteligência alemã os detalhes referentes às vendas navais norte-americanas para a Grã-Bretanha. Atuando com o codinome Agente A.2018, Othmer despachava regularmente detalhados relatórios acerca dos preparativos navais na costa leste dos Estados Unidos.

O bombardeio da Grã-Bretanha continuou ao longo de janeiro, mês em que morreram 1500 civis. Mas não havia sensação de desespero. Em 30 de janeiro, o emissário de Roosevelt, Harry Hopkins, almoçou com o rei George VI e a rainha Elizabeth no Palácio de Buckingham. No início do almoço soou uma sirene de alerta de ataque aéreo, mas a refeição prosseguiu sem ser interrompida. Quando chegou o momento do café e do vinho do Porto, no entanto, um sino tocou e o rei disse: "Isso significa que temos que ir para o abrigo antiaéreo". Lá, a conversa continuou, e a rainha disse a Hopkins que "as únicas coisas que importavam eram o moral e a determinação da grande massa do povo britânico".

"Há sem dúvida um estado de ânimo muito mais alegre do que um ano atrás, você não acha?", escreveu à esposa em 25 de janeiro o principal secretário particular de Churchill, Eric Seal. "Temos de fato a sensação de que estamos tocando o barco para a frente e nos acostumando com a guerra, e que não nos saímos tão mal desde que a França caiu."

Em 27 de janeiro, na Eritreia, a 4ª Divisão Indiana entrou na cidade de Agordat. Dois dias depois, no Deserto Ocidental, as tropas italianas evacuaram Derna. "Estou convencido", declarou Hitler em um discurso em Berlim em 30 de janeiro, "de que 1941 será o ano crucial da grande Nova Ordem na Europa." Contudo, no dia seguinte, os esforços alemães de espionagem sofreram outro revés, ainda que de menor monta, quando um suposto espião alemão, Josef Jakobs, saltou de paraquedas na Grã-Bretanha com um transmissor de rádio e, ao pousar, fraturou a perna com tamanha severidade que teve que disparar uma pistola para chamar a atenção. Foi imediatamente preso. Por causa da perna quebrada, Jakobs teve que se sentar em uma cadeira para ser executado por um pelotão de fuzilamento do exército, seis meses depois.

Os generais de Hitler estavam confiantes no sucesso de seu plano contra a Rússia. Em 2 de fevereiro, o Conselho de Guerra alemão discutiu um relatório, elaborado pelo general Halder, estimando que cerca de 211 divisões e formações soviéticas enfrentariam 190 unidades alemãs e do Eixo. Isso, alegou Halder, dava à União Soviética uma superioridade substancial, mas não a vantagem técnica ou estratégica necessária para evitar a derrota. Ao discutir esses fatores com Hitler em 3 de fevereiro, Halder e Brauchitsch se viram diante do ceticismo do Führer quanto aos efetivos russos. O governo soviético era tão odiado, argumentou Hitler, sobretudo pelos russos mais jovens, que a própria Rússia desmoronaria sob o peso do primeiro ataque alemão vitorioso.

Hitler também rejeitou as preocupações do general Halder em relação à superioridade russa em termos de número de blindados; apesar de muitos tanques russos serem obsoletos, Halder afirmou que "não podemos descartar por completo a possibilidade de surpresas". Hitler estava convencido de que a blindagem dos tanques soviéticos era delgada e frágil demais para representar uma ameaça séria. O Führer tampouco aceitou a preocupação do general em relação às vastas reservas potenciais de efetivos e de munições da Rússia.

A confiança era a ordem do dia de Hitler, com base em seu desprezo pela natureza inferior dos eslavos. A Operação Barbarossa deveria prosseguir com a transferência de mais contingentes alemães da fronteira ocidental para a oriental em meados de março.

No Norte da África, as forças de Mussolini continuaram a ser empurradas para o oeste; em 5 de fevereiro, quando sofreram enormes perdas após um ataque britânico em Beda Fomm, Hitler escreveu ao líder fascista expressando sua insatisfação com o andamento da campanha italiana e se oferecendo para enviar mais tropas, contanto que o que restava do exército italiano resistisse com maior empenho e não recuasse para Trípoli. Mas a retirada continuou, pois as forças britânicas e australianas não davam aos italianos um único momento de trégua. Em 6 de fevereiro, as tropas australianas entraram em Benghazi, destruindo oitenta tanques e capturando sete generais, inclusive o general Bergonzoli.

Para Hitler, a retirada italiana no Norte da África, bem como o fracasso da campanha italiana na Grécia, criava o primeiro espectro de perigo, a perda do flanco sul do Eixo. No dia da queda de Benghazi, o Führer disse a Rommel, que tinha ido visitá-lo em Berlim, que todas as unidades mecanizadas alemãs na Líbia ficariam sob seu comando. Sua tarefa era defender a Tripolitânia e, assim, impedir que os britânicos entrassem na Tunísia. "Minha cabeça dá voltas só de pensar em tudo que pode dar errado", escreveu Rommel nessa noite. "Serão necessários vários meses até que as coisas surtam efeito!"

Também em 6 de fevereiro, Hitler emitiu sua Diretiva n. 23, ordenando uma aceleração de operações contra a economia de guerra britânica. Era intensificando o afundamento de navios mercantes, ele escreveu, que a Alemanha "poderá ocasionar o colapso da resistência britânica em um futuro próximo". Ao mesmo tempo, contínuos ataques aéreos contra fábricas de armamentos "deverão levar a uma considerável queda na produção". Porém, até o momento, advertiu o Führer, o "menor dos efeitos" das operações contra a Inglaterra "tem sido no moral e na determinação de resistir do povo inglês".

Agora Hitler queria que a guerra se concentrasse e se intensificasse no mar. "Afundar navios mercantes é mais importante do que atacar navios de guerra inimigos", ele escreveu. Reduzir a tonelagem disponível à Grã-Bretanha "não somente reforçará o bloqueio, que é decisivo para a guerra, mas impedirá operações inimigas na Europa e na África".

Logicamente, impedir essas operações não seria fácil; em 7 de fevereiro, as forças italianas em Beda Fomm se renderam aos britânicos. Um total de 20 mil soldados italianos, duzentas peças de artilharia e 120 tanques foram capturados, em contraste com a morte de apenas nove soldados britânicos. No dia seguinte, em Washington, a Câmara dos Deputados aprovou o projeto da Lei de Empréstimos e Arrendamentos por 260 votos a 165. A lei ainda teria que ser aprovada pelo Senado e promulgada pelo presidente, mas um grande obstáculo havia sido superado. "Agora parece certo", declarou Churchill em um discurso transmitido pelo rádio em 9 de fevereiro, "que o governo e o povo dos Estados Unidos pretendem nos fornecer tudo o que for necessário para a vitória." Não era dos 2 milhões de homens que os Estados Unidos haviam enviado para o outro lado do oceano "na última guerra" que a Grã-Bretanha precisava agora, por mais "valentes" que fossem os exércitos que os Estados Unidos estavam arregimentando. A necessidade era de armas e munições. "Peço que nos deem as ferramentas, e nós completaremos o serviço", declarou Churchill.

O projeto da Lei de Empréstimos e Arrendamentos ainda não era uma lei em vigor. Mas a diretiva de Hitler contra a navegação mercante britânica já estava sendo implementada, e o perigo era evidente. "Herr Hitler fará o possível", advertiu Churchill em seu discurso de 9 de fevereiro, "para atacar nossos navios e reduzir o volume de suprimentos norte-americanos que entram em nossas ilhas. Tendo conquistado a França e a Noruega, seus dedos agarradiços se estendem pelo oceano para prender com força os dois lados de nosso território." Nesse dia, enquanto Churchill falava, o comboio britânico HG-53, que zarpara de Gibraltar com destino às ilhas britânicas, perdeu dois de seus navios para um único submarino alemão e seis outros para as aeronaves que o comandante do submarino, o capitão Victor Otto Oerhn, havia convocado para a batalha desigual. No dia seguinte, Oerhn afundou outro navio mercante. No mesmo mês, em mais dois ataques a comboios britânicos desferidos por alcateias de submarinos atuando em conjunto com a força aérea alemã, outros nove navios mercantes foram afundados, e em seguida mais doze.

Em 10 de fevereiro, os britânicos realizaram seu primeiro ataque com tropas aerotransportadas da guerra, a Operação Colosso, lançando 38 paraquedistas sobre um viaduto ferroviário em Trignano, nos arredores de Potenza, sul da Itália. Embora os paraquedistas tenham alcançado o viaduto, causaram poucos danos — aliás, reparados pouco tempo depois — e foram todos capturados. Esse revés foi de pequena monta, no entanto, em comparação com as sinistras notícias que chegaram à Comissão de Defesa em Londres em 11 de fevereiro pelo diretor de inteligência militar: o número de contingentes alemães então posicionados na Romênia — 23 divisões, com mais doze a chegar em um futuro próximo — mostrava, de maneira quase cabal, que a Alemanha pretendia garantir a capitulação da Grécia não por vias diplomáticas, mas pela guerra. Ao saber disso, a Comissão de Defesa instruiu o comandante em chefe britânico no Oriente Médio a dar primazia aos preparativos para a ajuda militar britânica à Grécia, em detrimento do avanço rumo a Trípoli. A defesa de um aliado deveria ter prioridade sobre a derrota de um inimigo; mas tratava-se de um aliado cuja derrota deixaria o exército e a força aérea alemães a poucos quilômetros de distância da Palestina, do Egito e do canal de Suez.

Em 12 de fevereiro, Rommel chegou a Trípoli para robustecer a resistência italiana. Desde o início da ofensiva britânica, três meses antes, 20 mil italianos tinham sido mortos ou feridos, e 130 mil haviam sido feitos prisioneiros, isso para não mencionar as perdas materiais de 850 canhões e quatrocentos tanques. Em comparação, as baixas britânicas e australianas foram muito pequenas: quinhentos mortos e 1400 feridos. Agora haveria uma pausa; no dia da chegada de Rommel ao Norte da África, como resultado do deslocamento de recursos britânicos para a Grécia, apenas uma única esquadrilha de aviões de combate permaneceu disponível para os ingleses na Cirenaica.

Por mais de um mês, a situação no Deserto Ocidental permaneceu estática. O combate na Grécia determinaria o futuro da Alemanha no Mediterrâneo. Porém, em 14 de fevereiro, Hitler não conseguiu persuadir o primeiro-ministro iugoslavo, Dragiša Cvetković, a se juntar ao Eixo. Em Roma, dois dias antes, Mussolini fora igualmente malsucedido em sua tentativa de convencer o general Franco a reconsiderar sua posição de neutralidade.

O fracasso alemão em conseguir angariar a ajuda iugoslava contra a Grécia foi gravíssimo; em 14 de fevereiro, dia das malogradas negociações entre Hitler e o primeiro-ministro iugoslavo, Roosevelt enviou mensagens pessoais de apoio ao presidente turco, İsmet İnönü, e a Paulo (Pavle Karađorđević), o príncipe regente da Iugoslávia. As mensagens de Roosevelt foram enviadas depois que um oficial norte-americano, o coronel William Joseph Donovan, após uma viagem aos Bálcãs e ao Oriente Médio, informou Washington de que a Grécia estava disposta a oferecer um campo de operações em que a Grã-Bretanha poderia derrotar os exércitos nazistas, mas apenas sob a condição de que a Turquia e a Iugoslávia, e, se possível, também a Bulgária, cooperassem com as forças anglo-gregas.

Em 16 de fevereiro, os nazistas celebraram o aniversário de cinquenta anos de Hans Günther, o principal ideólogo da política racial do nazismo. Nesse dia, Günther foi agraciado com a Medalha Goethe, e sua obra enaltecida por Alfred Rosenberg como "de suma importância" para a salvaguarda e o desenvolvimento da filosofia nazista. Fora Günther que, em seu livro sobre a etnologia do povo alemão,* publicado pela primeira vez em 1929, havia descrito aqueles a quem chamou de judeus "não europeus" como os "fomentadores da desintegração" da cultura nórdica.

No dia seguinte ao aniversário de Günther, os resultados de seus ensinamentos foram vistos na prática, embora apenas por algumas poucas pessoas, no campo de concentração e deportação do forte Breendonk, na Bélgica. Lá, em seu segundo dia no campo, um senhor judeu alemão, já idoso e asmático, incapaz de continuar a empurrar seu carrinho de mão, e contrariando o regulamento, parou para descansar por um instante. Flagrado pelo comandante alemão de seu alojamento, foi encarcerado, e ao anoitecer estava morto. Seis dias depois, na Holanda, quando estouraram greves dos trabalhadores em Amsterdam em protesto contra a detenção de quase quatrocentos judeus, o chefe da SS no país, Hanns Albin Rauter, ordenou que seus homens e policiais abrissem fogo contra os grevistas; onze foram mortos. Os judeus, 389 no total, foram deportados para Buchenwald, onde 25 deles morreram fuzilados ou em decorrência dos brutais maus-tratos; dois meses depois, os demais foram enviados para as pedreiras do campo de concentração de Mauthausen; no outono, não restavam sobreviventes.

Tanto os polacos quanto os judeus poloneses sofreram em igual medida com o recrudescimento da crueldade do domínio nazista; em 22 de fevereiro, anunciou-se

---

* *Rassenkunde des jüdischen Volkes*, ou "Ciência racial do povo alemão". (N. T.)

que uma mulher polonesa, Pelagia Bernatowicz, fora condenada à morte na cidade de Grudziądz por ouvir uma transmissão em língua polonesa de uma rádio londrina.

Na União Soviética, os generais de alta patente pressionavam por um ritmo mais rápido dos preparativos. Em 18 de fevereiro, o general Dmitri Grigorievitch Pávlov, comandante do Distrito Militar Ocidental, enviou um telegrama a Stálin, Mólotov e o marechal Timotchenko solicitando o aporte de consideráveis recursos para a construção de estradas. "Acredito", advertiu Pávlov, "ser imprescindível organizar o teatro de operações ocidental ao longo de 1941. Portanto, é absolutamente impossível arrastar a construção ao longo de vários anos." Em resposta ao pedido de Pávlov, Stálin afirmou que, embora suas demandas fossem "legítimas", "não estamos em posição de atendê-las". Uma semana depois, em 25 de fevereiro, o novo chefe do estado-maior das forças soviéticas, o general Júkov, emitiu uma diretiva secreta nomeando a Alemanha como o provável inimigo e instruindo as regiões fronteiriças a fazerem "os preparativos apropriados". No dia seguinte, a frota soviética do Báltico recebeu instruções para o caso de estourar uma guerra com a Alemanha. Os campos minados desempenhariam um papel importante no plano defensivo; sua rápida implementação, porém, viu-se prejudicada por uma grave escassez de minas, bem como de navios caça-minas em quantidade suficiente para desobstruir campos minados e lidar com as retaliações alemãs.

As discussões do estado-maior de Moscou em 25 e 26 de fevereiro indicaram a escala das medidas defensivas necessárias e as dificuldades para colocá-las em prática. A pedido de Júkov, decidiu-se organizar vinte novos corpos de exército mecanizados e criar uma série de novos regimentos de aviação, equipados com novas máquinas e dispondo de suporte técnico e instalações de manutenção em solo. No entanto, como Pávlov já havia sido informado em relação à construção de estradas — e, portanto, em relação à expansão do exército e da força aérea e em relação aos preparativos navais —, o problema era a substancial escassez de materiais de todos os tipos. A força aérea soviética ainda não dispunha de instalações em terra adequadas; dos mais de mil aeródromos, apenas duzentos estavam em condições de ser utilizados em operações militares.

Agora não havia dúvidas em Moscou acerca do perigo. Voos de reconhecimento alemães sobre o Báltico tornaram-se quase cotidianos. Hitler dizia aos soviéticos que se tratava de uma medida de dissimulação, uma trapaça destinada a acalmar os britânicos e persuadi-los de que a Grã-Bretanha não era o próximo alvo na lista de invasões. Mas os serviços de segurança do Estado soviético já haviam obtido informações, possivelmente de Sorge ou de Trepper, de que o ataque alemão à Grã-Bretanha havia sido adiado por tempo indeterminado — até o fim da guerra contra a Rússia.

Sem novidades no Deserto Ocidental, e enquanto os preparativos para a guerra contra a Rússia prosseguiam por trás de uma máscara de sigilo, era no Atlântico que o principal esforço de guerra ocorria. Em 22 de fevereiro, a mais de mil quilômetros de

Terra Nova, o vice-almirante Günther Lütjens, comandante em chefe da frota alemã, a bordo do *Gneisenau* e acompanhado pelo *Scharnhorst*, avistou um grupo de navios mercantes Aliados que, devido à escassez de navios de escolta, navegava sem proteção. Cinco deles foram afundados. Em seguida o almirante Lütjens zarpou através do Atlântico rumo ao arquipélago de Cabo Verde e à costa da África.

Parte do sucesso dos ataques alemães aos comboios Aliados deveu-se ao trabalho de espiões alemães nos portos e estaleiros do litoral atlântico. As informações que esses espiões coletavam eram transmitidas de volta à Alemanha por intermédio do adido naval alemão em Washington, um lembrete constante na capital norte-americana de que Alemanha e Estados Unidos ainda mantinham relações diplomáticas, mais de treze meses após a invasão da Polônia. Uma dessas mensagens do adido naval informou Berlim sobre um "encontro de navios em 25 de fevereiro, um comboio duzentas milhas náuticas (370 quilômetros) a leste do cabo Sable; treze cargueiros, quatro petroleiros, 100 mil toneladas de peças de aviões, peças de máquinas, caminhões, munições, produtos químicos; provavelmente o número do comboio é HX-114".

Por uma das ironias da espionagem em tempo de guerra, essa mensagem em particular, enviada através do Atlântico por um sinal de rádio secreto, foi captada e decodificada não só em Berlim — por aqueles a quem se destinava — mas também em Bletchley, possibilitando que o Almirantado britânico tomasse uma bem-sucedida medida de evasão. A espionagem à moda antiga tinha sido derrotada pelo Serviço de Decodificação de Sinais da inteligência britânica, o agente suplantado pelo criptógrafo.

Como resultado de um relatório encaminhado da Grécia pelo ministro das Relações Exteriores, Anthony Eden, os chefes de estado-maior britânicos aconselharam que se enviasse ao território grego uma força expedicionária de 100 mil homens. Essa decisão foi endossada por Churchill e seu Gabinete de Guerra e tinha como objetivo estabelecer uma "frente balcânica" que, se tudo corresse bem, seria constituída por Grécia, Iugoslávia e Romênia e teria como objetivo evitar um avanço alemão para o sul e permitir que os bombardeiros britânicos atacassem com mais eficácia a principal fonte de abastecimento de petróleo da Alemanha, as instalações petrolíferas romenas e as refinarias de Ploiești. Em 28 de fevereiro, numa manobra que seria um passo decisivo para invadir a Grécia a partir do leste, engenheiros militares alemães lançaram três pontes sobre o Danúbio, do lado romeno para o lado búlgaro. No dia seguinte, 1º de março, as primeiras unidades do exército alemão entraram na Bulgária. No mesmo dia, em Viena, na presença de Hitler, o rei Bóris assinou o tratado de adesão de seu país ao Eixo.

Enquanto em Viena o rei Bóris aceitava a entrada de tropas alemãs na Bulgária e a probabilidade de se juntar a um ataque germânico à Grécia, o embaixador norte-

-americano em Moscou foi instruído a tentar uma reunião com Mólotov a fim de lhe transmitir, "de forma oral e confidencial", a seguinte mensagem: "O governo dos Estados Unidos, enquanto se esforça para avaliar a marcha dos acontecimentos mundiais, obteve informações, a seu ver autênticas, que indicam claramente que a Alemanha pretende atacar a União Soviética".

Antes que o embaixador pudesse entregar a mensagem, ela foi passada adiante em Washington pelo subsecretário de Estado, Sumner Welles, ao embaixador soviético Konstantin Umanskii. Sem que norte-americanos e russos soubessem, em 3 de março, Hitler discutia com o general Jodl sobre a natureza de uma futura administração das regiões da Rússia ocupadas pelos alemães. A "intelligentsia judaico-bolchevique", observou Jodl, "deve ser eliminada".

Ainda levaria mais de três meses e meio para que esse plano de assassinatos em massa pudesse ser posto em prática. Mas o espírito que o animava já estava em ação fazia um ano e meio, sem descanso. Em 3 de março, exatamente no dia da conversa de Hitler com Jodl, um judeu alemão, Ernst Cahn, que havia buscado refúgio na Holanda, foi executado por um pelotão de fuzilamento alemão em Amsterdam por ter salpicado acidentalmente um grupo de soldados alemães com um spray que instalara em sua cafeteria. Ninguém se ferira, mas Cahn tinha de ser "punido", e foi o primeiro homem a ser executado por um pelotão de fuzilamento na Holanda desde a ocupação alemã em maio do ano anterior. Dois dias depois, o comunista holandês Leen Schijvenschuurer, detido enquanto distribuía panfletos de convocação para uma segunda greve, foi preso; 24 horas depois, também morreu fuzilado.

Nessa semana, todos os altos comandantes militares alemães receberam uma cópia de um decreto especial. Conhecido como a Ordem dos Comissários e assinado por Hitler, o documento declarava sem rodeios: "A guerra contra a Rússia não pode ser travada de maneira cavalheiresca. É uma luta de ideologias e de diferenças raciais, e deverá ser levada a cabo com severidade sem precedentes, de forma inclemente e implacável".

O novo decreto de Hitler explicava:

> As opiniões dos comissários são diametralmente opostas às do nacional-socialismo. Portanto, esses comissários devem ser eliminados. Qualquer soldado alemão que violar a lei internacional será perdoado. A Rússia não participou da Convenção de Haia e, portanto, não tem nenhum dos direitos previstos por esse tratado.

Redigida diretamente por Hitler, a Ordem dos Comissários foi suficiente para resultar na morte brutal de centenas de milhares de pessoas inocentes, sem direito de apelo, e sem remorso por parte dos assassinos.

* * *

Em 4 de março, os britânicos lançaram a Operação Claymore, um ataque naval contra as ilhas Lofoten, nos arredores da costa norueguesa e dentro do Círculo Polar Ártico. Para a opinião pública britânica, tratou-se de uma demonstração de arrojo que elevou o moral; uma traineira armada alemã, a *Krebs*, foi danificada, catorze marinheiros germânicos morreram, 25 combatentes foram capturados, e os estoques de petróleo local alemães, destruídos. No entanto, o objetivo da operação não era afundar navios, mas capturar uma máquina Enigma usada pela marinha alemã cujo código parecia ser praticamente impossível de quebrar.

Uma dessas máquinas estava a bordo da *Krebs*; antes de morrer, o comandante da embarcação, o tenente Hans Küpfinger, conseguiu atirá-la ao mar. Ele não teve tempo suficiente, no entanto, para destruir outros elementos do procedimento de envio de mensagens, incluindo seus documentos de codificação, de modo que, após três semanas de trabalho intensivo em Bletchley, o serviço de inteligência britânica foi capaz de decifrar todo o tráfego naval alemão em águas domésticas na última semana de abril e em boa parte de maio com apenas um atraso relativamente curto de três a sete dias.

Os noruegueses pagariam um alto preço em retaliação pelo ataque às ilhas Lofoten; cinco dias depois, Goebbels escreveu em seu diário que Josef Terboven havia estabelecido imediatamente "um tribunal punitivo da mais alta severidade". As propriedades rurais de "sabotadores" foram incendiadas, reféns foram capturados. "Esse sujeito, Terboven, é dos bons", acrescentou Goebbels. "Ele não é de pisar em ovos; sabe o que é preciso fazer."

Em 5 de março, os britânicos lançaram sua segunda expedição em dois dias — a Operação Lustro, o transporte marítimo de forças britânicas para a Grécia, apesar dos ataques aéreos alemães lançados de bases em Rodes e no arquipélago do Dodecaneso. A cada três dias partia um comboio do Egito; ao todo, 25 navios foram afundados, todos, à exceção de sete, em Pireu e Vólos, depois do desembarque das tropas. No total, 60 364 homens foram transportados através do Mediterrâneo oriental — quatro divisões completas, duas delas blindadas. Mesmo com a chegada dessas tropas, Hitler dava os últimos retoques em seus planos de invadir a Grécia; tinha a convicção de que quaisquer reforços britânicos poderiam ser esmagados e rechaçados. Era na campanha russa que suas energias estavam concentradas. Porém, o sigilo que ele impusera a seus comandantes não foi mantido. Sem que o Führer soubesse, em 5 de março, a partir de Tóquio, Richard Sorge conseguira enviar a seus chefes em Moscou o microfilme de um telegrama de Ribbentrop, endereçado ao embaixador alemão no Japão, informando que a provável data do ataque germânico à Rússia era meados de junho.

Ironicamente, embora a data indicada por Sorge tenha se mostrado correta, na época não passava de um astuto palpite de Ribbentrop; a data verdadeira seria definida somente duas semanas depois.

Na Holanda, em 6 de março, os alemães condenaram à morte dezoito membros da resistência, executados sete dias depois. A caminho do local de execução nas dunas de areia, os condenados cantaram, alternando salmos com o hino nacional holandês. Para mostrar aos holandeses que eles não haviam sido esquecidos, aviões britânicos despejaram mais de 4 mil toneladas de chá holandês da Batávia* em saquinhos de sessenta gramas. Cada saquinho trazia a mensagem: "Saudações das Índias Holandesas Livres. Mantenham a coragem. A Holanda voltará a se erguer".

Na Polônia, em 7 de março, patriotas poloneses assassinaram um ator de Varsóvia, Igo Sym, que se declarara um alemão étnico; em represália, os nazistas capturaram 160 reféns. Como os assassinos de Sym não se entregaram, dezessete dos reféns foram fuzilados, entre eles dois ex-docentes da Universidade de Varsóvia — o professor Kopeć, um biólogo, executado com seu filho, e o professor Zakrzewski, um destacado historiador.

Também na Polônia, ou no que havia sido a Polônia até setembro de 1939, agora a morte era a punição até para quem cantasse o hino nacional. Em 14 de março, o jornal alemão local em Poznań noticiou que dois poloneses haviam sido condenados à morte por terem cometido esse "crime": Edward Lembicz, um seleiro de 36 anos, e Jan Mikolajczyk, um carroceiro de 25.

A pilhagem oficial também continuou em toda a Europa ocupada pelos alemães, por vezes em uma escala substancial. Entre fevereiro e março de 1941, Göring visitou Paris em quatro ocasiões; durante essas visitas, retirou 53 obras de arte de coleções judaicas particulares, incluindo pinturas de Goya, Rembrandt, Teniers, Rubens, Boucher e Frans Hals. Quando um funcionário alemão local alegou que a pilhagem feria a lei, Göring rebateu: "O mais alto jurista do Estado sou eu".

Quanto à guerra no mar, 7 de março registrou o naufrágio do submarino alemão U-47 e a morte, juntamente com toda a tripulação, de seu comandante, Günther Prien, cuja façanha de afundar o encouraçado britânico *Royal Oak* fora um dos primeiros êxitos alemães da guerra. Mas, para os britânicos, a morte de Prien foi eclipsada na noite seguinte pela aprovação, no Senado dos Estados Unidos, da Lei de Empréstimos e Arrendamentos, por sessenta votos a 31. Segundo a lei, tanto a Grã-Bretanha quanto a Grécia receberiam ajuda militar imediata. Era "o fim da transigência com a tirania", disse Roosevelt seis dias depois.

---

* Atual Jacarta, capital da Indonésia; fundada em 1619 pelos neerlandeses, não deve ser confundida com a região histórica da Batávia, nos Países Baixos. (N. T.)

Na Grécia, tropas de reforço foram enviadas às pressas para a frente albanesa em 9 de março, quando os italianos lançaram uma ofensiva com o intuito de, no mínimo, expulsar os gregos da Albânia; após cinco dias de batalha, contudo, o avanço italiano foi interrompido.

Os britânicos não foram tão afortunados quanto os gregos; Londres e várias outras cidades inglesas voltaram a ser alvos de uma nova onda de pesados ataques aéreos alemães, que ceifaram a vida de milhares de civis. A guerra marítima também continuava a causar estragos; em 15 de março, os navios de guerra do almirante Lütjens, os cruzadores de batalha *Scharnhorst* e *Gneisenau*, iniciaram uma perseguição de dois dias a navios mercantes, afundando dezesseis deles.

O afundamento de navios no Atlântico era uma grave ameaça à capacidade de sobrevivência da Grã-Bretanha. Mas as contramedidas eram permanentes. Nesse mesmo mês de março, Günther Prien e seu U-47 não foram os únicos a ir a pique; os ingleses destruíram também outros três submarinos alemães. Dois dos mais importantes comandantes desse tipo de embarcação, "ases" na destruição de navios mercantes, foram vítimas de uma vigilante resposta naval britânica: o capitão Joachim Schepke morreu afogado, e o capitão Otto Kretschmer foi feito prisioneiro.

Ainda em março, outra iniciativa britânica, ainda que de pequena escala, foi significativa para o futuro. Na noite do dia 15, a Executiva de Operações Especiais despachou cinco soldados franceses da Grã-Bretanha para a França, onde, carregando dois caixotes com armas pequenas e uma barricada especialmente projetada para bloquear uma estrada, eles saltaram de paraquedas à meia-noite nos arrabaldes de Vannes. Com o codinome Operação Savana, sua tarefa era explodir o ônibus em que viajavam para o aeroporto da cidade os pilotos da força aérea alemã. Na verdade, os pilotos alemães já não viajavam mais de ônibus, mas em grupos de dois ou três carros, de modo que os homens do destacamento não puderam cumprir sua missão. Os que preferiram retornar à Grã-Bretanha foram removidos três semanas depois, por submarino.

Embora tenha falhado em seu objetivo, a Operação Savana alcançou um sucesso considerável; tinha mostrado, como escreveu o historiador oficial da Executiva de Operações Especiais na França,

> que era possível, com bastante discrição, infiltrar no território francês ocupado agentes subversivos capazes de se deslocar dentro do país com razoável facilidade, ser recebidos por uma população francesa decente e — com tempo, coragem, alguma dose de adversidades e um bocado de sorte — ser removidos sãos e salvos.

O líder da Operação Savana, Georges Bergé, voltou para a Inglaterra levando muitas informações importantes sobre as condições de vida na França ocupada pelos nazistas, inclusive detalhes sobre as regras do toque de recolher, cartões de racionamento e documentos de identificação, que seriam de grande valia para os agentes que em breve seguiriam seus passos.

Em 17 de março, como parte de seus preparativos para invadir a Rússia, Hitler deslocou para Cracóvia as unidades blindadas do Grupo de Exércitos Sul. Essa manobra já era conhecida pelos britânicos, graças à interceptação de mensagens Enigma. No mesmo dia, quando aeronaves alemãs sobrevoaram o porto soviético de Liepāja, no mar Báltico, o comandante das forças navais russas, o almirante Nikolai Kuznetsov, deu ordens para que fossem abatidas. No entanto, Stálin ordenou pessoalmente a Kuznetsov que revogasse a ordem, e, quando um avião de reconhecimento alemão fez um pouso forçado nas imediações do porto, seu piloto foi resgatado e acolhido com um jantar, teve sua aeronave rebocada e reabastecida, e foi liberado para voltar a salvo para a Alemanha. Stálin não queria provocação. Comandantes das regiões fronteiriças foram instruídos especificamente a não disparar contra aeronaves alemãs que cruzassem a fronteira. Cautela era a palavra de ordem. Stálin tinha todos os motivos para estar alarmado; em 20 de março, três dias após o pouso forçado da aeronave alemã em Liepāja, o embaixador Umanskii fora informado por Sumner Welles, em Washington, acerca de uma série de mensagens transmitidas pelo governo grego e provenientes de missões diplomáticas suecas em Berlim, Bucareste e Helsinque, confirmando as definitivas intenções alemãs de atacar a União Soviética.

Restava a Stálin saber a data precisa da invasão. Com relação a isso, o chefe da Divisão de Inteligência do estado-maior soviético, o general Filipp Ivánovitch Golikov, apresentou em 20 de março um relatório com uma pormenorizada descrição do plano de ataque alemão em três frentes e os nomes de seus respectivos comandantes, terminando com o comentário: "A data provisória para o início do ataque à URSS é 20 de maio". Em sua conclusão, entretanto, Golikov afirmou: "Os rumores e documentos segundo os quais a guerra contra a URSS é inevitável nesta primavera devem ser tidos como ludibriações divulgadas pelos ingleses ou talvez até mesmo pelo serviço de inteligência alemão".

A interpretação de Golikov estava equivocada. Substanciais movimentações de tropas alemãs ocorriam da região central da Alemanha para o sul da Polônia. E não era apenas Hitler que estava fazendo planos para ampliar a guerra; em 22 de março, um agente japonês no Havaí, Nagai Kita, foi instruído por Tóquio a recolher informações sobre os movimentos de entrada e saída dos navios da frota dos Estados Unidos da base naval de Pearl Harbour. Ele deveria providenciar essas informações "mesmo que para tanto fosse preciso subornar informantes". As instruções de Kita foram interceptadas e decifradas pelo Serviço de Decodificação de Sinais da inteligência britânica. Mas não causaram alarme nas autoridades.

13. A conquista alemã da Iugoslávia e da Grécia

ABRIL DE 1941

Ao mesmo tempo que as forças alemãs completavam suas manobras de avanço pelo território búlgaro, na fronteira oriental da Grécia, e o rei Bóris por fim aceitava alinhar-se às potências do Eixo, a situação da Grécia passou a ser de perigo iminente. Em 18 de março de 1941, a inteligência britânica avaliou que Paulo, o príncipe regente da Iugoslávia, a exemplo do rei Bóris, havia se comprometido com os germânicos, o que deixava a fronteira norte da Grécia vulnerável a um ataque alemão. Diplomatas britânicos na Iugoslávia foram autorizados a fazer o máximo possível a fim de garantir a derrubada do governo pró-alemão, mesmo que isso significasse dar respaldo a ações subversivas.

Em 20 de março, o príncipe Paulo perguntou aos membros de seu gabinete se eles estavam dispostos a concordar com a exigência de Hitler de que a Iugoslávia se juntasse ao Eixo e, por conseguinte, permitisse o livre trânsito de exércitos alemães através do país rumo à Grécia. Quatro ministros preferiram renunciar a aceitar esses termos. Em 25 de março, no entanto, em Viena, o primeiro-ministro iugoslavo Dragiša Cvetković assinou a adesão da Iugoslávia ao Pacto Tripartite. Na presença não apenas de Hitler, mas do embaixador japonês em Berlim, o general Hiroshi Ōshima, agora a Iugoslávia tornava-se membro do Eixo, que não parava de crescer.

A notícia do engajamento da Iugoslávia com a Alemanha coincidiu com dois outros duros golpes para a causa Aliada. Também em 25 de março, seis torpedeiros italianos, comandados pelo tenente Luigi Faggioni, entraram na baía de Suda, em Creta, para onde um comboio naval britânico levara reforços de tropas e armas. Lá, infligiram danos tão graves ao cruzador britânico *York* que ele teve de ser encalhado. Ao mesmo tempo, Rommel, que em uma surpreendente investida contra os britânicos havia retomado o forte de El Agheila, decidiu, à revelia de suas instruções e contrariando os protestos italianos, desferir uma ofensiva em grande escala. As forças britânicas incumbidas de enfrentá-lo estavam esgotadas e padeciam com a escassez de homens, munições e aeronaves, uma vez que a prioridade era prestar auxílio à Grécia. "Tenho que deter as tropas para impedir que avancem rapidamente", Rommel escreveu à esposa em 26 de março. "Elas já ocuparam uma nova posição, trinta quilômetros mais a leste. Haverá expressões de preocupação no rosto de nossos amigos italianos."

Esses "amigos italianos" tinham outros motivos de aflição. Em 27 de março, após doze dias de combates cruentos, os italianos na Eritreia foram expulsos de Keren. Ao mesmo tempo, as principais forças navais da Regia Marina italiana navegavam ao largo do cabo Matapão, o ponto mais ao sul da Grécia continental, sem saber que uma descomunal armada britânica, alertada pela leitura de sinais de rádio codificados ultrassecretos da Itália, zarpara a todo vapor em sua direção. Na batalha que se seguiu, primeiro em Matapão e depois na ilha de Gaudo, ao sul de Creta, os italianos perderam cinco de oito cruzadores e três de treze contratorpedeiros. Cerca de 2400 marinheiros italianos morreram afogados. O custo para a Grã-Bretanha foi de dois aviões navais. Entre os britânicos envolvidos na batalha estava um aspirante a oficial da Marinha Real, o príncipe Philip, filho do príncipe Andrew da Grécia; por sua atuação no controle dos holofotes do *Valiant*, que conseguiu apontar para dois dos cruzadores italianos, ele recebeu uma menção honrosa nos despachos.

A Batalha do Cabo Matapão (também chamada de Batalha de Gaudo) eliminou a marinha italiana como uma força relevante na luta que mal havia começado nos mares Adriático, Jônico e Egeu. Em 26 de março, em muitas cidades e vilarejos da Iugoslávia, houve manifestações em massa contra a assinatura do Pacto Tripartite — sindicatos, camponeses, Igreja e exército se uniram em torno dessa causa comum. Nas primeiras horas da madrugada de 27 de março, o governo Cvetković foi derrubado, e o príncipe regente substituído pelo herdeiro do trono, o rei Pedro II (Petar Karađorđević), de dezessete anos. O novo governo, encabeçado pelo comandante da força aérea iugoslava, o general Dušan Simović, retirou-se imediatamente do Pacto Tripartite. Dois dias depois de ter garantido sua rota do norte para a Grécia, Hitler a havia perdido. Furioso, ele disse a seus comandantes militares que estava determinado a "esmagar a Iugoslávia, militarmente e enquanto Estado". O ataque deveria começar o mais depressa possível. "Do ponto de vista político", explicou Hitler, "é particularmente importante que a ofensiva contra a Iugoslávia seja realizada com dureza implacável, e que a destruição militar seja feita ao estilo Blitzkrieg."

Mais uma vez, a "guerra-relâmpago" destruiria um inimigo e assustaria outro. Esse exemplo serviu para persuadir a Turquia a manter a neutralidade. Na mesma manhã, em uma reunião que durou quinze minutos, Hitler ofereceu ao ministro húngaro a província iugoslava de Bačka, em troca de ajuda. "Você pode acreditar no que digo", disse Hitler, "pois não estou fingindo, já que não prometo mais do que posso cumprir." Já ao ministro búlgaro, em uma reunião de cinco minutos, o Führer ofereceu a província iugoslava da Macedônia, bem como a Macedônia grega, que teria sido a recompensa da Iugoslávia caso ingressasse no Eixo. "A tempestade explodirá sobre a Iugoslávia com tamanha rapidez que deixará aqueles senhores perplexos!", Hitler declarou ao ministro búlgaro.

Ao longo de 27 de março, seiscentos aviões alemães levantaram voo de bases aéreas ao longo de toda a costa do canal da Mancha, bem como da Sicília e da Líbia, rumo a aeródromos na Romênia e na Bulgária. Com sua chegada, o número de aeronaves alemãs prontas para atacar a Iugoslávia e a Grécia chegou a mil. Belgrado, a capital iugoslava, era especialmente vulnerável. Nessa noite, Hitler emitiu sua Diretiva n. 25. A Iugoslávia e a Grécia seriam atacadas simultaneamente. A invasão da Rússia foi adiada de maio para junho.

Agora a Iugoslávia enfrentava todo o peso da fúria de Hitler. Ainda que o país tivesse feito "declarações iniciais de lealdade", o Führer escreveu em sua diretiva, "deve ser considerado um inimigo e derrotado o quanto antes". Nesse meio-tempo, a estratégia era fomentar tensões internas por meio de garantias políticas aos croatas. No que dizia respeito ao início do ataque, assim que houvesse aeronaves suficientes a postos, e tão logo as condições climáticas permitissem, "as instalações terrestres da Força Aérea iugoslava e a cidade de Belgrado serão destruídas por bombardeio contínuo, dia e noite".

Já não havia dúvidas acerca do significado desse ataque; em 28 de março, foi revelado que 28 859 civis britânicos haviam morrido nos sete meses anteriores de bombardeios aéreos, e que outros 40 166 haviam sido vítimas de ferimento graves. Somente em março de 1941 contaram-se 4259 baixas civis, entre as quais as de 598 menores de dezesseis anos. No mar, os afundamentos de submarinos alemães também continuaram. Em 28 de março, Churchill telegrafou a Harry Hopkins:

> A pressão sobre nossos recursos navais é grande demais para que tenhamos condições de fornecer grupos de caça adequados, e isso leva a uma continuidade das desastrosas baixas infligidas ao nosso imenso tráfego marítimo e aos comboios de carga. O fato é que não dispomos de escoltas suficientes para acompanhar os navios e tomar parte nos combates ao mesmo tempo.

O afundamento de navios mercantes por submarinos alemães era uma preocupação diária para o povo britânico e seus líderes; porém, quanto ao resultado de longo prazo da guerra, na última semana de março houve dois desdobramentos secretos de profunda importância para os Aliados ocidentais. Em 2 de março, as tratativas entre os estados-maiores da Grã-Bretanha e dos Estados Unidos em Washington resultaram na aprovação de um "Plano de Guerra Básico Conjunto Número 1", acordo que previa "a guerra contra as potências do Eixo". Abrangente em seu escopo, o plano estabelecia em detalhes a distribuição e o posicionamento das forças terrestres, marítimas e aéreas anglo-americanas a partir do momento em que os Estados Unidos entrassem no combate. Também conhecido como "Plano de Defesa n. 1", ele estipulava, em primeiro lugar, a derrota da Alemanha na Europa, a ser seguida, caso o Japão se tornasse uma nação beligerante, pela derrota das forças nipônicas na Ásia.

De igual relevância para a derradeira derrota do Japão, como ficaria claro mais tarde, foi outro avanço secreto alcançado na mesma semana. Em 28 de março, um grupo de cientistas ocidentais descobriu um novo elemento cujas propriedades se revelaram um componente essencial ao processo de fissão nuclear e ao desenvolvimento de uma bomba atômica. Em 1789, um elemento recém-descoberto recebera o nome de urânio, em homenagem ao planeta Urano. O novo elemento de 1941 e se chamaria plutônio, em homenagem a Plutão, descoberto apenas onze anos antes.

Em 30 de março, em Berlim, Hitler falou a duzentos de seus comandantes de alta patente e suas respectivas equipes de oficiais. A invasão da Rússia, disse ele, aconteceria em 2 de junho. "Temos a chance de esmagar a Rússia enquanto nossa retaguarda está livre. Essa oportunidade não se repetirá tão cedo. Eu estaria traindo o futuro do povo alemão se não a agarrasse agora!" Em seguida, o Führer explicou aos comandantes sua Ordem dos Comissários. No leste, a crueldade seria uma prova de "bondade para com o futuro". Segundo as instruções, todos os comissários políticos russos, identificados por estrelas vermelhas dentro de um martelo e foice dourados tecidos na manga de seus paletós, eram criminosos e deveriam ser aniquilados. "Não é nosso trabalho garantir a sobrevivência desses criminosos."

Percebendo que muitos dos oficiais presentes ficaram estarrecidos, Hitler lhes disse: "Senhores generais, sei que a necessidade de fazer a guerra dessa maneira está além da sua compreensão, mas não posso mudar e não mudarei minhas ordens, e insisto que elas sejam cumpridas com obediência inquestionável e incondicional".

Nos campos de concentração não havia sido necessário intimidar os subordinados para que executassem as instruções; no final de março, o Ocidente soube, por meio do governo polonês no exílio, que mais de 3 mil poloneses haviam sido assassinados em Auschwitz ou perdido a vida lá em decorrência da fome e da exposição ao frio nos dez meses anteriores.

Em 30 de março, no Deserto Ocidental, Rommel agora avançava através da Cirenaica, de onde os britânicos haviam pouco antes expulsado os italianos. Mais a leste, no Iraque, um general antibritânico, Rashid Ali, assumiu o poder em 2 de abril, cortando o oleoduto que fornecia petróleo para o Mediterrâneo. Exultante com esse golpe na posição da Grã-Bretanha no Oriente Médio, Hitler ordenou que a França de Vichy enviasse armamentos da Síria para Bagdá e que peritos militares alemães fossem levados de avião ao Iraque a fim de ajudar Rashid Ali a se manter no poder.

Somente na guerra na África Oriental, onde a Grã-Bretanha dominava de forma absoluta as comunicações secretas de rádio italianas, foi que as forças britânicas continuaram a avançar de maneira ininterrupta; em 3 de abril, um dia após a tomada do poder por Rashid Ali em Bagdá, cinco contratorpedeiros italianos a caminho de Massawa para Porto Sudão foram atacados por uma esquadrilha de torpedeiros. Quatro foram afundados.

A partir de 26 de março, na Rússia, sob a Ordem n. 008130, o Distrito Militar Ocidental Especial recebeu instruções para instituir um "estado de prontidão", a ser mantido até 15 de junho. Instruções urgentes também foram enviadas aos comandantes dos distritos militares do Báltico, Ocidental e de Kiev para que robustecessem suas fortificações fronteiriças. Em um imenso esforço para compensar a negligência do passado, 58 mil homens começaram a trabalhar em sistemas de defesa no Distrito Militar do Báltico, 35 mil no Distrito Militar Ocidental e 43 mil no Distrito Militar de Kiev. Os trabalhos foram prejudicados, no entanto, pela escassez de concreto, madeira e cabos; assim, no que deveria ser uma linha de defesa ininterrupta, surgiram várias lacunas de oito a oitenta quilômetros. Um desses espaços vazios, especialmente grave, estava no "distrito fortificado" de Grodno. Elaboraram-se planos para tornar a brecha menos perigosa, por meio da construção de dois "pontos de apoio" que, contudo, ainda não estavam concluídos na terceira semana de junho.

Também no final de março, diante das insistentes solicitações de Timotchenko e Júkov, Stálin concordou em convocar 500 mil homens para os distritos militares fronteiriços, de modo a engrossar as divisões de infantaria lá aquarteladas; alguns dias depois, concordou com a transferência de mais 300 mil homens para os distritos fortificados, entre os quais especialistas em artilharia e engenharia, peritos em transmissão e decodificação de sinais, defesa e logística aérea. Previa-se que o treinamento desses efetivos e a implementação de uma estratégia defensiva começariam em março e seriam concluídos em outubro. No entanto, era evidente que o tempo estava se esgotando: na primeira semana de abril, Richard Sorge enviou de Tóquio uma mensagem via rádio a Moscou na qual declarou, citando seu mais antigo contato alemão em território japonês: "De acordo com o embaixador da Alemanha, o estado-maior germânico completou todos os seus preparativos bélicos. Nos círculos de Himmler e do estado-maior, predomina a forte inclinação para iniciar a guerra contra a União Soviética". Dessa vez, Sorge não fixou uma data.

Himmler estava de fato treinando suas tropas para o combate, com uma intensidade jamais vista nem sequer nos círculos militares da SS. Entre janeiro e abril, dez homens da SS morreram acidentalmente e dezesseis ficaram feridos em exercícios de combate. Tinham a expectativa de entrar em ação em breve, na planejada ocupação da França de Vichy, a Operação Átila, mas Hitler adiou a ofensiva. Em 3 de abril, Himmler convocou os comandantes militares a Berlim e ordenou que se aprestassem para participar de combates na Grécia. Ao mesmo tempo, não afetadas pelo imbróglio balcânico, as forças-tarefas especiais continuaram os preparativos para agir na Rússia. No dia seguinte à conversa de Himmler com os comandantes da SS que lutariam ao lado das tropas alemãs na Grécia, o exército germânico concordou em dar às forças-tarefas especiais liberdade de ação praticamente irrestrita atrás das linhas — agora elas tinham autorização específica para "tomar medidas executivas que afetem a população civil". Essas "medidas executivas" significavam assassinatos em massa.

Em 3 de abril, o exército sob o comando de Rommel — uma combinação de regimentos alemães e italianos — forçou os britânicos a evacuarem Benghazi. "Já alcançamos nosso primeiro objetivo", Rommel escreveu à esposa, "o que esperávamos conseguir somente no final de maio. Os britânicos estão fugindo às pressas, aos trancos e barrancos." Nesse dia, na Hungria, o primeiro-ministro, o conde Pál Teleki, suicidou-se, por julgar que a decisão do regente húngaro, o almirante Miklós Horthy, de se juntar à Alemanha na invasão da Grécia maculava a honra do país. Também em 3 de abril, em sua Diretiva n. 26, Hitler confirmou que a Hungria estava pronta para participar não apenas da ocupação da província iugoslava de Bačka, mas também de "novas operações com vistas à destruição do inimigo". A Bulgária "recuperaria" a Macedônia. A Romênia limitaria seus esforços na proteção das "fronteiras com a Iugoslávia e a Rússia". Os italianos também avançariam contra a Iugoslávia, mas somente quando o ataque alemão "começasse a se mostrar eficaz".

Em 4 de abril, enquanto as forças alemãs faziam seus preparativos finais para a ofensiva nos Bálcãs, as tropas de Rommel entraram em Benghazi, de onde os britânicos já haviam se retirado. Nesse mesmo dia, no meio do Atlântico, o cruzador corsário alemão *Thor*, disfarçado de navio mercante, afundou o cruzador mercante armado britânico *Voltaire*. Nos primeiros seis meses de 1941, recorrendo a esse tipo de engodo, falsos navios alemães afundariam 38 embarcações mercantis, ao passo que corsários de guerra como o *Pinguin* afundariam mais 37.

No campo de concentração de Sachsenhausen, os médicos alemães continuavam seus experimentos de eutanásia e morte por intoxicação por gás venenoso, utilizando prisioneiros como cobaias. "Nosso trabalho aqui", escreveu à esposa o médico Fritz

Mennecke, "é muito, muito interessante." Ele estava coletando material para "um sem-número de novas experiências".

Em 5 de abril, no Norte da África, apesar das hesitações italianas, Rommel ordenou a seu exército que continuasse a marcha para o leste. "Partimos às quatro da manhã", ele escreveu à esposa nesse dia, e acrescentou: "As coisas estão acontecendo na África. Vamos torcer para que a grande ofensiva que agora lançamos seja bem-sucedida". Na África Oriental italiana, a humilhação final veio no mesmo dia, quando o vice-rei italiano da Etiópia, o duque de Aosta, ordenou a evacuação da capital, Adis Abeba. Em Moscou, Stálin passou grande parte da noite de abril reunido na capital russa com o embaixador iugoslavo Milan Gavrilović, prometendo que, se a Iugoslávia fosse atacada, a União Soviética adotaria uma atitude de boa vontade, "baseada nas relações amigáveis entre os dois países". "E se os alemães, descontentes, se voltarem contra a Rússia?", perguntou Gavrilović. "Eles que venham!", foi a resposta confiante de Stálin.

Nesse ínterim, a força aérea alemã lançou a Operação Punição, o bombardeio de Belgrado. As primeiras bombas caíram às cinco da manhã de 6 de abril. A Batalha da Iugoslávia havia começado.

Rapidamente, e com brutalidade selvagem, a Iugoslávia foi açoitada e devastada. No bombardeio de Belgrado, cujo principal objetivo era criar confusão por meio do terror, morreram 17 mil civis: o maior número de mortes de civis em um único dia de bombardeio em vinte meses de guerra. Assim como havia acontecido em Varsóvia em setembro de 1939 e em Roterdam em maio de 1940, em abril de 1941 a população civil de Belgrado — praticamente indefesa, despreparada para o ataque violento e, na ocasião, inchada pelo acréscimo de muitos iugoslavos de outras cidades e aldeias que tinham ido à capital para celebrar o Domingo de Ramos — foi submetida a um dia inteiro de massacre aéreo. Todos os aeródromos do país foram fustigados ao mesmo tempo, e a maior parte de seus seiscentos aviões destruídos ainda em solo.

Vários exércitos alemães foram acionados em 6 de abril; um, avançando desde a Áustria e a Hungria, rumou para Belgrado; outro, avançando a partir da Bulgária, seguiu para Niš, Skoplje e Monastir; outro, também avançando da Bulgária, se dirigiu à Grécia, atacando a cidade portuária de Tessalônica. Nesse mesmo dia, a força aérea alemã bombardeou o porto grego de Pireu. Seis navios Aliados com carregamentos militares foram afundados, antes que o próprio porto fosse devastado: atingido por bombas alemãs, um navio mercante britânico, o *Clan Fraser*, que levava a bordo duzentas toneladas de explosivos, foi pelos ares. Na gigantesca explosão, dez outros navios naufragaram.

Ansiosos por vingar a humilhação de sua malograda invasão da Grécia, os italianos mais uma vez se prepararam para avançar a partir da Albânia; também esperavam ordens para marchar desde a Ístria, no norte, e do enclave italiano em Zara, para invadir o litoral da Dalmácia iugoslava. Os húngaros estavam igualmente prontos para atacar. Vinte e oito divisões iugoslavas enfrentaram mais de cinquenta divisões do Eixo, que contavam com forças blindadas muito mais numerosas e uma avassaladora superioridade aérea. Nessa noite, na esperança de retardar o movimento ferroviário alemão desde a Bulgária para o front, seis bombardeiros britânicos, decolando de bases na Grécia, despejaram bombas sobre os pátios e terminais ferroviários em Sófia, a capital búlgara. Mas os potenciais ganhos obtidos com o ataque foram anulados pelo naufrágio, no mesmo dia, no Mediterrâneo oriental, do *Northern Prince*, navio mercante britânico que levava as matérias-primas de que o exército grego necessitava com urgência para a fabricação de explosivos.

Enquanto a Iugoslávia enfrentava a perspectiva de derrota e desintegração — e a Itália estava entre aqueles que compartilhariam os despojos territoriais —, os exércitos italianos na Eritreia foram liquidados de uma vez por todas com a rendição de Massawa. Dos 13 mil homens engajados na defesa, mais de 3 mil foram mortos. No Norte da África, no entanto, as forças alemãs e italianas sob o comando de Rommel concluíam a reconquista da Cirenaica. "Depois de uma longa marcha no deserto", Rommel escreveu à esposa em 10 de abril, "cheguei ao mar anteontem à noite. É maravilhoso ter obtido essa vitória contra os britânicos." Menos de um ano se passara desde que Rommel havia chegado à beira-mar em outro triunfo — em Les Petites Dalles, na costa do canal da Mancha.

Acompanhando com atenção a movimentação das forças alemãs, que haviam entrado na cidade de Niš, no sul da Iugoslávia, e avançavam em direção a Belgrado, Stálin aprovou em 8 de abril uma diretiva do estado-maior soviético para dois Distritos Militares Especiais, o Ocidental e o de Kiev, ordenando a manutenção e o reforço das áreas fortificadas de fronteira. As necessárias obras de melhoria deveriam começar em 1º de maio.

Na noite de 8 de abril, bombardeiros alemães voltaram a atacar as fábricas aeronáuticas britânicas dos arredores de Coventry, infligindo danos consideráveis a três delas. Nessa noite, na Grécia, forças germânicas ocuparam Tessalônica, e no dia seguinte o comandante grego da região, o general Konstantinos Bakopoulos, recebeu ordens do estado-maior para a rendição de seus 70 mil soldados. Na Chancelaria em Berlim, o diplomata alemão Walther Hewel observou que todos estavam com "um bom humor magnífico".

O dia 9 de abril marcou o primeiro aniversário da invasão alemã da Noruega. Em Oslo, houve manifestações silenciosas nas ruas, escolas e locais de trabalho. Em Berlim, em represália ao ataque a Belgrado, bombardeiros britânicos lançaram artefatos explosivos e incendiários sobre o centro da cidade, destruindo vários edifícios públicos. Hitler teve que passar parte da noite em seu abrigo antiaéreo.

Mapa 13. Iugoslávia e Grécia, abril de 1941

Na Inglaterra, o choque da invasão alemã simultânea na Iugoslávia e na Grécia foi recebido com resiliência. Em 9 de abril, em discurso na Câmara dos Comuns, Churchill declarou que, tão logo a Batalha do Atlântico fosse vencida, e assim que a Grã-Bretanha recebesse "o fluxo constante dos suprimentos que estão sendo preparados pelos norte-americanos", então, por mais longe que Hitler pudesse ir, "ou seja, quantos forem os novos milhões, ou dezenas de milhões de pessoas às quais ele venha a causar sofrimento e reduzir à penúria, ele pode ter a certeza de que, armados com a espada da justiça retributiva, estaremos em seu encalço".

Foi no dia 9 de abril, no setor norte da fronteira grega, que uma patrulha do exército britânico cruzou a divisa com a Iugoslávia, nas imediações de Monastir, e lá encontrou grupos de soldados iugoslavos cruzando a fronteira na direção oposta para buscar refúgio na Grécia. A patrulha voltou para dar a notícia de que toda a resistência iugoslava no sul havia acabado. A neve que caía nas montanhas e a chuva nos vales impossibilitavam qualquer reconhecimento aéreo.

Em 10 de abril, a Força Expedicionária Britânica na Grécia começou a se retirar do front de Tessalônica. No norte da Iugoslávia, Zagreb caiu para o exército alemão, o que deu ao líder nacionalista croata Ante Pavelić a oportunidade para declarar que a Croácia era agora um Estado autônomo e independente. No Norte da África, as forças australianas em Tobruk, juntamente com unidades de apoio de artilharia britânicas, totalizando 24 mil homens, foram isoladas de seus camaradas de armas que batiam em retirada e se viram cercadas. Nesse dia, Goebbels encontrou um Hitler "radiante de alegria". Entretanto, dois eventos na mesma data trouxeram presságios que em Berlim quase ninguém notou. No Atlântico, no primeiro gesto hostil dos Estados Unidos contra a Alemanha desde o início da guerra na Europa, o contratorpedeiro norte-americano *Niblack* lançou bombas de profundidade contra um submarino alemão, responsável pelo naufrágio de um cargueiro holandês. E, em Moscou, foi promulgado um decreto determinando a criação de um serviço logístico independente para a Força Aérea soviética, definindo áreas para a instalação de bases aéreas e batalhões de apoio em terra. Formaram-se também corpos especiais de caças de combate, a fim de fortalecer as defesas aéreas de Moscou e Leningrado. De maneira lenta e tardia, com uma escassez de recursos que beirava o desespero, a União Soviética começou a despertar para o perigo.

Assegurada a vitória sobre a Iugoslávia, Hitler foi de Berlim até o minúsculo vilarejo de Mönichkirchen, no sul da Áustria, a fim de estar o mais próximo possível de suas tropas sem sair de território alemão. Por duas semanas, morando no *Amerika*, o Führer acompanhou o avanço da campanha dos Bálcãs. Entre os que o visitaram no trem estava Franz von Werra, que enfim voltava para a Alemanha após sua fuga, em janeiro, de uma prisão canadense onde cumpria pena como prisioneiro de guerra.

Como a Iugoslávia estava em maus lençóis, em 11 de abril a Itália e a Hungria avançaram para pegar seu quinhão dos despojos — os italianos entraram na capital eslovena de Liubliana, e os húngaros investiram sobre Novi Sad, a cidade mais importante da província de Bačka. Os italianos também escolheram o dia 11 de abril para atravessar a fronteira albanesa e entrar na Grécia, ocupando as mesmas regiões de onde haviam sido escorraçados de maneira ignominiosa. No dia seguinte, enquanto outras unidades italianas iniciavam seu avanço pela costa da Dalmácia, ocupando a ilha de Uljan, unidades motorizadas alemãs alcançaram os arredores de Belgrado.

Uma vez mais, um momento de triunfo alemão teve como contrapartida em outra parte um movimento pequeno e quase imperceptível de grande relevância para o futuro da guerra — a ocupação da colônia dinamarquesa da Groenlândia por efetivos dos Estados Unidos. Esse foi mais um passo em direção à política norte-americana de apoio à Grã-Bretanha no Atlântico, por meio de bases compartilhadas e da ampliação das zonas de patrulhamento naval. Nesse mesmo dia, Roosevelt disse a Churchill que os Estados Unidos estenderiam sua zona de segurança e áreas de patrulhamento no Atlântico até o meridiano 25.

Ainda assim, a posição da Grã-Bretanha no mar era grave; nos três dias que antecederam 10 de abril, 31 mil toneladas de suprimentos transportados em navios mercantes Aliados foram afundadas. Os bombardeios alemães atingiram também um novo nível de intensidade; em 12 de abril, Churchill visitou Bristol, onde, acompanhado do novo embaixador norte-americano, Gilbert Winant, visitou o centro da cidade, destruído por um ataque aéreo na noite anterior. No entanto, o moral britânico não esmoreceu. Em uma carta posterior a Churchill, o general Ismay recordou:

> Ainda havia corpos sendo retirados dos escombros, mas nenhum sinal de hesitação em parte alguma. Somente eficiência e resolução. Em um dos centros de repouso que o senhor visitou, uma pobre mulher que havia perdido todos os seus pertences se debulhava em lágrimas. Mas, assim que o senhor entrou, ela tirou o lenço dos olhos e começou a acenar, entusiasmada, aos gritos de "Viva! Viva!".

Também em 12 de abril, na Grécia, as tropas australianas se renderam ao poder de fogo superior dos alemães, à medida que estes avançavam sobre a Linha Aliakhmon. Na Iugoslávia, o dia 13 de abril assinalou a ocupação de Belgrado, a oitava capital europeia a ser conquistada pelos exércitos germânicos no intervalo de um ano e meio. De acordo com um relato, o primeiro civil iugoslavo a ser fuzilado a sangue-frio na capital nesse dia foi um alfaiate judeu que, ao ver os soldados alemães passarem em marcha, cuspiu neles e berrou: "Todos vocês vão morrer".

Em Moscou, no dia da queda de Belgrado, numa tentativa de assegurar que não seria apunhalado pelas costas, Stálin assinou um Pacto de Neutralidade Soviético-Japonês, válido por cinco anos. O acordo era vantajoso para ambas as partes. Agora, Stálin estava livre para se concentrar no enfrentamento da ameaça alemã do Ocidente, enquanto o Japão poderia voltar suas atenções para o Sudeste Asiático e o Pacífico. Na estação ferroviária Kazan, em Moscou, Stálin fez uma rara aparição pública para se despedir do ministro das Relações Exteriores japonês, Yosuke Matsuoka, a quem disse: "Nós dois somos asiáticos". Mas, na plataforma da estação, procurou também o embaixador alemão para lhe dizer: "Devemos permanecer amigos, e agora vocês têm que fazer de tudo para que assim seja". Em seguida, voltando-se para um oficial que nunca tinha visto, o adido militar alemão em exercício, coronel Krebs, e depois de se certificar de que ele era de fato alemão, bradou para que todos ouvissem, em alto e bom som: "Continuaremos sendo seus amigos, aconteça o que acontecer!".

Em 14 de abril, um dia após essa cena em Moscou, Stálin aprovou uma diretiva, emitida pelo estado-maior soviético, determinando que as plataformas para peças de artilharia nas áreas fortificadas fossem "imediatamente montadas em posições de combate"; e que os distritos militares nos quais estavam situadas entrassem "em prontidão para a luta". Mesmo nos lugares onde faltavam os equipamentos completos necessários para a instalação das armas, ainda era "absolutamente fundamental" montar as portas blindadas e proporcionar "cuidado e manutenção adequados" a quaisquer armamentos que pudessem ser montados. A nova diretiva previa a montagem de um total de 2300 plataformas de artilharia; mas era tamanha a escassez de materiais que até a terceira semana de junho menos de mil haviam sido de fato concluídas ou equipadas.

Nas áreas no norte da Iugoslávia ocupadas por tropas húngaras, 14 de abril assinalou o primeiro dia de uma intensificação do terror contra civis na nova área conquistada; nessa data, destacamentos armados húngaros prenderam e mataram quinhentos judeus e sérvios, a tiros de fuzil ou golpes de baioneta.

Enquanto os exércitos alemães abriam caminho e sobrepujavam um número cada vez maior de baluartes ao longo da Linha Aliakhmon, e alguns soldados gregos, desmoralizados pelo desastre iminente, disparavam contra seus próprios oficiais, Hitler prosseguia com seus planos orientais. Em 15 de abril, os soviéticos descobriram que uma aeronave alemã que havia feito um pouso forçado nos arredores de Rovno, já em território soviético, a cerca de 150 quilômetros da fronteira, transportava uma máquina fotográfica, filme exposto e um detalhado mapa topográfico da região.

A essa altura, toda a Europa estava envolvida em um ou outro aspecto da guerra. Em 16 de abril, enquanto o comandante em chefe grego, o marechal Aléxandros Papágos, cogitava apresentar a rendição e pressionava os britânicos a retirarem todas as tropas do país "a fim de salvar a Grécia da devastação", Londres sofreu um dos mais severos e indiscriminados bombardeios da guerra, uma retaliação pelo deliberado ataque britânico no centro de Berlim uma semana antes. Ao todo, morreram 2300 pessoas. Entre elas, quarenta soldados, marinheiros e aviadores canadenses de licença na capital. Em uma batalha aérea no sul da Inglaterra, enquanto os caças procuravam abater os invasores alemães, dois aviadores poloneses perderam a vida: os pilotos Mieczysław Waskiewicz e Bogusław Mierzwa.

Em 17 de abril, o governo iugoslavo assinou o ato de rendição em Belgrado. Ao todo, 6 mil oficiais e 335 mil soldados iugoslavos foram feitos prisioneiros. Mais uma vez, a esmagadora superioridade militar alemã — em número de homens, poder de fogo e apoio aéreo — provou ser irrefreável, até mesmo para os defensores mais ferrenhos. No dia seguinte, na Grécia, os alemães romperam os últimos bastiões da Linha Aliakhmon, defendidos por tropas Aliadas da Nova Zelândia. Desesperado não apenas diante do avanço militar alemão, mas dos crescentes sinais de derrotismo e até mesmo de traição nos círculos do governo, o primeiro-ministro da Grécia, Aléxandros Korizis, depois de ter o pedido de renúncia recusado pelo rei grego, beijou a mão do monarca e voltou para casa, onde se matou com um tiro.

Nesse dia, dois homens cujos exércitos ainda não haviam estado em combate escolheram diferentes maneiras de refletir sobre o rápido colapso grego. Em Moscou, Stálin aprovou uma nova diretiva do estado-maior, aumentando substancialmente o número de tropas designadas para defender a fronteira soviética. Em Mönichkirchen, Hitler, a bordo do *Amerika*, discutiu com seu arquiteto Albert Speer os prazos para a conclusão das construções dos novos edifícios governamentais planejados para o centro de Berlim.

Foi também em 18 de abril que uma brigada britânica desembarcou em Basra, no golfo Pérsico, para derrubar o governo pró-alemão que o general Rashid Ali tinha estabelecido em Bagdá. Duas semanas depois, 9 mil soldados iraquianos atacaram o efetivo britânico de 2250 homens, que resistiram ao ataque.

Na Grécia, em 19 de abril, as tropas britânicas recuaram para os portos do sul do país — os principais eram Náuplia, Calamata e Monemvasia —, em preparação para o embarque rumo a Creta, evacuação possibilitada pela vigorosa defesa das Termópilas por unidades britânicas, australianas e neozelandesas. No Norte da África, um poderoso destacamento britânico que no mesmo dia aportara em Bardia, numa tentativa de socorrer os soldados sitiados em Tobruk, foi expulso. Em 21 de abril, sabendo por meio de mensagens Enigma interceptadas que as tropas de Rommel ganhariam o reforço de uma divisão blindada, Churchill e seus chefes de estado-maior concordaram em enviar uma nova leva de blindados da Grã-Bretanha para o Egito. Foi a Operação Tigre, uma manobra ousada e arriscada, já que a ameaça de uma invasão germânica à Inglaterra ainda não estava totalmente descartada.

Em 20 de abril, no aniversário de 52 anos de Hitler, um soldado alemão, o cabo Rohland, foi baleado numa estação de metrô em Paris e morreu em decorrência dos ferimentos. Como represália, o governador militar alemão do distrito da Grande Paris, Otto von Stülpnagel, oficial do exército que apoiava Hitler desde antes de 1933, ordenou a execução de 22 reféns civis, mortes anunciadas em cartazes vermelhos especiais espalhados por toda a capital.

Em 23 de abril, o exército grego se rendeu aos invasores alemães e italianos. Milhares de soldados gregos foram mortos, além de mais de novecentos britânicos, australianos e neozelandeses. Nesse dia, em uma cena que se repetiu de uma ponta à outra da Grécia, um major de artilharia grego recebeu ordens de entregar sua bateria. Esse major, no entanto, tinha uma percepção excessivamente intensa da tragédia que se abatera sobre seu país. Como explicou o relatório oficial do exército grego: "Quando recebeu ordens dos alemães para entregar sua bateria, o major de artilharia Versis montou as armas e, depois de bater continência, deu um tiro na própria cabeça, enquanto seus artilheiros cantavam o hino nacional".

A evacuação das tropas britânicas, australianas, neozelandesas e polonesas da Grécia, a Operação Demônio, começou em 24 de abril e continuou por seis dias. Ao todo, 50 732 homens foram evacuados a partir de oito pequenos portos, em sua maioria levados sob forte escolta naval para Creta. Não houve tempo, entretanto, para levar o armamento pesado, os caminhões e as aeronaves. Assim que a evacuação teve início, regimentos de paraquedistas alemães ocuparam as ilhas de Lemnos, Tasos e Samotrácia, enquanto a Bulgária, ansiosa para anexar o litoral da Trácia, invadiu a partir do norte a destroçada Grécia.

Apesar das capitulações iugoslava e grega, Hitler ainda estava a bordo de seu trem em Mönichkirchen. Em 24 de abril, o Führer recebeu a visita do regente húngaro, o almirante Horthy, que o alertou de que a invasão da Grã-Bretanha apresentava mil

Mapa 14. A evacuação da Ática, abril de 1941

perigos. "Por outro lado, se as inesgotáveis riquezas russas caírem mais uma vez nas mãos dos alemães, o senhor poderá resistir por toda a eternidade." Sem que Horthy soubesse, nessa mesma data teve início o deslocamento de uma unidade da força aérea alemã do canal da Mancha para a Polônia. Os britânicos tinham conhecimento dessa movimentação, por meio da leitura de mensagens Enigma.

Em 25 de abril, as tropas britânicas, australianas e neozelandesas que vinham defendendo as Termópilas a fim de possibilitar a evacuação foram elas próprias obrigadas a recuar para os portos de Mégara, a oeste de Atenas, e Rafina e Porto Rafti, a leste da capital, onde também embarcaram. Nesse dia, com a Grécia a seus pés, Hitler emitiu a Diretiva n. 28 — a Operação Mercúrio, a invasão de Creta.

14. A queda de Creta; guerra na África

ABRIL-MAIO DE 1941

Em Moscou, ao longo de abril de 1941, Stálin fez o possível para acelerar os preparativos soviéticos. Na terceira semana do mês, o adido militar britânico em Budapeste, percorrendo a estrada de ferro a caminho de Moscou, passou por sete trens militares entre Lwów e Kiev, "dos quais quatro transportavam tanques e equipamento mecanizado, e três, soldados". Esse relatório, que o adido transmitiu via rádio a Londres, foi interceptado pelos alemães e mostrado a Hitler em 25 de abril. No mesmo dia, Stálin telefonou ao romancista judeu-russo Ilia Ehrenburg para lhe dizer que seu romance sobre a queda de Paris em junho de 1940,* evento que Ehrenburg havia testemunhado de perto, poderia agora ser publicado. O próprio Stálin interviria para ajudar o livro a passar pelo crivo da censura, que no auge do Pacto Nazi-Soviético o rejeitara como antialemão. "Vamos trabalhar juntos nisso", foi o comentário de Stálin. Ehrenburg percebeu imediatamente que aquele telefonema poderia significar apenas uma coisa: ele estava se preparando para a guerra com a Alemanha. No dia seguinte, o líder soviético ordenou ao general Júkov que arregimentasse cinco brigadas móveis de artilharia antitanque e um corpo de tropas aerotransportadas, e que organizasse tudo até 1º de junho. Uma unidade do corpo de atiradores soviético também chegaria do extremo leste em 25 de maio.

Ainda em 25 de abril, Rommel se preparou para avançar ainda mais no Norte da África. "A batalha pelo Egito e pelo canal começou para valer", ele escreveu à esposa, "e nosso duro oponente está contra-atacando com todas as forças." Também em 25 de abril — que, para a Grã-Bretanha, e sobretudo para a Austrália, assinalava a data dos primeiros desembarques em Galípoli em 1915 —, o navio mercante armado britânico

---

* Trata-se de *A queda de Paris* (São Paulo: Companhia Editora Nacional, 1944). (N. T.)

Fidelity levou até o lago de Canet-Saint-Nazaire, na costa mediterrânea francesa, um polonês, Czesław Bitner, e o engenheiro civil maltês Edward Rizzo — codinome Aromático —, que trabalhariam na França ocupada pelos alemães. Quem também aportou nessa noite foi o médico belga Albert-Marie Guerisse, que, sob o nome e posto de capitão-tenente Patrick O'Leary, mais tarde operaria uma rota de fuga para prisioneiros de guerra Aliados conhecida por aqueles que a utilizaram como "Linha Pat", ao longo da qual mais de seiscentos fugitivos chegaram em segurança a seu destino — não apenas equipes de aviadores e soldados Aliados, mas muitos franceses e belgas que desejavam deixar a Europa ocupada para lutar em seus respectivos exércitos no exterior.

Em 26 de abril, Hitler partiu de Mönichkirchen para percorrer as regiões recém-anexadas do norte da Iugoslávia e sua principal cidade, Maribor, rebatizada de Marburg. Nessa noite, ele viajou de volta para a cidadezinha austríaca de Graz. "O Führer está muito feliz", anotou em seu diário Walther Hewel, "teve uma recepção fanática." Na mesma noite, ao largo da costa da Grécia, os setecentos sobreviventes de um navio de transporte bombardeado que haviam sido resgatados por dois contratorpedeiros foram novamente atacados por bombardeiros de mergulho, e 650 perderam a vida. No dia seguinte, quando as tropas alemãs entraram em Atenas, a escala das baixas na Batalha da Grécia ficou clara. Os gregos haviam perdido 15 700 homens; os italianos, 13 755; a Força Expedicionária Britânica, 3712, e os alemães, 2232; o total de mortos em combate ultrapassava 35 mil. Horas depois, soube-se em Berlim que as forças de Rommel haviam entrado no Egito e capturado Sollum, enquanto no Atlântico outros navios mercantes britânicos, e também um cruzador, tinham sido afundados. "Dias ruins para Londres", escreveu Goebbels em seu diário. "Que venham mais! Em breve colocaremos John Bull[*] de joelhos!"

Em 28 de abril, outro inimigo de John Bull atacou. Nesse dia, Rashid Ali, que havia tomado o poder em Bagdá em 2 de abril, interditou a base aérea e o acantonamento britânicos em Habbaniya, isolando e prendendo 2200 combatentes e 9 mil civis. A guarnição não dispunha de artilharia, e a base contava com 82 aeronaves de treinamento já obsoletas. "A situação é grave", relatou no dia seguinte o comandante da base. "O embaixador avalia que a atitude iraquiana não é um blefe e pode significar uma promessa concreta de apoio do Eixo."

Em Berlim, Ribbentrop instigara Hitler a despachar aviões e tropas para o Iraque. Mas o Führer, determinado a destruir as forças britânicas em Creta, não queria dispersar seus recursos militares. Em um discurso para 9 mil oficiais cadetes em 29 de abril, ele declarou: "Se vocês me perguntarem: 'Führer, quanto tempo vai durar a guerra?',

---

[*] John Bull, nome que poderia ser traduzido como "João Touro", é um personagem que simboliza o protótipo da tenacidade, resistência e obstinação dos ingleses e, por extensão, da Inglaterra. (N. T.)

só poderei responder: 'O tempo que for necessário para sairmos vitoriosos! Aconteça o que acontecer!'". Hitler acrescentou que, como nacional-socialista durante a luta pelo poder, "eu nunca soube o significado da palavra 'capitulação'". Como líder do povo alemão e comandante supremo das Forças Armadas, ele jamais tomaria conhecimento dessa palavra.

A superioridade militar estava do lado do Eixo, mas a sorte estava do lado dos Aliados. Quando, em 29 de abril, o encarregado de negócios alemão em Washington, Hans Thomsen, telegrafou para dizer que uma "fonte absolutamente confiável" lhe revelara que os norte-americanos haviam interceptado e decifrado o método de comunicação ultrassecreto do Japão, as mensagens codificadas Magia enviadas via rádio por embaixadores japoneses em todo o mundo, inclusive Berlim, nem os alemães nem os japoneses, alertados sobre o "suposto vazamento", quiseram acreditar que um código de inteligência tão sofisticado e bem guardado pudesse de fato ter sido desvendado.

Agora os êxitos dos submarinos alemães no Atlântico eram substanciais e contínuos. Em abril, os navios mercantes Aliados afundados somavam um total de 394107 toneladas; outras 187054 toneladas haviam sido afundadas nos portos gregos durante a evacuação. Em 30 de abril, no Atlântico, o navio de transporte de tropas *Nerissa* foi torpedeado, causando a morte de 73 soldados canadenses — os únicos canadenses que perderam a vida no mar no trajeto entre o Canadá e a Grã-Bretanha durante a guerra. Nessa mesma noite, um ataque aéreo alemão a Plymouth elevou para 6065 o número de baixas civis decorrentes de bombardeios no mês de abril. "São tempos difíceis", Churchill escreveu a um colega ao regressar de uma visita à Plymouth devastada, "mas no fim das contas a vitória compensará tudo!"

Enquanto se preparava para enfrentar um ataque germânico, Stálin fez todo o possível para não para provocar os alemães. Durante o mês de abril, suas remessas de matérias-primas para a Alemanha atingiram o volume mais alto desde a assinatura do Pacto Nazi-Soviético em agosto de 1939: 208 mil toneladas de grãos, 90 mil toneladas de combustível, 8300 toneladas de algodão, 6340 toneladas de cobre, estanho, níquel e outros metais, além de 4 mil toneladas de borracha — comprada pela Rússia no exterior, trazida por meio de seus portos no Extremo Oriente e em seguida transportada para a Alemanha por trem expresso pela ferrovia Transiberiana. No desfile de 1º de maio em Moscou, Stálin posicionou a seu lado, no lugar de honra da plataforma sobre o mausoléu de Lênin, o recém-nomeado embaixador soviético em Berlim, Vladímir Dekanozov. Nesse mesmo dia, o boletim informativo do estado-maior soviético, enviado aos comandantes dos Distritos Militares Especiais ao longo da fronteira, afirmou sem rodeios: "No decorrer de março e abril, ao longo da frente ocidental, o comando alemão realizou uma acelerada transferência de tropas das regiões centrais da Alemanha para as fronteiras da União Soviética". Essas concentrações eram particularmente visíveis na região de Memel, ao sul da zona naval mais ocidental da União Soviética, a base de Liepāja. A distância entre os dois portos era de apenas cem quilômetros.

Em 2 de maio, como que para enfatizar a iminência do perigo, Richard Sorge, de Tóquio, informou a seus superiores soviéticos que Hitler estava "decidido a começar a guerra e destruir a URSS a fim de utilizar a parte europeia do país como base de produção de matérias-primas e grãos". Sorge acrescentou: "A decisão quanto ao início da guerra será tomada por Hitler em maio".

A confiança do Führer foi reiterada num discurso em Berlim em 4 de maio, em que ele declarou: "Nesta era judaico-capitalista, o Estado nacional-socialista assoma como um sólido monumento ao bom senso. Sobreviverá por mil anos". Nesse mesmo dia, no gueto de Varsóvia, como acontecera durante todos os dias da primavera, mais de setenta judeus morreram de fome. No gueto de Łódź — menor, mas igualmente isolado —, pereceram trinta judeus; entre janeiro e junho de 1941, o número total de mortos por inanição em ambos os guetos chegou a mais de 18 mil.

Em 5 de maio, o ditador romeno, o marechal Antonescu, informou os alemães não apenas sobre o movimento das tropas soviéticas em direção ao oeste da Sibéria e a concentração de efetivos em torno de Kiev e Odessa, mas também que as fábricas nos arredores de Moscou "receberam ordens para transferir seus equipamentos para o interior do país".

Já não havia como disfarçar os preparativos alemães para a invasão da URSS e as contramedidas soviéticas. Tão óbvias eram as movimentações de tropas alemãs ao longo do rio Bug nos arredores de Lwów que, na primeira semana de maio, o comandante da guarda de fronteira pediu permissão a Moscou para evacuar as famílias de seus homens. A permissão foi recusada, e o comandante, repreendido por "semear pavor". O próprio Stálin estava determinado a não dar sinais de pânico; em 5 de maio, num discurso para os formandos das academias militares soviéticas, falou da confiança que depositava no Exército Vermelho, na marinha e na força aérea soviéticas, que estavam suficientemente bem organizados e equipados para lutar com êxito contra "os exércitos mais modernos". Ao mesmo tempo, na versão traduzida do discurso divulgada pelo serviço de inteligência da força aérea britânica nove dias depois, Stálin avisava que a Alemanha havia iniciado uma tentativa de se apoderar de toda a Europa, e que era urgente que a Rússia se preparasse para todo tipo de emergência.

"A expectativa é de que a guerra comece após os plantios da primavera", Stálin foi informado no mesmo dia por seu estado-maior de inteligência. O único respiro da Rússia seria um ataque alemão a Creta; também em 5 de maio, as mensagens Enigma decodificadas na Inglaterra confirmaram que Creta era o alvo imediato de Hitler.

Efetivos britânicos, com um substancial contingente da Nova Zelândia sob o comando do general neozelandês Bernard Freyberg, se prepararam o mais rapidamente possível para defender a ilha contra os alemães. No mesmo dia, outras notícias trouxeram certo alívio à Grã-Bretanha. Em 5 de maio, o imperador da Abissínia,* Haile Selassie, entrou em sua capital, Adis Abeba, cinco anos depois de os italianos terem conquistado a cidade. Também nesse dia, o major P. A. Cohen, que estava entre as várias centenas de soldados britânicos encurralados em território grego, chegou a Creta de caiaque, trazendo consigo 120 soldados que haviam conseguido escapar dos alemães após a rendição da Grécia.

Enquanto alguns homens escapavam da Europa ocupada pelos alemães, outros entravam; em 5 de maio, em extremo sigilo, trinta quilômetros ao norte da cidade de Châteauroux, na França de Vichy, Georges Bégué, um francês a serviço da Executiva de Operações Especiais, saltou de paraquedas na zona não ocupada com a missão de configurar uma estação de rádio clandestina. Quatro dias depois, Pierre de Vomécourt pousou de paraquedas nas proximidades, como chefe do primeiro grupo da Executiva de Operações Especiais em território francês: seus dois irmãos, que viviam na França, tornaram-se os primeiros membros do grupo. O trabalho de Georges Bégué, conhecido como George Noble, e mais tarde como "George 1", propiciou ao grupo o contato via rádio com Londres.

Em 6 de maio, enquanto Malta continuava a ser bombardeada por aeronaves alemãs e italianas, numa segunda Operação Tigre, um comboio de treze velozes navios mercantes britânicos passou por Gibraltar a caminho do Egito, seguindo para o leste através do Mediterrâneo. Sete deles levavam suprimentos e combustível para Malta, e chegaram a seu destino sem incidentes. Nos porões de carga dos outros cinco navios havia 295 tanques e cinquenta aeronaves de combate, de que as tropas britânicas no Egito necessitavam com extrema urgência a fim de reforçar sua presença no Egito. Durante a viagem, um dos navios foi afundado. Os quatro restantes, com 238 tanques e 43 caças, chegaram em segurança.

Os britânicos obtiveram outra vitória em 8 de maio, quando o cruzador corsário alemão *Pinguin*, tendo afundado 28 navios mercantes em dez meses, foi a pique no Pacífico depois de ser atacado pelo cruzador britânico *Cornwall*. Nesse mesmo dia, o submarino alemão U-110 foi capturado no Atlântico; seu comandante era Julius Lemp, que havia afundado o transatlântico *Athenia* nos primeiros dias da guerra. A bordo do submarino os britânicos encontraram um importante material de codificação, que aumentaria enormemente a capacidade britânica de decifração de mensagens Enigma da

* Etiópia. (N. T.)

força naval alemã. Enquanto era rebocado para a Islândia, o submarino afundou; todos os tripulantes, inclusive Lemp, morreram afogados. Na semana anterior, o U-110 havia afundado nove navios mercantes Aliados.

Em 6 de maio, Stálin assumiu a função de primeiro-ministro soviético, em substituição a Mólotov. O embaixador alemão em Moscou, Friedrich-Werner von der Schulenburg, em despacho a Berlim, frisou a "extraordinária importância" desse ato, estimulado, segundo ele, "pela magnitude e rapidez dos êxitos militares alemães na Iugoslávia e na Grécia e pela percepção de que isso tornava necessário o abandono da diretriz diplomática anterior do governo soviético, que levara a um distanciamento em relação à Alemanha". Stálin, no entanto, agira não para estabelecer laços com a Alemanha, mas para construir barreiras mais eficazes contra os germânicos, deslocando vários efetivos de reserva dos Urais e do rio Volga para os arredores do rio Dniepre, a seção ocidental do rio Duína e as regiões de fronteira.

Em 9 de maio, as mensagens da Luftwaffe enviadas pela máquina Enigma revelaram à inteligência britânica que as tropas alemãs agora concentradas na fronteira soviética haviam alcançado suas posições em 20 de maio. Em 10 de maio, dentro do prazo previsto, o exército alemão concluiu a Operação Otto, iniciada em 1º de outubro de 1940 com o intuito de melhorar as instalações ferroviárias e rodoviárias entre a Europa Central e Oriental e a fronteira soviética.

Em um esforço para ludibriar Stálin, fazendo-o acreditar que a Grã-Bretanha, e não a Rússia, era o objeto real de seus planos de invasão, e que as tropas alemãs estavam se deslocando para o leste apenas a fim de escapar dos bombardeios de represália britânicos, Hitler iniciou uma nova ofensiva aérea contra a Grã-Bretanha. Todas as noites, durante as primeiras duas semanas de maio, cidades e portos britânicos foram fustigados por bombardeiros alemães. Em certo momento, na noite de 8 de maio, medidas defensivas de emissores de rádio britânicos conseguiram distorcer o feixe de ondas cujo sinal direcionava os bombardeiros alemães a seus alvos, e 235 bombas de alta carga explosiva destinadas a uma fábrica de motores de avião em Derby foram lançadas em descampados a mais de trinta quilômetros de distância. Em um bombardeio contra Clydeside, no entanto, morreram 57 civis; nas docas de Liverpool, treze navios mercantes foram bombardeados e afundados em sete noites de raide. "Sinto que estamos lutando pela nossa existência e que sobrevivemos dia a dia, hora a hora", Churchill declarou à Câmara dos Comuns em 7 de maio. "Mas acreditem em mim: Herr Hitler também tem seus problemas."

Nessa noite, em um bombardeio alemão a Humberside, 23 aeronaves alemãs foram abatidas por caças e fogo antiaéreo britânicos. Mas os problemas de Hitler nessa semana não seriam medidos em termos de aviões perdidos, pois, no dia 10 de maio, de maneira totalmente inesperada, o vice-líder do Partido Nazista, Rudolf Hess, colega e confidente de Hitler havia quase vinte anos, resolveu atravessar o mar do Norte em um dramático e arriscado voo e se lançar de paraquedas na Grã-Bretanha, pousando nas imediações do vilarejo de Eaglesham, na Escócia.

Hess afirmou que seu objetivo era negociar a paz entre a Grã-Bretanha e a Alemanha, e nada revelou sobre os planos do Führer de invadir a União Soviética. Com efeito, sob interrogatório, insistiu que não havia "nenhum fundamento para os rumores que agora se espalhavam de que Hitler cogitava para breve um ataque à Rússia". Um comunicado oficial dos nazistas declarou que Hess estava sofrendo de "transtornos mentais", opinião coincidente com a daqueles que o interrogaram na Grã-Bretanha. Na noite de 10 de maio, em outro ataque aéreo alemão, Londres foi novamente atingida, e o Palácio de Westminster sofreu sérios danos; o salão de debates da Câmara dos Comuns foi completamente destruído. Na manhã seguinte, um terço das ruas no centro da capital foi considerado intransitável; morreram 1436 civis, mais do que em qualquer outro ataque aéreo contra a Grã-Bretanha.

O raide de 10 de maio foi o último da Blitz "Primavera" de 1941. Nessa manhã, os londrinos estavam apreensivos como não haviam estado desde dezembro do ano anterior. Não tinham como saber que Hitler reservava agora outra tarefa para seus bombardeiros. O tempo dos ardis acabara; estava quase na hora de agir.

Desde 17 de abril, a Iugoslávia deixara de existir como um Estado independente; na Sérvia ocupada pela Alemanha, na Dalmácia ocupada pela Itália, na Macedônia ocupada pela Bulgária, no Banat* ocupado pela Hungria e na recém-independente Croácia, começaram a se impor os grilhões da tirania e da perseguição. Sérvios e judeus foram as principais vítimas, assim como os democratas e os liberais; para todos eles, trabalhos forçados em campos de concentração e assassinatos aleatórios passaram a ser os perigos diários da vida sob ocupação. Em 7 de maio, fugindo da capital da Croácia, Zagreb, para o sul, um comunista de 49 anos, veterano da Guerra Civil Espanhola, estabeleceu em Belgrado o núcleo de uma rebelião comunista. Conhecido por Stálin como Valter, seu nome verdadeiro era Josip Broz, e seu pseudônimo na Iugoslávia ocupada e dividida, Tito.

Quatro dias depois de Tito partir de Zagreb para Belgrado, um ex-oficial do exército iugoslavo, o então coronel Draža Mihailović, criou um foco de resistência no planalto de Ravna Gora, na Sérvia Ocidental.

---

* Região geográfica e histórica da Europa Central, atualmente dividida entre três países: Romênia (condados de Timiş, Caraş-Severin, Arad e Mehedinţi), Sérvia (Voivodina) e Hungria (condado de Csongrád). (N. T.)

As forças de Mihailović, tais como as de Tito, lutariam contra os alemães e, por fim, tornariam ingovernável grande parte da Sérvia e da Bósnia. Mas Mihailović também era um ferrenho adversário das aspirações comunistas; colaborou com os italianos e tentou preservar suas forças evitando o conflito com os alemães, tanto que, dois anos depois, os britânicos transferiram seu apoio militar dos tchetniks* para os comunistas.

Na segunda semana de maio, Hitler enviou dois bombardeiros ao Iraque com a tarefa de ajudar Rashid Ali a manter sua rebelião contra a Grã-Bretanha. Em 12 de maio, um oficial da força aérea alemã, o major Axel von Blomberg, chegou a Bagdá para atuar como oficial de ligação junto a Rashid Ali. Desembarcando na capital iraquiana no meio de um duelo entre caças britânicos e iraquianos, Blomberg foi morto por uma bala perdida britânica.

Ainda em 12 de maio, o embaixador japonês em Bagdá encaminhou um relatório a Tóquio para informar que a resistência de Rashid Ali não seria capaz de continuar por mais do que três a oito dias. Se, no entanto, tropas britânicas avançassem tanto da Palestina quanto de Basra, o embaixador acreditava que o exército iraquiano entraria em colapso ainda mais cedo e abandonaria Bagdá. Captada e descriptografada pelo serviço de inteligência britânico, a mensagem foi imediatamente enviada por Churchill ao comandante em chefe das forças britânicas no Oriente Médio. Em 13 de maio, outro regimento especial, composto de tropas da Legião Árabe e da Força de Fronteira da Transjordânia, cruzou a fronteira para o Iraque. "Será que a Legião Árabe vai lutar?", perguntou o general Henry Maitland Wilson, comandante militar da Palestina, ao comandante da Legião, o major John Bagot Glubb. "A Legião Árabe vai lutar contra quem quer que seja", respondeu Glubb. Cinco dias depois, uma coluna avançada de tropas de Glubb, tendo percorrido 480 quilômetros de deserto, chegou a Habbaniya. Contudo, no meio do caminho, um esquadrão da Força de Fronteira da Transjordânia se amotinou, afirmando não ter "nenhuma disputa a travar com os iraquianos" e que os britânicos "os obrigavam a guerrear uns com os outros".

Ao longo de muitos meses, o número de mortos na Grã-Bretanha em decorrência de bombardeios alemães foi significativamente reduzido, graças ao trabalho dedicado e perigoso de esquadrões especiais de descarte de explosivos não detonados. O número

---

* No período da invasão do Eixo, os tchetniks (nome que lembrava os franco-atiradores que haviam combatido os otomanos) surgiram como grupo de resistência monarquista e nacionalista que incluía entre seus membros, além dos sérvios, os montenegrinos e pequenos grupos de croatas, bósnios e eslovenos; mais tarde foram rebatizados de Exército Iugoslavo da Pátria. (N. T.)

Mapa 15. Creta, maio de 1941

de mortos entre os homens desses esquadrões era elevado. Um deles era composto pelo conde de Suffolk — que, em junho de 1940, trouxera da França a água pesada e os cientistas nucleares —, sua secretária, Eileen Beryl Morden, e seu motorista, Fred Hards; no mundo do acionamento e descarte de cargas explosivas, eles eram conhecidos como a "Santíssima Trindade". Em 12 de maio, em Erith, Kent, quando tentavam desarmar seu 35º artefato explosivo, a bomba acabou detonando, e eles morreram despedaçados. O conde recebeu uma condecoração póstuma por bravura — a Cruz de George.

Na Europa, os planos alemães de ação contra os comunistas russos e outros civis atingiu um ponto decisivo em 12 de maio, quando um comunicado do exército alemão declarou que os altos dirigentes e líderes políticos "devem ser eliminados". O general Jodl observou na margem dessa instrução: "Podemos esperar futuras represálias contra pilotos alemães. Portanto, faremos o melhor possível para organizar toda a ação como se fosse um ato de represália".

Em 14 de maio, em Poznań, na Polônia anexada pela Alemanha, o jornal local anunciou que três poloneses, Stanisław Węcłaś, Leon Pawłowski e Stanisław Wencel haviam sido condenados à morte por conta de uma suposta conspiração antialemã. "Todos os que acreditarem na resistência", declarava o relatório, "serão destruídos."

Também em 14 de maio, os alemães iniciaram um bombardeio aéreo maciço de Malta. Ignorando que os britânicos sabiam, graças a interceptações de mensagens Enigma, que o verdadeiro alvo da invasão era Creta, eles procuraram dar a impressão de que era Malta que estava prestes a ser atacada. O bombardeio foi feroz; 62 aviões alemães e quinze aeronaves italianas foram abatidos, mas os britânicos perderam sessenta caças, metade dos quais destruídos ainda em solo, perdas que não poderiam ser facilmente substituídas.

Em 15 de maio, nove dias depois de tomarem conhecimento, por meio de interceptações de mensagens Enigma, de que as forças de Rommel na fronteira egípcia estavam exauridas e precisavam de tempo para descansar e se reorganizar, os britânicos lançaram a Operação Brevidade, contra posições alemãs mais avançadas, forçando uma retirada do passo de Halfaia. Rommel, no entanto, num esforço extraordinário, contra-atacou com vigor duas semanas mais tarde. Conhecendo de antemão o tamanho e a direção exata da investida, os britânicos recuaram, evitando um embate desnecessário.

Foi em 15 de maio que Hitler ordenou o início do bombardeio aéreo de Creta, em preparação para a invasão cinco dias depois. Nesse dia, Richard Sorge, de Tóquio, enviou a seus superiores soviéticos em Moscou uma mensagem de rádio informando a data da invasão alemã à Rússia — entre 20 e 22 de junho. Na mesma semana, reforços soviéticos do Cáucaso do Norte e do Extremo Oriente da União Soviética receberam ordens para assumir posições no oeste, entre Krāslava e Kremenchuk. Sua transferência para o oeste era considerada tão urgente que os homens foram deslocados sem armas ou equipamentos.

As necessidades dos pilotos germânicos na frente oriental foram a razão apresentada pelo dr. Sigmund Rascher, um dos cirurgiões da força aérea alemã, em carta a Himmler datada de 15 de maio, para solicitar autorização para o uso de prisioneiros do campo de concentração de Dachau em experimentos atmosféricos. Esses testes, explicou o dr. Rascher, eram necessários para descobrir os limites das necessidades de oxigênio dos pilotos alemães e sua possível resistência à pressão atmosférica. Rascher também expressou seu "considerável pesar pelo fato de que até agora nenhum experimento com seres humanos foi possível, porque são muito perigosos e não atraem voluntários". Dois ou três "criminosos profissionais" de Dachau seriam suficientes, disse ele. Himmler aprovou a solicitação.

Em 19 de maio, após a destruição de 29 dos 35 caças britânicos em Creta, os seis aviões de combate restantes foram transferidos para o Egito. Diante da esmagadora superioridade aérea alemã, avaliou-se que não fazia sentido sacrificá-los. Às 5h30 da manhã seguinte, 20 de maio, os germânicos lançaram uma nova e violenta ofensiva aérea contra os dois principais aeródromos da ilha, em Maleme e Héraklion; uma hora e meia depois, em um segundo raide, ambos os campos de aviação foram completamente neutralizados. Em seguida, enquanto a segunda onda de bombardeiros alemães retornava à Grécia continental, o primeiro grupo de forças aerotransportadas, sob o comando do general Kurt Student, decolou rumo à ilha a bordo de 493 aeronaves de transporte. Somente sete delas foram abatidas por fogo antiaéreo.

No primeiro dia de batalha, as forças de defesa de Creta — 32 mil soldados britânicos, australianos e neozelandeses, além de 10 mil gregos — conseguiram, apesar de um segundo pouso de paraquedistas à tarde, manter os campos de aviação de Maleme e Héraklion. Dois comboios de tropas alemãs, enviadas por mar de Pireu e Tessalônica, muitas em barcos de pesca, sofreram um feroz ataque de forças da marinha britânica, com danos tão pesados que o segundo dos comboios foi forçado a dar meia-volta e regressar ao porto. Ao anoitecer, a impressão era de que a invasão havia fracassado. De fato, dos três comandantes de regimento das tropas aerotransportadas alemãs, o major-brigadeiro Wilhelm Süssman morreu na queda de seu planador e o general de divisão Eugen Meindl ficou gravemente ferido.

Durante a noite, no entanto, os alemães conseguiram capturar o campo de aviação de Maleme, o que permitiu a chegada de reforços de homens e armamentos na tarde de 21 de maio; em uma derradeira e malsucedida tentativa de retomar o aeródromo, o segundo-tenente neozelandês Charles Upham foi condecorado com a Cruz de Vitória, também concedida em Creta a dois outros homens: o sargento neozelandês Clive Hulme, que, depois de receber a notícia de que o irmão havia morrido em combate, matou sozinho 33 alemães; e o suboficial Alfred Sephton, um marinheiro britânico que, mesmo ferido por tiros de metralhadora quando seu navio, o *Coventry*, tentava socorrer o navio-hospital *Aba* de um feroz bombardeio, continuou a manobrar o fogo antiaéreo de sua embarcação até conseguir rechaçar a aeronave germânica. Mais tarde, o tenente Upham receberia uma segunda Cruz de Vitória no Deserto Ocidental, tornando-se o único militar da Grã-Bretanha ou da Comunidade Britânica a ser condecorado duas vezes por atos de bravura na Segunda Guerra Mundial.

Mas nem a bravura de indivíduos isolados nem a corajosa tenacidade das tropas como um todo foram capazes de resistir com sucesso ao avassalador poderio aéreo — e, depois, terrestre — das forças alemãs. Em 22 de maio, bombardeiros de mergulho germânicos afundaram os cruzadores *Fiji* e *Gloucester* e quatro contratorpedeiros. Vários dos sobreviventes do *Gloucester* foram alvejados pelas metralhadoras das aeronaves alemãs enquanto se agarravam aos destroços. O capitão do navio, Henry Aubrey Rowley, estava entre os 725 mortos. Quatro semanas mais tarde, seu corpo foi arrastado pelas ondas até uma praia perto de Mersa Matruh. O almirante Andrew Browne Cunningham comentou: "Foi uma longa jornada de volta para casa".

Entre os navios de guerra danificados mas não afundados em 22 de maio estava o encouraçado *Valiant*, que levava a bordo o príncipe Philip da Grécia, um aspirante a oficial que registrou em seu diário que, em certo momento, a belonave foi atacada por catorze bombardeiros de mergulho, mas atingida por apenas duas pequenas bombas. O tio do príncipe, o capitão Lord Louis Mountbatten, teve menos sorte; em 23 de maio, seu contratorpedeiro, o *Kelly*, foi atacado por 24 bombardeiros de mergulho e afundou, vitimando 130 homens de sua tripulação. Embora tenha permanecido na ponte de comando quando o navio soçobrou, Mountbatten foi capaz de se afastar a nado, e logo passou a coordenar as operações de salvamento dos sobreviventes.

Em 23 de maio, enquanto a batalha continuava tanto em terra quanto no mar, os alemães conseguiram reforçar com tropas montanhesas seus efetivos em Creta. A impressão que se tinha, especialmente em Berlim, era de que tudo estaria perdido para a Grã-Bretanha — não apenas em Creta, mas em todo o Mediterrâneo oriental — se Hitler optasse por tirar proveito de seu êxito e levar adiante o ataque. Em 23 de maio, contudo, enquanto as forças alemãs ainda travavam a Batalha de Creta, o Führer emitiu sua Diretiva n. 30, na qual deixava claro que a decisão de lançar ou não uma ofensiva para "destruir a posição britânica" entre o Mediterrâneo e o golfo Pérsico, ou no canal de Suez, "será tomada somente após a Operação Barbarossa".

Enquanto a Batalha de Creta chegava a suas 48 horas finais, os britânicos sofreram um desastre naval no distante Atlântico. Em 18 de maio, duas belonaves alemãs — o encouraçado *Bismarck*, comandado pelo almirante Lütjens, e o cruzador pesado *Prinz Eugen* — navegaram para o Atlântico Norte. Seis dias depois, em 24 de maio, o *Bismarck* afundou o cruzador de batalha britânico *Hood*, matando quase toda a tripulação — de 1500 homens, sobreviveram apenas três. No mesmo dia, guiado por mensagens de rádio interceptadas, um submarino britânico afundou o transatlântico italiano *Conte Rosso*, que era usado como navio de transporte de tropas e, na ocasião, levava a bordo 1500 soldados para reforçar as tropas italianas na Líbia.

Em Creta, ao longo de 25 de maio, os defensores britânicos continuaram a resistir ao avanço alemão, contra-atacando em Galatás com nada menos que 25 cargas de baioneta. Nesse dia, o rei Geórgios II da Grécia, que havia sido evacuado de Atenas para Creta, foi novamente removido, juntamente com seus ministros, para o Egito. Em 27 de maio, nas imediações de Pirgos, tropas australianas e neozelandesas conseguiram rechaçar os alemães, que por um breve período recuaram. Mas ficou claro que a Batalha de Creta estava perdida. Agora, várias unidades haviam ficado sem munição. Ao longo desse dia, o general Freyberg traçou planos para a evacuação da ilha, que começou na mesma noite.

Apesar das más notícias de Creta, notícias de uma vitória naval elevaram o moral na Grã-Bretanha; pois também em 27 de maio o encouraçado alemão *Bismarck* foi atacado no Atlântico por um círculo de navios de guerra britânicos; danificado e em chamas, já não era capaz de lutar nem de escapar. O almirante Lütjens deu ordens para que o orgulho da marinha germânica fosse afundado. Cem marinheiros alemães foram recolhidos por dois navios de guerra britânicos, o *Dorsetshire* e o *Maori*, mas um alarme de aproximação de submarinos nazistas levou os capitães de ambos a ordenarem a interrupção dos trabalhos de resgate e o afastamento do local a toda velocidade. Centenas de marinheiros alemães, tentando desesperadamente se agarrar ao casco de seus pretensos navios de resgate, foram despedaçados pelas hélices.

Ao todo, 2300 marinheiros alemães morreram afogados; Lütjens afundou com seu navio. "O *Bismarck* travou uma luta briosa, sabendo que não tinha a menor chance de vencer", o comandante naval britânico, o almirante John Tovey, escreveu em seu relatório oficial sobre a ação, "digna dos velhos tempos da marinha imperial alemã. É lamentável que, 'por razões políticas', esse fato não possa ser divulgado publicamente." A notícia da perda do *Bismarck* foi recebida em Berlim com ceticismo. "O abatimento é grande", escreveu em seu diário Walther Hewel. "A melancolia do Führer é inexprimível."

Hitler tinha outros motivos para estar melancólico em 27 de maio, pois, nesse dia, Roosevelt, em uma de suas "conversas ao pé da lareira" transmitidas via rádio,* anunciou que os portos navais dos Estados Unidos "estão agora ajudando a garantir a entrega dos suprimentos necessários à Grã-Bretanha" e que seriam "tomadas todas as medidas adicionais" necessárias para tanto. "A entrega dos suprimentos de que a Grã-Bretanha precisa é imperativa", declarou Roosevelt. "Isso pode, deve e vai ser feito." E ele acrescentou, em palavras que inspirariam todos os combatentes e povos subjugados da Europa Ocidental: "A única coisa que devemos temer é o próprio medo".

Em um telegrama de agradecimento a Roosevelt, o rei George VI declarou que o anúncio do presidente "nos deu grande alento e nos encheu de coragem, e servirá de estímulo a todos nós para que empreendamos esforços ainda maiores até, por fim, conquistarmos a vitória da liberdade".

"A vitória da liberdade"; em Creta, o embarque das tropas britânicas começou na noite seguinte, 28 de maio, e continuaria até a noite de 1º de junho. Enquanto os britânicos zarpavam dos pequenos portos do sudeste de Sfakiá, Palaiochora e Plakiás, no sudeste da ilha, 2700 soldados italianos desembarcavam em Siteía, no extremo leste.

Em meio à evacuação, bombardeiros de mergulho alemães afundaram o cruzador antiaéreo *Calcutta* e danificaram vários outros navios de guerra. Em 29 de maio, a nau capitânia *Orion* foi bombardeada com 1090 passageiros a bordo; 262 morreram.

Em cinco noites, 17 mil homens foram retirados de Creta, a maioria a partir de praias abertas, durante as poucas horas de escuridão. Cinco mil homens, separados de suas unidades e espalhados pela ilha, tiveram que ser deixados para trás. Os alemães tiveram 1990 mortos em combate. Entre as forças britânicas e da Comunidade Britânica, as baixas somaram 1742 homens. Outros 2265 marinheiros morreram no mar.

---

* Trata-se da série de programas de rádio *Fireside Chat*, promovida pelo governo dos Estados Unidos com o objetivo de divulgar assuntos da agenda do governo numa linguagem mais acessível à população geral. (N. T.)

* * *

Em 27 de maio, enquanto as tropas britânicas em Creta começavam a preparar a evacuação, Rommel se apoderou do passo de Halfaia. Seus batalhões, tendo feito 3 mil prisioneiros e apreendido 123 canhões, agora estavam onde antes os italianos haviam estado, na porta de entrada para o Egito. Nesse mesmo dia, em Bir Hakeim, no deserto da Líbia, um destacamento da Legião Estrangeira francesa — juntamente com soldados da brigada dos Franceses Livres, entre os quais incluíam-se bretões, taitianos, argelinos, marroquinos, libaneses, cambojanos, mauricianos e homens de Madagascar e do Chade, que durante mais de uma semana ficaram sitiados — foi vítima de um ataque de tropas italianas e rechaçou os agressores. "Fomos informados de que conseguiríamos esmagá-los em quinze minutos", admitiu a seus captores o comandante italiano do ataque, o coronel Prestissimo, que acabou detido após a malograda investida. Os franceses estavam confiantes, o que era compreensível, ainda mais porque, nos dias seguintes, no deserto em torno de Bir Hakeim, o jovem capitão Pierre Messmer foi capaz de interromper o avanço de cerca de quinze tanques alemães que esperavam obter sucesso onde as tropas italianas haviam fracassado.

Messmer mais tarde se tornaria primeiro-ministro na França do pós-guerra. A "deslumbrante coragem" dos defensores de Bir Hakeim, como definiu um historiador, seria lembrada e homenageada na França por muitos anos. Depois de quinze dias, porém, o cerco foi encerrado por uma fuga em massa de volta às linhas britânicas, e mais um posto avançado no deserto caiu sob o controle de Rommel. Nessa retirada, 72 soldados franceses morreram, mas 2500 chegaram a um local seguro.

Agora os britânicos estavam novamente no Egito; perderam todos os territórios conquistados na Líbia, e a defesa do canal de Suez era mais uma vez uma questão urgente. Para sorte deles, a retirada da Líbia coincidiu com a rendição de Rashid Ali no Iraque. Nem a Alemanha nem a Itália estavam preparadas para enviar mais aeronaves ao país; em 28 de maio, por meio da decodificação de mensagens de rádio italianas, os britânicos descobriram que o apoio aéreo italiano não chegaria, devido à escassez de combustível. Dois dias depois, em 30 de maio, o prefeito de Bagdá e os oficiais do exército leais a Rashid Ali, que ainda resistiam na capital, pediram um armistício. O triunfo britânico, no entanto, foi um tanto desfigurado três dias depois, quando os partidários de Rashid Ali atacaram furiosamente o bairro judeu de Bagdá, saqueando lojas e casas e matando seus moradores; o saldo da violência foram mais de 150 judeus mortos.

Nos últimos onze dias de maio, o caleidoscópio da guerra se mostrou em toda a sua complexidade: uma derrota britânica em Creta; um desastre para os alemães no mar; uma vitória da Alemanha no Deserto Ocidental; o colapso de uma rebelião pró-Eixo no Iraque; e um massacre de judeus. Na Europa ocupada pela Alemanha, nesses mesmos onze dias também houve várias manifestações do lado mais sombrio do nazismo. A partir de 20 de maio, na França e na Bélgica, tomaram-se medidas para impedir a emigração de judeus para Portugal, país que se mantinha neutro, e de lá para os Estados Unidos. Essa emigração, embora difícil, havia possibilitado que milhares de judeus deixassem o território controlado pela Alemanha durante os doze meses anteriores. Agora, Walter Schellenberg, representando Heydrich, enviou uma circular a todos os departamentos da Polícia de Segurança alemã e a todos os consulados do país no exterior informando-os de que a emigração de judeus estava doravante proibida, "tendo em vista a indubitavelmente iminente solução final da questão judaica". Schellenberg não explicou em que poderia consistir essa "solução final", mas estava claro que ela não previa a partida de judeus para países neutros ou terras onde estariam a salvo.

Uma ideia mais clara acerca da natureza da "solução final" foi dada por Himmler no final de maio em palestra a 120 líderes da força-tarefa especial reunidos na Escola de Polícia de Fronteiras no vilarejo de Pretzsch, às margens do rio Elba. Esses oficiais foram escolhidos para comandar 3 mil homens armados que seguiriam na esteira dos exércitos alemães em seu avanço através da Rússia. A tarefa em mãos, explicou Himmler, era treiná-los "para a campanha de aniquilação do inimigo racial". Em 1º de junho, em outra instrução de Heydrich, os comandantes da força-tarefa foram informados de que os "judeus do leste" eram o "reservatório intelectual do bolchevismo" e, portanto, "na opinião do Führer", deveriam ser eliminados.

Agora, de todos os cantos da Europa ocupada pelos alemães havia tropas nazistas sendo deslocadas para o leste. Em 3 de junho, a ss-Totenkopfverbände partiu de Bordeaux, viajando por quatro dias e noites através da França e da Alemanha rumo a Marienwerder, na Prússia Oriental. Ao todo, entre janeiro e junho de 1941, 17 mil trens transportaram batalhões alemães para as fronteiras da Rússia: em média, mais de cem trens por dia.

Enquanto Hitler se preparava para invadir a União Soviética, outro alemão que havia empreendido uma guerra no Oriente morreu no exílio na Holanda: o ex-cáiser Guilherme II. Em maio de 1940, depois de recusar o convite de asilo de Churchill na Inglaterra, ele rejeitou a oferta de Hitler de retornar à Alemanha para viver como um cidadão comum numa de suas antigas propriedades na Prússia. A guerra de Guilherme com o primo, o tsar russo, levara à destruição de ambos os impérios. Hitler, com sua própria invasão da Rússia agora a pouco mais de duas semanas de distância, estava certo de que, no novo confronto entre as forças alemãs e russas, agora a Rússia é que seria destroçada.

Em 6 de junho, dois dias após a morte do cáiser, Hitler instruiu o general Brauchitsch a emitir a Ordem dos Comissários a todos os comandantes. Dois dias mais tarde, as primeiras unidades de uma divisão de infantaria alemã desembarcaram na Finlândia, cujo líder militar, o general Carl Gustaf Emil Mannerheim, concordou em participar

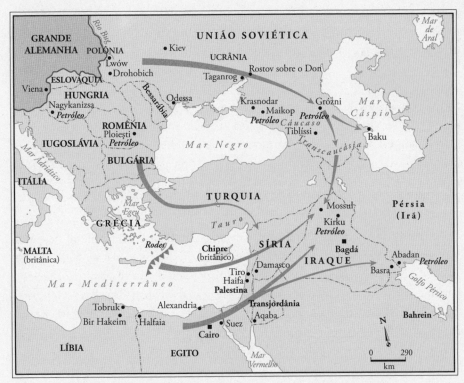

Mapa 16. Alemanha e Oriente Médio, o plano alemão de 11 de junho de 1941

do novo conflito. Em 11 de junho, em conversa com o dirigente romeno, o marechal Antonescu, Hitler disse que, embora não estivesse pedindo uma ajuda romena efetiva, "esperava da Romênia que, em nome de seu próprio interesse, fizesse de tudo para facilitar uma resolução favorável deste conflito". Antonescu, que, ao contrário dos húngaros, italianos e búlgaros, nada ganhara com a conquista alemã da Grécia, aceitou com entusiasmo o convite para recuperar a província perdida da Bessarábia e adquirir novos territórios no leste.

Às duas da manhã de 8 de junho, as forças britânicas e dos Franceses Livres entraram na Síria e no Líbano. Era a Operação Exportador, o plano para derrubar as guarnições francesas leais à França de Vichy e hastear a bandeira dos Franceses Livres em Beirute e Damasco. Os 45 mil defensores das guarnições, comandados pelo general Dentz, ofereceram uma resistência vigorosa, que duraria mais de cinco semanas. Entre os feridos nos primeiros dias estava um judeu palestino voluntário, Moshe Dayan, de 26 anos, que perdeu um olho. Durante as três decisivas primeiras semanas da batalha, 18 mil australianos, 9 mil britânicos, 5 mil homens dos Franceses Livres e 2 mil indianos, além de várias centenas de judeus palestinos, participaram da ofensiva. Em 9 de julho, as tropas britânicas entraram na cidade portuária libanesa de Tiro.

Faltavam menos de duas semanas para a invasão alemã da Rússia; em 9 de junho, o general Halder visitou o 4º Exército alemão para discutir medidas especiais para um "ataque-surpresa" — artilharia, cortinas de fumaça, movimentação rápida, camuflagem e a evacuação de civis poloneses da zona de operações. Em 10 de junho — data do 751º aniversário do afogamento do imperador Frederico Barbarossa em 1190, dia em que, segundo a lenda, o falecido Frederico começou a esperar pelo chamado de seus compatriotas para reconduzi-los de volta à glória —, os alemães deflagraram a Operação Warzburg, um programa de dez dias de implantação de minas no Báltico, com o intuito de evitar que a frota russa escapasse através do estreito de Kattegat para o mar do Norte. No dia seguinte, 11 de junho, na Diretiva n. 32, Hitler apresentou seus planos para o exército, a marinha e a força aérea alemães "após a destruição das Forças Armadas soviéticas".

Os planos de Hitler eram de largo fôlego. A Operação Isabella asseguraria a posse do litoral da Espanha e de Portugal no Atlântico. Os britânicos seriam expulsos de Gibraltar, com ou sem a ajuda espanhola. A Turquia e o Irã seriam pressionados com veemência a participar de maneira direta ou indireta "da luta contra a Inglaterra". Os britânicos seriam enxotados da Palestina e do canal de Suez por meio de "ataques convergentes" lançados da Líbia através do Egito e a partir da Bulgária através da Turquia. Enquanto isso, "é importante que Tobruk seja aniquilada"; o ataque à fortaleza sitiada deveria acontecer em novembro. Se o "colapso da União Soviética" criasse as "condições necessárias", também seriam feitos preparativos para o envio de uma força expedicionária alemã da Transcaucásia para atacar o Iraque. Com a mobilização dos árabes, acrescentou Hitler, seria possível tornar a posição dos britânicos no Oriente Médio "mais precária, no caso de operações alemãs de grande envergadura, contanto que, no momento certo, mais forças britânicas se vejam enredadas em movimentos de distúrbio civil ou focos de rebelião".

Muito além dessas operações do Oriente Médio e do Mediterrâneo, havia, escreveu Hitler, outro objetivo a se ter em mente: "o 'cerco da Inglaterra' deve ser retomado com a maior intensidade, acionando a marinha e a aeronáutica, após a conclusão da campanha no leste".

Essa diretiva deixou claro que muita coisa dependia da vitória da Alemanha sobre a Rússia. Nessa noite, como se para zombar desses sentimentos, bombardeiros britânicos atingiram alvos industriais no Ruhr, na Renânia e nos portos alemães do mar do Norte e continuaram seus raides durante vinte noites consecutivas. Na França, agentes da

Executiva de Operações Especiais britânica continuaram seu trabalho na criação de rotas de fuga para prisioneiros de guerra e no estabelecimento de contato com franceses que não desejavam permanecer passivos sob a ocupação alemã. "Devemos ajudar e agitar os povos de todos os países subjugados, instigando-os à resistência e à revolta", Churchill declarou à população britânica em uma transmissão de rádio em 12 de junho. "Anularemos e perturbaremos cada esforço de Hitler para sistematizar e consolidar seu domínio. Ele não terá paz, nem descanso, nem respiro, nem trégua."

Em 14 de junho, enquanto o Führer e seus comandantes finalizavam os planos para a invasão da Rússia, prevista para dali a apenas oito dias, Roosevelt deu mais um passo na direção de fornecer à Grã-Bretanha uma ajuda substancial, congelando todos os bens e ativos econômicos alemães e italianos nos Estados Unidos. O presidente estadunidense aceitou também o pedido de Churchill para que os Estados Unidos assumissem a defesa da Islândia, que estava sob a tutela britânica desde a derrota da Dinamarca em abril de 1940. Uma quantidade considerável de armamentos norte-americanos também estava a caminho das forças britânicas no Egito, a bordo de 74 navios mercantes, trinta dos quais hasteavam a bandeira dos Estados Unidos. Nesse carregamento havia duzentos tanques fabricados pelo exército norte-americano.

Dois dias após a transmissão do discurso de Churchill, John Mungo Park, piloto de caças Spitfire e um dos heróis do pico do verão de 1940, foi morto em combate no espaço aéreo da França. Não foi apenas aos países já sob domínio alemão que a Grã-Bretanha ofereceu apoio. Em 13 de junho, em uma tentativa séria de mostrar à União Soviética que a Grã-Bretanha não abandonaria os russos à própria sorte para que lutassem sozinhos contra Hitler, Churchill ofereceu a Stálin o envio de uma missão militar britânica para o caso de um ataque alemão. Mas Stálin, ao que parece, viu a proposta como uma provocação, parte de um estratagema britânico para precipitar os russos numa guerra contra os germânicos. Stálin teve uma reação de igual desconfiança quando Churchill lhe enviou detalhes sobre as divisões alemãs concentradas junto à fronteira soviética; esses pormenores haviam sido extraídos de mensagens Enigma ultrassecretas dos próprios alemães. Foi também no dia 13 de junho que, em visita ao Kremlin, o almirante Kuznetsov, comissário da marinha soviética, se mostrou incapaz de despertar em Stálin genuína preocupação acerca das recentes movimentações navais alemãs, tampouco de arrancar dele a ordem para que as forças navais soviéticas fossem preparadas para entrar em ação.

Entre as mensagens ultrassecretas decifradas pela inteligência britânica em Bletchley em 14 de junho havia ordens alemãs referentes à chegada de um "correspondente de guerra" a Kirkenes, no norte da Noruega, próximo à fronteira com a Rússia. No Kremlin, Timotchenko e Júkov encontraram um Stálin aparentemente despreocupado com a concentração de tropas alemãs. Quando lhe apontaram que, de acordo com relatórios da inteligência soviética, as divisões alemãs agora reunidas na fronteira estavam "equipadas e armadas com força de tempo de guerra", Stálin comentou: "Não se pode acreditar em tudo o que o serviço de inteligência diz". A conversa foi interrompida por um telefonema do chefe do Partido Comunista na Ucrânia, Nikita Khruschóv. "Stálin atendeu ao telefone", Júkov relembrou mais tarde. "Pelas respostas dele, deduzimos que o telefonema dizia respeito a questões agrícolas. 'Tudo bem', disse Stálin, e sorriu. Evidentemente, Khruschóv lhe havia relatado, em termos entusiásticos, sobre as boas perspectivas de uma safra abundante."

"Deixamos o Kremlin com o coração pesado", acrescentou Júkov. Para os chefes da inteligência alemã, no entanto, agourentas eram as movimentações contínuas das tropas soviéticas; seu deslocamento em direção ao oeste — Rússia europeia adentro — no mês anterior havia elevado os efetivos da URSS para 150 divisões de infantaria, sete divisões blindadas e 38 brigadas blindadas.

Ainda em 14 de junho, na Prússia Oriental, o líder da SS-Totenkopfverbände, o general Eicke, informou seus comandantes acerca do teor da Ordem dos Comissários de Hitler. A guerra contra a Rússia, ele explicou, deveria ser encarada como uma guerra ideológica, uma luta de vida ou morte entre o nacional-socialismo alemão e o "bolchevismo judaico". Os comissários políticos vinculados às unidades do Exército Vermelho deveriam "ser assassinados logo após sua captura ou rendição, quaisquer que fossem as circunstâncias". A divisão deveria ser "fanática e impiedosa". A Rússia não havia assinado a Convenção de Genebra e, portanto, "não se poderia esperar que travasse a guerra de forma civilizada". Dos homens da SS-Totenkopfverbände, portanto, esperava-se que lutassem "sem misericórdia ou piedade". A guerra no leste era uma luta "da qual dependia o destino do povo alemão".

Agora o fanatismo de Hitler havia sido comunicado aos homens encarregados de colocá-lo em prática. No mesmo dia, em uma última reunião com seus comandantes do alto escalão, Hitler os advertiu de que os exércitos russos eram mais numerosos do que os efetivos alemães, mas de que a liderança, o equipamento e a experiência germânicos eram superiores. Ao mesmo tempo, alertou seus homens para que não subestimassem o Exército Vermelho. Ecoando sua diretiva de três dias antes, disse: "O principal inimigo continua a ser a Grã-Bretanha, que seguirá combatendo enquanto a luta tiver algum propósito...".

Em 15 de junho, as forças britânicas no Egito desencadearam a Operação Machado de Batalha, uma tentativa de fazer Rommel recuar para o território líbio e talvez libertar Tobruk. "Naturalmente, atribuo a maior importância a essa ofensiva", Churchill telegrafou a Roosevelt na véspera do ataque. Mas a operação foi gravemente prejudicada pela inferioridade do equipamento britânico e, após um avanço inicial, não conseguiu ganhar terreno significativo no embate contra os tanques e blindados de Rommel.

A inteligência britânica havia avaliado corretamente o tempo e a escala do contra-ataque alemão: as forças britânicas simplesmente não eram capazes de enfrentá-lo de igual para igual. Durante quatro dias de batalha, 122 soldados britânicos foram mortos, com a perda de cem tanques.

No dia em que a Operação Machado de Batalha foi deflagrada no Egito, todos os comandantes alemães no leste, cumprindo ordens recebidas na véspera, completaram seus preparativos para lançar o ataque. Agora, esperavam apenas uma de duas senhas: "Altona", para adiamento ou cancelamento, ou "Dortmund", para prosseguir. Nesse mesmo dia, o comandante soviético em Kiev, general Mikhail Kirponos, convencido de que a guerra era iminente, enviou por mensageiro uma carta pessoal a Stálin, solicitando permissão para evacuar 300 mil civis soviéticos da região fronteiriça ao longo do rio Bug e instalar barreiras antitanque. Stálin, que na mesma semana recebera pedidos semelhantes, respondeu: "Isso seria um ato de provocação. Não se mexa".

Em 15 de junho, o comando do Grupo de Exércitos Centro emitiu uma lista de alvos de bombardeio a serem destruídos logo nas primeiras horas da ofensiva: entre eles estavam os postos e centros de comunicação do Exército Vermelho instalados nas antigas regiões orientais do território polonês, em Kobrin, Volkovisk, Lida e Baranowicze, bem como aqueles a leste da antiga fronteira russo-polonesa, em Slutsk, Minsk, Mogilev, Orcha e Smolensk.

Também em 15 de junho, em Berlim, circularam rumores fantásticos de que "um entendimento com a Rússia é iminente", como registrou em seu diário o diplomata Ulrich von Hassell, e de que "Stálin está a caminho etc.". Em Londres, contudo, a leitura diária que Churchill fazia das mensagens Enigma deixava claro que uma invasão alemã à Rússia era uma questão de dias. "De todas as fontes à minha disposição, incluindo algumas da mais absoluta confiança", ele telegrafou a Roosevelt em 15 de junho, "parece ser iminente um vasto ataque alemão à Rússia. Não apenas os principais exércitos germânicos estão sendo mobilizados da Finlândia até a Romênia, mas efetivos blindados e aéreos continuam chegando." Se essa nova guerra estourasse, Churchill acrescentou, "deveremos, é claro, dar todo o incentivo e auxílio que pudermos dispensar aos russos, segundo o princípio de que Hitler é o inimigo a ser derrotado".

Em um apelo ao povo norte-americano transmitido por rádio na noite de 16 de junho, Churchill tentou expressar seu senso de urgência e mau agouro. "A cada mês que passa", advertiu ele, "aumentam a duração e os perigos da jornada que teremos que fazer. Unidos resistiremos; divididos, sucumbiremos. Divididos, voltará a Idade das Trevas. Unidos, poderemos salvar e guiar o mundo."

Nos Estados Unidos, dois dias após a transmissão do discurso de Churchill, Roosevelt recebeu o coronel William J. Donovan, a quem nomeou coordenador de informações, com a incumbência de coletar e analisar todas as informações relativas à segurança nacional, "correlacionar tais informações e dados" e disponibilizá-los ao presidente. Donovan também foi encarregado da condução de assuntos especiais e da propaganda subversiva.

No dia da transmissão de Churchill, o último navio de guerra alemão deixou as águas soviéticas do mar Negro. Dos vinte engenheiros alemães que ainda trabalhavam em Leningrado em maio, o último havia partido em 15 de junho. Os sinais de um ataque alemão iminente foram detectados por observadores navais soviéticos e relatados ao comandante da frota soviética do Báltico, o almirante Vladímir Tributs. Em 17 de junho, em total sigilo, todos os comandantes militares, navais e aéreos alemães receberam a mensagem de rádio codificada "Warzburg": o ataque à Rússia começaria às três da madrugada de domingo, 22 de junho. No dia seguinte, ao meio-dia, as tropas posicionadas na fronteira em Białystok foram colocadas em estado de alerta.

Os dirigentes e ideólogos alemães estavam confiantes na vitória; em 18 de junho, Alfred Rosenberg concluiu seus planos para a dissolução da montanhosa região soviética do Cáucaso em uma série de cinco diferentes "comissariados gerais" a serem

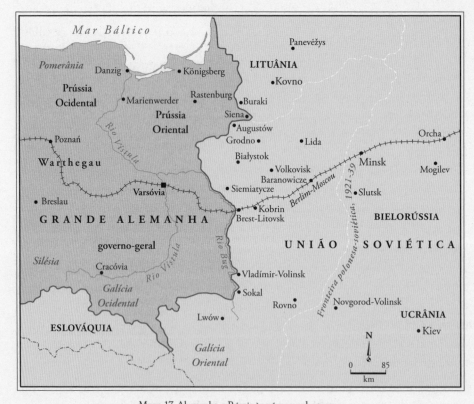

Mapa 17. Alemanha e Rússia às vésperas da guerra

administrados por autoridades alemãs — Geórgia, Azerbaijão, Cáucaso do Norte, Krasnodar e Ordjonikidze* — e dois "comissariados principais", abarcando a Armênia e a área da Calmúquia. Dessa maneira, acreditava Rosenberg, a Alemanha controlaria um eixo Berlim-Tiblíssi simpático aos interesses germânicos, criando uma barreira permanente a qualquer futuro ressurgimento do poder russo.

Nos preparativos para a guerra iminente, em 19 de junho, a SS emitiu regulamentos estipulando a criação de um fundo de bem-estar para o amparo dos órfãos e viúvas de homens da SS mortos em combate. Mas o Exército Vermelho percebeu que um ataque era iminente? Em 19 de junho, o ministro da Defesa soviético, o marechal Timotchenko, ordenou a camuflagem de bases aéreas avançadas, unidades e instalações militares, muitas das quais ainda claramente visíveis tanto do solo quanto do ar. Na mesma noite, em um telefonema de Leningrado para Moscou, o almirante Tributs, após informar a partida em 16 de junho do último navio de guerra alemão em águas soviéticas, obteve permissão do almirante Kuznetsov, o ministro da Marinha, para colocar a frota do Báltico em "estado de prontidão n. 2", abastecer todos os navios de guerra soviéticos e pôr as tripulações em alerta. No entanto, em Leningrado, o dia 19 de junho assinalou a saída do secretário do Comitê Regional do Partido Comunista, Andrei Jdanov, líder do partido na cidade e membro do Conselho Militar de Stálin, para suas férias de verão no balneário de Sochi, no mar Negro. Assim que Jdanov partiu em férias, o almirante Kuznetsov também colocou a frota soviética do mar Negro em "estado de prontidão n. 2".

No Oriente Médio, na madrugada de 21 de junho, as forças de Vichy em Damasco se renderam diante da expedição formada pela combinação de tropas britânicas e brigadas dos Franceses Livres. Agora Hitler havia perdido qualquer chance de uma incursão fácil na Palestina e no canal de Suez. Nessa mesma noite, na fronteira entre a Prússia Oriental e a Lituânia, nas imediações de Buraki, um grupo de soldados alemães em missão de reconhecimento tentou romper as linhas e penetrar o território soviético. Três deles foram mortos e dois, capturados. Às 2h40 da manhã, o chefe do estado-maior do Distrito Militar Ocidental Especial, o general Vladímir Klimovskikh, em seu quartel-general em Panevėžys, comunicou Moscou via rádio que "aviões alemães com compartimentos de bombas carregados" haviam violado a fronteira no dia anterior, a oeste de Kovno, e que, de acordo com o relatório de um de seus comandantes de exército, havia uma ameaça ainda mais sinistra: as barricadas de arame farpado ao longo da fronteira nas estradas de Augustów e Sienna, embora permanecessem em posição durante o dia, "são removidas ao anoitecer". O general Klimovskikh acrescentou: "Da floresta, chegam sons de motores".

---

* Antigo nome da atual Vladikavkaz, capital da República da Ossétia do Norte-Alânia. (N. T.)

Às quatro da manhã, um comandante de submarino da Marinha soviética, o capitão Aleksandr Marinenko, relatou ter avistado um comboio de 32 embarcações de transporte de tropas alemãs na entrada do golfo da Finlândia. Ao ser devidamente informado disso, o almirante Tributs ficou alarmado. Dez horas depois, por volta das duas da tarde, o próprio Stálin telefonou do Kremlin ao comandante do distrito de Moscou, o general Ivan Tiulenev, para lhe dizer que "a situação é tensa" e instruí-lo a "colocar 75% dos efetivos de defesa antiaérea de Moscou em estado de prontidão para o combate". Pouco depois, instrução semelhante foi transmitida via ligação telefônica para Nikita Khruschóv em Kiev. Mais uma vez, o próprio Stálin fez o telefonema.

Na tarde de 21 de junho, Hitler escreveu a Mussolini para dizer: "Tomei a decisão mais difícil da minha vida".

Pouco depois das nove da noite, o chefe do estado-maior das Forças Armadas do Distrito Militar de Kiev, o general Maksim Purkaiev, telefonou ao marechal Júkov em Moscou para informá-lo de que um subtenente alemão "veio até nossos guardas de fronteira e disse que as tropas alemãs estavam se deslocando para pontos de partida do ataque e que a ofensiva começaria na manhã de 22 de junho". O desertor era Alfred Liskof, que se entregara na cidade de Vladímir-Volinsk, na fronteira com a Ucrânia.

Júkov telefonou imediatamente para Stálin, que o convocou para uma reunião no Kremlin, junto com Timotchenko. "Pode ser que os generais alemães tenham enviado esse traidor para provocar um conflito", alegou Stálin. "Não. Achamos que ele está dizendo a verdade", respondeu Timotchenko. "E o que faremos?", perguntou Stálin, ao que Timotchenko rebateu: "Temos que divulgar imediatamente uma diretiva para colocar em estado de alerta todas as tropas nos distritos de fronteira".

Ainda hesitante, Stálin argumentou: "É muito cedo para emitir uma diretiva como essa. Talvez a questão possa ser resolvida pacificamente". No entanto, concordou em enviar uma diretiva aos conselhos militares nos distritos fronteiriços, avisando-os da "possibilidade de um ataque alemão repentino", e acrescentou que as tropas soviéticas não deveriam "deixar-se incitar por qualquer ação provocativa" da parte dos alemães. A diretiva, assinada por Timotchenko e Júkov, ordenava que os baluartes nas áreas fortificadas fossem "secretamente guarnecidos de homens" nas primeiras horas de 22 de junho; que, "antes do amanhecer" de 22 de junho, todas as aeronaves fossem distribuídas pelos aeródromos de campanha "e cuidadosamente camufladas"; que "todas as unidades" fossem colocadas em estado de alerta; e que se fizessem preparativos "para o blecaute de cidades e outros alvos".

Cerca de trinta minutos depois da meia-noite, na primeira hora de 22 de junho, Júkov informou Stálin de que a diretiva fora transmitida a todos os distritos fronteiriços. Nesse meio-tempo, Hitler, em uma conversa com Albert Speer e o almirante Raeder após o jantar, falou de seus planos para a criação de uma base naval alemã na costa norueguesa,

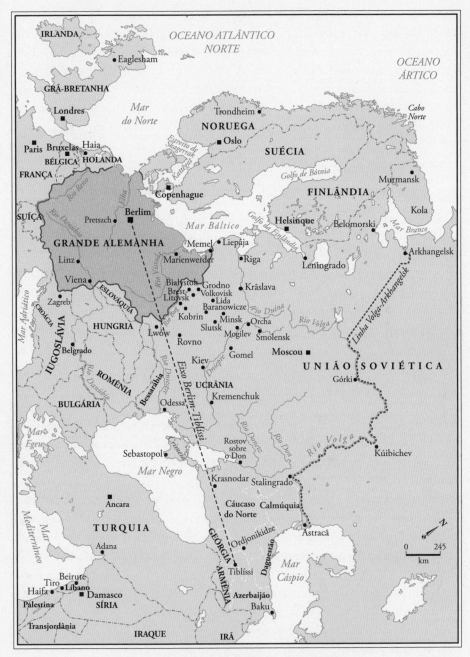

Mapa 18. A linha Volga-Arkhangelsk e o eixo Berlim-Tiblíssi

nos arredores de Trondheim. Seria o maior estaleiro da Alemanha, e junto a ele seria construída uma cidade para 250 mil alemães, a ser incorporada à Grande Alemanha. Em seguida, Hitler colocou um disco no gramofone e tocou para seus dois convidados alguns excertos dos "Préludes" de Liszt. "Vocês vão ouvir isso muitas vezes no futuro próximo", disse o Führer, "porque será nossa fanfarra da vitória na campanha da Rússia." Hitler lhes disse que agora seus planos para a construção de edifícios monumentais em Berlim, Linz e outras cidades seriam selados "com sangue", por uma nova guerra. A Rússia seria inclusive um manancial de vantagens arquitetônicas. "Buscaremos nosso granito e nosso mármore lá", explicou ele, "nas quantidades que quisermos."

Pouco depois da meia-noite, na primeira hora do dia 22 de junho, enquanto a diretiva com o alerta seguia de Moscou para as forças de fronteira, o expresso Berlim-Moscou cruzava a ponte ferroviária sobre o rio Bug e entrava a todo vapor na cidade de Brest-Litovsk, na fronteira soviética. Pouco depois, dois trens, vindos de Kobrin, atravessaram o Bug na direção oposta. Um era o expresso Moscou-Berlim regular. O outro, que vinha imediatamente atrás, um trem de carga transportando grãos soviéticos para os silos da Alemanha.

A vida prosseguia normalmente. Em determinado ponto na fronteira mais ao sul, o comandante de um corpo de exército alemão informou a seus superiores que a cidade soviética à sua frente estava visivelmente sossegada. "Sokal não está às escuras", ele relatou. "Os russos estão em seus postos, perfeitamente iluminados. Ao que parece, não suspeitam de nada." Em Novgorod-Volinsk, o general soviético Konstantin Rokossóvski foi o convidado de honra em um concerto realizado em seu quartel-general. Assim que recebeu a diretiva de Moscou, ele ordenou que seus comandantes voltassem para suas respectivas unidades apenas "após o concerto". Na Casa dos Oficiais em Kiev, o general Pávlov, comandante do Distrito Militar Ocidental, assistia a uma comédia ucraniana. Informado de que "as coisas na fronteira pareciam alarmantes", optou por assistir à peça até o fim.

Na cidade fronteiriça soviética de Siemiatycze, o evento da noite de sábado não foi nem um concerto nem uma peça teatral, mas um baile, com a presença, como se tornara habitual havia algumas semanas, de guardas de fronteira do lado alemão e de muitos judeus. Às quatro da manhã, o baile ainda estava a todo vapor. Os minutos se passavam em meio a canções estridentes e danças rodopiantes. "De súbito", registrou o historiador de Siemiatycze, "bombas começaram a cair. A eletricidade no salão foi cortada. Em pânico e tropeçando uns nos outros na escuridão, todos saíram correndo a fim de voltar para casa."

Nas primeiras horas de 22 de junho, enquanto as forças alemãs se posicionavam na fronteira soviética prontas para invadir, 2,5 milhões de soldados soviéticos nos distritos de defesa ocidentais enfrentavam cerca de 3,2 milhões de alemães. Outros 2,2 milhões de soldados soviéticos estavam na reserva, defendendo as cidades de Moscou e Leningrado e as regiões industriais da bacia do Donets e dos Urais. Os números, entretanto, eram enganosos; apenas 30% das tropas soviéticas estavam equipadas com armas automáticas. Somente 20% das aeronaves soviéticas e 9% de seus tanques eram modelos modernos.

Senhor de oito capitais europeias — Varsóvia, Copenhague, Oslo, Haia, Bruxelas, Paris, Belgrado e Atenas —, soberano da Europa desde o frio ártico do cabo Norte até o calor das praias da ilha de Creta, com exércitos invictos ainda mais ao sul na fronteira do Egito, Hitler agora mirava Moscou e para lá direcionava suas tropas. Embora se aproximasse o dia em que os altos pináculos das torres do Kremlin seriam visíveis através dos binóculos dos comandantes alemães, Moscou jamais seria de Hitler, e a marcha para a cidade, a ruína de Napoleão em 1812, resultaria, em meio a sofrimento e destruição, na derrocada de todos os planos do Führer e, dali a quatro anos, na queda de seu Reich.

15. A invasão alemã da Rússia

JUNHO DE 1941

Às 4h15 da manhã de 22 de junho de 1941 teve início a invasão alemã da União Soviética. Nas primeiras horas da ofensiva, bombardeiros alemães atacaram 66 aeródromos, destruindo muitas aeronaves soviéticas ainda em solo. Ao mesmo tempo, cinco cidades selecionadas de antemão foram submetidas a bombardeios aéreos: Kovno, Minsk, Rovno, Odessa e Sebastopol. Outro grupamento de bombardeiros atacou Liepāja, uma das principais bases navais soviéticas no Báltico. Em seguida, enquanto os soviéticos acordavam com o estrondo das bombas, o exército alemão iniciou seu avanço ao longo de um front de 1500 quilômetros.

O dia 21 de junho teve a noite mais curta do ano. A data marcava também o aniversário de um ano da rendição francesa em Compiègne. Nesse mesmo dia, 129 anos antes, Napoleão cruzara o rio Neman em sua própria busca por uma vitória em Moscou. Às sete da manhã, uma proclamação de Hitler foi lida no rádio por Goebbels:

> Sobrecarregado pelo peso dos preparativos, condenado a meses de silêncio, posso enfim falar com toda a franqueza: povo alemão! Neste momento, está em curso uma marcha que, por sua extensão, iguala-se às maiores a que o mundo já assistiu. Decidi mais uma vez colocar o destino e o futuro do Reich e do nosso povo nas mãos de nossos soldados. Que Deus nos ajude, sobretudo neste combate!

Quinze minutos após a transmissão do discurso de Hitler de Berlim, e com a aprovação de Stálin, Júkov emitiu uma diretiva autorizando as tropas soviéticas a "atacarem e destruirem o inimigo" onde quer que houvesse violação da fronteira. Mas elas não deveriam cruzar a fronteira para a Alemanha. Seriam organizados ataques aéreos contra as posições alemãs em lugares como Königsberg e Memel, mas nenhuma incursão deveria avançar mais que 150 quilômetros além das linhas. Mólotov faria um pronunciamento pelo rádio ao meio-dia.

Stálin esperava negociar algum tipo de acordo ou cessar-fogo? "Os russos pediram ao Japão que agisse como intermediário nas relações políticas e econômicas entre a Rússia e a Alemanha, e estão mantendo contato permanente por rádio com o Ministério das Relações Exteriores alemão", anotou em seu diário o general Halder. "Somente quando ficou claro que era impossível deter a ofensiva inimiga por meio de ações diplomáticas", escreveu o historiador soviético A. V. Karasev, "foi que o governo anunciou o ataque da Alemanha e a entrada na União Soviética na guerra, ao meio-dia."

Os russos não conseguiram deter a marcha dos exércitos alemães, que, nesse dia, ao sul de Kovno, tomaram, intacta, uma ponte de importância crucial em Alytus e transpuseram a linha do rio Neman sem precisar entrar em combate. Algumas unidades russas, Halder observou em seu diário nesse dia, "foram capturadas, totalmente desprevenidas, em seus quartéis; as aeronaves estavam nos aeródromos, ainda protegidas por lonas; e unidades avançadas, atacadas por nossas tropas, perguntavam a seus comandos o que deveriam fazer". Às 21h15, Timotchenko emitiu sua terceira diretiva em um intervalo de menos de 24 horas, ordenando que todas as forças da fronteira soviética tomassem a ofensiva e avançassem de oitenta a 120 quilômetros território alemão adentro.

A maré da guerra já não podia ser mudada por uma diretiva. Ao cair da noite de 22 de junho, os alemães abriram uma brecha ao norte de Grodno entre a frente soviética noroeste, sob o comando de Vorochílov, e a frente ocidental, sob Timotchenko. Mas nem todos os observadores viram com um olhar trágico o ataque alemão. Quando, às quatro horas da tarde, a notícia da ofensiva germânica contra a Rússia foi transmitida pelos alto-falantes alemães instalados em Varsóvia, os judeus do gueto — de acordo com a lembrança de um deles, Alexander Donat — tentaram "sem sucesso" esconder seu sorriso. "Com a Rússia do nosso lado", sentiam eles, "a vitória é certa e o fim de Hitler está próximo."

A confiança dos judeus encurralados e famintos em Varsóvia tinha um curioso eco no estado de ânimo que predominava em Berlim. "Temos que vencer, e rapidamente", Goebbels escreveu em seu diário em 23 de junho. "Entre a população reina um ligeiro desânimo. A nação deseja a paz, não ao custo da derrota, mas cada novo teatro de operações suscita preocupações e desassossego."

Hitler, que nesse dia deixou Berlim rumo a um novo quartel-general, conhecido como "Wolfsschanze", ou "Toca do Lobo", nos arredores da cidadezinha de Rastenburg, na Prússia Oriental, disse ao general Jodl: "Nós só temos que chutar a porta, e todo o edifício podre ruirá". Mas nem mesmo a confiança do Führer era ilimitada. "No início de cada campanha", ele disse mais tarde a um oficial de seu estado-maior, "abre-se a porta de um quarto escuro e invisível. Nunca é possível saber o que está escondido lá dentro."

Ao meio-dia de 22 de junho, a força aérea alemã havia destruído mais de mil aeronaves soviéticas em solo ou em combate: um quarto de toda a força aérea russa. Nesse dia, a Itália e a Romênia declararam guerra à União Soviética.

No mesmo dia, ao cair da noite, os alemães haviam arrasado as cidades de Kobrin e Prujani, situadas em área fortificada. No dia seguinte, em Moscou, criou-se um conselho de evacuação, encabeçado por três membros — entre eles Aleksei Kosigin — e incumbido de organizar o desmantelamento, a remoção e a remontagem de mais de 1500 fábricas de armamentos e plantas industriais da Rússia ocidental e da Ucrânia para locais seguros no leste. Nos confins além dos Urais, longe de qualquer zona de batalha provável ou mesmo possível, em cidades longínquas como Sverdlovsk, Kurgan e Tcheliábinsk, na Sibéria e no Cazaquistão, a União Soviética, mesmo em seu momento de perplexidade e fraqueza, foi reconstruindo a base de um enorme potencial bélico.

Já nos primeiros dias do ataque alemão, ficou claro que não se tratava apenas de uma guerra entre exércitos. Nos bunkers em torno da aldeia fronteiriça de Słochy Annopolskie, uma unidade do exército alemão por fim derrotou os defensores russos, queimou a aldeia e assassinou todas as centenas de habitantes. Em 25 de junho, o general Joachim Lemelsen, comandante do 47º Corpo Panzer, protestou com seus oficiais subordinados sobre o que chamou de "fuzilamento sem sentido tanto de prisioneiros de guerra como de civis". Seu protesto foi ignorado.

Lemelsen renovou sua queixa cinco dias depois, declarando em uma nova ordem que, apesar de suas instruções anteriores, "observaram-se ainda mais fuzilamentos de prisioneiros de guerra e desertores, conduzidos de forma irresponsável, sem qualquer sentido e de forma criminosa. Isso é assassinato! O exército alemão está em guerra contra o bolchevismo, não contra os povos russos". No entanto, o general Lemelsen passou a endossar a ordem de Hitler de que todos os indivíduos identificados como comissários políticos e guerrilheiros "fossem separados e executados". Somente por esse meio, explicou ele, o povo russo poderia ser libertado "da opressão de um grupo judeu e criminoso".

No campo de batalha, a última semana de junho testemunhou contínuos reveses soviéticos. Em 25 de junho, dois generais, Mikhail Khatskilevitch e Ivan Semionovitch Nikitin, morreram em combate. Nesse dia, várias cidades estratégicas também caíram, o que ocasionou, entre outros, a perda dos entroncamentos ferroviários de Baranowicze e Lida, no norte, e Dubno, no centro. Goebbels, no entanto, foi cauteloso. "Tenho evitado publicar grandes mapas da Rússia", ele anotou em seu diário. "As enormes áreas envolvidas podem assustar a opinião pública."

Desde os primeiros dias do avanço alemão, os judeus, como de costume, foram escolhidos como alvos de destruição específica e sistemática. Quando, em 25 de junho, as forças alemãs entraram em Lutsk e encontraram no hospital local um médico judeu,

Mapa 19. A guerra se alastra, junho de 1941

Benjamin From, operando uma mulher cristã, ordenaram de imediato que interrompesse a cirurgia. Ele se recusou, e como punição foi arrastado do hospital até sua casa, onde foi assassinado com toda a família.

Na manhã de 26 de junho, as forças alemãs chegaram à cidade de Dvinsk,* apoderando-se das pontes rodoviárias e ferroviárias sobre o rio Duína. Foi um êxito extraordinário, semelhante à captura do forte de Eben-Emael, na Bélgica, pouco mais de um ano antes. O exército alemão estava agora trezentos quilômetros dentro da fronteira soviética. Horas mais tarde, a Finlândia declarou guerra à Rússia, ao mesmo tempo que, em Verona, Mussolini passava em revista uma divisão italiana prestes a deixar a Itália para lutar ao lado dos alemães em território russo. Nessa noite, voltando de avião para

---

* Atual Daugavpils, na Letônia. (N. T.)

Moscou depois de visitar o quartel-general do Exército do Sudoeste em Tarnopol, Júkov obteve a aprovação de Stálin para estabelecer um sistema de defesa de emergência na linha Drissa-Polotsk-Vitebsk-Orcha-Mogilev-Mozir, juntamente com uma linha ainda mais a leste, no eixo Selijarovo-Smolensk-Roslavl-Gomel. Uma rápida olhada no mapa[*] mostra que Júkov e Stálin perceberam que, no devido tempo, suas tropas teriam que recuar bastante. "Nós não sabíamos em que ponto seria possível deter o inimigo", Júkov relembrou mais tarde, "qual seria a linha mais vantajosa a partir da qual lançar a contraofensiva, e que volume de efetivos conseguiríamos reunir." Nesse dia, também em Moscou, Lavrenti Beria, chefe do Comissariado do Povo para Assuntos Internos — o NKVD[**] —, ordenou que todas as organizações regionais do comissariado no oeste da Rússia formassem unidades de defesa domésticas especiais, conhecidas como "batalhões de destruição", incumbidas de proteger instalações importantes atrás das linhas, a fim de evitar atos de sabotagem e conter eventuais pousos de paraquedistas germânicos. Esses batalhões, que possuíam de cem a duzentos homens, compunham-se sobretudo de indivíduos muito velhos, demasiado jovens ou fisicamente inaptos para se juntar às fileiras do Exército Vermelho.

Em 27 de junho, todos os trabalhos de construção civil em Leningrado foram interrompidos, e 30 mil operários e seus equipamentos, transferidos para fora da cidade, na direção de Luga, onde foram encarregados de cavar fossos antitanque e construir bastiões reforçados de blocos de concreto. Nesse dia, o marechal Mannerheim apelou ao povo finlandês para que desempenhasse seu papel na "guerra santa" contra a Rússia; no entanto, tudo indicava que o combate estava longe de ser fácil, mesmo para a SS-Totenkopfverbände, que em 27 de junho foi surpreendida por uma sucessão de contra-ataques russos, primeiro com tanques, e depois, quando os blindados foram destruídos, a pé. Os regimentos da SS temiam os inúmeros grupos de soldados soviéticos que, isolados muito atrás da linha de frente, preferiam lutar até a morte em vez de se render. As ordens alemãs para tratar com crueldade esses retardatários foram obedecidas à risca; depois dos primeiros confrontos, os russos que os soldados alemães encontravam pelo caminho eram em geral fuzilados, mesmo que não apresentassem qualquer resistência.

Além dos soldados soviéticos retardatários, logo os guerrilheiros russos organizados entrariam em cena atrás das linhas alemãs. Em 27 de junho, Nikita Khruschóv deu instruções para que se formassem pequenos destacamentos de guerrilheiros, entre dez e vinte homens, em Kamenets-Podolsk. Autoridades locais do Partido Comunista nas regiões de Lwów, Tarnopol, Stanisławów, Tchernivtsi e Rovno também constituíram

---

[*] Ver Mapa 20, na página 269.
[**] *Naródni Komissariat Vnútrenikh Del*, órgão de segurança criado em 1934 e que fazia as vezes de Ministério do Interior da URSS; responsável pela segurança do Estado, mais tarde se transformaria no KGB. (N. T.)

Mapa 20. A invasão alemã da Rússia, 22 de junho de 1941

mais de 140 pequenos grupos, totalizando cerca de 2 mil homens. Uma vez organizados, esses grupos passaram às escondidas pelas linhas alemãs para dentro do território ocupado pelo inimigo.

Foi também em 27 de junho que a Hungria declarou guerra à União Soviética, seguida, um dia depois, pela Albânia. A Rússia estava agora em conflito contra cinco Estados — Alemanha, Finlândia, Romênia, Hungria e Albânia. Em 27 de junho, em Bletchley, criptógrafos britânicos decifraram a chave Enigma utilizada pelo exército alemão na frente oriental. Conhecida como Abutre, ela propiciou aos ingleses leituras diárias das ordens militares alemãs. No dia seguinte, Churchill deu instruções para que Stálin recebesse essas preciosas informações de inteligência, contanto que mantivesse em sigilo sua fonte. Um oficial da inteligência militar britânica, Cecil Barclay, que estava a par do trabalho realizado em Bletchley e na ocasião atuava na embaixada britânica em Moscou, foi instruído a transmitir ao chefe do serviço de informações soviético os avisos sobre as movimentações e intenções dos alemães.

Apesar de estarem bem informados quanto às manobras e aos avanços alemães, Stálin e seus comandantes não tinham recursos para contê-los, tampouco para resistir à selvageria com que eram conduzidos. Em 27 de junho, dois grupos de blindados alemães, unindo forças a leste de Minsk, se voltaram contra os 300 mil soldados russos encurralados, 50 mil deles na própria cidade de Minsk. Na batalha que se seguiu, dezenas de milhares morreram. Quase todos os demais foram feitos prisioneiros. Seu destino seria terrível: espancados, famintos, sem atendimento médico e abrigo adequado, imediatamente fuzilados se tropeçassem durante as intermináveis marchas forçadas, poucos ainda estavam vivos um ano depois.

Ainda em 27 de junho, na aldeia de Nieśwież, um jovem judeu, Shalom Cholawski, observou, horrorizado, um soldado alemão esmurrar um prisioneiro soviético. Anos mais tarde, ele relembrou:

> O prisioneiro, um sujeito baixinho de feições mongólicas, não sabia por que o alemão o escolhera como alvo nem por que vociferava. O homem ficou ali parado, sem esboçar reação aos golpes. De repente, ergueu a mão e, com um ímpeto incrível, acertou um violento tapa no rosto do agressor, diretamente na bochecha. O sangue escorreu pelo rosto do alemão. Por um instante os dois se entreolharam, um a ferver de raiva, o outro sereno. Vários alemães empurraram bruscamente o homem para um local atrás da cerca. Uma saraivada de tiros ecoou no ar.

Em um esforço para neutralizar o efeito do rápido avanço alemão sobre o moral da população russa, em 28 de junho foram afixados em Leningrado diversos cartazes com uma fotografia do desertor alemão, Alfred Liskof, acompanhada da legenda: "Um clima de desânimo geral impera entre os soldados alemães". Contudo, a movimentação dos soldados germânicos e o aumento de seu número de parceiros eram contínuos. Também em 28 de junho, tropas alemãs avançando da Noruega e tropas finlandesas vindas da Finlândia atacaram os russos na Carélia. No mesmo dia, no front de Minsk, as unidades alemãs já haviam percorrido um terço do caminho desde a fronteira alemã com Moscou, em apenas uma semana de guerra.

O Exército Vermelho, no entanto, não estava desprovido de recursos, ou pelo menos não lhe faltavam coragem e engenhosidade. Em 29 de junho, a ss-Totenkopfverbände foi surpreendida pelo aparecimento de aviões de combate soviéticos que, metralhando posições do inimigo, mataram dez homens. O general Halder, estudando relatórios recebidos de todos os pontos do campo de batalha, anotou em seu diário: "Informações do front confirmam que os russos costumam lutar até o último homem". Na área de Grodno, o general Eugen Ott lhe contou que os russos resistiam com "robusta tenacidade". Em Lwów, "o inimigo recua lentamente e luta com unhas e dentes pelas últimas posições". Aqui, Halder acrescentou: "Pela primeira vez, pode-se observar a destruição maciça de pontes pelo inimigo". O *Völkischer Beobachter*, jornal do Partido Nazista, relatou em 29 de junho: "O soldado russo supera nossos adversários no Ocidente em seu desprezo pela morte. A resiliência e o fatalismo fazem com que não arrede pé até ir pelos ares junto com sua trincheira, ou até tombar em um combate corpo a corpo".

Ainda em 29 de junho, Moscou emitiu uma diretiva geral deixando claro que, antes de se retirar de qualquer cidade ou vilarejo, o Exército Vermelho deveria levar consigo todos os veículos e itens móveis, até mesmo comida, "de modo a não deixar para o inimigo nem sequer uma única locomotiva, nem um caminhão, nem um pedaço de pão, nem um litro de combustível". O gado deveria ser conduzido para a retaguarda; e qualquer alimento ou combustível que não pudesse ser transportado "deve, sem exceções, ser destruído". Era a política de terra arrasada; a diretiva definia também as regras para as atividades dos guerrilheiros atrás das linhas, nas áreas ocupadas pelos alemães: a eles caberia a tarefa de "explodir pontes, estradas de ferro, destruir comunicações telefônicas e telegráficas inimigas, detonar depósitos de munição". Nesse mesmo dia, as autoridades de Leningrado iniciaram a evacuação de 212 209 crianças, principalmente para Iároslavl, no Volga, num processo que durou uma semana.

Também em 29 de junho, enquanto as forças alemãs avançavam pelo território que antes formava as províncias orientais polonesas, o primeiro primeiro-ministro da Polônia, o pianista Ignacy Jan Paderewski, morreu nos Estados Unidos, aos oitenta anos. O presidente Roosevelt imediatamente lhe ofereceu um jazigo no Cemitério Nacional de Arlington, "até que a Polônia esteja livre". O caixão de Paderewski, lacrado a chumbo no interior de um ataúde de cedro e fixado sobre rodas para sua jornada de volta à Polônia, ainda se encontra em Arlington 47 anos depois.*

Na noite de 29 de junho, a cidade de Lwów, capital da Galícia Oriental, caiu para os alemães, no que um historiador chamou de "um pesadelo de carnificina e caos", que teve início com um massacre de 3 mil prisioneiros políticos ucranianos por homens do NKVD. Mal as tropas russas se retiraram, algumas tendo que romper o cerco da cidade sitiada, nacionalistas ucranianos começaram a massacrar judeus no meio da rua. Mais ao sul, na cidade romena de Iaşi, soldados romenos enfurecidos saíram em um frenesi de destruição, arrebentando tudo o que encontravam pela frente, em um surto de violência que custou a vida de pelo menos 250 judeus; outros 1194 morreram após ficarem trancafiados durante oito dias em um vagão de trem selado que rumava para o sul.

Não foram os primeiros judeus a serem assassinados nas recentes operações de guerra. Três dias antes, 48 horas após as tropas alemãs entrarem em Kovno, seus moradores lituanos partiram para cima de alguns dos 35 mil residentes judeus da cidade, matando mais de mil.

Em 30 de junho, na região de Borisov, na margem leste do rio Berezina, o general soviético Jakov Kreiser, um judeu de 36 anos, comandando uma divisão de infantaria motorizada, interrompeu durante dois dias um ataque dos tanques de Guderian. Enquanto isso, reforços soviéticos eram enviados às pressas para a linha Drissa-Mozir. Mais tarde, em reconhecimento por sua façanha, Kreiser foi condecorado com a cobiçada medalha de Herói da União Soviética. Ao sul de Borisov, no entanto, após capturarem a cidade de Bobruisk, tropas alemãs estabeleceram uma cabeça de ponte no Berezina.

Cada cidade soviética, grande ou não, cada vilarejo, cada aldeia, homenagearia seus heróis e vítimas dessas primeiras semanas de guerra. Leningrado, por exemplo, até hoje lembra seu primeiro escritor a perder a vida em combate: Liev Kantorovitch, membro de um destacamento de fronteira, morto em 30 de junho. Enquanto muitos russos morriam em combate, a vigência da Ordem dos Comissários resultava em centenas de execuções a sangue-frio todos os dias. Foi também em 30 de junho que um jovem oficial cadete da SS, Peter Neumann, de 21 anos, recebeu ordens de seu tenente para atirar em dois comissários que sua unidade tinha acabado de capturar em uma pequena aldeia nas

---

* A informação é de 1989, ano da publicação original do livro de Gilbert. Após vários anos de delicadas manobras diplomáticas dos governos polonês e norte-americano, em 26 de junho de 1992 o caixão de Paderewski foi levado para a Polônia para um novo sepultamento. No entanto, o coração do músico e político polonês, que havia sido removido de seu cadáver anos antes, permaneceu nos Estados Unidos, a pedido de sua família. Hoje, está consagrado em um monumento no Santuário Nacional de Nossa Senhora de Częstochowa em Doylestown, na Pensilvânia. (N. T.)

imediações de Lwów. Como Neumann hesitou, a tarefa foi repassada ao cabo Libesis, "um alegre camponês do Tirol", na recordação de Neumann, "que recebeu duas vezes a Cruz de Ferro em batalha"; "tranquilo e descontraído, como se tivesse todo o tempo do mundo, ele se aproximou dos comissários" e perguntou, em russo tosco: "'Vocês são comissários do povo?' 'Sim. Por quê?'", ambos responderam. Libesis tirou então a pistola do coldre, "mirou as cabeças raspadas e atirou à queima-roupa, numa e depois na outra".

Os cúmplices e colaboradores dos alemães matavam por conta própria. Não foram apenas ucranianos e lituanos que começaram a matar judeus; na Noruega, Josef Terboven ordenou a detenção de todos os judeus em Tromsø e nas províncias do norte e sua deportação para a Alemanha. Outros judeus, presos em Trondheim, foram fuzilados. Em 30 de junho, na Holanda, outros trezentos jovens judeus foram recolhidos e deportados para as pedreiras de Mauthausen. "Eles seguiram o mesmo caminho pedregoso", relembrou mais tarde uma testemunha holandesa da deportação. "Ninguém sobreviveu."

Em 30 de junho, os australianos perderam seu primeiro navio de guerra destruído pela ação do inimigo, o *Waterhen*, atingido por bombardeiros de mergulho alemães ao largo da cidade egípcia de Sidi Barrani, no Mediterrâneo, enquanto transportava suprimentos para a Tobruk sitiada. A tripulação foi salva por um contratorpedeiro britânico, e a perda australiana foi rapidamente vingada quando um cruzador da Marinha Real australiana, o *Sydney*, afundou o cruzador italiano *Bartolomeo Colleoni*.

Em 30 de junho, enquanto o exército alemão continuava seu implacável avanço no oeste da Rússia, o general Kirponos ordenou uma retirada soviética do bolsão de resistência de Lwów para uma nova linha defensiva, Korosten-Novgorod-Chepetovka--Starokonstantinov-Proskurov, que foi ocupada em 9 de julho, enquanto chegavam reforços para guarnecê-la.

A despeito das pesadas perdas, a linha de frente soviética não se desintegrou. No extremo norte, em 1º de julho, os alemães lançaram mais duas operações militares, a Raposa de Prata, contra o porto soviético ártico de Murmansk, e a Armadilha de Salmão, contra a linha férrea entre Kandalakcha e Belomorsk. Ao mesmo tempo, o exército finlandês avançava para o leste a partir do centro da Finlândia. Enviando reforços às pressas para o norte, os russos conseguiram manter sua linha vital de comunicações: as tropas alemãs não tinham treinamento para combates na floresta, e, como acontecera no oeste da Rússia, a tenacidade da resistência soviética surpreendeu os adversários.

Foi no oeste da Rússia, em 1º de julho, que um contra-ataque russo a leste de Slonim conseguiu penetrar o cerco alemão a duas brigadas de tanques russas já severamente avariadas, o que permitiu a fuga dos homens remanescentes.

Na noite de 1º de julho, um trem composto de 22 vagões de mercadorias e dois vagões de passageiros deixou Leningrado rumo ao leste; a bordo dele, sob o olhar vigilante do historiador da arte Vladímir Levinson-Lessing, estavam alguns dos tesouros mais formidáveis do Museu Hermitage: *A sagrada família* e *A volta do filho pródigo*, de Rembrandt, duas madonas de Leonardo da Vinci e duas de Rafael, além de pinturas de Ticiano, Giorgione, Rubens, Murillo, Van Dyck, Velázquez e El Greco, uma Vênus de mármore adquirida por Pedro, o Grande, a escultura de Pedro feita por Rastrelli, a *Pallas Athena* do museu e sua excelente coleção de diamantes, pedras preciosas, joias da coroa e antigos artefatos de ourivesaria.

Mais perto do front, em Mogilev, em 1º de julho, dois marechais soviéticos, Kliment Vorochílov e Bóris Chápochnikov, deram instruções aos homens que ficariam para trás para tentar conter o avanço alemão e formar grupos de guerrilha:

> Sua missão é explodir pontes, destruir caminhões transportando oficiais e soldados inimigos. Aproveitem toda e qualquer oportunidade para retardar o avanço das reservas inimigas para a linha de frente. Dinamitem trens de tropas, equipamentos ou armamentos. Mandem pelos ares bases e depósitos de armas.

Em 1º de julho, os alemães entraram em Riga. Em Berlim, Ribbentrop insistiu para que os japoneses entrassem na guerra de imediato e atacassem a União Soviética no Extremo Oriente. Os japoneses se recusaram a fazê-lo, e a notícia de sua recusa — e de sua decisão de, em vez disso, avançar pela Indochina francesa — foi transmitida por rádio de Tóquio a Moscou por Richard Sorge em 6 de julho. Essa decisão dos japoneses significava que as tropas soviéticas do extremo leste do país poderiam continuar a reforçar os exércitos que lutavam na frente ocidental. Os reforços eram urgentemente necessários; em 2 de julho, o exército romeno, que durante onze dias apenas testemunhara o avanço das forças alemãs, atacou no sul para tentar tomar a cidade ucraniana de Vinnitsa.

Esse novo ataque tornou ainda mais premente a evacuação das fábricas do sul da Rússia. Em 2 de julho, decidiu-se transferir a fábrica de chapas blindadas de Mariupol para a cidade de Magnitogorsk, nos Urais. No dia seguinte, o Comitê Estatal de Defesa em Moscou ordenou o deslocamento para o leste do país de 26 outras fábricas de armamentos situadas no oeste, em cidades como Moscou, Leningrado e Tula. Várias unidades de produção industrial de Kiev e Carcóvia, com todo o seu maquinário essencial, também seriam despachadas para o leste.

Em 3 de julho, Stálin fez um pronunciamento radiofônico ao povo russo pela primeira vez desde a invasão alemã, iniciada doze dias antes. "Paira sobre nosso país uma grave ameaça", alertou seus ouvintes, e continuou: "Os tribunais militares julgarão de maneira sumária qualquer um que fraqueje em nossa defesa, seja por pânico ou traição, independentemente de patente, cargo ou posição social".

O discurso de Stálin continha um veemente apelo, não ao comunismo, mas ao patriotismo. Em suas palavras iniciais, ele se dirigiu aos ouvintes não apenas como "camaradas" e "cidadãos", mas também como "irmãos e irmãs" e "meus amigos". Em certa passagem, apelou para a formação de unidades de guerrilheiros atrás das linhas inimigas "para fomentar a guerra de guerrilha por toda parte, para explodir pontes e estradas, danificar serviços telefônicos e telegráficos, atear fogo em florestas, lojas, transportes". O inimigo "e todos os seus cúmplices" deveriam ser "perseguidos e aniquilados a cada passo".

Os alemães não foram capazes de avaliar a tempestade que essas ordens fariam cair sobre eles. "Não é exagero dizer", o general Halder escreveu em seu diário em 3 de julho, "que a campanha contra a Rússia foi vencida em catorze dias." Atrás das linhas, a crueldade estava começando a exceder todas as barbáries já registradas nesta ou em qualquer outra guerra. Em 4 de julho, uma das forças-tarefas especiais de Himmler reportou o assassinato de 463 judeus em Kovno; dois dias depois, mais 2514 foram mortos. Em Tarnopol, 48 horas após a ocupação alemã, morreram seiscentos judeus; em Zborów, outros seiscentos. Em Vilnius, 54 judeus foram fuzilados em 4 de julho, e outros 93 no dia seguinte.

Em 5 de julho, no quartel-general de Hitler na Prússia Oriental, um oficial do exército alemão apontou o papel desempenhado pelos lituanos nesses massacres. Em Kovno, de acordo com um relatório das forças-tarefas especiais, 2500 judeus haviam sido mortos por lituanos antes mesmo que os alemães tivessem ocupado a cidade. O ajudante de Hitler, o coronel Schmundt, respondeu que os soldados alemães não deveriam interferir nessas "questões políticas"; o que estava acontecendo com os judeus fazia parte de "uma necessária operação de limpeza". O próprio Hitler estava confiante na vitória; nesse dia, o Führer falou com seu estafe pessoal sobre tornar as "belezas da Crimeia" acessíveis à população alemã por meio da construção de uma autoestrada: "Será uma Riviera para os alemães". A Croácia também, disse ele, seria "um paraíso turístico para nós". Na Rússia, era suficiente, "por ora", que os Urais fossem a nova fronteira leste. "O que importa", explicou Hitler, "é que o bolchevismo tem de ser exterminado. Em caso de necessidade, reiniciaremos nosso avanço sempre que surgir um novo centro de resistência." Moscou, por sua vez, acrescentou o Führer, "por ser o centro da doutrina, deve desaparecer da superfície do planeta, tão logo suas riquezas sejam levadas para um abrigo seguro".

Aqueles empenhados em impedir que a guerra tivesse esse resultado redobraram seus esforços no mês de julho. Em Londres, fizeram-se planos para enviar militares e auxílio médico em escala substancial à União Soviética, até mesmo desviando parte da ajuda norte-americana — então a caminho da Grã-Bretanha — dos portos britânicos para os soviéticos. No ar, os ataques à Alemanha continuaram, apesar de uma melhora considerável nas defesas aéreas alemãs. Em um bombardeio contra Bremen em 4 de julho, cinco dos doze aviões de combate foram abatidos. Por sua bravura em perseverar com a ofensiva e transportar os sobreviventes para casa, o líder do raide, o piloto australiano Hughie Edwards, foi condecorado com a Cruz de Vitória. Cerca de 2 mil quilômetros ao sul, em 5 de julho, o guerrilheiro comunista iugoslavo Tito fez um apelo a seus compatriotas. "Chegou a hora", declarou ele, "de nos erguermos, juntos e unidos como um só homem, na batalha contra os invasores e mercenários." No dia seguinte, Tito enviou o estudante montenegrino Milovan Đilas a sua província natal para organizar a resistência contra as forças de ocupação alemãs. Ele foi instruído nos seguintes termos: "Atire em qualquer um que vacilar ou demonstrar a mais remota falta de coragem ou disciplina!".

Em 7 de julho, na aldeia sérvia de Bela Crkva, ocorreu o primeiro confronto armado entre um pequeno destacamento comunista e a polícia alemã. Dois policiais foram mortos.

Em muitos países, lentamente, os planos de resistência ganharam fôlego; mas o avanço alemão pela Rússia semeou medo em todos os povos subjugados. Em 6 de julho, na frente de Leningrado, as tropas alemãs chegaram a Tartu, a cerca de trezentos quilômetros da antiga capital imperial. No alto-comando alemão, porém, era a obstinada capacidade dos russos de contra-atacar que causava alarme. Halder anotou em seu diário: "No quartel-general, todos competem pela honra de contar as histórias mais escabrosas sobre o poderio das forças russas". Também em 6 de julho, duas divisões alemãs foram expulsas de Jlóbin. Em Rahachov, uma tentativa de divisões Panzer de romper a primeira linha de defesa de Stálin fora rechaçada. Havia indícios de que reforços soviéticos estavam sendo levados para Orel e Briansk.

No início de julho, a inteligência britânica descobriu, por meio de mensagens Enigma do exército alemão, que os germânicos estavam conseguindo desvendar alguns códigos da força aérea russa utilizados na área de Leningrado e descriptografar mensagens da marinha russa no Báltico. Essa informação foi repassada à missão militar britânica em Moscou em 7 de julho, com a solicitação de que os russos fossem alertados para a brecha de segurança. No mesmo dia, no Atlântico, os Estados Unidos lançaram a Operação Índigo, o desembarque de uma brigada de fuzileiros navais na Islândia. Ao povo norte-americano, Roosevelt justificou a operação em termos da necessidade de defender o hemisfério ocidental; já para a navegação transatlântica da Grã-Bretanha, tratou-se de uma importante contribuição para o tráfego marítimo perto de seu território. Quatro dias depois, em um mapa arrancado das páginas da revista *National Geographic*, o próprio Roosevelt assinalou a nova extensão para o leste da área patrulhada pelos Estados Unidos no Atlântico; as patrulhas agora alcançavam 640 quilômetros do litoral norte da Escócia.

O apoio estadunidense permitia que os britânicos ampliassem seu próprio apoio à Rússia. Em 7 de julho, dia em que os fuzileiros navais norte-americanos desembarcaram na Islândia, Churchill escreveu a Stálin para dizer que a Grã-Bretanha faria "tudo para ajudá-lo, tanto quanto permitirem o tempo, a geografia e nossos recursos cada vez maiores". Churchill explicou que os bombardeios britânicos na Alemanha, intensificados nos últimos dias, continuariam: "Assim, nossa esperança é forçar Hitler a trazer de volta ao Ocidente parte de seu poderio aéreo, gradualmente reduzindo um pouco da tensão imposta à Rússia". No dia do envio desse telegrama a Stálin, Churchill instruiu o chefe do estado-maior da força aérea britânica a mobilizar recursos aéreos para a "devastação das cidades alemãs", em um esforço para atrair aviões alemães e desviá-los da frente russa.

Em 8 de julho, as forças alemãs entraram em Pskov, a apenas trezentos quilômetros de Leningrado. Nessa mesma data, em conformidade com suas duras palavras de cinco dias antes, Stálin removeu o general Aleksandr Korobkov de seu comando; acusado de "permitir a destruição de seu exército pelos alemães", Korobkov foi fuzilado. No dia da captura de Pskov, no quartel-general de Hitler em Rastenburg, na Prússia Oriental, o general Halder anotou em seu diário: "O Führer está firmemente determinado a arrasar Moscou e Leningrado e a exterminar por completo a população de ambas as cidades, que, do contrário, teremos que alimentar durante o inverno".

Hitler parecia ter bons motivos para fazer suas afirmações ao mesmo tempo confiantes e belicosas; em 9 de julho, ele soube que 287704 soldados soviéticos haviam sido aprisionados, e 2585 tanques soviéticos destruídos, no bolsão de resistência a oeste de Minsk, onde as "operações de limpeza" tinham sido concluídas. Porém, em todas as áreas invadidas por tropas alemãs formaram-se unidades de guerrilha; algumas, a exemplo do grupo de guerrilheiros encabeçado pelo coronel Vladímir Nichiporovitch, foram criadas a partir dos remanescentes de unidades de combate quase totalmente destruídas. Mais ao norte, à medida que o Exército Vermelho recuava ao longo da estrada entre Pskov e Luga, um comandante de guerrilha chamado Dudin, depois de passar dez dias amealhando 123 fuzis e duas metralhadoras leves de unidades soviéticas que batiam em retirada, relatou ter ido "até a posição de um destacamento guerrilheiro, refugiando-se com a população na floresta". Em 9 de julho, Dudin realizou sua primeira ação atrás das linhas inimigas; em dois meses, destruiu mais de vinte caminhões e matou 120 alemães, "sem contar os que o Exército Vermelho liquidou com base nas informações que fornecemos".

Informações eram a chave para a sobrevivência; em 9 de julho, um grupo de criptoanalistas britânicos quebrou o código Enigma utilizado pelo exército alemão para coordenar suas operações terra-ar na frente oriental. Mas os dados fornecidos por um bom serviço de inteligência raramente compensavam a grave escassez de armamentos. Em 10 de julho, quando a primeira divisão de voluntários deixou Leningrado em direção à linha de frente cada vez mais povoada de inimigos, não havia fuzis suficientes. Cada homem recebeu granadas de mão e coquetéis Mólotov, e muitos deles, sem fuzis, em vez de armas de fogo carregavam picaretas, pás, machados e até mesmo facões de caça. No mesmo dia, em Korosten, um maciço contra-ataque soviético em defesa de Kiev foi interrompido e depois rechaçado. "Ele está infinitamente confiante na vitória", Walther Hewel escreveu a respeito de Hitler, depois de visitá-lo em Rastenburg. "As tarefas que ele tem hoje diante de si não são nada, ele próprio diz, se comparadas aos anos de luta, sobretudo porque o nosso exército é o maior e o melhor do mundo."

Ainda na conversa com Hewel em 10 de julho, Hitler falou também sobre os judeus:

> Fui eu quem descobriu que os judeus são o bacilo e o fermento que causam toda a decadência da sociedade. E o que eu provei é o seguinte: as nações podem sobreviver sem judeus; a economia, a cultura, a arte e tudo o mais podem existir sem judeus e de fato melhorar sem eles. Esse é o golpe mais cruel que já infligi aos judeus.

A bem da verdade, golpes mais cruéis estavam sendo desferidos contra os judeus diariamente, à medida que forças alemãs ocupavam áreas com grandes populações judaicas, totalizando mais de 1 milhão de pessoas. Em 7 de julho — de acordo com os números que chegaram de Berlim onze dias depois —, 1150 judeus haviam sido fuzilados em Dvinsk, "sem cerimônia fúnebre, e enterrados em sepulturas preparadas de antemão". Em Lwów, 7 mil judeus foram "presos e fuzilados". Em Dobromil, 132 judeus foram mortos. Em Lutsk, trezentos judeus foram fuzilados em 30 de junho e mais 1160 em 2 de julho. Em Tarnopol, 180 judeus foram assassinados. Em Zolochev, "o número de judeus liquidados pode chegar a algo entre trezentos e quinhentos".

Esses relatórios, classificados como "ultrassecretos", eram compilados em intervalos de poucos dias; impressos na íntegra, dariam um livro tão volumoso quanto a obra que o leitor tem em mãos. Não apenas judeus, mas ex-oficiais soviéticos e dignitários locais, foram executados aos montes em cada cidade e aldeia invadida pelo exército alemão. Prisioneiros de guerra soviéticos também continuaram a ser vítimas de barbárie deliberada desde os primeiros momentos de seu cativeiro; em 10 de julho, chegaram a Berlim informações sobre as terríveis condições no recém-inaugurado campo de prisioneiros de guerra de Maly Trostenets, nos arredores de Minsk, onde centenas de soldados soviéticos aprisionados morriam dia após dia em decorrência de fome, doenças e brutalidade dos guardas.

O Exército Vermelho estava decidido a lutar por cada quilômetro da estrada para Moscou. "O comando inimigo age com destreza", o general Halder anotou em seu diário em 11 de julho. "O inimigo está travando uma luta feroz e fanática." No dia seguinte, a Grã-Bretanha e a União Soviética assinaram um pacto prometendo "auxílio mútuo" contra a Alemanha. Nenhum dos lados firmaria uma paz em separado. Ao mesmo tempo, em 14 de julho, os bombardeios britânicos contra a Alemanha, sobre os quais Churchill escrevera a Stálin uma semana antes, recomeçaram com intensidade renovada com um ataque a Hannover, que ao longo dos nove dias seguintes foi alvo de outros dois raides; Hamburgo, Frankfurt e Mannheim também foram bombardeadas duas vezes cada, e a própria Berlim sofreu uma ofensiva. "Somente nas últimas semanas", declarou Churchill em uma transmissão radiofônica em 14 de julho, "despejamos sobre a Alemanha cerca de metade da tonelagem de bombas que os alemães lançaram sobre nossas cidades durante todo o curso da guerra. Mas isso é só o começo..."

No dia desse discurso de Churchill, a inteligência militar inglesa enviou à missão militar britânica em Moscou uma mensagem ultrassecreta — cujo conteúdo fora extraído de mensagens Enigma interceptadas — que deveria ser imediatamente comunicada aos destacamentos russos, descrevendo as disposições e ordens de batalha das forças alemãs. Dois dias depois, atendendo a uma solicitação específica de Churchill, os britânicos transmitiram à missão militar em Moscou um parecer acerca das intenções germânicas nas áreas de Smolensk e Gomel, além da notícia, mais uma vez obtida a partir das instruções confidenciais dos próprios alemães, de que a força aérea havia recebido ordens para evitar a retirada dos russos por meio de ataques às ferrovias que levavam à retaguarda.

A ideia de que os russos fossem capazes de recuar suas tropas era angustiante para o alto-comando alemão, que esperava destruí-las em batalha. Mas a confiança de Hitler não esmoreceu. Em 14 de julho, em um complemento à sua Diretiva n. 32, ele traçou um plano para eventuais reduções de seu poderio militar, naval e aéreo que começava com as seguintes palavras: "Nosso domínio militar do continente europeu após a derrota da Rússia...".

Nesse dia, em Orcha, um oficial de artilharia soviético, o capitão Flerov, colocou em ação pela primeira vez um novo lançador múltiplo de foguetes, o "Katiucha",* capaz de

---

* O apelido do lançador de foguetes soviético usado pelo Exército Vermelho durante a Segunda Guerra Mundial é um diminutivo carinhoso do nome feminino Iekaterina. (N. T.)

disparar 320 projéteis em 25 segundos. Nos meses seguintes, esse armamento causaria considerável devastação nas forças alemãs. Contudo, a tirania nazista ainda triunfava; em 14 de julho, Martin Gauger, um funcionário público alemão que se recusara a fazer o juramento de lealdade a Hitler em 1933 e fugira para a Holanda em 1940 atravessando o rio Reno a nado, apenas algumas horas antes de as tropas alemãs entrarem em território holandês, morreu em Buchenwald. Nesse mesmo dia, na cidadezinha de Drohobich, na Galícia, o sargento Felix Landau, um dos instigadores do assassinato do chanceler austríaco, Engelbert Dollfuss, em 1934, descreveu em seu diário os momentos que antecederam um massacre de judeus numa floresta das imediações: "Mandamos os prisioneiros cavarem suas covas. Apenas dois deles choram, os outros mostram coragem. Em que será que estão pensando? Acredito que cada um deles ainda tem a esperança de não levar um tiro. Não sinto um pingo de pena. É assim que as coisas são e têm que ser".

16. Terror no Leste

JULHO-AGOSTO DE 1941

Em 15 de julho de 1941, um espião alemão, Juan Pujol García, enviou sua primeira carta da Grã-Bretanha a seus superiores. García era o chefe de uma rede de espiões que ele mesmo havia recrutado e que incluía uma comissária de bordo holandesa, um censor do Ministério da Informação, uma datilógrafa do Gabinete britânico, um soldado norte-americano baseado em Londres e um fascista galês. Mas, na verdade, nenhum deles existia, nem mesmo o próprio García: conhecido pelos alemães como Arabel, García era na verdade o agente duplo britânico de codinome Garbo, que despachava para a Alemanha uma série de relatórios totalmente espúrios, usando recrutas saídos de sua imaginação.

As façanhas de Garbo para ludibriar os alemães quanto aos preparativos militares e intenções britânicos tiveram considerável sucesso. No dia em que ele remeteu sua primeira carta à Alemanha, uma outra comunicação secreta, e no fim das contas muito mais fatídica, teve lugar; pois nessa mesma data uma comissão do governo britânico, em um relatório ultrassigiloso, concluiu que "o projeto de uma bomba de urânio é praticável e provavelmente levará a resultados decisivos na guerra". O documento recomendava que o trabalho de desenvolvimento da bomba prosseguisse "com a mais alta prioridade e na escala crescente necessária para a obtenção da arma no menor tempo possível".

A urgência da busca anglo-americana por uma bomba atômica surgiu da convicção Aliada de que os alemães trabalhavam em um projeto semelhante, que poderia resultar na destruição de cidades britânicas inteiras.

Em meados de julho de 1941, no entanto, era a Rússia que parecia à beira da destruição. Em 16 de julho, um dia após o relatório britânico sobre a bomba de urânio, forças alemãs iniciaram o cerco de Smolensk, cidade soviética a meio caminho entre

Minsk e Moscou, e no centro da segunda das linhas defensivas estabelecidas apenas três semanas antes. Em seu quartel-general, Hitler estava eufórico. "Em princípio", ele declarou a um círculo íntimo de confidentes, incluindo o general Keitel e Alfred Rosenberg, "devemos agora enfrentar a tarefa de cortar o bolo de acordo com as nossas necessidades, de modo que possamos, primeiro, dominá-lo; depois, administrá-lo; e em seguida, tirar proveito dele." Nunca mais deveria haver "qualquer potência militar a oeste dos Urais, nem que tenhamos que combater durante cem anos para evitar que isso aconteça". Quanto às críticas à matança que ocorria atrás das linhas alemãs, Hitler se mostrou igualmente positivo. "Os russos", disse ele, "deram ordens para a organização de uma guerra de guerrilha atrás do nosso front. Essa atividade nos traz algumas vantagens; ela nos permite exterminar todos aqueles que se opuserem a nós." Nesse dia, uma ordem do exército alemão, emitida pelo quartel-general, associava as Forças Armadas regulares ao novo ímpeto de crueldade. "A rápida pacificação do país, tão necessária", dizia a ordem, "somente poderá ser alcançada se toda e qualquer ameaça por parte da população civil hostil for sufocada de maneira implacável. Toda piedade e brandura são indícios de fraqueza e constituem um perigo." Tudo deveria ser feito de modo a promover "a propagação dessa dimensão de terror, que é o único meio adequado para privar a população da vontade de resistir".

Em 17 de julho, Hitler deu a Himmler autoridade plena para implementar a "segurança policial nos territórios recém-ocupados". As matanças de judeus eram agora ocorrências cotidianas, episódios tratados como uma questão de rotina nos relatórios das forças-tarefas especiais, à medida que avançavam constantemente de cidade em cidade e de aldeia em aldeia. Os "Relatórios da Situação Operacional na URSS", como eram conhecidas as descrições estatísticas dos esquadrões da morte, eram compilados regularmente em Berlim e enviados a cerca de sessenta departamentos e funcionários do governo alemão. O Relatório n. 26, datado de 18 de julho, informava que já chegava a 3302 o número total de judeus "liquidados" por uma força-tarefa baseada em Tilsit, nos limites da antiga fronteira lituana. Em Pskov, oitenta judeus haviam sido assassinados. Em julho, 17700 judeus foram transportados de Vilnius para a cidade balnear de Ponary e mortos a tiros. Em 18 de julho, 53 judeus foram fuzilados em Mariampolé.

Os esquadrões de extermínio operavam tanto contra os russos quanto contra os judeus. Três dias após as execuções de Mariampolé, 45 judeus foram forçados a cavar um fosso, e em seguida amarrados e jogados dentro do buraco. Os homens da SS ordenaram então que trinta bielorrussos cobrissem com terra os judeus ainda vivos. Diante da recusa destes, responderam com fogo e metralharam tanto os judeus quanto os bielorrussos, matando todos os 75 homens.

Atrás das linhas, a ação das forças-tarefas especiais resultava em ininterruptos massacres de civis desarmados e apavorados, mas na frente de batalha o exército alemão encontrava uma resistência muito mais obstinada do que fora levado a esperar. A inteligência britânica teve conhecimento disso por meio da decifração de mensagens Enigma do próprio exército alemão; os nazistas estavam tão perturbados com a escala das baixas sofridas que planejaram desacelerar o ritmo do avanço ao constatar que já não eram capazes de fornecer proteção adequada tanto para as formações Panzer na linha de frente como para posições estratégicas na retaguarda. Em 17 de julho, Churchill solicitou especificamente que essa informação fosse enviada a Stálin.

Também por meio de mensagens ultrassecretas da polícia secreta alemã, igualmente transmitidas pela máquina Enigma, chegou à Grã-Bretanha a notícia — interceptada e lida pela primeira vez em 18 de julho — do assassinato em massa de "judeus", "saqueadores judeus", "bolcheviques judeus" e "soldados russos".

Agora, Hitler estava tão preocupado quanto seus comandantes com a capacidade russa de recuar e reorganizar suas tropas. "O objetivo das próximas operações", ele escreveu em sua Diretiva n. 33, de 19 de julho, "será impedir que forças inimigas de tamanho considerável se retirem para as profundezas da Rússia e reduzi-las a pó." O almirante Canaris, ao retornar do quartel-general de Hitler, teria dito em 20 de julho, segundo um de seus ajudantes, que o clima em Rastenburg era "de muita inquietação, pois é cada vez mais evidente que a campanha russa não está 'saindo conforme o previsto'". Multiplicavam-se os sinais, Canaris acrescentou, "de que a guerra não trará o esperado colapso interno do bolchevismo, mas, ao contrário, seu revigoramento". Nesse mesmo dia, Stálin ordenou que todas as unidades do Exército Vermelho fossem "expurgadas dos elementos inconfiáveis".

O povo russo não dependia de expurgos para manter a vontade de lutar e para sobreviver. Em 20 de julho, um dia antes de Hitler visitar o quartel-general do Grupo de Exércitos Norte e exigir que Leningrado fosse "rapidamente liquidada", um segundo trem carregado de tesouros do Museu Hermitage foi enviado para um lugar seguro — a cidade de Sverdlovsk, nos Urais. Nesse dia, na região de Polotsk-Vitebsk — que menos de um mês antes tinha sido a primeira linha de defesa da Rússia, mas agora havia ficado bem atrás da frente de batalha —, uma divisão de infantaria alemã incumbida de esquadrinhar o triângulo Polotsk-Vitebsk-Nével descreveu a área como uma "zona de atuação de guerrilheiros" e relatou que as estradas estavam sendo minadas diariamente.

O dia 20 de julho também foi marcado como a data em que a primeira embarcação britânica, um navio lança-minas, conseguiu atravessar o mar do Norte e levar suprimentos militares até o porto soviético de Arkhangelsk. Três dias depois, a pedido de Stálin, uma substancial força naval britânica composta de dois porta-aviões, dois cruzadores e seis contratorpedeiros deixou Scapa Flow para realizar ataques contra navios alemães que transportavam suprimentos de guerra entre o porto norueguês de Kirkenes e Petsamo, a base finlandesa para operações contra a região de Murmansk. Esses navios de guerra britânicos seriam os primeiros de uma série de efetivos navais enviados para ajudar a Rússia — ou para levar ajuda à Rússia — pelas águas do Ártico, além do cabo Norte, no que o embaixador soviético em Londres, Ivan Maiski, mais tarde chamaria de "uma saga nórdica de heroísmo, bravura e resistência".

Em 21 de julho, os alemães lançaram seu primeiro ataque aéreo contra Moscou; observando as defesas antiaéreas da cidade em ação, o jornalista ocidental Alexander Werth descreveu "fantásticos fogos de artifício: balas traçantes, sinalizadores, projéteis luminosos de canhões e todo tipo de foguetes, brancos, verdes e vermelhos; e o estrondo era sensacional; nunca vi nada parecido em Londres". Houve um segundo ataque na noite seguinte.

Na fronteira soviético-alemã, a guarnição de Brest-Litovsk, cercada e isolada centenas de quilômetros atrás da linha de combate, resistiu durante trinta dias aos bombardeiros e à artilharia alemães. Em 23 de julho, depois de ser fustigada pelo ataque de um novo tipo de morteiro germânico, o "Karl", que disparava projéteis de mais de duas toneladas, a guarnição sucumbiu e se rendeu. A coragem dos defensores foi motivo de orgulho para os russos que lutavam para manter suas posições muito mais a leste ou para os que pelejavam no combate atrás das linhas. De fato, o que pegou os alemães de surpresa foi a guerra de guerrilha. Em 23 de julho, em um adendo à sua Diretiva n. 33, Hitler salientou que os comandantes de todas as áreas atrás do front deveriam "ser responsabilizados, juntamente com as tropas à sua disposição, por condições tranquilas em suas respectivas regiões". O Führer acrescentou: "Cabe a eles manter a ordem, não mediante a solicitação de reforços, mas pelo emprego de métodos adequadamente draconianos".

Um relatório da SS enumerando as execuções realizadas na cidadezinha lituana de Kėdainiai em 23 de julho — "83 judeus, doze judias, catorze comunistas russos, quinze comunistas lituanos, um comissário russo" — deixava bem claro até que ponto esses métodos poderiam ser draconianos.

Em 23 de julho, um novo filme britânico foi exibido à imprensa, dois dias antes de seu lançamento ao público. Chamado *Alvo para esta noite*,* girava em torno de um bombardeio sobre a Alemanha. O impacto do filme foi imediato. Dirigido por Harry Watt e protagonizado por um piloto de verdade, o tenente e líder de esquadrilha Charles Pickard, a produção impulsionou o moral britânico. A expressão "alvo para esta noite" tornou-se um bordão nacional no rádio e uma frase de efeito nos palcos.

---

* Com roteiro e direção de Harry Watt, *Target for Tonight*, de 1941, trata do planejamento e da execução do ataque noturno de um bombardeiro Wellington da RAF contra uma instalação alemã de armazenamento de petróleo no Reno. (N. T.)

Mapa 21. A frente oriental, agosto de 1941

Em 24 de julho, o Comando de Bombardeiros britânico lançou a Operação Nascer do Sol, contra os cruzadores de batalha alemães *Scharnhorst* e *Gneisenau* e o cruzador pesado *Prinz Eugen*, que na ocasião estavam em Brest e La Pallice. O ataque foi um fracasso; dezessete aeronaves foram perdidas, com danos insignificantes aos navios. Nesse dia, no Extremo Oriente, após a decisão tomada em Tóquio, em julho, de não agir contra a Rússia, mas em vez disso atacar o Sudeste Asiático, 125 mil soldados japoneses entraram na Indochina. Cinco dias depois, haviam ocupado a base naval de Cam Ranh, a apenas cerca de 1300 quilômetros de Manila, a capital das Filipinas, e da base britânica em Cingapura. As autoridades de Vichy haviam dito que permitiriam a entrada de 40 mil soldados japoneses, mas não dispunham de meios para assegurar o cumprimento desse acordo. Dois dias depois, em 26 de julho, em um gesto de reprovação e retaliação, Roosevelt confiscou todos os bens e ativos japoneses nos Estados Unidos; o Império Britânico e as Índias Orientais Holandesas tomaram medida semelhante, e de uma hora para outra o Japão se viu privado de três quartos de seu comércio ultramarino e de 90% de suas importações de petróleo. As reservas japonesas de combustível durariam no máximo três anos. Ao mesmo tempo, o canal do Panamá foi fechado à navegação nipônica, e o general Douglas MacArthur assumiu o comando não só das forças norte-americanas no Extremo Oriente, mas das forças filipinas, que agora enfrentavam o Japão na Indochina francesa, do outro lado do mar do Sul da China. Nesse momento, as forças nipônicas entraram em Saigon, mais uma vez com a relutante aquiescência das autoridades de Vichy.

Em 26 de julho, no Mediterrâneo, lanchas torpedeiras italianas lançaram torpedos tripulados — conhecidos pelos italianos como "porcos" e pelos britânicos como "carruagens" — no Grão-Porto de Malta. Antes que esses "porcos" pudessem encontrar seus alvos, foram avistados e atacados; quinze dos pilotos foram mortos, e os demais, aprisionados. Nem todas as mortes registradas nesse dia foram de homens em combate. Na frente russa, destacamentos do NKVD prenderam mil desertores de um único regimento; 45 foram fuzilados, sete deles na frente do regimento reunido. No mesmo dia, em Lwów, os ucranianos iniciaram uma orgia de três dias de matança de judeus que resultou em pelo menos 2 mil assassinatos.

Em outros pontos da Rússia conquistada, os planos alemães com relação aos judeus estavam mudando. Após o massacre inicial de milhares de pessoas, foram criados guetos para confinar os sobreviventes do morticínio. Em 27 de julho, o novo comissário do Reich para os Estados bálticos e a Bielorrússia, Hinrich Lohse, foi informado de que os presos dos guetos sob sua autoridade deveriam receber "apenas os alimentos que o restante da população puder poupar, e em nenhum caso mais do que o suficiente para garantir a sobrevivência". Essas rações mínimas deveriam continuar "até o momento em que medidas mais intensivas para a 'solução final' possam ser postas em prática".

Em Vilnius, mesmo depois da criação dos guetos, a prática de assassinatos continuou em vigor no balneário vizinho de Ponary, cujo próprio nome passara a integrar o pavoroso vocabulário de lugares associados à brutalidade e à matança, como Sachsenhausen, Buchenwald, Mauthausen e muitos outros, em uma lista que não parava de crescer. Em 27 de julho, o jornalista polonês Kazimierz Sakowicz, que residia em Ponary e seria morto durante os últimos dias do domínio alemão em Vilnius, escreveu em seu diário: "Quase todos os dias acontecem fuzilamentos. Será que continuará assim para sempre? Os carrascos começaram a vender as roupas dos mortos. Outras peças são enfiadas em sacos, em um celeiro na beira da estrada, e levadas para a cidade". Cerca de duzentas a trezentas pessoas, Sakowicz acrescentou, "são trazidas para cá quase todos os dias. E ninguém jamais retorna".

Em Belgrado, após quatro atentados a bomba contra veículos militares alemães que não mataram ninguém, os nazistas agiram rapidamente para evitar novos atos de resistência. Em 27 de julho, prenderam 1200 judeus, levaram-nos para um campo de concentração nos arrabaldes da cidade, dividiram-nos segundo suas profissões e declararam como "refém" uma em cada dez pessoas. Em seguida, levaram para longe os 120 reféns selecionados e os fuzilaram.

Foi somente em 27 de julho que os alemães completaram o cerco de Smolensk, interrompendo as linhas de comunicação russas com Viázma e fazendo mais de 100 mil prisioneiros russos. Nesse dia, uma ordem soviética sentenciando à morte nove militares de alta patente foi lida em voz alta para todos os homens e oficiais. Entre os condenados incluíam-se os generais Pávlov, Klimovskikh e Korobkov. Também foi fuzilado, mas em sigilo, o general Konstantin Piadítchev, que organizara a linha de defesa de Luga para proteger Leningrado.

Também em 27 de julho, bombardeiros alemães retornaram a Moscou pela quinta noite consecutiva. "O Kremlin é agora um monte de escombros fumegantes", declarou Goebbels. Na verdade, uma única bomba caíra do lado de fora do Kremlin, criando uma profunda cratera.

Em 28 de julho, o Exército Vermelho foi forçado a abandonar a cidade de Kingisepp, a cerca de cem quilômetros de Leningrado. A fim de trabalhar em obras de defesa, 30 mil cidadãos de Leningrado foram munidos de pás e picaretas e levados para lá, sob o slogan "Em Kingisepp — para as trincheiras". Quase 100 mil pessoas foram enviadas para os arredores de Gatchina, conhecida desde a Revolução como Krasnogvardeisk. Ao mesmo tempo, fizeram-se planos para enfrentar a ocupação alemã com atividades de guerrilha; em 28 de julho, as autoridades soviéticas em Viázma emitiram a "Atribuição n. 1", a criação de uma unidade de guerrilha de 350 homens que seriam deliberadamente deixados para trás assim que o Exército Vermelho recuasse. A lista de tarefas desses guerrilheiros incluía: destruir depósitos de alimentos, combustível e suprimentos dos alemães; danificar as estradas de ferro Smolensk-Viázma e Viázma-Briansk e descarrilar trens; impedir que os alemães utilizassem o aeroporto de Viázma por meio da destruição de aviões e estoques de combustível; matar "militares germânicos dos estados-maiores, tanto de alta como de baixa patente", capturar "oficiais alemães de alto escalão"; entregar ao Exército Vermelho quaisquer documentos que contenham "informações valiosas sobre o inimigo"; criar dois ou três "grupos dedicados a manobras diversionistas" para a realização de "tarefas especiais".

Nesse mesmo dia em que o plano soviético foi divulgado e os guerrilheiros receberam suas instruções, Himmler emitiu ordens autorizando unidades da SS em combate ao lado de regimentos regulares do exército alemão a realizar "ações de limpeza" contra aldeões "racialmente inferiores" ou suspeitos de ajudar os guerrilheiros. Qualquer pessoa suspeita de auxiliar a guerrilha deveria ser executada imediatamente, e sua aldeia "queimada até virar cinza".

Na cidadezinha de Drohobich, duas semanas após o primeiro massacre de judeus, o sargento da SS Felix Landau escreveu em seu diário:

> Numa curva da estrada, notamos alguns cadáveres de judeus cobertos de areia. Olhamos uns para os outros, surpresos. Um dos judeus, que ainda estava vivo, se levantou do meio dos corpos. Nós o despachamos com alguns tiros. Prendemos oitocentos judeus; vamos fuzilar todos eles amanhã.

A enormidade dos crimes e a vastidão das áreas agora ocupadas pela Alemanha haviam criado mal-estar entre um pequeno grupo de altos oficiais germânicos, que temiam que as grandiosas esperanças de vitória pudessem ser frustradas por um eventual impasse e até mesmo uma derrota. "Ninguém jamais conseguiu derrotar e conquistar a Rússia", o almirante Canaris comentou na presença do tenente Fabian von Schlabrendorff, oficial do estado-maior do major-general Henning von Tresckow e parente deste por afinidade. Foi Tresckow quem, no final de julho de 1941, enquanto fazia parte do Grupo de Exércitos Centro, tentou conquistar o apoio do marechal de campo Kluge para uma tentativa de prender Hitler e tirá-lo do poder. Mas Kluge, embora tivesse sido destituído de seu comando pelo Führer em 1938, não se deixou convencer.

Em 29 de julho, foi criada uma nova linha de defesa soviética, entre Rjev e Viázma, para proteger Moscou. Nesse dia, na capital russa, Harry Hopkins falou com Stálin sobre a ajuda norte-americana que estava a caminho: duzentos aviões de combate estadunidenses rumavam de navio para Arkhangelsk, e "um excelente especialista na operação dessas aeronaves", o tenente John Richardson Alison, já estava em Moscou.

O envio de ajuda à Rússia por via marítima só foi possível porque, no final de julho, todas as instruções transmitidas aos submarinos alemães estavam sendo lidas pelos criptógrafos britânicos em Bletchley, "de forma contínua e com pouca ou nenhuma demora"; nesse mês, o número de navios mercantes Aliados afundados, que em maio havia sido de mais de noventa, caiu para menos de trinta, porque agora era possível estabelecer o itinerário dos comboios do Atlântico de modo a desviá-los de concentrações de submarinos alemães. Um mês antes, um sistema de mensagens secretas semelhante ao Enigma, o código C38M — a chave para a máquina de criptografia da marinha italiana —, também fora decifrado, fornecendo aos britânicos detalhes dos movimentos de todos os transportes de tropas e navios de abastecimento em sua travessia da Itália para o Norte da África.

Os reveses dos italianos acabaram por arrastar a Alemanha para um envolvimento cada vez mais profundo na luta travada no Deserto Ocidental; no final de julho de 1941, porém, predominou o triunfo da Alemanha no leste. Em 30 de julho, um oficial de alta patente do estado-maior alemão, o general Otto Hoffmann von Waldau, apontou que na Rússia os alemães haviam feito 799 910 prisioneiros e destruído ou capturado 12 025 tanques. Ao mesmo tempo, a execução da Ordem dos Comissários e também a matança de judeus continuavam sem trégua — os assassinos acompanhavam os exércitos alemães à medida que se embrenhavam cada vez mais nos confins da Ucrânia. Em 30 de julho, forças-tarefas especiais de Himmler compilaram seu Relatório da Situação Operacional na URSS n. 40. Em Gitomir, 180 "comunistas e judeus" haviam sido fuzilados; em Proskurov, 146 judeus; em Vinnitsa, 146; em Berdítchev, 148; em Chepetovka, dezessete; em Chorostków, trinta. O relatório acrescentava: "Nesta última localidade, 110 judeus foram mortos pela população local". Em Ponary, nos arredores de Vilnius, o jornalista polonês Kazimierz Sakowicz escreveu em seu diário: "Cerca de 150 pessoas foram fuziladas. Em sua maioria, idosos. Os carrascos queixam-se de estar muito cansados do 'trabalho', de sentir dores nos ombros de tanto atirar. Por essa razão não liquidam de vez os feridos, para que sejam enterrados ainda semivivos".

Em sua Diretiva n. 34, emitida de Rastenburg em 30 de julho, Hitler ordenou que as tropas soviéticas empenhadas no combate a noroeste de Kiev "fossem levadas para a batalha a oeste do Dniepre e aniquiladas". Nessa mesma diretiva, porém, recomendou cautela e entrincheiramento em outros lugares, numa tentativa de concentrar de maneira mais eficaz seus esforços militares. O Grupo de Exércitos Centro deveria "adotar uma postura defensiva". Unidades blindadas deveriam ser retiradas da linha de frente "para uma rápida reabilitação". Na frente finlandesa, deveriam permanecer "apenas os efetivos necessários para a defesa, mas em número suficiente para dar a impressão de novas operações ofensivas".

Em 31 de julho, na cidade de Kichinev, na Bessarábia, chegou ao fim o primeiro massacre de civis de toda a guerra com número de vítimas "de cinco dígitos"; após catorze dias de matança ininterrupta, o saldo foi de 10 mil judeus assassinados. Nesse mesmo dia, em Berlim, o marechal de campo Göring enviou uma carta a Reinhard Heydrich, "por instrução do Führer", ordenando a realização de "todos os preparativos necessários em termos de organização, bem como os preparativos concretos para uma solução geral do problema judaico dentro da esfera de influência alemã na Europa".

Por trás dessa frase prolixa e complicada havia um plano de aniquilação em massa. "A maior fraqueza de Hitler", Stálin disse a Harry Hopkins em 31 de julho, na segunda reunião entre os dois no Kremlin, "está no grande número de povos oprimidos que o odeiam e nos modos imorais de seu governo." Esses povos, acrescentou Stálin, "e vários outros milhões de pessoas em nações ainda não conquistadas, só poderiam receber o tipo de encorajamento e força moral necessários para resistir a Hitler de uma única fonte: os Estados Unidos".

No final de julho, no campo de concentração de Auschwitz, um polonês escapou de um destacamento de trabalhos forçados. Em represália, dez homens em seu bloco de seiscentos detentos foram escolhidos aleatoriamente para serem trancados em uma cela e morrer de fome. Após a seleção, um padre católico polonês, Maximilian Kolbe, que também estava preso, se aproximou do comandante do campo e se apresentou, voluntariamente, para substituir um dos homens que haviam sido escolhidos para receber o castigo fatal. "Não tenho ninguém no mundo", disse Kolbe. "Aquele homem, Franciszek Gajowniczek, tem uma família, um motivo para viver." O comandante concordou. O padre Kolbe foi o último a morrer. Trinta anos depois, Franciszek Gajowniczek, o homem cujo lugar ele havia tomado, compareceu, ao lado da esposa, a sua cerimônia de beatificação.

Na mesma semana do ato de abnegada coragem do padre Kolbe, um oficial do exército alemão, o major Rosier, sobressaltou-se em seu alojamento em Gitomir ao ouvir uma "furiosa saraivada" de tiros de fuzil. Tentando descobrir de onde vinha o barulho, escalou o talude de um aterro, olhou para baixo e viu "uma cena de horror tão bárbara que o efeito que causava em uma pessoa desavisada era ao mesmo tempo dilacerante e repulsivo". O major Rosier viu diante de si uma cova atulhada de corpos de judeus mortos e moribundos. Na borda da cova coletiva havia soldados alemães, alguns em calções de banho, porque era um dia muito quente. Civis, moradores locais, observavam a cena com curiosidade; alguns tinham levado as esposas e filhos para assistir ao espetáculo. Dentro da vala, Rosier recordou,

> vi, entre outros corpos, o de um velho de barba branca segurando uma bengala na mão esquerda. Como esse homem, a julgar pela respiração esporádica, apresentava sinais de vida, ordenei que um dos policiais o matasse. Ao que ele me respondeu, sorrindo: "Já atirei sete vezes na barriga dele. Ele pode morrer sozinho agora".

Cinco meses depois de testemunhar essa cena, Rosler apresentou a seus superiores um protesto formal sobre o episódio. "Não consigo sequer imaginar", ele escreveu, "que espécie de decisões legais possam ter fundamentado a realização dessas execuções. Tudo o que está acontecendo aqui parece ser absolutamente incompatível com nossas noções de educação e moralidade."

Em 1º de agosto, em Minsk, o próprio Himmler testemunhou uma execução. Na ocasião, conforme recordou seu principal oficial de ligação, o general da SS Karl Wolff, ele teve "azar",

> porque as pessoas estavam sendo executadas com um tiro na cabeça, e de uma ou outra voavam respingos de miolos que acabaram sujando seu casaco, e espirrando um pouco também em seu rosto, e ele ficou muito verde e pálido; não chegou a passar mal e vomitar, mas arfou, virou-se de costas e cambaleou, e então tive que dar um salto à frente e ampará-lo com firmeza; em seguida, levei-o para longe da cova.

Depois desse episódio, Himmler disse aos executores dos pelotões de fuzilamento que eles deveriam ser "duros e firmes". Mas também pediu ao chefe da Polícia Criminal alemã, o general da SS Athur Nebe — que, desde 22 de junho, estava encarregado da força-tarefa especial B, que atuava na Bielorrússia —, para encontrar um novo método de assassinato em massa. Após a guerra, no antigo apartamento de Nebe em Berlim, descobriu-se um filme amador mostrando uma câmara de gás alimentada pela fumaça do escapamento de um caminhão.

Uma nova política de extermínio em massa estava prestes a surgir. Em Auschwitz, em agosto, o comandante-adjunto do campo, o capitão da SS Karl Fritsch, realizou experimentos de matança por meio da intoxicação por gás, utilizando um pesticida comercial, o ácido cianídrico, comercializado na Alemanha sob o nome Zyklon-B. As vítimas que ele escolheu como cobaias para os experimentos eram prisioneiros de guerra russos.

Em sua forma comercial mais utilizada, o Zyklon-B era acrescido de um irritante especial, de modo que seu odor tóxico e nauseante alertasse a pessoa que o utilizava, em geral para combater insetos, a ficar bem longe do gás. Agora o irritante foi removido da fórmula, a fim de não criar alarme ou pânico entre as cobaias em quem estava sendo usado; um rótulo especial afixado em cada lata avisava os homens que operavam as câmaras de gás de que se tratava de amostras "sem irritante".

Em 2 de agosto, o Exército Vermelho, que havia quase cinquenta dias estava em retirada quase ininterrupta, começou uma batalha de tanques, que duraria 28 dias, para expulsar os alemães do bolsão de resistência de Ielnia; em outubro, os russos em Ielnia foram cercados e destruídos; apesar disso, seu êxito em agosto, a primeira vitória do Exército Vermelho sobre os germânicos, serviu como um poderoso alento para o moral soviético. Em visita ao Grupo de Exércitos Centro em Borisov, em 4 de agosto, Hitler disse a dois de seus comandantes, o marechal de campo Fedor von Bock e o general Guderian: "Se eu soubesse que eles tinham tantos tanques assim, teria pensado duas vezes antes de ordenar a invasão".

Em 6 de agosto, Hitler voou de Borisov para Berdítchev em visita ao quartel-general do Grupo de Exércitos Sul. Estava acompanhado de Walther Hewel, que anotou em seu diário: "Igreja do mosteiro em ruínas. Caixões abertos, execuções, cidade medonha. Muitos judeus, chalés antigos, solo fértil. Muito quente". Em seguida, o Führer voou de volta para seu quartel-general em Rastenburg. No dia seguinte, o comandante da polícia alemã no setor central, Erich von dem Bach-Zelewski, informou ao quartel-general da SS em Berlim que suas unidades haviam realizado 30 mil execuções desde a chegada à Rússia. Nesse dia, a brigada de cavalaria da SS também enviou um relatório a Berlim para comunicar que havia realizado 7819 "execuções" até o momento na área de Minsk. Para garantir o máximo sigilo, ambos os relatórios foram enviados pelo sistema de criptografia de rádio mais seguro disponível, o Enigma. Como resultado, ambos foram lidos pela inteligência britânica. Hitler também deve ter visto esses relatórios; cinco dias antes, o chefe da Gestapo, Heinrich Müller, escrevera de Berlim aos comandantes das quatro forças-tarefas especiais, incluindo o general Nebe, da força-tarefa especial B, para deixar claro que era "imperativo manter o Führer continuamente informado acerca do trabalho das forças-tarefas especiais no leste".

O trabalho dessas forças-tarefas era contínuo e abrangente. O Relatório da Situação Operacional na URSS n. 43, compilado em Berlim em 5 de agosto, citava medidas tomadas em 29 vilarejos "e outras pequenas localidades" onde as unidades "haviam tornado inofensivas" pessoas das seguintes categorias: "dirigentes do Partido Bolchevique, agentes do NKVD, intelectuais judeus ativistas, criminosos, saqueadores, guerrilheiros etc.". No entanto, não era fácil erradicar a guerrilha. Em Vitebsk, em 8 de agosto, as autoridades alemãs locais relataram que os guerrilheiros soviéticos na região operavam em grupos muito pequenos, ou mesmo de forma individual, "não sendo possível eliminá-los" por meio de operações militares ou policiais comuns.

17. Rumo a Leningrado, Moscou e Kiev

SETEMBRO DE 1941

Em 8 de agosto de 1941, enquanto soldados e civis russos fugiam do porto de Odessa, no mar Negro, chegaram ordens de Moscou: "Seja qual for a situação no front terrestre, Odessa não deve se render". Três dias depois, por ocasião do primeiro encontro entre Churchill e Roosevelt como líderes de seus países — em alto-mar, próximo ao litoral de Terra Nova (Canadá) —, a força aérea soviética realizou seu primeiro ataque aéreo contra Berlim. Nesse momento, Hitler suspendeu o ataque em Moscou e "concluiu" a operação contra Leningrado.

Em 12 de agosto, em complemento à sua Diretiva n. 34, o Führer estabeleceu como objetivos alemães imediatos a ocupação da Crimeia, do setor industrial de Carcóvia e das minas de carvão na bacia do Donets. Assim que a Crimeia fosse ocupada, seria "cogitada a possibilidade" de um ataque através do estreito de Kerch, na direção de Batum. Era "urgentemente necessário", Hitler acrescentou, "destruir os aeródromos inimigos a partir dos quais evidentemente estão sendo lançados os ataques a Berlim".

A bordo de um navio na baía de Placentia, Churchill e Roosevelt concordaram, depois de ouvirem o relato de Hopkins sobre seus encontros com Stálin, em conceder ajuda imediata à Rússia, e "em escala gigantesca". Churchill também redigiu uma declaração, que Roosevelt aceitou divulgar em seu próprio nome, segundo a qual qualquer "nova invasão" do Japão no Sudoeste do Pacífico obrigaria "o governo norte-americano a tomar contramedidas, mesmo que essas represálias possam levar à guerra entre os Estados Unidos e o Japão".

Durante suas discussões, Churchill e Roosevelt concordaram em divulgar uma declaração pública, a Carta do Atlântico, que estabelecia o compromisso anglo-americano de defender um mundo pós-guerra em que os países não procurariam "nenhum engrandecimento, nem territorial, nem de outra natureza", como resultado de confrontos bélicos e onde não se realizariam "modificações territoriais que não estejam de acordo com os desejos livremente expostos pelos povos envolvidos". Em uma seção dirigida aos países sob ocupação alemã, italiana ou japonesa, a Carta do Atlântico assegurava que a Grã-Bretanha e os Estados Unidos "desejam a restituição dos direitos soberanos e da independência dos povos que deles foram despojados pela força".

Essas palavras de encorajamento foram divulgadas publicamente em 12 de agosto. No dia seguinte, em Paris, eclodiram confrontos entre os manifestantes e a polícia francesa e alemã. Sete dias depois, dois manifestantes foram executados: Henry Gaultherot e Szmul Tyszelman. Ambos eram comunistas. Tyszelman, além disso, era judeu.

Para prestar auxílio à Rússia, Churchill e Roosevelt, ainda reunidos a bordo do navio na baía de Placentia, autorizaram o despacho imediato de uma missão militar anglo-americana a Moscou, com o intuito de discutir as necessidades soviéticas em relação à produção estadunidense. Arthur Purvis, que tanto fizera nos Estados Unidos, um ano antes, para adquirir suprimentos de guerra para a Grã-Bretanha, seria um dos principais membros da missão. No entanto, ele morreu quando o avião que o levava da Escócia para a baía de Placentia caiu logo após a decolagem.

Apesar da morte de Purvis, a importância da missão foi sublinhada pelo status de seus dois chefes, Lord Beaverbrook [William Maxwell Aitken], em nome da Grã-Bretanha, e Averell Harriman, como representante dos Estados Unidos. Ambos tinham domínio sobre as questões de produção e abastecimento; fora Beaverbrook quem, no verão de 1940, na condição de ministro da Produção Aeronáutica, assegurara que o maior número possível de aviões de combate fosse fabricado no menor período de tempo possível. Enquanto a frente russa "continuar existindo", explicou Churchill a seu Gabinete de Guerra no regresso a Londres, "talvez tenhamos que fazer alguns sacrifícios" no tocante às remessas de suprimentos dos Estados Unidos para a Grã-Bretanha. Ele "julgou por bem" alertar Roosevelt de que "não responderia pelas consequências caso a Rússia fosse obrigada a pedir a paz e, na primavera do ano seguinte, morresse de vez na Grã-Bretanha a esperança de ver os Estados Unidos entrarem na guerra".

Em 12 de agosto, enquanto Churchill ainda estava reunido com Roosevelt em Terra Nova, duas esquadrilhas de caças britânicos, quarenta aviões ao todo, comandados pelo tenente-coronel neozelandês Ramsbottom-Isherwood, deixaram a Grã-Bretanha a bordo do HMS *Argus* com destino a Murmansk e Arkhangelsk. Mesmo antes de os caças britânicos chegarem a Murmansk, os submarinos britânicos *Tigris* e *Trident* haviam conseguido abrir caminho até a base naval soviética em Poliarnoe, nas imediações de Murmansk. Lá, imediatamente iniciaram operações contra navios de transporte de tropas alemãs e contra a navegação costeira ao largo do litoral da Noruega e da Finlândia.

Nas regiões conquistadas da Rússia, o terror da população prosseguia. Em 13 de agosto, como relembrou mais tarde o dr. Moses Brauns, um médico judeu em Kovno, três judeus famintos compraram alguns quilos de batatas de um camponês lituano numa rua próxima ao gueto. Como medida de punição a essa compra movida pelo desespero, os alemães prenderam e fuzilaram 28 judeus ao acaso. No dia seguinte, 15 de agosto, em Rokiškis, perto da antiga fronteira entre a Lituânia e a Letônia, teve início uma orgia de matança que durou dois dias e na qual 3200 judeus foram fuzilados, juntamente, de acordo com o relatório da força-tarefa especial, com "cinco comunistas lituanos, um polaco e um guerrilheiro". No município de Stawiski, perto da antiga fronteira germano-soviética, seiscentos judeus foram fuzilados no mesmo dia. Também em 15 de agosto, em Minsk, Hinrich Lohse emitiu um decreto a ser aplicado em toda a Rússia ocupada pelos alemães ordenando que os judeus passassem a usar dois distintivos amarelos — um emblema no peito, outro nas costas — e proibindo que andassem nas calçadas, usassem o transporte público, frequentassem parques, áreas de lazer, teatros, cinemas, bibliotecas ou museus; além disso, no gueto, só poderiam receber sobras de comida, o "excedente" em relação às necessidades alimentares locais. Todos os judeus fisicamente aptos estavam obrigados a integrar turmas de trabalhadores braçais para realizar tarefas estabelecidas pelas autoridades de ocupação, como a construção de estradas e pontes e a reparação de estragos causados por bombas.

No dia da promulgação do decreto de Lohse, que sujeitava os judeus da Rússia ocupada pelos alemães a uma série de restrições e ao isolamento, Richard Sorge, em Tóquio, conseguiu enviar uma mensagem de rádio a Moscou, informando que o governo japonês havia confirmado sua relutância em entrar na guerra contra a Rússia. Um conflito contra a Rússia "antes do inverno", concluíram os nipônicos, "exerceria uma pressão excessiva sobre a economia nacional". Foi uma confirmação muito bem-vinda; nesse dia, mais de cem bombardeiros alemães atingiram a estação de Tchudovo, na linha ferroviária Leningrado-Moscou.

Em 18 de agosto, os russos evacuaram o porto de Nikoláiev, no mar Negro. No quartel-general de Hitler, Brauchitsch propôs a retomada do ataque a Moscou. Foi voto vencido. Os principais alvos da ofensiva alemã, insistiu Hitler, deveriam ser a Crimeia, as áreas industriais do sul da Rússia e o Cáucaso. Ao norte, era imperativo intensificar a pressão sobre Leningrado. Moscou poderia esperar. Contudo, nesse mesmo dia, o

Führer disse a Goebbels que, quando o inverno chegasse, esperava estar "muito além" de Moscou.

Goebbels foi a Rastenburg para tratar de duas questões específicas. A primeira dizia respeito aos crescentes protestos na Alemanha contra o programa de eutanásia. Em 3 de agosto, o bispo de Münster, o conde Clemens von Galen, havia lançado mão de seu púlpito para denunciar os assassinatos por eutanásia. A inquietação da população alemã aumentava. Curvando-se a esse mal-estar, Hitler ordenou o encerramento do programa: a ordem foi expedida ao dr. Brack em 24 de agosto.

A segunda questão levantada por Goebbels em 18 de agosto era na verdade um "trabalho" para Himmler. Quando os soldados alemães voltassem para a Alemanha depois da guerra, insistiu ele, não deveriam "encontrar aqui nenhum judeu". Havia 76 mil judeus em Berlim. Segundo a anotação de Goebbels em seu diário, Hitler concordou com a sugestão "de que, assim que surgirem as primeiras possibilidades de transporte, os judeus de Berlim sejam deportados para o leste. Lá, serão tratados sob um clima mais severo".

Em seguida, o Führer relembrou sua "profecia" de janeiro de 1939, quando afirmara que, se os judeus "conseguissem mais uma vez mergulhar o mundo numa guerra generalizada", o conflito terminaria com a destruição dos próprios judeus. Goebbels registrou em seu diário que Hitler estava convencido de que sua profecia "vem se tornando realidade", e acrescentou: "Nestas últimas semanas e meses a profecia se cumpre de maneira tão cabal que chega a ser quase um mistério. No leste, os judeus terão contas a ajustar".

No dia dessa conversa em Rastenburg, de fato alguns "ajustes de contas" já estavam em curso. Em Kovno, a apenas cerca de duzentos quilômetros de Rastenburg, um lituano a serviço das autoridades alemãs na cidade ordenou que 534 judeus — escritores, intelectuais, professores universitários e de escolas de ensino fundamental e médio, além de estudantes — se apresentassem nos portões do gueto para "trabalhar nos arquivos municipais". Muitos se ofereceram de bom grado para o que parecia ser uma tarefa não muito onerosa, talvez até interessante. Entre os voluntários estava Robert Stenda, que antes da guerra regia a orquestra da ópera de Kovno. "Eles viram uma promessa de dinheiro e de comida melhor", relembrou mais tarde Joseph Kagan, um jovem judeu de Kovno, amigo de Stenda, "e talvez de melhores condições de vida para suas famílias". E, assim, partiram. "Nessa primeira noite, os parentes esperaram seu regresso", escreveu Kagan. "Esperaram durante todo o dia seguinte, e no outro também. A nata da juventude do gueto nunca mais voltou." No mesmo dia em que haviam partido, foram levados a um dos antigos fortes que cercavam a cidade e fuzilados.

A leste de Kovno, a luta continuava; em 18 de agosto, um jovem oficial do exército alemão, o tenente Kurt Waldheim, que por quase duas semanas participara de combates ininterruptos no front, esteve entre os que receberam o Emblema da Carga de Cavalaria, em reconhecimento a sua bravura. "Para o bem do povo alemão", disse Hitler a seus visitantes em Rastenburg em 19 de agosto, "devemos desejar uma guerra a cada quinze ou vinte anos. Um exército cujo único propósito é preservar a paz resulta apenas numa brincadeira de soldados — vejam o caso da Suécia e da Suíça."

Em 20 de agosto, já planejando o estilo de sua vitória, Hitler instruiu Albert Speer a colocar trinta peças de artilharia pesada capturadas dos soviéticos no monumental centro da nova Berlim, entre a remodelada estação sul e um Arco do Triunfo a ser erigido. Todos os tanques soviéticos "de grande porte" que fossem capturados seriam instalados defronte aos edifícios públicos mais importantes. Tanto as peças de artilharia quanto os tanques seriam colocados em pedestais de granito.

Nessa noite, as primeiras unidades blindadas alemãs chegaram a Gatchina, a apenas quarenta quilômetros de Leningrado. No dia seguinte, capturaram Tchudovo, cortando a linha férrea entre Leningrado e Moscou. Enquanto se iniciava o cerco a Leningrado, as tropas australianas sitiadas em Tobruk havia quatro meses, tendo sofrido 832 baixas, deixaram a cidade e voltaram para o Egito, sendo substituídas por tropas britânicas. Depois de todo o sofrimento vivido pelos soldados australianos na Grécia continental e em Creta, seus comandantes e líderes políticos do outro lado do globo insistiram que eles fossem retirados do combate; no entorno de Tobruk, 7 mil homens haviam sido feitos prisioneiros.

Em 20 de agosto, tropas italianas na costa da Dalmácia iugoslava ocuparam a cidadezinha de Gospić e a ilha de Pag. Em ambos os lugares, encontraram evidências do assassinato em massa de sérvios e judeus pelos fascistas locais da Ustaša, uma organização croata nacionalista de extrema-direita. Em Pag, foram exumados 791 cadáveres, entre os quais se contavam 293 mulheres e 91 crianças. No campo de concentração em Jadovno, a vinte quilômetros de Gospić, pelo menos 3500 judeus e sérvios haviam sido mortos desde meados de julho, ou fuzilados ou espancados até a morte durante turnos de trabalhos forçados.

Nas primeiras horas de 21 de agosto, na antiga cidade iugoslava de Šabac, judeus e sérvios foram massacrados nas ruas em represália a um ataque a uma patrulha alemã. Outros judeus foram detidos e receberam ordens de enforcar cadáveres em postes de luz. "Como é que se pode enforcar um morto?", perguntou Mara Jovanović, recordando aquela terrível manhã. "E quem vai criar coragem para fazer uma coisa dessas? Colocou-se um nó corrediço em volta do pescoço de uma das vítimas, enquanto o restante da corda ficou encharcado de sangue. As pessoas passavam apressadas, de cabeça baixa..." No dia seguinte, os judeus receberam ordens para cortar as cordas, retirar os corpos e levá-los embora em caminhões de lixo. "Não havia quem não chorasse", recordou Mara Jovanović. "E não apenas pelos mortos nos caminhões, mas também pelos vivos atrás dos caminhões."

Também em 21 de agosto, em Paris, Pierre Georges, um comunista de 22 anos que mais tarde adotaria o codinome Fabien, matou a tiros um jovem cadete alemão em uma estação de metrô. Era o primeiro ato violento contra um alemão em Paris desde a ocupação da cidade, mais de um ano antes. À guisa de represália, mais de 150 cinquenta franceses foram presos e fuzilados.

Ao longo de agosto, o Serviço de Decodificação de Sinais da inteligência britânica obteve uma série de sucessos, incluindo vislumbres acerca do domínio alemão no leste. Um êxito em particular foi a interceptação de uma mensagem de rádio enviada pelo embaixador japonês em Berlim relatando uma conversa com Hitler na qual o Führer assegurava que, "no caso de um confronto entre Japão e Estados Unidos, a Alemanha imediatamente iniciaria hostilidades contra os Estados Unidos. A transcrição da versão descriptografada desse telegrama foi enviada sem demora a Roosevelt. Outra vitória da inteligência britânica foi a interceptação de mensagens enviadas pela polícia alemã a partir do leste pelo sistema Enigma; ao todo, foram dezessete comunicações, começando em 23 de agosto e se estendendo pelos oito dias seguintes, nas quais se definiam detalhes do fuzilamento de judeus em grupos que variavam de 61 a 4200 pessoas. "Distritos inteiros estão sendo exterminados", Churchill informou o povo britânico em um discurso transmitido via rádio em 25 de agosto.

> Milhares e milhares, literalmente dezenas de milhares de execuções a sangue-frio estão sendo perpetradas pelas tropas da polícia alemã contra os patriotas russos que defendem sua terra natal. Desde as invasões mongóis da Europa no século XVI, jamais houve uma carnificina metódica e impiedosa de tamanha magnitude, ou que chegasse perto dela.

Churchill não podia fazer referência explícita aos judeus; do contrário, revelaria aos nazistas que a inteligência britânica estava interceptando suas mensagens ultrassecretas. Mas ele deixou claro que os alemães cometiam o que descreveu como "as mais medonhas crueldades" e disse a seus ouvintes: "Estamos na presença de um crime inominável".

Em 25 de agosto, forças britânicas e indianas lançaram a Operação Compostura, a ocupação de regiões petrolíferas no sul do Irã, enquanto tropas soviéticas entravam no país a partir do norte. Nesse mesmo dia, os embaixadores britânico e soviético em Teerã, agindo em sintonia, apresentaram um ultimato ao governo iraniano, exigindo que aceitasse a "proteção" dos dois Aliados. Três dias depois, após protestar contra essa "agressão" anglo-soviética, o xá Reza Pahlavi abdicou em favor do filho. Em outra investida anglo-soviética também iniciada em 25 de agosto, a Operação Manopla, unidades de comando britânicas, canadenses e norueguesas desembarcaram na ilha norueguesa de Spitzbergen, no oceano Ártico. Lá, destruíram depósitos de carvão, máquinas de mineração e reservas de petróleo, de modo a evitar que fossem utilizados pelos alemães, e evacuaram 2 mil civis russos, levados para Arkhangelsk, no sul, a bordo do *Empress of Canada*. Também foram evacuados de Spitzbergen cinquenta oficiais franceses que, tendo sido capturados pelos alemães na França em maio de 1940 e levados para um campo de prisioneiros de guerra na Prússia Oriental, haviam conseguido escapar para a Rússia, na esperança de se juntar às brigadas dos Franceses Livres — acabando, em vez disso, internados pelos russos em Spitzbergen. Agora, eles estavam livres para voltar ao combate.

Em 26 de agosto, as forças alemãs na Ucrânia capturaram a cidade industrial de Dnepropetrovsk. No entanto, grande parte das fábricas já havia sido evacuada para os Urais, e restavam apenas edifícios vazios. Nesse mesmo dia, Hitler recebeu Mussolini e lhe mostrou o campo de batalha de Brest-Litovsk, cuja cidadela reduzira a escombros com seu morteiro "Fritz". Ainda nesse dia, nos arredores de Velikie Luki, os russos lançaram um contra-ataque, mas foram rechaçados em 24 horas.

Em Moscou, em 27 de agosto, os russos publicaram os números de baixas sofridas nos 24 ataques aéreos alemães à capital desde o início dos bombardeios um mês antes; ao todo, 750 moscovitas haviam perdido a vida. Nessa noite, em Leningrado, a poeta Vera Inber relembrou, pelo rádio, as palavras do escritor Aleksandr Herzen:[*] "As histórias do incêndio de Moscou, da Batalha de Bolodino, da Batalha de Berezina e da queda de Paris foram os contos de fadas da minha infância, minha *Ilíada* e minha *Odisseia*". Nos dias correntes, disse Vera a seus ouvintes, a Rússia estava criando para as gerações futuras novas odisseias, novas ilíadas. Nessa noite os russos começaram a evacuação de 23 mil soldados e civis por mar, a partir do porto de Tallinn.[**] Nessa "Dunquerque" do Báltico, o almirante Tributs comandou uma frota de evacuação de 190 navios, que precisavam atravessar 240 quilômetros de água entre as duas costas ocupadas pelos alemães. Das 29 grandes embarcações de transportes de tropas, 25 foram afundadas, e mais de 5 mil soldados e civis morreram afogados. O heroísmo dos marinheiros tornou-se lendário; dos 35 tripulantes de um desses navios de transporte, o *Kazakhistan*, apenas sete sobreviveram; todos eles foram condecorados com a Ordem da Bandeira Vermelha. Em contrapartida, seu comandante, o capitão Viátcheslav Kaliteiev, que, sem motivo plausível, dizia-se, abandonara seu posto em um momento crucial, foi posteriormente acusado de covardia e deserção sob fogo inimigo e executado por um pelotão de fuzilamento.

Na Ucrânia, em 28 de agosto, enquanto prosseguia a evacuação de Tallinn, os russos destruíram a barragem de Zaporíjia, no rio Dniepre, a fim de evitar o acesso dos alemães

---

[*] Escritor e jornalista, Herzen (1812-70) costuma ser chamado de "o pai do socialismo russo". (N. T.)
[**] Capital da Estônia. (N. T.)

à energia hidrelétrica. Nesse dia, Hitler e Mussolini sobrevoaram a parte da Ucrânia já conquistada, até o quartel-general do marechal de campo Rundstedt, em Uman. Cerca de trezentos quilômetros a oeste de Uman, em Kamenets-Podolsk, 23 mil judeus que haviam sido deportados pelo governo húngaro foram assassinados. As autoridades civis alemãs da região haviam exigido que eles fossem levados de volta, pois "não conseguiam lidar" com o grupo. O governo húngaro se recusou. Foi então que um general da SS, Franz Jaeckeln, assegurou à administração civil alemã que se encarregaria de "levar a cabo a execução daqueles judeus até 1º de setembro". Conduzidos em marcha até uma série de crateras abertas por bombas nos arrabaldes da cidade e obrigados a se despir, os judeus foram abatidos por rajadas de metralhadora. Muitos deles, gravemente feridos, morreram sob o peso dos corpos que lhes caíram por cima, ou foram "finalizados" com tiros de pistola. A tarefa foi concluída em 29 de agosto, dois dias antes da data prometida por Jaeckeln. O Relatório da Situação Operacional na URSS n. 80 informou o número exato de judeus fuzilados: 23 600 "em três dias".

O número de mortos no leste atingiu uma escala sem precedentes; ao longo dos mesmos três dias em que 23 mil judeus húngaros foram assassinados em Kamenets-Podolsk, 10 mil soviéticos que seriam evacuados morreram afogados em Tallinn. Mas essas mortes estavam longe de ser as únicas nesses poucos dias de agosto, em que milhares de soldados alemães e russos foram mortos em combate no campo de batalha. Uma lista com o nome de todos os mortos jamais foi compilada. No entanto, graças a seus meticulosos registros, os alemães garantiram que pelo menos um padrão claro e preciso dos assassinatos fosse transmitido às autoridades em Berlim, para fins de registro. Em Kėdainiai, na Lituânia, a força-tarefa especial designada para a região assim reportou as estatísticas dos assassinatos em 28 de agosto: "710 homens judeus, 767 mulheres judias, 599 crianças judias" — 2076 vítimas de uma guerra desigual que estava sendo travada muito atrás do campo de batalha. Por sua vez, o cancelamento do programa de eutanásia não pôs fim à matança por intoxicação por gás; em 28 de agosto, o dr. Horst Schumann, diretor do centro de eutanásia de Grafeneck, nos arredores de Stuttgart, visitou Auschwitz, onde participou da seleção de 575 prisioneiros, a maioria soviéticos, que em seguida foram enviados para o centro experimental médico em Sonnenstein, perto de Dresden. Nenhum sobreviveu.

No dia da visita do dr. Schumann a Auschwitz, o padre católico Bernard Lichtenburg, prior da Catedral de Santa Edwiges em Berlim, sem saber que o programa de eutanásia, que até então contava com sanção oficial, fora suspenso no mesmo dia, escreveu uma carta de protesto ao médico-chefe do Reich, o dr. Leonardo Conti: "Eu, como ser humano, alemão, cristão e padre, exijo que o senhor, o médico-chefe do Reich, responda pelos crimes que foram cometidos por suas ordens e com seu consentimento, e que atrairão a vingança do Senhor sobre o povo alemão". Lichtenburg foi preso e condenado a dois anos de cárcere. Morreu depois de ser transferido para o campo de concentração de Dachau. No curso do programa de eutanásia, realizado sob o codinome T4, mais de 80 mil doentes mentais e 10 mil prisioneiros de campos de concentração foram mortos por envenenamento por gases tóxicos entre setembro de 1939 e agosto de 1941; uma média de quase 4 mil por mês, ou mais de cem por dia.

Em 29 de agosto, as forças finlandesas, avançando do norte em direção a Leningrado, recapturaram Terioki, que a Finlândia fora obrigada a ceder à União Soviética no início de 1940. Mas seu avanço parou por aí. Apesar da pressão alemã, o governo finlandês decidiu não adentrar a região de Leningrado além da fronteira pré-1939. A leste de Leningrado, no entanto, unidades finlandesas avançavam em direção às margens do lago Onega, ameaçando cortar as comunicações russas entre o Báltico e o mar Branco. No dia seguinte, 30 de agosto, as forças alemãs ocuparam a vila de Mga, cortando a última — e a mais oriental — ligação ferroviária entre Leningrado e o restante do Rússia. Contudo, foram expulsas da aldeia no dia seguinte.

Os russos recorreram a todos os armamentos possíveis para defender Leningrado. Em 30 de agosto, os canhões navais da esquadra do Neva entraram em ação contra as posições alemãs em Gatchina. No dia seguinte, foram disparadas mais de 340 descargas de canhão. Muitas peças de artilharia foram retiradas de seus navios e montadas em terra. Até mesmo as baterias do cruzador *Aurora* — que já tinham quarenta anos de uso e haviam disparado cargas de pólvora seca contra o Palácio de Inverno em novembro de 1917, assustando o que restava do Governo Provisório e levando-o a se render aos bolcheviques — foram desmontadas e posicionadas nas colinas de Pulkovo.

Em Vilnius, ocupada pelos alemães, uma "ação" alemã contra os judeus foi realizada em 31 de agosto. Uma testemunha ocular, Aba Kovner, viu dois soldados arrastando uma mulher pelos cabelos. Ela deixou cair dos braços uma trouxa: era um bebê, seu filhinho. Um dos soldados se abaixou, "pegou o bebê, ergueu-o no ar e o agarrou pela perna. A mulher rastejou pela terra, segurou a bota do soldado e implorou por misericórdia. Mas o soldado pegou o menino e bateu a cabeça dele contra a parede, uma, duas vezes, até esmagá-lo".

Nessa noite, de acordo com os meticulosos registros alemães da "ação", 2019 mulheres, 864 homens e 817 crianças, todos judeus, foram retirados da cidade em caminhões e levados para as covas em Ponary, onde morreram fuzilados. O Relatório da Situação Operacional na URSS compilado em Berlim descreveu a ação como um "tratamento especial".

Em 1º de setembro, os alemães recapturaram Mga. Agora Leningrado estava inteiramente isolada, sem comunicação ferroviária com o restante da Rússia. Ao longo do mês anterior, havia sido implementado um maciço esquema de evacuação fabril; os

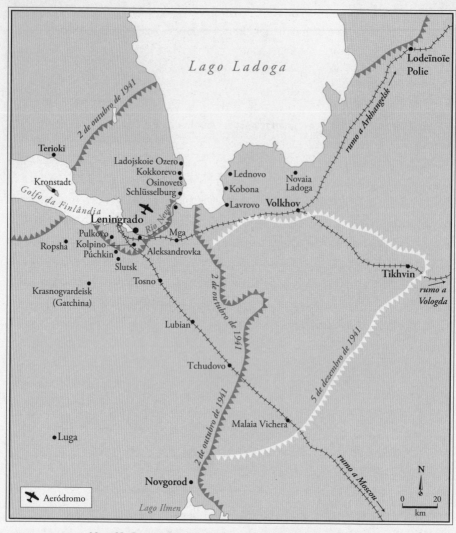

Mapa 22. O cerco de Leningrado, outubro de 1941 a janeiro de 1944

equipamentos de 92 fábricas e usinas foram transportados por via férrea, num total de 282 trens; as duas maiores instalações de produção de blindados pesados foram transferidas para 2 mil quilômetros a leste, para as cidades de Tcheliábinsk e Sverdlovsk. Em 3 de setembro, dois dias após a recaptura de Mga, o marechal de campo Keitel assegurou ao comandante das forças incumbidas de atacarem Leningrado, o marechal de campo Wilhelm von Leeb, que Hitler não fazia nenhuma objeção a que a cidade fosse fustigada por projéteis de artilharia ou por bombardeio aéreo.

* * *

    Dois anos haviam se passado desde a invasão alemã da Polônia em 1939. No leste, a invasão da União Soviética completava setenta dias. A vitoriosa máquina de guerra nazista destruía o que quer que desejasse: intelectuais poloneses, prisioneiros de guerra soviéticos, guerrilheiros iugoslavos, membros da resistência francesa, todos sentiam a avassaladora força de um poderio superior. Os judeus, dispersos entre muitas nações, haviam sido escolhidos como alvo de tortura, assassinato e maus-tratos. Na Alemanha, 1º de setembro marcou o dia em que os nazistas decretaram que todos os judeus remanescentes no país, incluindo os 76 mil residentes em Berlim, estavam obrigados a usar nas roupas uma estrela de Davi de seis pontas sobre fundo amarelo. Dois dias depois, foi realizado um novo experimento a fim de encontrar um método mais eficaz de praticar assassinatos em massa, evitando os horrores visíveis à opinião pública e os fuzilamentos diante de valas coletivas, muitas vezes desmoralizantes para os próprios executores: seiscentos prisioneiros de guerra soviéticos e trezentos judeus foram levados para Auschwitz, onde morreram envenenados com ácido cianídrico. Esse experimento, como o que o havia precedido, foi considerado um sucesso.

    Em 4 de setembro, ao largo da costa da Islândia, o contratorpedeiro norte-americano *Greer* foi atacado por um submarino alemão, que equivocadamente lhe atribuiu as bombas de profundidade lançadas contra ele por um avião britânico. O *Greer* conseguiu chegar são e salvo à Islândia. "De agora em diante", declarou o presidente Roosevelt, "se algum navio de guerra alemão ou italiano entrar nessas águas, fará isso por sua própria conta e risco." Com essas palavras de Roosevelt, instaurou-se um estado de guerra não declarado entre os Estados Unidos e a Alemanha no Atlântico Norte. Ironicamente, dois dias após o ataque ao *Greer*, um navio mercante norte-americano, o *Steel Seafarer*, a caminho do Egito, foi afundado por um avião alemão no mar Vermelho, 350 quilômetros ao sul de Suez.

    Em 6 de setembro, na frente oriental, as forças soviéticas recapturaram Ielnia, em seu primeiro grande contra-ataque desde o início da guerra germano-soviética, dois meses e meio antes. Para a frente de Moscou, foi um considerável alívio. Hitler abandonou a estratégia Crimeia-Cáucaso que estabelecera de maneira enfática em 12 de agosto, declarando na Diretiva n. 35, emitida em Rastenburg, que agora as condições eram favoráveis para uma operação "decisiva" na frente central. O novo ataque, em Moscou, receberia o codinome Tufão.

    Em 8 de setembro, enquanto a Operação Tufão ainda estava em fase de planejamento, as forças alemãs capturaram Schlüsselburg, às margens do lago Ladoga. Ao mesmo

Mapa 23. A frente oriental, setembro-outubro de 1941

tempo, os finlandeses cortaram a ferrovia Leningrado-Murmansk em Lodeïnoïe Polie: Leningrado foi sitiada. Nesse mesmo dia, bombardeiros alemães despejaram mais de 6 mil bombas incendiárias sobre a cidade, destruindo centenas de toneladas de carne, farinha, açúcar, toucinho e manteiga no armazém de Badaiev, que ocupava 16 mil metros quadrados.

No extremo sudeste, em 8 de setembro, teve início a deportação para o leste de todos os 600 mil alemães étnicos que por dois séculos haviam vivido na região do Volga. Como as forças alemãs já estavam a postos para entrar em Kiev, Stálin temia possíveis atos de sabotagem e subversão e tomou a draconiana medida de deportar um povo inteiro. Daí em diante, uma centena de cidades e aldeias ao longo do Volga, de Marxstadt a Strassburg, seria esvaziada de seus habitantes de língua alemã.

Em 9 de setembro, o comandante soviético da frente sudoeste, o marechal Semion Budionni, pediu permissão a Stálin para abandonar Kiev. Stálin recusou. Nesse dia, no Atlântico Norte, uma alcateia de dezesseis submarinos alemães atacou um comboio de 65 navios mercantes que seguiam para a Grã-Bretanha escoltados por corvetas canadenses de Sydney, na ilha de Cape Breton. Na batalha que se seguiu, quinze dos navios mercantes foram afundados, mas não antes que um dos submarinos alemães, o U-501, fosse forçado a vir à tona pelas bombas de profundidade lançadas por outras duas corvetas canadenses, a *Chambly* e a *Moosejaw*, ambas em viagem de treinamento quando receberam a notícia do combate. Pouco depois desse êxito, a *Chambly* foi bombardeada por aeronaves alemãs e também naufragou.

O comboio seguiu viagem e foi novamente atacado, mas sem perdas, e um dos submarinos agressores, o U-207, foi afundado.

Em 9 de setembro, criptógrafos britânicos em Bletchley decodificaram as ordens alemãs para a Operação Tufão, o ataque planejado a Moscou. Nesse mesmo dia, o marechal de campo Leeb lançou sua ofensiva contra Leningrado. Enquanto os alemães se aproximavam dos subúrbios da cidade, os canhões do cruzador *Maksim Górki* e dos encouraçados *Revolução de Outubro* e *Marat* fustigaram com intensas saraivadas as posições avançadas germânicas. Uma divisão da SS que havia participado do pouso de paraquedistas alemães em Creta, em maio, recebeu ordens para atravessar o rio Neva a noroeste de Mga e atacar Leningrado a partir do norte. Na falta de pontões suficientes, foi incapaz de cumpri-las.

Em 10 de setembro, enquanto as forças alemãs do Grupo de Exércitos Norte pressionavam Leningrado e as do Grupo de Exércitos Centro davam os retoques finais em seus planos para um ataque em duas frentes contra Moscou, Hitler mais uma vez ordenou uma mudança de prioridades: antes do ataque a Moscou, deveria ser concluído o cerco das forças russas que ainda resistiam de maneira obstinada no centro da Ucrânia. A nova ordem, emitida em 10 de setembro, não era tão fácil de cumprir; as tropas russas ainda lutaram com afinco por duas semanas a fim de impedir que a armadilha se fechasse à sua volta a leste de Kiev, entre Nejin e Lubni. Em 16 de setembro, a armadilha se fechou de vez, e 600 mil soldados russos foram capturados. Em seguida, os alemães retomaram sua marcha sobre Moscou; mas as duas semanas perdidas os deixaram mais perto do perigo sobre o qual agora se falava abertamente no quartel-general alemão — o inverno que se aproximava. "Estamos caminhando para uma campanha de inverno. A verdadeira provação desta guerra começou", escreveu em seu diário o general Waldau, em 9 de setembro, um dia antes da alteração de planos, mas acrescentou: "Minha convicção quanto à vitória final permanece".

Ainda em 10 de setembro, dia de sua ordem para mudar a prioridade de Moscou para a Ucrânia, Hitler levou o regente húngaro, o almirante Horthy, à cidade de Marienburg, na Prússia Oriental. "Não temos o seu problema judaico", disse o Führer ao líder húngaro. O que ele não contou a Horthy foi o destino específico dos judeus sob domínio alemão. No dia seguinte, o Relatório da Situação Operacional na URSS n. 80 das forças-tarefas especiais registrou que, na cidade ucraniana de Korosten, 238 judeus "foram detidos e levados pela milícia local a um prédio especial e fuzilados". Na vizinha Fastov, "todos os habitantes judeus" entre doze e sessenta anos foram mortos a tiros, "totalizando 262 cabeças", o que elevava o "número total de execuções" dessa força-tarefa especial em particular, no decorrer de agosto, para "7152 pessoas".

"Não temos o seu problema judaico": enquanto Hitler dizia essas palavras ao almirante Horthy, também em 10 de setembro um dos governantes ultramarinos a serviço do Führer, Josef Terboven, proclamava um estado de emergência em Oslo. Imediatamente teve início a prisão em massa de líderes sindicais. Jornalistas e editores de jornais foram demitidos. À noite, a rádio da capital norueguesa anunciou que o consultor jurídico dos sindicatos, Viggo Hansteen, e o principal administrador de uma fábrica de vagões ferroviários, Rolf Wickstrom, haviam sido condenados à morte pela corte marcial e executados. Nesse mesmo dia, na capital da Eslováquia, Bratislava, o governo eslovaco, seguindo o exemplo da Alemanha, emitiu um *Codex Judaicum*, removendo os direitos legais dos 135 mil judeus do país.

Também na noite de 10 de setembro, bombardeiros alemães voltaram a atacar Leningrado. A fábrica de laticínios da cidade foi atingida, o que acarretou a destruição de toneladas de manteiga. O principal estaleiro sofreu graves danos, e oitenta incêndios foram deflagrados. Pela manhã, havia mais de duas centenas de cidadãos de Leningrado mortos. Bombas de ação retardada, lançadas de paraquedas, agravaram o tormento.

Em 11 de setembro, o marechal Budionni voltou a pedir autorização a Stálin para iniciar uma "retirada geral" de Kiev. Seu apelo foi endossado pelo mais alto dirigente do Partido Comunista na cidade, Nikita Khruschóv. Poucas horas depois, Budionni foi destituído de suas funções. Em um telefonema para o general Kirponos, em Kiev, Stálin instruiu seus comandantes militares: "Parem, de uma vez por todas, de procurar novas linhas de recuo e procurem maneiras de resistir, e apenas resistir".

Stálin e seus generais lutavam para encontrar algum meio de manter o que restava da Rússia ocidental, mais de um terço da qual estava agora em mãos alemãs. Nos Estados Unidos, em 11 de setembro, o major Albert C. Wedemeyer, que de 1936 a 1938 fora aluno de intercâmbio na Academia de Guerra Prussiana, em Berlim, estimou que, "até 1º de julho de 1942", a Alemanha teria ocupado toda a Rússia a oeste da "linha geral, mar Branco, Moscou e rio Volga incluídos, e que, após essa data, do ponto de vista militar, a Rússia será substancialmente reduzida à impotência".

Em 12 de setembro, as primeiras lufadas de neve caíram no front russo. Mas não em quantidade suficiente para uma camada se assentar. No mesmo dia, Hitler ordenou uma interrupção do ataque a Leningrado, uma vez que a Operação Tufão, a ofensiva em Moscou, exigia o máximo possível de reforços blindados. Em vez de atacar, as tropas nazistas cercariam a cidade, deixando a população em estado de penúria, o que a obrigaria a se render. Cinco divisões de tanques, duas divisões motorizadas e grande parte do apoio aéreo do exército de Leeb deveriam deixar a frente de Leningrado no período de uma semana. Leeb protestou. As trinta divisões soviéticas encurraladas na cidade estavam à beira da destruição. As tripulações dos tanques alemães mais próximos da cidade já podiam entrever as torres douradas do edifício do Almirantado.

Hitler se recusou a rever sua decisão. A leste de Kiev, as tropas sob o comando de Kleist e Guderian haviam encantoado com sucesso cinquenta divisões russas em um enorme bolsão. Primeiro Kiev, depois Moscou: eram esses os prêmios que Hitler agora buscava. A mudança nos planos alemães foi comunicada a Stálin por seus agentes da rede de espiões "Orquestra Vermelha", em Paris, chefiados por Leopold Trepper, permitindo que o alto-comando soviético ajustasse seus planos defensivos de modo a fazer frente a essas investidas reforçadas.

No mesmo dia em que Hitler ordenou a transferência de seus blindados da frente de Leningrado para o front de Moscou, foi realizada em seu quartel-general em Rastenburg uma reunião de instruções que começou com as seguintes palavras: "As figuras políticas de maior destaque e os dirigentes políticos de alto escalão devem ser eliminados". A "luta contra o bolchevismo", o marechal de campo Keitel explicou a seus comandantes, "exige medidas implacáveis e enérgicas, sobretudo contra os judeus, os principais disseminadores do bolchevismo". Nesse mesmo dia 12 de setembro, os criptógrafos britânicos em Bletchley deciframram a mensagem de um regimento de polícia alemão informando que havia "se livrado" de 1255 judeus nos arredores de Ovruch, "de acordo com os usos e costumes da guerra".

* * *

Foi em 12 de setembro que a esquadrilha da Força Aérea Real britânica entrou em ação pela primeira vez no norte da Rússia. Nesse dia, decolando de sua base em Vianga, trinta quilômetros a nordeste de Murmansk, os pilotos britânicos abateram três aviões alemães e perderam um de seus caças. Por suas atividades na Rússia em um momento tão desesperador, o comandante da unidade, o tenente-coronel Henry Neville Gynes Ramsbottom-Isherwood, e três de seus aviadores receberam a Ordem de Lênin; foram os únicos membros das forças Aliadas a serem agraciados com essa condecoração.

A defesa de Leningrado agora estava a cargo do marechal Júkov, que, em 14 de setembro, ordenou um contra-ataque às posições alemãs em Schlüsselburg. Quando o comandante local, o general Vladímir Tcherbakov, respondeu que "isso é impossível", foi removido de suas funções de comando juntamente com seu comissário político, Tchúikhov. Ao tomar conhecimento de deserções na seção Slutsk-Kolpino da linha de cerco, o próprio Stálin ordenou a "destruição impiedosa" daqueles que serviam como "ajudantes" dos alemães. A Ordem n. 0098 comunicou os defensores da cidade sobre as execuções realizadas a mando de Stálin. Em 16 de setembro, mais dois postos avançados de Leningrado cairiam: o distrito de Púchkin e o terminal de bondes em Aleksandrovka; mas o perímetro defensivo resistiu. Nenhuma tropa alemã jamais marcharia pelas avenidas da cidade.

Com a iminente suspensão do avanço alemão sobre Leningrado, o aeroporto da cidade, ao norte do rio Neva, para o qual Júkov voou em 11 de setembro, permaneceu sob controle soviético. A partir de 13 de setembro, e ao longo de dois meses e meio, Leningrado foi abastecida com um total de 6 mil toneladas de carga prioritária: 1660 toneladas de armas e munições e 4325 toneladas de alimentos. A confiança de Hitler na vitória sobre a Rússia, no entanto, não diminuiu; em 15 de setembro, um diplomata alemão, o barão Ernst von Weizsäcker, fez uma observação em seu diário sobre o estado de espírito do Führer: "Uma autoestrada está sendo planejada para a península da Crimeia. Há especulações sobre a provável fuga de Stálin. Se ele se retirar para a Ásia, talvez possa até receber a oferta de um tratado de paz". Foi exatamente nessa ocasião, em meados de setembro, recordou mais tarde Albert Speer, que Hitler ordenou um "considerável aumento" no volume de compras de granito sueco, norueguês e finlandês para a construção dos monumentais edifícios planejados para Berlim e Nuremberg.

Em Paris, a mais ocidental das capitais sob o jugo de Hitler, dez reféns, a maioria judeus, foram executados em 16 de setembro, em retaliação a ataques de membros da resistência francesa a caminhões e prédios alemães. No mesmo dia, o embaixador alemão em Paris, Otto Abetz, esteve em Rastenburg, onde Hitler lhe contou sobre seus planos para o leste. Leningrado seria arrasada; era o "ninho venenoso" do qual, por muito tempo, havia sido "vomitado" o veneno asiático. Era imperativo enxotar da Europa os asiáticos e os bolcheviques, pondo fim a "250 anos de pestilência asiática". Os Urais se tornariam a nova fronteira; a Rússia a oeste dos Urais seria a "Índia" da Alemanha. Sozinhas, as jazidas de ferro de Krivoi Rog dariam à Alemanha milhões de toneladas do minério todo mês. A França receberia seu quinhão dessa Nova Ordem economicamente autossuficiente, Hitler assegurou a Abetz, mas primeiro teria que concordar em contribuir para a derrota da Grã-Bretanha.

Em 16 de setembro, dentro dessa Nova Ordem, um jovem oficial do exército alemão, o tenente Erwin Bingel, esteve em Uman. Lá, segundo relembrou quatro anos depois, viu homens da SS e milicianos ucranianos assassinarem várias centenas de judeus, que eram levados para um local nas cercanias da cidade, enfileirados, forçados a se despir e abatidos com rajadas de metralhadora. Segundo o relato de Bingel,

> nem mesmo as mulheres carregando no colo bebês de duas ou três semanas, ainda mamando no peito, eram poupadas dessa terrível provação. As mães tampouco eram poupadas da visão de seus filhinhos sendo agarrados pelas perninhas e mortos a coronhadas ou golpes de porrete, para depois serem jogados sobre a pilha de corpos humanos amontoados na vala...

Diante do que testemunharam, dois homens sob o comando do tenente Bingel sofreram um "violento colapso nervoso". Dois outros foram condenados a um ano de detenção em um presídio militar por terem tirado "instantâneos" da ação. Os dois Relatórios da Situação Operacional na URSS dessa semana, o de n. 86, de 17 de setembro, e o de n. 88, de 19 de setembro — o n. 87 jamais foi encontrado —, informaram as estatísticas da matança incessante: 229 judeus mortos em Khmelnik, seiscentos em Vinnitsa; 105 em Krivoi Rog, juntamente com 39 oficiais comunistas; 511 em Pilva e Staraia Siniava; cinquenta em Tartu, junto com 455 comunistas locais; 1107 judeus adultos e 561 "juvenis", estes assassinados pela milícia ucraniana em Radomisl; 627 homens judeus e 875 "judias com mais de doze anos" em Berdítchev; e 544 "loucos" retirados do hospício em Dvinsk "com a ajuda da unidade de autodefesa da Letônia". Dez dos internos, julgados "parcialmente curados", foram esterilizados e em seguida postos em liberdade. "Depois dessa ação", concluiu o relatório, "o manicômio deixou de existir."

Em 16 de setembro, enquanto Hitler exalava confiança em Rastenburg, o comboio transatlântico HX-150 partiu de Halifax, na Nova Escócia. Foi o primeiro a ser escoltado por navios de guerra norte-americanos. No dia seguinte, no norte da Rússia, a esquadrilha da Força Aérea Real britânica entrou em ação pela segunda vez. Nesse mesmo dia, o último ataque de Leeb em Leningrado mostrou-se incapaz de romper as defesas da cidade, e ele por fim teve que começar a despachar seus blindados para a frente de Moscou. "Nossas forças sofrerão um desgaste contínuo em Leningrado", um preocupado general Halder anotou em seu diário em 18 de setembro, "onde o inimigo concentrou recursos e forças substanciais, e a situação continuará difícil até o momento em que a fome começar a agir como nossa aliada."

Hitler ainda estava otimista em 17 de setembro, falando com alarde a seus convidados em Rastenburg sobre o futuro desaparecimento da Rússia. A Crimeia forneceria à Alemanha frutas cítricas, algodão e borracha: "Abasteceremos de grãos todos os europeus que necessitarem". Aos russos seria negada a educação: "Encontraremos entre eles a mão de obra humana indispensável para lavrar o solo". Os colonos e governantes alemães na Rússia teriam que constituir entre si "uma sociedade fechada, como uma fortaleza. O mais insignificante de nossos cavalariços deverá ser superior a qualquer nativo".

As forças alemãs estavam agora às portas de Kiev, a terceira maior cidade soviética, atrás apenas de Moscou e Leningrado. Em 16 de setembro, após quatro dias de apelos urgentes do general Kirponos a Stálin, nos quais ele alegou que muito em breve seria tarde demais para retirar as tropas soviéticas da cidade e arredores, o marechal Timotchenko por fim autorizou a retirada de Kiev. Stálin, porém, levaria mais 48 horas para confirmar a ordem. Em 18 de setembro, quando a retirada tardia se iniciou, a coluna de mil homens comandada pelo general Kirponos caiu numa emboscada e se viu cercada. Atingido por estilhaços de mina na cabeça e no peito, Kirponos morreu em menos de dois minutos. Seus exércitos lutaram bravamente para escapar da armadilha. Embora 15 mil soldados tenham conseguido fugir, os alemães fizeram cerca de meio milhão de prisioneiros. Para o Exército Vermelho, foi uma grave e enorme perda de força de combate. Mas os alemães também tinham seu próprio quinhão de preocupações; na mesma semana, Berlim anunciou que 86 mil alemães militares germânicos haviam morrido desde o início da invasão à Rússia três meses antes.

Nos círculos militares alemães surgiram novos motivos de preocupação em setembro, quando as guerrilhas de Tito se fortaleceram dentro da Iugoslávia ocupada. Na madrugada de 17 de setembro, um submarino britânico, operando de Malta, levou um agente britânico, o coronel Duane Tyrell Hudson, à costa da Dalmácia, perto de Petrovac. Ele imediatamente fez contato com Tito e com Mihailović, o líder dos tchetniks.

Uma semana após a chegada de Hudson à Iugoslávia, os guerrilheiros de Tito, um total de 70 mil homens com poucas armas e pouca munição, capturaram a cidade de Užice, cuja fábrica de fuzis produzia quatrocentas armas por dia. Eles mantiveram a posse da cidade por dois meses. A resistência na Iugoslávia, assim como na Rússia, começou a acossar e paralisar um número considerável de tropas alemãs.

18. A Rússia encurralada

SETEMBRO-OUTUBRO DE 1941

Em 19 de setembro de 1941, as forças germânicas entraram em Kiev. Nesse dia, Leningrado sofreu seu pior bombardeio aéreo e de artilharia de toda a guerra, ocasião em que 276 bombardeiros alemães romperam as defesas antiaéreas da cidade. Mais de mil cidadãos foram mortos, inclusive muitos que, já feridos, estavam internados em um hospital municipal atingido pelas bombas. Dois dias depois, em 21 de setembro, 180 bombardeiros atingiram a ilha de Kronstadt, a principal guarnição de defesa de Leningrado, causando graves estragos ao estaleiro.

De Londres, com autorização de Churchill, entre os dias 20 e 25 de setembro, a inteligência britânica enviou a Stálin uma série de avisos, baseados na leitura de mensagens secretas Abutre enviadas da e para a frente oriental, com detalhes sobre as intenções e movimentações alemãs na frente de Moscou. Esses pormenores incluíam informações sobre a localização e o poderio das forças germânicas aéreas e terrestres concentradas na área de Smolensk. No caso da Grã-Bretanha, todavia, o final da segunda semana de setembro trouxe más notícias no mar. No dia 20 desse mês, um comboio de navios mercantes com destino a Gibraltar perdeu cinco de suas 27 embarcações ao sofrer um ataque de submarinos alemães. O moral se elevou brevemente quando uma aeronave germânica, que sobrevoava o comboio e transmitia por rádio aos comandantes dos submarinos a localização dos navios mercantes, foi abatida por uma das embarcações de escolta. No entanto, um dos navios mercantes, o *Walmer Castle*, ao se desgarrar do comboio para resgatar sobreviventes de dois dos navios torpedeados, foi bombardeado por aviões e afundado. No dia seguinte, 21 de setembro, os submarinos alemães desapareceram; haviam encontrado outro alvo, um comboio que zarpara de Serra Leoa rumo à Grã-Bretanha — em três noites, eles afundaram nove de seus 27 navios.

* * *

Na frente oriental, unidades da SS lutavam ao lado de formações regulares do exército alemão. Vez por outra, sua brutalidade ficava especialmente evidente, como em 23 de setembro, quando, nas imediações de Krasnáia Gora, em represália pelo assassinato de três sentinelas da SS, todos os moradores de uma aldeia foram perfilados e metralhados. Em outras ocasiões, o que chamava a atenção era o destemor dos integrantes da SS, como em 24 de setembro, em Luchno, quando um cabo, Fritz Christen, depois de ver todos os soldados de sua bateria morrerem em combate, permaneceu operando seu canhão e inutilizou treze tanques soviéticos. Christen, o primeiro soldado da SS-Totenkopfverbände a receber a Cruz de Ferro de Primeira Classe com a cobiçada Cruz de Cavaleiro, mais tarde foi levado a Rastenburg para ser pessoalmente condecorado por Hitler.

No Extremo Oriente, os japoneses elaboravam planos para começar sua guerra com os Estados Unidos por meio de um ousado ataque à base naval norte-americana em Pearl Harbour, no meio do Pacífico. Em 24 de setembro, o cônsul japonês no Havaí, Nagai Kita, foi instruído a dividir Pearl Harbour em cinco zonas e informar o governo japonês sobre o número exato de navios de guerra atracados em cada uma delas. O Serviço de Decodificação de Sinais norte-americano no Havaí interceptou essa mensagem, mas, sem contar com equipamentos de descriptografia, teve que enviá-la a Washington a bordo de um clíper da Pan Am. Havia apenas um voo por semana, mas o de 26 de setembro foi cancelado devido ao mau tempo. A mensagem interceptada foi, então, enviada por mar, chegando a Washington em 6 de outubro. A falta de pessoal para trabalhar na decifração e o fato de a mensagem não utilizar a linguagem do sistema de códigos ultrassecreto resultaram em mais três dias de atraso; mesmo assim, quando por fim foi decodificada, os estadunidenses avaliararam que ela versava apenas sobre uma missão de espionagem de rotina, como muitas outras em uma dezena de lugares diferentes; ordens semelhantes, por exemplo, vinham sendo decifradas por agentes em Manila, Panamá e Seattle.

Stálin, nesse meio-tempo, continuou a ser informado sobre o conteúdo das mensagens Enigma por meio das quais os alemães transmitiam seus planos e posições militares mais secretos. O único outro russo a ter acesso a esse tipo de informação era o chefe do estado-maior geral, o marechal Chápochnikov. Sempre que os russos pediam a fonte das mensagens, Cecil Barclay, o oficial de ligação especial junto à missão militar britânica, era instruído a manter sigilo absoluto quanto às interceptações e a dizer que as informações vinham de um oficial do Ministério da Guerra alemão.

Em 25 de setembro, os germânicos lançaram seu ataque ao sul. A intenção de Hitler era que essa ofensiva precedesse o ataque iminente a Moscou, para o qual as unidades blindadas alemãs transferidas da frente de Leningrado estavam se reagrupando. Mas essa dupla incursão em direção a Carcóvia e à Crimeia, que, segundo os planos do Führer, seria realizada a toque de caixa, foi contida e frustrada por uma vigorosa defesa soviética. Um novo e poderoso tanque russo, o T-34, começou a dominar o campo de batalha. No dia 26 de setembro, a SS-Totenkopfverbände foi obrigada a colocar em ação pela primeira vez seus esquadrões de aniquilação de tanques para atacar o T-34, contra o qual, até então, seus devastadores canhões antitanque vinham se mostrando ineficazes. Esses esquadrões eram formados por dois oficiais e dez homens que, munidos de mochilas carregadas de minas, granadas e bombas, avançavam a pé em direção a qualquer tanque que penetrasse a linha defensiva alemã e, com esses explosivos portáteis, destruíam ou inutilizavam os blindados o mais rapidamente possível.

Também em 26 de setembro, o capitão Max Seela, da SS, demonstrou o que poderia ser feito ao destruir o primeiro dos sete tanques russos que haviam alcançado a posição alemã. Sozinho, Seela rastejou até o tanque, colocou dois sacos de explosivos contra a torre giratória e os detonou com uma granada. Em seguida avançou, com seu pelotão, para destruir os tanques soviéticos restantes. Enquanto lutavam para escapar de seus veículos em chamas, os tanqueiros russos eram mortos a tiros, um por um.

Não apenas na batalha, mas muito atrás das linhas, a crueldade continuou a ser uma característica cotidiana da guerra no leste. Ainda em 26 de setembro, quando um policial lituano que patrulhava uma rua no gueto de Kovno julgou ter ouvido um tiro, 1800 judeus que viviam nas ruas — homens, mulheres e crianças — foram presos, transportados em caminhões até um dos fortes pré-Primeira Guerra Mundial na periferia da cidade e fuzilados. No dia seguinte, sem nenhuma provocação, 3446 judeus na cidade lituana de Eišiškės, incluindo mais de oitocentas crianças, foram levados para covas especialmente abertas no cemitério judaico e abatidos por metralhadoras.

Agora a dimensão dos assassinatos cometidos pela força-tarefa especial excedia qualquer coisa jamais registrada: no final de setembro, em um massacre que durou dois dias, 33 771 judeus foram mortos a tiros na ravina de Babi Iar, nas cercanias de Kiev, e outros 35 782 "judeus e comunistas", segundo o Relatório da Situação Operacional na URSS n. 101, de 2 de outubro, foram trucidados nas cidades de Nikoláiev e Kherson, às margens do mar Negro. Também houve queixas por parte dos alemães de que seu trabalho de matar judeus em massa estava sendo obstruído. Em 28 de setembro, em Kremenchuk, o prefeito russo, Senitsa Vertchóvski, ordenou o batismo de várias centenas de judeus com o objetivo de protegê-los do morticínio. Acabou preso e morto a tiros.

Em 27 de setembro, forças alemãs capturaram Perekop, isolando a Crimeia do restante do sul da Rússia. Nesse dia, no estaleiro de Baltimore, os Estados Unidos lançaram um navio mercante de 10 mil toneladas, o *Patrick Henry* — o primeiro de uma série de milhares de embarcações padronizadas e produzidas em massa conhecidas como "navios da liberdade", que, por seus números superlativos e construção rápida, compensariam as perdas infligidas à Grã-Bretanha pelos incessantes ataques de submarinos alemães. Como muitas de suas peças eram pré-fabricadas antes da montagem final, um desses navios, o *Robert E. Peary*, foi construído no extraordinário tempo recorde de quatro dias.

Em 28 de setembro, o primeiro comboio britânico de suprimentos de guerra para a Rússia, o PQ-1, deixou a Islândia rumo a Arkhangelsk. Dois dias depois, em discurso na Câmara dos Comuns, Churchill anunciou que toda a produção de tanques britânicos da semana seria enviada para a Rússia. Grandes quantidades de alumínio, borracha e cobre, como Stálin havia solicitado anteriormente, já tinham sido encaminhadas. Em 2 de outubro, enquanto as forças germânicas se preparavam para lançar a Operação Tufão contra Moscou, Churchill lia as mensagens secretas alemãs com detalhes do ataque. "Você está alertando os russos sobre a atual concentração de tropas?", ele perguntou ao chefe do serviço de inteligência, e acrescentou: "Mostre-me as últimas cinco mensagens enviadas a eles...".

Em Moscou, a missão anglo-americana chefiada por Lord Beaverbrook e Averell Harriman avaliava as solicitações russas e fazia o máximo possível para atender a elas. Foram os norte-americanos, por exemplo, que conseguiram atender ao apelo de Stálin por quatrocentas toneladas de arame farpado por mês. Em 30 de setembro, Lord Beaverbrook concordou em enviar à Rússia todo o quinhão britânico das futuras remessas dos Estados Unidos: 1800 aviões de combate, 2250 tanques, quinhentas armas antitanque, 23 mil metralhadoras, 25 mil toneladas de cobre, 27 mil toneladas de borracha e 250 mil capotes militares.

A extensão do compromisso material da Grã-Bretanha com a Rússia era de proporções gigantescas, cobrindo todas as facetas da guerra naval, aérea e terrestre. Os russos receberiam, em nove remessas mensais, um total de 1800 caças Hurricane e Spitfire britânicos, novecentos aviões de combate e novecentos bombardeiros de fabricação norte-americana. À marinha soviética seriam fornecidos, "antes do final de 1941", 150 conjuntos Asdic de detecção de submarinos, 1500 canhões navais, 3 mil metralhadoras antiaéreas e oito contratorpedeiros. A lista de demandas imediatas do Exército Vermelho era impressionante, erodindo as necessidades bélicas essenciais da Grã-Bretanha e dos Estados Unidos, e incluía, por mês, mil tanques, com "um complemento adequado de acessórios e peças sobressalentes", trezentos canhões antiaéreos, trezentos canhões antitanque e 2 mil blindados equipados com armamento antitanque.

Outras necessidades soviéticas que os governos britânico e norte-americano prometeram suprir incluíam 4 mil toneladas de alumínio por mês, quantidades substanciais de cobre, estanho, chumbo, latão, níquel e cobalto, 13 mil toneladas mensais de barras de aço para obuses, bem como diamantes industriais, máquinas-ferramentas, borracha, lã e juta. Aos soldados do Exército Vermelho a Grã-Bretanha forneceria imediatamente 3 milhões de pares de botas militares, seguidos por 400 mil pares por mês. Além disso, os estadunidenses enviariam também 200 mil pares mensais de sapatos militares, e mais de 1 milhão de metros de tecido para a confecção de fardas seriam fornecidos mensalmente.

Outras comissões anglo-americanas em Moscou haviam concordado em fornecer 20 mil toneladas mensais de derivados de petróleo, incluindo óleo lubrificante para motores de aviões, navios para viabilizar o transporte mensal de até meio milhão de toneladas de alimentos, gasolina e material bélico, além de suprimentos médicos em uma escala vasta e abrangente, incluindo mais de 10 milhões de agulhas cirúrgicas e 500 mil pares de luvas.

Entre outros suprimentos médicos enviados para a Rússia incluíam-se 20 mil facas cirúrgicas e 15 mil serras de amputação, cem aparelhos portáteis de raio-X, 4 mil quilos de anestésicos locais, mais de 1 milhão de doses dos recém-descobertos antibióticos — entre os quais a sulfapiridina —, sedativos, estimulantes cardíacos e cerebrais, 800 mil fórceps — incluindo os utilizados em operações ósseas —, instrumentos para cirurgias no cérebro e oculares e 1 milhão de metros de oleado para a fabricação de curativos.

Não foi apenas Churchill que se empenhou para fornecer à Rússia o material militar e a ajuda médica necessários para resistir aos ataques dos alemães; em setembro, sua esposa, Clementine, lançou um apelo de ajuda à Rússia que teve enorme impacto junto à população, sobretudo entre os operários britânicos, "pois despertou o sentimento de solidariedade pelos russos em sua corajosa resistência", segundo relembrou um funcionário público anos depois. Em um mês, a campanha havia arrecadado dinheiro suficiente para enviar aos russos, sem demora, 53 equipamentos para cirurgias de emergência, trinta conjuntos de transfusão de sangue, 70 mil agulhas, meia tonelada — 1 milhão de doses — do analgésico fenacetina e sete toneladas de algodão absorvente para bandagens.

Enquanto esses suprimentos eram encaminhados à Rússia, o movimento dos recursos russos em direção ao leste, o mais longe possível do alcance dos exércitos alemães, aproximava-se de sua conclusão; na última semana de setembro, 1360 unidades industriais da Rússia ocidental já haviam sido transferidas com sucesso para os Urais, a Sibéria Ocidental, o Volga, o Cazaquistão e a Ásia Central. Ao mesmo tempo que essa importante e enorme massa de maquinaria de guerra era deslocada para o leste, em um número que, estima-se, chegou a 1,5 milhão de vagões de trem, as estradas de ferro do país transportavam 2,5 milhões de soldados na direção oposta, rumo ao oeste e à linha de frente. Uma realização formidável. Em 29 de setembro, o governo soviético ordenou a evacuação da maior fábrica de máquinas pesadas da Rússia, instalada em Kramatorsk, no sudeste de Carcóvia, para além dos Urais. Apesar dos incessantes bombardeios aéreos alemães, todos os procedimentos para o início da evacuação estavam prontos cinco dias depois.

Também em 29 de setembro, em Leningrado, elaboraram-se planos para definir as prioridades da atividade de resistência dos guerrilheiros em toda a região no entorno da cidade, incluindo a sabotagem das baterias de armas de cerco e assaltos noturnos aos quartéis alemães e pistas de pouso e decolagem. No dia seguinte, porém, as chances de uma rápida libertação de Leningrado sofreram um duro golpe quando tropas finlandesas invadiram as posições soviéticas em Petrozavodsk, no lago Onega.

Enquanto cientistas britânicos e estadunidenses trabalhavam no desenvolvimento de uma bomba atômica, Klaus Fuchs, um comunista ferrenho que emigrara da Alemanha para a Grã-Bretanha em 1933 na condição de refugiado, começou a repassar de forma clandestina os segredos do Tube Alloys — o codinome britânico e norte-americano para o projeto — a seu contato na embaixada soviética em Londres, Simon Davidovich Kremer, membro do estafe do adido militar. Meses depois, o contato de Fuchs passou a ser uma refugiada judia alemã, Ruth Kuczynski, codinome Sonya, cujo marido trabalhava na RAF.

Em 3 de outubro, o resultado das pesquisas britânicas foi comunicado oficialmente ao professor James Bryant Conant nos Estados Unidos e, seis dias depois, por seu intermédio, ao presidente Roosevelt — e, sem dúvida, via Fuchs, também chegou a Stálin. Aparentemente, o núcleo explosivo de uma bomba atômica pesando pouco mais de onze quilos seria capaz de explodir com uma força equivalente a 1800 toneladas de TNT. Seria necessária uma fortuna, no entanto, para construir o artefato.

Enquanto Fuchs trabalhava para alertar a Rússia sobre o progresso ocidental no projeto de criação da bomba atômica, os alemães lançaram a Operação Tufão, o ataque a Moscou. Em um comunicado transmitido em 2 de outubro, Hitler declarou: "Hoje começa a última grande e decisiva batalha da guerra". Em poucas semanas, a Alemanha teria "as três regiões industriais mais importantes dos bolcheviques" completamente nas mãos. "Enfim criamos os pré-requisitos para o golpe tremendo e definitivo que, antes do início do inverno, levará à destruição do inimigo."

Nesse dia, quase 2 mil tanques avançaram contra o exército russo. À distância, bem atrás das linhas de batalha, o dia 2 de outubro foi marcado pelo massacre em Zagare, a tiros de metralhadora, de "633 homens, 1017 mulheres, 496 crianças", todos judeus, 150 deles fuzilados enquanto resistiam a sair à força da cidade, e pelo assassinato de outros 976 judeus em Butrimonis, onde a força-tarefa especial alemã também organizara um "espetáculo", disponibilizando bancos no local de execução para que os lituanos locais pudessem assistir à carnificina com "visão privilegiada".

Durante dez dias, o exército alemão avançou ao longo da estrada em direção a Moscou. À medida que os nazistas se aproximavam da capital, os camponeses russos ateavam fogo a suas colheitas já ceifadas, afugentavam o gado e dinamitavam os principais edifícios de suas aldeias. Era a política de terra arrasada, definida de antemão e autoinfligida; aos alemães tudo deveria ser negado, exceto um terreno enegrecido.

Em Paris, ainda em 2 de outubro, o chefe da SS, Helmut Knochen, ordenou a destruição de sete sinagogas. Seis delas foram dinamitadas à noite; a sétima, após uma falha no detonador, foi pelos ares no dia seguinte, "por razões de segurança".

Na frente oriental, os alemães pareciam finalmente ter debilitado a resistência do adversário. Em 3 de outubro, tomaram Orel numa velocidade tão vertiginosa que os russos não tiveram tempo para destruir as fábricas remanescentes da cidade. Hitler, voltando de trem para Berlim por uma única tarde, declarou a uma enorme multidão reunida no Sportpalast: "Quarenta e oito horas atrás, tiveram início novas operações de dimensões gigantescas. Elas levarão à destruição do inimigo no leste. O inimigo já foi derrotado e jamais recobrará sua força".

Em 4 de outubro, o Führer estava de volta a Rastenburg. Nesse dia, em Kovno, a menos de duzentos quilômetros de distância, os alemães trancaram no prédio do hospital do gueto todos os pacientes, médicos e enfermeiros, bem como as crianças do orfanato adjacente, e em seguida atearam fogo ao edifício. Todos os que conseguiram escapar foram mortos a tiros. Três dias depois, em Rovno, começou o assassinato em massa de mais de 17 mil judeus.

Como os exércitos russos haviam sido rechaçados para Viázma e Briansk, no centro, e expulsos de Dnepropetrovsk, no sul, os generais alemães estavam radiantes. "Agora a operação segue para Moscou", escreveu em 5 de outubro, em carta particular, o intendente-geral do exército, Eduard Wagner. "Parece que o colapso final está próximo e que esta noite o Kremlin está fazendo as malas." Quanto ao discernimento militar de Hitler, Wagner acrescentou: "Desta vez ele está intervindo — e pode-se dizer que de maneira decisiva — na operação, e até agora ele acertou todas as vezes. A grande vitória no sul é obra exclusiva do Führer".

Em 6 de outubro, no setor sul, as forças alemãs entraram em Berdiansk, onde fizeram mais de 100 mil prisioneiros de guerra. Nesse dia, mais ao norte, caíram as segundas lufadas de neve do inverno. Em 7 de outubro, nevou no quartel-general de Hitler em Rastenburg.

Em 4 de outubro, e mais uma vez dois dias depois, Stálin foi informado diretamente por Churchill sobre a programação dos comboios a serem enviados a Arkhangelsk. Em 12 de outubro, chegariam vinte tanques pesados e 193 aviões de combate, seguidos, uma semana depois, por uma centena de caças, 140 tanques pesados, duzentos blindados ligeiros com metralhadoras Bren acopladas, duzentos fuzis antitanque e cinquenta canhões pesados. Em 22 de outubro chegaria um terceiro comboio, com duzentos caças e duzentos tanques pesados. Cada comboio levaria dezessete dias em sua jornada para contornar o cabo Norte, enfrentando tempestades no Ártico e ataques aéreos alemães.

Em 8 de outubro, no sul da Rússia, Mariupol caiu para o avanço alemão; as tropas de Hitler chegaram ao mar de Azov. "Em termos militares", disse o assessor de imprensa pessoal de Hitler, Otto Dietrich, a jornalistas estrangeiros em Berlim, no dia seguinte, "a Rússia soviética foi derrotada." Mas a resistência soviética não fora quebrada de maneira definitiva, tampouco os tanques T-34 foram sobrepujados. Na transmissão do serviço internacional da BBC, uma voz em alemão murmurava depois de sete batidas do tique-taque do relógio: "A cada sete segundos morre um alemão na Rússia. É seu marido? É seu filho? É seu irmão?".

Em 10 de outubro, Stálin retirou o general Júkov de Leningrado, onde haviam começado a ocorrer as primeiras mortes por fome, para que assumisse o comando de uma recém-formada frente ocidental e detivesse o avanço alemão sobre Moscou. O conselheiro político de Júkov em sua nova tarefa foi o marechal Nikolai Bulganin. Nessa tarde, em seu quartel-general de Rastenburg, Hitler disse aos que estavam com ele: "A lei da existência prescreve a matança ininterrupta, para que os melhores possam sobreviver". Não era apenas um pensamento em voz alta; no mesmo dia, 10 de outubro, o marechal Walther von Reichenau, comandante do 6º Exército alemão, emitiu uma diretriz na qual declarou: "O objetivo absolutamente essencial da campanha contra o sistema judaico-bolchevique é o esmagamento completo de seus meios de poder e o extermínio das influências asiáticas na região europeia". Isso, ele explicou, "impõe às tropas tarefas que vão além da rotina unilateral da guerra convencional"; assim, o soldado germânico "deve ter plena compreensão da necessidade de submeter a sub-humanidade judaica a uma expiação severa, mas justa".

O espírito da diretiva de Reichenau foi amplamente imitado; em 12 de outubro, no vilarejo iugoslavo de Zasavica, várias centenas de judeus e ciganos foram assassinados; os ciganos agora haviam se tornado parte da "sub-humanidade". Em seu Relatório da Situação Operacional na URSS n. 120, de 21 de outubro, a força-tarefa especial em operação na Sérvia registrou, "à guisa de exemplo", o fuzilamento de 2200 sérvios e judeus, em represália pelo ataque a um trem nos arredores de Topola em que 22 soldados alemães perderam a vida, e a execução de 1738 habitantes "e dezenove mulheres comunistas" em Kraljevo. Mais ao sul, na Grécia, próximo ao estuário do Struma, duas aldeias que haviam prestado "inequívoco" apoio aos guerrilheiros gregos foram incendiadas, e "todos os moradores do sexo masculino (202) fuzilados".

A primeira quinzena de outubro também foi contemplada no Relatório da Situação Operacional na URSS n. 124, compilado em Berlim em 25 de outubro. Entre as execuções de outubro registradas no documento estavam as de 627 judeus "liquidados" em Chklov, as de 812 "elementos racialmente e mentalmente inferiores" e as de 3 mil judeus no gueto de Vitebsk.

O destino dos soldados russos capturados pelos alemães era horripilante; entre meados de agosto e meados de outubro de 1941, somente no campo de concentração de Sachsenhausen, foram assassinados 18 mil prisioneiros de guerra russos — uma média de trezentos por dia. Um dos responsáveis pela organização da chacina foi o general Eicke, que se ferira na frente oriental.

Em 12 de outubro, as tropas russas foram forçadas a abandonar Briansk e Viázma. Oito de seus exércitos foram encurralados e destruídos, e 648 196 homens feitos prisioneiros. Nesse dia, os alemães tomaram Kaluga, 160 quilômetros a sudoeste de Moscou. "Notícias maravilhosas da Rússia", escreveu em carta à esposa, em 12 de outubro, o general Rommel, então no Deserto Ocidental. "Após a conclusão das grandes batalhas", ele previu, "podemos esperar que o avanço para o leste seja rápido e, assim, elimine qualquer possibilidade de o inimigo arregimentar novas forças em quantidade substancial." Dois dias depois, 140 quilômetros a noroeste de Moscou, a cidade de Kalinin* caiu nas mãos dos germânicos. Nesse dia, a primeira ofensiva alemã contra os guerrilheiros soviéticos, a Operação Karlsbad, foi lançada entre Minsk e Smolensk, onde a guerrilha ameaçava interromper uma essencial rota de abastecimento para a frente de batalha.

A primeira operação antiguerrilha não era o único motivo de preocupação para os alemães em 14 de outubro; nesse mesmo dia, quando os primeiros flocos de neve caíram em Leningrado, as temperaturas em toda a zona de batalha central despencaram para abaixo de zero. "A previsão do tempo não é uma ciência que se possa aprender de maneira mecânica", Hitler declarou nessa noite a sua comitiva em Rastenburg. No dia seguinte, 15 de outubro, um dos diários de regimento da SS-Totenkopfverbände registrou a primeira nevada substancial: 25 centímetros de neve.

Em toda a frente oriental, uma mistura de neve derretida e chuva torrencial criou uma lama espessa e pegajosa, que desacelerou e poderia até mesmo deter de vez o avanço dos tanques alemães; era uma lama que os tanques soviéticos T-34, com suas lagartas mais largas, estavam mais bem preparados para superar.

Em Odessa, em 15 de outubro, as autoridades militares soviéticas começaram a evacuação final de tropas e equipamentos. Nos dias anteriores, 86 mil homens já haviam sido embarcados; agora, em uma única noite, trinta transportes partiram do porto, com destino a Sebastopol, levando 35 mil homens. Mais de mil caminhões e quatrocentos

---

* Atual Tver; a cidade chamou-se Kalinin entre 1931 e 1990. (N. T.)

canhões, além de 20 mil toneladas de munição, haviam sido retirados mais cedo, em 192 viagens. Foi uma Tallinn sem sangue; uma terceira Dunquerque.

Também em 15 de outubro, todos os órgãos do governo soviético e todas as missões diplomáticas em Moscou foram instruídos a se preparar para a evacuação. Seriam transferidos para o leste, para a cidade de Kúibichev, no Volga. Nos acessos a Moscou, 56 pontes foram minadas, prontas para serem explodidas antes que os alemães pudessem atravessá-las. Dentro da própria cidade, outras dezesseis pontes receberam cargas explosivas, que seriam detonadas "tão logo o inimigo fosse avistado".

Embora Hitler já vislumbrasse Moscou quase ao alcance das mãos, seus subordinados ordenaram a deportação de 20 mil judeus e 5 mil ciganos das cidades alemãs para o gueto de Łódź, que a essa altura já era um cenário de fome, privações e desespero, e onde, somente no mês anterior, cem pessoas haviam morrido de inanição. Já no gueto de Varsóvia, onde o número diário de mortos era o dobro do de Łódź, os alemães, em 15 de outubro, impuseram "pena de morte" a todos os judeus que saíssem do bairro sem permissão, e também, em um aviso de igual severidade aos poloneses, a qualquer pessoa "que deliberadamente ofereça abrigo a esses judeus".

As ameaças da tirania eram terríveis; mas os alemães estavam se tornando inconsequentes em suas hostilidades. Em 16 de outubro, quando um comboio transatlântico vindo de Sydney, na ilha de Cape Breton, foi atacado por submarinos alemães, e cinco contratorpedeiros norte-americanos vieram em seu auxílio de bases na Islândia, um dos submarinos germânicos disparou contra um dos contratorpedeiros, o *Kearney*, que sofreu graves danos; onze marinheiros norte-americanos morreram.

"O torpedo de Hitler mirou todos os norte-americanos", Roosevelt declarou ao povo de seu país em um discurso no Dia da Marinha, onze dias depois. Mas ele ainda não estava preparado para declarar guerra à Alemanha. Já em Tóquio, no mesmo dia em que o *Kearney* foi torpedeado, o governo do príncipe Konoe foi forçado a renunciar, dando lugar a uma administração liderada pelo general Hideki Tōjō, seu ministro da Guerra. Para os que desejavam desafiar os Estados Unidos no campo de batalha, Tōjō era a escolha ideal como primeiro-ministro. Para Stálin, no entanto, era o fim da ameaça japonesa; na primeira semana de outubro, de Tóquio, Richard Sorge o avisou de que o governo japonês havia decidido que não lançaria nenhum ataque contra as fronteiras soviéticas pelo menos até a primavera de 1942. No mesmo instante, Stálin deu ordens para que mais tropas — metade das divisões do comando do Extremo Oriente — fossem enviadas para ajudar na defesa de Moscou. Ao todo, mais de oito divisões foram deslocadas para o oeste, juntamente com mil tanques e mil aeronaves. Assim que chegou a Moscou, uma das primeiras divisões transferidas recebeu ordens para entrar em ação em Borodino, às portas de Mojaisk, embora nesse momento apenas metade de seus regimentos estivesse reunida.

1. A invasão alemã da Polônia, 1º de setembro de 1939: panorâmica de uma posição polonesa depois de ser atingida, tirada de um bombardeiro alemão.

2. Tropas alemãs no trem a caminho do front polonês. O slogan inscrito na lateral do vagão diz: "Vamos à Polônia para esmagar os judeus" (ver página 24).

3. Soldados alemães entram na cidade polonesa de Gdynia, na costa do Báltico, setembro de 1939.

4. Prisioneiros de guerra poloneses, capturados pelos alemães em setembro de 1939.

5. Hitler passa suas tropas em revista em Varsóvia, 5 de outubro de 1939 (ver página 43).

6. As forças de ocupação alemãs na Polônia, incluindo artilharia puxada por cavalos, outubro de 1939.

7. A Guerra Russo-Finlandesa: uma igreja em chamas em Helsinque, depois de um ataque aéreo russo, 30 de novembro de 1939 (ver página 59).

8. A Guerra Russo-Finlandesa: soldados finlandeses abandonam sua trincheira enquanto uma granada russa explode por perto.

9. A guerra no mar: o encouraçado de bolso alemão *Admiral Graf Spee* é afundado de maneira deliberada após ser severamente danificado por canhões navais britânicos, 17 de dezembro de 1939 (ver página 63).

10. A "guerra de mentira": soldados alemães celebram o Natal em uma trincheira na frente ocidental, 25 de dezembro de 1939.

11. A Linha Siegfried, 14 de janeiro de 1940: o general Brauchitsch, comandante em chefe do exército alemão, numa operação de inspeção.

12. Março de 1940: em uma estação de bombardeiros na Grã-Bretanha, maços de folhetos são empilhados para serem despejados na Alemanha. Nesta foto publicitária, um dos aviadores segura um dos maços na portinhola especial através da qual os folhetos seriam lançados assim que o avião sobrevoasse seu "alvo".

13. Oslo, 9 de abril de 1940: tropas alemãs entram na Noruega (ver página 87).

14. Pilotos de caças Spitfire britânicos correm para suas aeronaves; esta fotografia foi publicada na revista *Picture Post* em 20 de abril de 1940.

15. Narvik: navios Aliados em chamas no porto, enquanto os alemães completam sua conquista da Noruega.

16. Holanda, 10 de maio de 1940: tropas de paraquedistas alemães pousam em um campo.

17. Holanda, 10 de maio de 1940: tropas de paraquedistas alemães se preparam para avançar.

18. Holanda, 14 de maio de 1940: Roterdam em chamas após um bombardeio alemão (ver página 100).

19. Bélgica, 15 de maio de 1940: tropas alemãs atravessam uma cidade belga a caminho de Bruxelas.

20. Holanda, 16 de maio de 1940: soldados alemães na margem do rio Mosa, em Maastricht.

21. Londres, 18 de maio de 1940: soldados se preparam para o combate com tropas de paraquedistas alemães (ver página 105).

22. Dunquerque, 27 de maio de 1940: tropas britânicas aguardam a evacuação.

23. À ESQUERDA: Dunquerque, 30 de maio de 1940: soldados e marinheiros franceses são resgatados do mar por um barco inglês.

24. PÁGINA AO LADO: Dunquerque, 3 de junho de 1940: soldados franceses e britânicos são feitos prisioneiros pelos alemães.

25. Floresta de Compiègne, 20 de junho de 1940: delegados franceses são conduzidos para as negociações do armistício (ver página 144).

26. Hitler em Paris, 23 de junho de 1940: com soldados alemães no aeroporto de Le Bourget (ver página 145).

27. Hitler em Paris, em frente à Torre Eiffel, 23 de junho de 1940.

28. Soldados alemães em treinamento para a invasão da Grã-Bretanha, julho de 1940.

29. Pilotos de aviões de combate alemães em um aeródromo na França, aguardando a próxima missão contra a Grã-Bretanha, agosto de 1940.

30. Um caça alemão abatido no sul da Inglaterra, agosto de 1940.

31. A Batalha da Inglaterra; rastros de fumaça do combate nos céus de Londres, 6 de setembro de 1940.

32. A Blitz de Londres: a estação de metrô de Balham é atingida por uma bomba alemã, 15 de outubro de 1940 (ver página 183).

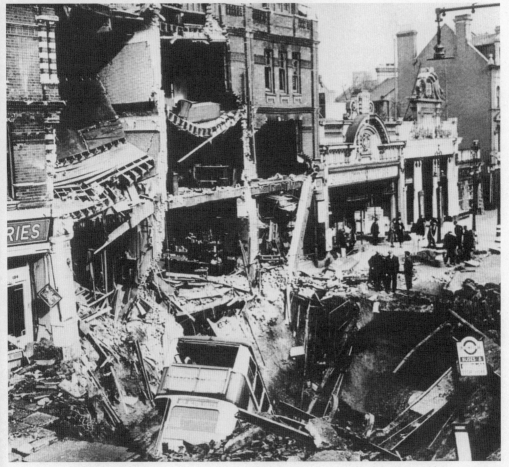

33. Hitler em Mönichkirchen, durante a campanha iugoslava, parabenizando oficiais designados para o batalhão de seu quartel-general. Ao fundo, o *Amerika*, o trem especial do Führer.

34. Creta, maio de 1941: navios de guerra britânicos atacados por aviões alemães na baía de Suda.

35. Prisioneiros de guerra britânicos em Creta, maio de 1941. Eles seriam mantidos em cativeiro, primeiro em Creta e depois na Alemanha, durante quatro anos.

36. ACIMA: Um túmulo de guerra britânico em Creta: o tenente Simson foi morto em combate em 20 de maio de 1941.

37. À DIREITA: Dois túmulos de guerra alemães em Creta: Theo Klier e Wilhelm Eiting foram mortos em combate em 22 de maio de 1941.

38. O encouraçado alemão *Bismarck* em ação contra o *Hood*, 24 de maio de 1941 (ver página 249).

39. Uma máquina Enigma alemã, por meio da qual eram enviadas as comunicações militares germânicas ultrassecretas, incluindo ordens para as linhas de frente. As mensagens cifradas alemãs eram interceptadas nos centros de escuta britânicos e enviadas para Bletchley Park, nos arredores de Londres, onde eram descriptografadas. Em seguida, seu conteúdo era transmitido aos estrategistas de Whitechapel e aos comandantes no campo de batalha. Foi graças à decifração de uma mensagem Enigma que se soube que o encouraçado *Bismarck* estava a caminho de Brest.

40. A invasão alemã da Rússia, 22 de junho de 1941: soldados germânicos avançam.

41. Soldados alemães percorrem uma estrada na Rússia, passando por prisioneiros de guerra russos que caminham na direção oposta.

42. Rússia, julho de 1941: a cidade de Smolensk em ruínas, enquanto as tropas alemãs se preparam para invadi-la.

43. Verão de 1941: exauridos da batalha, soldados alemães descansam ao lado de um tanque.

44. Julho de 1941: na fuselagem de seu caça, o tenente de voo Eric Stanley-Lock exibe as marcas das 26 aeronaves inimigas abatidas por ele, além de um "V de vitória".

45. Na Iugoslávia ocupada pelos alemães, o corpo de uma vítima iugoslava do terror nazista é mantido suspenso em uma das principais ruas de Belgrado, para dissuadir atos de rebeldia.

46. O Deserto Ocidental: a sepultura de um soldado australiano, 13 de agosto de 1941.

47. O Deserto Ocidental: soldados britânicos se rendem, 15 de agosto de 1941 (ver página 297).

48. Na Rússia, as tropas alemãs avançam. Esta fotografia foi tirada em 28 de outubro de 1941.

49. Outubro de 1941: russos mortos em uma das principais ruas de Leningrado, após um dos primeiros bombardeios de artilharia sobre a cidade.

50. Tropas soviéticas, sob o olhar atento de Stálin, preparam-se para a defesa de Moscou. Esta fotografia mostra a apresentação do Estandarte da Guarda à 1ª Divisão de Infantaria Motorizada da Guarda de Moscou, em 22 de novembro de 1941. No dia seguinte, as tropas alemãs chegaram a uma aldeia situada a apenas cinquenta quilômetros de Moscou (ver página 340).

51. Voluntárias russas deixam Moscou para escavar valas antitanque na linha de frente (ver página 322).

52. Pearl Harbour, 7 de dezembro de 1941. A fumaça sobe de navios de guerra norte-americanos atingidos, enquanto estilhaços da artilharia antiaérea explodem no céu (ver página 352).

53. Os encouraçados norte-americanos *West Virginia* e *Tennessee* ardem em Pearl Harbour, 7 de dezembro de 1941.

54. Um bombardeiro norte-americano destruído em solo na base aérea de Hickam Field, Pearl Harbour, 7 de dezembro de 1941.

55. Enterrando os mortos em Pearl Harbour: cerimônia em uma das muitas valas coletivas.

56. Lápide memorial a um dos soldados mortos em combate em Pearl Harbour, tão gravemente mutilado que foi impossível identificá-lo.

57. O front russo, 7 de dezembro de 1941: soldados alemães recuam de Moscou (ver página 354).

58. O ataque aéreo japonês a Hong Kong, 11 de dezembro de 1941.

59. Rendição de Hong Kong, 25 de dezembro de 1941 (ver página 365).

60. Tropas japonesas comemoram a vitória na Malásia, 31 de janeiro de 1942.

61. Tropas japonesas invadem a Birmânia, 31 de janeiro de 1942. A bandeira britânica tremula na ponte ferroviária que demarca a fronteira entre a Birmânia e a Tailândia.

Nas duas semanas que se seguiram à decisão de Stálin, tomada em 15 de outubro, de evacuar de Moscou os órgãos de governo e fábricas de armamentos, duzentos trens partiram da capital para as regiões do Volga e dos Urais; também deixaram a cidade 80 mil caminhões, transportando o maquinário essencial de quase quinhentas fábricas. Uma única fábrica de armas de infantaria exigiu doze trens.

Em 16 de outubro, havia outros trens seguindo para o leste, partindo não de Moscou, mas de várias cidades da Alemanha; a bordo deles estavam judeus a caminho do gueto de Łódź. Um dos trens, carregando 512 judeus, vinha de Luxemburgo. Cinco outros, transportando um total de 5 mil judeus, vinham de Viena. Outros cinco, com um número semelhante de deportados, tinham saído de Praga, e mais quatro, com 4187 judeus, vinham de Berlim. Quatro outros trens chegaram de Colônia, Frankfurt, Hamburgo e Düsseldorf. Daí em diante, os deportados passaram a compartilhar o mesmo destino dos judeus de Łódź.

Para os alemães, as condições climáticas na frente russa tornaram-se a principal preocupação. Em 16 de outubro, um piloto recém-chegado ao quartel-general de Hitler em Rastenburg relatou que toda a região estava coberta por uma camada de quinze centímetros de neve. "A chuva e a neve derreteram nossos sonhos mais delirantes", anotou em seu diário o general Hoffman von Waldau, chefe adjunto do estado-maior da força aérea alemã. "Está tudo atolado num pântano sem fundo. A temperatura despencou para -11ºC, caem trinta centímetros de neve, e depois chove em cima da neve."

Na noite de 17 de outubro, Hitler não parecia muito perturbado com o clima. Rjev, Bélgorod, Stalino e Taganrog — a menos de quinhentos quilômetros do Volga — haviam sucumbido aos exércitos alemães nas 48 horas anteriores. No sul, o general Erich von Manstein invadira a Crimeia. Nessa noite, em Rastenburg, Hitler detalhou a seus convidados, entre eles Fritz Todt, seus planos para a construção de vias expressas até a Crimeia e o Cáucaso. "Essas estradas", disse ele, "serão cravejadas, ao longo de toda a sua extensão, por cidades alemãs, e em torno delas nossos colonos irão se estabelecer" — não apenas alemães, mas escandinavos, e até mesmo cidadãos de "países ocidentais e dos Estados Unidos". Quanto aos habitantes locais, "teremos que selecioná-los criteriosamente. O judeu, esse destruidor, terá de ser expulso".

Enquanto Hitler falava na privacidade de seu quartel-general, o "ultrassecreto" Relatório da Situação Operacional na URSS n. 117 estava sendo compilado em Berlim, registrando que, na região de Nikoláiev, os distritos ocupados pela força-tarefa "foram extirpados de judeus" — nas duas primeiras semanas de outubro, 4091 judeus e 46 comunistas haviam sido executados, "elevando para 40 699 o total de mortes". Os judeus da Europa Ocidental sob domínio germânico tampouco teriam autorização para tentar fugir legalmente através de Portugal, um país neutro, como alguns poucos haviam conseguido. Em 18 de outubro, Himmler telefonou para Reinhard Heydrich, recém-nomeado protetor da Boêmia-Morávia, e lhe disse: "Não pode haver emigração de judeus para o exterior".

Não era apenas contra os judeus, mas também contra os guerrilheiros, que as forças-tarefas especiais agora agiam todos os dias. O Relatório da Situação Operacional na URSS n. 116, enviado de Berlim em 17 de outubro, descrevia os detalhes das atividades dos guerrilheiros na região de Gatchina, nos arredores de Leningrado, e os esforços para combatê-las. Numa tentativa de desestimular os atos de sabotagem, "dez pessoas tiveram de ser fuziladas em Slutsk". Em 18 de outubro, entre Smolensk e Viázma, a única rodovia leste-oeste eficaz para Moscou foi carregada de bombas de alto teor explosivo; detonadas por controle remoto, elas abriam crateras de nove metros de largura e 2,5 metros de profundidade.

Mais perto de Moscou, Mojaisk estava em chamas, enquanto Maloiaroslávets e Tarusa haviam sido ocupadas, evidenciando uma nova ameaça a Moscou pelo sul.

Na própria Moscou, começaram a ser formados destacamentos de trabalho para cavar valas antitanque ao redor da capital. Olga Sapojnikova, que trabalhou num desses destacamentos, escreveu mais tarde:

> Fomos levados alguns quilômetros além dos limites de Moscou. Éramos uma grande multidão, e nos disseram para cavar trincheiras. Estávamos todos muito calmos, mas atordoados, e não aguentamos trabalhar. No primeiro dia, fomos metralhados por um "chucrute"* que fez um rasante em cima de nós. Onze meninas morreram, e quatro ficaram feridas.

A vala antitanque cavada por Olga Sapojnikova e seus colegas de trabalho ficava entre Moscou e Kuntsevo. Outra, com seis quilômetros de extensão, ficava em Naro-Fominsk.

Em 18 de outubro, em Tóquio, as autoridades japonesas prenderam Richard Sorge. Uma extraordinária e bem-sucedida saga de espionagem da atividade diplomática alemã na capital do Japão chegava ao fim, três dias depois de Sorge ter finalmente conseguido tranquilizar Stálin quanto à vulnerabilidade da Rússia a um ataque no Extremo Oriente. Também foram presos 35 membros da rede que Sorge havia estabelecido, inclusive seus quatro principais confidentes, dois deles japoneses.

O espião de Stálin no Extremo Oriente provou sua devoção ao comunismo soviético e à sobrevivência da Rússia. Em 19 de outubro, em Moscou, Stálin proclamou estado de sítio e emitiu uma Ordem do Dia: "Moscou será defendida até o fim, até o último

---

* Os russos se referiam zombeteiramente ao inimigo alemão pelos nomes "chucrute", "Fritz", "Hans" e "Karlucho". (N. T.)

homem". Em Leningrado, em um gesto de afronta aos esforços alemães para forçar a cidade a se render, o professor Ióssif Orbeli, diretor do Museu Hermitage, obteve permissão para que meia dúzia dos mais renomados orientalistas da cidade fossem dispensados durante algumas horas da linha de frente a fim de comemorar o oitavo centenário de Nizami Ganjavi, o poeta nacional do Azerbaijão.

Em 20 de outubro, meio milhão de russos e russas haviam sido mobilizados em Moscou para cavar um total de 8 mil quilômetros de trincheiras e valas antitanque no entorno da cidade. Ao mesmo tempo, foram instalados trezentos quilômetros de arame farpado. Os alemães estavam agora a apenas cem quilômetros da capital soviética. Já ocupavam 1,6 milhão de quilômetros quadrados do território russo, com uma população de 65 milhões de habitantes, e tinham capturado mais de 3 milhões de soldados soviéticos. "Uma cena de pesadelo, dezenas de milhares de prisioneiros de guerra russos marchando quase sem a supervisão de guardas em direção a Smolensk. Já meio mortas de exaustão, essas lamentáveis criaturas caminham penosamente", anotou em seu diário em 20 de outubro o marechal de campo Fedor von Bock. "Movendo-se pelas estradas, as colunas de prisioneiros russos parecem manadas aparvalhadas de animais", observou nesse mesmo dia o coronel Erwin Heinrich René Lahousen, um assistente do almirante Canaris. O 6º Exército do general Reichenau, acrescentou Lahousen, "ordenou o fuzilamento de todos os prisioneiros que fraquejarem. Infelizmente, isso é feito à beira das estradas, até mesmo nas aldeias, para que a população local seja testemunha ocular desses eventos".

Em Londres, tão logo souberam que os exércitos alemães estavam a apenas cem quilômetros de Moscou, Churchill e seus chefes de estado-maior concordaram de imediato que os tanques britânicos fornecidos à Rússia fossem equipados com um estoque de peças sobressalentes para três meses, "seja qual for o sacrifício que isso possa acarretar".

Em 21 de outubro, na frente russa, os 2500 técnicos da fábrica de máquinas pesadas de Kramatorsk, a sudeste de Carcóvia, estavam prontos para acompanhar a fábrica evacuada para o leste, após três semanas de incríveis esforços para desmantelar seus equipamentos e acondicioná-los em trens para a viagem rumo à segurança. Quando por fim concluíram a evacuação de todo o maquinário, as tropas alemãs estavam a apenas onze quilômetros de distância. Os técnicos, incapazes de encontrar um trem, caminharam por trinta quilômetros até a estação mais próxima ainda em funcionamento.

Na Iugoslávia, em 21 de outubro, os alemães realizaram três massacres. Em Kragujevac, 2300 homens e rapazes foram assassinados, incluindo classes inteiras de estudantes do ensino fundamental e médio. Em Kraljevo, 7 mil pessoas foram mortas, e, na região de Mačva, morreram 6 mil homens, mulheres e crianças.

Nesse mesmo dia, na França, os alemães fuzilaram cinquenta reféns em Nantes, como represália pelo assassinato, um dia antes, do comandante militar da região, o tenente-coronel Hötz.

Também em 21 de outubro, em conversas em Rastenburg na hora do almoço, Hitler continuava obcecado pelos judeus. "Ao exterminarmos esta praga", disse a seus confidentes, "prestaremos à humanidade um serviço do qual nossos soldados não fazem a menor ideia."

Plenamente cientes de seu serviço à "humanidade", unidades do exército alemão uniram-se às forças-tarefas especiais, bem como aos soldados romenos, para cumprir ao pé da letra a diretiva do general Reichenau de 10 de outubro ordenando "o extermínio das influências asiáticas na região europeia". Em Odessa, 24 horas após o comentário de Hitler, teve início o assassinato em massa de 25 mil judeus, metade dos quais foram trancados em quatro grandes armazéns — em seguida, três deles foram incendiados. As vítimas que não morreram carbonizadas, ou que tentaram escapar por buracos no telhado ou através das janelas, foram recebidas com uma chuva de granadas de mão e tiros de metralhadora. Muitas mulheres enlouqueceram e arremessaram os filhos pequenos pelas janelas. O quarto armazém, abarrotado de homens, foi destruído por fogo de artilharia.

Na noite de 21 de outubro, todas as conversas privadas de Hitler giraram em torno do futuro arquitetônico de Berlim:

> Nada será bom o suficiente para o embelezamento de Berlim. Quem entrar na Chancelaria do Reich deve ter a sensação de estar visitando o senhor do mundo. Para chegar lá, será necessário percorrer largas avenidas, passando pelo Arco do Triunfo, o Panteão do Exército, a Praça do Povo — coisas de tirar o fôlego!

A nova Berlim, explicou Hitler, seria construída em granito: "O granito será a garantia de que nossos monumentos durarão para sempre".

19. "Decidindo o destino da Europa" (Hitler)

NOVEMBRO DE 1941

Em 22 de outubro de 1941, exercícios de defesa aérea foram realizados de uma ponta à outra do Japão, e Tóquio teve sua primeira simulação de blecaute. Nesse mesmo dia, uma aeronave japonesa de reconhecimento, desarmada, decolou de uma base aérea na Indochina para sobrevoar a península da Malásia; em seu relatório, o piloto aconselhou que os aeródromos britânicos de Kota Bharu e Alor Setar fossem os principais alvos da invasão. Também havia planos aprovados para atacar Pearl Harbour; uma mensagem enviada em 24 de setembro de Tóquio para Nagai Kita, instruindo-o a informar a localização de porta-aviões norte-americano na base, foi descriptografada em Washington em 9 de outubro, mas não causou alarme.

Em 24 de outubro, as forças alemãs entraram em Carcóvia, a segunda maior cidade da Ucrânia. Nesse dia, em Vilnius, 885 crianças estavam entre os 3700 judeus acossados nas ruas do gueto e levados para Ponary, onde foram fuzilados. Centenas de judeus, escondidos em porões para tentar escapar da perseguição, foram arrastados para a rua e assassinados ali mesmo.

"Da tribuna do Reichstag", Hitler disse a seus visitantes em Rastenburg nessa noite, "profetizei à judiaria que, a guerra sendo inevitável, os judeus desapareceriam da Europa." E acrescentou:

> Essa raça de criminosos tem na consciência os 2 milhões de mortos da Primeira Guerra, e agora de novo outras centenas de milhares. Que ninguém me diga que poderíamos enviá-los aos pântanos da Rússia! Quem se preocupa com nossa gente? Não é má ideia, aliás, que se espalhem os rumores de que temos um plano de extermínio da judiaria. O terror é uma coisa salutar.

No dia dessa recordação e reflexão de Hitler em Rastenburg, um funcionário público de Berlim, Adolf Eichmann, até então encarregado da emigração judaica, aprovou uma proposta apresentada uma semana antes por Hinrich Lohse segundo a qual os judeus — oriundos de Berlim, Viena e outras cidades do Reich, além de Luxemburgo — que estavam sendo deportados de trem para Riga deveriam, assim que chegassem a seu destino, ser mortos pela ação de gases tóxicos em "caminhões de gás". A decisão de usar caminhões com câmaras de gás móveis para assassinar judeus foi elaborada no mesmo dia, 25 de outubro, pelo juiz Alfred Wetzel, conselheiro sobre assuntos judaicos junto ao Ministério do Reich para os Territórios Ocupados do Leste. Ele observou que o dr. Viktor Brack, membro da Chancelaria cujo programa de eutanásia fora suspenso, já havia "coordenado o fornecimento de instrumentos e aparatos para matar pessoas por asfixia por gás venenoso". A fim de "colaborar com a instalação dos edifícios e usinas de gás necessários", explicou Wetzel, o dr. Brack estava disposto a enviar a Riga seu próprio químico, Helmut Kallmeyer. O objetivo, explicou Wetzel, era evitar "incidentes como os que ocorreram durante os fuzilamentos de judeus em Vilnius", quando as execuções "foram realizadas abertamente, à vista de todos". Os "novos procedimentos", explicou, "garantem que esses incidentes não serão mais possíveis".

Daí em diante foi posto em prática um esquema para matar judeus fora da vista da população local, sem expor soldados do exército regular ou das unidades da força-tarefa especial à necessidade de abater mulheres e crianças a sangue-frio e de voltar a disparar nas vítimas quando os primeiros disparos apenas as feriam. A partir de 27 de outubro, durante quatro dias, gaseamentos experimentais foram realizados na cidade de Kalisz, no oeste da Polônia. Ao todo, 290 judeus idosos foram tirados de um asilo e colocados em caminhões fechados, a pretexto de serem transferidos para uma casa de repouso semelhante em outra cidade. O escapamento fora ligado ao interior do veículo. Enquanto o caminhão dirigia devagar e com cuidado para um bosque nos arrabaldes da cidade, todos os idosos morreram asfixiados.

Quando a viagem final foi concluída, e todos os 290 judeus estavam mortos, os judeus sobreviventes de Kalisz receberam a conta dos custos do "transporte".

A combinação de ineficiência e inquietação de algumas tropas alemãs significava que era hora de colocar em prática o novo método de assassinato em massa. Enquanto o caminhão de gás de Kalisz fazia suas viagens da cidade para a floresta, chegaram a Berlim duas cartas que indicavam a natureza repugnante dos assassinatos cometidos pela força-tarefa especial. A primeira era de uma menina católica alemã, Margarete Sommer, que em 27 de outubro escreveu ao cardeal Adolf Bertram sobre um massacre ocorrido nesse dia em Kovno, no qual não apenas 8 mil judeus locais, mas também outros mil trazidos de trem da Alemanha foram assassinados no Nono Forte, um dos bastiões de defesa construídos no século XIX nos arredores da cidade. Dos mortos, de acordo com o relatório da força-tarefa especial responsável pela matança, 4273 eram crianças. Sommer escreveu:

> Os judeus tiveram que se despir, numa temperatura que talvez chegasse a -18ºC, e foram obrigados a entrar em "sepulturas" cavadas de antemão por prisioneiros de guerra russos. Em seguida, foram fuzilados por metralhadoras; por fim, os alemães jogaram granadas dentro das covas. Sem nem mesmo verificar se todos estavam de fato mortos, a força-tarefa ordenou que as valas fossem cobertas de terra.

O segundo protesto contra o método de assassinato em massa veio do comissário civil do Território de Slutsk, o dr. Carl, um alemão que relatou a seus superiores em Berlim, primeiro por telefone e depois por carta, os depoimentos de soldados germânicos em Slutsk durante uma batida policial em 27 de outubro. Judeus e bielorrussos haviam sido "espancados com porretes e coronhadas" nas ruas; anéis foram arrancados dos dedos "da maneira mais brutal"; e em diferentes ruas os cadáveres de judeus foram amontoados "em enormes pilhas". A ação, o dr. Carl acrescentou, "beirou o sadismo", a própria cidade sendo um "cenário de horror".

O destinatário da carta do dr. Carl, Wilhelm Kube, comissário-geral da Bielorrússia, a encaminhou a Berlim, aos cuidados do ministro do Reich para os Territórios Ocupados do Leste, Alfred Rosenberg. "Não é possível manter a paz e a ordem na Bielorrússia com métodos desse tipo", escreveu Kube. "Enterrar ainda vivas pessoas gravemente feridas, que depois conseguiriam sair de suas covas", ele afirmou, "é uma abominação tão extrema que o incidente deve ser informado sem demora e em detalhes ao Führer e ao Reichsmarschall."*

A evolução dos planos de extermínio sistemático por gaseamento garantiria que a maior parte das futuras execuções fosse realizada por detrás de uma máscara de sigilo, com recurso a métodos que um número muito menor de pessoas testemunharia, e em circunstâncias que reduziriam ao mínimo a chance de descoberta. Em antecipação à implementação do novo método, judeus com passaportes estrangeiros agora tinham negada a permissão para emigrar, mesmo dentro de regiões sob influência alemã. Em 28 de outubro, ao recusar o pedido de uma judia, Lily Satzkis, de se mudar da Alemanha nazista para a França de Vichy, Adolf Eichmann observou: "Em vista da aproximação da solução final da questão judaica, urge impedir a imigração de judeus para a área não ocupada da França".

---

* "Marechal do Reich", a mais alta patente das Forças Armadas do Sacro Império Romano-Germânico e também da Alemanha nazista. Durante a Segunda Guerra Mundial, foi atribuída a Hermann Göring. (N. T.)

No mesmo dia da carta de Eichmann, realizou-se um terceiro protesto, no quartel-general do marechal de campo Bock, em Smolensk. A julgar pelas anotações do coronel Lahousen em seu diário, a questão do fuzilamento de judeus em Borisov, antigo QG de Bock, foi levantada em uma reunião com o oficial de inteligência do general. "Sete mil judeus haviam sido liquidados lá", escreveu Lahousen, "feito sardinhas em lata." As cenas daí resultantes foram indescritíveis — "muitas vezes nem mesmo os assassinos conseguiam continuar, e tinham que recorrer ao pesado consumo de álcool".

Em 25 de outubro, a frente de Moscou foi coberta por uma profunda camada de neve. No dia seguinte, em Minsk, os alemães realizaram o primeiro enforcamento público, destinado a dissuadir as atividades da resistência. Três guerrilheiros foram executados: Kirill Trus, Volódia Tcherbátseivitch e Mária Bruskina, uma jovem judia de dezessete anos que trabalhara como enfermeira em um hospital de campanha para oficiais russos capturados na batalha de Minsk. Seu "crime" fora ter levado às escondidas para o hospital roupas e documentos de identidade falsos, o que facilitou a fuga de vários prisioneiros de guerra.

Em 28 de outubro, os alemães chegaram a Volokolamsk, 120 quilômetros a noroeste de Moscou. No dia seguinte, nos arredores de Borodino, as primeiras tropas soviéticas transferidas às pressas do Extremo Oriente entraram em ação. Ainda assim, os alemães estavam confiantes na vitória: "Estamos convencidos de que terminaremos em breve a missão em Moscou", comentou em 29 de outubro o general Wagner. Certamente não havia nenhum perigo de intervenção por parte dos Estados Unidos. Nesse mesmo dia, no Atlântico, o contratorpedeiro norte-americano *Reuben James*, que escoltava o comboio HX-156 oriundo de Halifax, na Nova Escócia, foi torpedeado por um submarino alemão e afundado; morreram afogados 115 tripulantes, incluindo todos os oficiais.

Pela segunda vez em duas semanas, Roosevelt nada fez. Ele estava determinado a não ser arrastado para a guerra, mas igualmente empenhado em dar auxílio às nações em guerra contra a Alemanha. Em 30 de outubro, um dia após o naufrágio do *Reuben James*, Roosevelt telegrafou a Stálin para comunicar que havia aprovado uma ajuda de 1 bilhão de dólares para a Rússia na forma de empréstimos e arrendamentos, sem cobrança de juros, e estipulando que o reembolso começaria cinco anos após o fim da guerra.

Em 31 de outubro, a força aérea alemã realizou 45 bombardeios sobre Moscou. Em Leningrado, os russos completaram a evacuação por via aérea de 17 614 operários de fábricas de armamentos e 8590 oficiais feridos do Exército Vermelho, da marinha e da aeronáutica. Atrás das linhas alemãs, no último dia de outubro, duzentos judeus foram fuzilados em Kletsk por terem tentado obter comida de não judeus que residiam

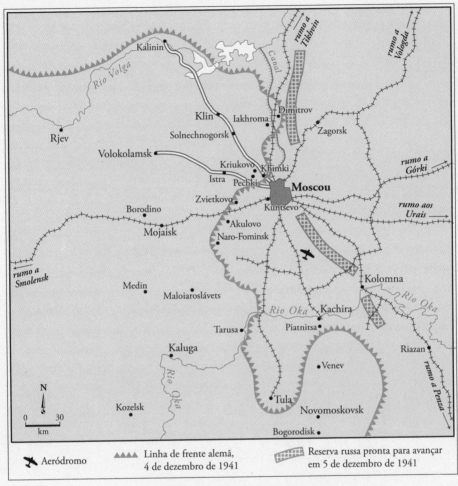

Mapa 24. A Batalha de Moscou, inverno de 1941

nas imediações do gueto. Nesse mesmo dia, dos Estados bálticos ocupados, o general Bach-Zelewski, da ss, informou orgulhosamente a Berlim no Relatório dos Territórios Ocupados do Leste n. 6: "Hoje, não há mais judeus na Estônia".

No sul da Rússia, as forças-tarefas especiais também estavam confiantes de que realizavam um trabalho completo e minucioso; em 31 de outubro, em Poltava, iniciaram-se as execuções: ao longo de seis dias, foram assassinadas 740 pessoas, listadas no Relatório da Situação Operacional na URSS n. 143 como "três funcionários políticos, um sabotador, 137 judeus, 599 doentes mentais". Outros duzentos pacientes do manicômio de Poltava, que haviam sido julgados "curáveis", foram enviados para trabalhar como operários em uma fábrica de implementos agrícolas. Depois das execuções, o próprio manicômio foi transformado em um hospital de campanha alemão, que se apropriou das "roupas íntimas, peças de vestuário e utensílios domésticos" dos ex-pacientes.

Em 30 de outubro, o almirante Canaris visitou Hitler em Rastenburg. Quando o Führer lhe perguntou como estava o tempo no front, ele respondeu em uma palavra: "Ruim!". Em 1º de novembro, a neve cobriu o chão durante todo o dia em Rastenburg. Hitler não se intimidou. "Se a Rússia for derrotada", ele disse a seus convidados em 2 de novembro, "a Europa se estenderá para o leste até os limites da colonização germânica. Nos territórios orientais, substituirei os topônimos eslavos por nomes alemães. A Crimeia, por exemplo, poderá ser chamada de Gothenland." Em 3 de novembro, em mais uma medida de germanização, a Catedral da Dormição de Kiev foi dinamitada.

Também em 3 de novembro, a leste de Leningrado, o exército alemão cortou a linha férrea para Vologda e se deslocou para Tikhvin, centro nevrálgico para a remessa aérea de suprimentos para Leningrado. Nesse mesmo dia, em Tóquio, foi emitida a Ordem Ultrassecreta da Frota Combinada n. 1 a todos os comandantes pertinentes: a base de Pearl Harbour deveria ser atacada dali a 34 dias. Haveria ataques simultâneos aos britânicos na Malásia e aos holandeses nas Índias Orientais Holandesas, e um novo ataque aos norte-americanos nas Filipinas.

Em 4 de novembro, um dia depois dessa decisão japonesa, o general MacArthur, comandante das forças norte-americanas e filipinas, recebeu uma carta do general Marshall, informando de Washington sobre a atitude do Congresso dos Estados Unidos. "Eles vão nos dar tudo o que pedimos", exclamou o chefe de estado-maior, encantado. Mas uma leitura cuidadosa da carta de Marshall mostrava que os tanques, armas e soldados que MacArthur havia solicitado, embora tivessem sido aprovados, só estariam plenamente operacionais e a postos para entrar em ação em abril de 1942.

Em 4 de novembro, a canhoneira soviética *Konstruktor*, que atravessava o lago Ladoga levando refugiados de Osinovets para Novaia Ladoga, em sua maioria mulheres e crianças, foi atingida por um bombardeiro de mergulho alemão; 170 refugiados e 34 tripulantes foram mortos. Em 6 de novembro, no 24º aniversário da Revolução Bolchevique, Stálin discursou em um comício de trabalhadores do Partido Comunista em Moscou realizado no subsolo, no salão de mármore ornamental da estação de metrô Maiakóvski. Os alemães eram "homens com a moral de animais selvagens", disse ele. "Se é uma guerra de extermínio que eles querem, então é o que vão ter."

Em 6 de novembro, dois dias depois de o general MacArthur ter recebido a carta de Marshall prometendo reforços para as Filipinas, aviões de guerra japoneses, decolando de seus porta-aviões, realizaram exercícios a 320 quilômetros de distância em um equivalente japonês de Pearl Harbour, a baía de Kagoshima, adotando os mesmos métodos de ataque que seriam usados no dia da ofensiva propriamente dita.

Em 7 de novembro, Stálin estava na praça Vermelha, onde, do alto do mausoléu de Lênin, bateu continência para passar em revista suas tropas. Em seu discurso, ele as exortou a fazerem o máximo possível para defender a "santa Rússia". Da praça Vermelha, os soldados marcharam pela rua Górki e depois para a frente de batalha. Durante a noite, o solo congelou, permitindo que os tanques alemães seguissem em frente, livres da lama repugnante, penetrante e pegajosa que constituíra um obstáculo a seu avanço durante as duas últimas semanas de outubro.

Enquanto Stálin via seus soldados deixarem a praça Vermelha rumo à linha de combate após a parada de 7 de novembro, Roosevelt ampliava oficialmente a Lei de Empréstimos e Arrendamentos para abranger a União Soviética, que já tinha recebido quantidades consideráveis de armamentos norte-americanos e de armas britânicas fabricadas nos Estados Unidos. A Grã-Bretanha, por sua vez, renovou seus pesados ataques aéreos contra a Alemanha; dos quatrocentos aviões envolvidos nos raides de 7 de novembro, em Berlim, Colônia e Mannheim, 37 foram perdidos devido às condições meteorológicas excepcionalmente ruins.

Durante vários dias, em vez de bombas, os bombardeiros alemães despejaram panfletos em Leningrado, alertando os habitantes a tomarem cuidado com o dia 7 de novembro. "Vão aos banhos públicos", aconselhavam os folhetos. "Coloquem seus vestidos brancos. Façam sua última refeição. Deitem-se em seus caixões e se preparem para morrer. Em 7 de novembro os céus ficarão azuis — a cor da explosão das bombas alemãs."

Também em 7 de novembro, enquanto bombas britânicas caíam em Berlim, bombas alemãs eram despejadas em Leningrado, e, atrás das linhas alemãs, nos arredores de Minsk, na Bielorrússia, 12 mil judeus eram massacrados em valas coletivas. Três dias depois, um trem chegou a Minsk transportando mil judeus de Hamburgo. Mais tarde, uma testemunha ocular recordou: "Os alemães se sentiam como pioneiros trazidos para colonizar o Leste". Quase nenhum judeu sobreviveu à matança dos meses seguintes; ainda em novembro, outros 6 mil judeus que haviam chegado de Frankfurt, de Bremen e da Renânia tiveram o mesmo destino.

"Não importa quanto tempo a guerra dure", disse Hitler em 8 de novembro, na celebração anual do *Putsch* da cervejaria em Munique, "o último batalhão em campo será alemão." E acrescentou, em tom de triunfo: "Estamos decidindo o destino da Europa para os próximos mil anos". No dia seguinte, no Mediterrâneo, dois comboios ítalo-alemães, levando combustível para a força aérea germânica e uma grande remessa de transportes motorizados para o exército de Rommel, no Norte da África, foram atacados por uma esquadra naval britânica composta de dois cruzadores, um submarino e dois contratorpedeiros. Todos os dez navios de abastecimento do Eixo foram afundados. Suas cargas, sua data de partida, a dimensão de sua escolta e sua rota através do Mediterrâneo haviam sido decifradas pela espionagem britânica a partir das mensagens de rádio ultrassecretas da marinha italiana, o que agora ocorria com regularidade e sem nenhum empecilho.

Também em 8 de novembro, na Rússia, a cidade de Tikhvin, responsável pelo abastecimento de Leningrado, caiu para os alemães. O cerco de Leningrado estava completo. No dia seguinte, na Crimeia, forças alemãs ocuparam Ialta. Na Iugoslávia, o general Draža Mihailović e suas forças de tchetniks, em vez de atacarem os alemães, revelaram, em 9 de novembro, a intenção de destruir Tito e sua guerrilha comunista. Os alemães ganharam um aliado inesperado e involuntário.

Em 9 de novembro, a guerra contra o Eixo registrou um êxito na Grã-Bretanha, quando dois agentes a serviço dos alemães — ambos noruegueses e de codinomes Jack e OK, que haviam desembarcado na Escócia sete meses antes e logo concordaram em trabalhar para os britânicos — "organizaram" um ato de sabotagem num armazém do Ministério da Alimentação em Wealdstone, nos arredores de Londres. "Bomba incendiária em depósito de alimentos", informou um jornal britânico. "Suspeita de incêndio criminoso em depósito de alimentos", noticiou outro. Para o coronel Lahousen, era um triunfo para os esforços de sabotagem de Jack e OK. Para os britânicos, a prova de que seu sistema de agentes duplos continuava a funcionar, graças, nessa ocasião, aos homens que eles conheciam como Mutt e Jeff.

Nesse mesmo dia, à noite, a Orquestra Sinfônica da Rádio de Leningrado, sob a regência de Karl Eliasberg, executou a Nona Sinfonia de Beethoven na Filarmônica da cidade. O concerto foi transmitido ao vivo para Londres. Eliasberg relembrou mais tarde:

> Duas partes da sinfonia foram tocadas sem interrupção. Quando começou o terceiro movimento, ouvimos o gemido das sirenes, e, logo em seguida, o impacto de bombas caindo nas proximidades e o trovão de canhões antiaéreos. O prédio estremeceu. Com esse acompanhamento, a orquestra tocou a sinfonia até o fim. O locutor se despediu e desejou boa noite a nossos ouvintes na Grã-Bretanha.

Em 12 de novembro, a temperatura na frente de Moscou caiu para -12°C, e muitos soldados alemães constataram que as geladuras eram um inimigo inesperado e paralisante. Em Berlim, Hitler ainda falava sobre as consequências da vitória sobre a Rússia. "Daremos aos nativos tudo de que precisam: fartura de comida e bebida ordinária. Se eles não trabalharem, serão despachados para campos de concentração e privados de álcool." De laranjas a algodão, acrescentou o Führer, "podemos cultivar qualquer coisa naquele país".

Hitler tinha motivos para estar de bom humor nessa semana; no mar, em 13 de novembro, ao largo de Gibraltar, um submarino alemão, o U-81, comandado pelo tenente Guggenberger, havia torpedeado o porta-aviões britânico *Ark Royal*, que afundou no dia seguinte. Na mesma data, contudo, ocorreu um evento que compensou o duro golpe da perda do *Ark Royal*; por uma margem que um historiador descreveu como "assustadoramente estreita", de 212 votos a 194, o Congresso dos Estados Unidos alterou a Lei de Neutralidade, não somente para permitir que todos os navios mercantes norte-americanos viajassem armados, mas para autorizar sua passagem por zonas de guerra. "Isso é uma grande ajuda para nós", o rei George VI anotou em seu diário dois dias depois, "embora o presidente, ao que tudo indica, tenha precisado enviar uma mensagem especial ao Congresso para obter a aprovação."

A cada par de dias, de Berlim, trinta altos funcionários públicos alemães — às vezes até mais — recebiam os Relatórios da Situação Operacional na URSS. Em 14 de novembro, o relatório n. 133 foi despachado para sessenta pessoas. Ele trazia detalhes sobre alguns massacres de judeus realizados em outubro: novecentos mortos em Miecislau; 2200 em Górki, a nordeste de Mogilev; 3726 "de ambos os sexos e de todas as idades" na própria Mogilev. Nesse mesmo dia, em uma carta enviada ao jornal anglo-judaico *London Jewish Chronicle* por ocasião de seu centenário, Churchill afirmou: "No que diz respeito às inomináveis perversidades engendradas por Hitler e seu abominável regime sobre os corpos e espíritos dos homens, ninguém as sofreu com maior crueldade do que o judeu".

Churchill tinha conhecimento de uma parcela dos assassinatos cometidos no leste por conta da leitura de mais de dezessete mensagens da polícia alemã interceptadas e decifradas pela inteligência britânica e por seu escrutínio regular de um resumo secreto semanal de todas as mensagens captadas do inimigo. Em sua carta ao *Jewish Chronicle*, ele acrescentou:

> O judeu foi o primeiro a sofrer os ataques empreendidos pelo nazismo contra os baluartes da liberdade e da dignidade humana; o judeu suportou e suporta ainda o insuportável jugo; o judeu não deixou que esse jugo lhe quebrantasse o espírito e não perdeu o desejo de enfrentá-lo.

Os Relatórios da Situação Operacional na URSS detalharam mais de uma centena de exemplos de resistência judaica no outono e no inverno. E forneceram também pormenores da participação dos judeus na atividade de guerrilha. O relatório de 14 de novembro, por exemplo, discorreu sobre a detenção e a execução em Mogilev de 55 guerrilheiros, 22 dos quais eram judeus "que trabalhavam com zelo fanático para fortalecer ainda mais a organização". Também em Mogilev, o relatório apontou, seis judeus e uma judia — Fania Leikina — "foram executados por se recusarem a usar o distintivo judaico e por espalharem propaganda inflamatória antigermânica".

Os responsáveis por levar a cabo essas execuções e assassinatos, fosse no campo de batalha ou nos campos de concentração, não eram elegíveis para receber a Cruz de Ferro. Mas seus comandantes queriam que fossem recompensados. Aparentemente, a Cruz do Trabalho de Guerra era uma condecoração adequada. Em 14 de novembro, o comandante do campo de concentração de Gross-Rosen, na Silésia, indagou quais "razões" deveriam ser listadas para justificar a atribuição da Cruz. Seriam as "execuções, isto é, ações especiais", ou algo mais "rotineiro"? Seis dias depois, ele recebeu a resposta do inspetor interino dos campos de concentração, o tenente-coronel da SS Arthur Liebehenschel. No item "razões", aconselhou Liebehenschel, o comandante deveria considerar a "conclusão de tarefas de vital importância na guerra". E acrescentou: "A palavra 'execução' não deve em nenhuma hipótese ser mencionada".

Uma das figuras mais profundamente envolvidas nessas execuções, Hinrich Lohse, comissário do Reich para os Estados bálticos e a Bielorrússia, tomou decisões independentes no início de novembro, quando, em Liepāja, ordenou a interrupção da matança em andamento. Indagado por seus superiores acerca dos motivos para isso, ele respondeu, em 15 de novembro, que "a maneira como os assassinatos estão sendo realizados não tem justificativa possível". Sua decisão era pautada não por razões morais, mas econômicas: o cerne de sua queixa era a destruição de um vasto contingente de mão de obra que poderia ser útil para a economia de guerra. Era a intenção dos alemães, perguntou Lohse, que os judeus fossem exterminados "independentemente de idade, sexo ou fatores econômicos?". Em resposta, o ministro do Reich para os Territórios Ocupados do Leste, Alfred Rosenberg, afirmou que as exigências da economia "devem ser ignoradas".

O mês foi marcado por outras atitudes extremas do nazismo: em 15 de novembro, Himmler emitiu um decreto, em nome de Hitler, determinando que, dali em diante, qualquer membro da SS ou policial que "se envolvesse em comportamento indecente com outro homem ou permitisse ser abusado por ele para fins indecentes será condenado à morte e executado".

Em 15 de novembro, na frente de batalha, ganhou destaque uma queixa do general Eicke, que retornara do campo de concentração de Sachsenhausen para comandar a SS-Totenkopfverbände. Segundo ele, dentro das fileiras da divisão, muitos alemães étnicos — indivíduos de língua e cultura germânica que viviam em regiões além das fronteiras da Alemanha de 1938 — estavam ferindo a si mesmos para não ter que lutar na guerra.

Os incidentes de covardia eram comuns entre eles, escreveu Eicke. Mas as pressões da batalha estavam começando a afetar os cidadãos alemães; desde que entrara na Rússia, quatro meses e meio antes, sua divisão havia sofrido 8993 baixas, metade de seu efetivo inicial. No dia seguinte, 16 de novembro, registraram-se péssimas condições climáticas, em virtude do inverno excepcionalmente rigoroso, em toda a frente oriental; na região de Moscou, os regimentos de esquiadores russos entraram em ação pela primeira vez.

As forças alemãs estavam quase no limite de sua capacidade; em uma mensagem da força aérea enviada pelo sistema Enigma em 16 de novembro e lida em Bletchley Park pelos decifradores britânicos, um oficial de ligação da Luftwaffe junto às tropas na seção de Kursk denunciava que havia duas semanas que nenhum caça alemão dava as caras. No dia seguinte, o piloto Ernst Udet, um ás da aviação na Primeira Guerra Mundial que desde 1939 exercia o cargo de diretor-geral de equipamentos da Luftwaffe, cometeu suicídio, em parte por causa dos fracassos na frente oriental.

Um dos presentes no funeral de Udet foi seu colega Werner Mölders, outro ás da aviação, que veio da Crimeia, onde estava dirigindo operações. No trajeto de volta, sob neblina e chuva, seu avião teve de fazer uma aterrissagem de emergência em Breslau, e ele não sobreviveu.

Mesmo em um momento crítico da batalha, os líderes nazistas não conseguiam se livrar da obsessão pela iminente "solução final". Em 16 de novembro, Goebbels escreveu na revista *Das Reich*: "Os judeus queriam a guerra, e agora a têm". Mas acrescentou:

> Também está se tornando realidade a profecia que o Führer fez no Reichstag em 30 de janeiro de 1939, quando disse que se os judeus do mundo das finanças internacionais conseguissem mais uma vez fazer as nações mergulharem em uma guerra mundial, o resultado não seria a bolchevização do mundo e, portanto, a vitória da judiaria, mas a aniquilação da raça judaica na Europa. Estamos no meio desse processo, e, assim, a judiaria cumpre um destino que é duro, porém mais do que merecido. Compaixão ou arrependimento estão completamente fora de questão aqui.

Em 17 de novembro, Himmler telefonou a Heydrich, em Praga, para discutir com ele a "eliminação dos judeus". Essas foram as palavras que o próprio Himmler usou em suas anotações da conversa. Nesse mesmo dia, oito judeus de Varsóvia foram executados por tentarem sair do gueto em busca de comida. Uma das vítimas, uma moça com menos de dezoito anos, pediu, momentos antes de ser executada, que sua família fosse informada de que ela tinha sido enviada para um campo de concentração e não os veria por algum tempo. Outra moça, Chaim Kaplan anotou em seu diário, "clamou a Deus, implorando que Ele a aceitasse como sacrifício expiatório por seu povo e permitisse que fosse a derradeira vítima".

Emanuel Ringelblum, outro residente do gueto de Varsóvia que mantinha um diário, observou que, durante a execução dos oito judeus, alguns oficiais da SS ficaram parados ali perto, observando a cena, "fumando tranquilamente seus cigarros e se comportando com grande cinismo".

20. Os limites da conquista alemã

DEZEMBRO DE 1941

Na frente oriental, a posição alemã, tão impressionante no mapa, foi piorando dia após dia no terreno. Em meados de novembro de 1941, o frio era tão intenso que sentinelas que acidentalmente adormeciam em seu posto congelavam à noite e eram encontrados mortos pela manhã. Os russos eram mais bem treinados para sobreviver no frio extremo. Além disso, estavam defendendo sua pátria e sua capital. Em 17 de novembro, nos arredores de Volokolamsk, o soldado raso Efim Diskin, o único sobrevivente de sua bateria antitanque, gravemente ferido e manejando seu solitário canhão, conseguiu destruir cinco tanques alemães. Mais tarde, foi condecorado com a medalha de Herói da União Soviética.

Os russos não apenas lutavam com uma tenacidade que surpreendia os alemães, mas recebiam reforços constantemente. Em 18 de novembro, as tropas alemãs que haviam atacado Venev foram assaltadas por uma divisão siberiana e uma brigada de blindados, ambas recém-chegadas do Extremo Oriente e acompanhadas de tanques T-34. O frio era tão intenso que as armas automáticas alemãs disparavam apenas tiros isolados, um por vez. Um relatório do exército nazista observou que, à medida que as tropas siberianas avançavam, com seus uniformes camuflados brancos, "o pânico foi se ampliando", chegando até Bogorodisk: "Foi a primeira vez que algo assim ocorreu durante a campanha russa, e um aviso de que a capacidade de combate de nossos soldados de infantaria estava no fim e que já não se poderia esperar desses homens que cumprissem missões difíceis".

Nesse mesmo dia, no Norte da África, forças britânicas e da Comunidade Britânica lançaram a Operação Cruzado. Determinados a agir para atenuar a pressão alemã na frente oriental e tendo sido alertados — por mensagens Enigma interceptadas dos próprios alemães — para a debilidade e a disposição das forças de Rommel, britânicos, australianos, neozelandeses e outras tropas da Comunidade Britânica atacaram a linha nazista. Após uma bem-sucedida defesa inicial, a linha acabou flanqueada, forçando Rommel a se retirar para El Agheila, o ponto onde havia iniciado seu ataque ao Egito oito meses antes. No Extremo Oriente, porém, houve um revés naval para as forças da Comunidade Britânica quando o *Kormoran*, um cargueiro alemão convertido em navio de guerra, afundou o cruzador ligeiro australiano *Sydney* ao largo da costa da Austrália. Todos os 645 oficiais e tripulantes a bordo morreram afogados. O *Kormoran* também afundou, mas a maior parte de sua tripulação conseguiu se salvar.

Os russos agora se preparavam para uma ofensiva de grande envergadura com o intuito de salvar Moscou. Com notável habilidade, conseguiram esconder inteiramente dos pilotos de reconhecimento e do serviço de inteligência alemães o avanço de suas reservas. "O inimigo", observou em seu diário o general Halder, em 18 de novembro, "não tinha mais nada na retaguarda, e sua situação provavelmente é ainda pior do que a nossa". Na verdade, porém, "situação ainda pior" do que a dos combatentes nos campos gelados do inverno russo, ou nas tempestuosas dunas da Líbia, era a dos soldados do Exército Vermelho — 3 milhões de homens, talvez mais — que haviam sido capturados pelos alemães nos cinco meses anteriores. O destino de 7 mil desses prisioneiros de guerra foi mencionado em 18 de novembro pelo comandante de um regimento de artilharia germânico que os viu em seu campo de concentração. As janelas do prédio em que os russos estavam encarcerados, ele escreveu, "têm vários metros de altura e largura e nenhuma vedação. Não há portas. Assim, os prisioneiros ficam praticamente ao ar livre e morrem congelados às centenas, todos os dias — isso para não mencionar os que sucumbem em decorrência da exaustão".

Em 20 de novembro, os alemães capturaram Rostov sobre o Don, a trezentos quilômetros do sopé ocidental do Cáucaso. Nessa data, em uma Ordem do Dia emitida para todas as suas tropas, o general Manstein declarou: "Os judeus são os mediadores entre o inimigo em nossa retaguarda e os remanescentes do Exército Vermelho e dos líderes vermelhos que ainda teimam em lutar". O soldado alemão no leste, combatendo os bolcheviques, era "portador de uma ideologia implacável"; deveria, portanto, "ter a compreensão da necessidade de uma vingança severa, mas justa, contra a judiaria sub-humana".

Nove dias depois da emissão dessa ordem por Manstein, 4500 judeus foram assassinados no porto de Kerch, na Crimeia. Duas semanas mais tarde, 14 300 foram assassinados em Sebastopol, em matanças testemunhadas por centenas de espectadores e descritas em detalhes nos Relatórios da Situação Operacional na URSS, distribuídos para algo entre trinta e sessenta oficiais superiores e altos funcionários públicos. Muito mais secretos eram os experimentos de asfixia por gás, que agora chegavam ao fim da fase operacional. "Falei com o dr. Heyde ao telefone", escreveu à esposa em 20 de novembro o dr. Fritz Mennecke, um dos especialistas em "eutanásia" do campo de concentração de Buchenwald, "e disse a ele que era capaz de resolver tudo sozinho, portanto mais ninguém veio me ajudar hoje." Quanto à "composição dos pacientes", Mennecke acrescentou: "Eu não gostaria de escrever nada sobre isso nesta carta".

Em 21 de novembro, Albert Speer pediu a Hitler 30 mil prisioneiros de guerra soviéticos para os trabalhos na construção dos novos e monumentais edifícios de Berlim. O Führer concordou. A construção, disse ele, poderia começar antes do fim da guerra. Nesse dia, entre os projetos que Speer mostrou a Hitler em modelos em miniatura, estavam um Grande Salão para a Chancelaria e um gabinete para Göring. Hitler desenhou para Speer, à tinta sobre papel pautado, o projeto de um Monumento da Libertação a ser construído em Linz, no Danúbio, próximo ao lugar onde ele havia nascido. O monumento, um imponente arco, seria a peça central de um estádio para milhares de espectadores.

O cerco de Leningrado, onde a fome crescia, continuou. Em 22 de novembro, uma coluna de sessenta caminhões comandada pelo major Porchunov partiu de Kobona e, seguindo as trilhas abertas por cavalos e trenós no dia anterior, cruzou as águas geladas do lago Ladoga até Kokkorevo, levando 33 toneladas de farinha para a cidade sitiada. Um dos motoristas, Ivan Maksímov, mais tarde relembrou:

> Eu estava com aquela coluna. Uma noite escura, com ventania, encobria o lago. Ainda não havia neve, e o campo de gelo riscado de linhas negras parecia o mar aberto. Devo admitir que um medo gélido apertou meu coração. Minhas mãos tremiam, sem dúvida de tensão e também de fraqueza — fazia quatro dias que comíamos apenas um biscoito [...] mas nossa coluna acabava de chegar de Leningrado, onde tínhamos visto pessoas morrendo de fome. A salvação estava na margem leste. E sabíamos que tínhamos que chegar lá a qualquer custo.

Um caminhão e seu motorista se perderam na travessia, caíram no gelo e desapareceram sob as águas geladas. Ao longo dos sete dias seguintes foram feitas mais seis travessias, transportando oitocentas toneladas de farinha para a cidade, além de combustível. Nesses mesmos sete dias, contudo, mais quarenta caminhões afundaram. Ao longo da estrada que levava até a beira do lago, bombardeios alemães também cobraram seu preço, assim como os deslizamentos de neve; em três dias, 350 caminhões foram abandonados em montes de neve acumulada perto de Novaia Ladoga. Ao todo, havia 3500 caminhões disponíveis, embora mais de mil estivessem sempre enguiçados, aguardando reparos. Uma tábua de salvação, embora precária, tinha sido consolidada. No entanto, essa vital linha de abastecimento não poderia fazer muita coisa para reduzir as mortes diárias por fome; em novembro, morriam de inanição cerca de quatrocentas pessoas por dia.

Na Varsóvia ocupada pelos alemães, a fome no gueto também era onipresente, vitimando duzentos judeus por dia. "Na rua", Mary Berg anotou em seu diário em 22 de novembro, "cadáveres humanos congelados são uma cena cada vez mais frequente." Às vezes, Mary Berg acrescentou, uma mãe "afaga uma criança morta de frio e tenta aquecer o corpinho inanimado. Vez por outra, uma criança se aconchega à mãe e, por pensar que está apenas dormindo, tenta acordá-la, quando na verdade ela está morta".

O governo japonês agora escondia seus preparativos atrás de uma enxurrada de negociações tanto em Washington como em Londres. "Não estou muito esperançoso", Churchill telegrafou a Roosevelt em 20 de novembro. "Devemos estar preparados para sérios problemas, possivelmente muito em breve." Dois dias depois, por trás de um impenetrável véu de segredo, e enquanto os negociadores norte-americanos em Washington continuavam a debater com seus homólogos britânicos, australianos e holandeses o mais recente documento japonês, os nipônicos colocaram em prática a Operação Z, a formação da 1ª Frota Aérea na baía de Tankan, nas ilhas Curilas. Um efetivo impressionante, embora invisível: seis porta-aviões, um cruzador ligeiro e nove contratorpedeiros, apoiados por dois encouraçados, dois cruzadores pesados e três submarinos de reconhecimento.

À medida que as forças navais japonesas se reuniam no norte do Pacífico, do outro lado do mundo, no Atlântico Sul, o dia 22 de novembro marcou também o último dia da carreira do cruzador corsário alemão *Atlantis*, o mais eficaz da guerra, responsável pela destruição de mais de 140 mil toneladas de navios mercantes Aliados. Atacado pelo cruzador britânico *Devonshire* enquanto reabastecia um submarino alemão, o *Atlantis* afundou.

Em 23 de novembro, na frente de Moscou, as forças alemãs avançaram até chegar a cinquenta quilômetros da capital, entrando na aldeia de Istra, centro de peregrinação da Rússia ortodoxa conhecido pelos fiéis como Nova Jerusalém. No dia seguinte, as cidades de Klin e Solnechnogorsk caíram em mãos alemãs, em um ataque que permitiu às tropas nazistas marcharem a passos largos pela principal estrada que ligava Moscou ao norte.

No Extremo Oriente, uma sensação de iminente perigo começou a permear as reuniões dos conselheiros anglo-americanos; tropas canadenses estavam a caminho de Hong Kong, e, em 24 de novembro, as autoridades em Washington informaram a todos os comandantes do Pacífico que havia a possibilidade de um "agressivo movimento surpresa em qualquer direção, inclusive um ataque às Filipinas ou a Guam". Não se fez nenhuma menção a Pearl Harbour.

A fim de reverter a maré de derrota no Norte da África, os alemães despacharam para Benghazi dois navios, o *Maritza* e o *Procida*, carregando o combustível essencial para a Luftwaffe. Notícias de que os navios estavam a caminho foram enviadas por um sinal ultrassecreto da Enigma, descriptografado em Bletchley em 24 de novembro. O próprio Churchill exigiu que se tomassem medidas com base nas informações dessa mensagem. Em 24 horas, ambos os navios foram afundados. Uma outra mensagem Enigma, decodificada em 29 de novembro, revelou que, em decorrência do naufrágio dos navios, o suprimento de combustível para as forças aéreas que apoiavam Rommel estava "em perigo concreto". Em uma Ordem do Dia emitida em 25 de novembro, o comandante em chefe britânico, o general John Claude Auchinleck, exortou suas tropas: "Ataquem e persigam. Avancem com tudo o que tiverem, e por toda parte". No mesmo dia, Churchill telegrafou para Auchinleck: "Uma ofensiva feroz, com todas as unidades, estrangulará o inimigo".

Enquanto as forças britânicas lutavam para tirar proveito das informações obtidas pelo serviço de inteligência quanto à fraqueza de Rommel, Hitler ordenou que vários submarinos alemães no Mediterrâneo remediassem os sucessos britânicos. Em 25 de novembro, um desses submarinos, o U-331, comandado pelo tenente Hans Dietrich von Tiesenhausen, afundou o navio de guerra britânico *Barham* ao largo de Sollum; 868 homens morreram afogados. Dois dias depois, a corveta australiana *Parramatta* foi torpedeada em Tobruk, o que resultou na morte por afogamento de 138 homens.

Em Berlim, uma celebração em 25 de novembro marcou os festejos do quinto aniversário da assinatura do Pacto Anticomintern. Um conjunto considerável de Estados estava agora comprometido com a derrubada da Rússia comunista: Alemanha, Itália, Hungria, Espanha, Bulgária, Croácia, Dinamarca, Finlândia, Romênia e Eslováquia.

Também em 25 de novembro, os defensores russos ao sul da capital foram empurrados de volta através de Venev até o vilarejo de Piatnitsa, a apenas seis quilômetros da ponte do rio Oka, em Kachira. Ao norte de Moscou, unidades avançadas alemãs cruzaram o canal Volga-Moscou em Iakhroma e Dimitrov, ameaçando sitiar a capital. Após a queda da aldeia de Pechki, a leste de Istra, e mais uma retirada dos russos para Kriukovo, o comandante soviético, o general Rokossóvski, recebeu a ordem: "Kriukovo é o ponto-final da retirada. Não é possível recuar mais. Não há para onde voltar".

Se Stálin estava preocupado, o mesmo podia ser dito de Hitler; em 25 de novembro, após uma longa conversa noturna, seu ajudante de ordens, o major Gerhard Engel, anotou em seu diário:

O Führer explica sua grande inquietação com relação ao inverno russo e às condições climáticas; diz que começamos com um mês de atraso. A solução ideal teria sido forçar Leningrado a se render, capturar o sul e, se necessário, atacar com um movimento em pinça em torno de Moscou a partir do sul e do norte, avançando pelo centro. O tempo agora é o seu maior pesadelo.

Na própria Alemanha, as experiências de extermínio por asfixiamento por gás continuaram; em 25 de novembro, no campo de concentração de Buchenwald, o dr. Fritz Mennecke escreveu à esposa para dizer que "recebemos nosso segundo lote de 1200 judeus", que "não precisaram ser 'examinados'". Não havia necessidade de realizar exames médicos; bastava retirar as fichas dos "pacientes" dos arquivos, a fim de registrar sua partida iminente. Os 1200 judeus foram em seguida enviados para uma clínica em Bernburg, a 160 quilômetros de distância, e mortos por gaseamento. Outros 1500 judeus, cidadãos de Berlim, Munique e Frankfurt, tinham sido deportados da Alemanha alguns dias antes para Kovno. Foram informados de que estavam a caminho de um campo de trabalho. Mas, em vez disso, em 25 de novembro, depois de passarem três dias trancados em celas subterrâneas no Nono Forte, sem comida ou bebida, tiritando de frio em meio a paredes cobertas de gelo e assolados por ventos cortantes, eles foram conduzidos, congelando e famintos, para valas preparadas de antemão e obrigados a se despir. Em suas malas foram encontrados folhetos pedindo-lhes que se preparassem para um inverno "difícil". "Eles não queriam se despir", contou mais tarde um judeu de Kovno, Aharon Peretz, "e entraram em luta corporal com os alemães". Mas era uma luta desesperada e desigual, e foram todos fuzilados. A força-tarefa especial registrou, com a habitual precisão, o número de mortos do dia: "1159 homens, 1600 mulheres, 175 crianças". Quatro dias depois, foram "693 homens, 1155 mulheres, 152 crianças", descritos como "colonos de Viena e Breslau", levados ao Nono Forte e fuzilados; somente nessas duas ações, o número total de mortos foi de quase 6 mil pessoas.

Em 25 de novembro, de Washington, o almirante Harold Stark informou ao almirante Husband Kimmel que nem Roosevelt nem Cordell Hull ficariam surpresos se os japoneses desferissem um ataque-surpresa. Uma investida contra as Filipinas seria "bastante constrangedora". Stark pensava que os japoneses provavelmente atacariam a estrada da Birmânia.

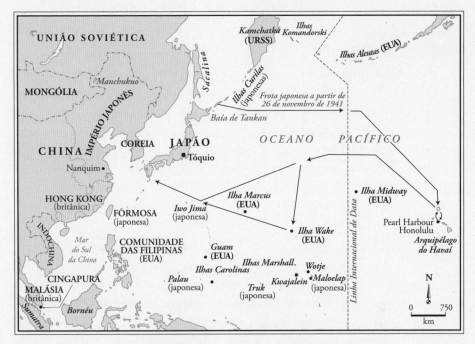

Mapa 25. Pearl Harbour, dezembro de 1941

O almirante Kimmel, no comando da base de Oahu, no Pacífico, da qual Pearl Harbour fazia parte, estava em discussões com o general Walter Short naquele exato momento sobre o envio de navios de guerra de Pearl Harbour a fim de reforçar as ilhas de Wake e Midway. "O exército pode ajudar a marinha?", Kimmel perguntou a Short. Mas, ao que parece, o exército não dispunha de artilharia antiaérea excedente.

Graças à interceptação de uma mensagem da diplomacia japonesa, a inteligência norte-americana sabia que os líderes nipônicos haviam fixado 25 de novembro como o prazo final para um acordo diplomático e como a data limite para o fim das sanções econômicas norte-americanas impostas ao Japão. Se nenhuma solução consensual fosse pactuada até lá, lia-se na mensagem interceptada, "as coisas começarão a acontecer automaticamente". Que "coisas" eram essas a mensagem não explicitava, mas, em 25 de novembro, transportes de tropas japonesas foram avistados ao largo de Formosa, em direção à Malásia. Em 26 de novembro, sem que os norte-americanos percebessem, a 1ª Frota Aérea japonesa decolou das ilhas Curilas em direção à Linha Internacional de Data, mantendo completo silêncio no rádio.

À medida que os navios de guerra japoneses avançavam rumo a Pearl Harbour, os Estados Unidos propuseram aos negociadores japoneses em Washington os termos para um acordo: o Japão deveria desistir dos territórios que havia ocupado na China e na Indochina, revogar o reconhecimento do governo "fantoche" chinês em Nanquim e retirar-se do Eixo.

Em 27 de novembro, Roosevelt e seus conselheiros concluíram que agora o Japão estava propenso à guerra. "Ação hostil possível a qualquer momento", telegrafou ao general MacArthur nas Filipinas o Departamento de Guerra em Washington. "Se as hostilidades não puderem ser evitadas", continuava o telegrama, "os Estados Unidos desejam que o Japão cometa o primeiro ato de guerra declarada." Nesse mesmo dia, o almirante Stark, chefe de operações da marinha no estado-maior dos Estados Unidos, enviou a todos os comandantes das frotas norte-americanas da Ásia e do Pacífico um "aviso de estado de guerra".

Na frente de Moscou, as forças soviéticas finalmente conseguiram, em 27 de novembro, deter o avanço alemão e, em certos pontos, rechaçar os nazistas e empurrá-los três ou quatro quilômetros para trás. "Capturamos prisioneiros", Júkov relatou a Stálin nesse dia. As operações de guerrilha soviéticas também eram contínuas. Na noite de 27 de novembro, um bando de guerrilheiros da resistência atacou um quartel da SS-Totenkopfverbände ao sul do lago Ilmen, incendiou veículos e prédios, matou quatro alemães, feriu gravemente doze outros e desapareceu, deixando para trás um acampamento em chamas.

"Novas forças surgiram na direção do rio Oka", observou o general Halder em 27 de novembro. A noroeste de Moscou, também, "ao que parece, o inimigo está movimentando novos efetivos". Não eram reforços numerosos, Halder acrescentou, "mas chegaram em sucessão infinita e causaram considerável atraso, dia após dia, para nossas tropas já exaustas".

Em 28 de novembro, os alemães foram forçados a desistir de Rostov sobre o Don, seu primeiro revés sério na frente oriental. Entre Dimitrov e Zagorsk, havia doze batalhões de esquiadores soviéticos da reserva enfrentando os alemães, que agora controlavam toda a estrada Moscou-Kalinin. No mesmo dia, a sudeste de Moscou, apesar dos bombardeios germânicos às estradas de ferro, o 10º Exército soviético também avançou de Chilovo para Riazan. "O inimigo continua a se movimentar do sul para Riazan", o general Halder observou em seu diário no dia seguinte.

Em Berlim, Hitler foi informado em 28 de novembro de que o cerco alemão de Tobruk fora rompido, e que Rommel recuava. Nesse mesmo dia, recebeu o mufti de Jerusalém, o hadji Amin el-Husseini, que lhe disse que "o mundo árabe estava firmemente convencido de uma vitória alemã, em virtude não apenas do grande exército, dos bravos soldados e dos brilhantes estrategistas militares à disposição da Alemanha, mas também porque Alá jamais poderia conceder a vitória a uma causa injusta".

Em resposta, Hitler lembrou ao mufti que "a Alemanha havia declarado uma guerra intransigente aos judeus". Esse inflexível empenho, disse ele, "naturalmente implicava uma forte oposição ao estabelecimento de uma pátria de hebreus na Palestina". A Alemanha estava "determinada", acrescentou Hitler, "a desafiar as nações europeias, uma a uma, para a resolução da questão judaica, e, quando chegar a hora, fará o mesmo apelo aos países não europeus".

Depois de conquistar "a saída sul do Cáucaso", Hitler disse ao mufti, ele ofereceria ao mundo árabe "sua garantia pessoal de que a hora da libertação tinha chegado". Daí em diante, explicou, "o único objetivo da Alemanha na região seria aniquilar os judeus que viviam sob a proteção britânica em terras árabes".

A marcha alemã rumo ao Cáucaso, pelo menos temporariamente, teve de ser interrompida. Em 29 de novembro, após a perda de Rostov sobre o Don, os germânicos foram forçados a evacuar Taganrog. Nesse dia, na aldeia de Petritchevo, atrás do front de Moscou, como parte de sua tentativa de refrear o número crescente de ataques de guerrilheiros, os alemães enforcaram Zoia Kosmodemianskaia, uma jovem soviética de dezoito anos. "Ela ateou fogo a várias casas", lia-se no cartaz pendurado em seu pescoço quando a moça foi levada para a execução. Suas últimas palavras, ao ser conduzida ao cadafalso, foram dirigidas a um dos soldados alemães que a acompanhavam: "Vocês não podem enforcar todos nós: somos 190 milhões".

Agora as dificuldades de Hitler eram consideráveis. Em 29 de novembro, Fritz Todt, retornando a Berlim da frente russa, disse sem rodeios ao Führer: "Diante da supremacia industrial das potências anglo-saxônicas e de sua superioridade bélica, não somos mais capazes de vencer militarmente esta guerra". Nesse dia, após ataques do Exército Vermelho no sul da Rússia, que incluíram repetidos assaltos a campos minados alemães e a posições de metralhadoras, os germânicos foram forçados a recuar para trás do rio Mius. Às pressas, reforços foram transferidos para o sul a partir das reservas estacionadas em Carcóvia — reservas que agora não poderiam mais ser usadas contra Moscou. "Estão proibidas novas retiradas covardes", Hitler telegrafou ao marechal de campo Kleist.

Quaisquer que fossem os problemas enfrentados pelas tropas alemãs na Rússia, a matança de judeus continuou. Em 29 de novembro, mil judeus alemães deportados de Berlim dois dias antes chegaram a Riga e passaram a noite inteira trancados nos vagões; às 8h15 da manhã de 30 de novembro, os sobreviventes da viagem foram levados para a floresta de Rumbuli, nos arrabaldes da cidade, e fuzilados. Horas depois, às 13h30, Himmler telefonou para Heydrich do gabinete de Hitler em Rastenburg, para onde o Führer acabara de voltar, para dizer que não deveria haver "nenhuma liquidação" naquele trem. Mas era tarde demais; Heydrich respondeu que todos os judeus haviam sido fuzilados pela manhã.

Ao longo do mês seguinte, mais dezenove trens chegariam a Riga abarrotados de judeus alemães, que seriam levados não para Rumbuli, mas para o gueto de Riga, e lá submetidos a trabalhos forçados. Havia acomodações para eles no gueto porque na manhã de 30 de novembro, em meio a cenas de extrema crueldade e terror, 9 mil judeus haviam sido despachados para Rumbuli; todos foram mortos durante "uma ação de fuzilamento", segundo a descrição do Relatório da Situação Operacional na URSS n. 151. Outros 2600 judeus de Riga foram assassinados em Rumbuli alguns dias depois.

Os judeus velhos, doentes e debilitados que não conseguiam marchar os oito quilômetros entre o gueto de Riga e a floresta de Rumbuli eram mortos a tiros quando tropeçavam, caíam ou, exauridos, sentavam-se no chão; uma dessas vítimas foi Simon Dubnov, um senhor de 81 anos, decano dos historiadores judeus. Segundo o relato de uma testemunha, suas últimas palavras, enquanto agonizava, foram uma ordem a seus companheiros judeus: "Escrevam e registrem!".

Também em 30 de novembro, dia da "ação de fuzilamento" em Riga, os primeiros judeus deportados, mil mulheres, crianças e velhos de Praga, chegaram a um novo campo de concentração alemão em Theresienstadt, uma fortaleza do século XVIII cerca de sessenta quilômetros ao norte de Praga. Arrancados de suas casas, sem um tostão, privados de tudo, exceto de seus pertences mais pessoais, amontoados e mal alimentados, nas semanas seguintes esses judeus ganhariam a companhia de quase todos os judeus remanescentes de Viena, Berlim e uma dezena de outras cidades da Alemanha e da ex-Tchecoslováquia. Nenhum deles seria assassinado em Theresienstadt, mas 32 mil morreriam de fome e de doença nas cabanas e alojamentos desse campo de concentração.

Em Leningrado, ao longo do mês de novembro, 11 mil cidadãos morreram de fome, e 522 perderam a vida durante os bombardeios alemães, que ocorriam todos os dias. Assegurada a ocupação alemã de Mga e Schlüsselburg, a única maneira pela qual os suprimentos podiam chegar à cidade era de caminhão, atravessando o gelo do lago Ladoga. Em 1º de dezembro, o cerco de Leningrado entrou em seu 92º dia. Na ocasião, Vera Inber viu uma cena que nunca antes havia testemunhado: um cadáver no trenó de uma criança. Em vez de ser colocado em um caixão, o corpo fora bem embrulhado em um lençol. Em dezembro, as mortes por inanição na cidade passaram de quatrocentas para mais de 1500 por dia.

As estatísticas de morte causam torpor; em 1º de dezembro, em Buchenwald, o dr. Fritz Mennecke observou que, embora nesse dia tivesse começado a trabalhar com meia hora de atraso no preenchimento de formulários referentes ao envio de judeus para Bernburg, para a morte por gaseamento, "quebrou-se um recorde. Consegui preencher 230 formulários, de modo que agora há um total de 1192 completos". Nesse mesmo dia, o coronel da SS Karl Jaeger comunicou a Berlim que sua força-tarefa especial havia "alcançado o objetivo de resolver o problema judaico na Lituânia". O "objetivo" do coronel Jaeger era muito superior em escopo ao "recorde" do dr. Mennecke. Ao todo, Jaeger informou, as unidades de sua força-tarefa especial haviam matado 229 052 judeus na Letônia e na Lituânia desde junho, e outros mil na Estônia. Os únicos "remanescentes", ele explicou, eram os dos guetos de Vilnius, Kovno e Šiauliai, que forneciam mão de obra para várias fábricas alemãs e outros tipos de trabalho braçal.

Nessa noite, em conversa com Walther Hewel, Hitler declarou: "É provável que muitos judeus não estejam cientes do poder destrutivo que representam. Ora, quem destrói a vida corre o risco de morrer. É esse o segredo do que está acontecendo com os judeus".

Em 1º de dezembro, os alemães fizeram duas tentativas desesperadas de romper as defesas de Moscou: uma delas em Zvietkovo, a oeste da capital, e a outra em Kolomna, ao sul. Mas o anel defensivo soviético resistiu, e um implacável ataque de tanques alemães em Naro-Fominsk foi rechaçado. Na alvorada de 2 de dezembro, muitos soldados alemães, incapazes de enfrentar um segundo dia de gelo e fogo de artilharia, exclamaram, aos berros, que não poderiam continuar. Agora havia também uma nova linha de defesa na retaguarda, atrás da qual, enquanto os obstinados soldados da linha de frente de Moscou mantinham sua posição, 59 divisões de fuzileiros e dezessete divisões de cavalaria se agrupavam para um contra-ataque maciço em um vasto arco que se estendia de Vitegra, no lago Onega, a Astracã, no mar Cáspio, passando pelas cidades de Kostroma, Górki e Sarátov, no Volga.

Os reforços soviéticos se agrupavam, mas os alemães desconheciam sua existência. "A impressão geral", comentou o general Halder em 2 de dezembro, "é de que a defesa do inimigo atingiu seu ápice. Não há mais reforços disponíveis." Nesse dia, em meio a uma tempestade de neve ofuscante que reduziu a visibilidade para cerca de quinze metros, um batalhão de reconhecimento alemão abriu caminho através de Khimki, pouco além dos subúrbios no norte de Moscou, e a apenas vinte quilômetros do Kremlin. Armados às pressas e rapidamente levados para lá, no entanto, trabalhadores russos expulsaram a unidade alemã.

Ao longo do dia, dez quilômetros ao sul da estrada Moscou-Mojaisk, no vilarejo de Akulovo, tanques alemães tentaram avançar em direção à capital, quando, por um breve momento, chegaram a avistar as altas torres do Kremlin. Mas, 24 horas depois, foram expulsas. Revelou-se impossível romper a defesa de Moscou.

No sul, os alemães foram forçados a recuar para Mariupol. Na Crimeia, porém, não apenas consolidaram suas posições, mas assassinaram indiscriminadamente judeus e prisioneiros de guerra soviéticos, registrando com minúcia um total de 17 645 judeus mortos, além de 2504 judeus krimchak* locais, cujas origens russas remontavam a mais de mil anos. Além dos judeus, o Relatório da Situação Operacional na URSS n. 150 listou "824 ciganos e 212 comunistas e guerrilheiros, todos fuzilados", e prosseguiu, sem maiores detalhes: "No total, 75 881 pessoas foram executadas". O número de soldados soviéticos capturados e executados nesses dias não foi registrado de forma específica.

Em 1º de dezembro, enquanto transportes de tropas japonesas partiam de Formosa para atravessar o mar do Sul da China, os britânicos declararam estado de emergência na Malásia. No dia seguinte, a 1ª Frota Aérea japonesa, ainda rumando para o leste através do Pacífico, recebeu a ordem codificada apontando Pearl Harbour como seu alvo. Ainda em 2 de dezembro, Tóquio enviou um telegrama ao consulado do Japão no Havaí perguntando se havia balões de barragem sobre Pearl Harbour e se o porto contava com a proteção de redes antitorpedos. Para os funcionários da inteligência norte-americana em Washington que decodificaram esse telegrama, parecia uma sondagem rotineira.

No dia desse questionamento de Tóquio acerca das defesas de Pearl Harbour, o encouraçado britânico *Prince of Wales* chegou a Cingapura acompanhado do cruzador *Repulse* e de quatro contratorpedeiros. Um terceiro navio de guerra de grande porte, no entanto, o porta-aviões *Indomitable*, que levava a bordo uma esquadrilha de nove caças Hurricane novos, que teriam fornecido cobertura aérea para o encouraçado e seus acompanhantes, não foi com eles; encalhou nas Índias Ocidentais e precisou esperar 25 dias até a conclusão dos reparos.

Por uma incrível coincidência, os navios britânicos que acabavam de chegar a Cingapura tinham recebido o codinome Força Z, enquanto a movimentação da 1ª Frota Aérea japonesa em direção a Pearl Harbour fora batizada de Operação Z.

Em 3 de dezembro, a inteligência japonesa recebeu um relatório do cônsul-geral Kita no Havaí sobre os navios de guerra norte-americanos então ancorados em Pearl Harbour, incluindo os encouraçados *Oklahoma* e *Nevada* e o porta-aviões *Enterprise*. Ao chegar a um ponto cerca de 2 mil quilômetros a noroeste do Havaí, a 1ª Frota Aérea japonesa virou para sudeste, avançando em direção a seu alvo desavisado.

Entre 16 de novembro e 4 de dezembro, 85 mil alemães perderam a vida no front de Moscou, o mesmo número de soldados mortos em toda a frente oriental entre meados de junho e meados de novembro. Mas a ordem de Hitler de não recuar foi obedecida; e,

---

* Uma das principais etnias judaicas, os krimchak são judeus tártaros da Crimeia. (N. T.)

Mapa 26. A frente oriental, dezembro de 1941

com a chegada de uma centena de novas divisões russas, mais 30 mil soldados alemães morreram em combate ao sul de Moscou, onde o bolsão de resistência em Tula ameaçava a capital a partir do sul. Apesar dessa enorme quantidade de baixas, a linha alemã se manteve; Hitler, ludibriado pela ideia de que empreenderia uma célere marcha por Moscou, ainda podia ver no mapa uma linha alemã repleta de ameaças à capital russa.

349

Em 3 de dezembro, os russos foram finalmente forçados a evacuar sua guarnição em Hango, a base naval finlandesa que haviam ocupado no início de 1940 e que desde 29 de junho estava sob cerco finlandês. Em 4 de dezembro, porém, ao sul de Moscou, em mais um esforço para chegar à capital, os alemães lançaram um ataque entre Tula e Venev. Nessa noite, todavia, a temperatura caiu para incríveis -35ºC, e pela manhã os tanques não davam a partida, as armas não disparavam e as geladuras trouxeram agonia a milhares de soldados alemães, cujas botas, ao contrário das botas russas, não haviam sido concebidas para o frio extremo.

Os alemães esperavam derrotar a Rússia antes do início do inverno. Por essa razão, não estavam equipados para os combates no gelo. Por uma questão de falta de tempo hábil, tampouco seria eficaz emitir uma ordem de última hora requisitando casacos de pele femininos de toda a Alemanha a fim de evitar o aterrorizante efeito do frio congelante durante os primeiros dias de dezembro.

Nesse meio-tempo, três exércitos russos da reserva, recém-chegados da retaguarda e não detectados pela inteligência alemã, preparavam-se para lançar uma ofensiva. Às três horas da manhã do dia 5 de dezembro, avançando com tanques de desempenho superior, movidos pelo desejo de libertar sua capital da ameaça de conquista, mais bem equipados para o frio cortante, protegidos por uma nevasca feroz contra a qual os alemães mal aguentavam ficar de pé, e num terreno coberto com uma camada de neve de mais de um metro de espessura, os soldados russos começaram a expulsar os alemães. Ao todo, nesse dia, 88 divisões russas entraram em ação, contra 67 divisões alemãs, ao longo de uma linha de oitocentos quilômetros desde Kalinin, no norte, a Ielets, no sul.

Contra-atacando a partir do norte, as forças soviéticas cruzaram o Volga congelado nas imediações de Kalinin. Mais ao sul, atravessando o canal de Moscou pelo leste, expulsaram os alemães de Iakhroma, liberando a linha férrea que ligava Moscou ao norte.

A despeito da ordem de Hitler para resistirem a todo custo, em 5 de dezembro os alemães foram sendo empurrados de volta de maneira lenta, dolorosa, mas inexorável, afastando-se três quilômetros, oito quilômetros e — ao norte de Moscou, onde a ameaça havia sido mais próxima — dezessete quilômetros da capital russa. Nesse dia, a Grã-Bretanha declarou guerra aos três parceiros de Hitler na guerra contra a Rússia — Finlândia, Hungria e Romênia. Austrália, Nova Zelândia, África do Sul e Canadá fizeram o mesmo.

O espectro de um fracasso alemão no que dizia respeito à captura de Moscou não deteve a implacável imposição da tirania atrás das linhas. Em 4 de dezembro, um decreto publicado em Berlim determinou que poloneses e judeus nos territórios do leste que sabotassem, desobedecessem ou incitassem outros a desobedecer a "quaisquer ordens ou decretos aprovados pelas autoridades alemãs" seriam punidos com a morte. No dia seguinte, Himmler assinou uma carta ordenando a criação de uma reserva de 5 mil construtores experientes e 10 mil pedreiros composta de prisioneiros dos campos de concentração, "antes que a paz seja concluída". Ele explicou:

> Esses trabalhadores são necessários, uma vez que o Führer já deu ordens para que a Deutsche Erd- und Steinwerke,* sob os auspícios da SS, entregue anualmente pelo menos 100 mil metros cúbicos de granito, quantidade maior do que jamais foi produzido por todas as pedreiras do antigo Reich.

Esses planos em nada ajudaram as guarnições de tanques alemães, que agora estavam sendo bombardeadas no leste com força total na inesperada ofensiva soviética. Os soldados germânicos tinham que acender fogueiras em buracos abertos debaixo dos tanques por até quatro horas a fim de descongelar os motores o suficiente para colocar os blindados em ação; além disso, no confronto com os T-34 soviéticos, seus projéteis antitanques eram inúteis.

Na manhã de sábado, 6 de dezembro, uma subcomissão governamental recém-formada se reuniu em Washington. Sob o codinome S-1, sua tarefa era definir, nos seis meses seguintes, se seria possível produzir uma bomba atômica nos Estados Unidos, e, em caso afirmativo, quando e a que custo. Pouco depois do meio-dia, no departamento de criptografia da marinha, também em Washington, uma funcionária da equipe, Dorothy Edgers, traduziu uma mensagem diplomática secreta enviada de Tóquio quatro dias antes ao cônsul-geral Kita, em Honolulu, por meio do código Magia, já quebrado pelos norte-americanos havia muito tempo; a mensagem instruía Kita a, dali em diante, enviar relatórios regulares acerca de todas as movimentações de navios, posições de atracação e redes antitorpedos em Pearl Harbour. Muito alarmada, Edgers começou a traduzir outras mensagens interceptadas, todas na mesma linha. Em seguida, às três da tarde, apresentou seu trabalho ao chefe do departamento de traduções, o capitão de corveta Alvin Kramer. Depois de fazer algumas críticas a aspectos pontuais das traduções, Kramer disse a Edgers: "Retomaremos esse assunto na segunda-feira".

"Segunda-feira" era 8 de dezembro. Quando esse dia chegou, já não havia necessidade de reexaminar as mensagens. No domingo, 7 de dezembro, em um intervalo de apenas sete horas, as forças japonesas atacaram, em sucessão implacável, Malásia, Pearl Harbour, Filipinas e Hong Kong. Cruzara-se o limite para uma guerra global.

---

* Ou Sociedade Alemã de Trabalhos de Terraplenagem e Cantaria, empresa de propriedade da SS criada para adquirir e fabricar materiais de construção destinados a projetos de edificação estatais na Alemanha nazista.

21. O Japão ataca

DEZEMBRO DE 1941

Cinco minutos antes das oito horas da manhã de domingo, 7 de dezembro de 1941, horário do Havaí, 366 bombardeiros e caças japoneses atacaram os navios de guerra norte-americanos ancorados na base naval de Pearl Harbour. Quatro encouraçados explodiram ou afundaram. Outros quatro ficaram danificados, e mais onze belonaves foram afundadas ou inutilizadas.

Além de atacar os navios de guerra estadunidenses, os agressores japoneses alvejaram os aeródromos de Pearl Harbour; 188 aeronaves norte-americanas foram destruídas em solo. Quando os caças japoneses voltavam para os porta-aviões de sua 1ª Frota Aérea, 2330 norte-americanos já estavam mortos ou agonizando, 1177 deles a bordo do encouraçado *Arizona*. Quando Roosevelt informou Churchill, em segredo, de toda a dimensão do número de vítimas, explicando que era "consideravelmente maior do que o informado à imprensa", o primeiro-ministro comentou: "Que holocausto!".

Os nipônicos perderam 29 aeronaves e cinco minissubmarinos no ataque, além de 64 homens; o alferes Kazua Sakamaki, cujo minissubmarino encalhou na ilha, foi capturado, tornando-se o primeiro prisioneiro japonês da Segunda Guerra Mundial. À medida que a opinião pública estadunidense tomou conhecimento da escala das baixas, o choque foi enorme; dos nove encouraçados norte-americanos aptos a participar de ações ofensivas ou defensivas, apenas dois continuavam prontos para entrar em combate. Agora, os dez encouraçados japoneses eram os senhores do Pacífico.

No entanto, houve muitos atos de heroísmo entre os surpresos norte-americanos; na base naval de Kaneohe, o ordenança-chefe de aviação John Finn estava deitado em seu beliche quando teve início o ataque japonês. Ele correu para a base aérea, conseguiu montar uma metralhadora perto de um dos hangares e, sob fogo cerrado japonês,

Mapa 27. O Império Japonês e a chegada da guerra, dezembro de 1941

começou a revidar. "Embora alvejado diversas vezes e dolorosamente ferido", segundo a descrição nos registros de sua citação para uma Medalha de Honra, "ele continuou a manusear sua arma e a responder com vigor ao fogo inimigo, repelindo com eficácia todo o bombardeio e a metralhada do oponente, com total desrespeito por sua própria segurança pessoal."

O ataque a Pearl Harbour coincidiu com os ataques planejados a três outras ilhas do Pacífico norte-americano, Guam, Wake e Midway; nesse mesmo dia, todas elas foram bombardeadas ou metralhadas, e seus aeródromos danificados. Nessa mesma manhã, do outro lado do mar do Sul da China, a 2ª Frota Aérea japonesa escoltava um comboio de transportes de tropas levando 24 mil soldados da Indochina para a península da

Malásia. Enquanto isso, em Cingapura, ataques aéreos japoneses causaram a morte de 61 civis, ao passo que em Hong Kong, aviões de combate nipônicos destruíram sete dos oito aviões britânicos alinhados na pista do aeroporto Kai Tak.

Por volta da meia-noite de 7 de dezembro, horário da Europa Central, Hitler, em seu quartel-general em Rastenburg, soube dos ataques japoneses a Pearl Harbour. "Agora é impossível perdermos a guerra", disse a Walther Hewel, e explicou: "Temos agora um aliado que, em 3 mil anos, jamais foi derrotado". Horas antes, o Führer aceitara a necessidade de recuar de suas posições, no momento insustentáveis, na linha de frente na Rússia. No front de Leningrado, os russos lançaram um ataque maciço em Tikhvin, enquanto, defronte a Moscou, as forças alemãs iniciavam sua lenta retirada para uma linha Kursk-Orel-Medin-Rjev, na esperança de assegurá-la por meio de uma série de baluartes fortificados. A Batalha de Moscou havia terminado.

No exato momento em que Hitler se regozijava com a entrada do Japão na guerra e aceitava o fato de que não seria capaz, pelo menos por ora, de apoderar-se de Moscou, uma outra vertente do plano nazista estava sendo posta em prática. Pois nessa mesma noite europeia de 7 de dezembro, coincidindo com a desastrosa manhã dos ataques de Pearl Harbour, os planejados gaseamentos da "solução final" começaram a ser concretizados, quando setecentos judeus da cidadezinha polonesa de Kolo, 320 quilômetros a sudoeste de Rastenburg, foram levados em caminhões para a aldeia vizinha de Chełmno. Lá, na manhã seguinte, oitenta deles foram transferidos para um caminhão especial, que partiu em direção a uma pequena clareira numa floresta das proximidades. No momento em que a viagem terminou, estavam todos mortos, asfixiados pelos gases do escapamento, que haviam sido canalizados para o interior

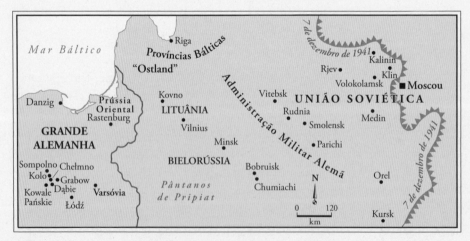

Mapa 28. O primeiro campo de extermínio, locais de matança e a frente oriental, 2 de dezembro de 1941

do veículo. Os cadáveres foram jogados dentro de uma vala cavada de antemão, e o caminhão voltou para a aldeia. Depois de oito ou nove viagens, todos os setecentos judeus haviam sido assassinados.

Daí em diante, dia após dia, judeus de todas as cidades e aldeias vizinhas seriam levados para Chełmno e exterminados. Sob o pretexto de que estavam sendo levados para trabalhar na lavoura ou em fábricas do "leste", até mil judeus por dia eram enviados para a morte. Quando doentes ou velhos eram colocados no caminhão, os alemães encarregados da operação aconselhavam o motorista a "dirigir com cuidado e devagar". Ninguém jamais sobreviveu a essas jornadas; ao todo, foram eliminadas 360 mil vidas, liquidando-se por completo mais de duzentas comunidades. Todo o plano foi executado às escondidas, por meio de trapaça e dissimulação, sem que multidões precisassem testemunhar a matança coletiva, numa floresta remota da Polônia ocupada pelos alemães, longe de olhares indiscretos e de protestos. Um novo método de assassinatos em massa havia sido inventado; Chełmno tornou-se o primeiro local onde esse sistema de massacre foi implementado, mas não o último.

Na manhã de 8 de dezembro, a dimensão do agressivo ataque japonês ficou evidente. A frota norte-americana ancorada em Pearl Harbour havia sido praticamente pulverizada. Tropas nipônicas desembarcaram na Malásia. Nas Filipinas, um ataque aéreo japonês à ilha de Luzon resultou na destruição de 86 das 160 aeronaves estadunidenses na ilha, ao custo de apenas sete aviões de combate nipônicos. Houve também um desembarque japonês bem-sucedido na ilhota de Bataan, no norte. Na costa chinesa, as tropas japonesas tomaram as guarnições norte-americanas em Shanghai e Tianjin; em Shanghai, a tripulação da canhoneira estadunidense *Wake*, após uma tentativa de afundamento proposital da embarcação, foi rendida. Durante uma sessão conjunta no Congresso dos Estados Unidos, Roosevelt pronunciou a declaração oficial de guerra contra o império asiático: "Ontem, 7 de dezembro de 1941, uma data que viverá na infâmia, os Estados Unidos da América foram súbita e deliberadamente atacados pelas forças navais e aéreas do Império do Japão". Em sua mensagem de guerra, Roosevelt acrescentou: "Não importa quanto tempo seja necessário para superar essa invasão premeditada, o povo norte-americano em sua força justa alcançará uma vitória absoluta".

Em Rastenburg, em 8 de dezembro, Hitler emitiu sua Diretiva n. 39: as forças alemãs na Rússia deveriam "abandonar imediatamente todas as principais operações ofensivas e passar para a defensiva". No mesmo dia, ficou claro no mais alto nível que, onde quer que as tropas alemãs tivessem que bater em retirada, todas as aldeias e todos os edifícios na área a ser evacuada deveriam ser destruídos. "No interesse das operações militares", o marechal de campo Keitel informou ao Grupo de Exércitos Norte por telefone ainda em 8 de dezembro, "não deve haver nenhuma espécie de respeito pela situação da população." Tratava-se, ele reiterou, de uma instrução do próprio Hitler.

Para os russos, o dia 8 de dezembro marcou dois êxitos: a reconquista de Tikhvin, que facilitou, ainda que ligeiramente, a situação do abastecimento de Leningrado, e a produção dos primeiros 25 tanques T-34 na Fábrica de Blindados de Carcóvia, agora reinstalada nos Urais. Fazia menos de dez semanas que o último grupo de engenheiros de fábrica tinha deixado Carcóvia rumo ao leste.

Atrás das linhas na Rússia, a resistência soviética manteve a pressão contra as linhas de abastecimento alemãs, forçando os germânicos a retirarem tropas do front para lançar operações militares especiais contra os guerrilheiros. Os britânicos continuaram a enviar agentes — tanto ingleses como franceses — para a França ocupada a fim de ajudar a organizar a resistência e manter abertas as rotas de fuga — para pilotos e prisioneiros de guerra Aliados — para a Espanha. Em 8 de dezembro, contudo, um desertor do exército britânico na época de Dunquerque, o sargento Harold Cole, ajudou os alemães a romperem uma das principais linhas de fuga Aliadas. Como resultado da traição de Cole, cinquenta homens que ajudavam a organizar a linha foram presos e fuzilados.

Em 8 de dezembro, quando as tropas japonesas já haviam desembarcado no norte da Malásia, Winston Churchill informou ao governo nipônico que havia "um estado de guerra entre nossos países". Agora, as duas únicas nações em confronto que não haviam declarado formalmente guerra uma à outra eram Alemanha e Estados Unidos. Em meio ao alvoroço da nova guerra do Pacífico, aos cruentos conflitos na Rússia e à guerra contínua no Norte da África, elas ainda mantinham relações diplomáticas. Hitler, ao regressar a Berlim em 9 de dezembro, foi informado de que Roosevelt faria todo o possível para evitar a guerra com a Alemanha, de modo a poupar os Estados Unidos de travarem uma batalha em dois oceanos. No mesmo dia, no entanto, a marinha alemã foi comunicada de que poderia iniciar operações contra navios norte-americanos, mesmo dentro da Zona de Segurança Pan-Americana.

Para os Estados Unidos, era imperativo lançar mão de todas as formas de atividade contra o Japão, em caráter de urgência. Ao longo do dia 8 de dezembro, um capitão da força aérea norte-americana, Claire L. Chennault, que atuava como consultor do governo chinês desde julho de 1937, deslocou suas três esquadrilhas, então baseadas nos arredores de Mandalay, na Birmânia, até a cidade chinesa de Kunming, do outro lado das montanhas. Promovido nesse dia a coronel, Chennault encabeçaria uma presença ostensiva e extremamente eficaz na defesa da China contra novas incursões japonesas.

As conquistas do Japão foram formidáveis; em 9 de dezembro, as tropas japonesas ocuparam Bangcoc, capital da Tailândia, e realizaram mais dois desembarques na península da Malásia, nas cidades de Singora e Patani, na costa tailandesa. No meio do Pacífico, suas tropas desembarcaram nas ilhas Tarawa e Makin, no arquipélago das Gilbertas.

No gueto de Varsóvia, notícias da guerra entre o Japão e os Estados Unidos trouxeram considerável empolgação. "A maioria das pessoas acredita que a guerra não vai durar muito", Mary Berg anotou em seu diário em 9 de dezembro, e que "a vitória do Aliados é certa." A entrada dos Estados Unidos na guerra, ela acrescentou, "injetou em centenas de milhares de desalentados judeus do gueto um novo sopro de esperança".

Para os Aliados, essa "esperança" ainda era remota. Em 10 de dezembro, 84 aviões lança-torpedos japoneses avistaram por acaso, e depois afundaram, o encouraçado britânico *Prince of Wales* e seu navio gêmeo, o *Repulse*. Ao todo, 840 oficiais e soldados morreram afogados; 1285 sobreviventes foram resgatados do mar. Os dois navios de guerra, que constituíam a única defesa naval efetiva da Malásia, estavam a caminho de Kuantan, conforme decisão de última hora de seu comandante na esteira da falsa notícia de que uma força naval japonesa havia começado a desembarcar tropas no local.

Após três dias de guerra, os japoneses eram os senhores absolutos do mar do Sul da China e do oceano Pacífico. Em seu ataque aos dois navios de guerra britânicos, apenas quatro de suas 84 aeronaves foram derrubadas. No mesmo dia, a 2400 quilômetros de distância, nas Filipinas, 2 mil soldados japoneses desembarcaram em Aparri e Gonzaga, no extremo norte de Luzon, enquanto outros 2 mil desembarcaram em Vigan, na costa oeste.

Na Alemanha, mais um passo na disseminação dos assassinatos em massa foi dado em 10 de dezembro, apenas três dias depois de Pearl Harbour. Nesse dia, Himmler emitiu uma ordem determinando que juntas médicas visitassem todos os campos de concentração para "separar" os inaptos para o trabalho e os doentes "ou psicopatas". Todos os indivíduos selecionados por essa ordem — os doentes não precisavam ser examinados, bastavam seus documentos para identificá-los — deveriam ser levados para as instalações mais próximas onde houvesse uma câmara de gás de monóxido de carbono e eliminados por asfixia. Onze médicos alemães, chefiados por dois professores de medicina, Werner Heyde e Hermann Paul Nitsche, supervisionavam o cumprimento dessa ordem, que resultou no assassinato de dezenas de milhares de prisioneiros dos campos de concentração.

Em 11 de dezembro, a Alemanha declarou guerra aos Estados Unidos. Foi talvez o maior erro, e certamente o ato mais decisivo, da Segunda Guerra Mundial. Até então ainda neutros na Europa, os Estados Unidos acabavam de ser arrastados para um conflito no Pacífico, em condições desfavoráveis e enfrentando grandes adversidades. O Atlântico e a luta na Europa continental estavam a meio mundo de distância. Hitler, com sua

Mapa 29. Mar do Sul da China, dezembro de 1941

declaração de guerra, levou os Estados Unidos de volta à Europa como beligerantes; de início com seus navios de guerra, depois com seus aviões de combate e, por fim, com seus exércitos, os norte-americanos, fossem quais fossem suas obrigações no Pacífico, assegurariam a derrubada do Führer e a derrota de seu regime. No dia seguinte, Churchill telegrafou a Anthony Eden, então a caminho da Rússia: "A adesão dos Estados Unidos compensa tudo e, com tempo e paciência, certamente levará à vitória".

No Pacífico, os estadunidenses mostravam que dispunham dos recursos e da força de vontade para contra-atacar. Na ilha Wake, onde bombardeiros japoneses haviam matado 23 homens em 7 de dezembro e mais 21 no dia seguinte, a frota japonesa que chegou para tomar a ilha em 11 de dezembro encontrou uma defesa inicial tão eficaz que dois contratorpedeiros nipônicos, o *Hayate* e o *Kisaragi*, foram afundados, levando à morte dos 5350 soldados e marinheiros a bordo. Três bombardeiros japoneses também foram abatidos durante o ataque.

A resistência em Wake continuou por dezesseis dias, durante os quais a pequena força de 524 militares norte-americanos e 1216 trabalhadores da construção civil lutou de maneira ferrenha.

Em 11 de dezembro, em um período de menos de seis dias, as forças soviéticas haviam recapturado quatrocentas cidades e aldeias, incluindo Istra, na rodovia Moscou-Volokolamsk, e expulsado os alemães do canal Moscou-Volga; até então, era o dia dos maiores êxitos da contraofensiva do Exército Vermelho. Nesse dia, Churchill declarou à Câmara dos Comuns: "Com o lançamento da campanha nazista na Rússia, já podemos ver, depois de menos de seis meses de combates, que Hitler cometeu um dos mais acachapantes erros da história".

No Extremo Oriente, os japoneses, no momento de seu triunfo, se depararam com uma primeira amostra da capacidade de resistência norte-americana, não apenas na ilha Wake, mas também em Guam, onde 5400 soldados nipônicos atacaram os 430 fuzileiros navais e marinheiros estadunidenses na ilha. Apesar da inferioridade numérica — a proporção era de mais de dez para um —, os norte-americanos rechaçaram os atacantes durante nove horas, antes de serem forçados a se render; morreram dezessete soldados estadunidenses e um japonês.

Em 12 de dezembro, na Batalha da Malásia, seiscentos civis foram vitimados em um ataque aéreo japonês a Penang, no lado ocidental da península. Mais ao norte, os britânicos evacuaram Victoria Point, a cidade birmanesa mais próxima da fronteira com a Tailândia. No dia seguinte, as forças japonesas entraram na cidade de Alor Setar, no norte da Malásia; lá, em uma conversa com o major Iwaichi Fujiwara, do estado-maior imperial japonês, um prisioneiro de guerra sique, o major Mohan Singh, concordou em criar uma unidade especial para indianos, birmaneses e tailandeses que não desejavam o retorno dos britânicos nem dos franceses. "A Ásia para os asiáticos", foi o slogan que os japoneses sugeriram para a unidade. Poucas semanas depois, o major Singh concordou em liderar um Exército Nacional Indiano para lutar contra os britânicos.

Em 14 de dezembro, enquanto as tropas japonesas avançavam para o sul nas Filipinas, capturando Tuguegarao, bombardeiros norte-americanos atacaram os transportes de tropas. Por conta de uma falha parcial do motor, uma dessas fortalezas voadoras, pilotada pelo capitão Hewitt T. Wheless, foi forçada a decolar com atraso e perdeu o contato com os demais aviões. Ainda que sozinho, ele decidiu continuar a missão. Quando por fim sobrevoou o alvo, e já muito atrás dos outros bombardeiros, o avião de Wheless foi atacado por dezoito caças japoneses. A despeito desse assalto em massa, Wheless conseguiu soltar suas bombas e dar meia-volta para retornar à sua base; no voo de retorno, porém, foi perseguido pelos caças inimigos durante 120 quilômetros. Na batalha aérea que se seguiu, na qual o operador de rádio de Wheless foi morto e um de seus dois artilheiros alvejado e posto fora de combate, onze caças japoneses foram abatidos. Wheless foi condecorado com a Cruz de Serviços Distintos. Ele era "um rapaz modesto, muito orgulhoso de sua tripulação, a quem coube um dos combates mais duros jamais realizados por um bombardeiro", disse Roosevelt mais tarde.

Na Polônia ocupada pela Alemanha, desde 7 de dezembro o caminhão de gás de Chełmno fazia suas curtas viagens para a floresta todos os dias. Em 10 de dezembro, mais de mil judeus, de seis pequenas aldeias a oeste do campo de extermínio, foram levados para Chełmno a partir de um ponto de coleta na vila de Kowale Pańskie, mantidos durante a noite na igreja em Chełmno e em seguida assassinados pela exposição a gases tóxicos. Quatro dias depois, foi a vez dos 975 judeus do vilarejo de Dąbie fazerem a breve e derradeira viagem. Em Varsóvia, em 14 de dezembro, Emanuel Ringelblum registrou que, em um funeral judaico, um policial alemão, "de súbito, sem aviso, começou a atirar no cortejo fúnebre". Dois dos enlutados caíram mortos. "Os judeus não têm paz", escreveu Ringelblum, "nem mesmo quando acompanham seus mortos ao descanso eterno." No dia seguinte, em Paris, quarenta judeus poloneses foram fuzilados pela Gestapo por participarem de atos de resistência. Entre os mortos estavam quatro judeus nascidos em Varsóvia.

Como os gaseamentos em Chełmno haviam se mostrado eficazes, rápidos e secretos, Heydrich convocou uma reunião em Berlim, marcada para o início de janeiro, a fim de discutir o "futuro" dos judeus da Europa. "Vocês imaginam que eles serão alojados em belas propriedades nas províncias bálticas?", Hans Frank, chefe do governo-geral, perguntou a seus oficiais de alto escalão em 16 de dezembro, e acrescentou: "Disseram-nos em Berlim: por que se dar o trabalho? Eles são inúteis para nós, seja no Ostland* ou nos territórios do leste. Liquidem-nos vocês mesmos!".

O próprio Frank não tinha nenhuma objeção a esse "futuro" em particular para os judeus da Polônia. "Não peço nada aos judeus", disse a seus subordinados, "exceto que desapareçam." Era necessário, ele completou, "tomar medidas que, de uma forma ou de outra, levem ao extermínio, em conjunto com as medidas de larga escala em discussão no Reich".

A conferência de janeiro revelaria quais seriam essas "medidas de larga escala".

---

* Reichskommissariat Ostland, regime de ocupação dos Estados bálticos e de parte da Bielorrússia estabelecido em 1941 pela Alemanha nazista. (N. T.)

Em 15 de dezembro, o Exército Vermelho expulsou as forças alemãs de Klin. Na frente de Leningrado, o marechal de campo Leeb pediu permissão para uma retirada geral do Grupo de Exércitos Norte. Hitler se recusou a autorizar o recuo; nessa noite, ao deixar Berlim para voltar a Rastenburg a bordo de seu trem especial, o *Amerika*, o Führer redigiu sua primeira ordem de "suspensão de retiradas" para a frente russa. "Qualquer recuo em grande escala de importantes seções do exército", ele alertou, "seja por mobilidade limitada, escassez de equipamentos de inverno ou inexistência de posições preparadas na retaguarda, deverá ter inevitavelmente as mais graves consequências."

Em 16 de dezembro, os russos recapturaram Kalinin. No Norte da África, Rommel começou sua retirada a oeste de Tobruk; durante uma semana de combates, perdeu 38 mil soldados, para 18 mil britânicos mortos. No Extremo Oriente, as forças japonesas desembarcaram em Miri, em Sarawak e em Seria, no Brunei: ao alcance de suas mãos havia não apenas território, mas petróleo.

Em Hong Kong, após uma semana de bombardeios aéreos, emissários japoneses munidos de salvo-condutos cruzaram o porto com uma mensagem ao governador britânico, Sir Mark Young: como a resistência era inútil, a única alternativa para a guarnição era se render. Os emissários foram despachados de volta, e o próprio Sir Mark respondeu:

> O governador e comandante em chefe de Hong Kong se recusa terminantemente a entrar em negociações para a rendição de Hong Kong e aproveita a oportunidade para notificar o general de divisão Takashi Sakai e o vice-almirante Masaichi Nimi de que não está disposto a receber novas comunicações acerca da questão.

No dia seguinte, 18 de dezembro, sob a cobertura de pesado fogo de artilharia, tropas japonesas desembarcaram na ilha de Hong Kong. Nessa noite, em Rastenburg, Hitler disse a Himmler: "Os japoneses estão ocupando todas as ilhas, uma após a outra". E acrescentou: "Eles também vão se apossar da Austrália. A raça branca desaparecerá dessas regiões".

Ao se preparar para desembarcar em Hong Kong, o comandante japonês da primeira leva de tropas, o coronel Hisakazu Tanaka, disse aos homens de seu regimento que eles deveriam ser implacáveis e não poupar a vida de ninguém. Sua ordem foi obedecida. Depois de capturarem uma bateria antiaérea voluntária na primeira fase do desembarque, os soldados japoneses amarraram todos os vinte sobreviventes e em seguida os mataram a golpes de baioneta. Em um posto do Corpo Médico do Exército, os funcionários e soldados feridos não ofereceram qualquer resistência quando os japoneses chegaram. Ainda assim, foram todos conduzidos até uma encosta, onde soldados nipônicos atiraram e mataram a golpes de baioneta oito canadenses, quatro soldados do posto de atendimento médico e três homens da brigada de ambulâncias de Saint-John.

Alguns soldados canadenses aprisionados em Hong Kong estavam entre um grupo de homens cuja vida foi salva pela ação do subtenente John Robert Osborn, um veterano da Primeira Guerra Mundial. Vendo uma granada japonesa cair no meio de seus colegas e sem tempo suficiente para jogá-la para longe, Osborn gritou para alertar os outros e se atirou sobre o artefato no momento da explosão. Seu autossacrifício salvou pelo menos seis soldados. Após a guerra, prisioneiros de guerra que retornaram para casa relataram seu gesto, e Osborn foi agraciado com uma Cruz de Vitória póstuma.

Nos céus da China, em 19 de dezembro, o coronel Chennault enviou suas aeronaves para interceptar dez caças japoneses envolvidos em um bombardeio em Hanói e Kunming. Foi a primeira missão de combate dos "Tigres Voadores" de Chennault, como eles eram conhecidos. Nove dos dez aviões japoneses foram abatidos.

Nesse mesmo dia, no Mediterrâneo, os britânicos sofreram um revés, quando torpedos italianos tripulados, conhecidos pelos britânicos como "carruagens", atingiram o porto de Alexandria e danificaram seriamente duas belonaves, o *Queen Elizabeth* e o *Valiant*. Esse ataque deu aos italianos primazia naval temporária em termos de navios de guerra pesados.

A declaração de guerra de Hitler aos Estados Unidos ainda não havia levado a nenhum confronto militar entre as duas potências, mas, na esteira da declaração de guerra alemã, Romênia e Bulgária também declararam guerra aos Estados Unidos.

Atrás das linhas alemãs na Rússia, as forças-tarefas especiais nazistas continuaram suas execuções em massa. O Relatório da Situação Operacional na URSS n. 148, enviado de Berlim em 19 de dezembro, registrou, entre várias dezenas de massacres, a execução de 5281 judeus em Bobruisk; o fuzilamento, em Parichi, de 1013 judeus e judias "que revelaram uma atitude hostil diante dos alemães e vínculos estreitos com os guerrilheiros"; e a matança de 835 judeus "de ambos os sexos", em Rudnia, "por prestarem ampla ajuda aos guerrilheiros, espalharem propaganda subversiva, se recusarem parcialmente a trabalhar e não usarem seus emblemas judaicos". Em Vitebsk, os alemães se decidiram pela "evacuação" do gueto que eles mesmos haviam criado. "Durante esse processo", de acordo com o Relatório n. 148, "um total de 4090 judeus de ambos os sexos foram fuzilados." O relatório também deu detalhes do fuzilamento de dezesseis "crianças judias russas, todas doentes mentais", em Chumiachi:

> Na verdade, as crianças passaram semanas deitadas em cima dos próprios excrementos e tinham graves eczemas. O médico-chefe alemão do hospital militar em Chumiachi, chamado para fazer sua avaliação, declarou que o orfanato e seus internos eram um centro de epidemias de primeiro grau, razão suficiente para seu fuzilamento.

* * *

Em 20 de dezembro, os japoneses desembarcaram na ilha filipina de Mindanao, que imediatamente começaram a transformar em uma vasta base fortificada. No front russo, em 2 de dezembro, Volokolamsk foi arrebatada dos alemães; na beira da estrada, as tropas russas encontraram forcas das quais ainda pendiam cadáveres congelados de oito membros da Liga dos Jovens Comunistas de Moscou, capturados e executados seis semanas antes durante uma missão atrás das linhas para estabelecer contato com a resistência. Todos foram condecorados postumamente com a Ordem de Lênin.

Enquanto suas tropas continuavam a recuar, Hitler disse ao general Halder: "Precisamos incutir em nossas unidades a vontade de resistir!". Era mais fácil falar do que fazer; segundo os registros soviéticos, 55 mil soldados alemães haviam sido mortos na Batalha de Moscou, agora encerrada de vez. Mas a crueldade da campanha continuou em evidência em toda parte. Em 21 de dezembro, nas imediações de Minsk, milhares de prisioneiros de guerra soviéticos morreram congelados durante uma marcha pelos descampados abertos. Em Vilnius, várias outras centenas de prisioneiros, em sua maioria seminus, muitos sem botas, eram obrigadas a limpar a neve das estradas de ferro. Compadecida com a situação, uma judia ofereceu um pedaço de pão a um dos russos. Um guarda alemão percebeu o movimento e matou ambos a tiros.

Na Europa Ocidental e no Mediterrâneo, os combates navais predominaram em meados de dezembro. No Atlântico, numa batalha que se estendeu por seis dias e seis noites e durante a qual nove submarinos alemães atacaram o comboio HG-76, que rumava de Gibraltar para a Grã-Bretanha, quatro dos submarinos germânicos foram afundados ou forçados a se afundar, inclusive o U-567, que, sob o comando do "rei dos mares", o capitão Engelbert Endrass, desapareceu sem deixar vestígios.

Dos 32 navios mercantes Aliados, apenas um havia sido afundado. "Depois desse fracasso", escreveu mais tarde o almirante Dönitz, "e em vista dos resultados insatisfatórios dos dois meses anteriores, meu estado-maior estava inclinado a opinar que não estávamos mais em posição de combater efetivamente o sistema de comboios."

Mas o sistema de comboios não era o único problema que os alemães enfrentavam em sua guerra ocidental. Em 22 de dezembro, em Washington, na primeira de uma série de reuniões que prosseguiriam ao longo do mês de janeiro, Churchill e Roosevelt haviam concordado em estabelecer um estado-maior conjunto anglo-americano, com o intuito de coordenar suas estratégias contra a Alemanha e o Japão e preparar uma futura invasão anglo-americana da Europa dominada pelos germânicos. Ainda que nesse momento os Aliados se encontrassem em situação militar desfavorável, essa unidade de comando e o desejo de empreender uma ação ofensiva seriam um fator decisivo na evolução de uma política de guerra conjunta. Enquanto isso, os contratempos tinham que ser suportados; em 23 de dezembro, os japoneses retornaram à ilha Wake com um efetivo de 2 mil fuzileiros navais, apoiados por aeronaves transportadas em dois porta-aviões. Em uma batalha encarniçada, 820 japoneses foram mortos. Os estadunidenses perderam 120 homens antes de serem esmagados. Uma força naval de socorro norte-americana enviada desde a castigada base de Pearl Harbour ainda estava a 680 quilômetros da ilha Wake quando os japoneses desembarcaram. Nesse mesmo dia, mais 10 mil soldados nipônicos aportaram em Luzon.

Em Hong Kong, os defensores ainda resistiam na véspera de Natal; nesse dia, outros 53 soldados britânicos e canadenses foram capturados, amarrados e em seguida fuzilados ou mortos a golpes de baioneta. No dia de Natal, os canadenses feridos de um pelotão que se rendera também foram assassinados, assim como dois médicos e sete enfermeiras — quatro delas chinesas — que cuidavam de soldados feridos no Hospital de Emergência do Saint Stephen's College. Os pacientes, mais de cinquenta, no total, foram mortos em suas camas.

Na noite de 24 de dezembro, o general MacArthur partiu de Manila para a ilha-fortaleza de Corregidor. Em meio às ameaças de um ataque japonês, Manila foi declarada "cidade aberta", em um esforço para poupar seus habitantes de se verem em um campo de batalha. No entanto, os nipônicos continuaram a bombardear a cidade. Nessa noite, 54 bombardeiros e 24 caças japoneses invadiram instalações aéreas na capital birmanesa, Rangun, destruindo uma grande quantidade de aeronaves Aliadas em solo. Em meio aos bombardeios e ataques com metralhadoras, os "Tigres Voadores" de Chennault, que também estavam no aeródromo, conseguiram decolar em segurança e derrubar seis aviões nipônicos, revidando o abate de duas de suas aeronaves.

Nos Estados bálticos ocupados pela Alemanha, 24 de dezembro marcou o dia de uma nova ordem, emitida pelo governador civil alemão, Hinrich Lohse, asseverando que os ciganos representavam "um duplo perigo": além de serem portadores de doenças, "especialmente tifo", eram "elementos inconfiáveis, que não poderiam ser utilizados em nenhum trabalho útil". E, como se isso não bastasse, prejudicavam a causa alemã por disseminar notícias "hostis". Lohse acrescentou: "Portanto, determino que sejam tratados da mesma maneira que os judeus".

No inverno, o assassinato de prisioneiros de guerra soviéticos também chegava a uma escala tenebrosa. Em um campo de prisioneiros instalado pelos alemães em Hola, na Polônia, 100 mil soldados russos foram reunidos em um campo aberto. Desesperados por conta da privação de comida, cavaram buracos para tentar se abrigar do vento e da neve e comiam grama e raízes para se manter vivos. Qualquer aldeão flagrado pelos alemães jogando algum alimento no campo era fuzilado. Até o final de dezembro, todos esses prisioneiros de guerra estavam mortos. Outros mil foram dizimados nas proximidades de Biała Podlaska.

* * *

Em 25 de dezembro, Hong Kong se rendeu; foi a primeira possessão britânica a cair sob o emblema do Sol Nascente; 11 mil soldados britânicos foram feitos prisioneiros.

Em Leningrado, no dia de Natal, 3700 pessoas morreram de fome. A recaptura de Tikhvin significava, no entanto, que agora uma quantidade maior de suprimentos poderia chegar de trem à margem leste do lago Ladoga, e depois em caminhões que percorreriam as pistas de gelo até a cidade. No dia seguinte, na frente de Moscou, os alemães evacuaram Kaluga, enquanto, no sul, durante a noite de 25 de dezembro, 3 mil soldados russos desembarcaram na península de Kerch a fim de estabelecer uma nova frente da Crimeia e aliviar a pressão sobre Sebastopol, que ainda resistia a um cerco alemão. Seis dias depois, em mais uma série de desembarques na Crimeia, 40 mil soldados russos aportaram em Teodósia.

Atravessando o mar do Norte em 27 de dezembro, os britânicos lançaram a Operação Tiro com Arco, um ataque de comandos contra a base naval alemã em Måløy, no oeste da Noruega. Cinco navios mercantes germânicos, com uma carga total de 16 mil toneladas, foram afundados. Enfurecido com o alcance e a imprevisibilidade do ataque, Hitler começou falar em transformar toda a costa do mar do Norte, do canal da Mancha e do Atlântico sob seu controle em uma fortaleza inexpugnável: a "Fortaleza Europa". Sem saber onde um ataque Aliado poderia ser desferido, e agora diante da inevitabilidade da participação norte-americana, o Führer ordenou a construção de fortificações costeiras da fronteira da Noruega e da Finlândia, acima do Círculo Polar Ártico, até a fronteira entre a França e a Espanha, no golfo da Biscaia.

Em 27 de dezembro, houve outra mudança nos planos alemães; em conversa com Albert Speer, Fritz Todt insistiu que os sistemas de comunicação e as condições de transporte na Rússia, de onde havia acabado de voltar, eram tão precários, e o "desânimo e o desespero" entre os soldados alemães, tão generalizados, que os grandiosos planos germânicos de construção arquitetônica teriam que ser suspensos, em termos de uso prioritário de mão de obra qualificada, até que as estradas da Ucrânia pudessem ser colocadas em ordem. Os funcionários e operários ainda "levianamente engajados" no trabalho de construção de estradas na Alemanha, Speer escreveu mais tarde, teriam que ser enviados à Rússia para reparar e construir as estradas sem as quais nem suprimentos nem homens poderiam avançar. Todt relatou a Speer ter visto "hospitais-trens parados nos quais os feridos haviam morrido congelados"; além disso, testemunhara "o sofrimento das tropas nas aldeias e vilarejos isolados pela neve e pelo frio".

Speer faria o melhor possível para ajudar na tarefa de construção de estradas no leste. Mas observou que Todt estava convencido de que "éramos fisicamente incapazes de suportar essas dificuldades e estávamos psicologicamente fadados à destruição na

Rússia". Hitler, no entanto, ao se reunir com Todt em Rastenburg dois dias depois, falou com confiança sobre a "força de trabalho russa empregável", que estimava em 2,5 milhões de pessoas. Com tamanho volume de braços, disse o Führer, "teremos sucesso na produção das máquinas-ferramentas de que precisamos".

Em toda a Europa ocupada pelos alemães, a fé dos povos subjugados na futura derrota dos germânicos era reforçada por mensagens de rádio britânicas de encorajamento, pela notícia de que Hitler estava agora em guerra com os Estados Unidos e pelo contínuo envio de homens para reforçar os grupos de resistência atrás das linhas. Em 28 de dezembro, os britânicos realizaram a Operação Antropoide, lançando nos arredores de Pilsen dois paraquedistas tchecos, Jozef Gabčík e Jan Kubiš, incumbidos de entrar em contato com o movimento clandestino tcheco e planejar todos os atos de resistência possíveis.

No Extremo Oriente, em 30 de dezembro, aviões japoneses atacaram a ilha-fortaleza de Corregidor, para onde o general MacArthur e o quartel-general dos Estados Unidos nas Filipinas haviam sido transferidos quatro dias antes. No último dia do ano, tropas norte-americanas e filipinas completaram a evacuação de Manila. No norte e no centro da Malásia, apesar de um corajoso esforço das tropas indianas para conter os japoneses em Kampar, no lado ocidental da península, e em Kuantan, no lado oriental, os britânicos já haviam abandonado para a esmagadora força do Japão a maior parte de um vasto território que produzia 38% da borracha e 58% do estanho do mundo.

Quando o ano de 1941 se aproximava do fim, Hitler disse a seu círculo de amigos e confidentes em Rastenburg: "Vamos torcer para que 1942 me traga tanta sorte quanto este ano"; e, em sua mensagem de Ano-Novo ao povo alemão, declarou: "Aquele que luta pela vida de uma nação, por seu sustento e seu futuro, há de vencer; mas aquele que com seu ódio judaico procura destruir nações inteiras há de fracassar!".

Em 31 de dezembro, Churchill estava em Ottawa, durante uma pausa em suas negociações com Washington. Em uma entrevista coletiva, indagado sobre a Iugoslávia, disse: "Eles estão lutando com o maior vigor e em grande escala, mas não sabemos muito sobre o que está acontecendo lá. É tudo muito terrível. A guerra de guerrilha e as mais terríveis atrocidades cometidas por alemães e italianos, e todo tipo de tortura". Sobre o combate atrás das linhas alemãs na Iugoslávia, Churchill acrescentou: "O povo consegue manter hasteada a bandeira da liberdade".

Na União Soviética, a luta pela sobrevivência atingiu um estágio crucial; 31 de dezembro marcou a recaptura de mais uma cidade no setor de Moscou, Kozelsk, a oeste da linha defensiva Medin-Orel estabelecida pelos alemães três semanas e meia antes. Na península de Kerch, os desembarques russos de dois dias antes em Teodósia haviam garantido uma sólida base de operações, em temperaturas tão baixas — -20°C — que, como um historiador escreveu, "os feridos incapazes de se mover morriam como blocos de gelo endurecidos". Mas os desembarques de Teodósia foram um duro golpe para os alemães, agora forçados a interromper suas operações contra Sebastopol para deter o novo ímpeto russo.

Em pouco mais de sete meses de combates na Rússia, cerca de 200 mil soldados alemães morreram em ação ou em decorrência de ferimentos; no frio extremo, até mesmo um machucado ou sangramento relativamente pequeno pode causar grave estado de choque e morte. No final de dezembro, em apenas um dia, como resultado de geladuras, mais de 14 mil soldados germânicos foram forçados a se submeter a amputações. Nem todos sobreviveram. Outros 62 mil casos de gangrena foram classificados como "moderados": não exigiram amputação, mas impossibilitaram que os homens voltassem ao combate.

Através das águas do Ártico, os suprimentos britânicos para a Rússia continuavam a chegar a Arkhangelsk, onde, após sua perigosa jornada, eram encaminhados às pressas para o sul, por trem, até Moscou, a própria estrada de ferro permanecendo bem atrás da linha de frente alemã. Ao todo, até o final do ano, 750 tanques, oitocentos aviões de combate, 1400 veículos e 100 mil toneladas de artigos de primeira necessidade chegaram a Arkhangelsk vindos da Grã-Bretanha. Se, em termos de volume, estavam muito aquém do que era necessário, esses suprimentos não eram apenas úteis em si mesmos, mas uma garantia do que estava por vir e uma promessa de apoio contínuo.

A realidade da guerra era de sofrimento e desespero diários. Em Leningrado, onde de 3 mil a 4 mil pessoas morriam de fome todos os dias, apesar do aumento na ração diária de pão dos trabalhadores de 220 para trezentos gramas, as cenas refletiam a verdadeira face do que era agora uma guerra global.

"A morte arrebatava as pessoas em todo tipo de circunstâncias", relembrou mais tarde um dirigente local.

> Nas ruas, elas caíam e nunca mais se levantavam; em casa, adormeciam e nunca mais acordavam; nas fábricas, desmoronavam enquanto realizavam algum trabalho. Não havia meios de transporte, então o cadáver era geralmente colocado em um trenó puxado por dois ou três parentes; muitas vezes, exaustos pela longa caminhada até o cemitério, eles abandonavam o corpo no meio do caminho, deixando o problema para as autoridades.

Em Leningrado, no entanto, como em todas as regiões da Europa e da Ásia dilaceradas pela guerra, essas "autoridades" eram elas próprias impotentes para controlar o sofrimento, as doenças ou mesmo o enterro dos mortos. No inverno desse ano, um morador de Leningrado, no percurso de carro até o cemitério Piskarevski, na periferia nordeste da cidade, anotou suas impressões da viagem:

Na saída da cidade, onde havia pequenas casas de um único andar, vi jardins e pomares, e em seguida um extraordinário monte disforme. Cheguei mais perto. Dos dois lados da estrada, havia pilhas de corpos tão enormes que era impossível passarem dois carros. Havia espaço apenas para a passagem de um único carro, que ainda assim não conseguiria dar meia-volta.

Centenas de pessoas, arrastando em um trenó o cadáver de um ente querido ou de um vizinho, mal tinham forças para enterrá-lo. "Não raro", registrou um historiador, "aqueles que puxavam o trenó caíam ao lado do cadáver, mortos de exaustão — sem emitir uma única palavra, um único gemido, um único grito." Em 29 de dezembro, um escritor de Leningrado, Pável Luknitski, observou em seu diário: "Levar um morto para o cemitério é uma tarefa tão árdua que esgota os últimos vestígios de força nos sobreviventes; e os vivos, ao cumprirem seu dever para com os mortos, são levados à beira da morte".

22. "Já não estamos sozinhos" (Churchill)

ANO-NOVO DE 1942

O Ano-Novo de 1942 começou de forma pouco auspiciosa para os Aliados. Na península de Kerch, as forças alemãs rechaçaram os paraquedistas russos que haviam desembarcado nessa extremidade oriental da Crimeia. Nas Filipinas, as tropas nacionais e estadunidenses estavam sendo empurradas de volta para a península de Bataan. Na Malásia, as forças japonesas, continuando seu avanço ao sul, ocuparam Kuantan. Na Alemanha, proclamou-se, de maneira triunfal, que 1942 seria "ano do serviço militar no leste e na pátria"; havia um total de 18 mil líderes alemães da Juventude Hitlerista atuando na em Polônia e no oeste da Ucrânia, com a incumbência de formar núcleos de uma futura colonização germânica no leste. Ao longo do ano, várias centenas de jovens voluntários holandeses, noruegueses, dinamarqueses e flamengos se juntariam a eles: esses "Voluntários da Juventude Germânica no Leste" também deveriam constituir um núcleo da Nova Ordem. Um exemplo característico dessa Nova Ordem foi o desaparecimento, em 1º de janeiro de 1942, da sinagoga de Zagreb, orgulho dos 12 mil judeus croatas da capital, demolida pedra por pedra ao longo de um período de quatro meses.

Também em 1º de janeiro houve vários outros atos de afronta aos alemães. O mais ostensivo deles foi uma declaração, emitida por Churchill e Roosevelt em Washington e assinada por 26 nações, exigindo que os signatários se comprometessem a empregar todos os seus recursos — tanto militares como econômicos — contra o Eixo e a não firmar armistícios ou tratados de paz em separado com o inimigo. Autodenominado "Nações Unidas", esse grupo de países encabeçado por Grã-Bretanha, Estados Unidos e União Soviética declarou que o objetivo de sua luta e unidade era "defender a vida, a liberdade, a independência e a liberdade de culto, assim como preservar a justiça e os direitos humanos nos seus respectivos países e em outros". No gueto de Vilnius, 150 jovens judeus se reuniram no primeiro dia do ano não para lamentar os 60 mil judeus locais assassinados, mas para, em nome dos 20 mil ainda vivos, embora cercados atrás das guaritas e do arame farpado, declarar: "Hitler planeja destruir todos os judeus da Europa, e os judeus da Lituânia foram escolhidos como os primeiros da fila. Não seremos conduzidos como ovelhas para o abate!".

Na Europa ocupada pelos alemães, apenas muito devagar era possível dar até mesmo o mais insignificante dos passos para desafiar o poderio alemão. Um desses passos foi dado em 1º de janeiro, quando Jean Moulin, o ex-prefeito da cidade francesa de Chartres que quatro meses antes havia fugido para a Grã-Bretanha, foi lançado de paraquedas de volta na França. Sua tarefa era tentar unificar os vários e díspares grupos da resistência e definir uma linha de ação coordenada. Conhecido como Max, Moulin levou consigo, em sua missão, escondida no fundo falso de uma caixa de fósforos, uma calorosa mensagem pessoal do general De Gaulle aos líderes da resistência.

No dia de Ano-Novo de 1942, no Extremo Oriente, as forças japonesas já em terra em Bornéu atacaram a ilha de Labuan. O britânico Hugh Humphrey não se esqueceria com facilidade desse dia

> pois fui repetidamente agredido por um oficial japonês a golpes de espada (que ele levava dentro da bainha) e exibido ao público durante 24 horas dentro de uma gaiola improvisada, sob a alegação de que, antes da chegada dos japoneses, eu havia sabotado o esforço de guerra das forças imperiais nipônicas destruindo os estoques de combustível de aviação na ilha [...]

Humphrey seria mantido como prisioneiro dos japoneses até o fim da guerra.

Em Bletchley, onde 1500 acadêmicos e pesquisadores britânicos estavam agora descriptografando e analisando as mensagens secretas alemãs, o primeiro dia de janeiro trouxe um êxito extraordinário, a quebra de quatro diferentes chaves do sistema Enigma: além da chave Cor-de-Rosa, usada pelo alto-comando da Luftwaffe para o envio de mensagens ultrassigilosas, as chaves Mosca, Marimbondo e Vespa, utilizadas por três unidades de combate do corpo aéreo alemão. No dia seguinte, 2 de janeiro, quebrou-se uma quinta chave; conhecida em Bletchley como Pipa, que transmitia de Berlim para a frente oriental as mensagens secretas do exército alemão sobre abastecimento.

Foi na frente oriental, em 2 de janeiro, que Hitler emitiu uma ordem proibindo seu 9º Exército, que acabara de evacuar Kalinin, de fazer novas retiradas. As tropas alemãs não deveriam abandonar "nem um centímetro de terreno". Mas as instruções do inimigo não foram suficientes para dissuadir o Exército Vermelho de continuar seus reiterados ataques; no mesmo dia, o 39º Exército russo rompeu a linha de frente alemã a noroeste de Rjev. Essas vitórias contaram com a ajuda dos esforços russos cada vez mais intensos atrás das linhas. "Repetidamente", relatou em 2 de janeiro o 2º Exército Panzer, "observa-se que o inimigo dispõe de informações precisas acerca dos pontos fracos da nossa frente, e com frequência seleciona os limites entre nossos corpos de tropas e divisões como alvos de ataque." O relatório acrescentava que civis russos passavam entre as linhas e repassavam informações aos russos. "A circulação dos habitantes entre as frentes", concluía o relatório, "deve, portanto, ser evitada por todos os meios possíveis."

Em Washington, também em 2 de janeiro, Roosevelt e Churchill presidiram conjuntamente uma reunião cuja principal decisão, no devido tempo, ofuscaria todas as manobras táticas: um impressionante aumento no programa norte-americano de produção de armas. Em vez da meta de 12 750 aeronaves operacionais estabelecida pelos estados-maiores estadunidenses apenas três semanas antes, deveriam ser construídas 45 mil unidades até o final de 1943. Em vez de 15 450 tanques, seriam fabricados 45 mil; em vez de 262 mil metralhadoras, meio milhão. A quantidade de todos os outros armamentos de guerra teria um acréscimo médio de 70%.

Esses planos representavam uma ameaça de longo prazo para as potências do Eixo; em janeiro de 1942, porém, não estava claro se as potências Aliadas teriam um prazo tão longo. Em 2 de janeiro, as forças japonesas entraram na capital filipina, Manila. No dia seguinte, o general Marshall foi avisado pelos planejadores do exército norte-americano de que seus efetivos eram insuficientes para enviar uma expedição de socorro às Filipinas em apuros. Em 4 de janeiro, aviões japoneses atacaram Rabaul, base estratégica no arquipélago de Bismarck defendida por 1400 soldados britânicos.

Em 5 de janeiro, na Europa ocupada pelos alemães, o Conselho Holandês de Igrejas organizou um corajoso protesto contra o que descreveu como a "completa ilegalidade" do tratamento dispensado pelos alemães aos judeus; apesar da manifestação, a captura de judeus para formar grupos de trabalhos forçados e a expulsão de judeus de várias cidades e aldeias para Amsterdam continuaram em vigor. A data foi marcada também pela fuga de dois oficiais Aliados do campo de prisioneiros de guerra alemão em Colditz: o inglês Airey Neave e o holandês Tony Luteyn, que em poucos dias alcançaram a segurança do solo suíço. Chegando da Inglaterra a Gibraltar em 5 de janeiro, um inglês, Donald Darling, codinome Sunday, organizou uma linha de comunicação secreta por terra para a França, permitindo que prisioneiros de guerra Aliados fugidos viajassem de Marselha a Barcelona, e daí para Gibraltar ou Lisboa. Sunday contou com uma substancial ajuda de Monday, codinome de Michael Creswell, ex-diplomata britânico em Berlim que agora vivia na Espanha e, quando necessário, cruzava os Pireneus até a França para coordenar as linhas de fuga.

Na França ocupada pelos alemães, a resistência era intermitente, mas crescente. Em 7 de janeiro, um policial francês que vigiava uma garagem do exército alemão foi morto a tiros. Muitos franceses temiam que esses gestos de afronta fossem fúteis e apenas propiciassem pretextos para represálias e uma ocupação mais dura. Porém, para aqueles que praticavam esses atos, a vontade de atacar, e de ser vistos atacando, era mais forte, sobrepondo-se à cautela e ao medo.

Em 7 de janeiro, na Iugoslávia, os alemães lançaram sua segunda ofensiva antiguerrilha, expulsando as forças de Tito da cidade de Olovo, para onde tinham sido empurradas menos de seis semanas antes, para Foca, oitenta quilômetros ao sul. Embora obrigados a fugir e sofrendo pesadas baixas, os guerrilheiros mantiveram sua determinação de lutar.

Na frente oriental, em 7 de janeiro, os soviéticos lançaram uma contraofensiva no norte de Novgorod. Grande parte da luta ocorreu em um pântano congelado. Milhares de soldados alemães, atormentados por ulcerações causadas pelo frio, não tinham condições de lutar. Amputações, e até amputações duplas, eram frequentes. Devido a uma grave escassez de cobertores, os feridos morriam congelados mesmo nos hospitais de campanha; à noite, a temperatura caía para -40°C. Após cinco dias de batalha, o comandante alemão, o marechal de campo Leeb, pediu autorização para recuar e sair da região de Demiansk, muito exposta aos inimigos. Hitler recusou, e 100 mil soldados alemães logo foram cercados. Leeb renunciou e não voltaria a ter qualquer papel ativo na guerra.

Enquanto o Exército Vermelho pressionava os alemães quilômetro por quilômetro, os japoneses assolavam tudo que encontravam pela frente, em ataques maciços. Em 10 de janeiro, na Malásia, os britânicos foram forçados a abandonar Port Swettenham e Kuala Lumpur. Nas Filipinas, Bataan estava sob um prolongado ataque nipônico, precedido por um sobrevoo que despejou panfletos convocando os defensores a se renderem. Na Bornéu holandesa, substanciais contingentes japoneses, apoiados por dois cruzadores pesados e oito contratorpedeiros, desembarcaram em Tarakan; em apenas 24 horas, a ilha, com seus campos de petróleo, estava sob completo controle dos nipônicos. Em 11 de janeiro, também foi capturada por paraquedistas navais japoneses a cidade holandesa de Manado, na ilha Celebes, base aérea para o ataque ao sul.

A uma velocidade vertiginosa, e cometendo as mais implacáveis crueldades, o exército japonês, com o apoio de potentes navios de guerra, avançava de ilha em ilha. Um soldado Aliado que se rendesse poderia ser feito prisioneiro de guerra ou mantido em

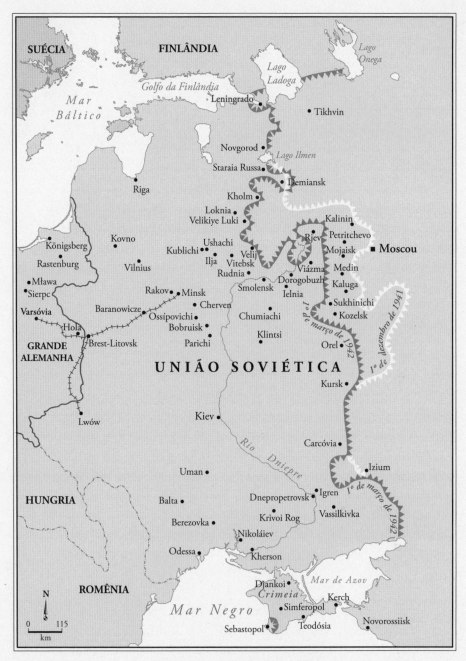

Mapa 30. A frente oriental, março de 1942

cativeiro durante algumas horas e, depois, numa violação a todas as regras e convenções relativas ao tratamento dos prisioneiros de guerra, morto a golpes de baioneta. A impiedade que de súbito se instalou no Sudeste Asiático já era lugar-comum para os prisioneiros de guerra russos na frente oriental fazia seis meses. Em 12 de janeiro, em Kiev, começaram as execuções, que se estenderiam ao longo de um período de doze dias, de "104 dirigentes políticos, 75 sabotadores e saqueadores, e cerca de 8 mil judeus", segundo o Relatório da Situação Operacional na URSS n. 173. Também nesse dia, em Kovno, 5 mil judeus, transportados em trens da Alemanha e da Áustria para a antiga capital lituana, foram levados para o Nono Forte e fuzilados. Em Odessa, ainda nesse dia, tiveram início as deportações de 19 582 judeus, a maioria mulheres, crianças e idosos, para campos de concentração próximos a Balta, em trens de transporte de gado. As dezenas que morriam nos vagões eram retiradas na estação de Berezovka e tinham seus cadáveres amontoados, encharcados com gasolina e queimados diante de seus familiares. Segundo relatos de testemunhas oculares, nem todas as pessoas em meio às piras de corpos estavam mortas. Ao longo de um ano e meio, mais de 15 mil deportados perderiam a vida, a maioria vítimas de fome, frio intenso e doenças, ou das repetidas execuções em massa, em que centenas eram fuzilados de cada vez.

O dia 12 de janeiro marcou também uma extensão da guerra no mar, quando o navio mercante britânico *Cyclops* foi torpedeado na costa leste dos Estados Unidos enquanto navegava sozinho e sem escolta ao longo de sua rota costeira regular. Seu afundamento assinalou o início da Operação Rufar de Tambores, uma nova — e, para os Aliados, desastrosa — fase da guerra marítima. As cidades da costa leste dos Estados Unidos eram todas bem iluminadas; seus balneários e estâncias de veraneio reluziam. Tirando proveito disso, os comandantes de submarinos alemães permaneciam submersos durante o dia e emergiam ao anoitecer para mirar seus alvos, cuja silhueta se refletia contra as luzes das cidades litorâneas. A guerra chegara aos Estados Unidos, mas apenas em alto-mar; portanto, para a maioria da população, continuava longínqua.

No final do mês, 46 navios mercantes Aliados haviam sido afundados no litoral norte-americano, um total de 196 243 toneladas de embarcações e suprimentos.

Detalhes da matança na Polônia e no oeste da Rússia ocupados pelos alemães começaram a chegar ao conhecimento dos governos Aliados e a horrorizá-los, incluindo os governos exilados das nações onde a tirania era mais intensa. Em 13 de janeiro, os representantes de nove países ocupados, reunidos em Londres, assinaram uma declaração determinando que todos os culpados de "crimes de guerra" seriam punidos após o fim do conflito. Entre os signatários estavam o general Sikorski, representante da Polônia, e o general De Gaulle, da França. Entre seus "principais objetivos", afirmaram, estava "a punição, por meio dos canais da justiça organizada, dos culpados ou responsáveis por esses crimes, quer os tenham ordenado, cometido ou deles participado".

Não se passava um único dia sem que crimes fossem praticados contra civis indefesos; em 14 de janeiro, um dia após a Declaração de Londres, na aldeia de Usachi, na Bielorrússia, 807 judeus foram levados à beira de uma vala e fuzilados. Enquanto várias dezenas deles jaziam feridos de morte e agonizavam em meio ao sangue e aos cadáveres, camponeses que haviam testemunhado a execução desceram até a cova para arrancar todo o ouro que pudessem encontrar nos dentes dos mortos e moribundos. No mesmo dia, outros 925 judeus foram assassinados na aldeia vizinha de Kublichi; novamente, os camponeses locais vasculharam os cadáveres em busca de ouro.

Os pensamentos de Hitler nessa semana não estavam apenas na Rússia: "Tenho que fazer alguma coisa em Königsberg", ele disse a seus convidados em 15 de janeiro. "Construirei um museu no qual reuniremos tudo o que encontrarmos na Rússia. E também uma magnífica casa de ópera e uma biblioteca." O Führer ergueria também um "novo museu germânico" em Nuremberg e uma nova cidade em Trondheim, na costa da Noruega.

Em 15 de janeiro, os japoneses alcançaram as montanhas mais ao norte da península de Bataan. "A ajuda dos Estados Unidos está a caminho", o general MacArthur assegurou aos homens que agora lutavam pela sobrevivência. "Milhares de soldados e centenas de aviões já estão sendo despachados." Mas na verdade não havia reforços a caminho; e, mesmo que houvesse, eles não conseguiriam ter acesso fácil ao local, estando a baía de Manila sob bloqueio japonês, e antes disso ainda teriam que cruzar o Pacífico sem sofrer perdas incapacitantes. As únicas tropas estadunidenses rumo a uma nova zona de guerra nesse dia eram os 4 mil homens da 34ª Divisão do general Russell P. Hartle, que, tendo acabado de cruzar o Atlântico, tornaram-se os primeiros militares dos Estados Unidos a chegar à Grã-Bretanha. Nesse exato momento, Churchill voltava de hidroavião dos Estados Unidos para a Grã-Bretanha; na madrugada de 17 de janeiro, a aeronave desviou ligeiramente de seu curso e ficou a apenas cinco ou seis minutos de voo das baterias antiaéreas alemãs em Brest, na França ocupada pelos alemães. O erro de rota foi corrigido, mas, por conta da brusca e acentuada guinada que o hidroplano teve que fazer para o norte, os operadores de radar britânicos pensaram tratar-se de um "bombardeiro hostil" proveniente de Brest. Seis aeronaves foram enviadas com pedidos para derrubar o intruso. Felizmente, como Churchill ponderou mais tarde, "falharam em sua missão".

Menos sorte teve em 17 de janeiro o contratorpedeiro britânico *Matabele*, que, em missão de escolta com um comboio de Murmansk, foi torpedeado e afundado; 247 oficiais e marinheiros morreram.

Na frente oriental, o Exército Vermelho passou a utilizar uma nova e decisiva tática; a partir de 18 de janeiro, e durante seis dias, um total de 1643 paraquedistas soviéticos foram lançados atrás das linhas alemãs a sudeste e sudoeste de Viázma. Juntando-se a unidades de guerrilha, começaram a atacar e destruir as linhas de comunicação e abastecimento alemãs, forçando o deslocamento de substanciais efetivos germânicos para combater os guerrilheiros. Em 20 de janeiro, no setor central da frente, tropas soviéticas recapturaram posições alemãs em Mojaisk, protegendo Moscou ainda mais do perigo de um assalto direto. Nesse mesmo dia, na linha férrea entre Minsk e Baranowicze, os alemães relataram ataques da resistência soviética aos guardas ferroviários germânicos.

Em 20 de janeiro, no subúrbio berlinense de Wannsee, oficiais alemães do alto escalão se reuniram para discutir a destruição definitiva e completa do maior número possível de judeus da Europa. Entre os presentes, convocados por Heydrich, estava o recém-nomeado secretário de Estado do Ministério da Justiça do Reich, Roland Freisler, e um importante funcionário nazista do Ministério das Relações Exteriores da Alemanha, Martin Luther, cuja tarefa era persuadir os governos da Europa a cooperar com o que foi chamado, enganosamente, de "a solução final da questão judaica". O objetivo, explicou Heydrich, era que todos os 11 milhões de judeus da Europa "desaparecessem". Para encontrá-los, a Europa seria "vasculhada de leste a oeste, de cabo a rabo". O representante do governo-geral, Joseph Bouhler, tinha "apenas um favor a pedir": que a "questão judaica" no governo-geral fosse "resolvida o mais rapidamente possível". Outro participante, Wilhelm Stuckart, que havia ajudado a elaborar as Leis de Nuremberg de 1935, responsáveis por transformar os judeus em cidadãos de segunda classe e párias, propôs a "esterilização compulsória" de todos os "não arianos" e a dissolução forçada de todos os casamentos "mistos" entre judeus e não judeus. Mas o modelo adotado seria o trabalho dos caminhões de gás em Chełmno; desde a segunda semana de dezembro, diariamente, mais de mil judeus, além de muitos ciganos, eram arrancados de suas casas e aldeias no oeste da Polônia, enfiados nos caminhões e assassinados durante o trajeto entre a igreja de Chełmno e a floresta nas proximidades. Nos meses que se seguiram à Conferência de Wannsee, veículos semelhantes e câmaras de gás que operavam com fumaça de diesel seriam instalados em mais três campos — Bełżec, Sobibor e Treblinka. Embora remotos, cada um desses campos era atravessado por uma estrada de ferro; era por via férrea que quase todos os deportados chegavam para morrer. Poupavam-se apenas punhados deles, para o trabalho braçal necessário nos campos de extermínio. Não havia "seleção" de homens e mulheres fisicamente aptos que pudessem trabalhar em fábricas ou fazendas; todos que chegavam — homens e meninos, mulheres e moças, crianças e velhos, doentes e sadios — eram assassinados.

A morte por gaseamento e por assassinato sistemático era a solução "final" e sobrepunha-se a qualquer outro tipo de "solução", fosse a emigração, trabalhos forçados ou fuzilamento em massa. Para garantir que a solução final corresse sem contratempos, que as deportações acontecessem de maneira ordenada e sistemática e que os engodos adequados sobre o destino dos judeus funcionassem o tempo todo, Heydrich escolheu um oficial de alta patente, Adolf Eichmann, para pôr em prática as decisões tomadas em Wannsee. Quando a conferência terminou, Eichmann lembrou mais tarde, "nós nos sentamos todos juntos como camaradas. Não para falar de trabalho, mas para descansar depois de longas horas de esforço".

Foi em 20 de janeiro, dia da Conferência de Wannsee, que um jovem judeu, Jakub Grojanowski, tendo escapado do grupo de trabalhadores forçados em Chełmno que estava sendo obrigado a enterrar os cadáveres retirados dos caminhões de gás, chegou à aldeia vizinha de Grabow. Procurando o rabino local, Grojanowski lhe disse: "Rabi, não pense que estou louco e perdi a razão. Sou um judeu do mundo subterrâneo. Eles estão matando toda a nação de Israel. Eu mesmo tive que enterrar uma cidade inteira de judeus, meus pais, irmãos e toda a minha família".

Para os Aliados ocidentais, as notícias que vinham de todas as frentes de guerra no início da terceira semana de janeiro eram sombrias. Em Cingapura, em 21 de janeiro, cinco aviões de combate Hurricane britânicos haviam sido abatidos por caças Zero da marinha imperial japonesa. Nesse mesmo dia, no Norte da África, Rommel partira para a ofensiva, empurrando os britânicos de volta para o outro lado do deserto, a meio caminho entre Benghazi e Tobruk. "Nossos adversários estão fugindo como se tivessem sido picados por abelhas", ele escreveu à esposa no dia seguinte. Nas Filipinas, MacArthur ordenara uma retirada pela península de Bataan, da Linha Mauban-Abucay para um ponto atrás da estrada Pilar-Bagac. No entanto, nessa noite, os japoneses lançaram uma série de desembarques anfíbios ao sul de Bagac. Na Malásia, bombardeiros nipônicos atacaram Cingapura, causando um grande número de baixas e danos materiais consideráveis. Tropas australianas, encurraladas por um bloqueio japonês nas estradas de Parit Sulong, tentaram abrir caminho pelo pântano e pela selva para chegar às linhas britânicas. Antes de partir, deixaram os feridos na beira da estrada, "encolhidos junto às árvores, fumando calmamente, sem medo". Capturados pelos japoneses, eles foram levados para uma cabana nas proximidades e fuzilados ou mortos a golpes de baioneta. Em Rabaul, na Nova Guiné, 6 mil soldados japoneses atacaram uma guarnição australiana de mil homens; mais uma vez, quase todos os australianos foram aprisionados e mortos.

Em 23 de janeiro, tropas japonesas se prepararam para desembarcar em Kieta, nas ilhas Salomão; em Balikpapan, na ilha de Bornéu; e em Kendari, na ilha Celebes — uma vasta amplidão geográfica.

* * *

Na Europa ocupada pelos alemães, ganhou forma um padrão de guerra e resistência. Em 23 de janeiro, em Novi Sad, no Danúbio, soldados húngaros levaram 550 judeus e 292 sérvios para o rio congelado, que em seguida bombardearam até que o gelo se partisse e tragasse as vítimas, matando-as por afogamento. Nesse dia, em Vilnius, um grupo de jovens judeus se reuniu para planejar um ato de sabotagem contra as instalações militares alemãs na região. Um deles perguntou: "Onde podemos conseguir a primeira pistola?". Na manhã seguinte, segundo a recordação de outro membro do grupo, "nós acariciamos com ternura o aço santificado de nossa primeira pistola".

O plano de Hitler não previa nem a resistência nem a sobrevivência judaica. Em 23 de janeiro, três dias após a Conferência de Wannsee ter dado respaldo administrativo à solução final, Hitler disse a sua comitiva, na presença de Himmler: "É preciso agir de maneira radical. Quando se arranca um dente, faz-se com um único puxão, e a dor desaparece rapidamente. O judeu tem de desaparecer da Europa". Se os judeus "baterem as botas" na viagem, comentou Hitler, "não posso fazer nada a respeito. Mas, se eles se recusarem a ir voluntariamente, não vejo outra solução que não seja o extermínio".

Para que seus ouvintes não ficassem chocados com a palavra "extermínio", o Führer acrescentou, em palavras que não davam margem para mal-entendidos: "Por que eu olharia para um judeu e para um prisioneiro de guerra com olhares diferentes?".

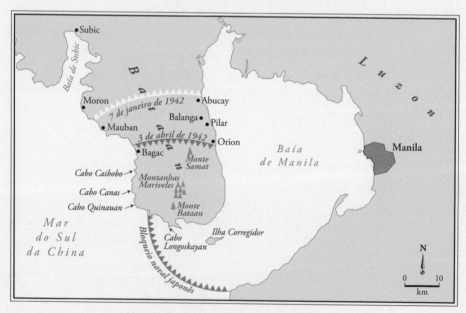

Mapa 31. Península de Bataan, janeiro-maio de 1942

Os soldados russos sabiam que, para eles, o cativeiro significaria a morte. Também estavam cientes do assassinato diário de civis soviéticos em todas as regiões ocupadas. Lutavam com tenacidade tanto para rechaçar o invasor como para evitar a captura. Em 13 de janeiro, Kholm foi retomada dos alemães, e Rjev praticamente cercada. Mais ao sul, as tropas russas estavam prontas para romper a defesa inimiga perto de Izium, numa tentativa de, através de uma ofensiva em direção ao sul, isolar as tropas germânicas em Carcóvia.

Em Bornéu, em 24 de janeiro, as forças invasoras japonesas, prestes a desembarcar em Balikpapan, de repente viram seus transportes sob um prolongado ataque de quatro contratorpedeiros e um grupo de submarinos norte-americanos. Quatro das dezesseis embarcações nipônicas foram afundadas, ao passo que os estadunidenses não sofreram nenhuma perda. Foi a primeira vitória naval dos Estados Unidos, mas insuficiente para deter a ocupação de Balikpapan. Nesse mesmo dia, as tropas japonesas já no norte de Bataan, nas Filipinas, desembarcaram no cabo Longoskayan, ao sul de toda a linha de defesa norte-americana. Nessa ocasião, o general MacArthur sinalizou a Washington que "todas as possibilidades de manobra" estavam esgotadas, e acrescentou: "Pretendo lutar até a destruição completa". Para os soldados, essas palavras heroicas mascaravam uma perspectiva medonha, que eles sintetizaram no vigoroso estilo de homens de armas:

> Somos os guerreiros destemidos de Bataan:
> Sem mamãe, sem papai, sem Tio Sam,
> Sem sobrinhos ou sobrinhas, sem titios ou titias,
> Sem fuzis ou aviões, sem qualquer artilharia,
> E ninguém está nem aí.

Em 25 de janeiro, as tropas norte-americanas e filipinas continuaram sua retirada para o sul, até chegarem a seu objetivo, a estrada Pilar-Bagac, no dia seguinte. Mas os japoneses não davam trégua, e 24 horas depois já estavam a postos para continuar o ataque. A selva densa dificultava os preparativos defensivos, embora o monte Samat e as montanhas Mariveles, erguendo-se a 1400 metros, proporcionassem bons pontos de observação. O tempo, porém, estava contra os defensores; os japoneses bombardeavam pelo ar e, recorrendo ao manejo habilidoso de barcaças de desembarque, contornaram a linha de defesa estadunidense enviando tropas desde a baía de Subic e Moron até o cabo Caibobo, ao sul de Bagac. Os norte-americanos, a quem não faltavam recursos ou tenacidade, contra-atacaram com um barco-patrulha rápido os efetivos de desembarque nipônicos, aos quais infligiram baixas consideráveis. Dois novos desembarques de regimentos japoneses mais ao sul, no cabo Canas e no cabo Quinauan, foram refreados com sucesso; os nipônicos desistiram então de suas esperanças de uma rápida conquista de Bataan e, entre Bagac e Orion, foram obrigados a recuar ligeiramente para uma linha defensiva própria, enquanto solicitavam reforços a Manila e apelavam a Tóquio pelo envio urgente de mais tropas.

Em 25 de janeiro, na Nova Guiné, tropas japonesas desembarcaram em Lae. Enquanto isso, tropas norte-americanas continuaram a cruzar o Atlântico, a fim de participar, no devido tempo, da guerra na Europa. Em 26 de janeiro, sob veementes protestos do primeiro-ministro irlandês Éamon de Valera, as primeiras tropas estadunidenses desembarcaram no Ulster. Esses batalhões ainda levariam dois anos e meio para chegar à Europa continental; enquanto isso, o suplício europeu não minguou. Em 26 de janeiro, na Iugoslávia ocupada pelos alemães, várias centenas de mulheres e crianças judias foram obrigadas a percorrer a pé, na neve, o trajeto de Ruma a Zemun. "A morte branca fez a colheita", recordou uma testemunha ocular.

> As crianças congelavam nos braços das mães, que tentavam aquecê-las em seu abraço. As mães enterravam às pressas as crianças congeladas na neve, na esperança de que outros as enterrassem da maneira adequada quando chegasse a primavera. A esposa de Kurt Hilkovec perdeu os três filhos no caminho. O mais novo, nascido em Šabac, congelou em seus braços.

O destino dessa marcha de horror era um campo de concentração em Sajmište; lá, quase todos os sobreviventes da marcha foram mortos em maio.

No segundo dia da "marcha da morte" de Zemun, Hitler mais uma vez se vangloriava acerca do destino dos judeus, dizendo abertamente a seus convidados: "Os judeus devem fazer as malas e desaparecer da Europa. Que a Rússia os receba. No que diz respeito a eles, sou desprovido de qualquer sentimento de piedade. Eles sempre serão o fermento responsável por lançar os povos uns contra os outros". O Führer acrescentou: "Eles também terão que deixar a Suíça e a Suécia. É onde podem ser encontrados em pequenos números que eles são mais perigosos. Coloque 5 mil judeus na Suécia e em pouco tempo eles terão tomado posse de todos os cargos importantes". Era "evidente" que não bastava expulsar os judeus da Alemanha. "Nós não podemos permitir que eles mantenham bases às nossas portas. Precisamos nos livrar do perigo de todo tipo de infiltração." Nesse mesmo dia, o general Dwight Eisenhower criticou em seu diário a política norte-americana de "dar nossas coisas ao mundo a conta-gotas, de modo que todos os teatros de operações recebem uma ninharia e nenhum recebe o suficiente". Além disso, manifestou sua visão de que "devemos vencer na Europa".

A Europa não conhecia trégua; em 28 de janeiro, na cidade de Teodósia, na Crimeia, 36 guerrilheiros russos foram capturados e mortos. Em Djankoi, 141 "indivíduos suspeitos", conforme a descrição da Gestapo, foram presos: "76 já foram fuzilados, depois de interrogados", explicou o relatório nove dias mais tarde.

Em 28 de janeiro, no Extremo Oriente, tropas japonesas desembarcaram na ilha Russell, a leste da Nova Guiné. A ameaça à Austrália estava se tornando concreta. No dia seguinte, no Norte da África, as forças de Rommel ocuparam Benghazi. A ameaça ao Egito fora renovada. Mas o fluxo e o refluxo da guerra eram evidentes a cada dia; ainda em 29 de janeiro, em Bataan, tropas norte-americanas e filipinas conseguiram destruir a cabeça de ponte japonesa no cabo Longoskayan. Na frente oriental, efetivos russos infligiram pesadas perdas aos alemães a sudoeste de Kaluga, retomando Sukhinichi. Nesse mesmo dia, a Grã-Bretanha e a União Soviética assinaram um tratado de aliança com o Irã; tropas britânicas e russas permaneceriam em território iraniano até seis meses depois de terminada a guerra. O "corredor persa", sob controle anglo-soviético, se tornaria a principal rota para o transporte de suprimentos de guerra do Ocidente para a Rússia. De sua parte, o xá do Irã se comprometeu a "não adotar em suas relações com os países estrangeiros uma atitude incompatível com a aliança".

Em 30 de janeiro, Hitler celebrou o nono aniversário de sua chegada ao poder na Alemanha. Discursando para uma vasta e entusiasmada multidão no Sportpalast, em Berlim, ele declarou: "Esta guerra não terminará como os judeus imaginam, isto é, com o desenraizamento do povo ariano europeu. O resultado desta guerra será a completa aniquilação dos judeus". Chegaria a hora, o Führer alertou, "em que o mais perverso inimigo universal de todos os tempos estará acabado, por pelo menos mil anos". No dia seguinte, o Relatório da Situação Operacional na URSS n. 170, enviado de Berlim para mais de sessenta destinatários, apontou, sob o carimbo de "ultrassecreto" no cabeçalho, que nos seis dias anteriores, na Crimeia, "3601 pessoas foram fuziladas: 3286 judeus, 152 comunistas e agentes do NKVD, 84 guerrilheiros e 79 saqueadores, sabotadores e elementos associais. Total até a presente data: 85201".

As estatísticas das mortes durante a Segunda Guerra Mundial jamais serão completas. Em 31 de janeiro, notou-se em Leningrado que mais de 200 mil cidadãos haviam morrido de fome e frio desde o início do cerco, quase cinco meses antes.

Para Leningrado, havia agora um caminho de esperança, uma rota para o outro lado do lago Ladoga congelado. Embora a jornada pudesse levar até sete horas durante tempestades de neve, o tempo de viagem havia sido reduzido para duas horas e meia, até mesmo duas; nos três meses após 22 de janeiro, data em que a rota mais curta se tornou possível, 554186 pessoas foram evacuadas em segurança, entre as quais 35713 soldados feridos. Nesse inverno, dentre as tropas do Eixo que enfrentavam os russos em Leningrado havia quase mil holandeses, membros de uma legião de voluntários. Eles serviriam na frente por mais de um ano, tendo sua própria Cruz Vermelha e uma companhia especial de propaganda com cinquenta fotógrafos e cinegrafistas.

Atrás das linhas, na frente oriental, guerrilheiros soviéticos atuavam ativamente para atrapalhar as movimentações alemãs; em 31 de janeiro, um relatório alemão observou que, na região de Ielnia-Dorogobuj, "a guerrilha está ganhando a batalha". Não somente as emboscadas e os ataques eram ocorrências diárias, mas havia relatos de que um hospital de campanha da resistência fora instalado nos arredores de Ielnia.

No último dia de janeiro de 1942, as últimas tropas britânicas retiraram-se do continente malaio e seguiram para a ilha de Cingapura, onde tropas britânicas, australianas, indianas, canadenses e malaias agora aguardavam o ataque japonês. O bombardeio começou de imediato. Em Bataan, assim como em Cingapura, teve início um cerco durante o qual a superioridade numérica japonesa e o poder de fogo nipônico trouxeram maus presságios. Mas 4500 quilômetros a leste de Bataan, no meio do Pacífico, porta-aviões norte-americanos lançaram sua primeira ação ofensiva na guerra, desferindo ataques contra as bases japonesas de Kwajalein, Wotje e Maloelap, nas ilhas Marshall. Durante a ação, um torpedeiro japonês danificou o porta-aviões *Enterprise*, mas não conseguiu afundá-lo.

No Timor holandês, enquanto as tropas australianas se rendiam, um grupo de várias centenas de comandos australianos se embrenhou selva adentro; antes de serem evacuados para um local seguro, esses destacamentos autônomos assediaram os japoneses durante onze meses, período em que mataram 1500 soldados nipônicos e sofreram quarenta baixas. Para os australianos que se renderam o destino foi terrível; dez soldados capturados em 1º de fevereiro em Sowacoad, na ilha de Amboina, foram fuzilados. O comandante japonês justificou o massacre dizendo que os prisioneiros "provavelmente se tornariam um empecilho" que atrasaria o movimento das forças nipônicas em sua marcha para se juntar às demais tropas japonesas na ilha. Em outros pontos de Amboina, no entanto, ocorreram atos de igual selvageria; quando o porto principal da ilha foi invadido e sua pequena guarnição de 809 defensores australianos se rendeu, 426 deles foram mortos a golpes de baioneta por seus captores japoneses, ou, transformados em prisioneiros de guerra, morreram em decorrência de tortura ou fome. Em 4 de fevereiro, mais trinta prisioneiros de guerra australianos foram levados para Sowacoad e mortos a golpes de baioneta ou decapitados. "Um a um, eles foram conduzidos até o local onde seriam executados", recordou mais tarde seu carrasco, o tenente Nakagawa, "e obrigados a se ajoelhar com uma venda sobre os olhos." Em seguida, os homens de Nakagawa "saíam das fileiras, um a um, quando chegava sua vez de decapitar um prisioneiro de guerra com um golpe da espada ou trespassar seu peito com uma baioneta".

Em 5 de fevereiro, mais trinta prisioneiros de guerra australianos e holandeses foram mortos da mesma forma. Nos arredores de Rabaul, 150 prisioneiros de guerra australianos tinham sido massacrados no dia anterior. A Ásia competia com a Europa no quesito terror; em 1º de fevereiro, na Rússia ocupada pelos alemães, os últimos 38 judeus e ciganos sobreviventes em Loknia foram assassinados; três dias depois, todos os cem judeus em Rakov, perto de Minsk, também foram dizimados.

Em 1º de fevereiro, a inteligência britânica sofreu seu revés mais sério ao longo de toda a guerra. O comando alemão de submarinos, como parte de uma iniciativa de segurança interna, alterou o código de sua máquina Enigma de tal forma que as mensagens se tornaram ilegíveis pelo resto do ano. De súbito, a intensa luz do conhecimento que brilhava para elucidar de antemão os movimentos dos submarinos alemães no Atlântico e no Mediterrâneo se extinguiu. Ao mesmo tempo, os códigos britânicos que norteavam a maior parte das comunicações Aliadas acerca dos comboios do Atlântico Norte foram quebrados pela inteligência naval alemã. Na guerra de criptografia de sinais, de forma súbita e decisiva, a Grã-Bretanha perdeu sua vantagem. Todavia, ainda em fevereiro, mais dois códigos Enigma foram quebrados: o GGG, usado para a troca de mensagens do serviço secreto alemão entre Berlim e estações na área de Gibraltar, e o Laranja II, usado para a troca de mensagens entre Berlim e as formações da SS que lutavam com o exército alemão na frente oriental.

Para essas tropas de combate da SS, bem como para todas as unidades alemãs enfrentando os russos, ou atrás das linhas russas, o mês de fevereiro de 1942 foi marcado por um considerável aumento das atividades de guerrilha. Em 1º de fevereiro, um relatório do exército alemão observou:

> Como não temos uma linha de avanço contínua, todo tipo de tráfego do lado soviético para o nosso e vice-versa é possível, e as guerrilhas vêm tirando amplo proveito dessas idas e vindas. Novos bandos de guerrilheiros se infiltraram. Paraquedistas russos estão sendo lançados e assumindo a liderança da resistência.

Em fevereiro de 1942, a 2ª Brigada da Resistência de Leningrado recebeu, por paraquedas, uma prensa tipográfica de Boston, com a qual pôde passar a imprimir seu próprio jornal, o *Vingador do Povo*.

A própria vingança havia se tornado um evento corriqueiro no leste. "Preparamos uma emboscada na aldeia de Bereski", anotou em seu diário, em 4 de fevereiro, o guerrilheiro

Viátcheslav Balakin, de dezoito anos. "Derrubamos três alemães a sangue-frio. Feri um deles. Outro foi capturado vivo. Consegui um isqueiro, um anel de ouro, uma caneta-tinteiro, dois cachimbos, tabaco, um pente. O moral está *gut*."*

Cinco dias depois, o grupo de Balakin "abateu um traidor". Horas depois, Balakin escreveu: "Fui fazer o mesmo com a esposa dele. Lamentamos que ela deixe três filhos órfãos, mas guerra é guerra!!! No que diz respeito a traidores, qualquer consideração humanitária é um equívoco". À noite, uma "expedição punitiva" alemã chegou à região do grupo de Balakin, que conseguiu escapar; dois camponeses russos, porém, foram mortos.

Em 4 de fevereiro, segundo o Relatório da Situação Operacional na URSS n. 164, sessenta russos foram fuzilados nos arredores de Kiev, vários deles guerrilheiros. Cinco dias depois, os alemães lançaram a Operação Malária contra a resistência soviética na região de Ossípovichi. Na retaguarda, as unidades alemãs obrigadas a combater os guerrilheiros tinham sua própria canção irônica:

Russos na frente,
russos atrás,
E, no meio,
tiroteio.

Outra região de intensa atividade de resistência contra os alemães era a Iugoslávia; em 5 de fevereiro, uma missão britânica, a Operação Repúdio, lançou paraquedistas perto de Sarajevo para que se unissem às forças de guerrilha recém-desalojadas. Na balança dos massacres, porém, o saldo pendia para os alemães; um Relatório da Situação Operacional na URSS compilado em Berlim observou que, na cidade de Dnepropetrovsk, no sul da Rússia, por exemplo, nas quatro semanas anteriores a 6 de fevereiro, "dezessete criminosos contumazes, 103 oficiais comunistas, dezesseis guerrilheiros e cerca de 350 judeus foram fuzilados por ordem da corte marcial sumária". Além disso, quatrocentos pacientes do hospital psiquiátrico de Igren foram "eliminados": um total de 1206 pessoas.

Da Lituânia, o chefe da Gestapo, o coronel da SS Karl Jaeger, relatou a Berlim que, nos sete meses anteriores, suas unidades especiais haviam matado 138 272 judeus, dos quais 34 464 eram crianças. De acordo com as meticulosas estatísticas de Jaeger, também haviam sido mortos 1064 comunistas russos, 56 guerrilheiros soviéticos, 44 poloneses, 28 prisioneiros de guerra russos, cinco ciganos e um armênio. Os assassinatos ocorriam todos os dias; em 6 de fevereiro, na cidade polonesa de Sierpc, quinhentos judeus foram arrancados de casa e mortos a tiros durante a marcha para a cidade vizinha de

* "Bom", em alemão. (N. T.)

Mława. Ainda em fevereiro, em Varsóvia, 4618 judeus morreram de fome. Na aldeia de Sompolno, mil judeus foram levados para Chełmno e mortos por intoxicação por gás.

Para alguns nazistas fanáticos, os assassinatos em massa por gaseamento poderiam servir a um propósito "científico". Em 9 de fevereiro, o antropólogo e cirurgião alemão Auguste Hirt, chefe do recém-criado Instituto de Anatomia da Universidade de Estrasburgo, escreveu a Heinrich Himmler:

> Mediante o fornecimento adequado de crânios dos comissários judeo-bolcheviques, que constituem o protótipo do subumano repugnante, mas característico, temos a oportunidade de obter certos dados científicos palpáveis. O melhor método prático é capturar vivos esses indivíduos. Após a indução de uma morte violenta, a cabeça do judeu, que não deverá ser danificada, deve ser separada do corpo e despachada em um recipiente hermeticamente fechado e repleto de fluido conservante.

Himmler deu a Hirt a autoridade de que ele precisava. Dali em diante, Hirt usou os crânios de mais de uma centena de judeus assassinados para dar prosseguimento a seu trabalho médico-científico. Mais de um ano depois, Adolf Eichmann foi informado de que um total de 115 pessoas haviam sido mortas para o uso de seu esqueleto: 79 homens judeus, trinta mulheres judias, quatro russos da Ásia Central e dois poloneses.

Em 6 de fevereiro, numa tentativa de centralizar e acelerar o esforço de guerra alemão, o ministro do Reich para Armamentos, Munições e Produção de Guerra, Fritz Todt, assumiu a presidência de uma comissão reunida em Berlim para coordenar todos os ministérios envolvidos no desenho, na fabricação e na distribuição de armamentos. No dia seguinte, ele voou para Rastenburg a fim de contar a Hitler o que havia sido decidido; um incremento de 55% na produção de armas alemãs. Em 8 de fevereiro, Todt deixou Rastenburg para voltar a Berlim. Seu avião caiu e explodiu logo após a decolagem. Hitler ficou muito abalado pela morte daquele homem que servira tão bem a ele e à Alemanha, e cuja organização empregava centenas de milhares de trabalhadores escravizados. Na mesma semana, Todt foi sucedido pelo arquiteto de Hitler, Albert Speer, de 36 anos, que também não mostrou escrúpulos em explorar o trabalho de franceses, holandeses, dinamarqueses, belgas, poloneses e uma dezena de outras populações cativas. Em memória de Todt, a bateria de canhões navais inaugurada pelos grão-almirantes Raeder e Dönitz na costa do canal da Mancha, em Haringzelles, em 10 de fevereiro, e protegida por enormes torres de concreto, recebeu o nome de "Bateria Todt".

No Norte da África, o exército alemão continuou a expulsar os britânicos para o Egito: "Recuperamos a Cirenaica", Rommel escreveu à esposa em 4 de fevereiro. "Foi num piscar de olhos." No Extremo Oriente, os japoneses atacaram um comboio de navios que transportava tropas indianas para Cingapura; a embarcação mais lenta do comboio, o *Empress of Asia*, foi afundado. A maioria dos soldados a bordo foi resgatada, mas quase todas as suas armas e equipamentos se perderam. Nesse dia, a artilharia pesada nipônica abriu fogo contra as defesas de Cingapura. Em 7 de fevereiro, o general britânico Arthur Percival declarou que a cidade resistiria até o último homem.

Em 8 de fevereiro, 5 mil soldados japoneses cruzaram o estreito de Johore,* que separa a Malásia de Cingapura. Durante sete dias os defensores britânicos lutaram contra um inimigo numericamente superior e mais bem armado. Em 2 de fevereiro, os folhetos despejados sobre a cidade pedindo a rendição foram deliberadamente ignorados. Enquanto a guarnição em Cingapura mantinha sua obstinada defesa, os alemães realizaram a Operação Cerebus, enviando os cruzadores de batalha *Scharnhorst* e *Gneisenau* e o cruzador pesado *Prinz Eugen* do porto de Brest através do canal da Mancha até o mar do Norte. A população britânica ficou abatida por essa destemida "investida da Mancha", como ficou conhecida, e pela perda de dez dos antiquados aviões lança-torpedos enviados para interceptar os navios de guerra. Contudo, nos círculos internos da política de guerra, houve alívio imediato quando as mensagens Enigma revelaram que, durante a operação, tanto o *Gneisenau* quanto o *Scharnhorst* haviam sido danificados por minas posicionadas graças ao conhecimento prévio da rota dos navios, obtido pela interceptação de mensagens Enigma. "Isso vai mantê-los longe de travessuras por pelo menos seis meses", Churchill disse a Roosevelt, "intervalo de tempo durante o qual nossas marinhas receberão importantes reforços."

Agora, porém, não era a força dos Aliados, mas sua debilidade, que compunha a dieta diária de notícias de guerra. Em 13 de fevereiro, os japoneses destruíram a principal defesa de Cingapura, seus enormes canhões costeiros de 300 milímetros, e, no sudeste de Bornéu, ocuparam o porto de Banjarmasin. No dia seguinte, desembarcaram de paraquedas em Palembang, em Sumatra. Em 15 de fevereiro, Cingapura se rendeu; 32 mil indianos, 16 mil britânicos e 14 mil soldados australianos foram feitos prisioneiros. Mais da metade deles morreria no cativeiro.

A queda de Cingapura — a "Gibraltar do Oriente" — foi um duro golpe para a capacidade de resistência britânica ao Japão, bem como para o moral britânico. Em uma transmissão radiofônica de 15 de fevereiro, Churchill declarou: "Eis o momento de mostrar a calma e o equilíbrio combinados com a determinação inflexível que, não faz muito tempo, nos tirou das garras da morte". O "único perigo real", advertiu Churchill, seria "um enfraquecimento de nosso propósito e, portanto, de nossa unidade — esse é

---

* Também conhecido como estreito de Tebrau, estreito de Johor, estreito de Jor, Selat Johor, Selat Tebrau ou Tebrau Reach. (N. T.)

o crime mortal". Para o culpado desse crime, ou de induzir outros a cometê-lo, "melhor destino seria que lhe pendurassem uma pedra ao pescoço e o lançassem ao mar".

Churchill exortou seus ouvintes a não entrarem em desespero. "Devemos lembrar que já não estamos sozinhos. Estamos no meio de um grande empreendimento. Três quartos da raça humana nos acompanham. Todo o futuro da humanidade talvez dependa de nossa ação e de nossa conduta." Até o momento, acrescentou Churchill, "nós não falhamos. Não vamos falhar agora. Seguiremos em frente, firmemente juntos, rumo à tempestade e através da tempestade".

23. Guerra global

PRIMAVERA DE 1942

Em 14 de fevereiro de 1942, um dia antes da captura japonesa de Cingapura, Hitler estava em Berlim para o funeral de Fritz Todt. Nesse dia, a conversa reservada com Goebbels girou em torno do destino dos judeus sobreviventes da Europa. "O Führer mais uma vez expressou sua determinação de eliminar impiedosamente os judeus da Europa", Goebbels anotou em seu diário. "A respeito dessa questão não deve haver escrúpulos, tampouco sentimentalismo." Os judeus "mereceram a catástrofe que agora se abate sobre eles. Sua destruição andará de mãos dadas com a destruição de nossos inimigos. Devemos acelerar esse processo com fria crueldade". Na cidade de Simferopol, na Crimeia, essa "fria crueldade" resultou, de acordo com o Relatório da Situação Operacional na URSS n. 170, no assassinato de 10 mil judeus entre 9 de janeiro e 15 de fevereiro.

Também em 15 de fevereiro, ainda em Berlim, Hitler exortou a turma de oficiais da SS recém-formados a "deter a maré vermelha e salvar a civilização". A partir de 16 de fevereiro, e se estendendo por doze dias, outras detenções na Crimeia levaram à execução, oficialmente relatada de Berlim, de 1515 pessoas, "729 judeus, 271 comunistas, 74 guerrilheiros, 421 ciganos e elementos associais e sabotadores".

No Extremo Oriente, também teve início uma onda de horríveis massacres. Em 16 de fevereiro, na costa da Malásia, 65 enfermeiras do exército australiano e 25 soldados ingleses renderam-se aos nipônicos. Os soldados foram levados para a praia, fuzilados e mortos a golpes de baioneta; apenas dois deles sobreviveram. As enfermeiras receberam ordem de marchar mar adentro; uma vez na água, foram alvejadas por metralhadoras. Apenas uma delas, a irmã Vivien Bullwinkel, sobreviveu. Dois dias depois, na ilha de Cingapura, o primeiro grupo de 5 mil civis chineses, a maioria destacados membros da comunidade chinesa da ilha, foi encarcerado. Passadas duas semanas, todos foram mortos — muitos, com as mãos amarradas às costas, decapitados.

Em 16 de fevereiro, cinco dos maiores submarinos alemães, cada um com mil toneladas, foram enviados através do Atlântico ao Caribe, com instruções para atacar navios mercantes Aliados na costa dos Estados Unidos, de Trinidad a Nova York. Mais uma vez, as silhuetas dos cascos escuros de suas vítimas se desenhavam contra as luzes brilhantes das cidades do litoral atlântico, ainda livres de apagões, o que reduzia as possibilidades de ataque naval a pouco mais do que exercícios de tiro ao alvo.

Na frente oriental, nas imediações de Rjev, o Exército Vermelho se esfalfava para empurrar para trás a linha alemã, lançando uma nova ofensiva em 17 de fevereiro. Além do assalto frontal, 7373 soldados saltaram de paraquedas atrás das linhas germânicas; por causa do nevoeiro, mais de 25% deles caíram diretamente sobre as posições alemãs e foram feitos prisioneiros. Os efetivos germânicos, apesar das pesadas baixas e da temperatura de -52ºC, conseguiram resistir e manter suas posições. Um regimento da SS saiu da batalha com apenas 35 de seus 2 mil homens.

A fim de "abrir espaço" para os soldados alemães feridos evacuados da frente oriental, os hospitais psiquiátricos restantes da Alemanha estavam sendo "esvaziados" de seus pacientes. O método utilizado foi a eutanásia: morte por gaseamento ou por injeção letal. Em 19 de fevereiro, o governo britânico recebeu um relatório a respeito da questão, encaminhado por um importante especialista sueco em eutanásia que acabara de retornar de uma visita à Alemanha e mencionou o caso de um manicômio "onde 1200 pessoas tinham sido eliminadas por envenenamento".

Em 19 de fevereiro, no Extremo Oriente, bombardeiros japoneses atacaram o porto australiano de Darwin. Todos os dezessete navios atracados foram afundados, inclusive o contratorpedeiro norte-americano *Peary*. Na batalha aérea sobre o porto, 22 aviões de guerra australianos e estadunidenses foram abatidos, com a perda de apenas cinco aeronaves japonesas. O número de mortos Aliados chegou a 240. Em retaliação ao ataque, aeronaves levadas por porta-aviões dos Estados Unidos atacaram as ilhas Wake e Marcus.

Em 20 de fevereiro, na ilha de Amboina, o tenente Nakagawa ordenou a execução de mais 120 prisioneiros de guerra australianos, obrigados a se ajoelhar com os olhos vendados e assassinados a golpes de espada ou baioneta. O próprio Nakagawa relembrou: "Tudo aconteceu entre seis da tarde e 21h30. A maior parte dos cadáveres foi enterrada em uma vala, mas como ela acabou não sendo grande o suficiente para acomodar todos os corpos, uma trincheira adjacente também foi usada como sepultura".

Em 20 de fevereiro, o presidente filipino Manuel Quezón foi retirado de Luzon a bordo de um submarino norte-americano. No dia seguinte, o presidente Roosevelt ordenou que o general MacArthur deixasse as Filipinas e transferisse seu quartel-general para território australiano. Em 23 de fevereiro, o estado-maior Aliado em Java foi evacuado para a Austrália; no mesmo dia, seis bombardeiros norte-americanos atacaram as forças de ocupação japonesas em Rabaul, na Nova Bretanha, o segundo ataque aéreo estadunidense em território dominado pelos nipônicos. Em 23 de fevereiro, Roosevelt declarou:

> Nós, norte-americanos, fomos obrigados a ceder terreno, mas vamos recuperá-lo. Nós e outras nações, unidos, estamos empenhados na destruição do militarismo do Japão e da Alemanha. Dia após dia nossas forças aumentam. Em breve, nós, e não nossos inimigos, estaremos na ofensiva; nós, e não eles, venceremos as derradeiras batalhas; nós, e não eles, faremos a paz definitiva.

A despeito dos reveses diários no Extremo Oriente, os Aliados esforçavam-se para tomar a iniciativa sempre que possível. Em 23 de fevereiro, na costa da Noruega, o submarino britânico *Trident* torpedeou o cruzador pesado alemão *Prinz Eugen* menos de duas semanas após sua bem-sucedida participação na investida da Mancha em Brest. Embora o navio de guerra não tenha sido afundado, cinquenta homens morreram — não apenas os tripulantes, mas também funcionários da Organização Todt em rota para cumprir trabalhos forçados. Na frente oriental, as atividades da resistência soviética continuavam a incomodar o alto-comando do exército alemão. Em 20 de fevereiro, um oficial de uma divisão blindada relatou:

> A área a leste do Dniepre está infestada de guerrilheiros bem armados sob comando único. As estradas estão fortemente minadas. Toda a população masculina está sendo recrutada e treinada em áreas especiais. Ao que parece, os guerrilheiros recebem reforços constantes de tropas aerotransportadas.

O "ultrassecreto" Relatório da Situação Operacional na URSS de 23 de fevereiro confirmou essa imagem. A leste de Minsk, registrou o documento, havia um acampamento da resistência guarnecido por algo entre quatrocentos e quinhentos homens, munidos de metralhadoras pesadas e artilharia antitanque. Em outra aldeia a leste de Minsk, base de cerca de 150 guerrilheiros, "estes organizaram um baile". Na região de Cherven havia mais cinco acampamentos de membros da resistência. "Os guerrilheiros têm ordens estritas para não iniciar nenhum tipo de ação", observou o relatório, "apenas para atacar e destruir grupos de busca alemães."

Os guerrilheiros soviéticos também estabeleceram uma ampla zona de operações por trás das linhas alemãs a leste de Smolensk; em uma região com mais de 120 quilômetros de comprimento de leste a oeste e quase oitenta quilômetros de profundidade, eles trabalharam em conjunto com tropas regulares para interromper os movimentos das tropas germânicas tanto para o leste quanto no eixo norte-sul: um tremendo obstáculo para a manutenção da linha alemã e para o moral dos nazistas.

Em 24 de fevereiro, no setor norte do front, após dez dias de batalha, as forças russas cercaram e isolaram um corpo do exército alemão a sudeste de Staraia Russa. Contudo, à medida que a situação no Extremo Oriente piorava, as notícias das vitórias russas, tão importantes na frente oriental, pareciam ilusórias para os Aliados ocidentais. Também em 24 de fevereiro, um desalentado Churchill escreveu ao rei George VI: "Birmânia, Ceilão, Calcutá e Madras,* na Índia, e parte da Austrália podem cair em mãos inimigas". No dia seguinte, o comandante em chefe britânico das forças no Extremo Oriente, o general Archibald Wavell, retirou-se de Java, e em 26 de fevereiro o porta-aviões norte--americano *Langley* e todas as 32 aeronaves que transportava, incluindo hidroaviões, foram afundados por bombardeiros da marinha imperial japonesa. Um pequeno consolo era saber que, no mesmo dia, o primeiro dos navios de guerra japoneses usados no ataque a Pearl Harbour — o submarino I-23 — tinha sido afundado.

Em 27 de fevereiro, no mar de Java, uma força-tarefa naval Aliada, comandada por um almirante holandês, Karel Doorman, procurou interceptar uma frota de invasão japonesa a caminho de Java. Em uma batalha de sete horas, a nau capitânia de Doorman, o cruzador ligeiro *De Ruyter*, foi afundada, e o almirante se afogou. Também afundaram durante a batalha o cruzador ligeiro holandês *Java* e dois contratorpedeiros britânicos, *Electra* e *Jupiter*. Apenas um transporte de tropas japonesas foi a pique, e a marinha de guerra nipônica não sofreu nenhuma perda. O cruzador pesado norte-americano *Houston* e o cruzador australiano *Perth* escaparam da zona de batalha, mas foram perseguidos e afundados na noite seguinte.

Somente no *Perth*, 352 marinheiros morreram afogados; dos sobreviventes resgatados por navios japoneses, 105 morreram no cativeiro. Em 1º de março, mais três navios de guerra Aliados — o cruzador britânico *Exeter*, um dos vitoriosos da Batalha do Rio da Prata em dezembro de 1939, e os contratorpedeiros *Encounter*, britânico, e *Pope*, norte-americano — naufragaram. Em 4 de março, o contratorpedeiro britânico *Stronghold* e a corveta australiana *Yarra* tiveram o mesmo destino; 138 de seus marinheiros morreram afogados. Os japoneses, agora senhores do mar de Java, se preparavam para a conquista da ilha.

Em 27 de fevereiro, enquanto se desenrolava a batalha naval no mar de Java, os britânicos lançaram a Operação Mordida através do canal da Mancha. Seu objetivo, a ser

---

* Atual Chennai. (N. T.)

alcançado por tropas de paraquedistas, era apreender componentes essenciais do equipamento de radar alemão na estação de Bruneval, perto de Le Havre. O ataque aéreo foi um sucesso: além do equipamento de radar, foram capturados dois prisioneiros alemães, um deles um operador. Dois paraquedistas e seis alemães foram mortos durante a ação. Para os britânicos, o ataque deu impulso ao moral e provou a destreza de suas tropas aerotransportadas. Mas ainda assim foi o Extremo Oriente, onde pairava o desastre, que continuou a dominar o noticiário. "Não posso deixar de me sentir deprimido acerca das perspectivas para o futuro", escreveu em seu diário o rei George VI, em 28 de fevereiro. "Qualquer coisa pode acontecer, e será maravilhoso se tivermos sorte onde quer que seja." Nesse dia, as tropas japonesas desembarcaram em Java, ao mesmo tempo que, de seu quartel-general em Berlim, o líder nacionalista indiano e bengali Subhas Chandra Bose, em discurso transmitido pelo rádio, expressava o anseio por liberdade da Índia e sua consequente disposição de cooperar com a Alemanha. Goebbels anotou em seu diário: "Em Londres, o apelo de Bose, cujo paradeiro, por sorte, é desconhecido, despertou forte ira. No último momento, impedi que o Ministério das Relações Exteriores o revelasse prematuramente".

Java não pôde ser salva; em 28 de fevereiro, o porta-aviões *Sea Witch* levou 27 aeronaves ainda encaixotadas para Tjilatjap, mas era tarde demais para montá-las; a fim de evitar que caíssem em mãos japonesas, os holandeses as afundaram no porto. No Atlântico, no final de fevereiro, a ofensiva submarina alemã, a Operação Rufar de Tambores, obteve um êxito ainda maior do que no mês anterior, afundando 65 navios mercantes Aliados na costa leste dos Estados Unidos. Em Leningrado, que para todos os efeitos ainda estava sitiada, mais de 100 mil pessoas morreram de fome em fevereiro.

Em 1º de março, o marechal de campo Fedor von Bock, recém-nomeado comandante do Grupo de Exércitos Sul, informou a Hitler que, apesar das enormes baixas sofridas nas batalhas, os russos ainda seriam capazes não apenas de arregimentar uma reserva suficiente para fazer frente à ofensiva de primavera alemã, mas também de criar novos exércitos no leste de Moscou. O general Halder discordou, mas forneceu uma estimativa das substanciais perdas alemãs em batalha até então na frente oriental: nos oito meses transcorridos desde junho de 1941, o saldo era de 202257 soldados mortos, 725642 feridos e 112617 incapacitados pelas geladuras. Outros 400 mil haviam sido aprisionados.

Ainda que beirassem a média de 2 mil mortos por dia, as baixas alemãs em combate eram muito inferiores em comparação com a matança diária de civis perpetrada pelos germânicos. Em 2 de março, pelo menos 5 mil judeus foram retirados do gueto de Minsk e dizimados. No mesmo dia, na Polônia anexada à Alemanha, outros novecentos foram levados de Krośniewice para Chełmno e assassinados em caminhões de gás; no dia seguinte, 3200 judeus da cidade vizinha de Żychlin foram mortos também por intoxicação por gás. Mais a leste, na Bielorrússia, em 4 de março, 3 mil judeus foram retirados do gueto de Baranowicze e assassinados; um massacre de mais de 12 mil pessoas em 48 horas. O general Friedrich Jaeckeln, que comandou nesse mês uma ação contra a guerrilha, a Operação Febre do Pântano, apresentou a Berlim uma conclusão bem-sucedida da investida: "389 guerrilheiros abatidos, 1274 indivíduos suspeitos mortos a tiros, 8350 judeus liquidados".

Judeus também foram usados como cobaias em experimentos médicos. Em março, o dr. Rascher conduziu o que ele chamou de "um experimento terminal" em um "judeu de 37 anos em boas condições de saúde". Esse homem foi colocado vivo em uma câmara na qual o dr. Rascher simulou um gradual aumento de altitude, chegando a 12 mil metros. O sofrimento e a morte do judeu foram meticulosamente observados, pois primeiro ele começou a transpirar, depois desenvolveu cãibras, em seguida teve falta de ar, perdeu a consciência e por fim morreu.

Esse caso, o dr. Rascher informou a Himmler, era "o primeiro do gênero jamais observado no homem". As "ações descritas", Rascher explicou, "despertarão particular interesse científico, porque foram registradas até o último momento por um eletrocardiograma".

O dr. Rascher chefiou duzentos experimentos desse tipo. Acredita-se que cerca de oitenta de suas cobaias tenham morrido. No relatório de 24 páginas que enviou a Himmler expondo suas conclusões, o dr. Rascher afirmou com convicção que voar sem trajes de pressão e oxigênio era "impossível" a mais de 12 mil metros de altitude.

Em 1º de março, o soldado australiano Colin F. Brien esteve entre os mais de cinquenta soldados que, tendo sido capturados pelos japoneses, foram conduzidos a uma cova rasa recém-cavada. Ele relembrou:

> Eles me mandaram sentar com os joelhos, pernas e pés dentro da vala. Minhas mãos estavam atadas atrás das costas. Eles amarraram uma toalhinha sobre meus olhos, e depois minha camisa foi desabotoada e puxada para trás, deixando à mostra a parte inferior do pescoço. Minha cabeça estava inclinada para a frente, e depois de alguns segundos tive a sensação de receber um pesado golpe na base do pescoço. Percebi que ainda estava vivo, mas me fingi de morto e me deixei cair para a direita; depois disso, perdi a consciência.

Brien sobreviveu. Fugiu e foi recapturado pelos espantados japoneses, que o internaram primeiro num hospital e depois num campo de prisioneiros de guerra, onde, nas palavras do historiador desse episódio, "ele sobreviveu à guerra, como um caso excepcional". Mais tarde, Brien prestaria depoimento sobre essa execução em massa nos Julgamentos de Crimes de Guerra de Tóquio.

Em 3 de março, nove caças japoneses invadiram a cidade de Broome, no oeste da Austrália. Em um ataque de quinze minutos à base do hidroavião usado para transportar soldados e refugiados de Java, 23 aeronaves australianas, norte-americanas, holandesas e britânicas foram destruídas, com a morte de cerca de setenta pessoas, muitas delas refugiados de Java recém-chegados a Broome. Um bombardeiro norte-americano, que conseguira decolar no início do ataque, foi abatido a alguma distância da costa. Dos 33 homens a bordo, apenas um sobreviveu.

Em alto-mar, ao largo de Java, 25 navios de guerra japoneses atacaram três embarcações britânicas que haviam deixado a Batávia em 3 de março levando refugiados para a Austrália. Todos os três foram afundados, e 26 sobreviventes amontoaram-se em dois botes salva-vidas. Os navios japoneses passaram por eles não para atirar, mas para que sua tripulação batesse continência e saudasse solenemente a bravura dos britânicos; em seguida, se afastaram a todo vapor. Os 26 britânicos permaneceram no mar, sem comida ou água. A água da chuva e a carne crua de três aves marinhas foram seu único sustento. Ao chegarem à costa de Java, apenas dezoito ainda estavam vivos. Outros seis morreram tentando nadar em um mar encrespado para chegar à praia. Os doze sobreviventes foram feitos prisioneiros de guerra.

Na noite de 3 de março, na França, mais de duzentos bombardeiros britânicos atacaram a fábrica de automóveis Renault em Billancourt. Dos 3 mil operários, apenas cinco foram mortos. No entanto, algumas bombas erraram o alvo e atingiram casas próximas, matando quinhentos franceses, entre os quais famílias inteiras. Os alemães esperavam tirar proveito dessas mortes, mas um informante francês a soldo dos nazistas relatou às autoridades militares, em tom depreciativo: "Em geral, quando se toma o pulso da opinião pública, a indignação não é suficientemente grande". No dia seguinte, um guarda alemão foi morto a tiros em uma rua de Paris. Em represália, vinte comunistas franceses foram imediatamente fuzilados. "Esse é o método que eu propus", Goebbels anotou em seu diário, e acrescentou: "Se for aplicado com rigor, levará a resultados visíveis".

Na cidade de Teodósia, na Crimeia, a partir de 5 de março, três "operações de limpeza", conduzidas ao longo de três semanas, levaram à morte de mais de 2 mil pessoas, das quais, segundo o Relatório da Situação Operacional na URSS n. 184, "678 judeus, 359 oficiais comunistas, 153 guerrilheiros e 810 elementos associais, ciganos, doentes mentais e sabotadores".

Os esquadrões de extermínio alemães não tinham descanso. Em 6 de março, em Klintsi, trinta ciganos e 270 judeus foram levados de caminhão para uma vala nos arredores da cidade, obrigados a se despir e fuzilados. No dia seguinte, Goebbels anotou em seu diário:

A situação agora é oportuna para uma resolução definitiva da questão judaica. As gerações futuras não terão nem a força de vontade nem a precaução vigilante e instintiva. É por isso que estamos fazendo um bom trabalho ao proceder de forma radical e consistente. A tarefa de que nos incumbimos hoje será uma vantagem e uma bênção para nossos descendentes.

Ainda havia, no entanto, um punhado de pessoas que protestavam contra a perseguição aos judeus. Em 7 de março, em Zagreb, o arcebispo Alojzije Stepinac escreveu ao Ministro do Interior croata acerca de rumores quanto a "iminentes prisões em massa de judeus que serão enviados para campos de concentração". Se tais rumores fossem verdadeiros, disse Stepinac, "tomo a liberdade de apelar ao senhor para que impeça, usando de sua autoridade, um ataque ilegal a cidadãos que pessoalmente não têm culpa de nada". O apelo do arcebispo foi em vão.

Em 5 de março, os holandeses anunciaram a evacuação da Batávia; Java já não era capaz de resistir ao contínuo ataque japonês. Nesse dia, na Birmânia, forças japonesas entraram em Pegu, a apenas 65 quilômetros da capital Rangun. No dia seguinte, após o fracasso das tropas indianas em sua tentativa de reabrir a estrada Rangun-Pegu, o general Alexander — que, em junho de 1940, fora o último homem a deixar a cabeça de ponte de Dunquerque — ordenou a evacuação de Rangun. Em 7 de março, Rangun foi evacuada. No mesmo dia, em Java, os holandeses se renderam; 100 mil soldados holandeses, britânicos, australianos e norte-americanos foram feitos prisioneiros. Suas agruras tinham apenas começado.

Ao todo, 8500 soldados holandeses morreriam em cativeiro, quase 25% dos homens aprisionados. De um total de 80 mil civis holandeses transformados em detentos de campos de prisioneiros, outros 10 500 pereceram. Muitos soldados e civis morreram enquanto se escondiam em ilhas remotas, esperando o resgate ou construindo barcos nos quais buscariam socorro em outras ilhas. Em 7 de março, na ilha de Tjebia — conhecida como "ilha da febre" —, ao largo de Sumatra, o primeiro dos dezenove ingleses que chegaram depois de escapar de barco de Cingapura morreu de doença e insolação. Era o comandante Frampton, membro do estado-maior naval em Cingapura. Três dias depois, morreu outro membro dos quadros navais, o ex-comandante da força aérea no Extremo Oriente, o vice-marechal do ar Conway Walter Pulford. Antes que os soldados, marinheiros e aviadores conseguissem aprontar uma embarcação em condições de navegar, morreu também o ex-comandante da base naval de Cingapura, o contra-almirante Ernest John Spooner. Os que mais tarde conseguiram escapar foram capturados por um submarino japonês e aprisionados.

Agora as forças japonesas voltaram as atenções para a Nova Guiné, ocupando Lae e Salamaua em 8 de março. Dois dias depois, desembarcaram em Buka, nas ilhas Salomão. Em 2 de março, com a ilha de Luzon quase inteiramente sob controle japonês, o general MacArthur partiu em um torpedeiro rumo a Mindanao, nas Filipinas, a primeira etapa de sua viagem através de um campo minado. Depois de 35 horas, chegou a seu destino, uma jornada de novecentos quilômetros percorrendo águas controladas pelos nipônicos. De Mindanao, MacArthur deixou as Filipinas para trás e voou para a Austrália, onde disse aos repórteres que o aguardavam em um aeródromo ao sul de Darwin: "Cheguei aqui ileso, e voltarei".

Em 7 de março, o encouraçado alemão *Tirpitz* zarpou de Trondheim com três contratorpedeiros. Não conseguiu, no entanto, alcançar o seu alvo, o comboio do Ártico, enquanto a Frota Nacional Britânica também falhou em sua tentativa inicial de interceptá-lo. Três dias depois, assim que mensagens Enigma determinaram com exatidão a localização do navio, aeronaves que decolaram do porta-aviões *Victorious* o atacaram, sem sucesso. A mera presença desse encouraçado nas águas do Ártico era um grave e contínuo motivo de alerta para qualquer comboio seguindo em direção à Rússia, porque ele tinha poder de fogo para atacar e afundar todas as embarcações de um comboio. Não havia como ter certeza de que o *Tirpitz* poderia ser afundado, mesmo que fosse corretamente identificado e localizado.

Em 12 de março, dez paraquedistas soviéticos pousaram nos arredores de Biržai, na Lituânia. Eles foram avistados, perseguidos e abatidos, e tiveram apreendidos todos os seus equipamentos, incluindo um transmissor de rádio. Mas esses contratempos não impediram o envio de novas unidades de guerrilheiros para trás das linhas alemãs.
Em 13 de março, a guerra germânica contra os judeus teve mais uma reviravolta maligna. Até então, havia apenas um campo de extermínio, Chełmno, para o qual os judeus eram deportados com o único objetivo de serem assassinados. Agora, um segundo campo do tipo estava pronto em Bełzec, no extremo leste do governo-geral. Os primeiros 6 mil judeus deportados para lá, provenientes da cidade polonesa de Mielec, no sul do país, tinham sido informados de que seriam transferidos para leste a fim de trabalhar na agricultura. Mas seu destino era a morte. Três dias depois, 1600 judeus de Lublin tiveram a mesma sorte. No final do ano, judeus de mais de duzentas comunidades de toda a região no entorno de Lublin e da Galícia Oriental e Ocidental foram expulsos de suas casas e deportados de trem para Bełzec, onde morreram: um total de 360 mil vítimas. Nas câmaras de gás do centro de extermínio de Bełzec, de acordo com os

registros do memorial de pedra construído no local, morreram 1500 poloneses, para lá deportados "por ajudarem os judeus".

Enquanto partia o primeiro de muitos trens que diariamente transportariam judeus para a morte em Bełżec, mensagens Enigma revelavam aos britânicos um substancial aumento do tráfego nas ferrovias alemãs, bem como a construção de aeródromos na Ucrânia, sobretudo ao sul de Carcóvia. Em 14 de março, a Comissão Conjunta de Inteligência do Gabinete de Guerra concluiu que a próxima ofensiva alemã de grande envergadura seria realizada contra a porção sul da frente russa. Outras mensagens mostraram que a investida estava sendo programada para maio. Sabendo da decepção russa pelo fato de que não seria possível realizar nenhum desembarque anglo-americano no norte da Europa nesse verão, Churchill ofereceu a Stálin uma enorme ofensiva de bombardeiros britânicos contra alvos industriais alemães, com o objetivo, conforme explicou em 14 de março ao representante do estado-maior norte-americano em Washington, de "tirar a pressão sobre a Rússia por meio da ofensiva aérea mais pesada possível contra a Alemanha, tendo em conta outras exigências impostas à nossa força aérea".

Essa ofensiva britânica teve início na noite de 8 de março, com um ataque de 211 bombardeiros a Essen. Apesar de sinalizadores especiais e bombas incendiárias, causou poucos danos. Algumas noites depois, a RAF atacou a cidade errada, Hamborn, a treze quilômetros de Essen, depois que um de seus bombardeiros, que levava bombas incendiárias indicadoras de direção, foi atingido e teve de descartar os artefatos. Em outra ocasião, incêndios propositais em Rheinburg, a trinta quilômetros de Essen, serviram de chamariz e atraíram a atenção da maioria das tripulações para longe do alvo real. Esses contratempos, no entanto, não esmoreceram a determinação do Comando de Bombardeiros de fustigar a Alemanha com precisão e eficácia. A promessa de Hitler de que a Rússia seria "derrotada e aniquilada de uma vez por todas" no verão seguinte, feita em um discurso de 15 de março em Berlim, serviu apenas para fortalecer a resolução de Churchill de dar à Rússia o maior apoio aéreo possível, apoio que Stálin, nem sempre muito receptivo ou amigável, apreciou e agradeceu.

Os exércitos de Stálin não pretendiam esperar pelo ataque de Hitler, tampouco as forças soviéticas por trás das linhas alemãs afrouxaram seus esforços. "A atividade dos guerrilheiros se intensificou de maneira notável nas últimas semanas", Goebbels observou em seu diário em 16 de março. "Eles estão conduzindo uma guerrilha bem organizada." Para combater a resistência soviética, formara-se em Bobruisk, dois dias antes, um destacamento aéreo especial com o objetivo de bombardear acampamentos de guerrilheiros e detectar, por meio de sobrevoos, a movimentação de suas unidades. Esse destacamento aéreo deveria atuar como parte da Operação Munique, "manobra de limpeza" antiguerrilha planejada para começar na terceira semana de março. Mais atrás das linhas, em Kovno, 24 judeus flagrados do lado de fora do gueto tentando comprar comida de lituanos locais foram fuzilados pela Gestapo em 17 de março. Nesse mesmo dia, em Ilja, a norte de Minsk, novecentos judeus foram presos e fuzilados, apesar da corajosa tentativa de resistência coletiva.

Em 19 de março teve início a Operação Munique. Com o apoio do destacamento aéreo especial, tropas alemãs atacaram as bases de guerrilheiros em toda a região de Ielnia-Dorogobuj. Em uma ofensiva adicional nas imediações de Bobruisk que recebeu o codinome Operação Bamberg, aldeias russas foram incendiadas e seus habitantes mortos em ataques que, embora punitivos ao extremo, vitimando 3500 aldeões, serviram apenas para exacerbar o ódio em relação aos ocupantes e intensificar a determinação de ajudar os guerrilheiros, que quase invariavelmente escapavam das armadilhas e retornavam ao combate. Por mais ferozes que fossem os ataques germânicos, os guerrilheiros reagiam, contando com os reforços de armas e homens lançados de paraquedas. "Há indícios", informou em meados de março o 3º Exército Panzer, "de que a guerrilha na região de Velikie Luki, Vitebsk, Rudnia e Velij está sendo agora organizada em grande escala. Os guerrilheiros ativos no combate até o momento estão tendo seu efetivo reforçado por unidades individuais de tropas regulares" — homens com treinamento no uso de armas pesadas, artilharia e canhões antitanque. Um acréscimo semelhante no número de guerrilheiros soviéticos também fora notado nos arredores de Polotsk.

O primeiro dia da Operação Munique, 19 de março, foi também a data em que o exército alemão emitiu uma diretiva para todas as tropas de ocupação na Sérvia e na

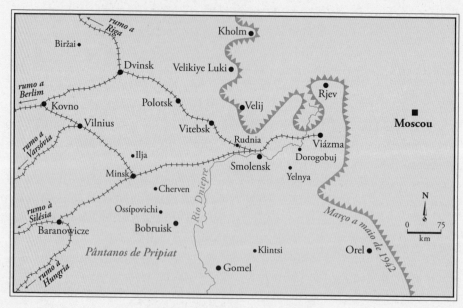

Mapa 32. Guerrilheiros soviéticos, 1942

Croácia, enfatizando que, em todas as localidades onde ocorresse atividade de resistência, as casas e até mesmo as aldeias suspeitas de terem sido usadas pelos guerrilheiros deveriam ser destruídas. "A remoção da população para campos de concentração também pode ser útil", acrescentava a diretiva. Se não fosse possível "prender ou capturar" os guerrilheiros propriamente ditos, "talvez seja apropriado lançar mão de medidas de represália de natureza geral, como o fuzilamento de habitantes do sexo masculino de localidades próximas". Esses fuzilamentos de retaliação seriam efetuados, explicava a diretiva, "de acordo com uma proporção específica, por exemplo, cem sérvios para cada alemão morto, cinquenta sérvios por um alemão ferido".

Atos e medidas de retaliação semelhantes ocorreram em todas as áreas sob ocupação alemã. Em 20 de março, na cidade polonesa de Zgierz, cem poloneses foram retirados de um campo de trabalho próximo para serem fuzilados; todos os 6 mil habitantes de Zgierz e das aldeias vizinhas foram levados ao mercado municipal e obrigados a assistir à execução. Nesse mesmo dia, em Rastenburg, Hitler falou sobre os judeus com Goebbels, seu convidado: "A esse respeito, o Führer se mantém intransigente como sempre", anotou Goebbels em seu diário. "Os judeus devem ser varridos da Europa, se necessário aplicando-se os métodos mais brutais."

Em 21 de março, Hitler autorizou Fritz Sauckel, seu plenipotenciário para a Mobilização de Mão de Obra, a obter, por quaisquer métodos, a força de trabalho necessária para levar a economia de guerra alemã a seu mais alto nível possível de capacidade produtiva. Sauckel tinha carta branca para trazer trabalhadores de todas as terras ocupadas e até mesmo arrebanhar gente das ruas. No entanto, pelo resto do ano, judeus da Galícia Oriental continuaram a ser deportados não para realizar trabalhos forçados, mas para a morte em Bełżec, incluindo mil judeus provenientes de Tarnopol, em 25 de março, e 6 mil de Stanisławów, seis dias depois. Judeus da Alemanha também foram enviados para a aniquilação imediata em Bełżec; em 24 de março, foram deportados para o campo 42 judeus de Julich, 320 de Würzburg e 224 de Furth. Nenhum sobreviveu.

De acordo com o Decreto de Mão de Obra de 31 de março, no entanto, um conceito diferente de deportação estava prestes a entrar em vigor: a seleção de deportados entre aqueles "aptos" para o trabalho e os "inaptos". Considerando-se que em Chełmno e Bełżec, e por um breve período em Treblinka e Sobibor, todos os deportados continuariam a ser exterminados, quer fossem ou não "aptos" a trabalhar, em um novo campo de extermínio, Birkenau, anexo ao campo de concentração de Auschwitz, passaria a ocorrer uma "seleção" de todos os judeus assim que chegassem. Os indivíduos fisicamente saudáveis, homens e mulheres, seriam acomodados nos alojamentos de Birkenau como força de trabalho — tratados com crueldade, mas destinados a realizar trabalhos em fábricas e fazendas. Já os velhos, os doentes e todas as crianças seriam enviados, em questão de poucas horas, para a morte por asfixia em câmaras de gás especialmente construídas para esse fim.

A primeira deportação de judeus para Auschwitz ocorreu em 26 de março, quando 999 mulheres judias da Eslováquia chegaram ao campo e foram enviadas para os alojamentos. A essa primeira leva seguiu-se, em 27 de março, a chegada de um grupo de judeus da França, a bordo de um trem "especial" saído de Paris com 1112 passageiros. Um dos deportados franceses, Georges Rieff, conseguiu saltar antes de o trem alcançar a fronteira com a Alemanha e escapou. Dos restantes, mais da metade morreu em câmaras de gás pouco depois do desembarque. Os "selecionados" para trabalhar tiveram sorte, mas apenas no curto prazo; cinco meses depois, somente 21 deles ainda estavam vivos.

Por toda a Europa, judeus eram arrebanhados feito gado para deportação, mantidos em campos de prisioneiros e depois enviados de trem para Auschwitz. Nesses campos de detenção provisórios as condições eram cruéis e desmoralizantes; enfraqueciam a força física e minavam a vontade de viver. Em Westerbork, na Holanda, em Mechelen, na Bélgica, em Drancy, nos arredores de Paris, o isolamento, a fome e as indignidades constantes foram o destino de dezenas de milhares de homens, mulheres e crianças arrancados de suas casas de uma hora para outra e subitamente privados de tudo, exceto os mais patéticos bens pessoais. No sul da França, os campos de detenção eram, no mínimo, mais desagradáveis e debilitantes do que aqueles mais ao norte. Em Gurs, Noé e Récébédou, nos Pireneus, em Rivesaltes, junto à costa mediterrânea, e em Les Milles, na Provença, os rigores da vida cotidiana eram um prelúdio sombrio para as incertezas da deportação e seu maligno resultado; somente nesses quatro campos, 1864 pessoas, privadas dos rudimentos mais básicos de assistência médica ou esperança espiritual, morreram antes mesmo da deportação.

Em março, as deportações para Bełżec foram discutidas em Berlim. "A começar por Lublin", Goebbels anotou em seu diário em 27 de março,

> os judeus sob a alçada do governo-geral estão agora sendo evacuados para o leste. O procedimento é bastante bárbaro e não deve ser descrito aqui em minúcias. Não restará muita coisa dos judeus. Cerca de 60% deles terão de ser liquidados; apenas cerca de 40% podem ser usados para trabalhos forçados.

Odilo Globočnik, o antigo Gauleiter de Viena, incumbido de implementar a medida, o fazia, observou Goebbels, "com considerável circunspecção e de forma a não atrair muita atenção". A entrada no "diário" de Goebbels continuava:

> Embora o castigo que agora está sendo aplicado aos judeus seja bárbaro, eles o merecem. A profecia que o Führer fez sobre a aniquilação dos judeus, por terem iniciado uma nova guerra mundial, estava começando a se tornar realidade da maneira mais terrível. Não devemos ser sentimentais nessas questões. Se não lutarmos contra os judeus, eles nos destruirão. É uma luta de vida ou morte entre a raça ariana e o bacilo judeu.

Mapa 33. Campos de extermínio, deportações, ataques aéreos e represálias

"Nenhum outro governo", Goebbels ponderou, com orgulho, "e nenhum outro regime teria a força necessária para uma solução tão global."

Em 23 de março, forças japonesas ocuparam as ilhas Andamã, antiga colônia penal britânica na baía de Bengala cuja guarnição britânica e gurkha já fora evacuada. No Mediterrâneo, no mesmo dia, uma tentativa britânica de reforçar Malta resultou em desastre quando as forças navais italianas afundaram quatro navios mercantes que levavam combustível para a ilha sitiada; das 26 mil toneladas de gasolina transportadas pelo comboio, salvaram-se apenas 5 mil. Foi possível enviar apenas cinco caças britânicos para encarar um ataque de duzentas aeronaves; mais tarde, quando 47 caças Spitfire chegaram para reforçar a defesa de Malta, trinta foram destruídos durante um ataque aéreo alemão.

Nas primeiras horas de 28 de março, comandos e forças navais britânicos lançaram a Operação Carruagem, um ataque à doca seca alemã em Saint-Nazaire. Por se tratar do único cais na costa atlântica capaz de efetuar reparos no único encouraçado alemão moderno ainda remanescente, o *Tirpitz*, sua destruição dificultaria a utilização do *Tirpitz* como um cruzador corsário no Atlântico. Ao longo do ataque, Saint-Nazaire sofreu graves danos e quatrocentos alemães morreram, muitos deles em meio a seu próprio fogo cruzado. Dos 611 comandos britânicos que participaram do assalto, 205 foram mortos, e os demais, em sua maioria, se tornaram prisioneiros; pereceram também 185 marinheiros britânicos. Quatro Cruzes de Vitória, duas delas póstumas, foram concedidas a participantes da ação, que inutilizaram a doca seca pelo restante da guerra. Em pânico no momento da deflagração do ataque, os alemães dispararam contra os trabalhadores civis franceses do cais, matando trezentos; entre soldados, marinheiros e civis, um saldo de mais de mil mortos.

Enquanto se desenrolava o ataque dos comandos a Saint-Nazaire, Hitler, em Rastenburg, informava seus comandantes militares acerca de suas tarefas durante a campanha de verão contra a Rússia, a Operação Azul. Primeiro, a cidade de Vorónej, no Don, seria capturada, depois Stalingrado, no Volga. Mais ao sul, os exércitos alemães deveriam chegar às montanhas do Cáucaso no início de setembro. Após a derrota dos exércitos russos, seria construída ao longo do Volga uma "muralha oriental" atrás da qual permaneceriam os batalhões remanescentes da Rússia, a serem atacados sempre que ameaçassem se tornar fortes em demasia.

Também em 28 de março, em uma tentativa de imobilizar o maior número possível de tropas russas no Extremo Oriente durante a ofensiva vindoura, Joachim von Ribbentrop pressionou o embaixador japonês em Berlim, o conde Ōshima, a garantir um ataque nipônico à Rússia simultâneo ao "esmagador golpe" da Alemanha. A fim de incitar esse ataque, o estado-maior alemão enviaria a seu homólogo japonês uma proposta específica para uma investida nipônica contra Vladivostok e em direção ao lago Baikal.

Foi essa a proposta que Ribbentrop fez ao Japão em 28 de março. Mas os japoneses não tomaram nenhuma atitude.

Na Europa Ocidental, as forças aéreas britânicas estavam especialmente ativas em 28 de março, dia em que uma primeira leva de suprimentos foi lançada de paraquedas para os agentes britânicos na França. A operação, em Blyes, foi bem-sucedida. Nessa noite, 234 bombardeiros britânicos decolaram de suas bases na Grã-Bretanha para atacar o porto alemão de Lübeck, no Báltico. Mais tarde, o chefe do Comando de Bombardeiros, Sir Arthur Harris, relembrou:

> O principal objetivo do ataque era descobrir até que ponto um primeiro grupamento de aeronaves seria capaz de guiar uma segunda leva até o alvo, iniciando uma conflagração; ordenei um intervalo de meia hora entre as duas levas de aeronaves, de modo a permitir que os incêndios se alastrassem bem.

A título de explicação da escolha de Lübeck como alvo, Harris acrescentou: "Lübeck não era um alvo essencial, mas me pareceu melhor destruir uma cidade industrial de

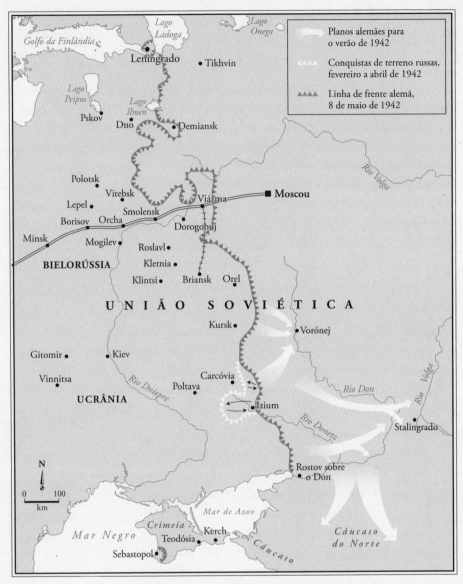

Mapa 34. A frente oriental, maio de 1942

importância mediana do que me empenhar na tentativa de destruição de uma grande cidade industrial". E prosseguiu: "Eu queria que minhas equipes sentissem o 'cheiro de sangue', como se diz na caça à raposa, para saborearem o gosto da vitória, para variar".

Nessa noite, 2 mil prédios de Lübeck foram totalmente destruídos, ocasionando a morte de 312 civis alemães. Dos 191 bombardeiros que chegaram à cidade, doze foram abatidos. Quinze mil alemães perderam suas casas. "O domingo foi completamente arruinado", Goebbels anotou em seu diário, "por um ataque aéreo excepcionalmente pesado da RAF a Lübeck." E acrescentou: "Pode-se considerar que 80% da cidade medieval se perdeu".

Enquanto Goebbels refletia sobre a destruição de Lübeck, os britânicos enfrentavam um revés no envio de suprimentos de guerra para a Rússia; na manhã de 29 de março, quatro navios Aliados, que por conta de uma tempestade feroz haviam se dispersado de sua escolta de contratorpedeiros, foram atacados e afundados. Nas batalhas que se seguiram entre a escolta — incluindo dois contratorpedeiros russos — e os submarinos alemães, o frio era tão intenso que a espuma do mar que borrifava os navios congelava nos suportes dos canhões. No entanto, dois submarinos germânicos foram afundados.

O mês de março foi marcado pelas maiores derrotas Aliadas na guerra marítima; 273 navios mercantes foram afundados, incluindo 95 no Atlântico Norte e 98 no Extremo Oriente, em um total de 834 184 toneladas. Também no Extremo Oriente, em 31 de março, os japoneses alcançaram seu ponto de conquista mais meridional, o território australiano da ilha Christmas, ao sul de Java, cuja guarnição de cem soldados britânicos se rendeu nesse dia. Embora fosse uma valiosa fonte de fosfato, a ilhota era tão pequena e rochosa que não se mostrava apropriada para a construção de uma pista de pouso e decolagem; por conseguinte, os japoneses a evacuaram quatro dias depois.

Em 1º de abril de 1942, o comboio PQ-13, com dezenove navios mercantes, partiu da Islândia com destino à Rússia; cinco embarcações foram afundadas, e sua principal escolta, o cruzador *Trinidad*, avariado por torpedos alemães. Também em 1º de abril, na Operação Desempenho, dez navios mercantes noruegueses empreenderam uma tentativa de fuga do porto sueco de Gotemburgo; cinco foram afundados pelos alemães antes que pudessem passar pelo estreito de Skagerrak — um deles estava danificado demais para continuar, e dois voltaram; apenas dois chegaram em segurança à Grã-Bretanha.

Nesse mesmo dia, os japoneses lançaram a Operação C, mobilizando cinco porta-aviões que haviam participado do ataque a Pearl Harbour; essas embarcações atravessaram o oceano Índico, reabasteceram no atol de Addu, nas ilhas Maldivas, e quatro dias depois bombardearam Colombo, capital do Ceilão, afundando os cruzadores britânicos *Dorsetshire* e *Cornwall*, o cruzador mercante armado *Hector* e o contratorpedeiro *Tenedos*; mais de quinhentos homens morreram afogados. Outros trezentos pereceram quando o porta-aviões *Hermes* e o contratorpedeiro *Vampire* foram bombardeados e afundados em Trincomalee. Durante esse mesmo ataque, 23 navios mercantes foram afundados na baía de Bengala, com uma perda total de 112 mil toneladas. Durante as incursões em Colombo e Trincomalee, 36 aviões japoneses foram derrubados; mas o ataque causou alarme em Calcutá e pareceu prenunciar novos avanços japoneses, ainda mais espetaculares.

Em 13 de abril, bombardeiros nipônicos atacaram a cidade birmanesa de Mandalay; 2 mil pessoas foram mortas e grande parte da cidade ficou em chamas. Nesse mesmo dia, tropas japonesas iniciaram um ataque maciço às tropas norte-americanas que ainda resistiam na península de Bataan. De seu quartel-general na Austrália, o general MacArthur ordenou um contra-ataque. Mas seus homens em Bataan estavam devastados; por malária, disenteria, fome e uma grave escassez de munições.

A capacidade nipônica de atacar à vontade ficou evidente em 6 de abril, quando bombas japonesas caíram em duas cidades da província de Madras, Coconada e Vizagapatam, na costa da Índia, enquanto, mais de 7200 quilômetros a leste, batalhões japoneses desembarcaram em Lorengau, nas ilhas do Almirantado, a menos de 1300 quilômetros do cabo York, na Austrália.

Na Europa de Hitler, a cada dia a tirania estendia um pouco mais seus tentáculos. Em 3 de abril, na própria Alemanha, a deportação de 129 judeus de Augsburgo para Bełżec marcou a destruição definitiva de uma comunidade que por mais de setecentos anos fora um centro de povoamento e cultura judaicos. Nesse mesmo dia, 1200 judeus da cidade de Tłumacz, na Galícia Oriental, foram deportados para Bełżec; no dia seguinte, foi a vez de 1500 judeus da cidade vizinha de Horodenka.

Em 5 de abril, em seu quartel-general em Rastenburg, na Prússia Oriental, durante uma conversa à mesa do jantar, Hitler concordou com Himmler que as crianças "germânicas" dos países ocupados poderiam ser tiradas dos pais e criadas em escolas nazistas especiais. "Se quisermos evitar que o sangue germânico seja absorvido pela classe dominante dos países que conquistarmos", explicou Himmler, "e que isso mais tarde possa se voltar contra nós, teremos que submeter gradualmente todos os preciosos elementos germânicos à influência dessa instrução."

Himmler disse ainda a Hitler que, a seu juízo, a esfera das escolas especiais abarcaria crianças holandesas, flamengas e francesas de origem "germânica". Mas a oposição à ideologia nazista continuou, bravamente. No mesmo dia em que Himmler expôs ao Führer seu programa educativo "germanizante" em Rastenburg, a vasta maioria do clero luterano da Noruega, reunido em Oslo, emitiu uma declaração enfatizando a soberania de Deus acima de todas as ideologias; a declaração foi lida dos púlpitos em toda a Noruega, e 654 dos 699 ministros religiosos noruegueses renunciaram a seus cargos no funcionalismo público, ao mesmo tempo que continuaram a realizar o seu trabalho como clérigos. Na Alemanha, em 7 de abril, o teólogo protestante Karl Friedrich Stellbrink foi preso, juntamente com três padres católicos, por ousar criticar o regime nazista; sete meses depois, os quatro clérigos foram executados.

Em 8 de abril, em mais uma tentativa de impedir que aviões alemães fossem enviados para a frente oriental, os britânicos iniciaram uma série de operações de ataque contra instalações aéreas e militares alemãs localizadas ao longo da costa do canal da Mancha. Esse método inutilizou muitas unidades aéreas alemãs, embora a RAF tenha perdido 259 aeronaves, contra 58 caças alemães. Todavia, como resultado dessa deliberada manobra diversionista, os alemães foram obrigados a impor restrições de voo sobre a Rússia.

Em 8 de abril, quando as forças japonesas intensificaram seu ataque aos norte-americanos e filipinos encurralados em Bataan, 2 mil defensores conseguiram fazer a travessia para Corregidor. Os 76 mil restantes, entre os quais 12 mil norte-americanos, se renderam aos japoneses em 9 de abril. Imediatamente, foram obrigados a percorrer um trajeto de cem quilômetros de Balanga para o norte, em condições de brutalidade e privação tão terríveis que mais de seiscentos estadunidenses e pelo menos 5 mil filipinos faleceram naquela que mais tarde ficou conhecida como a "marcha da morte". Vários foram vítimas de espancamentos ou assassinados a golpes de baioneta quando, fracos demais para continuar andando, tropeçavam e caíam. Outros foram expulsos das fileiras, surrados, torturados e mortos. Ao todo, 16 mil filipinos e pelo menos mil norte-americanos morreram de fome, doença e maus-tratos durante as primeiras semanas de encarceramento nos campos de prisioneiros de guerra.

Na ilha-fortaleza de Corregidor, o general Wainwright continuou a resistir, com 13 mil homens sob seu comando, apesar do prolongado fogo de artilharia e dos severos bombardeios. Na Índia, o líder do Partido do Congresso, Jawaharlal Nehru, reagiu com alarme às alegações japonesas de que o avanço nipônico implicava também a libertação, no devido tempo, da Índia. "Aflige-me que os indianos falem em uma libertação japonesa da Índia", declarou Nehru em 12 de abril. Nesse dia, à medida que se desenrolava a "marcha da morte" em Bataan, soldados japoneses atacaram quase quatrocentos de seus prisioneiros filipinos, golpeando-os até a morte com suas espadas.

Enquanto os australianos observavam com apreensão os avanços japoneses no Extremo Oriente e no Pacífico, suas tropas operavam no Deserto Ocidental, defendendo Tobruk contra um cerco alemão. Em 13 de abril, os germânicos lançaram um ataque à fortaleza, infiltrando-se entre dois postos australianos e atacando um baluarte vital. Lá, um dos defensores, o cabo Jack Edmondson, um agricultor australiano de 27 anos, embora gravemente ferido na barriga e no pescoço, ajudou a expulsá-los. Ele morreu pouco tempo depois, em decorrência dos ferimentos, e foi condecorado postumamente com a Cruz de Vitória, a primeira atribuída a um australiano na guerra.

No dia 14 de abril, em Londres, o Grupo Combinado de Comandantes, constituído pelos chefes de estado-maior britânicos e norte-americanos, finalmente concluiu que nenhuma ação Aliada para ajudar a Rússia seria possível na Europa em 1942, à exceção de pequenos ataques. Uma dessas investidas, embora em escala ínfima, ocorrera três dias antes, quando dois soldados de um comando britânico, em uma canoa a remo, entraram no porto de Bordeaux e explodiram um navio-tanque alemão. Havia planos para invasões de maior envergadura. Mas mesmo uma segunda frente europeia bastante modificada não seria aberta em 1942. Enquanto isso, a Rússia continuava sob grave pressão. Em Leningrado, 15 de abril marcou o 248º dia de cerco, data em que os bondes voltaram a circular, pela primeira vez depois de muitos meses. Um prisioneiro de guerra alemão, o cabo Falkenhorst, mais tarde contou a seus captores que perdera a fé em Hitler ao ouvir as sinetas do bonde nessa manhã. Mas o mês de abril também registrou 102 497 mortes por fome em Leningrado, a maior taxa de mortalidade para qualquer mês do cerco, embora os sepultamentos, referência pela qual o número total era calculado, incluíssem alguns milhares de corpos congelados nas ruas durante os últimos meses de inverno.

Em 7 de abril, um terceiro campo de extermínio começou a funcionar, quando 2500 judeus da cidadezinha medieval de Zamość, a sudeste de Varsóvia, foram detidos e enviados de trem para um "destino desconhecido". Esse destino era na verdade um local nos arredores da aldeia de Sobibor escolhido como terceiro campo de extermínio nos mesmos moldes de Chełmno e Bełżec. Todos que chegavam a Sobibor eram mortos nas câmaras de gás em poucas horas, exceto algumas centenas de indivíduos escolhidos para a realização de trabalhos forçados. Dos 2500 judeus de Zamość, apenas um, Moshe Shklarek, foi selecionado para trabalhar. Todos os outros morreram por asfixia por gás venenoso. Até o final do ano, seriam levados para Sobibor e lá assassinados mais de 250 mil judeus, a maioria oriunda da região central da Polônia, mas alguns do oeste — por exemplo, da Holanda, a quase 1300 quilômetros de distância.

Os assassinatos em Sobibor foram mantidos em estrito sigilo. Até mesmo a terminologia, já enganadora, estava sendo reforçada. Em 10 de abril, o secretário pessoal de Himmler informara ao Inspetor de Estatística do Reich que "doravante recomenda-se que nenhuma menção seja feita ao 'tratamento especial dos judeus', que deve ser chamado de 'transporte dos judeus para o leste da Rússia'".

Nenhum sigilo mascarava os esforços dos Aliados ocidentais; em 17 de abril, doze bombardeiros britânicos realizaram um ousado ataque de baixa altitude à luz do dia contra fábricas de motor a diesel em Augsburgo. Sete deles foram abatidos. Mas essa incursão, em que os aviões penetraram o interior da Alemanha a apenas quinhentos pés (150 metros) de altitude, cativou a imaginação da população britânica; o líder do ataque, o sul-africano John Dering Nettleton, foi premiado com a Cruz de Vitória. Pouco mais de um ano depois, morreu em ação durante um bombardeio noturno em Turim.

Nesse mesmo dia, 17 de abril, o general Henri Giraud escapou do cativeiro alemão; capturado em junho de 1940, ele fugiu do castelo-prisão de segurança máxima em Königstein, na Saxônia, descendo pelas muralhas, saltando a bordo de um trem em movimento e chegando à fronteira com a França. Para a população francesa, que se aproximava do terceiro ano sob a ocupação alemã, a fuga de Giraud fez as vezes de um fantástico impulso para o moral, a tal ponto que Himmler deu ordens à Gestapo para "encontrar e assassinar Giraud". Mas, no fim das contas, o general escapou da França a bordo de um submarino britânico e chegou em segurança ao Norte da África; por sua corajosa fuga, foi condecorado com a Médaille Militaire. Hitler, durante algumas semanas após a fuga de Giraud, foi tomado por "uma fúria sombria", segundo o relato de Goebbels.

Na terceira semana de abril, os norte-americanos também tiveram um êxito para comemorar, embora só viessem a saber disso na segunda semana de maio. Em 18 de abril, no mais absoluto sigilo, dezesseis bombardeiros norte-americanos, comandados pelo tenente-coronel James H. Doolittle, lançaram um raide contra o Japão. Decolando do porta-aviões *Hornet*, os aviões de Doolittle voaram mais de 1300 quilômetros através do Pacífico para bombardear instalações petrolíferas e navais em Tóquio, Kobe, Yokohama, Nagoya e Yokosuka, onde o porta-aviões *Ryuho* foi atingido enquanto estava atracado em doca seca. Incapazes de voar de volta a uma distância tão grande, os bombardeiros rumaram para a China.

Um deles caiu em solo soviético, nas imediações de Vladivostock, e sua tripulação foi aprisionada. Dois outros aterrissaram em território controlado pelos japoneses; dos oito tripulantes capturados pelos nipônicos, três foram executados. Enfurecidos com o ataque, que mostrou que o coração do Império do Sol Nascente não era invulnerável, os japoneses ocuparam a província chinesa de Chekiang, com o intuito de evitar novas missões do mesmo gênero.

No dia 18 de abril, tão vitorioso para os norte-americanos, um grupo de guerrilheiros soviéticos foi abatido em Dorogobuj, na Rússia ocupada pelos alemães; o comandante desse grupo de resistência, o coronel Iefremov, tendo sido gravemente ferido nas costas, incapaz de ajudar seus homens e não desejando cair nas mãos dos alemães, encostou o cano da pistola na têmpora e disse: "Rapazes, para mim é o fim, mas vocês continuarão lutando". E puxou o gatilho; seus homens, embora quase derrotados, não abandonaram o combate. Alguns, alcançando a linha de frente mais próxima, retornaram no devido tempo para perseguir os alemães atrás das linhas.

No Atlântico, 21 de abril marcou o primeiro dia da navegação do primeiro de uma série de submarinos de carga alemães, embarcações sem capacidade ofensiva, mas carregadas de provisões, peças de reposição e setecentas toneladas de diesel cada, seiscentas das quais destinadas ao reabastecimento de catorze submarinos de combate. Ajudados por essa fonte independente de abastecimento longe de suas bases costeiras na França, 32 submarinos alemães operaram na costa leste dos Estados Unidos, no golfo do México e no mar do Caribe, afundando navios mercantes Aliados que navegavam para o norte a fim de se juntar aos comboios do Atlântico.

Atrás das linhas japonesas, prisioneiros de guerra Aliados viram-se frente a frente com uma selvageria da qual não tinham experiência nem memória anterior. Em 22 de abril, em um campo de prisioneiros em Bandung, um oficial médico australiano, o coronel Edward Dunlop, registrou em seu diário o destino de três detentos holandeses apanhados numa tentativa de fuga: "Amarrados a postes e feridos a golpes de baioneta até a morte diante de seus camaradas, feito porcos". Indagados se tinham "um último pedido a fazer", Dunlop acrescentou, "o primeiro homem pediu para que removessem a bandagem que lhe cobria os olhos e disse com firmeza 'Vida longa à rainha!', o que os outros repetiram em uníssono". Um oficial holandês que desmaiou ao testemunhar a cena foi "severamente repreendido" por um oficial japonês "por sua falta de virilidade".

Em 20 de abril, britânicos e norte-americanos lançaram uma ofensiva conjunta, a Operação Calendário, com o intuito de entregar 47 caças a Malta. As aeronaves foram transportadas para o Mediterrâneo no porta-aviões norte-americano *Wasp*, depois voaram 1100 quilômetros até a ilha. Lá, antes que pudessem ser abrigados em um hangar ou sequer reabastecidos, todos os aviões, à exceção de dez, foram destruídos em um ataque aéreo alemão. Mussolini agora pressionava os alemães para colocar em prática a Operação C3, a ocupação de Malta, mas Hitler, às vésperas de sua segunda grande ofensiva russa, recusou.

Em 22 de abril, enquanto se preparavam para uma segunda tentativa de reforçar Malta por via aérea, os britânicos realizaram um segundo e pequeno ataque à costa francesa. Era a Operação Abercrombie, que enviou cinquenta batalhões britânicos e cinquenta canadenses através do canal da Mancha até a praia de Hardelot, como um ensaio para um ataque substancial planejado para agosto. "Para os canadenses, no entanto", escreveu um de seus historiadores militares, "essa pequena iniciativa foi apenas mais um fiasco. A embarcação que os transportava não conseguiu colocá-los em terra, e, embora eles tenham ficado sob fogo germânico, não tomaram parte efetiva na operação." Na mesma semana, uma operação britânica mais distante e ultrassecreta estava sendo planejada, depois que o Comitê Técnico Tube Alloys, responsável pela pesquisa e espionagem referente à bomba atômica, recomendou que se tentasse impedir a produção alemã de água pesada na Noruega. A água pesada era um componente essencial da fabricação da bomba; de acordo com o comitê, "experimentos recentes" haviam constatado que, ao que tudo indicava, o plutônio poderia ser utilizado na construção do artefato, e que "seria mais eficiente em sistemas que fazem uso de água pesada".

A Executiva de Operações Especiais agora tinha uma nova tarefa: planejar a destruição da usina de água pesada alemã em Vermork. Enquanto elaborava seus planos, a guerra de bombas incendiárias e de alta carga explosiva se intensificou. Em 23 de abril, em retaliação ao bombardeio britânico contra Lübeck, 45 bombardeiros alemães atingiram Exeter. Como o raide fracassou, sessenta aeronaves voltaram na noite seguinte. Também na noite de 24 de abril, 150 bombardeiros alemães atacaram Bath. Nesse meio-tempo, bombardeiros britânicos, voando na direção oposta, assolaram Rostock, no Báltico. Mas foram os bombardeios alemães, todos contra cidades medievais — e por isso conhecidos como "raides Baedeker"* —, que causaram os maiores danos ao moral; em Bath, quatrocentos civis foram mortos. Em 27 de abril, o alvo foi Norwich; em 28 de abril, tanto Norwich quanto York, onde a prefeitura, um edifício do século XV, foi destruída. Durante os primeiros cinco dias desses raides, 938 civis britânicos foram mortos. Em 27 de abril, quando os bombardeios estavam no auge, Churchill disse a seu Gabinete de Guerra que os departamentos governamentais envolvidos "devem fazer todo o possível para assegurar que não se dê publicidade desproporcional a esses ataques. Nossas ofensivas contra a Alemanha estão infligindo danos muito maiores; é importante evitar dar a impressão de que os alemães estão se vingando na mesma moeda".

As baixas da Luftwaffe durante os ataques foram de fato bastante elevadas, a ponto de impossibilitarem o prosseguimento das ações por muito mais tempo; as perdas nas equipes de instrução trazidas das unidades de treinamento da reserva para ajudar a liderar as invasões foram especialmente prejudiciais.

Em 26 de abril, voltando de Rastenburg a Berlim, Hitler ficou particularmente furioso com o ataque a Rostock, que destruíra 70% das casas do centro antigo da cidade e provocara sérios danos à fábrica de aeronaves Heinkel. No dia seguinte, discutindo com Goebbels o bombardeio de Rostock e os ataques de represália, o Führer disse a seu ministro da Propaganda que "repetiria os raides noite após noite até que os ingleses se cansem dos ataques terroristas". Goebbels observou: "Ele compartilha minha opinião de que centros culturais, balneários e centros civis devem ser atacados agora. Não há outra maneira de incutir juízo nos ingleses. Eles pertencem a uma classe de seres humanos com os quais só se pode falar depois de terem os dentes arrebatados".

Os temores de Churchill na última semana de abril não diziam respeito à Grã-Bretanha, mas a Malta. Em 14 de abril, ele pediu a Roosevelt que autorizasse o porta-aviões norte-americano *Wasp* a fazer uma segunda incursão de transporte de reforços

---

* Em homenagem ao editor e tipógrafo alemão Karl Baedeker (1801-59), idealizador dos famosos guias de viagem publicados ainda hoje. (N. T.)

aéreos. "Sem essa ajuda", avisou, "receio que Malta seja despedaçada." Entretanto, na visão de Churchill, a defesa de Malta estava "desgastando a força aérea do inimigo e ajudando efetivamente a Rússia". Foi acerca da Rússia que Hitler falou, em 26 de abril, em discurso no Reichstag em Berlim. O inverno russo de 1941 fora excepcionalmente severo, disse ele, o pior em 140 anos, com temperaturas que chegavam a -40°C; mas, com a chegada da primavera, previu "grandes vitórias" para as forças alemãs.

O discurso de Hitler continha mais do que promessas; era dominado por um apelo à "obediência a apenas uma ideia, a luta pela vitória". Com palavras duras, carregadas de ameaças, o Führer advertiu seus ouvintes: "Que ninguém se sente sobre seus direitos adquiridos. Que cada homem saiba que de agora em diante há somente deveres".

24. A propagação da resistência e do terror

VERÃO DE 1942

Em 27 de abril de 1942, bombardeiros britânicos voltaram a atacar Rostock, no Báltico. "Setenta por cento da cidade foram varridos do mapa", Goebbels anotou em seu diário. "Mais de 100 mil pessoas tiveram que ser evacuadas." De fato, ele acrescentou, houve "pânico" na cidade. Embora também tenha sido objeto de muita boataria e especulações, o raide norte-americano contra Tóquio ainda não fora admitido pelos Estados Unidos. "Segundo os japoneses", Roosevelt disse ao povo norte-americano em sua "conversa ao pé da lareira" de 28 de abril, "alguém lançou bombas em Tóquio e em outros centros importantes da indústria de guerra nipônica. Se isso for verdade", acrescentou Roosevelt, "é a primeira vez na história que o Japão sofre tais indignidades."

Não foram indignidades, no entanto, mas êxitos, que a máquina de guerra japonesa obteve mais para o fim do mês. Em 29 de abril, as forças nipônicas capturaram Lashio, o ponto-final da estrada da Birmânia, através da qual os suprimentos norte-americanos e britânicos eram enviados à China. Em 27 de abril, com a intensificação do domínio japonês sobre a Birmânia, o general Joseph Stilwell havia pedido permissão, agora que sua posição dentro da China estava insustentável, para recuar até a Índia, levando consigo os 100 mil soldados chineses sob seu comando; Washington autorizou a retirada em 30 de abril. Dias depois, os britânicos foram forçados a abandonar o porto de Akyab,* na baía de Bengala, a menos de 160 quilômetros da fronteira com a Índia.

Na Europa ocupada pelos alemães, a resistência era evidente em toda parte, mas impiedosamente sufocada. No porto pesqueiro de Taelvag, na Noruega, dois alemães e um norueguês foram mortos quando um grupo de guerrilheiros foi pego de surpresa;

---

* Atual Sittwe, em Mianmar (Birmânia). (N. T.)

em retaliação, todas as casas e todos os barcos de pesca da aldeia foram destruídos, e todos os 26 homens entre dezesseis e 65 anos enviados para campos de concentração na Alemanha, onde a maioria morreu. Ao mesmo tempo, os alemães atiraram em dezoito jovens noruegueses que dois meses antes haviam sido presos em Ålesund tentando fugir de barco para a Inglaterra. "Espero que essas execuções tenham efeito no sentido de mudar o comportamento da população norueguesa", Goebbels escreveu em seu diário em 5 de maio. "Se não querem aprender a nos amar, devem pelo menos nos temer."

Na Grécia, em maio de 1942, os alemães lançaram a Operação Olimpo contra a guerrilha grega; mas os camponeses, muitas vezes vítimas das represálias dos nazistas, colaboravam com os guerrilheiros fornecendo-lhes alimentos, esconderijos e dicas de rotas de fuga. Em 1º de maio, em uma região da Rússia ocupada pelos alemães, guerrilheiros soviéticos hastearam 45 bandeiras vermelhas, às quais acoplaram minas prontas para explodir assim que alguém tentasse arriá-las. Em outros lugares, as festividades do 1º de Maio foram organizadas com a população local, com danças e canções patrióticas. Houve também amplos protestos antialemães na França. Mas o terror diário era incessante. Em 1º de maio, Arthur Greiser, governante alemão do Warthegau, escreveu a Himmler de Poznań para propor que os poloneses acometidos de tuberculose fossem enviados a Chełmno para receber "tratamento especial". Também em maio, mais de 19 mil judeus foram mortos por gás venenoso em Chełmno, somando-se a mais de 6 mil em Auschwitz, 5 mil em Bełżec e 36 mil em Sobibor. Nesse mesmo mês, na Rússia ocupada, 5 mil judeus de Dubno considerados "improdutivos" para o esforço de guerra alemão foram levados para os arrabaldes da cidade e mortos em uma chuva de tiros de fuzil e metralhadora; em outras localidades russas, 30 mil judeus foram assassinados em descampados e valas; em um único mês, um saldo de mais de 130 mil judeus mortos.

Para os Aliados ocidentais, sobretudo porque não haveria qualquer invasão à Europa em 1942, a justiça de sua causa era algo que parecia precisar de reiteração; em 2 de maio, o Departamento de Guerra dos Estados Unidos criou uma unidade de cinema por meio da qual sete roteiristas de Hollywood prepararam uma série de documentários, sob o título geral *Por que lutamos*, para explicar as origens e o desenrolar da guerra. Todavia, o primeiro desses filmes, *Prelúdio de uma guerra*, dirigido por Frank Capra, só ficou pronto um ano após a formação da unidade.

Em 2 de maio, alertados pela leitura diária das mensagens japonesas mais sigilosas, as forças navais dos Estados Unidos interceptaram uma frota nipônica que escoltava duas esquadras de invasão através do mar de Coral, uma com destino a Tulagi, nas ilhas Salomão, a outra em direção a Port Moresby, na costa sul da Nova Guiné, a cerca de oitocentos quilômetros da Austrália. Durante quatro dias, travaram-se vários combates, sobretudo dos conveses dos porta-aviões, nos quais setenta aviões de combate japoneses e 66 norte-americanos foram abatidos; um número de perdas quase igual para os dois lados naquela que foi a primeira batalha "aeronaval" da história: nem um único tiro foi disparado entre os navios; o combate foi inteiramente travado pelas aeronaves nos porta-aviões de ambas as frotas, avião contra avião e avião contra navio. Durante as escaramuças, o porta-aviões norte-americano *Lexington* sofreu danos tão severos que teve que ser afundado; 216 de seus tripulantes foram mortos por bombas e torpedos aéreos japoneses. Já os nipônicos perderam o porta-aviões leve *Shoho*. Tomando-se como critério o número de navios perdidos, foi uma vitória japonesa. Contudo, o Japão sofreu tantas baixas de soldados extremamente bem treinados e pilotos experientes que se viu forçado a interromper sua expansão para o sul.

Entre os heróis da Batalha do Mar de Coral estava John James Powers, tenente da marinha dos Estados Unidos. Quatro meses depois dos eventos, durante uma transmissão via rádio, Roosevelt relatou que, no terceiro dia de batalha, Powers disse a seus colegas pilotos: "Lembrem-se de que o pessoal lá de casa está contando com a gente. Vou dar um jeito de acertar o alvo nem que tenha que colocar a bomba no convés deles eu mesmo". Descendo de mais de 8 mil pés (2400 metros), Powers lançou sua bomba a menos de duzentos pés (sessenta metros) do convés de um porta-aviões; o avião que ele pilotava foi destruído pela explosão de sua própria bomba. "Recebi do secretário da marinha", disse Roosevelt, "a recomendação de que o tenente James Powers, de Nova York, morto em combate, seja agraciado com a Medalha de Honra. Neste momento eu lhe concedo a distinção."

Em 5 de maio, enquanto a Batalha do Mar de Coral entrava em seu terceiro dia, as forças japonesas desembarcaram em Corregidor, nas Filipinas. O desembarque já era esperado havia muito tempo, e foi precedido por bombardeios de artilharia de excepcional ferocidade, com o lançamento de 16 mil projéteis nas 24 horas anteriores à operação. Na manhã de 6 de maio, após ser informado da perda de quase oitocentos de seus homens, o general Jonathan Wainwright enviou uma mensagem de rendição aos japoneses, e em seguida transmitiu sua decisão por rádio a Roosevelt, em Washington, e a MacArthur, na Austrália. Em seu ataque anfíbio inicial à ilha-fortaleza, os japoneses perderam 1100 homens. Em Manila, procuraram os líderes filipinos para que servissem sob suas ordens. O ministro da Justiça, José Abad Santos, se recusou. Foi executado em 7 de maio.

Nesse mesmo dia, mais de 8 mil quilômetros a oeste das Filipinas, chegava ao clímax a Operação Armadura, o desembarque britânico no porto de Diego Suarez, em Madagascar, destinado a negar aos japoneses uma base de onde dominariam o oceano Índico. As tropas da França de Vichy, expulsas do porto, continuaram a resistir, no entanto, a todas as tentativas posteriores de avanço britânico através da ilha, e foi necessário fazer planos para renovar a operação no outono.

Não se passava um único dia sem que houvesse alguma iniciativa bélica, naval ou aérea dos combatentes em disputa. Em 4 de maio, na Iugoslávia, alemães e italianos lançaram a Operação Trio, sua terceira ofensiva em seis meses contra a guerrilha de Tito. Uma divisão alemã, três divisões italianas e várias unidades croatas vasculharam a zona rural e as aldeias à procura de guerrilheiros e apreendendo reféns. Em Pljevlja, os italianos mataram 32 reféns; outros tantos foram mortos três dias depois, em Čajniče. Expulsos de sua base em Foca, os guerrilheiros se deslocaram mais de 320 quilômetros ao norte, até Bihać.

Na Rússia ocupada pelos alemães, a primeira semana de maio foi marcada pela captura e tortura de Isai Kazinets, que durante muitos meses organizara atividades de guerrilha, tanto de sabotagem como de reconhecimento, na zona de Minsk, e que também havia feito contato com a resistência judaica no gueto de Minsk. Embora brutalmente torturado, Kazinets, ele próprio judeu, não traiu ninguém. Foi enforcado em 7 de maio. Vinte e três anos depois, foi postumamente declarado Herói da União Soviética.

Os alemães agora iniciaram a fase preliminar de sua ofensiva russa de verão, lançando, em 8 de maio, na Crimeia, um ataque à península de Kerch, na cidade portuária sitiada de Sebastopol. Ataques de bombardeiros de mergulho na península devastaram os defensores; 170 mil soldados russos foram aprisionados. Mas Sebastopol resistiu por mais de um mês. Pela coragem coletiva de seus defensores, recebeu o título de "cidade heroica". Também sitiada, a ilha de Malta se beneficiou, em 9 de maio, de uma segunda tentativa de propiciar apoio aéreo adequado a seus defensores. Foi a Operação Frondoso, na qual dois porta-aviões, o britânico *Eagle* e o norte-americano *Wasp*, levaram 62 caças até cerca de 1120 quilômetros da costa da ilha. As aeronaves chegaram em segurança a Malta e foram reabastecidas tão rapidamente que estavam prontas para decolar em apenas 35 minutos; seis foram reabastecidas e levantaram voo em nove minutos. Nesse dia, houve nove ataques aéreos alemães e italianos, todos interceptados com sucesso. A chegada sem percalços dos 62 caças provou ser o ponto de inflexão na luta de Malta pela supremacia aérea nos céus da ilha. O moral maltês recebeu um novo impulso nessa semana, quando o navio caça-minas britânico *Welshman* conseguiu zarpar de Gibraltar e cruzar o Mediterrâneo com 340 toneladas de suprimentos.

Também em 9 de maio, à noite, os britânicos obtiveram uma vitória na guerra de sabotagem clandestina, quando três agentes franceses que haviam saltado de paraquedas na França três dias antes explodiram o principal transmissor da Rádio Paris, localizado nos arredores de Melun, deixando o equipamento fora de ação por duas semanas.

A partir de 10 de maio, entrou em funcionamento na Rússia ocupada pelos alemães um novo campo de extermínio, que operava durante dois dias da semana e se manteve em atividade até o final do ano. Localizava-se nos arredores de Minsk, perto da aldeia de Maly Trostenets, onde prisioneiros de guerra e judeus russos haviam sido forçados a construir alojamentos para seiscentos trabalhadores escravizados e seus guardas alemães e ucranianos. Para o campo de extermínio de Trostenets foram levados de trem dezenas de milhares de judeus da Alemanha, da Áustria e da Tchecoslováquia. Da estação, eles eram conduzidos para a aldeia em grandes caminhões, na verdade câmaras de gás móveis; todos que entravam nos veículos já chegavam mortos ao campo de extermínio. Assim como em Chełmno, uma unidade especial de prisioneiros retirava os cadáveres e os jogava em profundas valas.

A existência de Maly Trostenets foi mantida em segredo. Embora dezenas de milhares de judeus tenham sido levados da Europa Ocidental para lá e assassinados, o nome do campo era desconhecido entre aqueles que, nas capitais Aliadas, tentavam monitorar o destino das vítimas de Hitler.

O cansaço da guerra gerou uma infinidade de esperanças e rumores de um lado ao outro do planeta em conflito. No gueto de Varsóvia, em 8 de maio, circulavam rumores de que o Exército Vermelho havia retomado Smolensk e Carcóvia, de que 43 mil alemães tinham sido mortos no lago Ilmen, ao sul de Leningrado, de que Mussolini fora deposto e de que Roosevelt dera ao povo alemão um prazo final — até 15 de maio — para se render. Em 11 de maio, em um campo de detenção em Bandung, prisioneiros de guerra australianos, britânicos e holandeses discutiram as "notícias", descritas pelo coronel Dunlop como "uma extraordinária mixórdia de baboseiras", de que a Hungria, a Romênia e a Bulgária haviam se rendido aos russos, de que os alemães tinham saído da Holanda e de que Anthony Eden fizera um discurso "dando um ultimato à Alemanha para a rendição completa". Uma notícia verdadeira, amplamente divulgada nos Estados Unidos em 10 de maio, dava informações sobre o "ataque de Doolittle" em Tóquio. No dia seguinte, a tripulação da aeronave, que fizera um pouso forçado em Vladivostok e fora detida pelos russos, conseguiu escapar de uma aldeia nos Urais para a fronteira do Irã; uma vez em território iraniano, um cônsul britânico os guiou até a cidade de Quetta, na fronteira com a Índia.

"Todos temos a esperança de conseguir acabar com a guerra este ano", o general Rommel, no Deserto Ocidental, escreveu em tom confiante à esposa, em 12 de maio, e acrescentou: "Em breve, a guerra vai completar três anos". Nesse mesmo dia, na frente oriental, o Exército Vermelho lançou um ataque-surpresa às forças alemãs no sul de Carcóvia, forçando os germânicos a adiarem seus próprios planos para uma ofensiva no final de maio. Hitler estava em seu quartel-general em Rastenburg, e seus pensamentos, como os de Rommel, se concentravam no mundo de vitória e paz do pós-guerra: nesse dia, refletindo sobre o futuro de seu império, o Führer desenhou a planta baixa de uma nova galeria de arte para Linz e esboçou os croquis de uma mansão a ser construída numa colina acima do Danúbio, com um grande hall de entrada, um pavilhão com terraço e, junto à casa principal, um "jardim arquitetônico" especial.

Em 13 de maio, as tropas russas foram forçadas a se retirar da península de Kerch. Ao sul de Carcóvia; no entanto, continuaram avançando. Em Leningrado, as mortes por fome, embora não tão numerosas quanto em abril, ainda chegavam à casa dos milhares todos os dias. Nesse dia, Tânia Savitcheva, uma jovem que esteve na cidade durante todo o cerco, anotou em sua caderneta, sob a letra M: "Mamãe, 13 de maio de 1942, 7h30. Os Savitchev estão mortos. Todos mortos. Resta apenas eu". Em outras páginas da caderneta havia anotações semelhantes: "Gênia, 28 de dezembro", "Vovó, 25 de janeiro", "Leka, 17 de março", "tio Vássia, 13 de abril" e "tio Liocha, 10 de maio".

Evacuada para Górki, no Volga, a própria Tânia morreu de disenteria crônica no verão de 1943.

Em 14 de maio, o cruzador *Trinidad* foi afundado por torpedeiros alemães a oeste da ilha do Urso, enquanto escoltava navios mercantes Aliados na rota de verão do comboio russo que rumava da Islândia para Arkhangelsk. Morreram oitenta marinheiros, vinte dos quais homens feridos que haviam sido retirados do cruzador *Edinburgh*, torpedeado e afundado na mesma rota duas semanas antes. Nesse mês, no entanto, mais de cem navios mercantes conseguiram chegar a Murmansk levando carregamentos bélicos para a frente russa. Em 17 de maio, os alemães lançaram sua segunda ofensiva de 1942 nessa frente, atacando o bolsão de resistência a oeste nas linhas russas em Izium, a sudeste de Carcóvia; no dia seguinte, capturaram Izium, eliminando um grande obstáculo à sua principal ofensiva contra Stalingrado e capturando 214 mil soldados e 1200 tanques soviéticos.

Ao longo de maio, cartazes antinazistas começaram a aparecer nas ruas de Berlim, e vários objetos em exibição numa mostra antissoviética foram incendiados. Por conta desses atos de afronta foram presos 27 judeus, encabeçados pelo comunista alemão Herbert Baum. Faziam parte do grupo duas irmãs, Alice e Hella Hirsch, com dezenove e 22 anos, e a irmã de Baum, Marianne. Dos 27 judeus, 25 pereceram ou foram executados. Em 18 de maio, na prisão de Wandsworth, em Londres, também foi sentenciado à morte o gibraltarino José Key, detido no Rochedo dois meses e meio antes por ter repassado informações sobre a movimentação de navios e aeronaves Aliados aos alemães.

À medida que os japoneses avançavam cada vez mais pela Birmânia, o comandante em chefe britânico, o general Alexander, ordenou que suas tropas cruzassem a fronteira da Índia, até a região de Imphal. As forças chinesas na Birmânia, lideradas pelo general Chiang Kai-shek, recuaram para a estrada entre Myitkyina e o Fort Hertz; em pouco tempo entrariam na Índia, na região de Ledo. Em 16 de maio, em território chinês, um cirurgião australiano, o tenente-coronel Lindsay Ride, que havia pouco escapara do cativeiro japonês, foi formalmente designado o representante da M19, a organização de fuga da inteligência militar britânica. O coronel Ride não apenas ajudou a organizar o regresso à Índia dos prisioneiros de guerra que conseguiam escapar do cativeiro japonês, mas também forneceu ajuda médica para dezenas de milhares de chineses em uma área onde o exército chinês não contava com nenhuma espécie de serviço de saúde. De sua base em Guilin, Ride também emitia, duas vezes ao dia, relatórios meteorológicos que forneceram inestimável ajuda para as forças aéreas Aliadas que operavam nos céus da China; da mesma forma, duas vezes por dia o exército polonês clandestino na Polônia ocupada enviava à Grã-Bretanha relatórios meteorológicos para auxiliar nas operações de bombardeio contra a Alemanha.

As derrotas germânicas na Europa eram contínuas; em 19 de maio, bombardeiros britânicos atacaram Mannheim. No mesmo dia, enquanto o exército alemão continuava sua contraofensiva na frente oriental contra o Exército Vermelho, guerrilheiros soviéticos, como Goebbels observou em seu diário, "explodiram os trilhos da ferrovia na frente central entre Briansk e Roslavl em cinco pontos — mais uma prova de sua atividade extremamente desconcertante". Ao sul dessa região, Goebbels acrescentou, tropas húngaras lutavam "em meio a grandes dificuldades". Ele explicou:

> O que eles devem fazer agora é capturar uma aldeia após a outra e pacificá-la, algo que não deu mostras de ser um processo exatamente construtivo. Pois quando os húngaros relatam que "pacificaram" uma aldeia, isso em geral significa que não resta nela um único habitante. Assim, dificilmente conseguiremos realizar qualquer trabalho agrícola nessas regiões.

Mais atrás das linhas, a "pacificação" também era brutal. Em 21 de maio, 4300 judeus foram deportados do município polonês de Chełm para o campo de extermínio de Sobibor, a menos de quarenta quilômetros de distância. Na chegada, todos foram mortos por asfixia por gás tóxico. Também em 2 de maio, mais de 2 mil judeus foram retirados de suas casas na cidade de Korzec, na Volínia,* e assassinados nos campos próximos. Nesse mesmo dia, a empresa industrial alemã IG Farben montou uma fábrica em Monowitz, nos arredores de Auschwitz, para a fabricação de gasolina e borracha sintéticas; a principal

---

* Korzec corresponde à atual Korets, na Ucrânia; a Volínia é uma região no noroeste ucraniano. (N. T.)

fonte de mão de obra da fábrica seriam judeus deportados para Auschwitz, separados de suas famílias e enviados não para as câmaras de gás, mas para os alojamentos. Lá, tatuados no antebraço com um número de identificação indelével, tornaram-se escravos da indústria alemã. Centenas de milhares trabalhavam em Monowitz; dezenas de milhares morreram em condições de labuta incessante, alimentação exígua e brutalidade sádica dos guardas.

Em muitas ocasiões, os judeus eram deportados para "destino desconhecido". Em 22 de maio, foi a vez de oitenta jovens, homens e mulheres judeo-alemães, todos sionistas, que desde 1939 viviam e trabalhavam em uma fazenda na Alemanha — em Steckelsdorf, setenta quilômetros a oeste de Berlim —, em preparação para o trabalho agrícola na Palestina. Nesse dia, eles receberam ordens da Gestapo para partir. Seu destino, disseram-lhes, "era uma região fria". Portanto, poderiam levar consigo dois cobertores cada, além de itens de higiene pessoal e comida. Os jovens judeus nunca mais foram vistos, e nunca mais se ouviu falar deles. Três semanas antes, 2100 judeus de Dortmund haviam sido enviados para o leste, para Sobibor ou para Bełżec, e executados logo na chegada; pode ser que os jovens pioneiros tenham seguido o mesmo caminho, ou ido ainda mais a leste, para Maly Trostenets.

Em 23 de maio, a inteligência britânica, sem revelar sua fonte, enviou ao alto-comando do exército soviético os detalhes precisos, extraídos de mensagens Enigma decodificadas, de onde e com que potência seria desferida a principal ofensiva de verão alemã. Os germânicos, por sua vez, continuamente acossados pela guerrilha soviética atrás das linhas, lançaram a Operação Hannover, numa tentativa de extirpar os guerrilheiros da ferrovia Briansk-Viázma; a partir de 24 de maio e durante seis dias, cerca de 45 mil soldados alemães, incluindo unidades Panzer e da SS, perseguiram cerca de 20 mil guerrilheiros, milhares dos quais foram capturados e mortos.

A ajuda à Rússia continuou a ser enviada para o leste através do Ártico, mas os perigos eram enormes. Em 26 de maio, 260 aviões alemães, contando com o auxílio da ininterrupta luz do Ártico para localizar seus alvos, atacaram o comboio PQ-16. Sete dos navios mercantes foram afundados, ocasionando a morte de muitos marinheiros. Enquanto os navios restantes e suas escoltas, avariados, mas não subjugados, seguiam rumo a Murmansk e Arkhangelsk, o ministro das Relações Exteriores soviético Viátcheslav Mólotov esteve em Londres, onde, em 26 de maio, assinou uma aliança de vinte anos entre a Grã-Bretanha e a União Soviética, em que os países se comprometiam a "prestar assistência militar mútua e garantir todo tipo de apoio na guerra contra a Alemanha e todos os Estados a ela associados em atos de agressão na Europa". Os signatários concordaram também em não negociar ou concluir qualquer armistício com a Alemanha ou aliados germânicos, "exceto por mútuo consentimento".

O dia da assinatura do Tratado Anglo-Soviético marcou o início da renovada ofensiva de Rommel no Deserto Ocidental. Em Bir Hakeim, o baluarte ocupado pelos Franceses Livres, muitos dos quais membros da Legião Estrangeira, repetidos ataques aéreos, de tanques e de infantaria não foram capazes de desalojar os defensores antes de duas semanas. Em outro ponto, Rommel pressionou a linha britânica, determinado a capturar Tobruk e seguir para a fronteira do Egito.

Em 27 de maio, o segundo dia do ataque de Rommel, e enquanto as forças alemãs na Rússia continuavam tanto a esmagar os guerrilheiros nas áreas de retaguarda como a endireitar sua linha de frente nos arredores de Carcóvia, Reinhard Heydrich foi emboscado e gravemente ferido em Praga por patriotas tchecos. Horas antes, dois deles, Jozef Gabčík e Jan Kubiš, a bordo de um avião vindo da Grã-Bretanha, haviam saltado de paraquedas na Tchecoslováquia ocupada pelos alemães. "Não teremos problemas", Goebbels anotou em seu diário em 28 de maio, "para esmagar essa tentativa de criar caos no protetorado e nos territórios ocupados." E acrescentou: "Minha campanha contra os judeus em Berlim será travada em linhas semelhantes. No momento, estou elaborando uma lista de reféns judeus. Haverá uma enxurrada de detenções".

Para Goebbels, o ataque a Heydrich não fez diferença para a política de extermínio. "Dez judeus em um campo de concentração ou a sete palmos debaixo da terra são preferíveis a um andando à solta por aí. Acerca dessa questão não há espaço para sentimentalismos", ele escreveu. Tampouco houve qualquer "sentimentalismo" em relação aos não judeus na Polônia ocupada nesse dia, quando mais de duzentos poloneses foram levados de Varsóvia para a aldeia de Magdalenka e fuzilados, entre os quais três mulheres que tiveram de ser carregadas em uma maca do hospital da prisão de Pawiak e quinze outras que haviam sido enviadas de volta do campo de concentração de Ravensbrück.

Em 29 de maio, Hitler, tendo retornado brevemente de Rastenburg a Berlim, concordou com Goebbels que todos os judeus deveriam ser removidos imediatamente da capital alemã. No mesmo dia, em Paris, os judeus receberam ordens de costurar uma estrela amarela no lado esquerdo de seus casacos ou jaquetas. "A estrela amarela pode fazer alguns católicos estremecerem de susto", declarou um jornal colaboracionista francês, mas "renova a mais estrita tradição católica."

O atentado em Praga deixou Heydrich gravemente ferido — ele morreria uma semana depois; enquanto isso, as deportações e assassinatos em massa continuavam a todo vapor. Em 29 de maio, na aldeia de Radziwillow, na Volínia, 3 mil judeus foram detidos. Um grupo de jovens, entre os quais Asher Czerkaski, organizou uma fuga. Enquanto corria para escapar, metade do grupo foi abatido a tiros. Os demais chegaram à segurança imediata de uma floresta nas proximidades, mas em pouco tempo foram quase todos capturados e mortos.

Ainda em Berlim, em 30 de maio, Hitler disse a Goebbels, que registrou em seu diário, "que todas as restrições deveriam ser descartadas e que os interesses da segurança do Reich deveriam ser colocados acima dos interesses de indivíduos isolados, de quem não se poderia esperar muita coisa boa". Nesse dia, numa missão organizada pelo serviço de inteligência do almirante Canaris, o pastor Dietrich Bonhoeffer foi de avião para a Suécia, onde participou de uma reunião secreta com um clérigo britânico, o bispo Bell, de Chichester, com quem falou sobre os crimes que sua nação estava cometendo, assegurando a Bell que dentro da Alemanha era crescente a resistência a esses atos malignos.

Na mesma data, Hitler discursou em Berlim para um grupo de aspirantes alemães recém-promovidos a oficiais:

> Não duvido nem por um segundo de que acabaremos por vencer. Não foi em vão que o destino me conduziu até aqui, de um soldado desconhecido a Führer da nação alemã e do exército alemão. O destino não fez isso simplesmente para zombar de mim e arrancar de mim no último momento o que teve de ser conquistado depois de uma batalha tão dura.

Mil anos antes, Carlos Magno lançara mão de medidas duras para criar um Sacro Império Romano-Germânico; o exército alemão, alertou Hitler, deveria agora implementar medidas duras no leste se quisesse conquistar o espaço necessário para o novo Império Germânico sobreviver e florescer.

No leste, porém, apesar de todas as suas baixas, os russos foram recuperando força e intensificando a resistência. Em 30 de maio, enquanto Hitler falava com seus jovens oficiais, criou-se um estado-maior central do movimento de guerrilha, por meio do qual as operações russas atrás das linhas alemãs poderiam ser coordenadas em nome da maior eficácia militar e psicológica. Nesse mesmo dia, à noite, os alemães sofreram um ataque físico e psicológico do Ocidente: o lançamento da Operação Milênio, em que mais de mil bombardeiros britânicos invadiram a cidade de Colônia. Nesse raide, "o primeiro ataque de mil bombardeios" da guerra, 1455 toneladas de bombas foram despejadas em noventa minutos; 39 bombardeiros foram abatidos por caças noturnos e fogo antiaéreo alemães; dois foram destruídos ao colidirem no ar.

Os principais alvos do ataque eram as indústrias de produtos químicos e de máquinas-ferramentas de Colônia, que sofreram graves danos. Mais de 13 mil casas foram destruídas; 45 mil pessoas ficaram desabrigadas e 469 morreram. Hermann Göring escreveu em seu diário: "Não há dúvida de que os efeitos da guerra aérea são terríveis se olharmos para casos individuais, mas é preciso aceitá-los".

"Espero que você tenha ficado satisfeito com nosso ataque aéreo em massa em Colônia", Churchill telegrafou a Roosevelt no dia seguinte, e acrescentou: "Há muito mais por vir...".

As repercussões do ataque a Colônia foram consideráveis. No gueto de Varsóvia, os judeus cativos se alegraram. Emanuel Ringelblum anotou em seu diário alguns meses depois: "Colônia foi um pagamento adiantado da desforra que deverá ser e será obtida contra a Alemanha de Hitler, pelos milhões de judeus que matou. Assim, a população judaica da Europa torturada considerou a ofensiva em Colônia como seu ato de vingança". Referindo-se a si mesmo, escreveu: "Depois desse episódio, fiquei de muito bom humor, com a sensação de que, mesmo que eu morra nas mãos deles, minha morte já foi paga!".

Em visita ao quartel-general de Hitler em Rastenburg três dias após o ataque, Albert Speer relembrou: "A agitação em torno do ataque aéreo em Colônia ainda não arrefeceu". E a Grã-Bretanha não pretendia deixar que isso acontecesse. "Essa prova do crescente poderio da força aérea britânica", Churchill disse ao chefe do Comando de Bombardeiros da Grã-Bretanha, Sir Arthur Harris, "é também o prenúncio do que a Alemanha receberá, cidade por cidade, a partir de agora." Apenas William Joyce, o Lord Haw-Haw, em transmissão radiofônica de Berlim, em sua habitual tentativa de derrubar o moral britânico, transformou Colônia em uma ameaça para a Grã-Bretanha. "O sr. Churchill se vangloria do ataque a Colônia como uma etapa do inferno que se abaterá sobre a Alemanha", declarou Joyce, e acrescentou: "A atitude alemã é: 'Deem-nos mais inferno, o máximo que puderem, e, quando a coisa ficar feia, pagaremos o inferno com juros'".

Na Alemanha e na Europa ocupada pelos alemães, eram as consequências dos ferimentos sofridos por Heydrich no atentado em Praga que resultavam no "inferno com juros". "O estado de Heydrich é crítico", Goebbels anotou em seu diário em 31 de maio. "Multidões de judeus já foram fuziladas no campo de concentração de Sachsenhausen", ele escreveu, e acrescentou: "Quanto mais criaturas dessa raça imunda eliminarmos, melhores serão as coisas para a segurança do Reich". Dois dias depois, mil judeus foram deportados de Viena para Minsk, de trem; provavelmente foram levados de imediato para a morte em Maly Trostenets. Em 3 de junho, 110 judeus foram detidos em Varsóvia, encaminhados para uma prisão na ponta do gueto e fuzilados. Entre os mortos havia várias mulheres, duas das quais estavam grávidas. Três dias depois, Adolf Eichmann ordenou a deportação de 450 judeus da região de Koblenz; os pacientes internados no manicômio de um vilarejo próximo deveriam ser incluídos. Para manter o sigilo e a dissimulação, o gabinete de Eichmann insistiu que as palavras "deportação para o leste" não fossem usadas para descrever esses movimentos — em vez disso, a instrução era falar em "pessoas que emigraram para outras partes".

Na noite de 31 de maio, a guerra chegou brevemente à cidade de Sydney, na Austrália, quando um de dois minissubmarinos japoneses, penetrando as defesas do porto, disparou seus torpedos contra o cruzador norte-americano *Chicago*. O submarino, porém, errou o alvo, acertando e afundando o navio-depósito australiano *Kuttabul*, uma balsa convertida, ocasionando a morte de vinte marinheiros. Todos os quatro tripulantes dos submarinos nipônicos também morreram no ataque, dois deles cometendo suicídio; os quatro corpos foram cremados em Sydney com todas as honras navais, e suas cinzas retornaram ao Japão. Nesse mesmo dia, cerca de 10 mil quilômetros a oeste, outros minissubmarinos japoneses, alcançando Madagascar, afundaram o navio mercante britânico *British Loyalty* no porto de Diego Suarez e danificaram o encouraçado *Ramillies*. Todos os tripulantes dos submarinos japoneses foram mortos; assim como em Sydney, estavam em uma missão suicida.

O dia 31 de maio marcou também o fim do quinto mês de afundamentos de submarinos alemães ao largo da costa leste dos Estados Unidos, e o mês de maior número de naufrágios; computando-se a perda de 111 navios mercantes em maio, o total de embarcações afundadas desde o início do ano subia para 377, mais de uma centena delas entre Nova York e Miami. Mas a guerra no mar deu uma guinada favorável para os Estados Unidos na primeira semana de junho, quando, alertados pela leitura de mensagens ultrassecretas da marinha do Japão, navios de guerra estadunidenses interceptaram uma ofensiva naval nipônica à ilha Midway. A força japonesa era poderosíssima: 86 navios de guerra, incluindo quatro porta-aviões. Por quatro vezes, aviões da força aérea dos Estados Unidos atacaram em vão os navios japoneses, perdendo 65 aeronaves. Mas o quinto ataque, lançado por 54 bombardeiros de mergulho na manhã de 5 de junho, foi bem-sucedido. Três dos quatro porta-aviões japoneses — *Akagi*, *Kaga* e *Soryu* — foram afundados. Na tarde desse mesmo dia, o quarto porta-aviões, o *Hiryu*, também foi destruído, não antes que suas próprias aeronaves danificassem gravemente o porta-aviões norte-americano *Yorktown*, que foi afundado por um submarino nipônico no dia seguinte.

Para os japoneses, a Batalha de Midway foi um desastre, em que eles perderam não somente quatro porta-aviões e um cruzador, mas também 332 aeronaves e 3500 homens. As perdas norte-americanas incluíram um porta-aviões, um contratorpedeiro, 150 aeronaves e 307 homens. Na mesma semana, os nipônicos desembarcaram 1800 homens em Kiska e Attu, as duas ilhas norte-americanas mais a oeste do arquipélago das Aleutas. Seu objetivo era afastar as forças navais dos Estados Unidos de Midway; mas, uma vez que os norte-americanos já tinham conhecimento desse plano, graças à interceptação de mensagens secretas japonesas, a operação fracassou.

Os estadunidenses festejaram sua vitória, ainda mais prazerosa pelo fato de três dos porta-aviões japoneses afundados terem estado entre os cinco envolvidos no ataque a Pearl Harbour.

Os Aliados tiveram menos sorte no Atlântico. Nas quatro semanas a partir de 1º de junho, como resultado da atuação de seus submarinos de carga especiais, submarinos alemães afundaram 121 navios mercantes Aliados na costa leste dos Estados Unidos. No entanto, com a ajuda de mensagens Enigma interceptadas da marinha germânica, os britânicos conseguiram afundar todas as cinco embarcações alemãs desse tipo até o final de junho. Em meio a fortes protestos da Grã-Bretanha junto à Espanha, dois outros navios de abastecimento germânicos, o *Charlotte Schliemann* e o *Corrientes*, que se encontravam em Las Palmas, nas ilhas Canárias, desde setembro de 1939, foram obrigados a deixar a segurança das águas espanholas. Posteriormente, também seriam afundados.

As notícias dos assassinatos em campos de extermínio na Polônia ocupada pela Alemanha tornaram-se de conhecimento público em 1º de junho de 1942, quando um jornal de Varsóvia, o *Barricada da Liberdade*, veículo clandestino do Partido Socialista Polonês, publicou um extenso relato dos gaseamentos realizados em Chełmno. A informação fora transmitida por Emanuel Ringelblum, que por sua vez a recebera de Jakub Grojanowski, um jovem judeu que fugira de Chełmno em janeiro, depois de ter sido obrigado a participar do sepultamento dos cadáveres produzidos pelos caminhões de gás. "Notícias de gelar o sangue sobre a matança de judeus chegaram ao nosso conhecimento", lia-se no relato. Seis meses e três semanas depois de ter se tornado um local de assassinato em massa, Chełmno já era identificada pelo nome no Ocidente. Já as mortes por gaseamento realizadas em outros locais — em Bełżec e Sobibor, nos caminhões de gás em Belgrado e Riga, e em Maly Trostenets, nos arredores de Minsk — ainda eram totalmente desconhecidas dos Aliados.

Para os alemães envolvidos nesses assassinatos, o problema era de tecnologia. Em nota oficial datada de 5 de junho, um alto funcionário público em Berlim forneceu pormenores sobre "modificações técnicas de veículos especiais colocados em serviço". Desde dezembro de 1941, explicava a nota, "por meio da utilização de três veículos, 97 mil pessoas foram 'processadas', sem que tenham sido registrados nesses veículos quaisquer defeitos". E acrescentava: "A explosão ocorrida em Chełmno deve ser considerada um caso isolado, motivado por uma falha técnica. Instruções especiais foram enviadas aos centros de manutenção envolvidos, a fim de evitar a repetição de acidentes dessa natureza no futuro". Havia mais uma falha digna de nota: a "mercadoria" no caminhão de gás, explicou o funcionário, exibia durante a operação um ímpeto lamentável, embora natural, "de se lançar em direção à luz", o que estava prejudicando a eficiência dos procedimentos. Essa falha seria "corrigida".

Na Rússia ocupada pelos alemães, o exército germânico lançava agora duas ofensivas de fôlego contra os guerrilheiros soviéticos. Na primeira, a Operação Cottbus, iniciada em 3 de junho, mais de 16 mil soldados alemães atacaram a República de Palik, criada no final de 1942 na região de Polotsk-Borisov-Lepel. Na segunda, dois dias depois, em

5 de junho, mais 5 mil soldados alemães participaram da Operação Canto do Pássaro, contra 2500 membros da resistência soviética entre Roslavl e Briansk. Em uma ação de quatro semanas, 1193 guerrilheiros foram mortos, com 58 baixas germânicas. Mas um relatório militar alemão expressou insatisfação com os resultados. Um oficial de alta patente reclamou: "Os guerrilheiros continuam com sua velha tática de fugir, retirar-se para as florestas e deslocar-se em grupos maiores para as áreas ao sul e sudoeste da rodovia Roslavl-Briansk e para a região de Kletnia". Embora nenhum outro ataque da resistência tenha sido registrado na área "pacificada", escreveu o oficial, "minas continuaram a ser instaladas" e vários veículos alemães foram danificados. Em dois meses, os guerrilheiros soviéticos tinham voltado para a área de ação da Operação Canto do Pássaro.

Em 8 de junho, nos primeiros dias dessa operação, três judeus, entre os quais uma moça, Vitka Kempner, deixaram o gueto de Vilnius para sua primeira missão de sabotagem. O alvo era um trem militar alemão, e o trio teve êxito. "Foi pelos ares!", as palavras se espalharam pelo gueto, ensejando um senso de realização, se não de esperança. Mas as represálias foram rápidas: a Gestapo prendeu 32 famílias, levadas para Ponary e fuziladas.

Quatro dias antes da partida do trio de sabotadores judeus, Reinhard Heydrich havia morrido em decorrência dos ferimentos sofridos no atentado em Praga; em 9 de junho, em seu funeral com honras de Estado em Berlim, Himmler disse aos enlutados da SS reunidos que eles tinham a "obrigação sagrada" de vingar a morte de Heydrich "e destruir com determinação ainda maior os inimigos de nossa nação, de maneira implacável e impiedosa". No dia seguinte, todos os 199 homens da aldeia tcheca de Lídice, cerca de dez quilômetros a noroeste de Praga, foram presos e fuzilados. As crianças da aldeia, e suas mães, um total de sessenta mulheres, foram enviadas para Ravensbrück, Mauthausen e Auschwitz e assassinadas. Em uma segunda aldeia tcheca, Ležáky, dezessete homens e dezesseis mulheres foram mortos a tiros, e catorze crianças enviadas para campos de concentração. Duas delas sobreviveram à guerra — as duas únicas sobreviventes de um total de 394 vítimas.

Os assassinatos de Lídice e Ležáky foram apenas o começo do que a SS descreveu como Operação Heydrich. No mesmo dia 10 de junho, mil judeus foram deportados de Praga "para o leste". O único sobrevivente foi um homem que conseguiu pular do trem ainda no início da jornada. Houve também um único sobrevivente dos dois outros trens, ambos transportando mil deportados, que em 12 e 13 de junho partiram do gueto "modelo" de Theresienstadt "para um destino desconhecido no leste". Os três comboios provavelmente seguiram para Minsk, e depois para Maly Trostenets, onde os caminhões de gás operavam sem descanso.

Uma manchete no jornal inglês *The Times* em 10 de junho falava de "Carnificina na Polônia". Era uma referência não à Operação Heydrich, que se concentrou na

Tchecoslováquia, mas a um discurso proferido no dia anterior em Londres pelo general Sikorski, em que ele deu detalhes do assassinato em massa de judeus em solo polonês durante os doze meses anteriores. "Massacres de dezenas de milhares de judeus foram cometidos este ano", disse ele. "As pessoas estão morrendo de fome nos guetos. Execuções em massa são praticadas; até mesmo os doentes de tifo são fuzilados." Quanto aos poloneses, acrescentou Sikorski,

> a fim de esmagar a resistência dos ferroviários nos entroncamentos da Alta Silésia, ergueram-se forcas em dezoito cidades. Membros das classes educadas, ferroviários e trabalhadores estão sendo enforcados lá, e todas as crianças pequenas são reunidas para assistir a esse cruel espetáculo.

Apenas o aviso de que haverá punição, acrescentou Sikorski, "e a aplicação de represálias sempre que possível podem conter a fúria dos alemães assassinos e salvar mais centenas de milhares de vítimas inocentes da inevitável aniquilação". Em 12 de junho, dois dias após a publicação da mensagem de Sikorski, dez poloneses acusados de sabotagem em uma fundição de ferro na cidade de Dąbrowa Górnicza, na Silésia, foram enforcados em uma esquina; os alemães deixaram seus corpos pendurados à vista de todos, como uma advertência aos futuros sabotadores.

Nas próprias fileiras do exército alemão, um jovem oficial, Michael Kitzelmann, de 25 anos, condecorado com uma Cruz de Ferro de Segunda Classe por bravura como comandante de companhia, se manifestou com todas as letras contra as atrocidades cometidas na frente oriental. "Se esses criminosos vencerem", ele disse a seus colegas oficiais, "não terei mais o desejo de viver." Preso e julgado por uma corte marcial, Kitzelmann foi morto por um pelotão de fuzilamento em Orel em 11 de junho.

Três semanas após a execução de Kitzelmann, Himmler se dirigiu aos oficiais da Divisão Das Reich da SS para lhes explicar por que as tropas da SS e não o exército alemão é que deveriam travar a guerra racial. "No passado, o soldado alemão sempre operou sob a égide de concepções ultrapassadas, outrora inquestionáveis; ele as carregou consigo para o campo de batalha em 1939." Desde o momento em que "o inimigo foi capturado", explicou Himmler,

> ficou claro de maneira cabal que essa noção acerca da guerra é equivocada. Assim, por exemplo, pensava-se que era necessário dizer que até mesmo um judeu era um ser humano, e que, como tal, não poderia ser maltratado. Ou, no caso de uma judia — mesmo que tivesse sido flagrada dando guarida a guerrilheiros —, que não se poderia encostar um dedo nela; ela era, afinal de contas, uma dama.

Himmler acrescentou que "o mesmo valia com relação a esta campanha no leste, quando toda a nação alemã se mobilizou para a ação, com a cabeça repleta das mais rematadas asneiras e decadência excessivamente refinada e civilizada".

Com orgulho, Himmler declarou: "Nós, homens da SS, somos menos afeitos a essas tolices; pode-se até mesmo dizer que somos praticamente livres disso. Depois de uma década de educação racial, nós, todo o quadro da SS, entramos nesta guerra como inabaláveis defensores do povo germânico".

E concluiu: "Não devemos poupar nem nosso sangue nem o sangue estrangeiro, se é isso que a nação exige...".

Em 13 de junho, em Peenemünde, no Báltico, cientistas alemães testaram um foguete com uma ogiva de uma tonelada destinado a ser lançado oportunamente da Alemanha contra a Inglaterra. Para assistir ao teste, 35 altos funcionários vieram de Berlim, entre eles o secretário de Estado do Ministério da Aviação, o marechal de campo Erhard Milch e o ministro do Reich para Armamentos, Munições e Produção de Guerra, Albert Speer.

A expectativa era de que o foguete, conhecido pelos alemães como A4, e mais tarde pelos Aliados como V2, tivesse um alcance de até 320 quilômetros. O primeiro teste, no entanto, foi um fracasso; embora tenha sido disparado com sucesso, o foguete caiu a menos de dois quilômetros de distância, deixando especialistas e funcionários profundamente decepcionados. Após esse fiasco, no entanto, a pesquisa se intensificou.

No Norte da África, as forças de Rommel continuaram seu avanço em direção à fronteira egípcia. "A batalha está indo de vento em popa para nós", Rommel escreveu à esposa em 1º de junho. "Cerca de quatrocentos tanques foram destruídos. Nossas perdas são suportáveis." Em 5 de junho, Rommel anunciou que havia feito 4 mil prisioneiros. Seis dias depois, suas forças invadiram a fortaleza francesa em Bir Hakeim.

Em 12 de junho, enquanto Rommel se aproximava da fronteira egípcia, a importância do Egito como base Aliada foi sublinhada, quando bombardeiros norte-americanos baseados no delta do Nilo voaram mais de 1400 quilômetros para bombardear os campos de petróleo romenos em Ploieşti, dos quais dependia em grande medida a máquina de guerra alemã. Nessa semana, porém, ao largo da costa egípcia, a Operação Vigorosa, uma tentativa da Grã-Bretanha de levar mais suprimentos para Malta, enfrentou sérias dificuldades: em 16 de junho, o cruzador britânico *Hermione* afundou, enquanto o contratorpedeiro britânico *Hasty* e o contratorpedeiro australiano *Nestor* estavam ambos tão avariados que tiveram de ser afundados.

Outros três contratorpedeiros britânicos também foram afundados pelos italianos antes do fim da ação no Mediterrâneo oriental: *Airedale*, *Bedouin* e *Oakley*. Este último, emprestado à marinha de guerra polonesa, fora renomeado *Kujawiak* e era tripulado por marinheiros poloneses. Embora o cruzador pesado italiano *Trentu* também tenha sido afundado durante a batalha, a Operação Vigorosa representou uma severa derrota tática para os britânicos e um mau presságio.

Em terra, Rommel continuou sua marcha para o oeste. "A resistência inimiga desmoronou", ele relembrou mais tarde. "Os soldados britânicos se entregam em números cada vez maiores. Um sombrio desânimo é visível em seu rosto. Vencemos a batalha", Rommel escreveu à esposa em 15 de junho. "O inimigo está cercado e desmoronando. Estamos agora fazendo uma limpeza do pouco que resta de seu exército. Não preciso lhe dizer o quanto estou encantado."

Em 16 de junho, os sete tchecos envolvidos no assassinato de Heydrich foram descobertos pelos alemães. Estavam escondidos em uma igreja em Praga, onde haviam ficado por duas semanas; seu plano era fugir em 19 de junho e tentar chegar à Inglaterra. Recusando-se à rendição, eles entraram em confronto com os alemães e mataram catorze soldados. Jan Kubiš, o paraquedista tcheco responsável por lançar a granada que feriu Heydrich de morte, foi atingido no tiroteio e morreu no hospital. Jozef Gabčík morreu durante o combate, assim como dois outros paraquedistas, enviados separadamente, e três membros da resistência tcheca local. Eles foram traídos por outro tcheco, Karel Čurda, que informou a Gestapo de seu paradeiro. Assim como os quatro paraquedistas, Čurda havia recebido treinamento na Grã-Bretanha.

A morte dos paraquedistas tchecos e a traição em seu grupo não foram os únicos desastres para a inteligência britânica em junho. No longo prazo, causou considerável estrago a captura pelos alemães de um agente britânico que, depois de saltar de paraquedas, havia se infiltrado na Holanda. Utilizando o transmissor de rádio desse agente, os alemães enviaram uma série de mensagens a Londres. Quando ficou claro que o engodo não tinha sido descoberto, a contrainteligência alemã montou a Operação Polo Norte, organizando comitês de recepção germânicos para o contínuo pouso de paraquedas de agentes, operadores de rádio e suprimentos britânicos, que incluíam consideráveis quantidades de armas destinadas à resistência holandesa. Como resultado da Operação Polo Norte, os alemães capturaram mais de cinquenta holandeses que saltaram de paraquedas de aviões britânicos; 47 deles foram assassinados em campos de concentração.

A inteligência soviética também sofreu um revés em junho, com a prisão em Bruxelas de Johann Wenzel, o operador de rádio treinado pela rede de espionagem Orquestra

Vermelha. Após ser capturado e torturado, Wenzel concordou em cooperar com os alemães; como resultado, várias centenas de agentes soviéticos na Europa Ocidental foram presos e executados, entre eles Hillel Katz, que, apesar de submetido a terríveis torturas, recusou-se a trair os colegas. A captura desses agentes, no entanto, foi mantida em segredo, e, assim, todos os cinco transmissores de rádio da Orquestra Vermelha continuaram a ser usados pelos alemães para transmitir desinformação aos soviéticos ao longo dos nove meses seguintes.

Apesar desses substanciais contratempos para os Aliados, o mês de junho registrou três sucessos britânicos na esfera da inteligência: primeiro, a quebra de mais dois códigos Enigma utilizados pela força aérea alemã na frente oriental — o Mosquito, em 8 de junho, e o Cangambá, oito dias depois; em segundo lugar, o pouso forçado em solo britânico da versão mais moderna do avião de combate alemão Focke-Wulf 190, quase intacto, o que permitiu que os projetistas britânicos o estudassem e copiassem; e, por último, o trabalho bem-sucedido de Garbo, o espanhol Juan Pujol García, que os alemães continuavam a acreditar que trabalhava para eles, mas que, como agente britânico, fornecia falsas informações militares aos germânicos e criou uma rede de agentes imaginários por meio da qual despachava ainda mais desinformação para a Alemanha.

Nesse mês de junho, em quatro ocasiões diferentes, mil judeus foram deportados de Paris para Auschwitz. Ao mesmo tempo, a matança de judeus em áreas ocupadas pela Alemanha na Rússia se mantinha ininterrupta, e as deportações do sul da Polônia para Bełżec e Sobibor prosseguiram. Mais de 52 mil judeus eslovacos também foram deportados para Auschwitz no verão, elevando o número de judeus mortos em junho para mais de 150 mil. "A destruição das comunidades judaicas continua", escreveu Richard Lichtheim, um representante judeu na Suíça, a um colega em Nova York em 15 de junho, e acrescentou: "Toda a Europa aguarda ansiosamente o dia em que as nações Aliadas libertarão este continente torturado".

No entanto, a segunda e a terceira semanas de junho trouxeram não a libertação, mas novos reveses para a causa Aliada, quando, forte por forte, os alemães invadiram as defesas soviéticas de Sebastopol. Em 13 de junho, o forte Stálin sucumbiu; em 17 de junho, foi a vez do forte Sibéria. Um dos maiores de todos, o forte Maksim Górki, caiu em 18 de junho, quando os alemães usaram lança-chamas para expulsar ou queimar até a morte os tenazes defensores russos. Em 20 de junho, o forte Lênin também caiu, mas ainda assim Sebastopol não entregou seus últimos bolsões de resistência. Somente em 3 de julho, após treze dias de combate, os obstinados defensores russos foram enfim derrotados.

Nesse meio-tempo, no Norte da África, Rommel havia empurrado os britânicos para trás de Bardia, na fronteira entre a Líbia e a Egito, e às 5h30 de 20 de junho iniciou seu ataque à fortaleza sitiada de Tobruk. Nesse mesmo dia, às sete horas da noite, os primeiros tanques alemães entraram em Tobruk. Treze horas depois, às oito da manhã de 21 de junho, o general sul-africano Hendrik Klopper, comandante da guarnição, enviou seus oficiais com a bandeira branca da rendição.

Trinta mil homens se renderam a Rommel em Tobruk, entregando 2 mil veículos em funcionamento, 2 mil toneladas de gasolina e 5 mil toneladas de rações. Nessa noite, ao saber da vitória, Hitler concedeu a Rommel um bastão de marechal de campo. "Vou para Suez", foi a resposta oficial de Rommel. Mais tarde, porém, ele comentou em carta à esposa: "Eu preferiria que ele tivesse me dado mais uma divisão".

Churchill estava em Washington com Roosevelt quando recebeu a notícia da queda de Tobruk. "A derrota é uma coisa", comentou ele mais tarde, "a humilhação é outra." O silêncio após o recebimento da notícia foi rompido, no entanto, não por Churchill, mas por Roosevelt, que perguntou: "O que podemos fazer para ajudar?".

25. O Eixo triunfa

JULHO DE 1942

A forte resistência russa em Sebastopol, embora quase rompida em 22 de junho de 1942, forçou os alemães a adiarem sua ofensiva de verão. As aeronaves necessárias para o ataque ainda levariam mais quatro ou cinco dias para serem transferidas de Sebastopol para Kursk. Também em 22 de junho, no Norte da África, os britânicos recuaram através da fronteira egípcia para Mersa Matruh, a menos de trezentos quilômetros de Alexandria. Na costa norte-americana do Pacífico, um submarino japonês bombardeou um depósito militar em Fort Stevens, no Oregon, no estuário do rio Columbia. Foi o primeiro ataque de uma potência estrangeira a uma instalação militar no território continental dos Estados Unidos desde as incursões britânicas durante a guerra de 1812. Contudo, os danos causados foram triviais, e a ofensiva não se repetiria.

Em Berlim, em 22 de junho, Adolf Eichmann informou seus subordinados sobre o planejamento da Operação Heydrich: numa "primeira instância", ele explicou, 40 mil judeus seriam deportados da França, 40 mil da Holanda e 10 mil da Bélgica, e enviados para Auschwitz a um ritmo de mil por dia: um trem por dia. "Não houve nenhuma objeção a essas medidas por parte do Ministério das Relações Exteriores", observou Eichmann.

Na Polônia ocupada pelos alemães, o programa de eutanásia teve uma súbita aceleração tão logo, em 23 de junho, o primeiro grupo de cidadãos e de pacientes judeus poloneses internados em instituições psiquiátricas foi deportado para Auschwitz.

No Extremo Oriente, numa tentativa de contornar suas vulneráveis linhas de comunicação marítimas, os japoneses começaram a planejar uma ligação ferroviária entre a Birmânia e a Tailândia, usando para sua construção prisioneiros de guerra britânicos, australianos e holandeses. Em 23 de junho, um grupo de apoio com trezentos prisioneiros de guerra britânicos chegou à base de Bampong, na Tailândia, com ordens para construir seu próprio acampamento e um acampamento para seus guardas japoneses. Três meses depois, 3 mil australianos prisioneiros de guerra seriam enviados para um campo de internação em Thanbyuzayat, onde começariam a construção da ponta birmanesa da estrada de ferro, que logo viria a ser conhecida como a "ferrovia da morte".

A fim de ajudar a aliviar o perigo imediato a que os britânicos estavam sujeitos no Egito, Roosevelt ordenou que um esquadrão de bombardeiros leves, então estacionado na Flórida e prestes a ser enviado para a China, seguisse, em vez disso, para o Egito. Outros quarenta caças Hurricane, então em Basra e a caminho da Rússia, foram igualmente desviados para o Egito, assim como dez bombardeiros norte-americanos posicionados na Índia e destinados a missões sobre a China. Cem obuses e trezentos tanques foram enviados a Suez por comboio, contornando o cabo da Boa Esperança. Os motores para os tanques foram enviados separadamente. Quando, nas Bermudas, um submarino alemão afundou o navio que os transportava, Roosevelt e o general Marshall imediatamente ordenaram que mais trezentas unidades fossem enviadas no navio mais veloz disponível, de modo a alcançar o comboio com destino a Suez.

Na última semana de junho, enquanto a ajuda norte-americana ainda estava a caminho do Egito, Rommel lançou a Operação Aída, empurrando os britânicos de volta até El Alamein e fazendo 6 mil prisioneiros. Ele estava agora pouco menos de cem quilômetros a oeste de Alexandria. Ansioso para ser visto como vencedor e conquistador, Mussolini voou para a Cirenaica e se preparou para uma entrada triunfal no Cairo. Na vizinha Palestina, os judeus, encorajados pelos britânicos, trabalhavam em planos para defender os acessos do sul a Haifa. Doris May, amiga anglo-católica dos líderes sionistas, escreveu em 25 de junho: "Talvez caiba a nosso punhado de homens mal treinados, quase desprovidos de equipamentos, opor a única resistência efetiva ao avanço do inimigo — quebrar as mandíbulas que tentam devorá-los". Ela acrescentou: "Eu esperava que a terra de Israel fosse poupada, mas isso não me parece provável".

Os judeus da Palestina sabiam o que os aguardava caso a ocupação alemã se concretizasse. Em 25 de junho, a Gestapo ordenou a prisão de 22 mil judeus na região de Paris, a serem deportados "para o leste". Em 26 de junho, a BBC transmitiu de Londres um relato sobre o destino dos judeus da Polônia, afirmando que 700 mil já haviam sido assassinados. Essa informação fora transmitida clandestinamente de Varsóvia pela resistência polonesa, que a recebera do historiador judeu polonês Emanuel Ringelblum e seus amigos. "Nossa labuta e tribulações, nossa devoção e terror constante não foram em vão", escreveu Ringelblum nessa noite. "Atingimos o inimigo com um duro golpe." Mesmo que as informações divulgadas pela BBC não tenham levado Hitler a interromper a matança, Ringelblum estava contente: "Revelamos seu plano satânico para aniquilar os judeus poloneses, um plano que ele desejava completar em surdina", escreveu. "Nós nos intrometemos em suas maquinações e expusemos suas cartas. E se a Inglaterra mantiver a palavra e lançar os formidáveis ataques em massa que ameaçou lançar... então talvez sejamos salvos."

Na noite anterior, ainda sem o conhecimento de Ringelblum, 1006 bombardeiros britânicos haviam lançado suas bombas no porto de Bremen, no mar do Norte, abatendo 49 aeronaves, perda que foi considerada por muitos como quase proibitiva. Quanto à eficácia do ataque, a nebulosidade tornava praticamente impossível a identificação precisa dos alvos.

Apesar do bombardeio de Bremen e da transmissão de Londres, a deportação de judeus continuou, e em escala acelerada. "O senhor mesmo disse certa vez, Reichsführer", Odilo Globočnik lembrou a Himmler em 26 de junho, "que julgava que o trabalho deveria ser feito o mais depressa possível, ainda que apenas para manter tudo às escondidas." O terror também desempenhou seu papel; em 27 de junho, o administrador alemão do distrito de Przemyśl, Friedrich Anton Heinisch, emitiu uma instrução pública de clareza cristalina:

> Todo ucraniano ou polonês que tentar por qualquer meio impedir a campanha para a deportação de judeus será fuzilado. Todo ucraniano ou polonês flagrado em um bairro judeu saqueando casas judaicas será fuzilado. Todo ucraniano ou polonês que tentar esconder ou ajudar a esconder um judeu será fuzilado.

No mês seguinte a essa ordem, 24 mil judeus da Galícia Ocidental passaram por Przemyśl em trens rumo ao leste. Vinham de doze cidades e aldeias dentro da jurisdição de Heinisch. Todos foram levados para Bełżec e exterminados.

Em 26 de junho, como parte de sua principal ofensiva de verão, as tropas alemãs lançaram um ataque em direção a Rostov sobre o Don. Nesse dia, em Rastenburg, Hitler condecorou o comandante da SS-Totenkopfverbände, o general Eicke, com a Cruz de Cavaleiro da Cruz de Ferro com Folhas de Carvalho, por sua bravura ao resistir no bolsão de Demiansk durante o inverno anterior; também por bravura, onze dos oficiais e homens de Eicke receberam a Cruz de Cavaleiro. Entretanto, em conversa com o Führer, Eicke enfatizou que, em decorrência dos combates, seus homens estavam em uma posição muito enfraquecida, sofriam com a aguda escassez de armas e veículos e por isso desejavam ser transferidos para a França.

O general Eicke recebeu licença para voltar para casa. Dois dias depois de sua visita a Rastenburg, o exército alemão lançou a Operação Azul, a tão esperada ofensiva de verão. Nesse mesmo dia, em Paris, 966 judeus embarcaram em um trem que atravessou a França, a Alemanha e a Silésia até chegar a Auschwitz. Um deles, Adolf Ziffer, que havia nascido em Bełżec em 1904, foi riscado da lista de deportados no último minuto com a anotação: "Morto a tiros tentando escapar".

Nos últimos três dias de junho, a nova ofensiva alemã na frente oriental empurrou o Exército Vermelho de volta por todo o setor sul. No Norte da África, no entanto, Rommel, que agora contava com apenas 55 tanques ainda operacionais, parou em El Alamein, enquanto tropas sul-africanas, neozelandesas, britânicas e indianas, que todos os dias recebiam reforços de suprimentos militares norte-americanos, permaneceram atrás de uma linha robustamente fortificada, organizada pelo general Auchinleck. Mussolini, desiludido com seu triunfal passeio pelo Cairo, retornou à Itália.

No Extremo Oriente, uma unidade australiana invadiu a base japonesa de Salamaua, na Nova Guiné. Foi um pequenino ato de afronta, mas que elevou o moral dos Aliados no Extremo Oriente. Alguns dias depois, desferiu-se um ataque semelhante contra a base de abastecimento japonesa em Lae. Como tantas vezes na guerra, no entanto, triunfo e desastre marcharam lado a lado, muito próximos; em 1º de julho, ao largo da costa de Luzon, 849 prisioneiros de guerra australianos, capturados pelos nipônicos em Rabaul seis meses antes, morreram afogados quando o navio japonês que os transportava através do Pacífico foi afundado por um submarino norte-americano.

A guerra no mar não conhecia pausa; no início de julho, os Aliados souberam que 124 navios mercantes haviam afundado no Atlântico Norte em junho, perda que constituiu o maior preço cobrado pela guerra naval no espaço de um mês; entre essas cargas estavam os primeiros trezentos motores de tanques norte-americanos a caminho de Suez para ajudar a manter a linha de defesa Aliada contra Rommel.

O papel desempenhado pelas mulheres nas tarefas mais perigosas da guerra ganhou destaque duas vezes em julho de 1942: primeiro por Yvonne Rudellat, agente britânica nascida na França que chegou de barco à costa da Riviera francesa, viajou para o norte até Tours e estabeleceu uma rota de fuga para aviadores Aliados; e em seguida por Polina Gelman, judia formada em História pela Universidade de Moscou que, como oficial navegadora de um regimento de bombardeiros, embarcou na primeira de muitas centenas de missões contra quartéis-generais, trens, veículos e depósitos de suprimentos. Em uma única noite ela chegava a fazer oito incursões diferentes, e, no devido tempo, recebeu a distinção de Heroína da União Soviética.

Para os soldados e aviadores soviéticos, a captura implicava terrores que os prisioneiros de guerra Aliados dos alemães no Norte da África não conheciam. No Sexto Forte de

Kovno, registros dos próprios nazistas indicam o número exato de 7708 prisioneiros de guerra soviéticos enterrados em valas coletivas. Em 1º de julho, mais algumas dezenas de milhares de soldados soviéticos foram capturados quando por fim, após uma das defesas mais sangrentas da guerra, as tropas alemãs invadiram a última das fortalezas de Sebastopol. Nesse dia, para celebrar a vitória, Hitler promoveu o general Manstein a marechal de campo. Dois dias depois, tendo voado de seu quartel-general em Rastenburg para o do marechal de campo Bock em Poltava, o Führer lhe assegurou que o Exército Vermelho havia "esgotado suas últimas reservas".

A confiança de Hitler na vitória era compatível com a crueldade de suas forças no combate à atividade da resistência. Em 3 de julho, o exército alemão na Iugoslávia desferiu seu derradeiro ataque contra os guerrilheiros que se mantinham na região de Kozara. Em uma semana de confrontos, 2 mil guerrilheiros foram mortos, em contraste com apenas 150 baixas alemãs. Mas não foi apenas contra os guerrilheiros que a fúria alemã se voltou; dezenas de milhares de camponeses foram caçados e fuzilados, ou deportados para servir como trabalhadores escravos. Tão grande era a escala de deportações, estimada em mais de 60 mil indivíduos, que foi necessário elaborar quadros estatísticos especiais de modo a calcular corretamente quantos caminhões e trens seriam exigidos para os transportes. Um oficial que ajudou nesse trabalho estatístico foi o tenente Kurt Waldheim; em 22 de julho, ele estava entre os cinco oficiais alemães que o líder croata Ante Pavelić condecorou com a Medalha de Prata da Coroa do Rei Zvonimir com Folhas de Carvalho.

Em 3 de julho, na aldeia de Szczurowa, nos arredores de Cracóvia, na Polônia ocupada pelos alemães, os nazistas assassinaram 93 ciganos — incluindo mulheres, crianças e velhos. No dia seguinte, na cidade de Lutsk, na Volínia, 4 mil judeus foram expulsos de suas casas, levados à força para os arrabaldes da cidade e executados.

O dia 4 de julho de 1942 marcou o 166º aniversário da independência dos Estados Unidos. Nesse dia, pela primeira vez, aviões norte-americanos — seis, ao todo — juntaram-se a uma formação de bombardeiros britânicos em um ataque a aeródromos alemães na Holanda. Contudo, nos círculos restritos da política de guerra britânica e norte-americana, a noite de 4 de julho assinalou o início de um dos mais graves reveses da guerra: a dispersão dos navios mercantes do comboio PQ-17, a caminho da Rússia transportando preciosas cargas bélicas. O comboio zarpou da Islândia em 27 de junho com 22 navios mercantes norte-americanos, oito britânicos, dois soviéticos, dois panamenhos e um holandês, acompanhados por uma escolta de seis contratorpedeiros apoiados por quinze navios armados e três pequenas embarcações de passageiros especialmente equipadas para resgatar as tripulações de navios mercantes torpedeados.

Esse comboio de dimensões consideráveis foi detectado por submarinos e aeronaves alemães em 1º de julho. Três dias depois, na manhã de 4 de julho, na primeira fase de um ataque germânico havia muito planejado — sob o codinome Operação Movimento do Cavalo —, quatro navios mercantes foram afundados por torpedos disparados por um bombardeiro Heinkel. Temendo a chegada iminente dos quatro poderosos encouraçados — *Tirpitz, Scheer, Lützow* e *Hipper* — e contratorpedeiros alemães, que, com exceção do *Lützow*, encontravam-se então na base norueguesa de Altafjord, o comboio foi instruído a se dispersar.

Apreensivo com o destino de seus melhores navios de guerra, Hitler ordenou que regressassem a Altafjord no dia seguinte, dez horas depois de partirem na caça ao comboio. Mas as forças submarinas e aéreas alemãs deixaram um rastro de destruição no confronto com os navios Aliados dispersos, dos quais dezenove foram afundados e apenas onze chegaram a Arkhangelsk. Das 156 492 toneladas de carga embarcadas, 99 316 foram afundadas, incluindo 430 dos 594 tanques a bordo, 210 dos 297 aviões e 3350 dos 4246 veículos; 153 homens morreram afogados. Se o comboio não tivesse recebido ordens para se dispersar, o ataque do *Tirpitz* poderia ter continuado, e todos os navios mercantes iriam a pique.

Durante sua viagem para o leste, o PQ-17 havia passado pelo QP-13, um comboio que retornava da Rússia para a Islândia. Em 6 de julho, devido a um malfadado erro de navegação, esse comboio, ao chegar ao largo da costa da Islândia, entrou em um campo minado britânico. Cinco navios mercantes foram afundados, entre eles o navio caça-minas britânico *Niger* e o navio russo *Rodina*, a bordo do qual estavam as esposas e famílias de diplomatas soviéticos estacionados em Londres.

Na frente oriental, o dia 6 de julho foi marcado pelo lançamento de mais um ataque alemão contra os guerrilheiros soviéticos: a Operação Flor do Pântano, contra as numerosas unidades de guerrilha na região de Dorogobuj que meses antes haviam recebido o reforço de tropas aerotransportadas e de artilharia soviéticas. No sul da Rússia, em 7 de julho, apesar da captura de Vorónej, o 6º Exército alemão, em virtude de um forte contra-ataque soviético, não foi capaz de prosseguir em seu avanço para o leste. Assim, acabou sendo enviado mais ao sul, ao longo da margem do rio Don, para atacar Stalingrado.

Hitler ainda estava confiante de que conseguiria derrotar a Rússia em 1942. Seus subordinados estavam igualmente esperançosos de que, por trás da cortina de fumaça da guerra e das vitórias, poderiam levar adiante e sem impedimentos as políticas raciais nazistas. Em 7 de julho, enquanto a batalha se alastrava em Vorónej, Heinrich Himmler estava em Berlim, presidindo uma reunião da qual participaram apenas três outros homens: o major-general da SS Richard Glücks, chefe da inspetoria dos campos de concentração; o general de divisão Karl Gebhardt, cirurgião-chefe do estado-maior do Reich, diretor dos hospitais militares alemães e também professor universitário; e o professor Karl Clauberg, um importante ginecologista alemão. Como resultado da discussão entre os homens, decidiu-se que teriam início os experimentos médicos em "grande magnitude" em judias detidas em Auschwitz. As notas da reunião registram que os experimentos seriam feitos de tal forma que as cobaias não teriam consciência do que estava sendo feito a elas. Também ficou decidido que consultariam um especialista em radiologia, o professor Albert Hohlfelder, para descobrir se era possível castrar homens por meio de raios X.

Himmler advertiu os presentes do caráter "ultrassecreto" do assunto. Todos que se envolvessem no programa teriam que se comprometer em guardar absoluto segredo. Três dias depois, em Auschwitz, as primeiras cem mulheres judias foram retiradas dos alojamentos e levadas ao bloco do hospital para esterilização e outros experimentos.

A dissimulação e o sigilo continuaram sendo um elemento essencial da política nazista em relação aos judeus. Em 2 de julho, Martin Bormann, chefe da Chancelaria do Partido Nazista,* informou aos líderes da SS que,

> por ordem do Führer, doravante, na discussão pública acerca da questão judaica, qualquer menção a uma futura solução total deverá ser evitada. No entanto, pode-se discutir o fato de que todos os judeus estão sendo internados e designados para a realização de trabalhos forçados.

Dois dias depois dessa reunião em Berlim, Himmler estava em Rastenburg. A vitória no sul da Rússia parecia iminente. Himmler e Hitler discutiram o que fazer com os alemães da província italiana do Tirol do Sul assim que a guerra fosse vencida e concordaram que esses cidadãos de língua alemã da Itália fascista deveriam ser reassentados na Crimeia. O plano estava longe de parecer forçado ou fantasioso; em 10 de julho, as forças alemãs tomaram Rossoch e cruzaram para a margem oriental do rio Don. No dia seguinte, Lisichansk, no rio Donets, foi tomada. O ímpeto de ataque no sul estava crescendo.

Em 11 de julho, cada vez mais confiante na vitória, Hitler emitiu uma diretiva para o planejamento da Operação Blücher, um ataque alemão que a partir da Crimeia atravessaria todo o estreito de Kerch e se estenderia pelo Cáucaso. No dia seguinte, Stálin nomeou o marechal Timotchenko para o comando da nova frente, encarregada de defender Stalingrado.

Na tentativa de ajudar os russos a antecipar futuros movimentos dos alemães, os britânicos enviaram a Moscou informações extraídas de mensagens Enigma. Uma delas,

---

* Depois da fuga de Rudolf Hess para a Escócia, em maio de 1941. (N. T.)

datada de 13 de julho, incluía detalhes da linha defensiva exata que os germânicos pretendiam manter na região de Vorónej enquanto empurravam suas tropas blindadas para a frente entre o rio Donets e o rio Don. No dia seguinte, Londres enviou a Moscou mais detalhes sobre os objetivos que haviam sido estabelecidos para três dos exércitos nazistas então prestes a entrar em ação.

No Extremo Oriente, as forças australianas, avançando desde Port Moresby, chegaram em 12 de julho a Kokoda com a intenção de negar aos japoneses quaisquer conquistas de terreno adicionais na Nova Guiné e determinadas a impedir que os nipônicos ocupassem a cidade costeira de Buna, ao norte; esse plano recebeu o codinome Operação Providência. Ao mesmo tempo, tropas norte-americanas iniciaram os preparativos para a libertação das ilhas Salomão. Em 13 de julho, no Mediterrâneo, a Grã-Bretanha sentiu considerável alívio com o anúncio de que, nas seis semanas anteriores, um total de 693 aviões alemães e italianos haviam sido abatidos pelos defensores de Malta, ao passo que outras 190 aeronaves inimigas tinham sido destruídas por aviões britânicos baseados em Malta.

No Norte da África, sem ganhar muito terreno, mas infligindo pesadas perdas aos batalhões alemães que atacaram o desfiladeiro Ruweisat, as forças britânicas começaram a reverter a maré da guerra, terminando de uma vez por todas com as esperanças de Rommel de entrar no Cairo e em Alexandria. "Minhas expectativas para o ataque de ontem resultaram em uma amarga decepção", Rommel escreveu à esposa em 14 de julho. "Não obtivemos nenhum sucesso." A batalha na frente oriental, ele acrescentou, "segue esplendidamente, o que nos dá coragem para persistir aqui".

As conquistas alemãs na frente oriental eram agora contínuas; em 15 de julho, o Exército Vermelho foi forçado a abandonar Millerovo, na ferrovia Vorónej-Rostov, e Kamensk, onde a estrada de ferro cruzava o rio Donets. Nesse dia, na Inglaterra, os criptógrafos britânicos ampliaram seu domínio sobre a máquina Enigma da frente oriental, decifrando o código utilizado pelas unidades antiaéreas alemãs na maioria de suas mensagens secretas; esse sistema de criptografia recebeu o codinome Doninha e continuaria a ser quebrado até o fim da guerra. A importância das mensagens Doninha foi digna de consideração. As unidades antiaéreas que usavam esse código serviam ao duplo propósito de combater tanto aeronaves quanto tanques; seus versáteis canhões de 90 milímetros provaram ser uma das armas antitanque mais potentes da Alemanha.

Em 15 de julho, sem que a inteligência britânica soubesse, partiram da Holanda os primeiros 2 mil judeus holandeses deportados para Auschwitz. Sabia-se de sua partida, mas não onde desembarcariam, tampouco qual seria seu destino. Os alemães informaram os passageiros judeus de que estavam a caminho da Alemanha, para "realizar

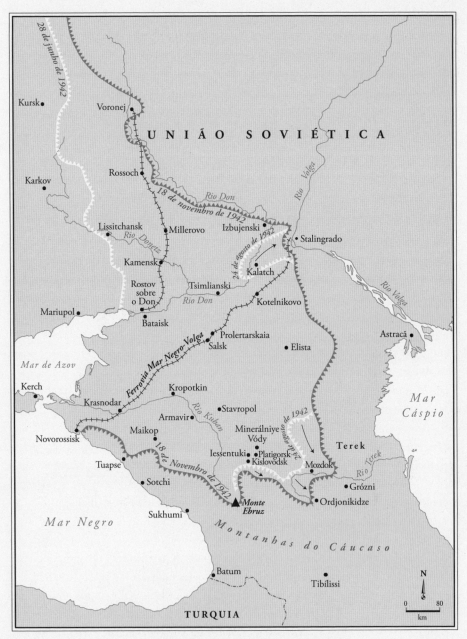

Mapa 35. A ofensiva alemã, julho-novembro de 1942

trabalhos". Na manhã de 16 de julho, quando os deportados holandeses ainda estavam no meio de sua jornada de três dias para Auschwitz, Hitler, com a vitória sobre a Rússia aparentemente não muito distante, transferiu seu quartel-general da Toca do Lobo, na cidadezinha de Rastenburg, para um novo local, perto de Vinnitsa, na Ucrânia, chamado de "Werwolf" ["Lobisomem"]. Apesar dos "enxames de moscas e mosquitos" que tanto o incomodavam, Hitler permaneceria em Vinnitsa por mais de dois meses. Em seu primeiro dia lá, foi visitado por Himmler, que vinha de seu próprio quartel-general em Gitomir, duzentos quilômetros ao norte. Os dois debateram a questão do Cáucaso, que mais uma vez parecia muito próximo do domínio alemão. "A opinião do Führer", Himmler escreveu no dia seguinte, "é a de que não devemos incorporar esse território à esfera de poder alemã de modo visível, mas apenas assegurar militarmente a posse de fontes de petróleo e o controle de fronteiras."

No dia seguinte, 17 de julho, Himmler voou para o campo de concentração de Auschwitz, na Alta Silésia Oriental, que acabava de receber os primeiros 2 mil judeus holandeses deportados. Ele chegou a tempo de assistir ao descarregamento dos judeus dos trens; 1551 deles foram tatuados no antebraço e enviados aos alojamentos de Birkenau, enquanto os 449 restantes, na maioria idosos, crianças e doentes, tiveram como destino a morte por gaseamento. Em seguida, Himmler observou os cadáveres serem jogados nas valas e acompanhou os procedimentos de limpeza e preparação da câmara de gás para o extermínio de uma nova leva de deportados.

Nessa noite, Himmler foi o convidado de honra de uma recepção para os chefes da guarnição da SS em Auschwitz. No dia seguinte, foi apresentado ao Auschwitz "original", o campo de punições para presos poloneses, e pediu que lhe mostrassem algumas sessões de espancamento para "determinar seus efeitos". Ao final de sua visita, insistiu na expansão dos blocos de alojamentos de Birkenau e da indústria de armamentos no perímetro do campo, onde os deportados poderiam trabalhar. Antes de partir, elevou o comandante do campo, Rudolf Höss, ao grau de major da SS. Em 19 de julho, Himmler ordenou que a "limpeza total" de toda a população judaica do governo-geral fosse "realizada e concluída até 31 de dezembro".

As ordens de Himmler foram obedecidas à risca. A partir de 22 de julho, milhares e milhares de judeus eram arrebanhados todos os dias no gueto de Varsóvia e enviados em trens para um campo nos arredores da aldeia de Treblinka. Lá, todos, exceto uma pequena parte, necessária para a manutenção do campo, morriam na câmara de gás. Nas primeiras sete semanas dessas deportações de Varsóvia, mais de 250 mil judeus foram levados para Treblinka e assassinados, no maior e mais rápido massacre de uma única comunidade, judaica ou não, da Segunda Guerra Mundial. O primeiro comandante de Treblinka era um médico alemão, o dr. Irmfried Eberl, de 32 anos. Envolvido anteriormente no programa de eutanásia nazista, ele fora responsável pelo assassinato de 18 mil pacientes alemães no espaço de um ano e meio. Agora, auxiliado por guardas ucranianos e da ss, Eberl supervisionou o primeiro mês de matança, antes de ser demitido por ineficiência; sua incapacidade de se livrar dos cadáveres rapidamente gerou pânico entre os deportados que chegavam nos trens.

Ao mesmo tempo que se iniciavam os gaseamentos de Treblinka e os judeus de Varsóvia eram enviados, sem saber, para o extermínio, os judeus de toda a Galícia continuaram a ser mortos em Bełżec; quase diariamente, Auschwitz recebia trens da França, da Bélgica — a partir de 4 de agosto —, de Luxemburgo e da Holanda. No entanto, os judeus da Croácia ocupada pelos italianos não estavam sendo encaminhados; na última semana de julho, o Ministério das Relações Exteriores alemão foi informado de que o chefe do estado-maior italiano na região, cuja sede ficava em Mostar, havia declarado que "não poderia aprovar o reassentamento dos judeus, uma vez que todos os habitantes de Mostar tinham recebido garantias de igualdade de tratamento".

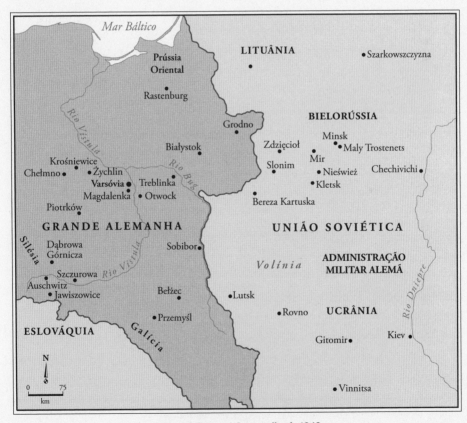

Mapa 36. Terror no Leste, julho de 1942

Na Rússia ocupada pelos alemães, a matança de judeus continuou sem protesto nem descanso, na forma de massacres em descampados e valas nas cercanias das aldeias; em 15 de julho, mil judeus foram assassinados dessa maneira em Bereza Kartuska, e, em 18 de julho, em Szarkowszczyzna, outros seiscentos, embora nesse dia mais de novecentos deles tenham conseguido escapar para florestas nas proximidades.

Em 20 de julho, os alemães lançaram mais uma operação antiguerrilha na Bielorrússia, a Operação Águia, contra a resistência soviética na região de Chechivichi. Nesse mesmo dia, na aldeia de Kletsk, várias centenas de judeus prestes a serem assassinados incendiaram seu gueto e fugiram. A maioria morreu alvejada pelos disparos de metralhadoras alemãs. Alguns, chegando às florestas, juntaram-se aos guerrilheiros, cujo líder, Moshe Fish, foi morto numa batalha contra os alemães seis meses depois. No dia seguinte à revolta em Kletsk, os judeus da vizinha Nieśwież também lutaram contra seu destino. Quase todos foram mortos a tiros, mas um de seus líderes, Shalom Cholawski, chegando às florestas, formou um "acampamento para famílias" de judeus que haviam conseguido escapar da matança diária, protegeu o acampamento contra as caçadas alemãs e estabeleceu uma unidade de guerrilha para acossar suas linhas de comunicação.

Na noite de 21 de julho, no norte da Nova Guiné, os japoneses, ainda decididos a representar uma ameaça para os australianos, anteciparam-se a estes desembarcando 16 mil soldados em Buna e Gona. Em seguida, deslocaram-se para o sul, ao longo da trilha de Kokoda, em terreno montanhoso e acidentado. Surpreendidos pelo tamanho dos efetivos nipônicos e vencidos pelas dificuldades do terreno, os australianos tiveram que recuar para Port Moresby. Na Birmânia e na Tailândia, os prisioneiros de guerra Aliados trabalhavam na estrada de ferro em meio à selva. "A terceira morte em poucos dias", o coronel Ernest Dunlop observou em seu diário em 23 de julho, enquanto se empenhava para, com a exígua quantidade de medicamentos disponíveis, tratar dos corpos feridos e maltratados. Quinze mil prisioneiros de guerra perderiam a vida na construção da ferrovia, e seu destino foi registrado não apenas nos diários de homens como Dunlop, mas por artistas como Ray Parkin,[*] a quem Dunlop encorajou. "Espero que venha a ser um registro verídico da maneira pela qual o espírito humano é capaz de se elevar acima da futilidade, do vazio e do desespero, pois realmente fomos deixados aqui sem nada", Dunlop escreveu sobre a obra de Parkin.

---

[*] O marinheiro australiano Raymond Edward Parkin (1910-2005) era desenhista e historiador. Escreveu suas memórias da Segunda Guerra Mundial e do período como prisioneiro de guerra na forma de romances — *Out of the Smoke* (1960), *Into the Smother* (1963) e *The Sword and the Blossom* (1968) — que ganharam notoriedade. (N. T.)

Nessa noite, os prisioneiros encenaram *Júlio César*, de Shakespeare, "com figurino moderno", segundo anotou Dunlop, que acrescentou: "Plateia muito simpática, sem nenhuma frivolidade".

Em 23 de julho, a cidade de Rostov sobre o Don foi novamente ocupada pelos alemães. Nesse dia, Hitler, preocupado em garantir o suprimento de gasolina essencial para a condução de qualquer guerra, emitiu sua Diretiva n. 45, ordenando a apreensão da costa oriental do mar Negro, de Novorossiisk a Batum, na fronteira turca, e a captura dos campos petrolíferos russos de Maikop, Grózni e Baku, no mar Cáspio. Stalingrado, no Volga, também deveria ser tomada, e em seguida, por meio de uma linha defensiva alemã a ser montada no rio Don, as forças germânicas capturariam Leningrado. Era um plano ambicioso, que alarmou os generais de Hitler, mas no qual ele mesmo assim insistiu. O plano fracassou, entretanto, devido à decisão russa de enviar para a defesa de Stalingrado três exércitos de reserva, cuja tenacidade obrigou o Führer a transferir para a cidade homens e materiais do front do Cáucaso, que avançava rapidamente. Ao mesmo tempo, apesar da captura de Rostov, os alemães não conseguiram repetir seus sucessos de 1941, quando haviam aprisionado centenas de milhares de soldados soviéticos em todas as grandes batalhas. Em Rostov, apesar das graves baixas, a maior parte das forças soviéticas escapou da armadilha e pôde voltar ao combate. Em 25 de julho, porém, com várias unidades do exército alemão a apenas 160 quilômetros de Stalingrado, havia pouco a sugerir que a cidade seria capaz de deter o ímpeto alemão. Nesse mesmo dia, contudo, a fim de impulsionar o moral dos cidadãos de Leningrado, milhares de prisioneiros de guerra alemães foram obrigados a desfilar pela cidade, "os únicos alemães", como escreveu um historiador, "a chegarem ao coração de Leningrado".

Em 27 de julho, o exército alemão cruzou o rio Don ao sul de Rostov e entrou em Bataisk. No dia seguinte, Stálin emitiu a Ordem n. 227:

> Os semeadores de pânico e os covardes devem ser liquidados imediatamente! Nem um passo atrás sem ordens do quartel-general superior! Comandantes, comissários e trabalhadores políticos que abandonam uma posição sem ordem do alto-comando são traidores da pátria e devem ser tratados de acordo.

O dia da ordem "Nem um passo atrás" de Stálin foi o mesmo em que, atrás das linhas inimigas na região de Leningrado, camponeses russos e guerrilheiros locais mataram Adolf Beck, funcionário da administração econômica dos territórios ocupados responsável pelo envio de produtos agrícolas russos para a Alemanha ou para o exército alemão. Além de matarem Beck, eles atearam fogo aos silos e celeiros. A morte de Beck e a destruição de uma enorme quantidade de alimentos destinados à Alemanha deram um impulso ao moral dos guerrilheiros nas regiões de Dno e Pskov. "Russos!", exortava o panfleto que anunciava a morte de Beck.

> Destruam as propriedades onde se escondem os homens responsáveis por suas mazelas. Acabem com os latifundiários alemães. Não trabalhem para eles, mas, em vez disso, matem cada um deles — este é o dever de todo patriota soviético. Expulsem os alemães da terra dos soviéticos!

Em 28 de julho, no gueto de Varsóvia, de onde 66 701 judeus haviam sido deportados em uma única semana e onde 250 mil permaneciam, criou-se uma Organização Judaica de Combate, uma unidade de homens e mulheres determinados a resistir, na medida do possível, às ininterruptas deportações para Treblinka. No dia seguinte, porém, os alemães armaram uma cruel armadilha, oferecendo aos famintos judeus de Varsóvia — onde mais de 4 mil haviam morrido de fome apenas no mês anterior — três quilos de pão e um quilo de geleia para cada família que aceitasse partir voluntariamente para "o leste". Para muitos dos esfomeados, a oferta era irresistível. Milhares se apresentaram como voluntários. Todos receberam seu quinhão de pão e geleia. E em seguida foram deportados para a morte em Treblinka.

Na Nova Guiné, em 29 de julho, após quatro dias de ferozes combates na selva, os japoneses finalmente tomaram Kokoda dos australianos. Nesse mesmo dia, os alemães chegaram a Proletarskaia, a porta de entrada para o Cáucaso, e Stálin criou uma nova ordem militar, a fim de reconhecer operações bem-sucedidas no campo de batalha: a Ordem de Suvorov, em homenagem ao general de Catarina, a Grande, que, em 1799, atravessara os Alpes. No mesmo dia, foi criada uma segunda ordem, para premiar os comandantes de regimento, batalhão, companhia e pelotão que demonstrassem grande coragem pessoal e espírito de liderança na batalha; essa nova condecoração recebeu o nome do herói russo medieval Aleksandr Niévski, que havia rechaçado uma invasão teutônica anterior.

Enquanto isso, as forças alemãs avançavam rumo ao Cáucaso, chegando a Salsk em 1º de agosto e cortando a linha férrea entre Novorossisk e Stalingrado. Algumas unidades germânicas, avançando muito à frente da força principal, chegaram até o rio Kuban.

Incapazes de lançar uma segunda frente na Europa continental a fim de aliviar a pressão alemã sobre os soviéticos, britânicos e norte-americanos decidiram em vez disso lançar a Operação Tocha. A ideia era atacar o litoral do Marrocos e da Argélia — territórios sob o controle da França de Vichy — e combinar esse ataque com uma tentativa de destruição das forças alemãs e italianas que agora triunfavam no Deserto Ocidental. As duas operações, esperava-se, não apenas expulsariam o Eixo do Norte da África, proporcionando um trampolim para uma ofensiva à Itália continental, mas também retirariam consideráveis recursos alemães da frente oriental. Em 1º de agosto, Churchill preparou-se para ir de avião a Moscou a fim de se reunir com Stálin e lhe explicar pessoalmente o plano. "Os materiais para um encontro alegre", Churchill disse ao rei George VI, "são realmente escassos. Ainda assim, talvez eu consiga tornar a situação menos aguda."

A fim de ludibriar os alemães quanto aos verdadeiros pontos de desembarque da Operação Tocha, um ramo do secretariado do Gabinete de Guerra britânico, conhecido enganosamente como a Seção de Controle de Londres, sob a chefia do coronel John Bevan, apresentou em 1º de agosto uma série de planos de guerra espúrios destinados a atrair reforços alemães para outros lugares. Três engodos principais foram postos em prática: a Operação Solo, contra Narvik e Trondheim; a Operação Derrubada, contra Calais e Boulogne; e a Operação Kennecott, contra o sul da Itália, Grécia e Creta.

Arregimentando falsos comandos do exército, usando agentes duplos como Garbo para enviar mensagens à Alemanha e elaborando relatórios com preparativos militares fictícios, o coronel Bevan e sua equipe criaram dúvidas entre os membros do estado-maior alemão quanto ao verdadeiro destino das forças anglo-americanas, que por sua vez se agrupavam e treinavam na Escócia para um óbvio desembarque anfíbio em grande escala. Bevan elaborou também dois esquemas de embuste envolvendo os dois comandantes da Operação Tocha, o general Eisenhower e o almirante Cunningham: assim que chegassem a Gibraltar para se encarregar do planejamento final, Eisenhower seria "chamado de volta a Washington" e Cunningham "enviado para o Extremo Oriente".

Se esses planos poderiam ser implementados a tempo de ajudar a Rússia dependeria inteiramente da velocidade do avanço alemão. Em 3 de agosto, as forças alemãs no Cáucaso chegaram a Stavropol. Cruzando o Don em Tsimlianski, seguiram para o leste até Kotelnikovo, cerca de 150 quilômetros a sudoeste de Stalingrado. Esses êxitos alemães ameaçavam não apenas os russos, mas também a Grã-Bretanha. Em 4 de agosto, a caminho da Rússia, Churchill fez uma parada no Cairo, onde soube pelo chefe do estado-maior imperial, o general Sir Alan Brooke, que se as forças alemãs tivessem sucesso em sua investida no Cáucaso, e a partir de lá conseguissem criar uma "séria ameaça" ao golfo Pérsico, talvez fosse necessário, na opinião dos chefes de estado-maior britânicos, cogitar a ideia de abandonar completamente o Egito e o Norte da África, deslocando para o golfo Pérsico as forças então posicionadas no Egito. Isso seria necessário, Brooke explicou, por uma simples razão: se perdesse os campos petrolíferos de Abadan e Bahrein, a Grã-Bretanha sofreria uma redução de 20% de seu poderio militar.

Em 5 de agosto, enquanto Churchill ainda estava no Cairo, as forças alemãs cruzaram o rio Kuban em Kropotkin e seguiram em direção a Armavir; a ameaça aos campos petrolíferos do Cáucaso era agora muito séria. No Atlântico, a ameaça à rota vital de transporte de alimentos e armamentos era igualmente grave; nesse dia, um comboio de 36 navios que voltavam para casa foi atacado por submarinos alemães ao largo da costa de Terra Nova. Um dos submarinos foi afundado pela escolta do comboio, mas o ataque prosseguiu e cinco navios mercantes foram torpedeados em um intervalo de três minutos. Em um momento posterior do combate, outro submarino alemão foi afundado, mas não antes que outros seis navios mercantes naufragassem.

Os alemães, utilizando trabalho escravo, haviam construído enormes estaleiros de concreto para reparos de submarinos em quatro portos da costa atlântica da França, em Lorient, Brest, Saint-Nazaire e La Pallice. A construção desses estaleiros fora uma das principais façanhas da Organização Todt, agora controlada por Albert Speer. Em 5 de agosto, enquanto se desenrolava o mais recente ataque de submarinos alemães no Atlântico, um submarino japonês ancorou nos estaleiros de Lorient, uma medida do alcance e da versatilidade do poderio submarino do Eixo. Seis semanas depois, esse mesmo submarino japonês estava de volta às águas da Malásia, onde foi afundado.

Entre as tropas que lutavam ao lado dos alemães na frente oriental havia unidades voluntárias da França, da Bélgica e da Holanda. Em 6 de agosto, o comandante das forças nas quais servia a unidade holandesa, o general Walther Krause, escreveu a Herman Göring: "Temos milhares de holandeses em regimentos de transporte no leste. Na semana passada, um desses regimentos foi atacado. Os holandeses fizeram mais de mil prisioneiros e foram agraciados com 25 Cruzes de Ferro". Nessa semana, mais de mil judeus holandeses foram deportados da Holanda para Auschwitz, seguidos por outros 987 em 7 de agosto e mais 559 três dias depois; mais da metade desses deportados morreram nas câmaras de gás assim que chegaram a seu destino. Os demais foram encaminhados aos alojamentos de Birkenau para servir como mão de obra escrava. Foi no dia 7 de agosto, quando teve início a segunda dessas deportações, que Göring presidiu uma reunião para discutir o plano quadrienal alemão para a produção industrial. O trabalho escravo seria uma parte essencial do plano. Mas, como mostram as notas da reunião, havia áreas onde já não seria possível buscar trabalhadores judeus. Os participantes da reunião foram informados de que, na Bielorrússia, "restam apenas alguns poucos judeus ainda vivos. Dezenas de milhares já foram eliminados".

Em 7 de agosto, o cientista alemão refugiado Klaus Fuchs tornou-se cidadão britânico, prestando juramento de fidelidade à Coroa Britânica. Na ocasião, ele trabalhava na Inglaterra como integrante do projeto Tube Alloys, a pesquisa anglo-americana sobre a bomba atômica. Ao mesmo tempo, repassava à União Soviética os segredos mais bem guardados do projeto. No momento mais intenso do conflito militar contra a Alemanha, os Aliados permaneciam alertas quanto à divisão básica de ideologia e propósito que havia colocado seus sistemas em oposição antes da guerra e que voltaria a dominar suas relações assim que obtivessem a vitória contra a Alemanha. Até mesmo no momento em que essa vitória estava longe de constituir uma certeza, as mentes que tinham de se concentrar com toda a sua potência nos meios para assegurá-la estavam plenamente conscientes das disputas que poderiam surgir na era do pós-guerra.

26. Guadalcanal, Dieppe, El Alamein

AGOSTO-SETEMBRO DE 1942

Em 7 de agosto de 1942, os norte-americanos lançaram a Operação Torre de Vigia, a primeira contraofensiva aliada no Pacífico. O assalto começou com o desembarque de 16 mil soldados na ilha de Guadalcanal, no arquipélago das ilhas Salomão. Durante os desembarques, foram afundados quatro cruzadores pesados Aliados, os norte-americanos *Quincy*, *Astoria* e *Vincennes* e o australiano *Canberra*, o que causou a morte de mais de mil homens, 370 deles no *Quincy*, 332 no *Vincennes*, 216 no *Astoria* e 84 no *Canberra*. Em terra, porém, os estadunidenses, muitas vezes em ferozes combates corpo a corpo, rechaçaram todas as tentativas japonesas de desalojá-los; no intervalo de duas semanas, o aeródromo da ilha estava sob controle dos Estados Unidos, mas não foi possível expulsar os japoneses, que receberam reforços. Ao longo de um mês de combates, 9 mil soldados nipônicos foram mortos, ao passo que 1600 norte-americanos perderam a vida. Dos 250 soldados japoneses que compunham a guarnição por ocasião do primeiro ataque estadunidense, apenas três se permitiram ser feitos prisioneiros; em cada combate, os japoneses lutavam até a morte, ou, no último momento, matavam-se para evitar a captura.

Simultaneamente ao desembarque em Guadalcanal, os fuzileiros navais norte-americanos também abriam caminho para a costa em quatro ilhas menores: Florida, Tulagi, Gavutu e Tanambogo. Mais uma vez, a tenacidade dos defensores japoneses chocou os adversários. "Nunca ouvi falar a respeito nem li nada sobre essa maneira de lutar", escreveu ao comandante da marinha em Washington o general de divisão Alexander A. Vandegrift, e explicou: "Esses homens se recusam a se render. Os feridos esperam até que alguém chegue perto para examiná-los e então detonam uma granada de mão que os manda pelos ares junto com o inimigo".

62. Um canhão naval britânico em Cingapura dispara uma salva de tiros de treinamento. As armas estavam estrategicamente posicionadas para defender o porto contra ataques marítimos e foram destruídas por um raide japonês em 13 de fevereiro de 1942.

63. Soldados britânicos em Cingapura marcham para o cativeiro, 16 de fevereiro de 1942 (ver página 386). Ao fundo, veem-se soldados japoneses.

64. Hitler se encontra com soldados feridos em Berlim, 15 de março de 1942. Num discurso nesse dia, o Führer previu que a Rússia seria "derrotada e aniquilada de uma vez por todas" (ver página 397).

65. Bataan, Filipinas. Soldados norte-americanos aprisionados após a conquista japonesa da península de Bataan em 9 de abril de 1942 (ver página 406).

66. Praga, 27 de maio de 1942. O carro no qual viajava o general da SS Reinhard Heydrich quando foi vítima de uma emboscada de patriotas tchecos. Ele morreu oito dias depois (ver página 420).

67. Chełm, Polônia, 28 de maio de 1942: execução de quatro judeus.

68. Soldados japoneses ocupam a ilha norte-americana de Attu, no arquipélago das Aleutas, ao largo do Alasca, em junho de 1942. Os 25 soldados estadunidenses mortos durante o ataque japonês haviam chegado à ilha no dia anterior (ver página 423).

69. Soldados britânicos se rendem em Tobruk, a fortaleza no deserto líbio devastada em 21 de junho de 1942 (ver página 430).

70. Mulheres judias sendo deportadas para o "leste", para a morte.

71. Soldados soviéticos no cativeiro, parte dos 30 mil que os alemães aprisionaram em Sebastopol em julho de 1942.

72. Tropas alemãs, soldados canadenses mortos e um tanque britânico na praia em Dieppe, após o desembarque Aliado em 19 de agosto de 1942 (ver página 452).

73. Tropas britânicas avançam no Deserto Ocidental, 3 de novembro de 1942 (ver página 457).

74. A frente oriental: a lama russa e um motociclista alemão; fotografia tirada em 13 de novembro de 1942.

75. Feridos alemães sendo evacuados de um aeródromo nas imediações de Stalingrado.

76. A suástica é hasteada em um dos prédios da Universidade de Stalingrado.

77. A suástica decora dois túmulos de guerra alemães. Joan Socodol e Bairamon-Schereb foram ambos mortos em 31 de dezembro de 1942.

Em 9 de agosto, no terceiro dia da batalha de Guadalcanal, as forças alemãs no Cáucaso chegaram aos campos petrolíferos de Maikop. Mas, como as tropas soviéticas em retirada explodiram os poços, Hitler ficou sem o petróleo. Nesse mesmo dia, ao chegar a Krasnodar, os alemães constataram mais uma vez que as instalações petrolíferas haviam sido destruídas. Atrás das linhas, no entanto, não havia impedimento para as políticas destrutivas dos próprios alemães. Em 9 de agosto, uma freira católica, Edith Stein, a convertida filha de um comerciante de madeira judeu de Breslau, deportada da Holanda para Auschwitz por ter ascendência judaica, esteve entre centenas de judeus holandeses assassinados na câmara de gás. Conhecida por seu nome católico, irmã Benedita foi declarada mártir pela Igreja católica. Quarenta e cinco anos depois, foi canonizada.

No dia seguinte à morte de Edith Stein, um telegrama de Gerhart Riegner, o secretário do Congresso Judaico Mundial em Genebra, alertou os judeus em Londres e Nova York quanto à escala e à intenção dos assassinatos na Europa. Riegner informou que haviam chegado a Genebra relatórios

> afirmando que, no quartel-general do Führer, discutiu-se um plano, agora sob consideração, segundo o qual todos os judeus nos países ocupados ou controlados pela Alemanha, totalizando algo entre 3,5 milhões e 4 milhões de pessoas, deverão, após a deportação e concentração no leste, ser exterminados de uma tacada só, a fim de resolver de uma vez por todas a questão judaica na Europa.

Ao que parece, a mensagem de Riegner para o Ocidente foi enviada à Suíça por alguém que sabia não apenas da visita de Himmler a Auschwitz em 16 de julho, mas também de sua ordem de 19 de julho para a "limpeza total" da população judaica do governo-geral até o final do ano.

Sem que os destinatários do telegrama soubessem, o "plano" de extermínio não estava apenas "sob consideração", mas sendo colocado em prática diariamente, pois continuavam a todo vapor as deportações para Auschwitz de judeus provenientes da França, da Holanda, da Bélgica e de várias cidades polonesas, assim como as deportações de Varsóvia para Treblinka, e do centro e do sul da Polônia para Chełmno, Sobibor e Bełżec. Ao mesmo tempo, mais de 87 mil judeus haviam sido assassinados na Volínia e mais de 9 mil na Bielorrússia, onde, nas cidades de Mir e Zdzięcioł, quinhentos judeus tinham rompido o cordão da Gestapo e escapado para as florestas, onde engrossaram as fileiras dos guerrilheiros soviéticos. Mas as oportunidades de resistir eram ínfimas.

Em 10 de agosto, um trem chegou a Maly Trostenets, o campo de extermínio nos arredores de Minsk desconhecido do Ocidente. Dos mil judeus que esse trem trazia do gueto de Theresienstadt a caminho do "leste", quarenta desembarcaram em Minsk para servir em um campo de trabalhos forçados. Os 960 restantes morreram por gaseamento assim que desembarcaram.

Duas semanas depois, da leva de mil judeus deportados de Theresienstadt para Maly Trostenets, apenas 22 dos homens mais jovens foram selecionados para trabalhar numa fazenda da ss. Os demais foram mandados para a morte nos caminhões de gás. Dos 22 homens enviados para servir na fazenda, dois sobreviveram ao trabalho árduo e ao sadismo de seus supervisores e, em maio de 1943, conseguiram escapar e se juntar aos guerrilheiros soviéticos. Um deles foi morto em combate. O outro sobreviveu à guerra — o único sobrevivente dos mil judeus iniciais.

No decorrer de agosto, dia após dia prosseguiram as deportações de Varsóvia para Treblinka e a eliminação dos deportados. Em 13 de agosto, o general de divisão Karl Wolff escreveu ao gerente do Ministério dos Transportes alemão: "Tive muito prazer em saber que, nos últimos catorze dias, um trem parte diariamente levando 5 mil passageiros do Povo Eleito para Treblinka; e estamos inclusive em condições de completar esse movimento maciço de pessoas em ritmo acelerado".

Em 10 de agosto, em mais uma tentativa de reforçar Malta, um comboio naval britânico passou por Gibraltar em direção à ilha numa operação de codinome Pedestal. A partir do dia seguinte, passou a sofrer um ataque prolongado de alemães e italianos, durante o qual o porta-aviões *Eagle*, o navio de defesa antiaérea *Cairo*, o cruzador *Manchester* e o contratorpedeiro *Foresight* foram afundados, assim como nove dos navios mercantes carregados de suprimentos para Malta. Mas enquanto os navios de escolta lutavam contra os ataques aéreos, marítimos e de submarinos alemães e italianos, cinco navios mercantes conseguiram chegar a seu destino. Para a Grã-Bretanha, apesar das baixas, foi um triunfo naval; as 55 mil toneladas de alimentos e combustível entregues por esse comboio salvaram Malta da rendição e permitiram que aeronaves e submarinos baseados na ilha retomassem seus ataques contra as linhas de abastecimento de Rommel. Se a Operação Pedestal tivesse falhado, Malta teria sido obrigada a se render em 7 de setembro.

Em 12 de agosto, segundo dia da corajosa luta do comboio, Churchill estava em Moscou explicando a Stálin que não haveria uma segunda frente na Europa naquele ano, mas em vez disso um desembarque no Norte da África francês. Ao ouvir a notícia, como observou o intérprete de Churchill, "o rosto de Stálin se contorceu em uma carranca". Por que, ele perguntou, os britânicos "têm tanto medo dos alemães?". Mas assim que lhe explicaram melhor o plano norte-africano, Stálin rapidamente entendeu suas implicações estratégicas: a ideia era abrir a Itália a um ataque anglo-americano conjunto no início de 1943, a fim de, nas palavras de Churchill, "ameaçar o coração da

Europa de Hitler". O primeiro-ministro britânico também disse a Stálin que, na guerra aérea contra a Alemanha, "esperamos destruir quase todas as casas em quase todas as cidades alemãs". Stálin respondeu que isso "não seria ruim" e aconselhou Churchill a lançar as novas bombas de quatro toneladas da Grã-Bretanha "de paraquedas, pois, do contrário, elas se enterrariam no chão".

Em 13 de agosto, enquanto Churchill ainda estava em Moscou, as forças alemãs chegaram à cidade de Elista, 320 quilômetros ao sul de Stalingrado, e, de forma ainda mais perigosa para a União Soviética, a apenas 250 quilômetros do mar Cáspio. Nesse mesmo dia, a cidade de Mineralnie Vodi, no Cáucaso, caiu em mãos alemãs. Em seu quartel-general em Vinnitsa, Hitler estava pensando não apenas na Rússia, mas na segunda frente, que certamente seria aberta mais cedo ou mais tarde. Em conversa com Albert Speer, seu ministro de Armamentos, Munições e Produção de Guerra, o Führer, reconhecendo pela segunda vez a possibilidade de sua grandiosa estratégia fracassar e de ter que lutar em duas frentes simultâneas, reiterou seu apelo para a construção de uma "muralha do Atlântico", uma série de fortificações que deveriam ser edificadas a fim de evitar qualquer tentativa de desembarque anglo-americano; a muralha consistiria de 15 mil bunkers de concreto — dispostos a intervalos de 45 ou noventa metros — a serem edificados sem levar em conta os custos. "Nossa mais cara substância", explicou Hitler, "é o homem alemão. O sangue que essas fortificações pouparão vale bilhões!"

O oeste tinha que ser defendido, mas era no leste que tanto o perigo quanto a oportunidade pareciam mais iminentes. Assim, em 14 de agosto, na região de Orcha e Vitebsk, os alemães lançaram a Operação Griffin, contra guerrilheiros soviéticos ativos que ameaçavam romper a linha de comunicação germânica ao longo da "Rodovia de Moscou", que ia de Brest-Litovsk, passando por Minsk, até Smolensk. Nesse dia, sem que Hitler soubesse — e nem ele nem seus comandantes jamais viriam a saber —, a inteligência britânica havia decifrado a chave Enigma utilizada pela SS; conhecida pelos criptógrafos em Bletchley como Quince, essa chave continuou a ser lida sem interrupções até o fim da guerra. Somente o código Enigma da Gestapo, conhecido como TGD, em referência a seu prefixo berlinense, permaneceria impossível de decifrar.

Na manhã de 15 de agosto, os alemães, cujo êxito no Cáucaso dominava os temores Aliados, intensificaram o ataque a Stalingrado. Em Moscou, Stálin pediu a Churchill o envio de um mínimo de 20 mil caminhões por mês; a produção russa, alegou, era de apenas 2 mil unidades mensais. O primeiro-ministro britânico concordou em suprir as necessidades soviéticas. As notícias que o próprio Churchill recebeu nesse dia foram boas: apesar das graves perdas na Operação Pedestal, o petroleiro norte-americano *Ohio* conseguira chegar a Malta com 10 mil toneladas de petróleo; durante a jornada, sofrera avarias tão graves que foi declarado "perda total". Mas seu combustível salvou o dia em Malta. Muitos dias.

* * *

Em 11 de agosto, as autoridades alemãs iniciaram a deportação de cidadãos franceses para servir como mão de obra escrava ao esforço de guerra alemão, agora seriamente sobrecarregado. Quatro dias depois, um novo campo de trabalho foi aberto nas minas de carvão subterrâneas de Jawiszowice, nos arredores de Auschwitz. Para essas minas foram enviados não apenas trabalhadores franceses — e, depois, belgas —, mas também judeus dos alojamentos de Birkenau. Milhares deles morreram sob as mais duras condições. Na Holanda, o sentimento antigermânico levou a uma tentativa de explodir um trem que transportava tropas alemãs em Roterdam. A tentativa falhou, mas em 15 de agosto os alemães abateram a tiros cinco reféns civis, como forma de dissuadir novos atos de sabotagem. No campo de batalha, as tropas alemãs pareciam imbatíveis; em 17 de agosto, chegaram aos altos vales das montanhas do Cáucaso, ocupando Kislovodsk, e se preparavam para escalar, num ato de proeza atlética, senão militar, os 5642 metros do monte Elbrus.

Em 17 de agosto, enquanto as tropas alemãs chegavam às cidades turísticas do Cáucaso, o moral norte-americano foi impulsionado por um ousado desembarque de fuzileiros navais no atol de Makin, que os japoneses haviam ocupado três dias após o ataque a Pearl Harbour. Trinta fuzileiros navais perderam a vida no que um general norte-americano, Holland M. Smith, chamou mais tarde de "uma manobra tola", que serviu apenas para estimular os japoneses a fortificarem as ilhas Gilbert, tornando sua captura subsequente mais custosa do que poderia ter sido. Os norte-americanos se retiraram alguns dias depois. Nove fuzileiros navais, abandonados no local por acidente, foram capturados, levados para Kwajalein e decapitados.

O desembarque em Makin foi seguido de outro ataque Aliado 48 horas depois; tratou-se da investida de um comando conjunto britânico-canadense em 19 de agosto ao porto francês de Dieppe, a meros cem quilômetros da Inglaterra, do outro lado do canal da Mancha.

Cinco mil soldados canadenses e mil britânicos participaram do ataque, bem como cinquenta Rangers[*] norte-americanos e duas dezenas de soldados dos Franceses Livres. Assim como a ofensiva em Makin, a operação em Dieppe, sob o codinome Jubileu, pretendia ser breve. Seu objetivo era exercitar técnicas para uma futura invasão ao norte da Europa. Um dos britânicos envolvidos na operação, o capitão Pat Porteous, foi premiado com a Cruz de Vitória por sua coragem no ataque, assim como um oficial canadense, o

---

[*] Também conhecidos como "boinas-pretas", constituem um dos principais grupos de elite do exército norte-americano, e durante a Segunda Guerra foram utilizados em ataques-surpresa e outras ações especiais e perigosas. (N. T.)

tenente-coronel Merritt. Outra Cruz de Vitória foi concedida a um capelão canadense, John Foote, que, sob fogo cerrado, passou muitas horas cuidando de homens feridos. Quando chegou o momento de evacuar os homens, o capitão Foote os levou para o barco, mas não fez menção de embarcar, preferindo ficar para trás, aceitar a captura e continuar a ajudar os feridos na condição de prisioneiro de guerra.

Sem que os alemães soubessem, o sargento de voo britânico Jack Nissenthall, que participou do ataque, saqueou uma estação de radar alemã nas imediações, levando de volta para a Grã-Bretanha informações cruciais para futuras ações de interferência e embuste nos sistemas de comunicação do Reich.

O número de baixas Aliadas no assalto a Dieppe foi alto: mais de mil homens morreram e outros 2 mil foram aprisionados, e todos os seus veículos e equipamentos tiveram que ser deixados para trás na praia. "Foi a primeira vez", zombou Hitler, "que os britânicos tiveram a cortesia de cruzar o mar para oferecer ao inimigo uma amostra completa de suas armas." Mais tarde, porém, o Führer disse a seus comandantes: "Devemos entender que não fomos os únicos o aprender uma lição em Dieppe. Os britânicos também aprenderam. Devemos contar com um modo de ataque totalmente diferente, em lugares bem diferentes".

Durante o ataque a Dieppe, 25 bombardeiros e 23 caças alemães foram destruídos, e a Luftwaffe, enfraquecendo ligeiramente suas forças na frente oriental, incrementou seu poderio de combate no noroeste europeu. Quanto à lição aprendida pelos Aliados em Dieppe, o almirante Mountbatten disse ao Gabinete de Guerra britânico no dia seguinte que seria "inestimável" no planejamento da futura invasão através do Canal; muitos anos depois, ele afirmaria que esse ataque "deu aos Aliados o inestimável segredo da vitória".

Foi durante o ataque a Dieppe que morreu o primeiro soldado estadunidense em território francês, o tenente Edwin V. Loustalot.

Para os canadenses, Dieppe foi um revés e um duro golpe, com um saldo de 907 mortos e 1874 aprisionados. Os alemães perderam 345 homens; quatro se tornaram prisioneiros de guerra e foram levados à Grã-Bretanha.

Em 19 de agosto, enquanto suas forças ao sul se aproximavam de Stalingrado e do alto do Cáucaso, os alemães foram atacados às portas de Leningrado por batalhões russos determinados a quebrar o cerco germânico à cidade. Nesse dia, acerca das centenas de milhares de russos e poloneses que estavam sendo usados como mão de obra escrava pelos alemães, o líder nazista Martin Bormann escreveu: "Os eslavos devem mesmo trabalhar para nós. Se não precisarmos mais deles, eles bem que podem morrer. A fertilidade eslava não é desejável". Nesse dia, a bandeira com a suástica foi hasteada no monte Elbrus, o que levou Hitler a comentar, irado, que a ambição de seu exército deveria ser derrotar os russos em vez de conquistar montanhas. Cerca de 260 quilômetros a leste do monte Elbrus estava Grózni, a principal cidade e centro petrolífero do Cáucaso; Hitler conhecia os perigos que poderiam surgir ao longo do caminho até lá.

Na Europa ocupada pelos alemães, o dia 19 de agosto foi marcado pela deportação para Treblinka — e para a morte — de todos os doentes mentais de um hospital psiquiátrico judaico em Otwock, nos arredores de Varsóvia, várias centenas de outras vítimas de uma política racial que não desejava que os judeus nem os doentes mentais sobrevivessem ao triunfo do Reich. Também atrás das linhas alemãs, a guerra contra a resistência continuou a provocar represálias. Em 22 de agosto, em um vilarejo na região de Białystok, policiais da Gestapo e da SS prenderam todos os homens da aldeia e selecionaram dez deles, que foram imediatamente torturados e fuzilados. No mesmo dia, na região vizinha de Slonim, depois do que um relatório da Gestapo chamou de "uma luta armada que durou cerca de seis horas", duzentos guerrilheiros e aldeões, "metade deles judeus", foram fuzilados, e dois acampamentos da resistência "erradicados". Os ciganos também eram vítimas da caça. Três dias após a ação em Slonim, todos os grupos do exército alemão na Rússia foram alertados por homens da polícia de campanha de que havia uma grande quantidade de bandos de ciganos que perambulavam pelo interior e prestavam "muitos serviços aos guerrilheiros, fornecendo-lhes suprimentos etc.". Se apenas uma parte deles fosse punida, acrescentaram os policiais, "a atitude dos demais seria ainda mais hostil em relação às tropas germânicas e ainda mais favorável à guerrilha". Portanto, era "necessário exterminá-los impiedosamente".

Em 23 de agosto, em Izbuchenski, na grande curva do rio Don, seiscentos soldados italianos da Cavalaria da Saboia atacaram 2 mil russos armados com morteiros e metralhadoras. Empunhando sabres e granadas de mão, os italianos colocaram os russos para correr. Foi a última carga de cavalaria bem-sucedida da guerra. Horas depois, unidades do exército alemão chegaram à margem ocidental do rio Volga, ao norte de Rinok, o subúrbio mais setentrional de Stalingrado. Seiscentos bombardeiros alemães, no que se esperava que fosse o prenúncio da queda da cidade, atingiram indústrias e áreas residenciais.

Stalingrado ficava na fronteira entre a Rússia europeia e asiática, um entroncamento de comunicações ferroviárias e fluviais, centro industrial e comercial, símbolo tanto da antiga Rússia do comércio como da moderna Rússia da industrialização. Não era apenas um símbolo das realizações soviéticas, mas também um emblema da capacidade da própria Rússia — apesar dos bombardeios do ano anterior — de resistir e sobreviver.

Em 24 de agosto, enquanto Stalingrado se preparava para se defender, mais a leste, nas ilhas Salomão, os norte-americanos asseguraram outra vitória naval sobre os japoneses, afundando o porta-aviões *Ryuho*, bem como um cruzador ligeiro, um contratorpedeiro e um navio de transporte de tropas, o que custou aos nipônicos milhares de baixas. Também foram abatidas noventa aeronaves japonesas e vinte aviões estadunidenses. No dia seguinte, transportes nipônicos que levavam reforços para Guadalcanal foram atacados e obrigados a dar meia-volta. Outras tropas japonesas, desembarcando em 25 de agosto perto de Rabi, no extremo sudeste da Nova Guiné, foram alvos de ataques australianos e, apesar de receberem novos reforços, forçadas a bater em retirada duas semanas depois. Foi a primeira derrota que sofreram em terra. No entanto, os principais avanços nipônicos de Buna para Port Moresby continuaram, obrigando os australianos a seguirem mais atrás ao longo da trilha de Kokoda, enquanto, no Pacífico, apesar de seu mais recente revés naval, as tropas japonesas ocuparam a ilha Ocean, a oeste das ilhas Gilbert.

Em 27 de agosto, os alemães fizeram planos para prender judeus da zona não ocupada da França. As autoridades de Vichy colaboraram com as caçadas e detenções. Mas muitos franceses e muitos padres católicos abrigavam judeus e exortavam seus paroquianos a fazerem o mesmo. Em 28 de agosto, os alemães ordenaram a prisão de todos os padres católicos que oferecessem refúgio a judeus. A cada rodada de cerco aos judeus, os trens para Auschwitz ganhavam novas vítimas; em 28 de agosto, entre os mil deportados de Paris incluíam-se 150 crianças menores de quinze anos. No dia em que esse trem chegou ao campo de extermínio, um cirurgião alemão novato, o dr. Johann Kremer, que havia chegado na noite anterior e fora instalado na Casa dos Oficiais da SS junto à estação, anotou em seu diário: "Clima tropical com 28ºC à sombra, poeira e muitas moscas! Comida excelente na Casa. Esta noite, por exemplo, comemos fígado de pato azedo por 0,40 marco, com tomates recheados, salada de tomate etc.". A água, acrescentou Kremer, estava contaminada, "então bebemos água mineral com gás, que é servida de graça".

Dois dias depois, o dr. Kremer observou: "Estive presente, pela primeira vez, a uma ação especial às três da manhã. Em termos de comparação, o Inferno de Dante parece quase uma comédia. É correto chamar Auschwitz de campo de extermínio!". Os judeus que Kremer viu morrerem na câmara de gás nesse dia eram franceses, entre os quais se contavam os setenta meninos e 78 meninas menores de quinze anos deportados em 2 de agosto. Muitas dessas crianças foram deportadas sem os pais, entre elas Hélène Goldenberg, de nove anos, e sua irmã Lotty, de cinco.

A crueldade dessas deportações de franceses, que eram caçados e presos à vista da população, e o conhecimento de que as crianças estavam sendo separadas dos pais causaram considerável repulsa na França, tanto que, em 29 de agosto, o governo suíço

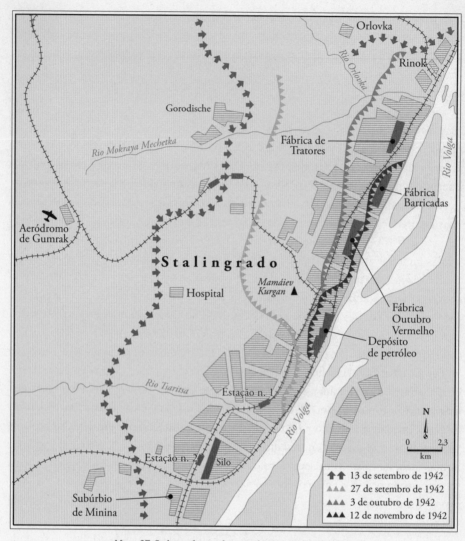

Mapa 37. Stalingrado sitiada, setembro-novembro de 1942

decidiu que deixaria de barrar a entrada de refugiados judeus que tentassem atravessar a fronteira da França. No dia seguinte, em todas as igrejas de sua diocese, o monsenhor Théas, bispo de Montauban, mandou que fosse lido nas missas um protesto que ele escrevera contra as deportações "dolorosas e por vezes horríveis" que, a seu juízo, estavam sendo realizadas "com a mais bárbara selvageria".

Em toda a França de Vichy havia as pessoas que escondiam judeus, ou que, a exemplo do comandante militar da região de Lyon, o general Louis Albert de Saint-Vincent, se recusavam a colaborar com as deportações. Mas a polícia de Vichy era bastante ativa; até 5 de setembro, 9872 judeus, em sua maioria nascidos no exterior, já tinham sido presos e enviados a Paris, de onde seriam deportados para Auschwitz assim que os trens estivessem prontos.

Em 30 de agosto, no Deserto Ocidental, Rommel desferiu um ataque que ele esperava que o levasse ao Cairo. "A decisão de atacar hoje", ele disse a um colega, "é a mais séria que já tomei na vida. Ou o exército na Rússia consegue chegar a Grózni, e nós aqui na África conseguimos chegar ao canal de Suez, ou...", e aqui Rommel fez um gesto de desalento.

No entanto, sem que ele soubesse, os britânicos já aguardavam de antemão seus movimentos. Por meio da leitura de mensagens Enigma interceptadas, conheciam as intenções e os planos do general alemão. Mais importante ainda: graças à decifração dessas mensagens e à quebra do código italiano C38M, os britânicos não só sabiam os horários e durações exatos das travessias, mas também as rotas e cargas de todas as embarcações incumbidas de levar munições e combustível a Rommel. Providos dessas informações, eles já haviam atacado e afundado três navios-tanques de importância decisiva. Um deles, o *Dielpi*, com 2200 toneladas de combustível aeronáutico, foi a pique em 28 de agosto. Um quarto navio, o *San Andrea*, carregado de combustível para os tanques, foi afundado dois dias depois.

"Rommel iniciou o ataque para o qual vínhamos nos preparando", Churchill telegrafou a Roosevelt e Stálin na manhã de 31 de agosto. Após 48 horas, aflito por conta de problemas de abastecimento de combustível e diante da ferrenha defesa das tropas britânicas, neozelandesas, australianas, sul-africanas e indianas, Rommel foi forçado a se retirar do espinhaço de Alam Halfa, fronteiro à cidade de El Alamein. O comandante das Forças Armadas adversárias de Rommel era o general Montgomery, que teve então sua primeira vitória no deserto.

No Cáucaso, como Rommel temia, o avanço nazista desacelerava; as tropas alemãs jamais chegariam a Grózni — a bem da verdade, nem sequer a cinquenta quilômetros da cidade. Mas enquanto Rommel lutava, em vão, tentando passar por Alam Halfa, era para Stalingrado, não para o Cáucaso, que todas as atenções se voltavam. Em 31 de agosto, após uma reunião no quartel-general de Hitler em Vinnitsa, o general Halder anotou em seu diário: "O Führer ordenou que, após a penetração na cidade, toda a população masculina seja eliminada, pois Stalingrado, que tem 1 milhão de habitantes, todos eles comunistas, é extremamente perigosa". A população feminina, Halder observou, "deve ser enviada para longe" — ele não disse para onde.

Em 2 de setembro, quando teve início a Batalha de Stalingrado, o exército alemão foi forçado a lançar a Operação Mar do Norte contra os guerrilheiros soviéticos que atuavam na região de Mogilev e ameaçavam as principais linhas de comunicação e abastecimento germânicas através de Smolensk. Cada operação antiguerrilha empatava forças alemãs que poderiam ser mobilizadas para atuar nas batalhas principais.

Os prisioneiros de guerra alemães e italianos detidos na Grã-Bretanha ou enviados de navio para o Canadá eram bem tratados; nenhum deles morreu em decorrência de maus-tratos enquanto estava em cativeiro, e nenhum tampouco foi executado. Para os soldados Aliados presos em campos japoneses, no entanto, a situação era quase insuportável. Em 2 de setembro, em Cingapura, depois que dois prisioneiros de guerra australianos — o cabo Rodney Breavington e o praça Victor Gale — e dois britânicos — os soldados rasos Harold Waters e Eric Fletcher — escaparam e foram recapturados, o oficial japonês encarregado do campo, o general de divisão Shempei Fukuei, ordenou que fossem fuzilados, não por seus colegas japoneses, mas por quatro siques indianos também prisioneiros de guerra.

Na noite de 3 de setembro, nas ilhas do Canal, um comando britânico com doze homens desembarcou em um farol alemão também utilizado como estação de rádio. Todos os sete alemães que compunham a guarnição do farol foram capturados, juntamente com seus livros de códigos, e seu equipamento de rádio foi destruído. Quatro semanas depois, em uma reunião com Rundstedt, Göring e Speer, Hitler zombou da afirmação de seus conselheiros de que a "muralha do Atlântico" era intransponível:

Acima de tudo, sou grato aos ingleses por demonstrarem, com suas várias tentativas de desembarque, que eu tinha razão. Esse é um bom recado para aqueles que pensam que estou sempre vendo fantasmas, que dizem: "Bem, mas quando os ingleses vão chegar? Não há absolutamente nada acontecendo na costa — nadamos todos os dias e ainda não vimos nem sequer um único inglês!".

Em 3 de setembro, quando as tropas alemãs já estavam bem estabelecidas na costa ocidental do rio Volga e ao norte de Rinok, o subúrbio mais ao norte de Stalingrado, Stálin telegrafou ao marechal Júkov: "Mande os comandantes das tropas a norte e a noroeste de Stalingrado atacarem imediatamente o inimigo e prestarem socorro aos habitantes da cidade. Nenhuma demora pode ser tolerada. Demorar, nesse momento, é o mesmo que cometer um crime". No dia seguinte, quando Júkov reagrupou suas forças para um contra-ataque, mil bombardeiros alemães realizaram repetidas incursões sobre a cidade. Também em 4 de setembro, 32 bombardeiros britânicos e australianos, decolando de bases aéreas soviéticas, voaram da Grã-Bretanha ao norte da Rússia para participar da proteção dos comboios do Ártico. Nove das aeronaves jamais chegaram, ou porque ficaram sem combustível e foram forçadas a aterrissar na Suécia ou, em um dos casos, por terem sido acidentalmente abatidas por caças russos ao se aproximarem da costa. Mesmo na água, a tripulação desse avião continuou a ser alvejada, até seus gritos de "*Angliski!*" serem compreendidos pelos russos.

Um dos bombardeiros envolvidos nesses voos para a Rússia foi danificado pelo fogo antiaéreo de um navio-patrulha alemão e forçado a aterrissar na costa norueguesa; sua tripulação foi capturada antes de ter tempo de destruir documentos secretos sobre o iminente comboio PQ-18. Uma semana depois, o comboio foi atacado, como o PQ-17 havia sido em junho, por uma força aérea e submarina alemã combinada. Dos quarenta navios mercantes do comboio, treze foram afundados, assim como dois dos navios de guerra que faziam sua escolta, o contratorpedeiro *Somali* e o navio caça-minas *Leda*. Os alemães, no entanto, perderam quatro de seus submarinos e 41 aeronaves.

Em 5 de setembro, as primeiras tropas soviéticas contra-atacaram os alemães no Volga, mas foram derrotadas. No dia seguinte, chegaram reforços aéreos. Um pesado ataque alemão em 7 de setembro foi interrompido. "Milhões de soldados germânicos", declarou Roosevelt em uma transmissão via rádio para o povo norte-americano, "parecem condenados a passar outro inverno cruel e amargo no front russo." Também em 7 de setembro, em seu quartel-general em Vinnitsa, Hitler recebeu a visita de Erich Koch, o governador da Ucrânia que desde o início de agosto supervisionava o fuzilamento de 70 mil judeus na cidade de Rovno e em toda a região da Volínia, para tratar de outro assunto. No mesmo dia, enquanto as tropas alemãs consolidavam sua posição no Cáucaso, 1800 judeus que viviam na cidade montanhosa de Kislovodsk receberam ordens de se preparar para uma viagem de dois dias "com o objetivo de colonizar distritos escassamente povoados da Ucrânia". Em vez disso, foram levados não para a longínqua Ucrânia, mas para a cidade termal vizinha de Mineralnie Vodi, onde, depois de marcharem por quatro quilômetros até uma vala antitanque, morreram fuzilados, juntamente com 2 mil judeus de Essentuki e trezentos de Piatigorsk. Enquanto ocorriam esses massacres, Hitler atribuiu ao comandante em chefe da frente do Cáucaso, o marechal de campo Wilhelm List, a culpa pelo fracasso da travessia do mar Cáspio e o destituiu de suas funções.

Em 8 de setembro, conforme Churchill prometera a Stálin em Moscou três semanas antes, bombardeiros britânicos atacaram com renovada ferocidade uma cidade alemã, desta vez Düsseldorf. Entre as bombas que lançaram, muitas pesavam duas toneladas e ganharam o apelido de "arrasa-quarteirão". Nesse mesmo dia, uma pequena aeronave japonesa, decolando de um submarino, lançou bombas incendiárias perto de Brookings, no estado do Oregon, incendiando uma floresta. Foi o único ataque japonês ao território continental dos Estados Unidos. Dois dias depois, a partir de uma base aérea recém-estabelecida em Adak, nas ilhas Aleutas, os norte-americanos lançaram um ataque contra as forças nipônicas que haviam ocupado a ilha de Kiska, a quatrocentos quilômetros de distância.

Em 12 de setembro, os britânicos lançaram na costa francesa um tipo violento de investida que chamavam de "massacrar e partir",* desembarcando um comando de dez homens em Port-en-Bessin, um pequeno porto na Normandia. Os invasores mataram todos os sete alemães que encontraram, mas o tiroteio alertou outros soldados na área, e, quando voltavam a seu barco, todos os britânicos foram mortos, à exceção de um. O sobrevivente, um homem chamado Hayes, conseguiu nadar ao longo da costa e recebeu o auxílio de uma família francesa, que o colocou em contato com a resistência, que por sua vez o ajudou a atravessar clandestinamente a fronteira da Espanha. Lá, porém, ele foi capturado pela polícia do general Franco, enviado de volta para a França, interrogado pela Gestapo e fuzilado em Paris.

No mar, em 12 de setembro, o submarino alemão U-156, comandado pelo capitão Hartenstein, afundou o navio de tropas britânico *Laconia*, que seguia para o Canadá levando a bordo mais de 1500 prisioneiros de guerra italianos, além de 180 guardas poloneses e 811 passageiros e tripulantes britânicos. Ao se dar conta de que fora o responsável por colocar em risco a vida de tantos italianos, que agora se agarravam desesperadamente aos destroços, tentando sobreviver, Hartenstein enviou uma série de sinais comprometendo-se a não atacar qualquer navio que viesse em seu socorro. Dois navios de guerra britânicos e um francês correram para o local, mas, durante os trabalhos de resgate, uma aeronave do exército norte-americano, decolando da recém-estabelecida base atlântica na ilha da Ascensão, bombardeou o submarino germânico. Como resultado desse evento, o almirante Dönitz emitiu uma ordem a todos os navios alemães: "Todas as tentativas de resgatar as tripulações de navios afundados devem cessar imediatamente".

Antes que o *Laconia* afundasse, mais de mil homens já haviam sido resgatados do mar. Dos 2491 homens e marinheiros a bordo, 1400 morreram afogados. Hartenstein,

---

* Tática militar usada pela primeira vez durante a Primeira Guerra Anglo-Afegã (1839-42), quando os soldados britânicos ganharam notoriedade por seus ataques-surpresa, massacrando os membros das tribos e logo batendo em retirada. Executadas por pequenas forças de ataque, essas operações atrás das linhas inimigas envolviam lançar um ataque repentino e cruel contra o inimigo, causar o máximo dano e caos possível e, em seguida, se retirar antes que o inimigo tivesse a oportunidade de reagir. (N. T.)

que havia feito todo o possível para ajudar os sobreviventes, morreu seis meses depois, quando seu submarino foi afundado por aeronaves da marinha norte-americana a leste de Barbados.

Em 13 de setembro foram lançadas duas operações britânicas, a Centáurea Azul, na qual um navio da Marinha Real, o *Tarana*, navegando pelo Mediterrâneo, recolheu prisioneiros de guerra britânicos de uma praia perto de Perpignan, e a Acordo, quando, com menos sucesso, tropas britânicas atacaram Tobruk por terra e mar na tentativa de destruir depósitos de abastecimento e instalações portuárias. No decorrer do ataque, três navios de guerra britânicos foram afundados — os valiosos contratorpedeiros *Sikh* e *Zulu* e o navio de defesa antiaérea *Coventry* —, e várias centenas de fuzileiros navais morreram. Nessa noite, bombardeiros britânicos realizaram seu centésimo ataque da guerra, contra o porto alemão de Bremen, no mar do Norte. Ironicamente, foi também em 13 de setembro que a ilha britânica de Malta, alvo de um sem-número de bombardeios, foi agraciada com um prêmio por bravura, a Cruz de George, condecoração normalmente concedida a indivíduos. Em 13 de setembro, os alemães intensificaram seu ataque a Stalingrado, avançando em direção ao centro da cidade; ao cair da noite, tropas alemãs invadiram o subúrbio de Minina, no sul, e também estavam prontas para expulsar os defensores russos da colina Mamáiev Kurgan.

O diário de guerra do 62º Exército alemão anotou a cronologia, mas não a ferocidade do fluxo e refluxo da luta pelo centro de Stalingrado. Às oito da manhã de 14 de setembro: "Estação em mãos inimigas". Às 8h40: "Estação recapturada". Às 9h40: "Estação retomada pelo inimigo". Às 13h20: "Estação em nossas mãos". Agora os alemães estavam tão perto da margem do Volga que conseguiam afundar os navios que transportavam refugiados e feridos através do rio; um desses navios, o *Borodino*, foi afundado, ocasionando a morte de várias centenas de soldados feridos. Mais de mil civis morreram afogados quando o vapor *Ióssif Stálin* foi a pique.

No mesmo dia, no Extremo Oriente, tropas japonesas, pressionando para o sul ao longo da trilha de Kokoda, na Nova Guiné, empurraram os australianos de volta ao cume de Imita, o último pico na cordilheira da ilha, a apenas cinquenta quilômetros de Port Moresby. Mas, ali, foram detidos por um resoluto contra-ataque.

Em 15 de setembro, submarinos japoneses nas Novas Hébridas afundaram o porta-aviões *Wasp*, que desempenhara um papel muito importante na defesa de Malta, e danificaram gravemente o encouraçado *North Carolina*. Nesse dia, enquanto prosseguiam os combates na ilha de Guadalcanal, as forças norte-americanas, tendo repelido um ataque japonês, receberam reforços e ampliaram ainda mais a área da ilha sob seu controle.

Também em 15 de setembro as primeiras tropas dos Estados Unidos, embarcadas na Austrália, chegaram a Port Moresby para se juntar à defesa australiana.

A hegemonia do Sol Nascente não estava mais assegurada.

À medida que a Batalha de Stalingrado se tornava um combate corpo a corpo nas ruas, casas e porões, a colina Mamáiev Kurgan foi tomada pelos germânicos, retomada pelos russos e depois defendida contra repetidos ataques. Em outros pontos da frente oriental, os alemães lançaram duas novas operações contra a guerrilha, sob os codinomes Triângulo e Quadrângulo, ambas na região de Briansk, onde a ferrovia Brinsk-Carcóvia fora repetidamente obstruída nas imediações de Lokot. Em duas semanas de ação, 2244 guerrilheiros soviéticos foram mortos ou capturados; contudo, milhares escaparam das armadilhas preparadas contra eles e se reagruparam mais ao norte, em Navlia, retornando em seguida aos combates, agora reforçados por regimentos de paraquedistas que chegaram algumas semanas depois. No sul, outro grupo de 120 guerrilheiros saltou de paraquedas atrás da linha alemã na região ao norte de Novorossiisk para substituir um grupo que os germânicos haviam extirpado quase por completo. O fato de os alemães acreditarem que o líder do segundo grupo, Slavin, era judeu aparentemente intensificou a fúria de sua operação de aniquilação.

Em 18 de setembro, os fuzileiros navais soviéticos, tendo atravessado o Volga em barcaças para chegar a Stalingrado, assumiram suas posições no gigantesco silo de grãos da cidade, rechaçando dez ataques alemães. Nesse mesmo dia, almoçando com Hitler no quartel-general do Führer em Vinnitsa, um dos membros de seu estafe, Werner Koeppen,[*] observou que "a ideia era destruir todas as cidades da Rússia como um pré-requisito para a dominação duradoura alemã do país". Também em 18 de setembro, Otto Thierack, o ministro da Justiça alemão e general de divisão da SS, chegou a um acordo com Himmler sobre a "entrega de elementos 'associais' para a execução de suas sentenças". O termo "associais" abrangia judeus, ciganos, homossexuais, russos, ucranianos e poloneses condenados a penas de prisão de mais de três anos por crimes civis, além de tchecos e alemães condenados a mais de oito anos. Suas "sentenças" consistiriam em penas de trabalhos forçados em condições de severidade tão absoluta e penúria tão extrema que centenas de milhares, sem dispor de nenhuma forma de assistência médica, inevitavelmente morreriam. Thierack também disse a Himmler que, para tornar os territórios recém-conquistados no leste "aptos" para a colonização alemã, aconselhava que "judeus, poloneses, ciganos, russos e ucranianos condenados por delitos não sejam sentenciados por tribunais comuns, mas em vez disso executados".

---

[*] Koeppen era ajudante e oficial de ligação de Alfred Rosenberg, ministro do Reich para os Territórios Ocupados do Leste. (N. T.)

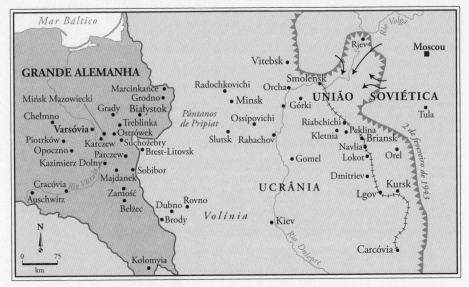

Mapa 38. Atrás das linhas no Leste, inverno de 1942-3

Ao longo de setembro não houve afrouxamento nas execuções, assassinatos e matança por gaseamento dos indivíduos que os nazistas estavam determinados a destruir. Nesse mês, foram enviados para Auschwitz 14 mil judeus da França, mais de 6 mil da Holanda e mais de 5 mil da Bélgica. Outros 20 mil foram deportados para Bełżec da Galícia Oriental, sobretudo das cidades de Kolomyia e Brody. Quando, em 19 de setembro, várias centenas de judeus entre os 3 mil deportados de Brody tentaram fugir, apavorados e desesperados, do trem que os transportava, todos exceto uma dúzia foram metralhados até a morte. Nesse mesmo dia, 5 mil judeus foram deportados de Parczew para Treblinka e mortos em câmaras de gás. Várias centenas conseguiram escapar para a relativa segurança de um "acampamento para famílias" montado nas profundezas da floresta de Parczew. Mas a maioria seria exterminada um mês depois, quando unidades armadas alemãs organizaram duas grandes operações de caçada de fugitivos.

Em 20 de setembro, dois soldados britânicos, os capitães G. D. Black e B. J. Houghton, desembarcaram de um submarino dos Franceses Livres na costa da Noruega. Seu alvo era a usina hidrelétrica de Glomfjord, que fornecia eletricidade para a maior fábrica de alumínio da Noruega e representava uma importante fonte de abastecimento para o esforço de guerra alemão. Atravessando uma difícil região montanhosa, Black e Houghton chegaram à usina e a explodiram. Em seguida, encontrando por acaso um numeroso regimento alemão, foram feridos em combate e feitos prisioneiros. Em seguida, morreram fuzilados pela Gestapo.

De uma ponta à outra da Europa, a tirania da ocupação alemã atraía para a resistência um número cada vez maior de homens e mulheres. Em 22 de setembro, em Minsk, Wilhelm Kube, assassino de dezenas de milhares de judeus e russos, foi morto por uma bomba plantada debaixo de sua cama por uma criada bielorrussa. A jovem Elena Mazaniuk estava a serviço dos guerrilheiros. Depois de plantar a bomba, ela conseguiu sair de Minsk e alcançar uma unidade da guerrilha soviética que atuava nas proximidades.

Também em 22 de setembro, tropas alemãs chegaram ao centro de Stalingrado, mas os russos se recusaram a se render. Irritado com o fracasso da tentativa de tomar Stalingrado e de ocupar a cidade de Grózni, no Cáucaso — algo que ele esperava que tivesse acontecido várias semanas antes —, Hitler demitiu o general Franz Halder, que desde o início da guerra servira como chefe do estado-maior do exército, e o substituiu pelo general Kurt Zeitzler. Mas Zeitzler estava tão desassossegado quanto Halder acerca da posição alemã na Rússia e também insistiu, sem sucesso, na necessidade de retiradas temporárias. Aconselhado pelo marechal de campo Keitel a não aborrecer o Führer com detalhes sobre as baixas alemãs, Zeitzler teria respondido: "Se um homem começa uma guerra, deve ter a coragem de ouvir as consequências".

Na manhã de 23 de setembro, os russos lançaram um contra-ataque nos subúrbios do noroeste de Stalingrado. Algumas horas antes, 2 mil novos soldados siberianos haviam sido transportados através do Volga. Devagar, mas com firmeza, em meio a um feroz combate corpo a corpo, os alemães foram empurrados para trás através de porões e prédios devastados ao redor do terminal de petróleo. Também em 23 de setembro, a fim de de renovar seu avanço no Cáucaso, os alemães lançaram a Operação Ática, na esperança de seguir em frente ao longo da costa do mar Negro, através de Tuapse até Sochi, Suchumi e Batum. Mas os defensores soviéticos não os deixaram chegar sequer a Tuapse.

Em 23 de setembro, longe dos combates na Rússia e da luta contínua entre japoneses e norte-americanos em Guadalcanal, ocorreu em Washington um fato que selou o destino do Japão: a nomeação do brigadeiro-general Leslie R. Groves para supervisionar todos os aspectos do projeto da bomba atômica, desde a sua construção até a entrega final. Dinheiro, disseram-lhe, não era problema. Groves poderia requisitar e se apropriar de tudo o que desejasse. A operação, conduzida no mais estrito sigilo, precisava de um codinome; assim, foi chamada de Projeto Manhattan.

Em 24 de setembro, seiscentos guerrilheiros soviéticos, alguns vestidos com uniformes nazistas e usando artilharia pesada, incendiaram a cidade de Riabchichi, que os alemães usavam como posto de abastecimento e área de agrupamento de tropas na estrada Smolensk-Briansk. Nesse mesmo dia, Ribbentrop transmitiu instruções a todas as embaixadas alemãs para que "acelerassem tanto quanto possível a evacuação de judeus dos vários países da Europa". As negociações com os governos da Bulgária, Hungria e Dinamarca deveriam começar imediatamente, explicou seu subordinado Martin Luther, "com o objetivo de iniciar a evacuação dos judeus desses países". No que dizia respeito ao destino desses judeus, os presságios do mês eram claros: dos 6 mil deportados de Theresienstadt para Maly Trostenets em três comboios entre 23 e 29 de setembro, não restara um único sobrevivente. Agora, cinco campos de extermínio funcionavam em ritmo febril: Chełmno, Bełzec, Sobibor, Treblinka e Maly Trostenets. Em Auschwitz, parte dos deportados era exterminada assim que chegava, enquanto outra parte era reservada para a realização de trabalhos escravos. Em 26 de setembro, um oficial de alta patente da SS, o tenente-general August Frank, enviou à administração do campo de Auschwitz, bem como ao chefe de administração de Treblinka, Sobibor e Bełzec, uma nota referente ao que deveria ser feito com o que ele chamou de "bens e posses dos judeus evacuados". Moedas estrangeiras, joias, pedras preciosas, pérolas e "ouro dentário" deveriam ser confiscados pela SS para "entrega imediata" ao Reichsbank alemão. Itens pessoais como relógios, carteiras e bolsas deveriam ser limpos, "avaliados" e "entregues sem demora" às tropas da linha de frente.

Os soldados poderiam adquirir esses pequenos itens, mas os relógios de ouro tinham de ser distribuídos exclusivamente entre os homens da SS. Roupas íntimas e calçados seriam dados sobretudo aos alemães étnicos. Peças de vestuário feminino, incluindo sapatos, e roupas infantis seriam vendidas aos alemães étnicos.

Colchas, cobertores de lã, garrafas térmicas, gorros, orelheiras, pentes, facas, garfos, colheres, mochilas, lençóis, travesseiros, toalhas de banho e toalhas de mesa; tudo foi listado pelo general Frank e deveria ser destinado aos alemães étnicos. Óculos e lentes de contato deveriam ser encaminhados ao oficial médico do exército alemão. A SS ficaria com as molduras de ouro e "peles valiosas". A todos os itens atribuíam-se preços, com detalhes meticulosos: "um par de calças masculinas usadas, três marcos; um cobertor de lã, seis marcos etc.", escreveu o general Frank. Deveria ser observada "com estrito rigor a regra de retirar a estrela judaica de todas as peças de vestuário exterior a serem entregues". Era imperativo revistar todas as roupas em busca de objetos de valor "escondidos sob as costuras".

Duas semanas depois da nota com instruções do general Frank, cinquenta quilos de ouro dentário já haviam sido amealhados e enviados à SS para atender a suas próprias necessidades odontológicas. A pilhagem em massa e os assassinatos em massa levaram ao lucro em massa, e assim seria por mais dois anos.

27. Stalingrado e a Operação Tocha

SETEMBRO-OUTUBRO DE 1942

Em 25 de setembro de 1942, durante um comício do Partido Nazista em Oslo, aviões britânicos, voando através do mar do Norte, atacaram a sede da Gestapo na cidade. Seu objetivo era destruir os registros da resistência norueguesa que estavam sendo mantidos no edifício e dar uma demonstração do poder Aliado. O edifício em si não foi atingido, e, nos prédios ao redor, quatro pessoas foram mortas. No entanto, houve pânico entre os nazistas, muitos dos quais fugiram da cidade, e sua reunião terminou em caos.

Nesse mesmo dia, em Stalingrado, tanques alemães vindos de Gorodische chegaram à borda oeste da Fábrica Outubro Vermelho e ao canto sudoeste da Fábrica Barricadas, às margens do Volga. O heroísmo dos defensores foi personificado, no auge da batalha, por Liúba Nesterenko, enfermeira que, presa em um porão, cuidou de 28 homens gravemente feridos até que ela própria morreu em decorrência de um ferimento no peito. Em 27 de setembro, embora a bandeira com a suástica tremulasse em aparente triunfo sobre a sede do Partido Comunista de Stalingrado, mais reforços chegaram através do Volga, desembarcando sob mortífero fogo de artilharia e se precipitando para retomar qualquer porão, armazém ou subsolo de prédios já pulverizados. Nesse dia, Hitler voou de volta de Vinnitsa a Berlim. O Führer esperava anunciar a captura de Stalingrado, onde suas tropas, embora tivessem de fato alcançado as margens do rio, não haviam conseguido ainda subjugar a cidade. No extremo norte do Volga, cerca de mil quilômetros a noroeste de Stalingrado, as tropas russas cruzaram o Volga perto de Rjev, recuperando 25 aldeias. No dia seguinte, em Istambul, um jovem judeu, Chaim Barlas, ouviu dois alemães em um restaurante dizerem que Hitler "perdeu a guerra".

Em 29 de setembro, em Berlim, o Führer advertiu seus comandantes sobre o perigo de invasão do Ocidente. Numa tentativa de mitigar a fúria das incursões aéreas anglo-americanas, ele ordenou a construção de maciças torres de artilharia antiaérea, semelhantes a fortes, conhecidas como Torres Flak, em Berlim, Munique, Viena, Linz e Nuremberg.

Nesse mesmo dia, em Praga, 255 tchecos foram condenados à morte por apoiarem, abrigarem ou se recusarem a denunciar os assassinos de Heydrich. Em Auschwitz, na última semana de setembro, 4 mil judeus de Eslováquia, França, Holanda e Bélgica foram mortos por gaseamento, entre eles René Blum, irmão do ex-primeiro-ministro francês, Léon Blum. Em Berlim, em 30 de setembro, Hitler discursou para uma multidão reunida no Sportpalast por ocasião do lançamento do Programa de Ajuda de Inverno do Partido Nazista: "Eu disse que se os judeus começassem esta guerra contra o povo ariano, então eles, e não os arianos, é que seriam exterminados. Os judeus costumavam rir de minhas profecias. Não sei se ainda estão rindo hoje". No Cáucaso, em 30 de setembro, como um lembrete às suas tropas do que se esperava delas, o comandante alemão reeditou a ordem do marechal de campo Manstein do dia 20 de novembro de 1941, que dizia que o soldado alemão não era "um mero combatente que age em conformidade com as regras da prática de guerra, mas também o portador de uma ideologia implacável". Portanto, deveria ter a compreensão da "necessidade de uma vingança severa, mas justa, contra a judiaria sub-humana".

Na Grã-Bretanha, a leitura das mensagens Enigma alemãs beneficiou tanto os russos como os próprios britânicos. O número total de chaves Enigma agora decifradas e lidas regularmente chegava a mais de cinquenta. Em 30 de setembro, os criptógrafos de Bletchley desvendaram o código Enigma utilizado pela Organização Todt, conhecido como Águia Pescadora, que os ingleses continuariam interceptando e lendo até o final da guerra. Também em 30 de setembro, Churchill transmitiu pessoalmente a Stálin as informações obtidas a partir de mensagens Enigma dando conta de que Berlim planejava colocar uma flotilha em ação no mar Cáspio, tendo como base Makhach-Kala, e de que um almirante já havia sido designado para comandá-la. Submarinos, torpedeiros e navios caça-minas seriam transportados do mar Negro para o Cáspio, por via férrea, de Mariupol. "Não tenho dúvida", comentou Churchill, "de que vocês já estão preparados para esse tipo de ataque."

O plano alemão do Cáspio não deu em nada; em 1º de outubro, as forças russas no Cáucaso finalmente puseram fim ao avanço germânico. Nesse mesmo dia, em Berlim, Rommel disse a Hitler que a supremacia aérea britânica e as deficiências dos oficiais italianos sob seu comando o obrigavam a desistir da marcha rumo a Cairo.

No Extremo Oriente, em 1º de outubro, um torpedo atingiu o navio japonês *Lisbon Maru*, que transportava 1816 prisioneiros de guerra britânicos de Hong Kong para o Japão. O navio começou a afundar, e, quando os prisioneiros tentaram abandonar a embarcação, os japoneses fecharam as escotilhas e abriram fogo. Os que conseguiram pular na água e tentaram escalar as cordas de outros quatro navios japoneses parados nas proximidades foram chutados de volta ao mar. Mais de 840 homens morreram baleados ou afogados. Os demais, recolhidos mais tarde por pequenas embarcações de patrulha ou por chineses compadecidos, foram levados como prisioneiros de guerra ao Japão.

Na frente oriental, o dia 3 de outubro foi marcado pelo lançamento de uma ação de cinco dias do exército germânico contra guerrilheiros soviéticos — a Operação Regata — nos arredores da cidade de Górki, perto de Smolenska, na Bielorrússia. Um dia antes, nas imediações de Peklina, guerrilheiros soviéticos haviam explodido cinquenta postes telegráficos. Os incessantes ataques de guerrilha desmoralizavam os soldados alemães, que, embora muito atrás das linhas, eram vulneráveis.

Travava-se outra guerra, no entanto: a guerra científica, na qual o moral alemão estava em alta. Em 3 de outubro, em Peenemünde, os germânicos finalmente conseguiram disparar seu foguete de doze toneladas, o A4, capaz de transportar uma ogiva de uma tonelada por 320 quilômetros. A arma tinha sido concebida por Wernher von Braun, um entusiasta de foguetes. Como resultado desse êxito, Hitler, até então cético, autorizou a produção em massa do armamento.

Em 4 de outubro, ao retornar de Berlim para seu quartel-general ucraniano em Vinnitsa, Hitler foi informado do ataque de um comando britânico na ilha de Sark, no canal da Mancha — a Operação Basalto, ao longo da qual três engenheiros do exército alemão foram mortos. Durante a ofensiva, cinco alemães, com as mãos amarradas atrás das costas, estavam sendo levados através da vegetação rasteira até a embarcação que os despacharia de volta à Grã-Bretanha quando, percebendo o reduzido número de captores, decidiram iniciar uma luta, na tentativa de escapar. Na refrega, três foram baleados. Quando os alemães encontraram os cadáveres com as mãos amarradas nas costas, presumiram que tinham sido deliberadamente executados a sangue-frio enquanto eram mantidos em cativeiro. Como represália, Hitler ordenou de imediato que todos os prisioneiros britânicos capturados em Dieppe fossem algemados. Ele também elaborou uma Ordem do Dia, transmitida em 7 de outubro, que deveria ser obedecida com terríveis consequências. "Os esquadrões de terrorismo e sabotagem dos britânicos e seus cúmplices", declarou, "agem mais como bandidos do que como soldados. No futuro, serão tratados como tal pelas tropas alemãs e impiedosamente derrotados em batalha, onde quer que apareçam."

Em Stalingrado, dois exércitos encontravam-se enredados em combate. Os alemães, embora tivessem chegado ao cais do Volga, não haviam conseguido desalojar os defensores russos das fábricas da cidade, tampouco impedir a chegada de reforços do outro lado do rio. Entre 25 de setembro e 5 de outubro, mais de 160 mil soldados russos cruzaram o Volga. "Stalingrado não pode ser conquistada pelo inimigo", Stálin telegrafou de Moscou em 5 de outubro, e acrescentou: "A parte de Stalingrado que foi capturada deve ser libertada". Em 7 de outubro, em resposta a um apelo de Stálin por mais aviões de combate, Churchill providenciou, em caráter de urgência, que treze navios mercantes zarpassem imediatamente para o norte da Rússia, um a um e sem escolta; cinco chegaram a seu destino. No dia seguinte, Churchill disse a Stálin que, de acordo com os "últimos informes" que havia recebido, os planos alemães de envio de navios para o mar Cáspio por via férrea haviam sido "suspensos". Embora o primeiro-ministro britânico não pudesse dizer com todas as letras, essa alvissareira notícia tinha chegado a ele por meio de mensagens Enigma. Os alemães haviam finalmente aceitado, pelo menos em suas formas mais secretas de comunicação, que seus planos no Cáucaso para 1942 tinham ido por água abaixo.

Houve também uma contribuição norte-americana nas batalhas em Stalingrado e no Cáucaso; nos seis meses que antecederam novembro de 1942, os Estados Unidos haviam entregado à União Soviética, sobretudo através da Pérsia, 56 445 telefones de campanha, 613 853 quilômetros de fio telefônico e 81 287 metralhadoras Thompson, itens que se mostraram uma oportuna adição ao arsenal e aos meios de comunicação soviéticos.

Na Rússia ocupada pelos alemães, não houve interrupção nos massacres de populações judaicas inteiras de cidades e aldeias. Em 5 de outubro, um engenheiro alemão, Hermann Graebe, testemunhou o assassinato de 1500 judeus em uma vala nos arredores da cidade de Dubno, e relembrou mais tarde: "Olhei em volta e vi o homem que tinha atirado neles. Era um soldado da SS, que estava sentado na estreita borda da vala, com as pernas penduradas para o lado de dentro. Tinha uma metralhadora sobre os joelhos e fumava um cigarro". Em 7 de outubro, em Vinnitsa, Himmler discutiu o trabalho de Odilo Globočnik nos campos de extermínio de Sobibor e Bełzec. Ao que parece, o próprio Hitler tinha falado com Globočnik, que mais tarde relembrou as palavras do Führer: "Mais rápido, acabe com a coisa toda mais rápido!". Um mês depois, Globočnik foi elevado ao posto de major-general da SS. Quando, na presença de Hitler, o diretor do Ministério do Interior, Herbert Linden, sugeriu que talvez fosse melhor queimar os cadáveres dos judeus assassinados em vez de enterrá-los, porque talvez outra geração "pensasse de forma diferente sobre o tema", Globočnik respondeu:

> Mas, senhores, se a geração que vier depois de nós for tão covarde e tão corrupta a ponto de não compreender nossas ações, tão benéficas e necessárias, então, meus caros senhores, todo

o nacional-socialismo terá sido em vão. Pelo contrário, deveríamos enterrar juntamente com os cadáveres placas de bronze nas quais se possa ler que fomos nós que tivemos a coragem de realizar essa gigantesca tarefa!

Segundo Globočnik, Hitler declarou na mesma hora: "Sim, meu caro Globočnik, essa é a verdade. Estou inteiramente de acordo com você".

Enquanto se discutia em Vinnitsa se os cadáveres das vítimas eram motivo de vergonha ou orgulho, oitocentos quilômetros mais a oeste, em Auschwitz, médicos alemães, formados nas melhores escolas de medicina da Alemanha do pré-guerra, vinham usando os cadáveres de judeus assassinados para experimentos científicos. Um dos médicos de Auschwitz, o dr. Johann Kremer, entendia claramente que não havia limite para os experimentos que tinha carta branca para realizar. "Recolhi e preservei material de cadáveres bem frescos", ele escreveu em seu diário em 10 de outubro, "a saber, fígado, baço e pâncreas." Mais tarde, Kramer recordou a ocasião em que um paciente foi colocado "ainda vivo" sobre a mesa de dissecação; em seguida, o médico lhe fez detalhadas perguntas sobre seu histórico de saúde. "Assim que coletei minhas informações", acrescentou Kremer, "o ordenança se aproximou do paciente e o matou com uma injeção perto do coração."

Após a guerra, Kremer cumpriria pena de dez anos de prisão na Polônia, seguida por mais dez anos de detenção na Alemanha Ocidental.

Em 10 de outubro, a força aérea alemã iniciou uma ofensiva de dez dias a Malta. Decolando de uma base na Sicília, seiscentas aeronaves atacaram a ilha em ondas de cem. Alertados pela cuidadosa leitura das mensagens da Luftwaffe, os britânicos interceptaram as levas de aviões agressores enquanto ainda estavam sobre o mar. No Pacífico, uma decifração igualmente cuidadosa dos códigos japoneses ultrassecretos permitiu que em 11 de outubro a marinha norte-americana interceptasse ao largo do cabo Esperança uma frota japonesa que levava reforços para Guadalcanal. Em uma batalha noturna travada não por aeronaves, mas por navios de superfície, o cruzador pesado *Furutaka* e três contratorpedeiros nipônicos foram afundados, ao custo de um único contratorpedeiro dos Estados Unidos. Durante a batalha, porém, 48 marinheiros a bordo do contratorpedeiro norte-americano *Duncan*, pego no fogo cruzado, morreram; e mais de cem marinheiros estadunidenses perderam a vida quando seu cruzador ligeiro *Boise* foi atingido por projéteis japoneses depois de acender um holofote para iluminar o alvo inimigo.

Para espanto dos norte-americanos, terminada a batalha, muitos dos marinheiros japoneses cujos navios haviam ido a pique se recusaram a ser resgatados pelos inimigos, preferindo ser devorados pelos tubarões que infestavam as águas do campo de batalha.

No Atlântico, em 12 de outubro, o comboio SC-104, com 44 navios mercantes, foi atacado por uma alcateia de treze submarinos alemães num ponto, conhecido como "buraco negro", onde não era possível ser acompanhado por nenhuma escolta aérea. Enquanto os navios mercantes prosseguiram em sua rota, os navios da escolta travaram uma batalha. Durante cinco dias de ação contínua, oito navios mercantes foram afundados, mas três submarinos alemães também acabaram sendo destruídos. Entre os navios de guerra Aliados estavam duas corvetas norueguesas cujos capitães, relatou um oficial britânico, "atacavam como cães terriers" sempre que a oportunidade surgia.

Em Stalingrado, em 11 de outubro, após 51 dias de combates contínuos, não havia ocorrido nenhum assalto de infantaria ou de tanques alemães; os germânicos estavam preparando uma ofensiva derradeira, que, esperavam, teria efeitos devastadores. Nesse meio-tempo, na frente de Moscou, dois dias depois, guerrilheiros soviéticos abriram 178 brechas na ferrovia Briansk-Lgov, obra de sabotagem de especialistas em demolição treinados em Tula e atrás das linhas especialmente para a operação. Em 14 de outubro os alemães voltaram a assaltar Stalingrado, num ataque destinado a expulsar os defensores de todos os cantos e recantos, de todos os porões e ruínas, dos casulos fortificados das fábricas e da margem do rio. Participaram da ofensiva trezentos tanques germânicos. Ainda assim, a Fábrica de Tratores não caiu, embora estivesse completamente cercada; entre a Fábrica de Tratores e a Fábrica Barricadas, edifícios foram capturados pelos alemães, depois recapturados pelos soviéticos e capturados novamente pelos germânicos. Os combates aconteciam em cada sótão, em cada andar, nos escombros de edifícios e nos porões.

Nessa noite, 3500 soldados soviéticos feridos foram transportados através do Volga para a segurança da margem oriental. Quase esmagados, fustigados por bombardeios aéreos, acossados por uma sucessão de assaltos de infantaria alemães, ainda assim os defensores de Stalingrado se recusavam a desistir e continuavam a resguardar suas ruínas em 15 de outubro. A investida germânica, apesar de toda a sua fúria e de suas muitas conquistas, fracassou. Mas foi renovada três dias depois com igual intensidade, suscitando uma defesa de tenacidade inaudita.

À medida que a Batalha de Stalingrado avançava para seu terceiro mês, a resistência e o terror eram evidentes por toda parte atrás das linhas alemãs. Em 14 de outubro, os alemães iniciaram a deportação para Treblinka de 22 mil judeus da cidade polonesa de Piotrków; o transporte levou sete dias. Entre os que foram deportados — e assassinados — nessa semana estava a jovem Lusia Miller, que escreveu a uma amiga poucos dias antes de ser levada para o campo de extermínio:

A verdade é que é terrível; é terrivelmente triste que os jovens tenham de morrer, porque tudo, tudo em mim quer viver. E numa idade tão tenra, aos treze anos, uma pessoa está apenas começando a descobrir a vida. Talvez seja até melhor que aconteça tão cedo. Não sei. Mas realmente não quero morrer.

Em 16 de outubro, na Varsóvia ocupada pelos alemães, cinquenta comunistas poloneses, membros de um grupo clandestino de resistência, foram enforcados em público, e seus corpos mantidos suspensos, como uma advertência para outros que pudessem ter a intenção de se rebelar. No dia seguinte, mais de 10 mil judeus então em Buchenwald, e 7 mil em Sachsenhausen, alguns dos quais já estavam presos havia quatro anos, foram deportados para Auschwitz, destino também de 209 judeus enviados da Noruega, primeiro por mar e depois de trem. Somente em outubro, cinco trens levaram quase 5 mil judeus da Holanda para esse campo de extermínio. Também em outubro, em Bełżec, 49 mil judeus foram mortos; em Sobibor, 11 mil; e em Treblinka, mais de 100 mil, arrancados à força de cidades e vilarejos de toda a região central da Polônia.

Em 18 de outubro, em Auschwitz, dia durante o qual 1594 judeus holandeses morreram nas câmaras de gás, o dr. Kremer anotou em seu diário: "cenas terríveis quando três mulheres imploraram pela vida". Eram "jovens e saudáveis, mas sua súplica de nada serviu. Os homens da SS encarregados da operação as mataram a tiros na mesma hora".

Em Auschwitz, onde se havia declarado que a vida humana não tinha valor, milhares de pessoas eram assassinadas todos os dias. Em outros lugares, reconhecia-se claramente o valor inestimável de cada vida humana, e indivíduos eram salvos em atos de ousadia e bravura. Em 18 de outubro, o avião do tenente e líder de esquadrilha Tony Hill, piloto de reconhecimento britânico muitas vezes condecorado, foi abatido sobre Le Creusot, no sudeste da França; na queda, Hill fraturou a coluna; ele não apenas foi socorrido e escondido por franceses da resistência, como uma aeronave especial chegou da Inglaterra para pousar em uma pista clandestina e levá-lo de volta para casa. Em 12 de novembro, enquanto era carregado para o avião, ele morreu.

Dois dias após a queda de Tony Hill, uma inglesa, Mary Lindell, saltou de paraquedas na França, incumbida de estabelecer uma rota de fuga para aviadores Aliados e prisioneiros de guerra fugitivos. Oficial da Cruz Vermelha várias vezes condecorada na Primeira Guerra Mundial, tendo recebido inclusive a Croix de Guerre em 1916, Lindell escapara da França apenas três meses antes. Foi graças a ela que centenas de pessoas ganharam a liberdade.

Em Stalingrado, forças alemãs e russas agora combatiam nas ruínas sob chuva torrencial. A Fábrica de Tratores acabou por ceder, mas as tropas soviéticas na Fábrica

Outubro Vermelho e no canto sudoeste da Fábrica Barricadas rechaçaram todas as tentativas de invasão. Em 20 de outubro, no entanto, os russos não detinham mais do que mil metros da margem ocidental. "O Führer está convencido de que os russos estão entrando em colapso", anotou em 21 de outubro o marechal de campo Keitel, e acrescentou: "Ele diz que 20 milhões de pessoas terão que passar fome". Nesse dia, muito atrás das linhas, uma companhia da polícia alemã descobriu um acampamento de famílias judias nas profundezas da floresta. Esses acampamentos eram uma maravilhosa tentativa de humanitarismo em um mundo brutalizado. Homens armados não apenas protegiam centenas de mulheres, crianças e idosos na inóspita floresta, mas também procuravam comida, e estavam sempre vigilantes contra os que procuravam destruir o santuário. No ataque de 21 de outubro, no entanto, os alemães encontraram o acampamento e mataram 461 pessoas. Apenas uma dezena delas conseguiu escapar. Duas famílias camponesas polonesas também foram executadas por "manterem contato" com os guerrilheiros da região.

Bem mais ao sul, em Elista, agora o posto avançado alemão mais a leste, dois membros da resistência foram capturados em 22 de outubro; tinham saltado de paraquedas de Astracã, na foz do Volga. Nas semanas seguintes, muitos outros guerrilheiros seriam lançados de paraquedas na região. Um regimento de cavalaria cossaco apoiou os alemães na tentativa de caçá-los, mas um relatório germânico admitiu: "Muitas vezes os bandos se retiram temporariamente, apenas para realizar novas investidas de seus esconderijos".

No Norte da África, os Aliados ocidentais estavam a apenas duas semanas de lançar a Operação Tocha, o primeiro desembarque anfíbio anglo-americano da guerra. Para ajudar a preparar essa campanha, em 22 de outubro o general estadunidense Mark W. Clark, juntamente com alguns membros de seu estado-maior, desembarcou em segredo de um submarino em Argel para conversar com os oficiais franceses que apoiavam os Aliados e com os líderes da resistência. No dia seguinte, no Deserto Ocidental, o general Montgomery lançou um ataque contra as forças alemãs e italianas em El Alamein.

Foi uma batalha corajosa de ambos os lados, mas também desigual. As mensagens secretas Enigma decifradas pelos britânicos haviam revelado todas as posições e pontos fracos alemães, sobretudo em termos de reservas de combustível; essas informações permitiram também que todos os navios de suprimentos germânicos fossem rastreados e afundados, incluindo dois que chegaram ao porto de Tobruk no segundo dia da batalha. Além dessa vantagem propiciada pelo trabalho dos serviços de inteligência, entre os tanques de que Montgomery dispunha incluíam-se muitas unidades do novo Sherman norte-americano, mais de mil blindados no total, contra 480 de seus oponentes. Os Aliados tinham ainda a superioridade em efetivos, aeronaves e armamentos. Rommel, cuja presença no campo de batalha poderia ter feito a diferença, estava na Alemanha de licença médica.

"A batalha no Egito começou esta noite, às oito horas." Com estas palavras, Churchill anunciou em um telegrama a Roosevelt, em 23 de outubro, a abertura da ofensiva no deserto da qual tanto dependia. "Toda a força do exército será mobilizada", acrescentou o primeiro-ministro britânico. Nesse mesmo dia, o general Georg Stumme, substituto de Rommel, morreu de ataque cardíaco, e Rommel foi chamado de volta ao Egito, chegando ao campo de batalha em 25 de outubro.

No primeiro dia de batalha, 23 de outubro, o general Montgomery tinha sob seu comando, ao longo de uma frente de sessenta quilômetros, 150 mil homens — incluindo australianos, neozelandeses, sul-africanos e britânicos —, 2182 peças de artilharia, quinhentos caças e duzentos bombardeiros, além de seus mil tanques. A batalha foi iniciada com o disparo simultâneo de quase mil peças de artilharia, uma barragem de fogo sem precedentes em uma frente tão estreita.

Houve muitos momentos na Batalha de El Alamein em que a preciosa vantagem obtida de antemão pelos serviços de inteligência teve que ser complementada no terreno pela perícia e a coragem de soldados e aviadores. Durante todo o dia 26 de outubro, as forças Aliadas ficaram expostas a uma série de contra-ataques alemães planejados com astúcia. Essas contraofensivas, no entanto, foram dispersadas pelo bombardeio da RAF antes que pudessem ser colocadas em pleno funcionamento. Nessa noite, uma série de avanços Aliados ao longo de toda a frente garantiu o contorno estratégico de Kidney Ridge, acidente geográfico descrito pelo general Alexander a Churchill como "um contraforte pequeno, mas importante, nesta planície de resto inexpressiva". O método de ataque de Montgomery — a infantaria avançando de modo a abrir caminho para os tanques — era novo e eficaz.

A Batalha de El Alamein durou cinco dias. Quando acabou, as forças alemãs e italianas bateram em rápida retirada. Somadas, suas perdas foram de 2300 mortos e 27 900 prisioneiros.

Em 26 de outubro, enquanto Montgomery conduzia seus homens à vitória em El Alamein, as tropas japonesas sob o comando do general Kiyotake Kawaguchi lançaram um feroz ataque contra as posições estadunidenses em Guadalcanal, mas foram expulsas, o que elevou para mais de 4 mil as baixas nipônicas desde o início do desembarque norte-americano. Nesse ataque mais recente, mais de cem aeronaves japonesas foram abatidas, contra quinze aviões inimigos. No mesmo dia, nas ilhas de Santa Cruz, duas pequenas forças-tarefas navais tentaram deter uma frota japonesa muito mais poderosa, da qual faziam parte inclusive cinco porta-aviões, que levava reforços para Guadalcanal. Mais uma vez, como ocorrera no mar de Coral cinco meses antes, a batalha foi travada inteiramente pelas aeronaves das frotas adversárias, e os navios rivais não chegaram ao alcance de tiro uns dos outros. Durante o combate, os norte-americanos perderam o porta-aviões *Hornet*. Os japoneses não perderam nenhum porta-aviões, mas tiveram cem aeronaves abatidas. As perdas norte-americanas, um total de 74 aviões, também foram pesadas, mas as do Japão efetivamente impediram sua capacidade de reforçar Guadalcanal; isso foi em si uma vitória para os Estados Unidos.

Em 26 de outubro, os britânicos tentaram, por meios pouco ortodoxos, afundar o *Tirpitz*, então ancorado em um fiorde norueguês, enviando um oficial da marinha norueguesa, Leif Larsen, através do mar do Norte com dois torpedos tripulados, conhecidos como "carruagens", pendurados sob seu barco de pesca. Larsen chegou a um ponto nas proximidades de Trondheim de onde seu ataque poderia ter sido bem-sucedido, mas perdeu seus torpedos em uma malfadada tempestade.

Foi também em 26 de outubro que ocorreu uma segunda deportação de judeus no gueto de Theresienstadt. Arrancadas de suas casas na Alemanha, na Áustria e na Tchecoslováquia um ano antes, agora essas pessoas foram obrigadas a um novo deslocamento, dessa vez para um "destino desconhecido", que, segundo lhes diziam, ficava em algum lugar "no leste". Esse destino era Auschwitz. Nessa segunda deportação de Theresienstadt, 1866 judeus foram enviados para o leste; na chegada, 350 homens com menos de cinquenta anos foram escolhidos como mão de obra para trabalhos forçados. Todos os outros deportados, incluindo idosos, mulheres e crianças, morreram por asfixia por gás venenoso. Dos 350 homens escolhidos para os trabalhos forçados, apenas 28 sobreviveriam à guerra. Nos dois anos seguintes, 25 trens partiriam de Theresienstadt para Auschwitz; de um total de mais de 44 mil deportados, menos de 4 mil ainda estavam vivos ao final da guerra.

No dia seguinte à primeira deportação de judeus de Theresienstadt para Auschwitz, um membro da Juventude Hitlerista, Helmuth Gunther Hübener, de dezessete anos, foi executado na Alemanha acusado de ouvir transmissões radiofônicas estrangeiras e espalhar as notícias que tinha ouvido. Por toda parte, a severidade alemã estava em evidência. Em 28 de outubro, o comandante das forças germânicas nos Bálcãs, o general Alexander Löhr, instruiu suas tropas a tratar todos os membros da resistência capturados com "a mais brutal dureza". Nesse mesmo dia, uma diretiva "ultrassecreta" enviada de Berlim ordenou que todas as meias e luvas infantis armazenadas nos campos de extermínio fossem enviadas às famílias dos homens da SS.

Em uma reunião pública realizada em Londres em 29 de outubro, líderes religiosos e figuras públicas britânicos protestaram contra a perseguição aos judeus, e, em mensagem à reunião, Churchill declarou: "As crueldades sistemáticas a que o povo judeu — homens, mulheres e crianças — tem sido submetido sob o regime nazista estão entre os eventos mais terríveis da história e colocam uma mancha indelével sobre todos os que as cometem e as instigam".

Churchill acrescentou: "Homens e mulheres livres, denunciem esses crimes vis, e quando esta guerra mundial terminar, com a entronização dos direitos humanos, terminará também a perseguição racial".

Em todas as regiões sob domínio alemão havia perseguições diárias. Na vila polonesa de Suchożebry, um monumento registra a morte, em um campo de prisioneiros de guerra nos arredores da aldeia, de 60 mil soviéticos que lá pereceram entre julho de 1941 e outubro de 1942, a maioria de fome e doença; havia momentos em que homens gravemente debilitados eram despojados das roupas que vestiam e jogados, ainda vivos, dentro de valas, para morrerem de vez. Em outro vilarejo polaco, Ostrówek, também perderam a vida 10 mil prisioneiros de guerra soviéticos. Ostrówek fica a cerca de vinte quilômetros de Treblinka de trem; Suchożebry, a cerca de trinta quilômetros.

A resistência crescia por toda a Europa ocupada pelos alemães, mas as represálias eram duríssimas. Na Noruega, em 30 de outubro, um marinheiro de vinte anos envolvido em ações de sabotagem antialemã e ferido nas pernas por seus captores foi executado por ordem de Hitler. O mesmo destino teve um inglês capturado durante a tentativa de sabotagem da central elétrica de Glomfjord. Em Trondheim, dez destacados cidadãos noruegueses foram fuzilados como "expiação por sabotagem". Mais tarde, outros 24 noruegueses tiveram o mesmo destino "por transportarem armas e prestarem assistência a sabotadores".

A bravura dos indivíduos também podia resultar no salvamento de vidas. Em 30 de outubro, a Gestapo apreendeu mais de uma centena de crianças órfãs judias de um orfanato em Bruxelas. A equipe do orfanato se recusou a deixar as crianças e foi levada junto com elas para o campo de deportação de Mechelen. Houve protestos imediatos, um deles de L. C. Platteau, secretário-geral do ministro da Justiça belga. O protesto foi bem-sucedido: as crianças e os funcionários foram enviados de volta para o orfanato.

No final de outubro, o comboio de navios mercantes britânicos SL-125, que rumava de volta para casa tendo zarpado de Freetown, em Serra Leoa, com 37 navios de carga, foi surpreendido por um grupo de submarinos alemães a nordeste da ilha da Madeira. Durante sete dias, os dez submarinos perseguiram e torpedearam o comboio, afundando treze navios e acarretando um pesado número de baixas. Os 174 marinheiros a bordo do *President Doumer* morreram afogados. Foi um desastre que, no entanto, teve sobre a causa Aliada um efeito benéfico que os alemães não poderiam ter previsto: os submarinos que realizaram o ataque não sabiam que, naquele exato momento, "comboios de assalto" transportando tropas para os desembarques no Norte da África partiam da Escócia para o Atlântico em sua longa jornada ao sul até Gibraltar.

O dia 30 de outubro foi marcado por outra conquista naval britânica, quando, após uma caçada de dezesseis horas, quatro contratorpedeiros britânicos atingiram o submarino alemão U-559 cerca de 110 quilômetros ao norte do delta do Nilo. Enquanto o submarino afundava, o tenente Tony Fasson, o marinheiro de convés Colin Grazier e o jovem auxiliar de cantina Tommy Brown entraram na embarcação e conseguiram extrair sua máquina Enigma, juntamente com documentos que permitiriam que os criptógrafos de Bletchley Park decifrassem mais uma vez o esquivo código que durante mais de nove meses lhes havia escapado.

Assim que entregaram a Brown o precioso butim, Fasson e Grazier afundaram o submarino. Ambos foram condecorados postumamente com a Cruz de George. Brown, que sobreviveu, recebeu a Medalha de George; mais tarde, veio à tona o fato de que ele tinha apenas dezesseis anos, tendo mentido sobre a idade para ingressar na Marinha. Foi imediatamente dispensado e enviado para casa. Dois anos depois, morreu ao tentar salvar as duas irmãs, que durante um incêndio ficaram presas no cortiço onde moravam.

Os primeiros dias de novembro de 1942 foram marcados pelo desfecho de três batalhas decisivas. Em Stalingrado, os defensores russos continuaram aferrados à cidade contra um pesado ataque alemão. A oeste de El Alamein, forças britânicas e da Comunidade Britânica expulsaram os alemães e italianos de suas conquistas territoriais no Egito. Em Guadalcanal, os norte-americanos continuaram a forçar os japoneses a cederem terras onde haviam hasteado sua bandeira. Essas três vitórias estavam sendo alcançadas a um alto custo em termos de vidas humanas e materiais bélicos, mas representaram uma decisiva virada da maré.

Alemanha, Itália e Japão sofriam seus primeiros reveses graves da guerra. Para os alemães, havia também o mistério de alguma iniciativa Aliada que seus serviços de inteligência sabiam ser iminente, mas cujo alvo desconheciam. Em 2 de novembro, a partir do momento em que avistaram navios de invasão reunidos em Gibraltar e presumiram tratar-se de outro substancial comboio destinado a Malta ou dos preparativos para uma invasão à Sardenha, os alemães começaram a deslocar unidades de bombardeiros de longo alcance posicionados no norte da Noruega, na Rússia, na França, na Holanda, na Bélgica, na Alemanha, na Grécia e em Creta. A partir da leitura de mensagens Enigma trocadas pela Luftwaffe, a inteligência britânica imediatamente tomou conhecimento dessas movimentações e assim foi capaz de confirmar que os alemães nada sabiam sobre a Operação Tocha — os desembarques de forças Aliadas na costa francesa do Norte da África —, planejada para 8 de novembro.

Em 3 de novembro, de seu quartel-general em Vinnitsa, Hitler ordenou que Rommel "perseverasse e se mantivesse firme" no Deserto Ocidental. "Não seria a primeira vez na história que a vontade mais forte triunfaria sobre batalhões inimigos mais numerosos. Mas o senhor não pode dar a seus soldados outra opção que não seja a vitória ou a morte." Esta ordem, Rommel comentou mais tarde, "exigia o impossível. Até mesmo o mais devoto soldado pode ser morto por uma bomba". De qualquer forma, a ordem foi emitida, e, como Rommel escreveu posteriormente, "teve um poderoso efeito sobre as tropas. Diante de uma determinação do Führer, elas estavam dispostas a sacrificar até o último homem". Contudo, não se exigiu dos homens de Rommel que fizessem esse sacrifício extremo; 24 horas após o recebimento da ordem de Hitler proibindo qualquer recuo, Rommel obteve permissão para bater em retirada. "Enfim uma vitória", o rei George VI escreveu em seu diário em 4 de novembro, e acrescentou: "Como é bom para os nervos".

Havia igualmente boas notícias para os nervos Aliados nas mensagens que chegavam do Extremo Oriente, onde os australianos avançavam para o norte ao longo da trilha de Kokoda, negando aos japoneses qualquer chance de tomar Port Moresby e, em 3 de novembro, retomando a própria Kokoda. Quatro dias depois, na trilha de Kokoda-Gona, defensores japoneses tentaram em vão deter os australianos com uma carga de baionetas em que 580 soldados nipônicos foram mortos.

Na noite de 5 de novembro, os britânicos lançaram a Operação Leopardo, cujo objetivo era desembarcar na costa da Argélia dez toneladas de suprimentos militares, incluindo uma considerável quantidade de metralhadoras Bren, para uso da resistência argelina durante os desembarques Aliados que ocorreriam dali a três dias. No entanto, não conseguiram fazer contato com os homens em terra, e a operação teve de ser abortada. No dia seguinte, na Operação Minerva, o general Giraud, que escapara do cativeiro alemão depois de dois anos, foi resgatado na costa do sul da França por um submarino britânico, levado para Gibraltar e informado sobre a iminente invasão do Norte da África francês.

No Cáucaso, em 6 de novembro, os alemães fizeram uma última tentativa de romper as linhas inimigas e avançar até Grózni, mas foram detidos e rechaçados na cidade de Ordjonikidze. Hitler já havia feito planos, dois dias antes, para uma mudança de estratégia caso não conseguisse alcançar os campos de petróleo do Cáucaso; se fosse impossível ocupar Baku, ele bombardearia a cidade, negando à Rússia o uso de seu próprio petróleo. Churchill soube dessa decisão em 7 de novembro, graças à decodificação de mensagens Enigma. Imediatamente, repassou a informação a Stálin. "Muito obrigado por suas advertências sobre Baku", respondeu Stálin. "Estamos tomando as medidas necessárias para combater os perigos."

Na tarde de 7 de novembro, Hitler deixou a frente oriental e voltou de trem para Munique. Nas primeiras horas da manhã, o trem foi parado por um sinal em uma pequena estação ferroviária. Havia uma mensagem urgente para o Führer enviada pelo Ministério das Relações Exteriores da Alemanha em Berlim: de acordo com a rádio britânica, um contingente de invasão norte-americano estava desembarcando em Argel, Orã e Casablanca.

Os efetivos Aliados que agora buscavam expulsar os alemães do Norte da África francês — a Operação Tocha — constituíam a maior força de invasão anfíbia da história até então: trezentos navios de guerra, 370 navios mercantes e 107 mil homens. Assim que as praias ficaram seguras, os oficiais norte-americanos cuja tarefa era fazer uso das mensagens Enigma da Luftwaffe entraram em ação. "Franco-atiradores abriram fogo contra nós", relembrou mais tarde seu oficial, Lewis F. Powell, "e um de meus homens foi morto na primeira noite em que estivemos lá." Por um oficial de alta patente da inteligência alemã capturado, Powell soube mais tarde que os germânicos haviam considerado o desembarque uma simulação, acreditando, mesmo depois de 8 de novembro, que o verdadeiro objetivo da ofensiva era um ataque contra Malta ou a Sicília, ou talvez o reforço dos contingentes de Montgomery no Deserto Oriental. Isso explica seu fracasso inicial em revidar contra o desembarque dos comboios em Argel e Orã.

A invasão ao Norte da África francês foi um rápido êxito. Decorridas 76 horas dos primeiros desembarques, as tropas Aliadas estavam no controle indiscutível de cerca de 2100 quilômetros da costa africana, de Safi a Argel. Nessa noite, quando fez seu discurso anual na cervejaria em Munique, Hitler concentrou as atenções em Stalingrado, a respeito da qual declarou: "Era a cidade que eu queria capturar, e vocês sabem, modestos como somos... nós a conseguimos também! Restam apenas alguns minúsculos bolsões de resistência!". Hitler também falou sobre os judeus, e de sua profecia de 1939 de que a guerra levaria à aniquilação da judiaria. "Daqueles que costumavam rir de mim naquela época, muitos hoje já não riem; e quem ainda ri provavelmente não continuará a fazer isso por muito mais tempo."

Milhares de judeus da França e da Holanda foram deportados para Auschwitz em novembro. Na região central da Polônia, outras dezenas de milhares estavam sendo deportados para Sobibor, Bełżec e Treblinka. Em 2 de dezembro, na região de Białystok, foram apreendidos 110 mil judeus em 65 cidades e aldeias. Levados para campos especiais, lá foram mantidos por alguns dias, antes de serem deportados para Auschwitz e Treblinka. Os 360 judeus da pequena aldeia de Marcinkańce resistiram à deportação, e lá mesmo foram mortos a tiros.

Em 9 de novembro, um novo nome entrou no vocabulário do mal: Majdanek, um campo de concentração nos arredores da cidade polonesa de Lublin, para onde, nesse dia, foram levados 4 mil judeus, os primeiros de várias centenas de milhares que seriam encarcerados e assassinados. Em Majdanek, assim como em Auschwitz, até metade dos deportados em cada transporte poderia ser selecionada para os alojamentos, mas o restante ia parar nas câmaras de gás.

No Norte da África francês, toda a resistência foi rapidamente sobrepujada pelas tropas Aliadas. Os soldados da França de Vichy que decidiram lutar foram tratados como inimigos. Em Casablanca e Orã, 115 defensores franceses foram mortos. Em Argel, o almirante Darlan, comandante em chefe das forças de Vichy, que por acaso estava na cidade visitando o filho doente, ordenou aos defensores que depusessem as armas. Em 9 de novembro, temendo um ataque Aliado a Túnis, Hitler ordenou que as tropas alemãs se deslocassem às pressas para Bizerte. Três dias depois, contingentes britânicos desembarcaram em Bône. A luta pela Tunísia havia começado.

Manter o controle sobre a Tunísia permitiria que Hitler impedisse o acesso dos Aliados à curta via marítima para o Egito e a Índia e os obrigaria a continuar utilizando a rota muito mais longa ao redor do cabo da Boa Esperança. Obstruído, o transporte marítimo não poderia ser utilizado pelos Aliados para compensar as perdas na grande ofensiva de submarinos no Atlântico que estava sendo planejada pelos alemães para o início de 1943.

No Deserto Ocidental, Rommel estava sendo constantemente empurrado para trás; em 9 de novembro, empenhou-se na defesa de Sidi Barrani, 320 quilômetros a oeste de El Alamein. Enquanto isso, em Londres, em 10 de novembro, no banquete anual do Lord Mayor,* Churchill declarou: "Ora, este não é o fim. Não é nem sequer o começo do fim. Mas talvez seja o fim do começo".

Graças à leitura diária das mensagens Enigma ultrassecretas, Churchill sabia que suas palavras eram mais do que mera retórica. Não apenas a Grã-Bretanha, mas a União Soviética, estavam provando ser os maiores beneficiários dos desembarques no Norte da África. Quatrocentos dos quinhentos aviões alemães transferidos para a Tunísia logo após os desembarques em 8 de novembro foram trazidos da Rússia, assim como várias centenas de aeronaves de transporte que vinham fornecendo suprimentos às forças alemãs cercadas em Stalingrado. Como resultado da precipitada transferência desses aviões de transporte, bombardeiros alemães tiveram que ser mobilizados às

---

* O Lord Mayor, cargo eletivo e não remunerado, é oficialmente um embaixador dedicado a promover a liderança mundial da City (pequena área central de Londres) no ramo das finanças internacionais e no setor de serviços. Tradicionalmente, uma de suas atribuições é oferecer um banquete anual, ocasião em que o primeiro-ministro faz um discurso; outra é oferecer um banquete anual para os banqueiros na Mansion House, sua residência oficial, ocasião em que o ministro das Finanças também faz um discurso, muito aguardado pelos homens de negócios. (N. T.)

pressas para substituí-los de forma improvisada na frente russa. Mais tarde, Göring comentou acerca desse imprevisto em Stalingrado: "Lá morreu o núcleo da esquadrilha de bombardeiros alemães".

Ao transferir unidades aéreas do sul da Rússia — provisoriamente nos dias que antecederam a Operação Tocha, e depois de maneira maciça —, os alemães também enviaram para o Mediterrâneo suas unidades de torpedeiros baseadas em Banak, no norte da Noruega. Eram as mesmas unidades que vinham se mostrando uma ameaça para os comboios do Ártico.

O alívio proporcionado às forças russas em Stalingrado pela transferência de aviões alemães para a Tunísia teria vida curta; os Aliados ocidentais esperavam invadir o país africano dali a algumas semanas. Como a resistência alemã na Tunísia foi muito mais obstinada do que o esperado — em vez de seis semanas, durou seis meses —, a necessidade germânica de manter suas forças aéreas no Mediterrâneo central continuou a ser um escoadouro na frente russa, por muito mais tempo do que aconteceria se os Aliados tivessem obtido êxito em seu plano inicial.

No dia 11 de novembro, no Deserto Ocidental, as forças britânicas voltaram a entrar na Líbia, tendo sido expulsas, pela segunda vez, cinco meses antes. Alemães e italianos estavam em plena retirada. Nesse dia, na França, Hitler ordenou a ocupação da zona não ocupada; doravante, toda a França, incluindo a França de Vichy, estava sob domínio alemão, com exceção das áreas ao leste que haviam sido anexadas pela Itália em julho de 1940. Em 11 de novembro, mesmo em meio à turbulência e ao perigo causados pela Operação Tocha, Hitler encontrou tempo para discutir a questão judaica com Arthur Greiser, governante do Warthegau. "Em nossa discussão mais recente sobre os judeus", Greiser disse a Himmler dez dias depois, "o Führer me deu carta branca para proceder contra eles da maneira que eu julgar melhor."

Na frente oriental, os soldados nazistas lutavam para concretizar a bazófia dita por Hitler em Munique, de que Stalingrado logo cairia em mãos alemãs; em 11 de novembro, a infantaria e os tanques germânicos, avançando sob a proteção de artilharia maciça e pesado bombardeio aéreo, alcançaram o rio Volga e ocuparam uma frente de 450 metros, capturando a maior parte da Fábrica Outubro Vermelho e pela segunda vez praticamente separando-a dos defensores na Fábrica Barricadas. Nesse mesmo dia, o Volga começou a congelar, e o gelo flutuante tornava quase impossível a evacuação dos feridos. A maior parte dos alimentos e da munição despejados pelos aviões soviéticos caiu nas linhas alemãs ou afundou no rio. Os defensores russos, mesmo com suas forças agora cortadas ao meio e sob intenso bombardeio, não se renderiam.

No Extremo Oriente, os norte-americanos estavam sendo submetidos a um de seus testes mais severos: uma tentativa japonesa de desembarcar mais de 10 mil homens em Guadalcanal, a fim de criar uma força total de 30 mil nipônicos contra os 23 mil estadunidenses já presentes na ilha. Mas a ação foi frustrada. Ao custo de dois cruzadores ligeiros, incluindo o *Atlanta*, e sete contratorpedeiros, os norte-americanos afundaram dois encouraçados japoneses, o *Hiei* e o *Kirishima*, o cruzador pesado *Kinugasa*, dois contratorpedeiros e, mais importante, sete dos onze navios de transporte de tropas de reforço com destino a Guadalcanal. Ao fim e ao cabo, depois que 2 mil soldados japoneses perderam a vida enquanto tentavam desembarcar, apenas 2 mil sobreviveram para se juntar a seus companheiros já em combate, efetivamente tornando a captura da ilha pelos norte-americanos uma certeza. Contudo, as perdas norte-americanas na batalha naval foram elevadas: 172 tripulantes do *Atlanta* morreram quando o navio foi atingido primeiro por um torpedo e depois por fogo de artilharia, que destruíram totalmente a superestrutura da ponte e a maior parte das torres de armas. Depois que 470 sobreviventes ilesos do *Atlanta* foram resgatados sem incidentes, o cruzador avariado foi explodido por uma unidade de demolição e afundou sob as ondas.

No Deserto Ocidental, as forças britânicas e da Comunidade Britânica entraram em Tobruk em 13 de novembro. "Ainda há um longo caminho a percorrer", Churchill disse nesse dia a Abdullah I, o emir da Transjordânia, "mas o fim é certo." Em 14 de novembro, as forças alemãs e italianas na Líbia foram empurradas de volta para Gazala. "O que será da guerra se perdermos o Norte da África? Como vai terminar?", Rommel perguntou à esposa numa carta, e acrescentou: "Eu gostaria de poder me livrar desses terríveis pensamentos".

Em 15 de novembro, os sinos das igrejas tocaram em toda a Inglaterra para celebrar a vitória no Egito. Nesse mesmo dia, na costa do Norte da África francês, forças britânicas ocuparam Tabarka, na Tunísia, e foram seguidas 24 horas depois pelo pouso de paraquedistas norte-americanos em Souk el-Arba, enquanto as tropas francesas, até então leais a Vichy, agora se encontravam em ação contra os alemães em Beja.

Enquanto os nazistas se preparavam para defender a Tunísia e manter seu domínio na África, os japoneses, empurrados de volta para o norte na Nova Guiné ao longo da trilha de Kokoda, se aprontavam para defender as cidades costeiras do norte de Buna e Gona contra tropas australianas e estadunidenses. Na Nova Guiné, assim como na Tunísia, não haveria vitória fácil para os Aliados; ambas as frentes de combate começavam a testemunhar aquela que se tornou uma das principais características da virada da maré: tanto os japoneses quanto os alemães lutariam por cada cidade e por cada palmo de chão, reforçando suas posições onde fosse possível, retomando terreno perdido sempre que aparecesse a oportunidade. Em Stalingrado, essa obstinada recusa germânica de arredar pé, mesmo quando estava claro que seria impossível desalojar os russos, era um aspecto custoso da luta para ambos os lados.

Outro aspecto notável da guerra foi o implacável bombardeio aéreo Aliado de todas as facetas do poderio de guerra do Eixo. Às vésperas da Operação Tocha, a cidade portuária italiana de Gênova foi a que mais sofreu. No dia 17 de novembro foi a vez da base de submarinos alemã na costa francesa em Saint-Nazaire, um dos primeiros alvos na costa atlântica da 8ª Força Aérea dos Estados Unidos, baseada na Grã-Bretanha. As defesas antiaéreas alemãs em Saint-Nazaire eram tão ferozes que o porto foi apelidado de "cidade-fortaleza" pelas tripulações dos bombardeiros enviados para atacá-la.

Os japoneses também estavam começando a sentir o impacto do bombardeio aéreo sobre suas próprias cidades, tanto que em 16 de novembro os jornais nipônicos anunciaram que "a tripulação de qualquer aeronave que invadir o espaço aéreo do Japão será punida com morte".

Em 17 de novembro, como parte do empenho Aliado para debilitar o esforço de guerra alemão, um agente britânico, Michael Trotobas, saltou de paraquedas na França. Seu objetivo era estabelecer, naquela que era sua segunda missão em território ocupado pelos alemães, um circuito de sabotagem em torno de Lille. Esse circuito, que recebeu o codinome Fazendeiro, poderia tirar proveito do crescente ódio dos moradores da região pelos alemães — tratava-se da única região francesa também ocupada pelos germânicos durante a Primeira Guerra Mundial.

Não era apenas nas terras ocupadas pelos alemães que vigoravam os males da Nova Ordem; em 17 de novembro, em uma reunião secreta em Munique, o comissário para a Saúde da Baviera, Walther Schultze, explicou aos diretores dos hospitais psiquiátricos de toda a região a "dieta especial" que passaria a ser fornecida aos "pacientes irremediavelmente doentes". Essa dieta, de acordo com o dr. Valentin Faltlhauser, diretor do hospital psiquiátrico de Kaufbeuren, levaria a "uma morte lenta, que deve se consumar em um prazo de cerca de três meses". Outro especialista em eutanásia, o dr. Pfannmüller, contou cheio de orgulho aos presentes à reunião "sobre a vez em que tomei da mão de uma enfermeira uma fatia de pão com que ela queria dar de comer a um paciente".

Na própria Alemanha, o programa de eutanásia foi reavivado no inverno por um novo método: em vez das mortes por asfixia por gás tóxico, fome deliberada. Isso ficou claro em uma diretriz secreta, datada de 30 de novembro e emitida de Berlim a todos os hospitais psiquiátricos e manicômios, que estabelecia que, "tendo em vista a situação alimentar relacionada à guerra e a saúde dos pacientes internados nos manicômios", já não se justificava alimentar todos os reclusos de maneira igual. Aqueles que estavam sendo tratados em instituições psiquiátricas "sem cumprir qualquer trabalho útil digno de menção" deveriam naquele momento ser submetidos à dieta especial, "sem demora".

A escala dos assassinatos por eutanásia talvez nunca venha a ser conhecida; os nomes de muitas das vítimas também se perderam na história. Até mesmo os locais desses assassinatos foram esquecidos, e nenhuma placa indica onde foram cometidas tais atrocidades. Em outros lugares da Europa ocupada pelos alemães, onde os assassinatos de civis e reféns nunca cessaram, milhares e milhares de monumentos foram erguidos para lembrar os mortos; em 18 de novembro, por exemplo, duzentos poloneses foram dizimados na prisão da Gestapo em Kazimierz Dolny. Hoje, um monumento marca o local e conta o destino desses homens.

Em 18 de outubro, os britânicos deram início à Operação Andorinha, lançando quatro paraquedistas noruegueses nos arredores de Vermork, na Noruega, com instruções para que preparassem o terreno para a destruição da usina de água pesada alemã em Rjukan. Um mês depois, em 19 de novembro, a Andorinha foi expandida para Tetraz, e 34 homens foram transportados pelos céus do mar do Norte em dois planadores rebocados por aviões. Ambos colidiram com o solo no momento da aterrissagem, assim como uma das aeronaves de reboque.

Nessas aterrisagens de emergência, morreram dezessete homens. Outros quatro, gravemente feridos, foram assassinados pela Gestapo assim que ficou claro que estavam debilitados demais para serem interrogados. Outros quinze foram capturados logo depois de pousarem, e mortos a tiros no mesmo dia. Outros quatro, gravemente feridos durante a aterrissagem, foram levados pelos alemães para o hospital de Stavanger. Feridos demais para serem submetidos a interrogatório, receberam injeções letais e tiveram seus corpos descartados no mar.

Em todas as frentes alemãs, o destino dos soldados, dos guerrilheiros e dos combatentes da resistência capturados era a execução. No entanto, a maré da guerra estava mudando. A pressão sobre os alemães começava a aumentar, à medida que os bombardeios Aliados se intensificavam e as operações de guerrilha e comandos ganhavam ímpeto. O fracasso alemão em Stalingrado trouxe esperança para os povos cativos em toda parte.

28. A maré vira a favor dos Aliados

INVERNO DE 1942

Em 19 de novembro de 1942, o Exército Vermelho lançou uma contraofensiva ao norte de Stalingrado precedida por um dos mais intensos bombardeios de artilharia da guerra, quando, ao sinal de "Sereia", mais de 3500 canhões e morteiros abriram fogo em uma frente de vinte quilômetros, com o acompanhamento, em um dos setores da frente, de música marcial soviética tocada a todo volume por uma banda de noventa soldados-instrumentistas. Como parte do plano russo, um ataque particularmente feroz foi desferido contra as tropas romenas que mantinham parte da linha — tropas sem experiência anterior de batalha. Em 24 horas, 65 mil soldados romenos caíram prisioneiros. A partir de Londres, por insistência pessoal de Churchill, os russos receberam informações da inteligência britânica, extraídas de mensagens Enigma, sobre as intenções do exército e da força aérea alemães.

Além de forças romenas, tropas húngaras e italianas lutaram ao lado dos alemães durante a ofensiva russa em 19 de novembro. Todas foram rechaçadas. Em seguida, em 20 de novembro, os russos atacaram ao sul de Stalingrado. Seu objetivo era ousado e impactante: cercar as forças alemãs dentro da cidade que elas próprias estavam cercando. Uma resposta alemã sensata teria sido romper o cerco e retirar-se para o rio Don. Essa proposta foi apresentada pelo general Friedrich von Paulus em 21 de novembro. Mas Hitler não permitiria qualquer retirada, e no mesmo dia emitiu de Berchtesgaden uma ordem para que o 6º Exército de Paulus permanecesse firme em sua posição, "apesar do perigo de cerco temporário".

Em 22 de novembro, a pinça russa se fechou ao sul de Kalach, no Don, encurralando mais de 250 mil homens dentro de um círculo que ficaria mais estreito e apertado a cada dia. Para os defensores de Stalingrado, já quase empurrados para dentro do Volga,

Mapa 39. A reconquista soviética do Cáucaso e do Don, inverno de 1942-3

a ofensiva de inverno soviética trouxe o primeiro alívio em dois meses; a cidade, devastada e quase totalmente invadida, não sucumbiu, e agora não se deixaria capturar. "Aguentem!", Hitler ordenou por rádio ao 6º Exército nesse dia; mas Paulus não via esperança em continuar resistindo, e à noite pediu a Hitler permissão para escapar da armadilha. O Führer não respondeu; já estava em seu trem a caminho de Leipzig, de onde voou para Rastenburg. Lá, assumiu o "comando pessoal" do exército alemão e, em 24 de novembro, respondeu com uma recusa enfática ao pedido de Paulus para romper o cerco: Stalingrado não poderia ser abandonada.

No Mediterrâneo, os Aliados começaram a experimentar, pela primeira vez, o doce sabor da vitória; em 20 de novembro, um comboio de navios mercantes que havia zarpado do Egito chegou a Malta sob a proteção de aeronaves britânicas — era a Operação Idade da Pedra. O cerco a Malta chegou ao fim. Quando os navios entraram em Valetta, os ilhéus se aglomeraram em todos os pontos de observação para saudá-los com empolgação, enquanto, nos navios, bandas navais tocavam música acolhedora. No Deserto Ocidental, após a perda de Benghazi em 20 de novembro, Rommel voltou para El Agheila, a mais de oitocentos quilômetros da fronteira egípcia, que pouco tempo antes havia atravessado em triunfo. Na Tunísia, tropas britânicas, norte-americanas e dos Franceses Livres assumiram o controle da metade ocidental do país, e, em 25 de novembro, tropas estadunidenses, num ataque ao aeroporto de Djedeida, destruíram trinta aviões alemães e italianos ainda em solo. Mas os Aliados não ocupariam a Tunísia, que esperavam conquistar no prazo de um mês, até maio do ano seguinte. Assim, Hitler conseguiu manter a pressão sobre os navios Aliados, obrigando-os a usar a longa e dispendiosa rota do cabo da Boa Esperança.

No porto de Toulon, 58 navios de guerra franceses agora aguardavam a chegada das forças alemãs enviadas para ocupar a França de Vichy. Para os alemães, era um prêmio de suma importância; a captura dos navios tinha até recebido um codinome, Operação Lila. Porém, na manhã de 27 de novembro, quando as tropas da SS começaram a ocupar a base naval, o comandante da frota francesa, o almirante Jean de Laborde, deu ordens para que os navios fossem afundados. Suas ordens foram obedecidas, e dois navios de guerra, dois cruzadores de batalha, quatro cruzadores pesados, dois cruzadores ligeiros, um transporte de aeronaves, trinta contratorpedeiros e dezesseis submarinos foram afundados. Outros três submarinos conseguiram lançar-se ao mar e, esquivando-se dos alemães, juntar-se às forças Aliadas em Argel. Um quarto submarino, também fugitivo, foi interceptado pelos alemães em Cartago.

O afundamento da frota francesa em Toulon cumpria a promessa feita aos britânicos pelo almirante Darlan em junho de 1940 e parcialmente quebrada em Orã em julho do mesmo ano, de que a marinha de guerra francesa jamais cairia em mãos alemãs. Em 28 de novembro, em Rastenburg, Rommel pressionou Hitler acerca da necessidade de abandonar por completo o terreno de operações africano, uma vez que "agora não se poderia esperar nenhuma melhoria na situação naval". Se o exército permanecesse no Norte da África, insistiu ele, "seria destruído". Hitler se recusou a aceitar a opinião de Rommel, ou mesmo a discuti-la. Era uma "necessidade política", alegou o Führer, manter uma robusta cabeça de ponte no Norte da África.

Hitler agora se propunha não a permitir que Paulus escapasse da armadilha de Stalingrado, mas a avançar com tropas reforçadas para romper o cerco e invadir a cidade de fora para dentro. Era a Operação Tempestade de Inverno. Seu planejamento coincidiu com mais um contra-ataque russo, dessa vez em Terek, no Cáucaso. Guerrilheiros soviéticos também estavam ativos nessa região, bem como na área ao norte de Novorossiisk, onde, em 29 de novembro, os alemães assassinaram 107 aldeões em Verkhne-Bakanskaia, por suas ligações "diretas ou indiretas" com a guerrilha. Os próprios guerrilheiros, no entanto, escaparam. No final de novembro, muito mais atrás das linhas alemãs, a oeste do rio Dniepre, formaram-se dois bandos de guerrilheiros — um deles liderado por Sidor Kovpak, o outro por Aleksandr Saburov — que, unindo suas forças e operando a partir da região dos pântanos de Pripiat, começaram a causar estragos nas linhas de comunicação germânicas que passavam através da Ucrânia. Os alemães reagiram com caçadas frequentes e cruéis, uma das quais, a Operação Munique II, foi lançada em dezembro contra guerrilheiros soviéticos na região de Radochkovichi, na Bielorrússia, poucos quilômetros ao norte da área onde ficavam os esconderijos de Kovpak e Saburov.

No Pacífico, durante os últimos dez dias de novembro, os japoneses tentaram reforçar a sua guarnição isolada e sitiada na ilha de Guadalcanal. Em uma série de violentos confrontos com navios de guerra norte-americanos, houve momentos em que a impressão era a de que os nipônicos sairiam vitoriosos. Em 22 de novembro, o navio de guerra norte-americano *Juneau* foi afundado, e mais de seiscentos homens morreram afogados. Outros cem se agarraram aos destroços. Todos, à exceção de dez, foram devorados por tubarões, ou, enlouquecidos pela privação de água e comida, se afogaram.

Em 30 de novembro, os japoneses tentaram mais uma vez reforçar sua guarnição em Guadalcanal, agora em apuros. Interceptados pelos norte-americanos durante um combate noturno ao largo de Tassafaronga, os transportes japoneses foram forçados a dar meia-volta. Mas a batalha em si foi um golpe para os estadunidenses, danificando seriamente três cruzadores — *Pensacola*, *New Orleans* e *Minneapolis* — e afundando um quarto, o *Northampton*, o que acarretou a morte de 58 tripulantes. Na Nova Guiné, os australianos chegaram à costa norte, recapturando Buna, mas os japoneses, retirando-se para a estação Buna, continuaram sua resistência, e os norte-americanos tampouco conseguiram desalojá-los da trilha Soputa-Sanananda. Assim, 15 mil australianos e 15 mil estadunidenses, apesar do domínio completo do ar e da soberania quase total do mar, enredaram-se em um combate encarniçado contra tropas japonesas em grande inferioridade numérica — os batalhões nipônicos não chegavam nem sequer à metade dos efetivos Aliados.

Em 2 de dezembro, longe dos pântanos e selvas da Nova Guiné, em uma quadra de tênis no campus da Universidade de Chicago, no mais estrito sigilo, a guerra chegou a um momento decisivo. Lá, às dez horas da manhã, o cientista italiano emigrado Enrico Fermi deu a ordem para o início de um experimento que, no meio da tarde, produziu a primeira reação nuclear em cadeia autossustentável. Estava tudo pronto para encontrar e processar o urânio necessário para a fabricação de uma bomba atômica.

* * *

Em 4 de dezembro, em Bruxelas, membros da resistência belga mataram a tiros um compatriota membro da "ss Germânica", unidade criada pelos alemães e composta de belgas de tendências fascistas. Nesse mesmo dia, em Varsóvia, um grupo de cristãos poloneses liderado por duas mulheres, Zofia Kossak e Wanda Filipowicz, criou um Conselho de Assistência aos Judeus. Sua tarefa era eivada de perigos; apenas dois dias depois, em Stari Ciepielów, a ss trancou treze poloneses — homens, mulheres e crianças — em uma cabana, e outros dez em um celeiro, e em seguida os queimou vivos, por suspeita de terem abrigado judeus. Também em 4 de dezembro, na floresta de Parczew, os alemães lançaram uma caçada de quatro dias a mais de mil judeus escondidos. "Nós fugimos de um lado para o outro, aterrorizados", relembrou mais tarde um dos judeus escondidos, Arieh Koren, enquanto nazistas munidos de metralhadoras, quatro pequenos canhões e veículos blindados penetravam na floresta. "Pensamos que tínhamos corrido vinte quilômetros, mas, na verdade, havíamos circundado uma área de quinhentos metros."

Na aldeia de Białka, perto de Parczew, os judeus encontraram refúgio junto aos aldeões. Porém, no segundo dia da caçada, 7 de dezembro, os alemães entraram na aldeia e fuzilaram 96 poloneses por auxiliarem os judeus. Três dias depois, na aldeia de Wola Przybysławska, sete poloneses foram executados pelos alemães pelo mesmo motivo.

Nos céus da Itália, bombardeiros britânicos continuaram a atacar instalações navais. Em 4 de dezembro, em um ataque a Nápoles, um cruzador ligeiro, o *Muzio Attandolo*, foi afundado, e 159 italianos perderam a vida. Nesse dia, porém, na batalha na Tunísia que esses raides pretendiam ajudar, os alemães contra-atacaram, destruindo 25 tanques britânicos e fazendo quatrocentos prisioneiros. Dois dias depois, em 6 de dezembro, forças blindadas alemãs romperam as posições norte-americanas em El Guettar.

Os italianos, aliados da Alemanha na Batalha da Tunísia, buscaram meios inusitados para defender a causa do Eixo. Na noite de 7 de dezembro, três torpedos tripulados italianos — conhecidos como "carruagens" — tentaram entrar no porto de Gibraltar. Dos seis homens que compunham as tripulações, três foram mortos em ação, dois caíram prisioneiros e um retornou ao navio de apoio. Nenhum dano foi causado ao porto de Gibraltar ou aos navios lá atracados. Quatro dias depois, porém, outros três torpedos entraram no porto de Argel, afundando quatro navios de suprimentos Aliados.

No Extremo Oriente, os japoneses fizeram mais duas tentativas frustradas de reforçar suas tropas tanto em Guadalcanal como na Nova Guiné. Ambas foram repelidas em 8 de dezembro. No dia seguinte, os australianos sobrepujaram a última resistência japonesa na área de Gona. Ao fim da escaramuça, mais de quinhentos japoneses jaziam no campo de batalha; mais uma vez, tinham se recusado a se render.

Na frente russa, os esforços alemães para retomar a iniciativa em torno de Stalingrado, no Don e no Cáucaso não deram em nada; as mensagens Enigma da Luftwaffe deixaram claro que as perdas de aeronaves de transporte de tropas enviadas para a frente tunisiana tinham sido tão pesadas que agora já não havia aviões em quantidade suficiente para satisfazer às necessidades dos defensores de Stalingrado. Lendo essas mensagens interceptadas em Londres, Churchill perguntou a seu chefe de inteligência, Sir Stuart Menzies: "Isto está sendo enviado para Joe?". Estava. Londres mantinha Stálin muito bem informado sobre as deficiências e os reveses no envio de reforços alemães a Stalingrado.

No Cáucaso, em 2 de dezembro, os alemães retiraram-se para a linha Mozdok-Elista, reconhecendo que sua tentativa de alcançar o mar Cáspio havia enfim fracassado. No dia seguinte, na região de Kotelnikovo, menos de 160 quilômetros a sudoeste de Stalingrado, os alemães lançaram a Operação Tempestade de Inverno, na esperança de romper o cerco que encurralava o 6º Exército. Durante dois dias, a junção dos exércitos alemães pareceu possível, mas então reforços russos se precipitaram para conter o impetuoso avanço germânico, enquanto outras tropas soviéticas atacavam ao longo do rio Don a noroeste de Stalingrado, arrasando todo o 8º Exército italiano e parte do 3º Exército romeno. Deslocando às pressas reforços para esse setor enfraquecido da frente, os nazistas foram obrigados a retirar tropas da Tempestade de Inverno, ela própria sob ameaça. A armadilha de Stalingrado permaneceu fechada.

Longe das batalhas do Volga e do Don, nas águas calmas do rio Gironde, o dia 12 de dezembro marcou a consumação do ousado ataque de um comando de doze soldados britânicos que, levados ao estuário por submarino, subiram o rio de canoa e, durante cinco dias e noites consecutivos em águas inimigas, plantaram minas de lapa* em oito navios — todas as embarcações foram pelos ares, para a intensa fúria de Hitler e o deleite da Grã-Bretanha.

No dia seguinte deu-se um triunfo britânico ainda maior, mantido em segredo de todos, exceto uma dezena de pessoas do alto escalão responsáveis pela coordenação da guerra. Tratou-se da quebra da chave Enigma utilizada pelos submarinos alemães e conhecida pelos britânicos como Tubarão, que durante mais de um ano havia teimado em se mostrar indecifrável. Em novembro de 1942, os Aliados haviam perdido 721700 toneladas de cargas para ataques de submarinos alemães, o recorde absoluto em toda a guerra para um único mês. O sucesso de meados de dezembro chegou em boa hora: se, em novembro de 1942, 83 navios Aliados foram torpedeados, em dezembro o número

---

* Artefato explosivo próprio para ser grudado no alvo, semelhante a um gastrópode marinho chamado lapa, que costuma se agarrar às rochas. (N. T.)

caiu para 44, e em janeiro de 1943 diminuiu para 33. Foi um triunfo da criptografia e também um testemunho da bravura dos dois marinheiros britânicos, Tony Fasson e Colin Grazier, que, no final de outubro, haviam perdido a vida no delta do Nilo para recuperar uma máquina Enigma e documentos de códigos extremamente sigilosos.

Na Tunísia, os alemães se viram frente a frente com um aspecto do jugo italiano de que não gostaram. "Os italianos são extremamente negligentes quanto ao tratamento dado aos judeus", Goebbels escreveu em seu diário em 13 de dezembro, e explicou melhor: "Protegem os judeus italianos tanto em Túnis como na França ocupada e não permitem que sejam recrutados para o trabalho forçado ou obrigados a usar a estrela de Davi". Além disso, os italianos se recusavam a concordar com a deportação para Auschwitz dos judeus da França e da Croácia ocupadas pela Itália, tampouco os da própria Itália. Os alemães só podiam deportar judeus dos países onde a força policial local estava preparada para cooperar pelo menos com as operações de caçada e encarceramento inicial em campos de detenção; assim, por exemplo, em dezembro, três comboios transportando um total de 2500 judeus foram enviados do campo de trânsito de Westerbork, na Holanda, para Auschwitz. No entanto, as deportações da Polônia ocupada pelos alemães já estavam quase no fim, pois, nos doze meses anteriores, quase 3 milhões de judeus poloneses haviam sido assassinados em Chełmno, Bełżec, Sobibor e Treblinka.

Ao longo de dezembro, os alemães começaram a "liquidar" os vários campos de trabalho que haviam sido instalados no período das deportações, matando em cada campo as poucas centenas de judeus que haviam tido a vida preservada a fim de trabalhar em fábricas ou fazendas. Em 17 de dezembro, em um campo perto de Kruszyna, 557 judeus foram assassinados; uma semana depois, os 218 trabalhadores escravizados em Mińsk Mazowiecki foram mortos, e, uma semana depois disso, os quatrocentos em Karczew tiveram o mesmo fim. Os judeus não eram os únicos que continuavam sendo detidos e deportados; em 16 de dezembro, Himmler emitiu uma ordem determinando que todos os indivíduos de sangue cigano deveriam ser enviados para Auschwitz. As únicas exceções eram os ciganos que concordassem em ser esterilizados. Por uma cruel coincidência, 16 de dezembro foi também o dia em que, em Auschwitz, noventa experimentos de castração foram realizados em prisioneiros poloneses não judeus, submetidos a procedimentos tão dolorosos que muitos, como relembrou uma testemunha ocular, "com frequência rastejavam no chão, tamanha sua agonia". Após um longo período de sofrimento, essas vítimas transformadas em cobaias foram enviadas para a câmara de gás.

Também em 16 de dezembro, por instigação de Hitler, publicou-se um despacho do comandante em chefe alemão, o marechal de campo Keitel, com o intuito de conter a atividade de guerrilha tanto na Rússia quanto na Iugoslávia. Na ordem de Keitel lia-se:

Se não combatermos a guerrilha no Leste, assim como nos Bálcãs, recorrendo aos métodos mais brutais, logo chegaremos ao ponto em que as forças de que dispomos serão insuficientes para controlar a área. Assim, nossas tropas têm não apenas o direito justificado, mas o dever de usar, sem restrição, todos os meios disponíveis, mesmo contra mulheres e crianças, contanto que garantam o êxito da tarefa.

O texto da ordem terminava da seguinte maneira: "Qualquer consideração pelos guerrilheiros é um crime contra o povo alemão".

No dia seguinte, 17 de dezembro, os três principais Aliados — Grã-Bretanha, União Soviética e Estados Unidos — emitiram uma declaração, divulgada em suas respectivas capitais, anunciando que

as autoridades alemãs, não satisfeitas em negar às pessoas de origem judaica — em todos os territórios sobre os quais se estendeu seu domínio bárbaro — os direitos humanos mais elementares, agora estão levando a cabo a sua tão alardeada intenção de exterminar o povo judeu da Europa.

De todos os países ocupados, continuava a Declaração dos Aliados,

judeus estão sendo transportados, em condições de horror e brutalidade aterradores, para a Europa Oriental. Na Polônia, que se tornou o principal matadouro nazista, os guetos instalados pelos invasores alemães estão sendo sistematicamente esvaziados de todos os judeus, à exceção de alguns poucos trabalhadores extremamente qualificados necessários para a manutenção das indústrias de guerra. As pessoas que são levadas para lá desaparecem e nunca mais se ouve falar delas. Aqueles fisicamente aptos labutam até a morte em campos de trabalhos forçados. Os enfermos são deixados para morrer de fome e exposição às intempéries, ou massacrados de forma deliberada em execuções em massa. Contam-se em muitas centenas de milhares de pessoas inteiramente inocentes — homens, mulheres e crianças — o número de vítimas dessas sangrentas crueldades.

A Declaração dos Aliados afirmava que os governos britânico, soviético e norte-americano, e também o Comitê Francês de Libertação Nacional do general De Gaulle, "condenam nos termos mais veementes possíveis essa política bestial de extermínio a sangue-frio".

No campo de batalha, os Aliados continuavam levando a melhor em toda parte, exceto na Tunísia, onde emperraram devido às condições de inverno e à inesperada resistência. Em Guadalcanal e na Nova Guiné, os japoneses estavam sendo firmemente empurrados para trás. Em torno de Stalingrado, os russos continuaram a ampliar a lacuna entre os exércitos alemães cercados e as tropas germânicas que tentavam romper o cerco. Na Líbia, as forças alemãs e italianas recuavam para o oeste. "Estamos mais uma vez em duros combates", Rommel escreveu à esposa em 18 de dezembro, "com pouca esperança de sucesso, pois falta-nos tudo." A gasolina, em especial, estava escassa, ele acrescentou, "e sem gasolina não há nada a fazer".

Em 19 de dezembro, as forças alemãs, que haviam chegado a cerca de sessenta quilômetros de Stalingrado, fizeram mais uma tentativa de se juntar às tropas encurraladas sob o comando de Paulus. Contudo, apesar de um grande esforço, foram contidas pelos russos. No dia seguinte, em Rastenburg, até o próprio Hitler reconheceu que não seria possível romper o cerco soviético. E, aparentemente, Paulus tampouco conseguiria escapar; seus tanques tinham combustível para menos de trinta quilômetros.

No Cáucaso, no final de dezembro, os russos conseguiram infiltrar oitocentos guerrilheiros atrás das linhas alemãs perto de Budionnovsk. Esses homens plantaram minas em ferrovias e pontes, destruíram depósitos de combustível, tomaram posse de pequenos assentamentos, recrutaram novos guerrilheiros e mataram colaboracionistas. "Apagamos cerca de cinquenta alemães e cossacos", um guerrilheiro anotou em seu diário em 21 de dezembro. Quando, seis dias depois, unidades cossacas e calmucas a serviço dos alemães invadiram a base dos guerrilheiros, estes já haviam se mudado para outro lugar.

Em 22 de dezembro, um ato de insolência foi realizado no centro da Europa ocupada pelos alemães, na cidade polonesa de Cracóvia, onde seis membros da Organização Judaica de Combate, criada na Polônia cinco meses antes, atacaram um café frequentado por homens da ss e da Gestapo. Armados apenas com pistolas, seu ataque estava fadado ao fracasso. O objetivo da ação, um deles escreveu mais tarde, era "salvar o que pudesse ser salvo, pelo menos em termos de honra". O líder do grupo, Adolf Liebeskind, foi morto por fogo de metralhadora alemã. "Estamos lutando", ele havia observado algumas semanas antes, "por três linhas nos livros de história."

Em 23 de dezembro, nos arredores de Stalingrado, uma coluna blindada alemã conseguiu chegar a menos de cinquenta quilômetros do 6º Exército sitiado. Sem combustível para um movimento superior a trinta quilômetros, porém, Paulus já não poderia planejar uma manobra para furar o cerco que tivesse qualquer chance concreta de sucesso. Na mesma semana, o problema do combustível também impediu que Rommel fizesse qualquer coisa a não ser retirar-se lentamente para o oeste. Em 24 de dezembro, na festa de Natal do quartel-general de sua companhia, ele foi presenteado com um barril de gasolina em miniatura, contendo, em vez de gasolina, meio quilo de café confiscado dos britânicos. "Assim, prestou-se a devida homenagem ao nosso problema mais sério, mesmo nesse dia festivo", ele escreveu.

Na véspera de Natal, na frente oriental, Paulus recebeu notícias sinistras. Por conta de um rápido avanço russo contra as forças alemãs já empurradas para o sul do Don, em direção a Millerovo, a 6ª Divisão Panzer estava sendo afastada das unidades blindadas que ainda tentavam romper o cerco de Stalingrado e transferida para o Don. O único êxito alemão nesse dia foi um segredo: o bem-sucedido teste de lançamento da primeira bomba voadora — uma aeronave de propulsão a jato, sem piloto, que voou por 2,5 quilômetros no local de teste em Peenemünde. Seria necessário realizar pelo menos mais um ano de testes e aperfeiçoamentos, e construir locais de lançamento adequados no noroeste da França, mas pelo menos agora existia uma arma secreta alemã, da qual muito se esperava. Assim como a pilha atômica norte-americana em Chicago e a bomba voadora alemã em Peenemünde, as ideias mais fantasiosas da ciência pré-guerra estavam sendo transformadas em realidade a fim de atender às demandas da guerra total.

À medida que a ciência fazia seu progresso lento e experimental em laboratórios e campos de testes, o terror avançava sem demora ou hesitação; em 24 de dezembro, na floresta de Parczew, os alemães lançaram uma segunda caçada humana. Várias centenas de judeus escondidos em um "acampamento para famílias" foram capturados e massacrados. Os sobreviventes, desarmados, assustados, enregelados e famintos, tiveram sorte: encontraram um protetor, Yekhiel Grynszpan, de 24 anos, que pertencia a uma família de comerciantes de cavalos e, naquele inverno, criara uma unidade de guerrilha de trinta a quarenta judeus abastecidos de comida e armas por camponeses poloneses locais que sua família conhecia desde antes da guerra; quando os soldados alemães entraram na floresta, tiveram que enfrentar o grupo. Também em 24 de dezembro, dia da "operação de varredura" de Parczew, os alemães entraram no vilarejo polonês de Białowieża e executaram trezentos poloneses por atividades de resistência. Hoje, no local da vala coletiva onde eles foram enterrados, um monumento lhes presta silencioso testemunho.

Na Tunísia, ao longo de 24 de dezembro, os Aliados lutaram em vão para romper as defesas do Eixo. Nesse dia, o entusiasmo tomou conta de todo o Norte da África, pois se espalhou a notícia de que o almirante Darlan fora assassinado por um estudante francês em Argel. "O assassinato de Darlan", Churchill escreveu mais tarde, "ainda que criminoso, aliviou os Aliados do constrangimento de trabalhar com ele, e ao mesmo tempo os deixou com todas as vantagens que Darlan fora capaz de conceder durante as decisivas horas dos desembarques Aliados." Para o lugar de Darlan como alto-comissário e comandante em chefe das forças francesas no Marrocos e na Argélia, os Aliados nomearam o general Giraud.

Em 27 de dezembro, em Rastenburg, Hitler foi aconselhado pelo general Zeitzler a retirar as forças alemãs do Cáucaso. Do contrário, Zeitzler o advertiu, "o Führer terá nas mãos uma segunda Stalingrado". Hitler aceitou o conselho. Dois dias depois, em 29 de dezembro, os russos retomaram Kotelnikovo, de onde os alemães haviam começado sua tentativa de romper a armadilha de Stalingrado. "Exteriormente, precisamos ser otimistas quanto ao futuro em 1943", o rei George VI anotou em seu diário nesse dia, "mas, interiormente, estou deprimido com a atual perspectiva."

Quando 1942 chegou ao fim, as potências do Eixo estavam em retirada na Líbia, em Guadalcanal e na Nova Guiné, e também em Stalingrado e no Cáucaso. As atividades das guerrilhas de resistência, apesar da brutal repressão, também se mostravam cada vez mais eficazes. Ao mesmo tempo, no entanto, além de manter sua posição na Tunísia, o Eixo continuava no controle total de vastas extensões de território e de centenas de milhões de pessoas cativas em toda a Europa e a Ásia.

No Sudeste Asiático e no Pacífico, as forças japonesas se estendiam por uma área enorme, dominando desde as fronteiras da Índia até as ilhas do Alasca. Na Europa, os alemães eram senhores dos Pireneus até o cabo Norte e do cabo Finisterra ao cabo Matapão. A tirania também vicejava, irrefreável. Em 29 de dezembro, 69 aldeões da pequena Białowola, no centro da Polônia, foram levados ao prédio da escola local e mortos a tiros. Mas esse massacre, ainda que terrível, parecia insignificante quando visto no contexto da carnificina, também em dezembro, na vizinha Poniatowa, onde 18 mil prisioneiros de guerra soviéticos sucumbiram à fome — prisioneiros em um campo em que lhes foi negada comida. Em 31 de dezembro, em Rastenburg, Hitler recebeu um relatório, assinado por Himmler, com uma estatística precisa do número de "judeus executados" nos quatro meses de agosto a novembro: exatos 363211 mortos.

No Ártico, o capitão Robert Sherbrooke, no comando de uma esquadra de contratorpedeiros britânicos, repeliu um ataque naval alemão encabeçado pelo encouraçado *Lützow* e o cruzador pesado *Admiral Hipper* a um comboio com destino à Rússia. No decorrer da ação, Sherbrooke foi atingido no rosto e perdeu um olho, mas continuou a direcionar a defesa com tanta destreza que nem sequer um único navio mercante foi perdido ou danificado. Por sua audácia e coragem, foi condecorado com a Cruz de Vitória.

Na véspera de Ano-Novo, bombardeiros britânicos fustigaram Düsseldorf. Fizeram isso em uma noite nublada, mas agora dispunham de um novo dispositivo, o "oboé", um feixe de rádio que permitia despejar bombas sobre o alvo, ou o mais próximo possível do alvo, mesmo que lá de cima fosse impossível avistar as cidades. A ciência havia deixado de ser neutra para vir em auxílio da destruição deliberada.

Agradecimentos

Na preparação deste livro, contei com a ajuda de muitas pessoas, que me forneceram material histórico, responderam a minhas várias perguntas ou me indicaram fontes documentais e impressas. Pela ajuda em várias questões relativas a detalhes históricos, sou grato a Oliver Everett, bibliotecário dos Arquivos Reais, e a Pamela Clark, arquivista-adjunta. Ao longo de muitos anos, recebi o auxílio especial do dr. Christopher Dowling, administrador do Departamento de Serviços Museológicos do Museu Imperial da Guerra, em Londres, e, acerca de todos os assuntos relativos ao Serviço de Decodificação de Sinais da inteligência britânica e de muitos aspectos da história militar, naval e aérea, de Edward Thomas, a quem sou grato pela pronta disposição em guiar meus passos.

Em uma ampla gama de questões históricas, também recebi considerável ajuda de Winston G. Ramsey, fundador e editor da revista *After the Battle* e pioneiro em revisitar e esmiuçar episódios históricos, de pequena ou grande escala, em todas as zonas de guerra.

Por suas respostas a uma ampla gama de perguntas sobre os Estados Unidos, estou em dívida com Larry Arnn, presidente do Instituto Claremont para o Estudo de Estadismo, Diplomacia e Filosofia Política, e a seus colegas Steven Lenzer e Daniel C. Palm.

Em resposta a meus pedidos de material e informações, devo agradecer a Rupert Allason (Nigel West); Ralph Amelan, dos arquivos do jornal *The Jerusalem Post*, em Jerusalém; F. Bartlett Watt; Mikhail Beizer; Jeremy Carver; Alan Clark; Reuven Dafni, vice-presidente do Yad Vashem,[*] em Jerusalém; Kingston Derry; Barbara Distel, do Memorial do Campo de Concentração de Dachau; John Doble; professor John Erickson, do Centro de Estudos de Defesa da Universidade de Edimburgo; professor M. R. D.

---

[*] Centro de estudos e memorial oficial de Israel para lembrar as vítimas judaicas do Holocausto. (N. T.)

Foot; Birthe N. Fraser, da embaixada da Dinamarca em Londres; Nechama Gal, do Yad Vashem, em Jerusalém; professor Yoav Gelber, da Universidade de Haifa; Katherine Hafner; Peter Halban; Lizzie Haugbyrd, da embaixada da Dinamarca em Londres; dr. Cameron Hazlehurst; dr. Hugo Hungerbühler, arquivista do município de Zurique; Barbara Jones, do Registro de Embarques do Lloyd's; Alexander Kitroeff, do Centro de Estudos Bizantinos e de Grego Moderno do Queens College, na Universidade da Cidade de Nova York; Serge Klarsfeld; George Klein, da Comissão do Memorial do Holocausto em Nova York; Igor Kotler; dr. Shmuel Krakowski, do Yad Vashem, em Jerusalém; Anita Lasker-Wallfisch; Wim van Leer; Norman Longmate; Lorraine Macknight, curadora do Memorial Australiano da Guerra, em Camberra; H. V. S. Manral, do Alto Comissariado da Índia em Londres; M. Milosavljević, da embaixada da Iugoslávia em Londres; Kenneth Murphy, arquivista do jornal *The Guardian*; G. W. Peters, da embaixada da França em Londres; Heidi Potter, do Centro de Informações sobre o Japão da embaixada do Japão em Londres; David Pryce-Jones; Giorgio Guglielmino, do Consulado Geral da Itália em Londres; F. de Rochemont, do Instituto Holandês de Documentação de Guerra, em Amsterdam; Mikhail Salman; Eileen Schlesinger; monsenhor C. Sepe, da Secretaria de Estado do Vaticano; Michael Sherbourne; professor Shoji, do Escritório de Arquivos de Guerra, em Tóquio; major H. Støvern, da embaixada da Noruega em Londres; C. Laken, da embaixada da Holanda em Londres; Jean Ring; tenente-coronel George Sunderland, da Escola Real de Formação de Oficiais Médicos do Exército Britânico, em Londres; W. Tobies, da embaixada da República Federal da Alemanha; A. Vanhaecke, arquivista-adjunta do Serviço de Arquivos em Le Havre; Kurt Vonnegut.

Nos estágios finais de meu trabalho, tive acesso a materiais históricos fornecidos por P. Berninger, magistrado da cidade de Darmstadt, Stadtarchiv; Jack Bresler; Sir William Deakin; Georgette Elgey, consultora técnica da Presidência da República de Paris; Roy Farran; John E. Franklin, diretor-executivo da Comissão Fulbright; Herman Friedhoff; Terje H. Holm, do Museu da Defesa da Noruega, em Oslo; Igor Kotler; Trevor Martin; Frances Penfold, da Comissão de Túmulos de Guerra da Comunidade Britânica; Michael D. Piccola; Gordon Ramsey, editor-assistente da revista *After the Battle*; dr. C. M. Schulten, diretor da Seção Histórica do Exército, no Estado-Maior do Exército Real dos Países Baixos, em Haia; Thomas L. Sherlock, historiador do Departamento do Exército; Cemitério Nacional de Arlington, em Arlington, Virgínia; dr. Shmuel Spector; professor Thanos Veremis, do Departamento de Ciência Política e Administração Pública da Universidade de Atenas; e Paul Woodman, da Real Sociedade Geográfica.

Ao selecionar as imagens que integram este livro, fui ajudado em minha pesquisa por Graham Mason, da Biblioteca Fotográfica Robert Hunt, e Milica Timotic, da Coleção Hulton-Deutsch.

Pela ajuda na seleção e classificação das muitas milhares de páginas de material, sou grato a Jessica Wyman. Tim Aspden transformou meus esboços de mapas em mapas da mais alta qualidade. A digitação do texto do livro, feita a partir de manuscritos redigidos ao longo de mais de uma década, ficou a cargo de Sue Rampton. Kay Thomson cuidou de toda a correspondência e digitação adicional. A edição ficou a cargo do olhar especializado de Peter James. Enquanto preparava o índice remissivo, tive a ajuda de Carmi Wurtman, Oren Harman, Ephraim Maisel e meu filho David.

No que diz respeito à preparação da segunda edição, sou particularmente grato a Adam O'Riordan, por seu escrutínio do texto, bem como a todos aqueles que me enviaram notas com correções. Por essa ajuda, gostaria de agradecer a George Clare, D. S. Goodbrand, George Howard, Hugh Humphrey, A. C. H. Irvine, David Littman, Zvi Loker, D. M. Neale, coronel Geoffrey Powell, Arthur Farrand Radley, capitão A. B. Sainsbury, Alan L. Shaw, Otto Sigg, P. F. Smith, Sir Alexander Waddell, Andrew Wigmore e A. J. Williamson. Por correções posteriores, agradeço a Ray Bailey, Elihu Bergman, Warren Duke, Kevin McCabe, Richard Smock, L. A. Smith, Tormod Torp, Christopher Niebuhr, Richard Cardosi e Lord Lewin, almirante da Frota.

Para a nona impressão do livro (2000), pude fazer correções factuais conforme as sugestões de várias pessoas que me escreveram ao longo da década desde a primeira publicação. Por essas correções, sou grato a C. J. Amsterdam, John Calder, Richard Cardosi, Edward Cuneo, Blaine M. Gordon, James Harris, William O. Hays, Gary A. Nelson, Christopher Niebuhr, Vispi Petigara, Jo Reilly, Collin Sells, Kathy Sinclair e Hugh Toye.

Em todas as etapas da concepção do livro, fui incentivado por meu editor, David Roberts, e por Ben Helfgott, um sobrevivente do Holocausto que me propiciou o benefício de seus notáveis conhecimentos e sabedoria.

Assim como aconteceu com cada um dos meus livros anteriores, é à minha esposa Susie que devo tanto o meticuloso escrutínio do texto quanto a determinação de cumprir o objetivo de escrever uma história da Segunda Guerra Mundial que cobrisse todas as diferentes regiões do conflito e o sofrimento, o heroísmo e as conquistas dos soldados e dos civis em igual medida.

Merton College, Oxford

Referências bibliográficas

No decurso de minhas pesquisas históricas para a biografia de Churchill durante os anos de guerra — *Churchill* (publicada originalmente no Reino Unido em dois volumes, em 1983 e 1989) — e para meu tomo sobre a história dos judeus da Europa durante a Segunda Guerra Mundial — *O Holocausto* (publicado originalmente no Reino Unido em 1986) —, reuni uma grande quantidade de documentos e informações que utilizei na composição deste livro. Além disso, consultei e utilizei dados contidos nas seguintes publicações:

A POLISH DOCTOR [Um médico polonês]. *I Saw Poland Suffer*. Londres, 1941.
ABRAHAMSEN, Professor Samuel. "The Role of the Norwegian Lutheran Church During World War II". In: *Remembering for the Future. Jews and Christians During and After the Holocaust*. Oxford, 1988.
ABYZOV, Vladimir. *The Final Assault: Memoirs of a Veteran Who Fought in the Battle of Berlin*. Moscou, 1980.
AINSZTEIN, Reuben. *Jewish Resistance in Nazi-Occupied Eastern Europe*. Londres, 1974.
AIR MINISTRY. *The Rise and Fall of the German Air Force (1933 to 1945)*. Londres, 1948.
ALLEN, Louis. "The Indian National Army, Renegades or Liberators?". *World War II Investigator*, Londres, v. 1, n. 4, jul. 1988.
AMERY, Julian. *Sons of the Eagle: A Study in Guerrilla War*. Londres, 1948.
AMIPAZ-SILBER, Gitta. *La Résistance Juive en Algérie 1940-1942*. Jerusalém, 1986.
ANTOSYAK, Alexei. *Operations in the Balkans 1944*. Moscou, 1980.
APENSZLAK, Jacob (Org.). *The Black Book of Polish Jewry*. Nova York, 1943.
APPLEMAN, Roy E. et al. *United States Army in World War II: The War in the Pacific — Okinawa, The Last Battle*. Washington, DC, 1948.
ARAD, Yitzhak. *Ghetto in Flames: The Struggle and Destruction of the Jews in Vilna in the Holocaust*. Jerusalém, 1980.

ARAD, Yitzhak. *Belzec, Sobibor, Treblinka: The Operation Reinhard Death Camps*. Bloomington; Indianápolis, 1987.

ARCHER, Clark (Org.). *Paratroopers' Odyssey: A History of the 517th Parachute Combat Team*. Hudson, Flórida, 1985.

ARMSTRONG, John A. (Org.). *Soviet Partisans in World War II*. Madison, Wisconsin, 1964.

ARON, Robert. *The Vichy Regime 1940-44*. Londres, 1958.

ARSEYENKO, Oleg. *An Attempt on Culture*. Kiev, 1987.

ASH, Bernard. *Norway 1940*. Londres, 1964.

AUTY, Phyllis; CLOGG, Richard (Orgs.). *British Policy Towards Wartime Resistance in Yugoslavia and Greece*. Londres, 1975.

BADER, Douglas. *Fight for the Sky: The Story of the Spitfire and the Hurricane*. Londres, 1973.

BALABKINS, Nicholas. *West German Reparations to Israel*. New Brunswick, Nova Jersey, 1971.

BALDWIN, Hanson. *Battles Lost and Won: Great Campaigns of World War II*. Londres, 1967.

BANKIER, David. "Hitler and the Policymaking Process on the Jewish Question". *Holocaust and Genocide Studies*, Oxford, v. 3, n. 1, 1988.

BAR-ADON, Dorothy; BAR-ADON, Pesach. *Seven Who Fell*. Tel Aviv, 1947.

BARKER, A. J. *Waffen S.S. at War*. Londres, 1982.

BARKER, Ralph. *Children of the "Benares": A War Crime and its Victims*. Londres, 1987.

BARKLEY, Alben W. *Atrocities and Other Conditions in Concentration Camps in Germany*. Washington, DC, 1945.

BARTOSZEWSKI, Władysław; LEWIN, Zofia. *Righteous among Nations: How Poles Helped the Jews 1939-45*. Londres, 1969.

BARTOV, Omer. *The Eastern Front, 1941-45: German Troops and the Barbarisation of Warfare*. Londres, 1985.

BARTZ, Karl. *The Downfall of the German Secret Service*. Londres, 1956.

BAUDOUIN, Paul. *The Private Diaries — March 1940 to January 1941 — of Paul Baudouin*. Londres, 1948.

BAUER, Yehuda. *Flight and Rescue: Brichah, The Organized Escape of the Jewish Survivors of Eastern Europe, 1944-1948*. Nova York, 1970.

BAUKH, Efrem (Org.). *Babi Yar: Kiev 1941-61*. Jerusalém, 1981.

BAUMBACH, Werner. *Broken Swastika: The Defeat of the Luftwaffe*. Londres, 1960.

BAUMINGER, Arieh L. *Roll of Honour*. Tel Aviv, 1971.

_____. *The Fighters of the Cracow Ghetto*. Jerusalém, 1986.

BEAUMONT, Joan. *Comrades in Arms: British Aid to Russia 1941-1945*. Londres, 1980.

BENGERSHÔM, Ezra. *David: The Testimony of a Holocaust Survivor*. Londres, 1988.

BENNETT, Ralph. *Ultra in the West: The Normandy Campaign 1944-45*. Londres, 1979.

BENTOV, Arieh. *Facing the Holocaust in Budapest: The International Committee of the Red Cross and the Jews in Hungary, 1943-45*. Genebra, 1988.

BEST, Captain S. Payne. *The Venlo Incident*. Londres, 1950.

BEZWINSKA, Tadwige; CZECH, Danuta (Orgs.). *Amidst a Nightmare of Crime: Manuscripts of Members of Sonderkommando*. Oświęcim, 1973.

BHARGAVA, Dr. M. L. *Indian National Army: Tokyo Cadets*. Nova Delhi, 1986.

BIEGANSKI, Stanislaw (Org.). *Documents on Polish-Soviet Relations 1939-1945*. Londres, 1967. 2 v.

BIRN, Ruth Bettina. "Guilty Conscience, Antisemitism and the Personal Development of some SS Leaders". In: *Remembering for the Future. Jews and Christians During and After the Holocaust*. Oxford, 1988.

BLUMENSON, Martin. *Rommel's Last Victory: The Battle of Kasserine Pass*. Londres, 1968.

BOELCKE, Willi A. *The Secret Conferences of Dr. Goebbels: October 1939-March 1943*. Londres, 1970.

BOIS, Elie J. *Truth on the Tragedy of France*. Londres, 1940.
BOND, Brian. *France and Belgium 1939-1940*. Londres, 1975.
BOOTHROYD, Basil. *Philip: An Approved Biography of HRH the Duke of Edinburgh*. Londres, 1971.
BOOZER, Jack S. "The Political, Moral, and Professional Implications of the 'Justifications' by German Doctors for Lethal Medical Actions 1938-1945". In: *Remembering for the Future. Jews and Christians During and After the Holocaust*. Oxford, 1988.
BORKIN, Joseph. *The Crime and Punishment of I. G. Farben*. Nova York, 1978.
BOWER, Tom. *Klaus Barbie: Butcher of Lyons*. Londres, 1984.
_____. *The Paperclip Conspiracy: The Battle for the Spoils and Secrets of Nazi Germany*. Londres, 1987.
BOWMAN, Steven. "Greek Jews and Christians During World War II". In: *Remembering for the Future. Jews and Christians During and After the Holocaust*. Oxford, 1988.
BRACKMAN, Arnold C. *The Other Nuremberg: The Untold Story of the Tokyo War Crimes Trials*. Nova York, 1987.
BRADDON, Russell. *Cheshire K. C.: A Story of War and Peace*. Londres, 1945.
BRAHAM, Randolph L. *The Politics of Genocide: The Holocaust in Hungary*. Nova York, 1981. 2 v.
BREUER, William B. *Hitler's Fortress Cherbourg: The Conquest of a Bastion*. Nova York, 1984.
_____. *Retaking the Philippines: America's Return to Corregidor and Bataan, October 1944-March 1945*. Nova York, 1986.
BROWNING, Christopher R. "Genocide and Public Health; German Doctors and Polish Jews 1939-41". *Holocaust and Genocide Studies*, Oxford, v. 3, n. 1, 1988.
BRUCE LOCKHART, Sir Robert. *The Marines Were There: The Story of the Royal Marines in the Second World War*. Londres, 1950.
BRUCE, George. *The Warsaw Uprising, 1 August-2 October 1944*. Londres, 1972.
BUECHNER, Colonel Howard A. *Dachau, the Hour of the Avenger: An Eyewitness Account*. Metairie, Louisiana, 1987.
BULLOCK, Alan. *Hitler: A Study in Tyranny*. Londres, 1952.
BUTCHER, Captain Harry C. *Three Years with Eisenhower: The Personal Diary of Captain Harry C. Butcher*. Londres, 1946.
BUTLER, J. R. M. *Grand Strategy*, v. 2: *September 1939-June 1941*. Londres, 1957.
CALDER, Angus. *The People's War: Britain 1939-45*. Londres, 1969.
CALVOCORESSI, Peter; WINT, Guy. *Total War: The Causes and Courses of the Second World War*. Londres, 1972.
CAMMAERTS, Emile. *The Prisioner at Laeken. King Leopold, Legend and Fact*. Londres, 1941.
CAMPBELL, Vice-Admiral Sir Ian; MACINTYRE, Captain Donald. *The Kola Run: A Record of Artic Convoys 1941-45*. Londres, 1958.
CAMPION, Joan. *In the Lion's Mouth: Gisi Fleishmann and the Jewish Fight for Survival*. Londres, 1987.
CARSTEN, Professor F. L. (Org.). *The German Resistance to Hitler*. Londres, 1970.
CARTLAND, Barbara. *Ronald Cartland*. Londres, 1945.
CASEY, Lord. *Personal Experience 1939-1946*. Londres, 1962.
CHANT, Christopher. *Kursk*. Londres, 1975.
_____. *The Encyclopedia of Codenames of World War II*. Londres, 1986.
CHARY, Frederick B. *The Bulgarian Jews and the Final Solution 1940-44*. Pittsburgh, 1972.
CHURCHILL, Winston S. *The Second World War*. Londres, 1948-54. 6 v. [Ed. bras.: *A Segunda Guerra Mundial*. Trad. de Leônidas Gontijo de Carvalho, Ênio Silveira, Brenno Silveira, Thomas Newlands. São Paulo: Companhia Editora Nacional, 1948-50.]

CIECHANOWSKI, Jan M. *The Warsaw Rising of 1944*. Londres, 1974.
CLARK, Alan. *Barbarossa: The Russian-German Conflict 1941-1945*. Londres, 1965.
CLISSOLD, Stephen. *Whirlwind: An Account of Marshal Tito's Rise to Power*. Londres, 1949.
CLIVE, Nigel. *A Greek Experience 1943-1948*. Salisbury, Wiltshire, 1985.
COATES, W. P.; COATES, Zelda K. *A History of Anglo-Soviet Relations*. Londres, 1943.
COLE, Hugh M. *United States Army in World War II: The European Theater of Operations, The Ardennes, The Battle of the Bulge*. Washington, DC, 1965.
COLLIER, Basil. *The Defence of the United Kingdom*. Londres, 1957.
COLLIER, Richard. *1940: The World in Flames*. Londres, 1979.
_____. *1941: Armageddon*. Londres, 1981.
COLLINS, Larry; LAPIERRE, Dominique. *Is Paris Burning?* Londres, 1965.
COMMISSION DE CRIMES DE GUERRE. *Bande*. Liège, 1945.
CONNELL, John. *Wavell, Scholar and Soldier To June 1941*. Londres, 1964.
COOPER, Alan W. *Bombers over Berlin: The RAF Offensive November 1943-March 1944*. Londres, 1985.
COOPER, R. W. *The Nuremberg Trial*. Londres, 1947.
COSTELLO, John. *The Pacific War*. Londres, 1985.
COUNCIL FOR THE PRESERVATION OF MONUMENTS TO RESISTANCE AND MARTYRDOM. *Scenes of Fighting and Martyrdom Guide: War Years in Poland 1939-1945*. Varsóvia, 1968.
COX, Geoffrey. *The Red Arms Moves*. Londres, 1941.
CRAVEN, Wesley Frank; CATE, James Lea (Orgs.). *The Army Air Force in World War II*. Chicago, 1953-65. 7 v.
CRUICKSHANK, Charles. *The German Occupation of the Channel Islands*. Londres, 1975.
_____. *Deception in World War II*. Oxford, 1979.
_____. *SOE in the Far East*. Oxford, 1983.
CZARNOMSKI, F. B. (Org.). *They Fight for Poland: The War in the First Person*. Londres, 1941.
CZECH, Danuta (Org.). "Kalendarium der Ereignisse im Konzentrationslager Auschwitz-Birkenau". *Hefte von Auschwitz*. Oświęcim, 1960-4.
D'ESTE, Carlo. *Bitter Victory: The Battle for Sicily, July-August 1943*. Londres, 1988.
DALLECK, Robert. *Franklin D. Roosevelt and American Foreign Policy, 1932-1945*. Nova York, 1979.
DALLIN, Alexander. *German Rule in Russia 1941-45*. Nova York, 1957.
DALTON, Hugh. *The Fateful Years: Memoirs 1931-1945*. Londres, 1957.
DAWIDOWICH, Lucy S. (Org.). *A Holocaust Reader*. Nova York, 1976.
DE GAULLE, Charles. *War Memoirs, v. 1: The Call to Honour, 1940-1942. Documents*. Londres, 1955. [Ed. bras.: *Memórias de guerra*. Rio de Janeiro: Biblioteca do Exército, 1977.]
DE JONG, L. *Holland Fights the Nazis*. Londres, 1941.
DEACON, Richard. *The Silent War: A History of Western Naval Intelligence*. Londres, 1988.
DEAKIN, F. W. *The Brutal Friendship: Mussolini, Hitler, and the Fall of Italian Fascism*. Nova York, 1966.
DEAKIN, F. W.; STORRY, G. R. *The Case of Richard Sorge*. Londres, 1966.
DEDIJER, Vladimir. *Tito Speaks: His Self-Portrait and Struggle with Stalin*. Londres, 1953.
DELMER, Sefton. *The Counterfeit Spy*. Londres, 1973.
DENFIELD, D. Colt. "The Air Raid on Dutch Harbour". *After the Battle*, Londres, n. 62, 1988.
DERRY, T. K. *The Campaign in Norway*. Londres, 1952.
DESCHNER, Günther. *Heydrich: The Pursuit of Total Power*. Londres, 1981.
DISTEL, Barbara. "29th April 1945: The Liberation of the Concentration Camp at Dachau". *Dachau Review*, Dachau, v. 1, 1988.

DIVINE, A. D. *Dunkirk*. Londres, 1945.

DJILAS, Milovan. *Wartime*. Londres, 1977.

DJUROVIC, Gradimir. *The Central Tracing Agency of the International Committee of The Red Cross*. Genebra, 1986.

DODDS-PARKER, Douglas. *Setting Europe Ablaze: Some Account of Ungentlemanly Warfare*. Londres, 1984.

DONNISON, F. S. V. *British Military Administration in the Far East 1943-46*. Londres, 1956.

DOUGLAS-HAMILTON, James. *Motive for a Mission: The Story Behind Hess's Flight to Britain*. Londres, 1971.

_____. *The Air Battle for Malta: The Diaries of a Fighter Pilot*. Edimburgo, 1981.

DROZDOV, Georgi; RYABKO, Evgenii. *Russia at War, 1941-45*. Londres, 1987.

DULLES, Allen. *The Secret Surrender*. Nova York, 1966.

DUNAND, GEORGES. *Ne perdez pas leur trace!* Neuchâtel, 1951.

DUNIN-WASOWICZ, Krysztof. *Resistance in the Nazi Concentration Camps 1933-1945*. Varsóvia, 1982.

DUNLOP, E. E. *The War Diaries of Weary Dunlop, Java and the Burma-Thailand Railway 1942-1945*. Wheathampstead, Hertfordshire, 1987.

ECKMAN, Lester; LAZAR, Chaim. *The Jewish Resistance: The history of the Jewish Partisans in Lithuania and White Russia during the Nazi Occupation, 1940-1945*. Nova York, 1977.

EGBERT, Lieutenant-Colonel Lawrence D. (Org.). *Trial of The Major War Criminals Before the International Military Tribunal, Nuremberg 14 November 1945-1 October 1946*. Nuremberg, 1947-9. 42 v.

EHRMAN, John. *Grand Strategy*, v. 5: *August 1943-September 1944*. Londres, 1956.

_____. *Grand Strategy*, v. 6: *October 1944-August 1945*. Londres, 1956.

EILER, Keith E. (Org.). *Wedemeyer on War and Peace*. Stanford, Califórnia, 1987.

EISENHOWER, Dwight D. *Crusade in Europe*. Londres, 1948. [Ed. bras.: *Cruzada na Europa*. Rio de Janeiro: Biblioteca do Exército, 1974. 2 v.]

ELLIS, Major L. F. *The War in France and Flanders, 1939-1940*. Londres, 1953.

EREZ, Tsvi. "Hungary, Six Days in July 1944". *Holocaust and Genocide Studies*, Oxford, v. 3, n. 1, 1988.

ERICKSON, John. *The Road to Stalingrad: Stalin's War with Germany*. Londres, 1975.

_____. *The Road to Berlin: Stalin's War with Germany*. Londres, 1983.

ERICKSON, John (Org.). *Main Front: Soviet Leaders Look Back on World War II*. Londres, 1987.

FARAGO, Ladislas. *The Game of the Foxes: British and German Intelligence Operations and Personalities which Changed the Course of the Second World War*. Londres, 1971.

FARRAN, Roy. *Winged Dagger: Adventures on Special Service*. Londres, 1948.

FAVEZ, Jean-Claude. *Une mission impossible: Le Comité International de la Croix-Rouge, les déportations et les camps de concentrations nazis*. Lausanne, 1988.

FEDERATION OF JEWISH COMMUNITIES IN YUGOSLAVIA. *Studies, Archival and Memorial Materials about the Jews in Yugoslavia*. Belgrado, 1979.

FERRELL, Robert H. (Org.). *The Eisenhower Diaries*. Nova York, 1981.

FEST, Joachim C. *Hitler*. Londres, 1974. [Ed. bras.: *Hitler*. Trad. de Ana Lúcia Teixeira Ribeiro, Antônio Nogueira Machado, Antônio Pantoja, Francisco Manuel da Rocha Filho. Rio de Janeiro: Nova Fronteira, 1977.]

FLEISCHNER, Eva. "Can the Few Become the Many? Some Catholics in France Who Saved Jews during the Holocaust". In: *Remembering for the Future. Jews and Christians During and After the Holocaust*. Oxford, 1988.

FLEMING, Gerald. *Hitler and the Final Solution*. Londres, 1985.

FOOT, M. R. D. *SOE in France: An Account of the Work of the British Special Operations Executive in France 1940-1944*. Londres, 1966.

FOOTITT, Hilary; SIMMONDS, John. *France, 1943-1945*. Leicester, 1988.
FOSTER, Tony. *Meetings of Generals*. Toronto, 1986.
FRANCO, Hizkia M. *Les martyrs juifs de Rhodes et de Cos*. Elizabethville, 1952.
FRANK, Anne. *The Diary of Anne Frank*. Londres, 1954. [Ed. bras.: *O diário de Anne Frank*. Trad. de Alves Calado. Rio de Janeiro: Record, 1995.]
FRANK, Hans. *Hans Frank Diary*. Varsóvia, 1961.
FREEMAN, Julie D. "German Views of the Holocaust as Reflected in Memories". In: *Remembering for the Future. Jews and Christians During and After the Holocaust*. Oxford, 1988.
FREEMAN, Michael. *Atlas of Nazi Germany*. Beckenham, Kent, 1987.
FRIEDHOFF, Herman. *Requiem for the Resistance: The Civilian Struggle Against Nazism in Holland and Germany*. Londres, 1988.
FRIEDLANDER, Saul. *Pius XII and the Third Reich*. Nova York, 1966.
FRIEDMAN, Philip. *Roads to Extinction: Essays on the Holocaust*. Nova York; Filadélfia, 1980.
FULLER, Jean Overton. *Noor-un-nisa Inayat Khan (Madeleine). George Cross, MBE. Croix de Guerre with Gold Star*. Londres, 1988.
FURSDON, Major-General Edward. "The Japanese Surrender". *After the Battle*, Londres, n. 50, 1985.
GADJA, Stan. "Air-raid on Broome". *After the Battle*, Londres, n. 28, 1980.
GANDER T. J. "The Fukuryu, Japanese Suicide Divers and the Defence of Japan, 1945". *World War II Investigator*, Londres, v. 1, n. 4, jul. 1988.
GAON, Solomon; SEREIS, M. Mitchell. *Sephardim and the Holocaust*. Nova York, 1987.
GEORG, Enno. *Die Wirtschaftlichen Unternehmungen der SS*. Stuttgart, 1963.
GERAGHTY, Tony. *March or Die: France and the Foreign Legion*. Londres, 1986.
GHOSH, K. K. *Indian National Army*. Meerut, 1969.
GILBERT, Martin. *Auschwitz and the Allies*. Londres, 1981.
_____. *Finest Hour 1939-1941*. Londres, 1983. [Ed. bras.: *Churchill: Uma vida*. Trad. de Vernáculo, Gabinete de Tradução. Rio de Janeiro: Casa da Palavra, 2016. v. 1.]
_____. *The Holocaust: The Jewish Tragedy*. Londres, 1986. [Ed. bras.: *O Holocausto: uma história dos judeus da Europa durante a Segunda Guerra Mundial*. Trad. de Samuel Feldberg e Nancy Rozenchan. São Paulo: Hucitec, 2010.]
_____. *Road to Victory 1941-1945*. Londres, 1989. [Ed. bras.: *Churchill: Uma vida*. Trad. de Vernáculo, Gabinete de Tradução. Rio de Janeiro: Casa da Palavra, 2016. v. 2.]
GILBERT, Martin (Org.). *Surviving the Holocaust: The Kovno Ghetto Diary*. Cambridge, Massachusetts, 1989.
GILL, Anton. *The Journey Back From Hell: Conversations with Concentration Camp Survivors*. Londres, 1988.
GINNS, Michael. "The Granville Raid". *After the Battle*, Londres, n. 47, 1985.
GJELSVIK, Torge. *Norwegian Resistance 1940-1945*. Londres, 1979.
GLADKOV, Teodor. *Operation Bragation, 1944*. Moscou, 1980.
GLANTZ, David M. "August Storm, Soviet Tactical and Operational Combat in Manchuria, 1945". *Leavenworth Papers*, Instituto de Estudos de Combates, Fort Leavenworth, Kansas, n. 8, jun. 1983.
_____. "The Soviet Airborne Experience". *Research Survey*, Instituto de Estudos de Combates, Fort Leavenworth, Kansas, , n. 4, nov. 1984.
GOLDBERG, Anatol. *Illya Ehrenburg, Writing, Politics and the Art of Survival*. Londres, 1984.
GOLDBERGER, Leo (Org.). *The Rescue of the Danish Jews: Moral Courage Under Stress*. Nova York, 1987.
GORLITZ, Walter (Org.). *The Memoirs of Field-Marshal Keitel*. Londres, 1965.
GRAHAM, Dominick. "For You the War Is Over". *World War II Investigator*, Londres, v. 1, n. 9, dez. 1988.

GRAY, Brian. *Basuto Soldiers in Hitler's War*. Maseru, Basutolândia, 1953.
GREEN, Colonel John H. "The Battles for Cassino". *After the Battle*, Londres, n. 13, 1976.
_____. "Anzio". *After the Battle*, Londres, n. 52, 1986.
GRENVILLE, J. A. S. *The Major International Treaties 1914-1973: A History and Guide with Texts*. Londres, 1974.
GRETTON, Vice-Admiral Sir Peter. *Convoy Escort Commander*. Londres, 1964.
GRIESS, Thomas E. *The Second World War: Europe and the Mediterranean*. Wayne, Nova Jersey, 1984.
GRIESS, Thomas E. (Org.). *The Second World War: Asia and the Pacific*. Wayne, Nova Jersey, 1984.
GRIFFITH, Hubert. *RAF in Russia*. Londres, 1942.
GROSS, Jan Tomasz. *Polish Society Under German Occupation: The Generalgouvernement 1939-1944*. Princeton, Nova Jersey, 1979.
GROVES, Leslie R. *Now It Can Be Told: The Story of the Manhattan Project*. Nova York, 1962.
GUEDALLA, Philip. *Middle East 1940-1942: A Study in Air Power*. Londres, 1944.
GUILLAIN, Robert. *I Saw Tokyo Burning: An Eyewitness Narrative from Pearl Harbour to Hiroshima*. Londres, 1981.
GURDUS, Luba Krugman. *The Death Train: A Personal Account of a Holocaust Survivor*. Nova York, 1978.
GUTMAN, Yisrael. *The Warsaw Ghetto, 1939-1943*. Bloomington, Indiana, 1985.
GUTMAN, Yisrael; KRAKOWSKI, Shmuel. *Unequal Victims, Poles and Jews During World War Two*. Nova York, 1986.
GWYER, J. M. A.; BUTLER, J. R. M. *Grand Strategy*, v. 3: *July 1941-August 1942*. Londres, 1964.
HACHIYA, Michihiko. *Hiroshima Diary: The Journal of a Japanese Physician, August 6-September 30, 1945*. Londres, 1955.
HALL, J. W. (Org.). *Trial of William Joyce*. Londres, 1946.
HAMILTON, Charles. *Leaders and Personalities of the Third Reich, Their Biographies, Portraits and Autographs*. San José, Califórnia, 1984.
HANDEL, Michael I. (Org.). *Strategic and Operational Deception in the Second World War*. Londres, 1987.
HANSELL, Major-General Haywood S. *Strategic Air War Against Japan*. Washington, DC, 1980.
HANSON, Joanna K. M. *The Civilian Population and the Warsaw Uprising of 1944*. Cambridge, 1982.
HARRIMAN, W. Averell; ABEL, Elie. *Special Envoy to Churchill and Stalin 1941-46*. Londres, 1976.
HARRIS, Roger. *Islanders Deported*. Channel Islands, 1980.
HARRISON, D. I. *These Men are Dangerous: The Special Air Service at War*. Londres, 1957.
HARRISON, Kenneth. *The Brave Japanese*. Adelaide, 1966.
HARRISON-FORD, Carl (Org.). *Fighting Words: Australian War Writing*. Melbourne, 1986.
HASHIMOTO, Mochitsura. *Sunk The Story of the Japanese Submarine Fleet 1942-1945*. Londres, 1954.
HASTINGS, Max. *Das Reich, Resistance and the March of the 2nd SS Panzer Division through France, June 1944*. Londres, 1981.
HASWELL, Jock. *The Intelligence and Deception of the D-Day Landings*. Londres, 1979.
HAWKINS, Desmond; BOYD, Donald (Orgs.). *War Report: A Record of Dispatches Broadcast by the BBC's War Correspondents with the Allied Expeditionary Force, 6 June 1944-5 May 1945*. Londres, 1946.
HERZSTEIN, Robert Edwin. *Waldheim: The Missing Years*. Londres, 1988.
HILBERG, Raul. *The Destruction of the European Jews*. Nova York, 1981.
_____. *Documents of Destruction, Germany and Jewry 1933-1945*. Londres, 1972.
HILLESUM, Etty. *Letters from Westerbork*. Londres, 1987.
HINSLEY, F. H. et al. *British Intelligence in the Second World War: Its Influence on Strategy and Operations*. Londres, 1979-88. 3 v.

HIS MAJESTY'S STATIONERY OFFICE. *Indictment presented to the International Military Tribunal Sitting at Berlin on 18th October 1945*. Londres, 1945.

_____. *British Merchant Vessels Lost or Damaged by Enemy Action During Second World War, 3rd September 1939 to 2nd September 1945*. Londres, 1947.

_____. *Ships of the Royal Navy: Statement of Losses During the Second World War, 3rd September 1939 to 2nd September, 1945*. Londres, 1947.

HOFFENBERG, Sam. *Le camp de Poniatowa: la liquidation des derniers juifs de Varsovie*. Paris, 1988.

HÖHNE, Heinz. *The Order of the Death's Head: The Story of Hitler's SS*. Londres, 1969.

HOSKING, Geoffrey. *A History of the Soviet Union*. Londres, 1985.

HOWARD, Michael. *Grand Strategy*, v. 4: *August 1942-September 1943*. Londres, 1972.

HUGHES, John Craven. *Getting Hitler into Heaven: Based on the Previously Untranslated Memoirs of Heinz Linge, Hitler's Valet and Confidant*. Londres, 1987.

HUNT, Ray C.; NORLING, Bernard. *Behind Japanese Lines: An American Guerrilla in the Philippines*. Lexington, Kentucky, 1986.

HYDE, A. R. "Pearl Harbour, Then and Now". *After the Battle*, Londres, n. 38, 1982.

HYDE, H. Montgomery. *The Quiet Canadian: The Secret Service Story of Sir William Stephenson*. Londres, 1962.

_____. *Stalin: The History of a Dictator*. Londres, 1971.

_____. *The Atom Bomb Spies*. Londres, 1980.

HYMOFF, Edward. *The OSS in World War II*. Nova York, 1986.

INBER, Vera. *Leningrad Diary*. Londres, 1971.

INTERNATIONAL COMMITTEE OF THE RED CROSS. *Documents Relating to the Work of the International Committee of the Red Cross for the Benefit of Civilian Detainees in German Concentration Camps between 1939 and 1945*. Genebra, 1975.

INTERNATIONAL MILITARY TRIBUNAL. *The Trial of the War Criminals*. Nuremberg, 1947-9. 42 v.

IRANEK-OSMECKI, Kazimierz. *He Who Saves One Life*. Nova York, 1971.

IRVING, David. *Hitler's War*. Londres, 1977.

ISELY, Jeter A.; CROWL, Philip A. *The U. S. Marines and Amphibious War, it's Theory, and it's Practice in the Pacific*. Princeton, Nova Jersey, 1951.

JACOBSEN, Dr. Hans-Adolf; ROHWER, Dr. Jürgen (Orgs.). *Decisive Battles of World War II: The German View*. Londres, 1965.

JAKSCH, Wenzel. *Europe's Road to Potsdam*. Londres, 1963.

JANKOWSKI, T.; WEESE, E. (Orgs.). *Documents on Polish-Soviet Relations, 1939-1945*. Londres, 1961. v. 1.

JOHNSON, Brigadier G. D. "The Battle of Hong Kong". *After the Battle*, Londres, n. 46, 1984.

JONES, R. V. *Most Secret War: British Scientific Intelligence 1939-1945*. Londres, 1978.

JONES, Robert Hunn. *The Roads to Russia: United States Lend-Lease to the Soviet Union*. Norman, Oklahoma, 1969.

JONES, Vincent C. *Manhattan: The Army and the Atomic Bomb*. Washington, DC, 1985.

JOSEPH, Francis. "Flying the World's First Jet Bomber". *World War II Investigator*, Londres, v. 1, n. 8, nov. 1988.

JURADO, Carlos Caballero. *Resistance Warfare 1940-45*. Londres, 1985.

KAGAN, Lord. *Knight of the Ghetto*. Londres, 1975.

KAHN, David. *Hitler's Spies: German Military Intelligence in World War II*. Londres, 1978.

KATZ, Robert. *Death in Rome*. Londres, 1967.

KEDWARD, H. R. *Resistance in Vichy France: A Study of Ideas and Motivation in the Southern Zone 1940-1942*. Oxford, 1978.

KEEGAN, John. *Who Was Who in World War II*. Londres, 1978.

_____. *Six Armies in Normandy: From D-Day to the Liberation of Paris*. Londres, 1982.

KENNEDY, Ludovic. *Menace: The Life and Death of the Tirpitz*. Londres, 1979.

KENNETT, Lee. *G. I: The American Soldier in World War II*. Nova York, 1987.

KENRICK, Donald; PUXON, Grattan. *The Destiny of Europe's Gypsies*. Londres, 1972.

KERMISH, Joseph. *The Destruction of the Jewish Community of Piotrkow by the Nazis During World War II*. Tel Aviv, 1965.

KERMISH, Joseph (Org.). *To Live with Honor and Die with Honor! Selected Documents from the Warsaw Ghetto Underground Archives*. Jerusalém, 1986.

KERSAUDY, François. *Churchill and De Gaulle*. Londres, 1981.

KIMMEL, Rear-Admiral Husband E. *Admiral Kimmel's Story*. Chicago, 1955.

KING GEORGE'S JUBILEE TRUST. *The Royal Family in Wartime*. Londres, 1945.

KITROEFF, Alexandros. "Greek Wartime Attitudes Towards the Jews in Athens". *Forum*, Jerusalém, n. 60, verão 1987.

KLARSFELD, Serge. *Memorial to the Jews Deported from France, 1942-1944*. Nova York, 1983.

_____. *The Children of Izieu: A Human Tragedy*. Nova York, 1985.

_____. *The Struthof Album: Study of the Gassing at Natzweiler-Struthof of 86 Jews whose Bodies were to Constitute a Collection of Skeletons. A Photographic Document*. Nova York, 1985.

_____. "The Upper Echelons of the Clergy and Public Opinion Force Vichy France to put an end, in September 1942, to its Broad Participation in the Hunt for Jews". In: *Remembering for the Future. Jews and Christians During and After the Holocaust*. Oxford, 1988.

KLARSFELD, Serge; STEINBERG, Maxime. *Mémorial de la déportation des juifs de Belgique*. Mechelen, Bélgica, 1982.

KLENFELD, Gerald R.; TAMBS, Lewis A. *Hitler's Spanish Legion: The Blue Division in Russia*. Carbondale; Edwardsville, Illinois, 1979.

KLESS, Shlomo. "The Rescue of Jewish Children in Belgium During the Holocaust". *Holocaust and Genocide Studies*, Oxford, v. 3, n. 3, 1988.

KNIGHTLEY, Phillip. *The Second Oldest Profession: The Spy as Bureaucrat, Patriot, Fantasist and Whore*. Londres, 1986.

KNOTT, Richard C. *Black Cat Raiders of WWII*. Nova York, 1981.

KNOX, MacGregor. *Mussolini Unleashed, 1939-1941. Politics and Strategy in Fascist Italy's Last War*. Cambridge, 1982.

KOCH, H. W. *The Hitler Youth, Origins and Development 1922-45*. Nova York, 1976.

KOCHAN, Miriam. *Britain's Internees in the Second World War*. Londres, 1983.

KOLIOPOULOS, John S. *Greece and the British Connection 1935-1941*. Oxford, 1977.

KONEV, I. *Year of Victory*. Moscou, 1969.

KRAKOWSKI, Shmuel. *The War of the Doomed: Jewish Armed Resistance in Poland, 1942-1944*. Nova York, 1984.

KULKA, Erich. *Escape from Auschwitz*. South Hadley, Massachusetts, 1986.

LAFFIN, John. *Brassey's Battles: 3,500 Years of Conflict, Campaigns and Wars from A-Z*. Londres, 1986.

LANZMANN, Claude. *Shoah: An Oral History of the Holocaust*. Documentário. Nova York, 1985.

LAQUEUR, Walter; BREITMAN, Richard. *Breaking the Silence*. Nova York, 1986.

LE CHÊNE, Evelyn. *Mauthausen: The History of a Death Camp*. Londres, 1971.
LE TISSIER, Tony. *The Battle of Berlin*. Londres, 1988.
LEACH, Barry A. *German Strategy Against Russia 1939-1941*. Oxford, 1973.
LEISER, Erwin. *Nazi Cinema*. Londres, 1974.
LEONARD, Charles J. "Okinawa". *After the Battle*, Londres, n. 43, 1984.
LEVI, Primo. *Survival in Auschwitz*. Nova York, 1959. [Ed. bras.: *É isto um homem?* Tradução de Luigi Del Re. Rio de Janeiro: Rocco, 1988.]
LEVIN, Nora. *The Holocaust: The Destruction of European Jewry 1933-1945*, Nova York, 1968. [Ed. port.: *O Holocausto: O extermínio dos judeus na Europa*. Porto: Inova, 1972.]
LEWIS, Laurence. *Echoes of Resistance: British Involvement with the Italian Partisans*. Tunbridge Wells, Kent, 1985.
LIDDELL HART, B. H. (Org.). *The Rommel Papers*. Londres, 1953.
LIFTON, Robert Jay. *The Nazi Doctors: Medical Killing and the Psychology of Genocide*. Nova York, 1986.
LINDSAY, Captain Martin; JOHNSTON, Captain M. E. *History of 7th Armoured Division, June 1943-July 1945*. Alemanha, set. 1945.
LITTLEJOHN, David. *Foreign Legions of the Third Reich*, v. 2: *Belgium, Great Britain, Holland, Italy and Spain*. San José, Califórnia, 1981.
LITTMAN, Sol. *War Criminal on Trial: The Rauca Case*. Toronto, 1983.
LOCHNER, Louis P. (Org.). *The Goebbels Diaries*. Londres, 1948.
LOCKWOOD, Douglas. *Australia's Pearl Harbour: Darwin 1942*. Melbourne, 1966.
LONGHURST, Henry. *Adventure in Oil: The Story of British Petroleum*. Londres, 1959.
LONGMATE, Norman. *The Doodle-Bugs: The Story of the Flying Bombs*. Londres, 1981.
———. *The Bombers: The RAF Offensive Against Germany 1939-1945*. Londres, 1983.
———. *Hitler's Rockets: The Story of the V-2*. Londres, 1985.
LUCAS PHILLIPS, C. E. *Victoria Cross Battles of the Second World War*. Londres, 1973.
LUND, Paul; LUDLAM, Harry. *PQ 17, Convoy to Hell: The Survivors' Story*. Londres, 1968.
MACDONALD, J. F. *The War History of Southern Rhodesia*. Salisbury, Rodésia do Sul, 1947, 1950. 2 v.
MACDONALD, John. *Great Battles of World War II*. Londres, 1986.
MACINTYRE, Donald. *The Battle of the Atlantic*. Londres, 1961.
———. *The Battle of the Pacific*. Londres, 1966.
MACK, Joanna; HUMPHRIES, Steve. *The Making of Modern London 1939-1945: London at War*. Londres, 1985.
MACKENZIE, Compton. *Mr. Roosevelt*. Londres, 1943.
MACLAREN, Roy. *Canadians Behind Enemy Lines 1939-1945*. Vancouver, 1981.
MACLEAN, Fitzroy. *Disputed Barricade: The Life and Times of Josip Broz-Tito, Marshal of Yugoslavia*. Londres, 1957.
MADEJA, W. Victor. *The Russo-German War, Summer-Autumn 1943*. Allentown, Pensilvânia, 1987.
MANCHESTER, William. *The Arms of Krupp, 1587-1968*. Boston, 1964.
———. *American Caesar Douglas MacArthur, 1880-1964*. Londres, 1979.
———. *Goodbye, Darkness: A Memoir of the Pacific War*. Nova York, 1979.
MANNING, Paul. *Hirohito: The War Years*. Nova York, 1986.
MANSTEIN, Field-Marshal Erich von. *Lost Victories*. Londres, 1958.
MANUS, Ukachukwu Chris. "Roman Catholicism and the Nazis. A Review of the Attitude of the Church during the Persecutions of the Jews in Hitler's Europe". In: *Remembering for the Future. Jews and Christians During and After the Holocaust*. Oxford, 1988.

MANVELL, Roger; FRAENKEL, Heinrich. *The Canaris Conspiracy: The Secret Resistance to Hitler in the German Army*. Londres, 1969.

MARESCH, Boguslaw (Org.). *Stutthof Historie Guide*. Gdansk, 1980.

MARGRY, Karel. "The Ambushing of SS-General Hanns Rauter". *After the Battle*, Londres, n. 56. 1987.

MARRUS, Michael R.; PAXTON, Robert O. *Vichy France and the Jews*. Nova York, 1981.

MARTIN, Lieutenant-General H. J.; ORPEN, Colonel Neil D. *Eagles Victorious: The Operations of the South African Forces over the Mediterranean and Europe, in Italy, the Balkans and the Aegean, and from Gibraltar and West Africa*. Cidade do Cabo, 1977.

MARTIN, Ralph. *World War II, A Photographic Record of the War in the Pacific From Pearl Harbour to V-J Day*. Greenwich, Connecticut, 1955.

MARTIN, Ralph G. *The G. I. War 1941-1945*. Boston, 1967.

MASER, Werner (Org.). *Hitler's Letters and Notes*. Londres, 1974.

MASON, John T., Jr. (Org.). *The Pacific War Remembered: An Oral History Collection*. Annapolis, Maryland, 1986.

MASTERMAN, J. C. *The Double-Cross System In the War of 1939 to 1945*. Londres, 1972.

MATSAS, Joseph. *The Participation of the Greek Jews in the National Resistance (1940-1944)*. Janina, 1982.

MAYER, S. L. (Org.). *The Japanese War Machine*. Londres, 1976.

MCKEE, Alexander. *Caen, Anvil of Victory*. Londres, 1984.

MEAD, Peter. *Order Wingate and the Historians*. Braunton, Devon, 1987.

MESSENGER, Charles. *The Commandos, 1940-1946*. Londres, 1985.

_____. *Hitler's Gladiator: The Life and Times of Oberstgruppenführer and Panzergeneral-Oberst der Waffen--SS Sepp Dietrich*. Londres, 1988.

MICHELIS, Meir. *Mussolini and the Jews, German-Italian Relations and the Jewish Question in Italy*. Oxford, 1978.

MIDDLEBROOK, Martin. *The Nuremberg Raid 30-31 March 1944*. Londres, 1973.

_____. *The Peenemünde Raid: The Night of 17-18 August 1943*. Londres, 1982.

_____. *The Schweinfurt-Regensburg Mission. American Raids on 17 August 1943*. Londres, 1983.

_____. *The Berlin Raids and RAF Bomber Command: Winter 1943-44*. Londres, 1988.

MILAZZO, Matteo J. *The Chetnik Movement and the Yugoslav Resistance*. Baltimore, 1975.

MILITARY INTELLIGENCE DIVISION, US WAR DEPARTMENT. *German Military Intelligence 1939-1945*. Frederick, Maryland, 1984.

MILLAR, George. *The Bruneval Raid: Flashpoint of the Radar War*. Londres, 1974.

MILLER, John, Jr. *United States Army in World War II. The War in the Pacific. Guadalcanal: The First Offensive*. Washington, DC, 1949.

MILLS, Walter. *This Is Pearl! The United States and Japan, 1941*. Nova York, 1947.

MINISTRY OF INFORMATION. *Front Line, 1940-41. The Official Story of the Civil Defense of Britain*. Londres, 1942.

_____. *The Campaign in Greece and Crete*. Londres, 1942.

MINISTRY OF NATIONAL DEFENCE. *The Canadians in Britain 1939-1944*. Ottawa, 1945.

MITCHAM, Samuel W., Jr. *Hitler's Field Marshals and their Battles*. Londres, 1988.

MOCQ, Dr. Jean-Marie. *Ascq 1944: la nuit la plus longue*. Lille, 1984.

MODELSKI, Tadeusz. *The Polish Contribution to the Ultimate Allied Victory in the Second World War*. Worthing, Sussex, 1986.

MOLHO, Michael. *In Memoriam: Hommage aux Victimes Juives des Nazis en Grèce*. Tessalônica, 1973.

MOLLO, Andrew. "Dachau". *After the Battle*, Londres, n. 27, 1980.

MOLONY, Brigadier C. J. C. *The Mediterranean and Middle East*, v. 5: *The Campaign in Sicily 1943 and the Campaign in Italy, 3rd September 1943 to 31st March 1944*. Londres, 1973.

———. *The Mediterranean and Middle East*, v. 6: *Victory in the Mediterranean*. Londres, 1984.

MORGAN-WITTS, Max; THOMAS, Gordon. *Ruin from the Air: The Atomic Mission to Hiroshima*. Londres, 1977.

MORISON, Samuel Eliot. *History of United States Naval Operations in World War II*. Londres, 1948-62. 15 v.

MORTON, Louis. *United States Army in World War II. The War in the Pacific: The Fall of the Philippines*. Washington, DC, 1968.

MOSS, Norman. *Klaus Fuchs: The Man Who Stole the Atom Bomb*. Londres, 1987.

MRAZEK, James E. *The Fall of Eben Emael: Prelude to Dunkirk*. Londres, 1972.

MUELLER, Ralph; TURK, Jerry. *Report After Action: The Story of the 103 D Infantry Division*. Innsbruck, 1945.

MUGGERIDGE, Malcolm (Org.). *Ciano's Diary 1939-1945*. Londres, 1947.

MÜLLER-HILL, Benno. *Murderous Science, Elimination by Scientific Selection of Jews, Gypsies, and others. Germany 1933-1945*. Oxford, 1988.

NEAVE, Airey. *Saturday at M.I.9: A History of Underground Escape Lines in North-West Europe in 1940-5 by a Leading Organiser at M.I.9*. Londres, 1969.

NICHOLS, David (Org.). *Ernie's War: The Best of Ernie Pyle's World War II Dispatches*. Nova York, 1986.

NORTH, John. *N-W Europe 1944-5: The Achievement of 2nd Army Group*. Londres, 1953.

NOVITCH, Miriam. *Sobibor: Martyrdom and Revolt, Documents and Testimonies*. Nova York, 1980.

NUSSBAUM, Chaim. *Chaplain on the River Kwai: Story of a Prisoner of War*. Nova York, 1988.

PABST, Helmut. *The Outermost Frontier: A German Soldier in the Russian Campaign*. Londres, 1986.

PADFIELD, Peter. *Dönitz: The Last Führer*. Londres, 1984.

PALLUD, Jean Paul. "SDE Operation Pimento". *After the Battle*, Londres, n. 26, 1979.

———. "Budapest". *After the Battle*, Londres, n. 40, 1983.

———. "Operation Merkur: The German Invasion Of Crete". *After the Battle*, Londres, n. 47, 1985.

PAPAGOS, General Alexander. *The Battle of Greece 1940-1941*. Atenas, 1949.

PARTON, James. *"Air Force Spoken Here": General Ira Eaker and the Command of the Air*. Bethesda, Maryland, 1986.

PÁVLOV, Dmitri, V. *Leningrad 1941: The Blockade*. Chicago, 1965.

PEDERSEN, Bent. "The Aarhus Attack". *After the Battle*, Londres, n. 54, 1986.

PERRAULT, Gilles. *The Red Orchestra*. Londres, 1968. [Ed. port.: *Serviços secretos soviéticos contra Hitler*. Porto: Modo de Ler Editores e Livreiros, 2008.]

PHAYER, Michael. "Margarete Sommer, Berlin Catholics, and Germany's Jews 1939-1945". In: *Remembering for the Future. Jews and Christians During and After the Holocaust*. Oxford, 1988.

PLANT, Richard. *The Pink Triangle: The Nazi War Against Homosexuals*. Nova York, 1986.

PLAYFAIR, Major-General I. S. O. *The Mediterranean and Middle East*, v. 1: *The Early Sucesses against Italy (to May 1941)*. Londres, 1954.

———. *The Mediterranean and Middle East*, v. 2: *The Germans Come to the Help of Their Ally (1941)*. Londres, 1956.

POGUE, Forrest C. *George C. Marshall, Ordeal and Hope, 1939-1942*. Londres, 1968.

POLISH AIR FORCE ASSOCIATION. *Destiny Can Wait: The Polish Air Force in the Second World War*. Londres, 1949.

POLISH MINISTRY OF INFORMATION. *The German New Order in Poland*. Londres, 1941.

PORTER, Cathy; JONES, Mark. *Moscow in World War II*. Londres, 1987.

POSNER, Gerald L.; WARE, John. *Mengele: The Complete Story*. Londres, 1986.

PRESSER, Jacob. *The Destruction of the Dutch Jews*. Nova York, 1969.

PRICE, Billy F. *Adolf Hitler: The Unknown Artist*. Houston, Texas, 1984.

PRITTIE, T. C. F.; EDWARDS, Captain W. Earle. *South to Freedom: A Record of Escape*. Londres, 1946.

PRYCE-JONES, David. *Paris in the Third Reich: A History of the German Occupation, 1940-1944*. Nova York, 1981.

PUTNEY, Diane T. (Org.). *ULTRA and the Army Air Forces in World War II*. Washington, DC, 1987.

PUVOGEL, Ulrike. *Gedenkstätten für die Opfer des Nationalsozialismus. Eine Dokumentation*. Bonn, 1987.

QUIGLEY, Harold S. *Far Eastern War 1937-1941*. Boston, 1942.

RAIBER, Dr. R. "The Führerhauptquartiere". *After the Battle*, Londres, n. 19, 1977.

RAMSEY, Winston G. "Normandy 1944-1973". *After the Battle*, Londres, n. 1, 1973.

_____. "Arnheim". *After the Battle*, Londres, n. 2, 1973.

_____. "The Battle of the Bulge". *After the Battle*, Londres, n. 4, 1973.

_____. "Eben-Emael". *After the Battle*, Londres, n. 5, 1974.

_____. "German spies in Britain". *After the Battle*, Londres, n. 11, 1976.

_____. "Crossing the Rhine". *After the Battle*, Londres, n. 16, 1977.

_____. "The Assassination of Reinhard Heydrich". *After the Battle*, Londres, n. 24, 1979.

_____. "The Lady Be Good". *After the Battle*, Londres, n. 25, 1979.

_____. "Christmas Eve 1944, Massacre at Bande". *After the Battle*, Londres, n. 30, 1980.

_____. "The Execution of Eddie Slovik". *After the Battle*, Londres, n. 32, 1981.

_____. "St Malo 1944". *After the Battle*, Londres, n. 33, 1981.

_____. "Germany Surrenders". *After the Battle*, Londres, n. 48, 1985.

_____. "Europe's Last VC". *After the Battle*, Londres, n. 49, 1985.

_____. "The Rüsselheim Death March". *After the Battle*, Londres, n. 57, 1987.

RASHKE, Richard. *Escape from Sobibor*. Boston, 1982. [Ed. bras.: *Fuga de Sobibor*. Trad. de Felipe Cittolin Abal. Porto Alegre: BesouroBox, 2011.]

RAUTKALLIO, Hannu. *Finland and the Holocaust: The Rescue of Finland's Jews*. Nova York, 1987.

READY, J. Lee. *The Forgotten Axis, Germany's Partners and Foreign Volunteers in World War II*. Jefferson, Carolina do Norte, 1987.

REED, John. "Operation Jericho, The Amiens Raid". *After the Battle*, Londres, n. 28, 1980.

_____. "The Cross-Channel Guns". *After the Battle*, Londres, n. 29, 1980.

_____. "Assault on Walcheren: Operation Infatuate". *After the Battle*, Londres, n. 36, 1982.

REITLINGER, Gerald. *The Final Solution: The Attempt to Exterminate the Jews of Europe 1939-45*. Londres, 1953.

RELY, Achiel. "Disaster at Antwerp, April 5 1943". *After the Battle*, Londres, n. 42, 1983.

_____. "The Notorious Fort Breendonk". *After the Battle*, Londres, n. 51, 1986.

REYNAUD, Paul. *In the Thick of the Fight 1930-1945*. Londres, 1955.

RHODES, Richard. *The Making of the Atomic Bomb*. Nova York, 1988.

RICHARDS, Denis. *Royal Air Force 1939-1945: The Fight at Odds 1939-1941*. Londres, 1953.

RICHARDS, Denis; SAUNDERS, Hilary St. George. *Royal Air Force 1939-1945: The Fight Avails 1941-1943*. Londres, 1954.

RINGS, Werner. *Life with the Enemy: Collaboration and Resistance in Hitler's Europe 1939-1945*. Nova York, 1982.

ROBERTSON, John. *Australia at War 1939-1945*. Melbourne, 1981.

ROBINSON, Nehemiah. *Indemnification and Reparations: Jewish Aspects*. Nova York, 1944.

ROHWER, Jürgen. *Axis Submarine Successes 1939-1945*. Cambridge, 1983.

ROLF, David. *Prisoners of the Reich: Germany's Captives 1939-1945*. Londres, 1988.

ROMANUS, Charles F.; SUNDERLAND, Riley. *United States Army in World War II, China-Burma-India Theater, Stillwell's Mission to China*. Washington, DC, 1966.

ROSKILL, Captain S. W. *The War at Sea 1939-1945*. Londres, 1959-61. 3 v.

ROWE, Vivian. *The Great Wall of France: The Triumph of the Maginot Line*. Londres, 1959.

ROYAL INSTITUTE OF INTERNATIONAL AFFAIRS. *Chronology of the Second World War*. Londres, 1947.

RUBENSTEIN, Philip (Org.). *Report on the Entry of Nazi War Criminals and Collaborators into the UK 1945-1950*. Londres, 1988.

RUBY, Mareei. *F Section SOE. The Buckmaster Networks*. Londres, 1988.

RUSSELL OF LIVERPOOL, Lord. *The Scourge of the Swastika: A Short History of Nazi War Crimes*. Londres, 1954.

_____. *The Knights of the Bushido: A Short History of Japanese War Crimes*. Londres, 1958.

SALISBURY, Harrison E. *The 900 Days: The Siege of Leningrad*. Londres, 1986.

SALMAGGI, Cesare; PALLAVISINI, Alfred. *2,194 Days of War: An Illustrated Chronology of the Second World War*. Londres, 1979.

SAUNDERS, Andy. "The Last Flight of the only Battle of Britain VC". *After the Battle*, Londres, n. 30, 1980.

SAUNDERS, Hilary St George. *Combined Operations: The Official Story of the Commandos*. Nova York, 1943.

_____. *Royal Air Force 1939-1945: The Fight is Won*. Londres, 1954.

SAWYERS, L. A.; MITCHELL, W. H. *The Liberty Ships: The History of the "Emergency" Type Cargo Ships Constructed in the United States during the Second World War*. Londres, 1980.

SCHÄFER, Ernst (Org.). *Ravensbrück*. Berlim, 1960.

SCHMIDT, Maria. "Margit Slachta's Activities in Support of Slovakian Jewry 1942-43". In: *Remembering for the Future. Jews and Christians During and After the Holocaust*. Oxford, 1988.

SCHNEIDER, Gertrude. *Journey into Terror: Story of the Riga Ghetto*. Nova York, 1979.

_____. *Muted Voices: Jewish Survivors of Latvia Remember*. Nova York, 1987.

SCHOFIELD, B. B. *The Russian Convoys*. Londres, 1964.

SCHWARBERG, Günther. *The Murders at Bullenhuser Damm: The SS Doctors and the Children*. Bloomington, Indiana, 1984.

SCUTTS, Jerry. *Lion in the Sky: US 8th Air Force Fighter Operations 1942-45*. Wellingborough, Northamptonshire, 1987.

SELWYN, Francis. *Hitler's Englishman: The Crime of Lord Haw-Haw*. Londres, 1987.

SETH, Ronald. *Jackals of the Reich: The Story of the British Free Corps*. Londres, 1982.

SEVILLIAS, Errikos. *Athens-Auschwitz*. Atenas, 1983.

SHARIPOV, Akram. *War Heroes: Stories about the Heroism of Soviet Soldiers 1941-1945*. Moscou, 1984.

SHARP, Tony. *The Wartime Alliance and the Zonal Division of Germany*. Oxford, 1975.

SHELAH, M. "The Catholic Church in Croatia, the Vatican and the Murder of the Croatian Jews". In: *Remembering for the Future. Jews and Christians During and After the Holocaust*. Oxford, 1988.

SHERWOOD, John M. *Georges Mandel and the Third Republic*. Stanford, Califórnia, 1970.

SHERWOOD, Robert E. *The White House Papers of Harry L. Hopkins*. Londres, 1948; 1949. 2 v.

SHIRER, William L. *Berlin Diary: The Journal of a Foreign Correspondent 1934-1941*. Londres, 1941.

_____. *The Rise and Fall of the Third Reich. A History of Nazi Germany*. Londres, 1960.

SHORES, Christopher; CULL, Brian; MALIZIA, Nicola. *Air War for Yugoslavia, Greece and Crete 1940-41*. Londres, 1987.

SHORTAL, John R. *Forged by Fire: General Robert L. Eichelberger and the Pacific War*. Columbia, Carolina do Sul, 1987.
SIMPSON, Christopher. *Blowback: U. S. Recruitment of Nazis and its Effects on the Cold War*. Nova York, 1988.
SLIM, Field Marshall Sir William. *Defeat into Victory*. Londres, 1956.
SLOAN, Jacob (Org.). *Notes from the Warsaw Ghetto: The Journal of Emanuel Ringelblum*. Nova York, 1958.
SLOWE, Peter; WOODS, Richard. *Battlefield Berlin, Siege, Surrender and Occupation, 1945*. Londres, 1988.
SMOLEN, Kazimierz (Org.). *From the History of K. L. Auschwitz*. Oświęcim, 1967.
_____. *K. L. Auschwitz seen by the SS*. Oświęcim, 1978.
SNYDER, Louis L. *Encyclopedia of the Third Reich*. Londres, 1976.
SNYDOR, Charles W., Jr. *Soldiers of Destruction: The SS Death's Head Division 1933-1945*. Princeton, Nova Jersey, 1977.
SOLOVYOV, Boris. *The Battle on the Kursk Salient (The Crushing of Operation Citadel)*. Moscou, 1979.
SPAIGHT, J. M. *The Battle of Britain, 1940*. Londres, 1941.
SPECTOR, Ronald H. *Eagle Against the Sun: The American War with Japan*. Nova York, 1984.
SPEER, Albert. *Inside the Third Reich*. Londres, 1970. [Ed. port.: *Por dentro do III Reich*. Trad. de Álvaro Pacheco, Raul Xavier, Aparício Fernandes. Rio de Janeiro: Artenova, 1971.]
STACEY, Colonel C. P. *The Canadian Army 1939-1945: An Official Historical Summary*. Ottawa, 1948.
STEIN, George H. *The Waffen SS: Hitler's Elite Guard at War 1939-1945*. Londres, 1966.
STEINBERG, Lucien. *Not as a Lamb: The Jews against Hitler*. Glasgow, 1974.
STEWART, Adrian. *Guadalcanal: World War II's Fiercest Naval Campaign*. Londres, 1985.
STEWART, I. McD. G. *The Struggle for Crete 20 May-1 June 1941: A Story of Lost Opportunity*. Londres, 1966.
STRONG, Major-General Sir Kenneth. *Intelligence at the Top: The Recollections of an Intelligence Officer*. Londres, 1968.
SWINSON, Arthur. *Kohima*. Londres, 1966.
SZAJKOWSKI, Zosa (Org.). *Analytical Franco-Jewish Gazeteer 1939-1945*. Nova York, 1966.
TAYLOR, Fred (Org.). *The Goebbels Diaries 1939-1941*. Londres, 1982.
TAYLOR, James; SHAW, Warren (Org.). *A Dictionary of the Third Reich*. Londres, 1987.
TAYLOR, Telford. *The Breaking Wave: The German Defeat in the Summer of 1940*. Londres, 1967.
TEC, Nechama. *When Light Pierced the Darkness: Christian Rescue of Jews in Nazi-Occupied Poland*. Nova York, 1986.
TENNYSON, Jesse F.; HARWOOD, H. M. *London Front: Letters written to America, August 1939-July 1940*. Londres, 1940.
TERRAINE, John. *The Right of the Line: The Royal Air Force in the European War 1939-1945*. Londres, 1985.
THE BELGIAN MINISTRY OF FOREIGN AFFAIRS. *Belgium: The Official Account of what Happened 1939--1940*. Londres, 1941.
THOMAS, David A. *Battle of the Java Sea*. Londres, 1968.
_____. *Nazi Victory in Crete 1941*. Nova York, 1973.
THOMAS, Nigel; ABBOTT, Peter. *Partisan Warfare 1940-1945*. Londres, 1985.
THORNE, Christopher. *The Far Eastern War, States and Societies, 1941-1945*. Londres, 1986.
TILLION, Germaine. *Ravensbrück*. Garden City, Nova York, 1975.
TOLAND, John. *Adolf Hitler*. Nova York, 1976.
TOYNBEE, Arnold; TOYNBEE, Veronica M. (Orgs.). *The Initial Triumph of the Axis*. Londres, 1958.
TREGENZA, Michael. "Belzec Death Camp". *The Wiener Library Bulletin*, v. 30. Londres, 1977.
TREMLETT, P. E. (Org.). *Thomas Cook Overseas Timetable*. Londres, nov.-dez. 1988.

TREPPER, Leopold. *The Great Game: The Story of the Red Orchestra.* Londres, 1977.
TREVOR-ROPER, H. R. (Org.). *The Last Days of Hitler.* Londres, 1947.
_____. *Hitler's Table-Talk 1941-1944.* Londres, 1953.
_____. *Hitler's War Directives 1939-1945.* Londres, 1964.
TRUNK, Isaiah. *Jewish Responses to Nazi Persecution: Collective and Individual Behavior in Extremis.* Nova York, 1979.
TUSA, Ann; TUSA, John. *The Nuremberg Trial.* Londres, 1983.
TYRNAUER, Gabrielle. *Gypsies and the Holocaust: A Bibliography and Introductory Essay.* Montreal, 1989.
UNITED NATIONS RELIEF AND REHABILITATION ADMINISTRATION. *Death Marches (Marches de la mort), Routes and Distances.* Central Tracing Bureau, 28 maio 1946.
UNITED STATES STRATEGIC BOMBING SURVEY. *The Effects of the Atomic Bomb on Hiroshima, Japan.* Washington, DC, 1947.
VERITY, Hugh. *We Landed by Moonlight: Secret RAF Landings in France 1940-1944.* Shepperton, Surrey, 1978.
VORONKOV, Nikolai. *900 Days: The Siege of Leningrad.* Moscou, 1982.
VRBA, Rudolf; BESTIC, Alan. *I Cannot Forgive.* Londres, 1963.
WARHAFTIG, Zorach. *Uprooted, Jewish Refugees and Displaced Persons After Liberation.* Nova York, 1946.
WARLIMONT, Walter. *Inside Hitler's Headquarters 1939-45.* Londres, 1964.
WARMBRUNN, Werner. *The Dutch under German Occupation 1940-1945.* Stanford, Califórnia, 1963.
WARNER, Geoffrey. *Iraq and Syria 1941.* Londres, 1974.
WARNER, Lavinia; SANDILANDS, John. *Women Beyond the Wire: A Story of Prisoners of the Japanese 1942--45.* Londres, 1982.
WARNER, Philip. *The Secret Forces of World War II.* Londres, 1985.
WATSON, Betty. *Miracle in Hellas: The Greeks Fight On.* Londres, 1943.
WATTS, Franklin (Org.). *Voices of 1942-43: Speeches and Papers of Roosevelt, Churchill, Stalin, Chiang, Hitler and other leaders, Delivered During 1942.* Nova York, 1943.
WEBSTER, Sir Charles; FRANKLAND, Noble. *The Strategic Air Offensive Against Germany, 1939-1945.* Londres, 1961. 4 v.
WERTH, Alexander. *The Last Days of Paris: A Journalist's Diary.* Londres, 1940.
_____. *Moscow '41.* Londres, 1942.
_____. *Leningrad.* Londres, 1944.
_____. *The Year of Stalingrad: An Historical Record and a Study of Russian Mentality, Methods and Policies.* Londres, 1946.
_____. *Russia at War 1941-1945.* Londres, 1964.
WEST, Nigel. *MI5: British Security Service Operations 1909-1945.* Londres, 1981.
_____. *MI6: British Secret Intelligence Service Operations 1909-45.* Londres, 1983.
_____. *GCHQ: The Secret Wireless War 1900-86.* Londres, 1987.
WHEELER, Harold. *The People's History of the Second World War September 1939-December 1940.* Londres, 1941.
WHEELER, Richard. *Iwo.* Nova York, 1980.
WHEELER-BENNETT, John W. *King George VI, His Life and Reign.* Londres, 1958.
WHITING, Charles. *Massacre at Malmédy: The Story of Jochen Peiper's Battle Group Ardennes, December 1944.* Londres, 1971.
WILLIS, John. *Churchill's Few: The Battle of Britain Remembered.* Nova York, 1987.

WILLOUGHBY, Major-General Charles A. *Sorge: Soviet Master Spy*. Londres, 1952.
WILLOUGHBY, Major-General Charles A.; CHAMBERLAIN, John. *MacArthur 1941-1951: Victory in the Pacific*. Londres, 1956.
WILLS, Henry. "British Invasion Defences". *After the Battle*, Londres, n. 14, 1976.
WILMOT, Chester. *The Struggle for Europe*. Londres, 1952.
WINANT, John G. *A Letter from Grosvenor Square: An Account of a Stewardship*. Londres, 1947.
WINN, Godfrey. "P.Q.17". Londres, 1947.
WINTON, John. *Ultra at Sea*. Londres, 1988.
WISKEMANN, Elizabeth. *Europe of the Dictators 1919-1945*. Londres, 1966.
WISTRICH, Robert. *Who's Who in Nazi Germany*. Londres, 1982.
WOODWARD, Sir Llewellyn. *British Foreign Policy in the Second World War*. Londres, 1962.
WORM-MULLER, Professor Jacob. *Norway's Revolt Against Nazism*. Londres, 1941.
YEREMYEV, Leonid. *USSR in World War II Through the Eyes of Friends and Foes*. Moscou, 1985.
YERGER, Mark C. *Otto Weidinger: Knights Cross With Oak Leaves and Swords*. Winnipeg, Manitoba, 1987.
ZAWODNY, J. K. *Nothing but Honour: The Story of the Warsaw Uprising, 1944*. Londres, 1978.
ZEE, Henri A. van der. *The Hunger Winter: Occupied Holland 1944-5*. Londres, 1982.
ZEVIN, B. D. (Org.). *Nothing to Fear: The Selected Addresses of Franklin Delano Roosevelt 1932-1945*. Londres, 1947.
ZHUKOV, Marshal of the Soviet Union, G. *Reminiscences and Reflections*. Moscou, 1985. 2 v.
ZIEGLER, Philip. *Mountbatten*. Londres, 1985.
ZUCCOTTI, Susan. *The Italians and the Holocaust: Persecution, Rescue and Survival*. Londres, 1987.

Mapas regionais

1. Alemanha

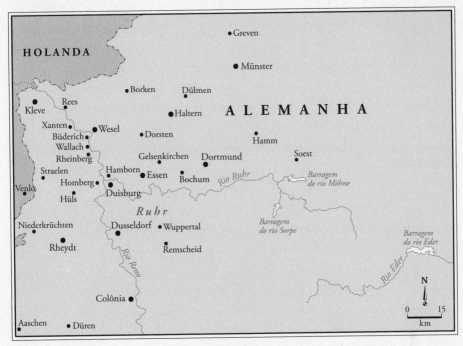

2. O Ruhr

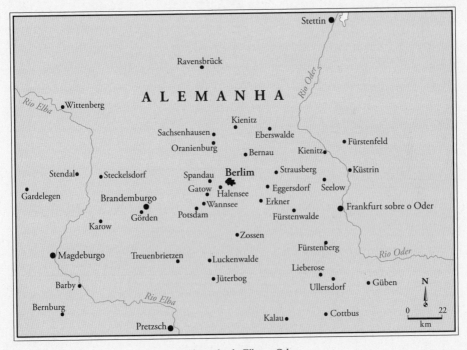

3. Alemanha do Elba ao Oder

4. Alemanha Oriental, Prússia Oriental, Polônia e Estados Bálticos

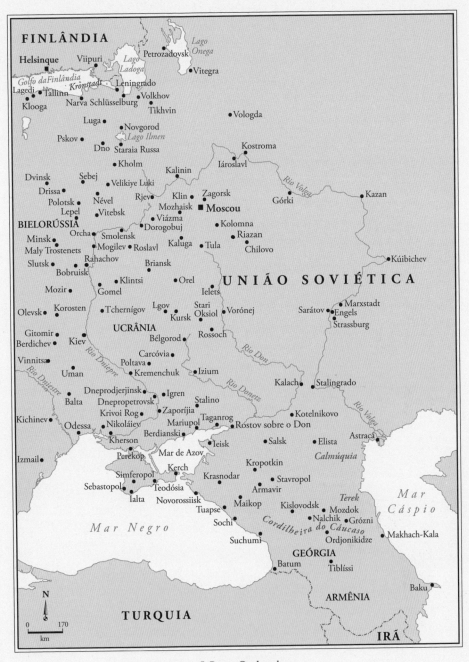

5. Rússia Ocidental

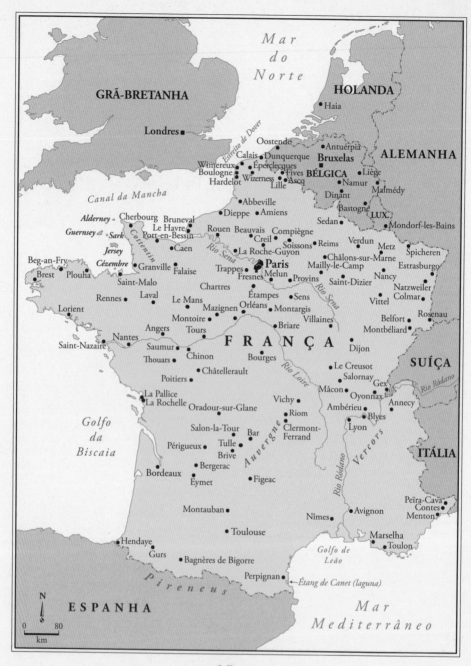

6. França

7. Holanda

8. Grã-Bretanha

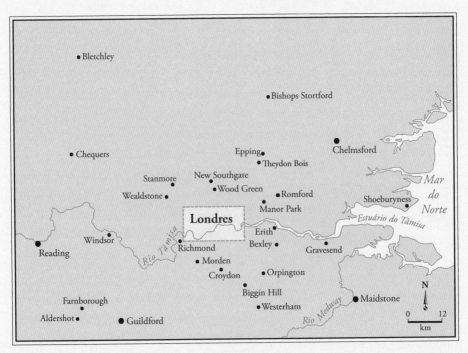

9. Vale do Tâmisa

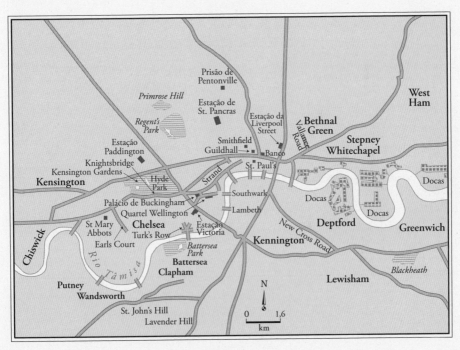

10. Londres

11. Norte da Itália

12. Áustria, Eslováquia, Hungria e Iugoslávia

13. Mediterrâneo

14. A fronteira egípcio-líbia

15. As ilhas do Dodecaneso

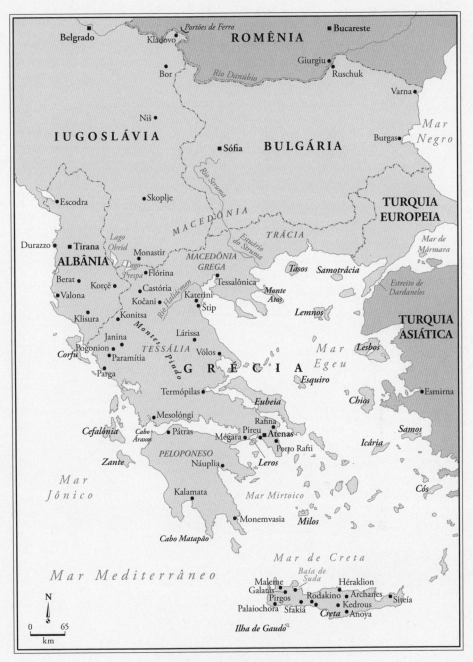

16. Sul da Iugoslávia, Bulgária, Grécia e Creta

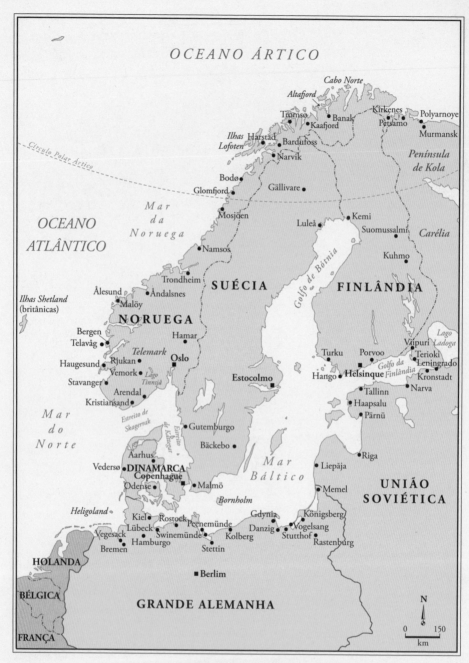

17. Escandinávia e o Báltico

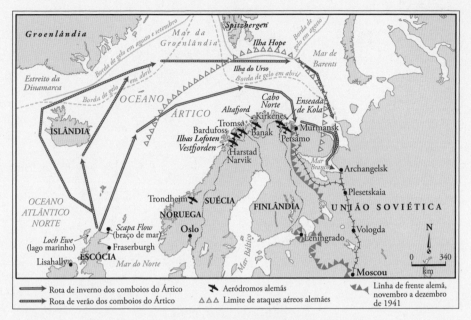

18. Os comboios do Ártico

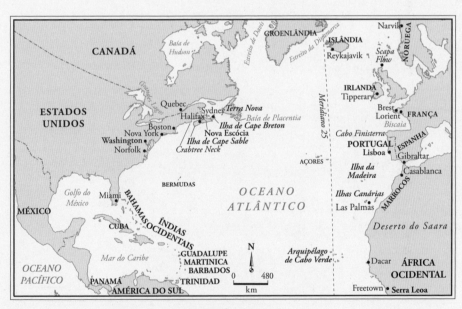

19. Oceano Atlântico

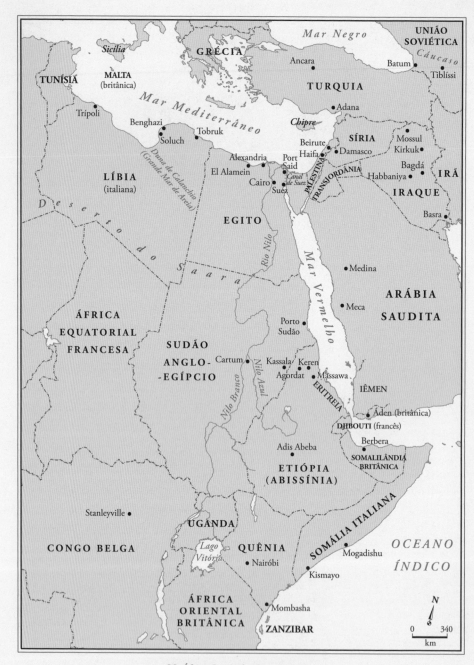

20. África Oriental e Oriente Médio

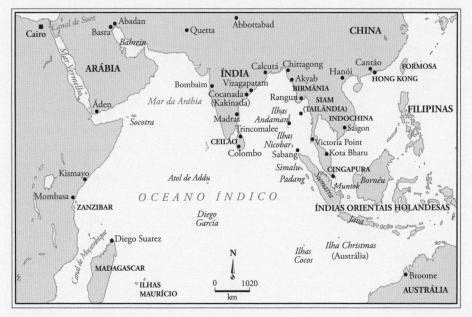

21. Oceano Índico

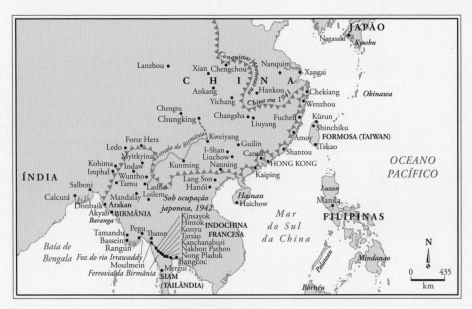

22. Birmânia, Indochina e China

23. Filipinas e Índias Orientais Holandesas

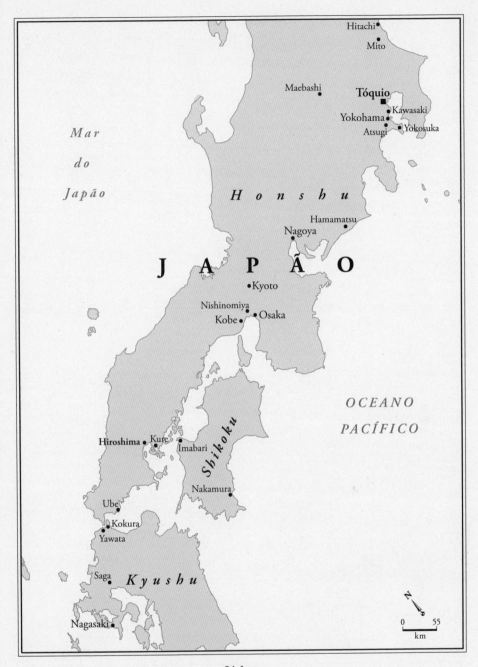

24. Japão

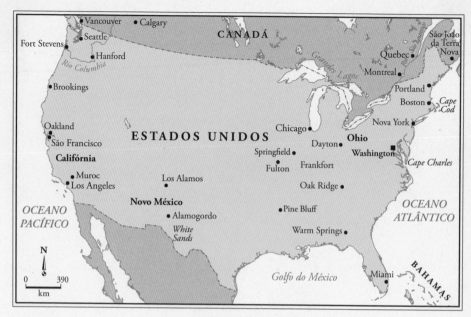

25. Estados Unidos

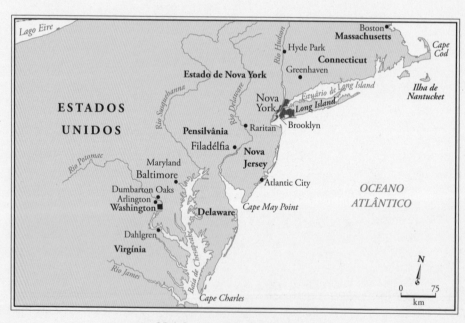

26. A Costa Leste dos Estados Unidos

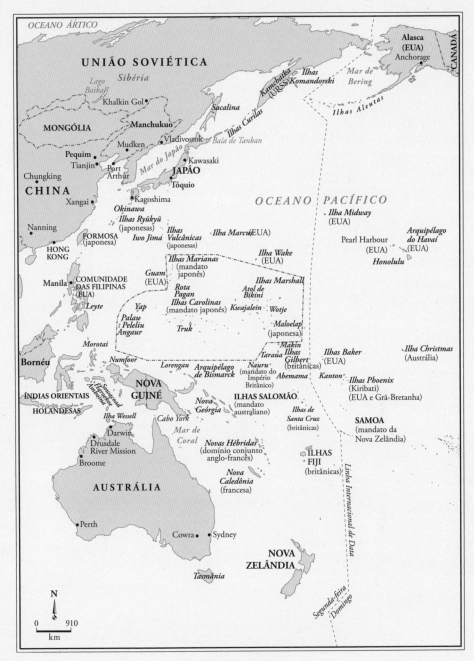

27. Oceano Pacífico

28. Nova Guiné e ilhas Salomão

Índice remissivo

A4, bomba-foguete alemã, 427, 468
A5 (navio de pesca belga), em Dunquerque, 120
A-54, agente Aliado na Alemanha, 51, 168
Abadan (Irã), ameaça aos campos petrolíferos, 445
Abbeville (França): britânicos mantêm posição, 127; chegada dos alemães, 106
Abdullah I, emir da Transjordânia, e "o fim é certo", 482
Abetz, Otto: em Paris, 198; em Rasenburg, 309
Abusch, Walter, executado, 53
Abutre, quebra de uma chave criptográfica Enigma, 270, 311
"acampamento para famílias": esconderijo de judeus, 442, 463, 473; judeus assassinados no, 494
Acasta (contratorpedeiro britânico), afundado, 129
Achilles (cruzador britânico), 63
ácido cianídrico, utilizado para matar prisioneiros de guerra soviéticos, 303
Adak (ilhas Aleutas), base de bombardeiros norte-americana, 460
Addu, atol de (ilhas Maldivas), 404
Aden, bombardeada, 132
Adis Abeba (Etiópia): avanço britânico, 209; evacuada, 229; retorno do imperador, 242

Admiral Graf Spee (encouraçado de bolso alemão): afunda um navio mercante britânico, 41; deliberadamente afundado, 63
Admiral Hipper (cruzador pesado alemão), ataque a navios mercantes britânicos, 495
Adventure (contratorpedeiro britânico), danificado, 56
África do Sul, declara guerra à Finlândia, Hungria e Romênia, 350; tropas sul-africanas no Deserto Ocidental, 434, 457, 474
África Equatorial Francesa, 186
África Ocidental Francesa, Operação Ameaça, 177
África Oriental Britânica, 131
Afridi (contratorpedeiro britânico), atingido, 93
Agordat (Eritreia), ocupada, 212
água pesada, usina de fabricação, 409
Águia Pescadora, código alemão, quebrado, 467
Airedale (contratorpedeiro britânico), afundado, 428
Aisne, rio (França), batalha no, 123, 127
Ajax (contratorpedeiro britânico), em ação, 27, 63
Akagi (porta-aviões japonês), afundado, 423
Akulovo (vilarejo nos arredores de Moscou), expulsão dos alemães, 347

Alam Halfa (Deserto Ocidental), Rommel é forçado a se retirar, 457
Albânia: invasão da Grécia, 187-8; tropas gregas avançam, 197, 204; fracasso do contra-ataque italiano, 221; novo avanço de tropas italianas, 232; declara guerra à União Soviética, 270
Alberto, canal (Bélgica), atacado, 96
Aldershot (Inglaterra), bombardeada, 154
Aleksandrovka (Leningrado), capturada, 308
Alemanha: invasão da Polônia e, 21-38; eutanásia e, 35, 45, 69-70, 150, 155, 296, 431, 483; anexação do oeste da Polônia e, 47; uma missão de paz e, 80; desembarque inesperado na, 82; política britânica de bombardeios e, 154, 166, 183, 189, 197, 201, 277, 279, 397, 402, 410, 422, 451, 459; Batalha da Inglaterra e, 164-75; Blitz contra a Grã-Bretanha e, 173, 177, 183, 189, 213, 221, 233, 240, 243; eixo Berlim-Tiblíssi, e, 259; invasão da União Soviética e, 264; declara guerra aos Estados Unidos, 357, 358; pressiona o Japão a agir contra a Rússia, 402; protestos de católicos e protestantes, 406; política de bombardeios Aliada e, 483; *ver também* Enigma (máquina de codificação alemã); Gestapo; Hitler, Adolf; judeus; ss
Ålesund (Noruega), norugueses detidos, 413; plano de desembarque em, 89
Aleutas, ilhas, desembarques nas, 423
Alexander, general Sir Harold: El Alamein e, 474; em Dunquerque, 121, 124; em Rangun, 395; recua para a Índia, 418
Alexandria (Egito): navios de guerra franceses em, 154; reforços britânicos, 170, 198; pensamentos de Hitler sobre, 188; ameaça a, 200; ataque de torpedo tripulado italiano, 362; britânicos recuam para, 431-2; pedido de Rommel para capturar a cidade é negado, 438
Aliakhmon, Linha (Grécia): avanço alemão, 233; domínio dos alemães, 234
Allen, capitão, morto a tiros, 118
Almirantado (Leningrado), torres douradas do edifício, 307
Alor Setar (Malásia), 325, 359
Alta Silésia, repressão na, 24

Alta Silésia Oriental (Polônia), expulsão dos poloneses, 54
Altafjord (norte da Noruega), navio de guerra alemão na, 436
Altmark (navio auxiliar alemão), 73
"Altona", senha para o adiamento da Operação Barbarossa, 257
alumínio, para a fabricação de aeronaves, 156
Alvo para esta noite (filme), 284
Alytus (Lituânia), batalha em, 265
Amboina (Índias Orientais Holandesas), destino de prisioneiros de guerra, 382
América do Norte, Hitler nega intenções na, 135
América do Sul, Hitler nega interesse na, 135
Amerika (trem de Hitler), 25, 186, 188, 203, 232, 361
Amiens (França), chegada dos alemães, 106
Amsterdam (Holanda), execução em, 218; expulsão dos judeus para, 371; fuga de crianças, 103; greves e represálias em, 215
Åndalsnes (Noruega), desembarque em, 89; retirada de, 92
Andamã, ilhas (baía de Bengala), ocupação japonesa, 401
Andrew, príncipe da Grécia, 204, 224
Anin (Polônia), morte de reféns, 65
Antonescu, marechal Ion: sobe ao poder na Romênia, 173; adverte a Alemanha acerca dos preparativos soviéticos, 241; reúne-se com Hitler, 253
Antuérpia (Bélgica): demolições em, 104; cai para os alemães, 105; campo de punições nos arredores de, 177
Aosta, duque de, ordena a evacuação de Adis Abeba, 229
Aparri (Filipinas), desembarque japonês em, 357
apelo de ajuda à Rússia, 315
Arabel, agente duplo, 281
Arandora Star (luxuoso transatlântico), afundado, 151
Arco do Triunfo, a ser construído em Berlim, 324
Arco do Triunfo (Paris), suástica no, 136
Ardenas (Bélgica, Luxemburgo), chegada dos alemães, 98, 101-2

Ardent (contratorpedeiro britânico), afundado, 129
Arendal (Noruega), planos alemães para desembarque, 77
Argel (Argélia): desembarque secreto, 473; desembarque das forças Aliadas, 479; chegada de navios de guerra franceses, 487; ataque de torpedo tripulado, 489
Argélia, desembarque Aliado, expectativa, 444, 473, 477-8
Argus (porta-aviões britânico), ajuda Malta, 161; vai para o norte da Rússia, 294
"arianos", superioridade dos, 49, 467
Arizona (encouraçado norte-americano), morte de tripulantes, 352
Ark Royal (porta-aviões britânico), torpedeado, 333
Arkhangelsk (União Soviética): plano de avanço alemão para, 162, 202; ajuda britânica à Rússia em, 283, 294; comboios britânicos para, 314, 317, 417, 419
Arlington, cemitério (Virgínia), enterro em, 271
Armavir (Cáucaso), chegada dos alemães, 445
Armênia, planos alemães, 259
Armstrong, George, condenado à forca, 184
Aromático (Edward Rizzo), agente britânico, 239
Arras (França), contra-ataque britânico em, 107
Artois (França), tropas britânicas em, 111
Ascensão, ilha de (Atlântico Sul), naufrágio do navio britânico *Laconia* na, 460
Asché (agente secreto francês), e a máquina Enigma, 69
Ásia: possível retirada de Stálin para a, 308; terror e, 383
Asia (trem de Göring), em Calais, 171
"Ásia para os asiáticos", Exército Nacional Indiano e, 359
"asiáticos", comentário de Stálin sobre os russos e japoneses, 233
Astoria (cruzador pesado dos EUA), afundado, 448
Astracã (Rússia): reforços soviéticos, 347; guerrilheiros saltam de paraquedas, 473

Atenas (Grécia): ajuda britânica a, 204; tropas alemãs em, 239
Athenia (navio britânico de passageiros), afundado, 24
Atlanta (cruzador ligeiro dos EUA), afundado, 482
Atlantis (cruzador corsário alemão): 64; afundado, 340; em ação, 193; pronto para zarpar, 84
Attu, ilha de (Aleutas), japoneses desembarcam em, 423
Auchinleck, general John Claude: ataques, 341; defesa, 434
Augsburgo (Alemanha): bombardeios, 407; judeus deportados para a morte, 405
Augustów (Polônia), movimentos de tropas próximo, 259
Aurora (cruzador russo), em ação, 301
Auschwitz (Polônia): campo de punição para poloneses, 74, 92; deportação de poloneses e judeus para, 138; poloneses deportados para, 177, 203, 226; fuga e represálias, 290; experimentos de morte por gás tóxico, 291, 300, 303; câmaras de gás em Birkenau e, 399, 413, 440-1, 446, 449, 467; fábrica de gasolina sintética em Monowitz e, 418; assassinato de mulheres e crianças tchecas (de Lídice), 425; deportações de judeus para, 429, 431, 434, 438, 455, 463, 465, 472, 475, 491; experimentos médicos, 437, 470; visitas de Himmler, 440, 449; trabalhos forçados e, 452, 465; recusa de deportar judeus para, 491
Austrália: tropas australianas na França, 120; ação naval no Pacífico, 132; cruzador corsário alemão e, 145; tropas australianas chegam à Grã-Bretanha, 162; tropas australianas no Norte da África, 204-5, 209, 212, 232, 338, 406, 457, 474; tropas australianas na Grécia, 233, 235; tropas australianas em ação em Creta, 248; tropas australianas em ação na Síria e no Líbano, 254; afundamento do *Sydney* ao largo da costa, 338; declara guerra à Finlândia, Hungria e Romênia, 350; Hitler prevê a conquista japonesa da, 361; tropas australianas em ação

na Malásia e no Extremo Oriente, 377, 381, 382, 386; ameaça japonesa, 381; destino das enfermeiras da, 388; MacArthur transfere o quartel-general para a, 390; parte da, possibilidade de "cair em mãos inimigas", 391; destino dos prisioneiros de guerra, 393, 431; cidade bombardeada na, 394; MacArthur chega, 396; japoneses se aproximam, 405, 413; MacArthur envia ordens da, 405; ataque de submarinos a Sydney e, 422-3; em ação na Nova Guiné, 438, 442, 444, 455, 461, 478, 482, 488;

Áustria, possíveis negociações de paz e (1940), 83

Automedon (navio britânico), atacado, 193

Azerbaijão: e uma celebração, 323; planos alemães para o, 259

Azov, mar de (sul da Rússia), chegada de forças alemãs, 318

Babi Iar (Kiev), massacre de judeus em, 313

Bach-Zelewski, general Erich von dem: assassinatos em massa e, 292; judeus da Estônia, 329

Bačka, província (Iugoslávia): chegada de húngaros, 232; oferecida à Hungria, 224, 228

Badaiev, armazém de (Leningrado), bombardeado, 305

Baden (Alemanha), judeus deportados, 185

Bader, Douglas: Batalha da Inglaterra e, 166; queda da França e, 140

Bagac (Filipinas): desembarque japonês ao sul de, 377; revés japonês, 380

Bagdá (Iraque): assassinato de judeus, 251; Rashid Ali e, 227, 235, 245

Bahrein (golfo Pérsico), ameaça aos campos de petróleo de, 445

Baikal, lago (Sibéria), e o Japão, 402

Bakopoulos, general Konstantinos, recebe ordem para se render, 230

Baku (União Soviética): proposta anglo-francesa para bombardear campos de petróleo, 84; planos alemães contra, 161, 188, 443; plano de Hitler para bombardear, 478

Balakin, Viátcheslav, diário de um guerrilheiro, 384

Balanga (Filipinas), uma "marcha da morte", 406

Balbo, marechal Italo, morto, 149

Bálcãs: esperanças da Alemanha para os, 161; severidade alemã nos, 475, 492

Balham (Londres), morte de 64 pessoas, 183

Balikpapan (Bornéu): desembarque japonês em, 377; batalha em, 379; ocupação, 379

Balta (sul da Rússia), campo de concentração nas proximidades, 374

Báltico, mar, implantação de minas, 254

Baltimore (Maryland), um "navio da liberdade" levanta âncora, 313

Baltiski (Estônia), base ocupada pela União Soviética, 41

Bampong (Tailândia), e a ferrovia da Birmânia, 432

Banak (norte da Noruega), aeronaves alemãs desviadas de, 481

Bandung (Índias Orientais Holandesas): destino de prisioneiros de guerra, 409; rumores sobre prisioneiros de guerra em, 416

Bangcoc (Tailândia), desembarque japonês, 356

Banjarmasin (Bornéu), desembarque japonês, 386

Bank, estação de metrô (Londres), mais de cem mortos, 205

Baranowicze (leste da Polônia): centro soviético de comunicações, 257; invadida, 266; atividades de guerrilha nas imediações, 376; assassinato de judeus em, 393

Barbados, afundamento do U-156, 461

Barbarossa (Barba Ruiva) imperador Frederico: aniversário de falecimento, 254; conquistas do século XII, 200

Barday, Cecil, em Moscou, 270, 312

Bardia (Líbia): atacada, 204; ataque rechaçado à, 235; capturada por Rommel, 429

Barham (encouraçado britânico): cruza o Mediterrâneo, 193; afundado, 341

Barlas, Chaim, ouve que Hitler "perdeu a guerra", 466

Barricada da Liberdade (jornal de Varsóvia), publica relato dos assassinatos de Chełmno, 424

Bartolomeo Colleoni (cruzador italiano), afundado, 273
Basra (Iraque): ajuda ao Egito desviada de, 432; desembarque de tropas britânicas, 235
Bastilha, Dia da Queda da (1940), 156
Bataan, ilha (Filipinas), desembarque japonês, 355
Bataan, península (Filipinas): avanço japonês, 369, 372, 375; recuo de tropas norte-americanas, 377; "guerreiros destemidos" de, 379; êxito americano-filipino, 382; últimas batalhas, 405, 406
Bataisk (sul da Rússia), invasão alemã, 443
Batalha da Inglaterra, 164-75
"batalhões de destruição", formação de unidades de defesa domésticas especiais na Rússia, 268
Batávia (Índias Orientais Holandesas): despejamento de chá, 220; cruel destino dos evacuados, 394; evacuação final, 395
Bath (Inglaterra), bombardeio, 410
Batum (mar Negro), ocupação, 293, 443, 464
Baudouin, Paul, e a frota francesa, 142
Baum, Herbert, executado, 417
Baum, Marianne, morta a tiros, 417
BBC (British Broadcasting Corporation): bombardeio do Ruhr e, 105; bombardeio de Munique e, 193; perdas alemãs na Rússia e, 318; destino dos judeus da Polônia e, 432
Beauvais (França), aviador desarmado atingido perto de, 107
Beaverbrook, Lord, em Moscou, 294, 314
Beck, Adolf, assassinado por guerrilheiros soviéticos, 443
Beck, general Ludwig, 83, 94
Beda Fomm (Líbia), recuo de tropas italianas, 212
Bedouin (contratorpedeiro britânico), afundado, 428
Będzin (Polônia), assassinato de judeus em, 29
Bégué, Georges, salta de paraquedas na França (1941), 242
Beirute (Líbano), conquista de, 253
Bela Crkva (Iugoslávia), confronto armado, 276
Belfort (França), tropas alemãs em, 129
Bélgica: planos de guerra de Hitler e, 44, 56, 67, 94; planos anglo-franceses, 84, 88; invasão da, 96; batalhas na, 98, 101-12, 114; rendição, 116; navios de pesca em Dunquerque, 120; tropas na Grã-Bretanha, 158; sob domínio alemão, 177; obras de arte levadas da, 181; rota de fuga e, 239; deportação de judeus da, 431, 441, 449, 463, 467, 476; voluntários belgas na frente oriental, 446; retirada de bombardeiros alemães, 477
Bélgorod (Rússia), entrada dos alemães, 321
Belgrado (Iugoslávia), a ser destruída, 225; vulnerável, 225; bombardeada, 229; avanço de tropas alemãs, 230, 232; ocupação alemã, 233; assinatura da rendição da Iugoslávia em, 234; resistência e represálias, 287; morte de judeus em caminhões de gás, 424
Belomorsk (Rússia), 273
Bełżec (Polônia), campo de extermínio, 376, 396, 399, 405, 413, 424, 429, 441, 449, 463, 472; campo de trabalhos forçados, 181; judeu nascido em, deportado para Auschwitz, 434
Benedita, irmã *ver* Stein, Edith
Bengala, baía de, navios mercantes afundados na, 404
Benghazi (Líbia): bombardeada, 197; capturada, 213; evacuada, 228; ocupada por Rommel, 381; perdida por Rommel, 487
Berbera (capital da Somalilândia Britânica), ocupada, 168
Berchtesgaden (Baviera), Hitler emite ordem de "Aguentem!", 486
Berdiansk (Rússia), chegada de alemães, 317
Berdítchev (Rússia): Hitler em, 292; morte de judeus em, 289, 309
Bereski (Rússia), emboscada em, 383
Bereza Kartuska (leste da Polônia), assassinatos de judeus, 442
Berezina, rio (Rússia), batalha no, 272
Berezovka (Rússia), uma cena macabra, 374
Berg, Mary, no gueto de Varsóvia, 340, 357
Bergé, Georges, retorna à Grã-Bretanha, 221
Bergen (Noruega), ação Aliada em, 72, 77, 80, 85, 87
Bergonzoli, general Annibale: bate em retirada, 204; capturado, 213

Bergson, Henri, registros, 180
Beria, Lavrenti, e os "batalhões de destruição", 268
Bering, estreito de, cruzador corsário alemão, 155
Berlim: transmissão radiofônica de, 33; guerra no mar, 36; energia nuclear e, 37-8; apelo de Hitler de, 43; lançamento de folhetos e, 43, 77; futuro dos poloneses, 55; máquina Enigma e, 69; destino da Dinamarca e, 87; falta de entusiasmo pela guerra, 92; bombardeada (1940-1), 145, 169, 173, 179, 189, 195, 203, 230, 279, 293, 331; planos de construção de Hitler, 146, 148, 297, 324; planos de Hitler para o pós-guerra, 146, 235, 262, 308; retorno triunfante de Hitler, 154; "oferta de paz" de Hitler (julho de 1940), 157; política britânica de bombardeio e, 184; notícias do campo de internamento de Gurs, 185; exibição de filme antissemita, 198; "ano crucial" (1941) e, 212; judeus berlinenses, 296, 303, 321, 342, 345; protestos em, 300, 326-7; Hitler fala da Batalha de Moscou, 317; conferência sobre o "futuro" dos judeus em, 360; cartazes nazistas, 417; construção das Torres Flak, 467
Berlim-Tiblíssi, eixo, a ser estabelecido, 259; mapa mostrando, 261
Bermudas, afundamento de navio de abastecimento, 432
Bernatowicz, Pelagia, condenada à morte, 216
Bernburg (Alemanha), morte de judeus por gaseamento, 342, 346
Bertram, cardeal de Breslau, carta de protesto para, 326
Bessarábia (Romênia): cedida pela União Soviética, 148-96, 153; desejo romeno de retorno, e Alemanha, 173, 253
Best, capitão Sigismund Payne: sequestrado, 53; promoção do sequestrador de, 137
Bethnal Green (estação de metrô em Londres), túnel usado como abrigo, 182
Béthouart, general Antoine, desembarca na Noruega, 100
Béthune (França), pequena retirada alemã, 111
Bevan, coronel John, e planos de embuste, 445

Biała Podlaska (Polônia), assassinato de prisioneiros de guerra soviéticos em, 364
Białka (Polônia), assassinato de poloneses por ajudarem judeus, 489
Białowieża (Polônia), assassinato de poloneses, 494
Białowola (Polônia), assassinato de poloneses, 495
Białystok (Polônia): tropas soviéticas em alerta, 258; assassinato de poloneses nas imediações, 454; assassinato de judeus da região, 479
Biarritz (navio a vapor britânico), evacuação de tropas, 139
bielorrussos: assassinados, 282; protesto contra os assassinatos, 327
Biggin Hill (Inglaterra), ataque ao aeródromo, 169-70
Bihać (Iugoslávia), expulsão dos guerrilheiros, 415
Billancourt (Paris), bombardeada, 394
Bingel, tenente Erwin, testemunha ocular de massacre, 309
Bir Hakeim (Líbia): cerco de, 251; batalha, 420
Birkenau (Auschwitz) *ver* Auschwitz
Birmânia: pressões sobre, 153, 183; em perigo, 391; invasão japonesa, 395, 412; "ferrovia da morte", 432
Birmingham (Inglaterra), bombardeada, 196
Biržai (Lituânia), pouso de paraquedistas soviéticos, 396
Biscaia, golfo de, "Fortaleza Europa" e, 365
Bismarck (encouraçado alemão): projetos, 76; em preparação, 161; em ação, 249
Bismarck, arquipélago de (Pacífico), bomba japonesa, 371
Bison (contratorpedeiro francês), torpedeado, 93
Bitner, Czesław, desembarca na França, 239
Bizerte (Tunísia), Hitler envia tropas às pressas, 480
Bjerkvik (Noruega), desembarque Aliado em, 100
Black, capitão G. D., missão, 463
Blaney, capitão M. F, 201

Blankenberge (Bélgica), ataque a, 112
Blaskowitz, general Johannes, protestos de, 44, 50, 55, 73
Bleichrode, Heinrich, ataca comboios do Atlântico, 184
Bletchley Park: máquina Enigma e, 76, 90, 108, 122, 217, 219, 270; máquina Púrpura e, 211, 245; revolta de Rashid Ali no Iraque e, 245; avanço alemão na Rússia e, 270; guerra no mar e, 289; promessa de Hitler ao Japão e, 298; ordens alemãs para atacar Moscou e, 305, 314; debilidade aérea alemã na frente oriental e, 335; quebra de cinco chaves Enigma e (janeiro de 1942), 370; falhas e sucessos, 383, 429
Blitz: bombardeio alemão de Londres, 173, 177, 183, 189, 221; perdas alemãs, 190; perdas britânicas, 204, 225; moral britânico e, 206, 211; contra Bristol, 233; contra Plymouth, 240; contra Clydeside e Liverpool, 243
Blitzkrieg, método de "guerra-relâmpago", 22
Blomberg, major Axel von, morto por uma bala perdida britânica, 245
Blum, Léon, o destino de seu irmão, 467
Blum, René, assassinado na câmara de gás em Auschwitz, 467
Blyes (França), suprimentos lançados de paraquedas, 402
Boa Esperança, cabo da (África do Sul): ajuda ao Egito pelo, 432; rota essencial, 480, 487
Bobruisk (Rússia): capturada, 272; assassinato de judeus em, 362; guerrilheiros soviéticos nas proximidades, 397; operação antiguerrilha, 398
Bock, marechal de campo Fedor von, 292, 323, 392, 435
Bodø (Noruega): tropas britânicas em, 98; tropas a caminho, atacadas, 101; evacuação de, 117
Boêmia-Morávia, 29
Bogen (Noruega), desembarque de tropas em, 89
Bogorodisk (arredores de Moscou), em pânico, 337
Boise (cruzador ligeiro dos EUA), atingido, 470
"bolchevismo judaico", e o nacional-socialismo alemão, 256

bomba atômica: urânio e (1941), 226, 281; revelação de segredos da, 316, 447; a ser produzida, 351, 464, 488; ataques a suprimentos alemães de água pesada e, 409, 484;
Bône (Argélia), desembarque de forças britânicas, 480
Bonhoeffer, Dietrich, voa para a Suécia, 421
Bonsergent, Jacques, executado, 203
Bordeaux (França): mudança do governo francês para, 136; remoção da água pesada de, 138; garantias francesas ao governo britânico, 142; delegação francesa vai a Compiègne, 144; ataque de comando britânico em, 407;
Bóris, rei da Bulgária: recusa em aderir ao Eixo, 205; adere ao Eixo, 217, 223
Borisov (Rússia): avanço alemão temporariamente interrompido, 272; Hitler em, 292; judeus "liquidados", 328; guerrilheiros nos arredores, 424
Bormann, Martin, 188, 437; eslavos e, 453
Bornholm (mar Báltico), bombardeada por engano, 82
Borodino (navio naval soviético), afundado, 461
Borodino (Rússia), batalha em, 320; tropas soviéticas do Extremo Oriente em ação, 328
Bose, Subhas Chandra, na Alemanha, 392
Bósforo, estreito de (Turquia), 190
Boston (Massachusetts): espião preso em, 184; promessa de Roosevelt em, 188
Bouhler, dr. Philipp, e a eutanásia, 34, 45, 202
Bouhler, Joseph (chefe de gabinete do Partido Nazista), e a "solução final", 376
Boulogne (França): evacuação britânica de, 111; raide sobre, 145; ataque às docas, 174; visita de Hitler, 203; planos de embuste, 445
Bourrasque (contratorpedeiro francês), afundado, 120
Brack, dr. Victor: eutanásia e, 150, 202, 296; matança de seres humanos por gás venenoso e, 326
Brandemburgo (Alemanha): judeus mortos por gás tóxico (1940), 150; três alemãs presas em (1941), 207

Brandt, dr. Karl (médico pessoal de Hitler), e a eutanásia, 34
Brasil, 210
Bratislava (Eslováquia), e os judeus, 306
Brauchitsch, general Walther von, 28, 37, 51, 74, 161, 199, 212; Ordem dos Comissários e, 252; voto vencido de, 295
Braun, dr. Wernher von, e a pesquisa alemã de foguetes, 468
Braune, pastor Paul-Gerhard, carta-protesto a Hitler, 155
Brauns, dr. Moses, testemunha ocular de assassinato, 295
Brazzaville, Declaração de, 187
Breavington, cabo Rodney, executado, 458
Breendonk, forte (Bélgica): prisioneiros no, 177; morte de prisioneiro no, 215
Bremen (Alemanha): lançamento de panfletos sobre, 77; bombardeada, 143, 276, 433, 461; deportação de judeus de, 331
Brennero, passo do, encontro de Hitler e Mussolini, 182
Breslau (Alemanha), deportação de judeus de, 342; filme antissemita e, 207
Brest (França): avanço de tropas alemãs, 140; embarque de tropas Aliadas em, 141; invadida pelos alemães, 143; estação de rádio alemã em, 149; navios de guerra alemães atacados em, 286; investida naval de, 386; estaleiro para submarinos alemães em, 446
Brest-Litovsk (Polônia), capturada pelos alemães, 284; Hitler e Mussolini em, 299
Bretagne (encouraçado francês), afundado, 152
Bretanha (França): possível resistência na, 131, 133; "tarde demais" para defender, 135
bretões, em Bir Hakeim, 251
Briansk (Rússia), 276; tropas russas rechaçadas para, 317; tropas russas forçadas a abandonar, 319; guerrilheiros em ação nas imediações, 418-9, 425, 465, 471; operações antiguerrilha, 462
Briare (França): governo francês, 132; Churchill em, 135, 143; ocupada pelos alemães, 143
Bridge, Doris e Jill, assassinadas, 77

Brien, Colin F., soldado testemunha um crime de guerra, 393
Brighton Belle (barco turístico britânico), afundado, 117
Bristol (Inglaterra), bombardeada, 173, 233
Britannic (navio mercante britânico), leva suprimentos à Grã-Bretanha, 152
British Loyalty (navio mercante britânico), afundado, 423
Brize Norton (Grã-Bretanha), ataque aéreo, 165
Broch, Theodor, e o futuro da Noruega, 133
Brody (Polônia), assassinato de judeus, 463
Broke (contratorpedeiro britânico), e uma evacuação, 131
Brooke, general Sir Alan: na França, 134-5; avanço alemão no Cáucaso e, 445
Brookings (Oregon), ataque de bombas incendiárias japonesas, 460
Broome (Austrália), bombardeada, 394
Broompark (carvoeiro britânico), remoção da água pesada, 138
Brown, Tommy, coragem, 477
Brückmann, Else, amiga de Hitler, 64
Bruges (Bélgica), abertura da estrada para, 114
Brûly-de-Pesche (Bélgica), Hitler em, 127, 140
Brunei (Bornéu), desembarque japonês em, 361
Bruneval (França), assalto de comandos a, 392
Bruskina, Mária, executada, 328
Bruxelas (Bélgica): invasão alemã, 104; Hitler em, 122; ato de resistência em, 489
Bucareste (Romênia): transferência de poder, 173; morte de judeus, 208
Buchenwald (Alemanha): execução de judeus, 53; morte de prisioneiro em, 85, 280; deportação de judeus de Amsterdam para, 215, 273; experimentos de gaseamento, 339; judeus enviados para a morte, 342, 346, 472
Buckie (Escócia), desembarque de agentes alemães, 180
Buckingham, Palácio de (Londres), ataque aéreo, 211
Bucovina (Romênia), cedida em parte à União Soviética, 148

Budionni, marechal Semion, e a Batalha de Kiev, 305-6
Budionnovsk (Cáucaso), guerrilheiros soviéticos, 493
Bug, rio (Polônia): retirada soviética, 40; expulsão dos judeus, 48; domínio alemão, 148; construção de fortificações, 181; movimentação de tropas alemãs, 241; planos soviéticos, 257; últimos trens cruzam, 262
Buka, ilha (ilhas Salomão), ocupada, 396
Bulganin, Nikolai, Batalha de Moscou, 318
Bulgária: intenções alemãs sobre a Grécia e, 203, 205, 217; adere ao Eixo, 217, 223; recebe oferta da Macedônia, 225; invade a Grécia, 236; declara guerra aos EUA, 362; exigências alemãs para a "evacuação" dos judeus, 465
Bullwinkel, irmã Vivien, testemunha ocular de um massacre, 388
Buna (Nova Guiné): planos de defesa, 438; desembarque japonês, 442, 455; recuo dos japoneses para, 482; capturada pelos australianos, 488
Buna, estação (Nova Guiné), defesa japonesa, 488
Buraki (fronteira soviético-alemã), missão de reconhecimento, 259
Bursche, dr. Edmund, morte de, 159
Butrimonis (Lituânia), morte de judeus, 316
Bydgoszcz (Polônia), "a causa alemã" e, 54; assassinato de poloneses, 26, 36
Bzura (contratorpedeiro polonês), gravemente danificado, 111
Bzura, rio (Polônia), batalha, 29

C38M, código para a máquina de criptografia da marinha italiana, 289, 332, 457
Cabo Verde, arquipélago de, 217
Cadzow, tenente, e Operação XD, 104
Cahn, Ernst, executado, 218
Caibobo, cabo (Filipinas), desembarque japonês, 379
Cairo (Egito): Mussolini se prepara para entrada triunfal, 432; Mussolini não entra, 434; tentativas de captura por Rommel, 438; confiança de Rommel renovada, 457; Rommel diz que Hitler falhou em alcançar, 467
Cairo (navio de defesa antiaérea britânico), afundado, 450
Čajniče (Iugoslávia), morte de reféns, 415
Calais (França): sitiada, 114; ataque a, 145; plano de embuste e, 445
Calamata (Grécia), evacuação, 235
Calcutá (Índia): em perigo, 391; alarme, 405
Calcutta (cruzador antiaéreo britânico), afundado, 250
Calmúquia (sul da Rússia), planos alemães, 259
Cam Ranh, baía (Indochina francesa), base naval, 286
Câmara dos Comuns (Londres): rendição da Bélgica e, 116; Batalha da Inglaterra e, 166; bombardeada, 244; ajuda militar britânica à Rússia e, 314
cambojanos, luta em Bir Hakeim, 251
Cambrai (França): chegada dos alemães, 104; alemães em ação, 106; Hitler em, 119
Cameronia (navio mercante britânico), leva aviões para a Grã-Bretanha, 150
Canadá: prisioneiros de guerra alemães no, 51; soldados canadenses na Grã-Bretanha, 51, 64, 162, 240; aviões norte-americanos para a Grã-Bretanha e, 103; pilotos canadenses em ação, 113; pinturas britânicas e, 122; soldados canadenses na França, 134; recebe prisioneiros alemães e italianos, 147, 152; chegada de Klaus Fuchs, 152; soldados canadenses mortos por bombas alemãs, 154; pilotos canadenses na Batalha da Inglaterra, 173; ataque a fugitivos para o, 176, 184; oficial canadense recebe a Cruz de George, 177; fuga de piloto alemão, 210; soldados canadenses mortos na Blitz de Londres, 234; comandos canadenses em ação, 298
Canárias, ilhas (Espanha), 194
Canaris, almirante Wilhelm: testemunha ocular, 29; staff de, 51, 94; guerra alemã contra a Rússia e, 283, 288, 330; encontro secreto na Suécia, 421

Canas, cabo (Filipinas), desembarque japonês, 380

Canberra (cruzador pesado australiano), afundado, 448

Canet-Saint-Nazaire, lago de (França), pouso de agentes britânicos, 239

Cangambá, quebra de uma chave Enigma, 429

Canstein (vice-presidente da polícia de Berlim), e as atrocidades dos alemães, 92

Capra, Frank, *Prelúdio de uma guerra*, 413

Carcóvia (Ucrânia): fábricas evacuadas de, 274, 356; objetivo alemão, 293, 313; chegada dos alemães, 325; envio de exércitos alemães da reserva, 345; ataque russo, 379

Cardiff (País de Gales), bombardeio, 174

Carélia (Finlândia): controle soviético, 71; atacada, 271

Caribe: acordo para utilização de bases de contratorpedeiros, 165; submarinos alemães, 389, 409

Carl, dr, protestos sobre assassinato de judeus e bielorrussos, 327

Carlos Magno, e medidas duras, 421

Carlos, rei da Romênia, abdicação, 173

"carruagens" (torpedos tripulados): em ação, 286, 362, 489; em missão na Noruega, 475

Carta do Atlântico, declaração pública, 293

Cartago (Tunísia), submarino francês confinado em, 487

Carter, marinheiro de convés, sobrevivente, 129

Cartland, Ronald: guerra "comparativamente pacífica", 89; e os belgas, 97; "horrores e adversidades" pela frente, 102; "guerra estranha", 110; morte de, 120

Casablanca (Marrocos francês): 143, 145, 147, 154; desembarque de forças Aliadas, 479, 480

Cáspio, mar: Hitler e, 167, 188, 443; forças alemãs se aproximam, 451; forças alemãs não conseguem alcançar, 459; informações sobre, enviadas a Stálin por Churchill, 467

Cassel (França), avanço alemão, 113

Catarina, a Grande, 444

Catedral da Dormição (Kiev), dinamitada, 330

Catedral de São Paulo (Londres), bombas nos arredores, 204

Cáucaso (União Soviética): proposta de bombardeio de campos de petróleo, 83-4; planos alemães para, 168, 195, 295, 402, 437; tropas alemãs se aproximam do, 338; planos de Hitler após a conquista, 345, 440; transferência de tropas alemãs do, 443; luta dos alemães pelo, 444, 451, 457, 467, 478; virada da maré em, 487; guerrilheiros soviéticos em, 493

Cáucaso do Norte (União Soviética): reforços soviéticos, 247; planos alemães, 259

Cavaleiro da Legião de Honra, condecoração, 103

Cavell, Edith (enfermeira britânica), monumento destruído, 146

Cazaquistão (Ásia Central Soviética), evacuações, 266, 315

Ceilão: em perigo, 391; invasão, 404

Cenotáfio (Londres), coroas de flores, 156

"cerco da Inglaterra", plano de Hitler, 254

Chacal (contratorpedeiro francês), afundado, 111

Chade, tropas em Bir Hakeim, 251

Chamberlain, Neville, 27, 61, 71, 80; pede "medidas ativas", 84; Noruega e, 86; sucedido por Churchill, 97

Chambly (corveta canadense), em ação, 305

Champs-Élysées (Paris): marcha de tropas alemãs, 136; lembrança de parada francesa na, 156

Chancelaria do Reich (Berlim), 47, 50-1; eutanásia e, 150, 155, 326; planos de Hitler para a Europa Oriental, 188; planos de Hitler para Berlim e, 324, 339

Chápochnikov, marechal Bóris, grupos de guerrilheiros soviéticos e, 274; inteligência britânica e, 312

Charleville (França), Hitler em, 124

Charlie, agente duplo, 40; morte do irmão, 151

Charlotte Schliemann (navio de abastecimento alemão), forçado a deixar a segurança, 424

Châteauroux (França), agente britânico chega a, 242

Château-Thierry (França): tropas alemãs em, 129; invadido pelos alemães em 1870, 134

Chechivichi (Bielorrússia), operação antiguerrilha na região, 442
chefes do estado-maior conjunto, junta criada em Washington, 363
Chekiang, província de (China), ocupada pelo Japão, 408
Chełm (Polônia): deportação de judeus, 48; assassinato de doentes mentais, 60; judeus assassinados perto de, 418
Chełmno (Polônia), campo de extermínio, 354, 355, 360, 376, 392, 399, 413, 424, 449
Chennault, coronel Claire L: vai para a China, 356; em ação, 362, 364
Chepetovka (Rússia): linha de defesa soviética, 273; assassinato de judeus, 289
Cherbourg (França): evacuação de tropas, 130; desembarque de tropas, 135; avanço alemão, 140; evacuações, 141; ocupada por tropas alemãs, 143; estação de rádio alemã em, 149
Cherven (Rússia), acampamentos de guerrilheiros, 390
Chiang Kai-shek, general, 180; na Birmânia, 418
Chicago (cruzador pesado dos EUA), ataque frustrado a, 423
Chicago, Universidade de, e a bomba atômica, 488
Chichester, bispo de (bispo Bell), na Suécia, 421
Chilovo (Rússia), reforços, 344
China: estrada da Birmânia e, 153, 412; Estados Unidos e, 180, 343-4; ajuda médica e, 418
chineses, massacrados em Cingapura, 388
Chklov (Rússia), "liquidação" de judeus, 319
Chocz (Polônia), padre executado em, 47
Cholawski, Shalom: destino de um prisioneiro de guerra e, 270; "acampamento para famílias" nas florestas e, 442
Chorostków (Galícia Oriental), morte de judeus, 289
Christen, cabo da SS Fritz, bravura em combate, 312
Christmas, ilha (australiana), conquista e posterior evacuação pelos japoneses, 404
Chrobry (transatlântico polonês), atacado, 101

Chrzanowski, professor Ignatius, morre em Sachsenhausen, 52
"chucrutes", 322
Chumiachi (Rússia), assassinato de paciente mental, 362
Churchill, Clementine, ajuda à Rússia e, 315
Churchill, Winston S.: guerra no mar e, 27, 32; planos para 1940 e, 28; minas magnéticas e, 56, 64; Roosevelt e, 64, 135, 177, 189, 293, 294, 340, 363, 369, 371, 386, 421, 430; Finlândia e, 78; Narvik e, 81; lançamento de folhetos e, 82; máquina Enigma (sua "galinha dos ovos de ouro") e, 90, 341, 386, 397; torna-se primeiro-ministro, 97; Islândia e, 98; norte da Noruega e, 98, 100; oferece "sangue, trabalho, lágrimas e suor", 100; batalha na França e, 102, 104-6, 110, 116-7; Operação XD e, 104; Dunquerque e, 116, 119; rendição da Bélgica e, 116; queda de França e, 120-3, 127, 128, 130, 132, 134, 136, 139-40, 145; "não devemos esmorecer, tampouco fracassar", 126; programa de munições para 1941, 133; naufrágio do transatlântico Lancastria e, 141; desafio da Grã-Bretanha e, 145, 147, 185; transatlântico *Arandora Star* e, 151; Mers-el--Kebir e, 153; política de bombardeios e, 154, 166, 183, 189, 201, 277, 279, 410, 421, 450; ataque de comandos a Guernsey e, 156; "guerra do Soldado Desconhecido" e, 156; Batalha da Inglaterra e, 166, 167; Blitz e, 172, 174, 240, 243; Dacar e, 177; De Gaulle e, 187; planos de Hitler para o Leste Europeu e, 188, 257; Grécia e, 189; suprimentos militares norte--americanos e, 189, 231; resistência francesa e, 194, 255; guerra no Deserto Ocidental e, 202, 235, 457; emissário de Roosevelt e, 207; cooperação anglo-americana e, 210, 233, 410; desígnios de Hitler acerca da Grã-Bretanha e, 213; ajuda britânica à Rússia e, 255, 277, 294, 314-15, 317, 323, 397, 451, 469; informações de inteligência britânica para a Rússia e, 270, 279, 283, 311, 314, 467, 478, 485, 490; Japão e, 293, 340, 356; atrocidades dos alemães na Rússia e, 298, 333; Pearl Harbour e, 352;

declaração de guerra de Hitler aos Estados Unidos e, 358; Hitler e "um dos mais acachapantes erros da história", 359; aliança anglo-americana e, 363; Nações Unidas e, 369; erro de trajetória na França ocupada, 375; queda de Cingapura e, 386; bombardeio de Colônia e, 421; queda de Tobruk e, 430; Stálin e, 445, 450-1, 467, 469, 490; El Alamein e, 474, 480; judeus da Europa e, 475; assassinato de Darlan e, 494;

Ciano, conde Galeazzo, Hitler e, 142, 197

"cidade-fortaleza antiaérea", porto ferozmente defendido, 483

Ciechocinek (Polônia), prisioneiros de guerra poloneses, 53

ciganos, assassinados, 318, 348, 376, 383-4, 394, 435, 454; "duplo perigo", 364; discussão sobre seu destino, 462; enviados para Auschwitz, 491

Cingapura: vulnerável, 193, 286; chegada de navios de guerra britânicos, 348; bombardeada, 354, 377; batalha em, 377; grande número de baixas, 377; rendição, 386; destino de quatro prisioneiros de guerra em, 458

Círculo Polar Ártico, tropas britânicas ao norte, 98

Cirenaica (Líbia): avanço de tropas australianas, 209; avanço de Rommel, 226; Rommel completa a reconquista, 230; Rommel reconquista pela segunda vez, 385; chegada de Mussolini, 432

City of Benares, navio de passageiros britânico, torpedeado, 176

Clan Fraser, navio mercante britânico, explode, 229

Clark, general Mark W., desembarque secreto, 473

Clauberg, professor Karl, experimentos médicos, 437

Clement (navio mercante britânico), afundado, 41

Clermont-Ferrand (França), 138

Clydeside (Escócia), bombardeada, 243

Coconada (Índia), bombardeada, 405

Codex Judaicum, emitido na Eslováquia, 306

Cohen, major P. A., chega a Creta, 242

Colditz (Alemanha), campo de prisioneiros de guerra, fugas, 371

Cole, sargento Harold, traição, 356

Colmar (França): travessia do Reno, 139; ocupada, 143

Colombo (Ceilão), bombardeada, 404

Colônia (Alemanha): lançamento de folhetos, 77; deportação de judeus de, 321; bombardeada, 331, 421

comboios do Ártico, 294, 314, 317, 417, 419, 435, 436, 459; alívio bem-vindo para, 481

Comissão Conjunta de Inteligência do Gabinete de Guerra britânico, 58, 397

Comissão Nacional Francesa, criação em Londres, 147

"comissariados gerais", planos alemães, 258

Commandant Teste (porta-aviões francês), escapa, 153

Compiègne (França): negociações de paz e, 107; armistício de junho de 1940 e, 144

Conant, professor James Bryant, e a bomba atômica, 316

Concorde, Place de la (Paris), chegada dos alemães, 136

Congresso dos Estados Unidos: Japão e, 153; Lei de Empréstimos e Arrendamentos e, 205; permissão para navios mercantes viajarem armados, 333

Conselho de Assistência aos Judeus, criado em Varsóvia, 489

conselho de compras anglo-francês, criado em Washington, 51

Conselho de Defesa do Império, criado por De Gaulle, 186

conselho de evacuação, criado em Moscou, 266

Conselho Holandês de Igrejas, protesto, 371

Conselho Judaico de Varsóvia, 55

Conte Rosso (transatlântico italiano), afundado, 249

Conti, dr. Leonardo: eutanásia e, 34; carta de protesto a, 300

conversas anglo-americanas: realizadas em Washington, 210; acordos firmados, 225

Copenhague (Dinamarca), ocupada, 87
"coquetel molotov", 60, 63
Cor-de-Rosa, quebra de uma chave secreta da Luftwaffe, 370
Corfu (Grécia), Itália e, 188
Corjesu (navio pesqueiro belga), em Dunquerque, 120
Cork, Lord, e o norte da Noruega, 100
Cornish, Mary, coragem, 176
Cornwall (cruzador britânico): em ação, 242; afundado, 404
"corredor persa", e ajuda à Rússia, 381
Corregidor (Filipinas): chegada de MacArthur, 364; bomba japonesa, 366; defesa, 406; rendição, 414
Corrientes (navio de abastecimento alemão), forçado a deixar a segurança, 424
Cossack (contratorpedeiro britânico), sucesso do, 73
Courageous (porta-aviões britânico), torpedeado, 32
Coventry (Inglaterra): bombardeada, 196-7; repercussões do bombardeio, 201; novos bombardeios, 230
Coventry (navio de defesa antiaérea britânico): em ação, 248; afundado, 461
Cox, Geoffrey, testemunha ocular, 59, 73, 79, 81
Cracóvia (Polônia): invasão alemã, 27; campos de trabalho escravo nas proximidades, 49; detenção de poloneses, 52; estrela judaica e, 55; morte de polonês em, 79; atrocidades cometidas pelos alemães e, 92; deportações para Auschwitz através da, 138; judeus da Cracóvia executados em Dachau, 194; movimentações alemãs anteriores à Operação Barbarossa, 222; ato de rebeldia judaica, 493
Crerar, brigadeiro Henry Duncan Graham, chegada à Grã-Bretanha, 51
Creswell, Michael, ajuda fugitivos, 371
Creta: Itália e, 188; chegada de tropas britânicas, 204; evacuação de tropas britânicas para, 235, 237; preparativos alemães para a invasão, 241, 246; bombardeio, 247; invasão, 248; baixas, 250; evacuação de, 250; plano de embuste e, 445; movimento de bombardeiros alemães para o oeste, 477
Crimeia: planos alemães para, 168, 275, 310; a ser ocupada, 293; estratégia de Hitler e, 295; futura construção de autoestrada, 308; avanço alemão, 313; chegada dos alemães, 321; ideia de Hitler para novo nome da, 330; conquista alemã, 332; execuções, 347, 381, 388; desembarque de tropas soviéticas, 365; contraofensiva alemã, 415; assentamento de falantes da língua alemã do Tirol do Sul, 437; ataque ao Cáucaso a partir da, 437;
crimes de guerra, punição dos, 374
Cristiano X, rei da Dinamarca, ordena cessar-fogo, 87
Croácia: declarado Estado independente, 232; perseguições na, 244, 399; futuro "paraíso turístico", 275; não deportação de judeus da, 441
croatas, garantias políticas, 225
Croix de Guerre, condecoração, 472
"Cromwell", senha para invasão iminente, 172
Croydon (Inglaterra), morte de cinquenta pessoas, 189
Cruz de Cavaleiro (para a Cruz de Ferro), condecoração, 103, 127, 210, 312
Cruz de Ferro, condecoração, 97, 177, 273, 426, 433
Cruz de George, condecoração, 177, 201, 246; para dois homens do mar, 477; para Malta, 461
Cruz de Serviços Distintos, condecoração, 360
Cruz de Vitória, condecoração, 166, 192, 248, 276, 362, 402, 407-8, 453
Cruz de Voo Distinto, condecoração, 26
Cruz do Trabalho de Guerra, condecoração àqueles que realizavam execuções, 334
Cruz Vermelha dos EUA, Roosevelt apela à, 114
Cumberland (cruzador britânico), atingido, 177
Cunningham, almirante Sir John, 248, 445
Cunnington, capitão D. W. coragem, 177
Čurda, Karel, informante, 428
Curilas, ilhas, e Pearl Harbour, 340, 343

Cvetković, Dragiša (primeiro-ministro iugoslavo): recusa-se a aderir ao Eixo, 214; adere ao Eixo, 223
Cyclops (navio mercante britânico), torpedeado, 374
Czerkaski, Asher, e um ato de resistência, 420
Częstochowa: ordens alemãs em, 31; retirada de trabalhadores forçados, 181

d'Aire, canal (França), batalha em, 111; uma atrocidade, 112
Dąbie (oeste da Polônia), judeus de, mortos por gaseamento, 360
Dąbrowa Górnicza (Silésia Oriental), execução de poloneses, 426
Dacar (África Ocidental Francesa), 154; planos para a captura de, 177; "honra" da França e, 186
Dachau (Alemanha): prisioneiros tchecos, 29; Elser preso em, 52; exeução em massa de poloneses em, 194; prisioneiros utilizados para experimentos médicos, 247; morte de Lichtenburg em, 301
Dahlerus, Birger, missão de paz, 44
Daily Express, manchete "Shakespeare derrota Hitler", 183
Daladier, Édouard: Finlândia e, 61; deixa o poder, 83; ministro das Relações Exteriores, 88
Dalton, Hugh, "Incendeiem a Europa!", 151
Damasco (Síria), batalha em, 253; rendição, 259
Dankowski, Stefanek, morto a tiros, 65
Dannecker, Theodor, judeus e, 180
Danzig, chegada de Hitler, 33-4; deportação de alemães para, 48
"Danzig", senha para a invasão, 95
Dardanelos, estreito de (Turquia), 190
Darlan, almirante Jean: frota francesa e, 142, 151, 487; desembarques Aliados no Norte da África e, 480; assassinado, 494
Darling, Donald (Sunday), 371
Darwin (Austrália): ataque japonês, 389; chegada de MacArthur, 396
Das Reich (revista), e os judeus, 335
Dayan, Moshe, 253
Dayton (Ohio), discurso de Roosevelt, 183

de Gaulle, Charles: em ação, 104; torna-se subsecretário de Guerra, 127; apoio à resistência na Bretanha, 131, 133; discurso radiofônico em Londres, 142; promete continuar na luta, 156; expedição de Dacar e, 177; cria o Conselho de Defesa do Império, 186; toma o Gabão de Vichy, 194; missão de Jean Moulin e, 370; denuncia crimes de guerra, 375; denuncia a "política bestial" de assassinato de judeus, 492
De Ruyter (cruzador ligeiro), afundado, 391
Dębica (Polônia), destino das crianças polonesas, 66
Deblin (Polônia), 163
Declaração de Londres (1941), sobre "crimes de guerra", 375
Declaração dos Aliados (de 17 de dezembro de 1941), e o destino dos judeus, 492
Dekanozov, Vladímir, 240
Delft, Universidade de (Holanda), protestos, 198
Demiansk (Rússia): Hitler recusa a retirada, 372; Hitler premia o comandante por bravura, 433
Dendre, rio (Bélgica), 105
Denée (Bélgica), batalha, 102
Dentz, general Henri, defende Beirute e Damasco, 253
Derby (Inglaterra), bombardeio, 243
Derna (Líbia), evacuada, 212
Deus: Hitler agradece, 34; imagem de Hitler na Alemanha e, 185; Livro de Rute e, 207; "vítima final" e, 335; "soberania" acima da ideologia, 405
Devonshire (cruzador britânico): embarque do rei Haakon, 128; afunda o *Atlantis*, 340
Dia da Águia: guerra aérea contra a Grã-Bretanha, 162; lançamento, 163-4; fracasso, 172; Blitz e, 177; perdas alemãs, 182
Diamantes (para a Cruz de Cavaleiro), condecoração, 127
Diego Suarez (porto em Madagascar), atacado, 414; ataque de submarinos, 423
Dielpi (navio-tanque), afundado, 457
Dieppe (França): avanço alemão, 129; ataques de comandos Aliados, 452-3; destino dos prisioneiros de guerra capturados em, 468

Dietrich, Otto, "a Rússia soviética foi derrotada", 318
Dietrich, Sepp, escondido, 117
Dijon (França), entrada dos alemães, 139; SS em ação perto de, 143
Djlas, Milovan, 276
Dimitrov (perto de Moscou): chegada de tropas alemãs, 341; reforços soviéticos, 344
Dinamarca: planos para, 77-8; invasão, 87; ocupada, 88; futuro da, 125; exigências alemãs de "evacuação" dos judeus, 465
Dinant (Bélgica), chegada de tropas alemãs, 98
Diskin, Efim, heroísmo, 337
dissimulação: Hitler e, 95; Rússia e, 182, 216
Distrito Militar do Báltico, "estado de prontidão", 227
divisão alpina (na Grécia), 193
Divisão Brandemburgo: "ação judaica", 36; medidas de "limpeza", 30
Djankoi (Crimeia), execuções, 380
Djedeida (Tunísia), ataque, 487
Dnepropetrovsk (sul da Rússia): capturada pelos alemães, 299; russos em ação, 317; execuções, 384
Dniepre, rio (Rússia), 243, 289, 299; guerrilheiros soviéticos no leste, 390; guerrilheiros soviéticos no oeste, 488
Dno (Rússia), guerrilheiros ativos na região, 444
Dobromil (Galícia Oriental), morte de judeus, 278
Dodecaneso, ilhas do (mar Egeu), 219
Dollfuss, Engelbert, 280
Domingo de Ramos, Iugoslávia invadida, 229
Don, rio (Rússia): ataque alemão, 436; linha de defesa, 443; travessia dos alemães, 445; cavalaria italiana, 454; alemães impedidos de se retirar, 485; alemães expulsos para o sul, 494
Donat, Alexander, "a vitória é certa", 265
Donetz, bacia do (Ucrânia), objetivo alemão, 293
Donetz, rio (Ucrânia), chegada dos alemães, 438
Doninha, quebra de uma chave criptográfica alemã, 438
Dönitz, almirante Karl: *Courageous* e, 32; perdas de submarinos alemães e, 363; costa do canal da Mancha e, 385; fim do trabalho de resgate, 460
Donovan, coronel William J.: Bálcãs e, 215; segurança nacional e, 257
Doolittle, tenente-coronel James H., lidera bombardeio contra o Japão, 408
Doorman, almirante Karel, morto em combate, 391
Dorogobuj (Rússia), guerrilheiros soviéticos na região, 382, 398, 408, 436
Dorsetshire (cruzador britânico): resgata sobreviventes, 249; afundado, 404
"Dortmund", senha para o prosseguimento da Operação Barbarossa, 257
Dortmund (Ruhr), deportação de judeus, 419
double-cross, sistema de espionagem, 39-40
Dover (Inglaterra), evacuação de Dunquerque e, 113, 120
Dowding, Sir Hugh, e a debilidade aérea britânica, 126
Downing Street (Londres), 106
Drancy (Paris), deportação de judeus para Auschwitz, 400
Drissa (Rússia), linha de defesa soviética, 268, 272
Drohobich (Galícia Oriental): anexação soviética, 40; judeus mortos em, 280, 288
Drugge, Karl, enforcado, 180
Dubno (Polônia): ocupada, 266; assassinato de judeus, 413, 469
Dubnov, Simon, últimas palavras, 346
Duchess of York (transatlântico britânico), prisioneiros de guerra alemães no, 210
Dudin (guerrilheiro), em ação, 277
Duilio (encouraçado italiano), afundado, 193
Duína, rio, 243; chegada dos alemães, 267
Duncan (contratorpedeiro dos EUA), 470
Dunkerque (cruzador de batalha francês), afundado, 152
Dunlop, coronel Edward, diário de, 409, 442
Dunquerque (França), Força Expedicionária Britânica e, 111, 113-24
Duquenne-Créton, Madame, ajuda duas sobreviventes, 115

Düsseldorf (Alemanha): morte de um oficial holandês, 53; bombardeada, 201; deportação de judeus de, 321; uso de bombas de duas toneladas, 460; bombardeio com o uso de um novo dispositivo, 495

Dvinsk (Letônia): chegada dos alemães, 267; fuzilamento de judeus, 278; assassinato de "loucos", 309

Dyle, rio (Bélgica): plano anglo-francês, 95; avanço para, 96

Eagle (porta-aviões britânico): em ação, 155; ajuda a Malta e, 415; afundado, 450

East Grinstead (Inglaterra), tratamento de queimaduras, 182

Eben-Emael, forte de (Bélgica): atacado, 96; rendição, 97

Eberl, dr. Irmfried: eutanásia e, 150; campo de extermínio de Treblinka e, 440

Eckernförde (Alemanha), "atividade" em, 86

Eden, Anthony, 187, 217, 358

Edgers, Dorothy, e Pearl Harbour, 351

Edinburgh (cruzador britânico), afundado, 417

Edmondson, cabo Jack, coragem, 406

Edwards, Hughie, condecorado com a Cruz de Vitória, 276

Egersund (Noruega), navio alemão abordado perto de, 73

Egito, 132, 149; reforços, 170, 235; vulnerabilidade das forças britânicas, 170; pensamentos de Hitler sobre, 188, 197; em perigo, 214; planos de conquista de Rommel, 238; entrada de Rommel no, 239; suprimentos, 242; transferência de aeronaves de Creta, 247; evacuação do rei da Grécia para o, 249; ameaça renovada, 381, 429, 432; bem-sucedida ação naval italiana, 428; avanço alemão no Cáucaso e, 445

Ehrenburg, Ilia, Stálin e, 238

Eichmann, Adolf: judeus e, 180, 326-7; "solução final" e, 377; experimentos médicos e, 385 ; deportação de judeus, 422, 431

Eicke, general Theodor: na Polônia, 23-4, 36; na Prússia Oriental, 256; em Sachsenhausen, 319; reclama de covardia na frente oriental, 334; condecorado por Hitler, 433

Einstein, Albert, 45-6

Eisenhower, general Dwight D.: "devemos vencer na Europa" e, 380; plano de embuste e, 445

Eisiskes (Lituânia), morte de judeus, 313

Eixo (Roma-Berlim): estendido ao Japão, 180; Franco se recusa a aderir, 186; Império Britânico e, 195; primeiro revés (na Albânia), 198; Bulgária se recusa a aderir, 205; Iugoslávia se recusa a aderir, 214; Bulgária adere, 217; Iugoslávia adere, 223; Japão é instigado a se retirar, 344; combatido pelas "Nações Unidas", 369; novo programa de armamentos dos EUA (janeiro de 1941) e, 371

El Agheila (Líbia): expulsão dos britânicos, 223; expulsão de Rommel para, 338

El Alamein (Egito): entrada das tropas de Rommel, 432, 434; derrota de Rommel, 457, 473, 478, 480

El Greco, pinturas evacuadas, 274

El Guettar (Tunísia), avanço alemão, 489

Elba, rio, uma reunião secreta, 252

Elbrus, monte (Cáucaso), escalada de tropas alemãs, 452-3

Electra (contratorpedeiro britânico), afundado, 391

Eliasberg, Karl, rege sinfonia em Leningrado, 332

Elista (sul da Rússia): entrada dos alemães, 451; guerrilheiros soviéticos em, 473; retirada dos alemães para, 490

Elizabeth, rainha, e um ataque aéreo, 211

Elser, Johann Georg, 52

Emblema da Carga de Cavalaria, condecoração, 296

Emmons, general Delos, chega a Londres, 168

Empress of Asia (navio de transporte de tropas britânico), afundado, 386

Empress of Britain (transatlântico britânico), atacado no mar, 184

Empress of Canada (transatlântico britânico), evacuação de russos, 299

Encounter (contratorpedeiro britânico), afundado, 391

Endrass, capitão Engelbert, desaparecido sem deixar vestígios, 363
energia atômica: planos alemães para (1939), 38; planos norte-americanos para (1939), 46
Engel, capitão Gerhard: protesto a Hitler e, 44; e o "pesadelo" de Hitler" (novembro de 1941), 342
Enigma (máquina de codificação alemã): decifração de segredos e, 69; recuperação de três rotores, 76; quebra de uma chave norueguesa, 90; planos alemães em maio de 1940, 93; decifração do código da Luftwaffe e, 108, 122; compreensão das prioridades alemãs e, 122-3; permite o envio de reforços à França, 123, 127; restrição de segredos, 126; bombardeio da Grã-Bretanha e, 149; poderio dos bombardeiros alemães e, 154; intenções alemãs (agosto de 1940) e, 164, 169; planos orientais de Hitler e, 188, 203, 222, 243, 255, 257; descarta possível invasão da Grã-Bretanha (novembro de 1940), 192; máquina Púrpura e, 211; Batalha do Atlântico e, 217; Operação Claymore e, 219; batalhas no Norte da África e, 235, 246, 337-8, 341, 457; planos alemães para Creta e, 241, 246; recuperação de material criptografado de um submarino e, 242-3; chave Abutre utilizada pelos alemães na Rússia, 270, 311; inteligência soviética e, 276; quebra de uma chave da frente oriental e, 276, 278; atrocidades da SS e, 283, 292, 298; mensagens enviadas à Rússia, 283, 312, 419, 437, 467, 469, 485, 490; ordens operacionais alemãs na frente russa e, 305, 311, 335, 370, 397, 419, 429, 437-8, 485, 490; quebra de chaves, 370, 383, 429, 451, 467, 490; revés na descriptografia, 383; "investida da Mancha" e, 386; Tirpitz e, 396; êxito da força naval dos EUA e, 424; Malta e, 470; El Alamein e, 473; ato de coragem no delta do Nilo e, 477; desembarques da Operação Tocha no Norte da África francês e, 477, 480; plano alemão de bombardear Baku, 478; desvio de aeronaves de transporte de Stalingrado e, 480, 490

Enterprise (porta-aviões dos EUA): em Pearl Harbour, 348; danificado nas ilhas Marshall, 382
Erdmann, Lothar, assassinado, 33
Erith (Kent), incidente em, 246
Eritreia, 131; bombardeio, 132; avanço britânico, 209, 212, 224; capturada, 230
Escalda, rio (Bélgica, Holanda), minas, 96; retirada britânica, 102
Escócia: bombardeiros alemães abatidos, 47, 50; vendavais ao largo da costa, 89; tropas na, 123; partida de uma força de invasão, 477
eslavos: desprezo de Hitler, 212; futuro sinistro para, 453
Eslováquia: poloneses capturados, 138; trabalhadores forçados, 181; junta-se ao Pacto Tripartite, 198; judeus eslovacos, 306, 400, 429, 467
Espadas (para a Cruz de Cavaleiro), condecoração, 127
Espanha, 148, 186; pressão de Hitler, 186, 197, 201; plano de Hitler para, 254
Esperança, cabo (oceano Pacífico), batalha em, 470
esquadrões de aniquilação de tanques, na frente oriental, 313
esquiadores russos (regimentos): na reserva, 344 em ação na frente oriental, 335
Essen (Alemanha), bombardeada, 193, 397
Essentuki (Cáucaso), assassinato de judeus, 459
Estados bálticos, 48, 161; e a "solução final", 286
Estados Unidos: *Athenia* e, 24; missão de paz e, 81; "ajuda vultosa" dos, 121, 133; queda da França e, 135-6, 139; afundamento do *Lancastria* e, 141; França e os recursos industriais dos EUA, 142; futuro da Grã-Bretanha e, 147; persistente neutralidade dos, 148; contínua ajuda à Grã-Bretanha, 152, 158, 189, 192, 206, 213, 250; Mers-el-Kebir e, 152; Japão (em 1940) e, 153; voluntários estadunidenses chegam à Grã-Bretanha, 162; oficiais superiores chegam à Grã-Bretanha, 168; China (em 1940) e, 180; "arsenal da democracia", 203; compartilhamento de informações de inteligência com a Grã-Bretanha, 211; espião alemão e, 211; adverte a Rússia acerca de um

ataque iminente, 218; judeus e, 252, 492; congelamento dos ativos alemães e italianos, 255; Islândia e, 255; transmissão radiofônica de discurso de Churchill (junho de 1941), 257; bomba atômica e, 281, 351, 464, 488; Filipinas e, 286, 330, 341-2, 351, 355, 396; Japão e (em 1941), 286, 293, 298, 312, 320, 342, 348, 351; ajuda para a Rússia, 288, 294, 314, 328, 469; Alemanha e (em 1941), 303, 320, 333; Romênia e Bulgária declaram guerra aos, 362; chefes do estado-maior conjunto, 363; êxitos dos submarinos alemães nos, 374, 409, 423; tropas estadunidenses chegam à Grã-Bretanha, 375, 380; tropas estadunidenses se rendem em Rangun, 395; sucessos do Serviço de Decodificação de Sinais, 423, 470; sucesso da Enigma e, 424; submarino japonês ao largo da costa do Pacífico dos, 431; ajuda às forças britânicas no Egito, 432, 434; ofensiva de Dieppe e, 453; bombas japonesas caem nos, 460; *ver também* Púrpura (máquina de codificação japonesa); Roosevelt, presidente Franklin Delano; Washington, D.C.

Estônia: tratado com a Rússia, 40; bases soviéticas, 75; entrada de tropas soviéticas, 136; anexada à União Soviética, 157; "não há mais judeus", 329, 347

estrada da Birmânia (entre a Birmânia e China): fechada, 153, 157; reaberta, 180, 183; atacada pelos japoneses, 342

Estrasburgo (França): avanço alemão para, 140; experimentos médicos, 385

Estreicher, professor Stanisław, morte em Sachsenhausen, 52

eterno judeu, O (filme antissemita), 198, 207

Etiópia, chegada da guerra, 131, 209, 229

Ettrick (transatlântico britânico), chega ao Canadá, 152

Euskirchen (Alemanha), Hitler em, 95

eutanásia: planos alemães, 35, 45, 69-70, 150; protestos contra, 155, 296; relatório sobre, chega a Londres, 389; novos métodos, 483

Executiva de Operações Especiais, estabelecida, 151; operações na Europa ocupada pelos alemães, 221, 242, 254-5, 410; um desastre na Holanda, 428

Exército da Salvação, métodos, 44

Exército Nacional Indiano, "Ásia para os asiáticos" e, 359

Exeter (cruzador britânico), 63; afundado, 391

Exeter (Inglaterra), bombardeada, 410

Extremo Oriente da União Soviética, deslocamento de tropas (maio de 1941), 238, 247; deslocamento de tropas (outubro de 1941), 320

Fabien, e ação de represália em Paris, 297

Fábrica de Blindados de Carcóvia, transferida, 356

Fábrica de Tratores (Stalingrado), resiste, 471

Faggioni, tenente Luigi, façanha, 223

Falkenhorst, cabo, perde a fé em Hitler, 407

Falkenhorst, general Nikolaus von, e a Noruega, 77, 88

Falmouth (Inglaterra), 138

Faltlhauser, dr. Valentin, apoio a "uma morte lenta", 483

Fasson, tenente Tony, coragem de, 477, 491

Fastov (Ucrânia), morte de judeus, 306

Faulhaber, cardeal Michael von, e a "fuga milagrosa" de Hitler, 52

Fazendeiro, grupo de sabotagem, 483

Fegen, capitão Edward, coragem de, 191

Fermi, Enrico, e a bomba atômica, 488

"ferrovia da morte" (Tailândia-Birmânia), 432, 442

ferrovias alemãs, quebra da chave Enigma, 211

Fidelity (navio mercante armado britânico), desembarca um agente na França (1941), 239

Fiji (cruzador britânico), afundado, 248

Filipinas: Japão e, 286, 330; alerta, 342; possível ataque, 342; atacadas, 351, 355; MacArthur parte e declara: "Eu voltarei", 396

Filipowicz, Wanda, ajuda a judeus, 489

filmes: bombardeio britânico da Alemanha e, 284; ocupação alemã de Varsóvia e, 178

Filzinger, major Friedrich, condecorado, 103

Finlândia: atacada, 60; defende-se, 61, 65, 68; negociação, 71-2, 79; ajuda, 78; "in extremis", 80; plano de invasão alemã da Rússia e, 202, 257; declara guerra à Rússia, 267; invade a Carélia, 271, 273; cerco de Leningrado e, 301; planos de Hitler para o granito da, 308; norte da Rússia e, 316; declaração de guerra da Grã-Bretanha contra, 350; ocupa Hango, 350

Finlândia, golfo da, 71

Finn, John, em ação, 352

Fish, Moshe, guerrilheiro, 442

fissão nuclear: planos alemães, 38; planos norte-americanos (1939), 46; *ver também* bomba atômica

Flandres (Bélgica), tropas britânicas em, 110-1

Flerov, capitão, e uma nova arma, 279

Fletcher, soldado Eric, assassinado, 458

Florença (Itália), Hitler encontra Mussolini, 188

Flórida (EUA), ajuda ao Egito, 432

Florida (ilhas Salomão), pouso em, 448

Foca (Iugoslávia): chegada de Tito, 372; expulsão de Tito, 415

Focke-Wulf 190 (avião de combate alemão), pouso forçado, 429

Folhas de Carvalho (para a Cruz de Cavaleiro), condecoração, 127, 433

folhetos: despejados sobre a Alemanha, 25-6, 43, 63, 77, 80; despejados sobre Berlim, 169; despejados sobre Varsóvia, 82

Fontainebleau (França), 161

Foote, John, coragem de, 453

Força Aérea dos Estados Unidos, e o fornecimento de suprimentos de guerra para a Grã-Bretanha (1940), 102

Força Aérea dos Estados Unidos (8ª), um dos primeiros alvos da, 483

Força de Fronteira da Transjordânia, entra no Iraque, 245

Força Stratford: desembarque na Noruega, 72; Finlândia e, 78

"Força Z", em Cingapura, 348

forças-tarefas especiais (da SS): em preparação, 228; em ação, 252, 275, 282, 289, 291-2, 295, 306, 313, 316, 318, 322, 324, 326, 347, 362

Foresight (contratorpedeiro britânico), afundado, 450

Formosa (Taiwan), transporte de tropas japonesas, 343, 348

Forster, Albert, e o domínio alemão na Polônia, 47, 54

Fort Hertz (Birmânia), 418

Fort Stevens (Oregon), bombardeada por um submarino japonês, 431

"Fortaleza Europa", Hitler ordena a criação da, 365

Fortune, general Victor, em ação, 130; rendição, 134

Foster, Tony, e as batalhas aéreas na Grã-Bretanha, 172

Fragonard, pinturas evacuadas, 181

Frampton, comandante, 395

França: declara guerra à Alemanha, 24; desembarque de tropas britânicas (1939), 33; Diretiva nº 5 de Hitler e, 41; planos de guerra de Hitler e, 44, 67; Finlândia e, 61; invasão alemã e, 96; Batalha da, 98-145; sob ocupação alemã, 148; Mers-el-Kébir e, 152; destino dos judeus, 180, 400, 431, 441, 449, 463, 467; retirada de obras de arte, 181; transmissão de discurso radiofônico de Churchill, 185; libertação de ex-prisioneiros de guerra, 299; represálias, 323, 394; ataque a Billancourt e, 394; voluntários franceses na frente oriental, 446; fornece mão de obra escrava para os alemães, 452

Franceses Livres (movimento): promessa de prosseguir na luta, 156; na África Ocidental, 177; estabelece um Conselho de Defesa do Império, 186; toma o Gabão de Vichy, 194; invasão da Síria e do Líbano e, 253, 259; ataque a Dieppe e, 452

Franco, general Francisco: encontro com Hitler, 186; rejeita a pressão de Hitler, 201; rejeita a pressão de Mussolini, 215; polícia de, 460

Frank, dr. Hans, 74; poloneses escravizados e, 44, 47; mão de obra escrava judaica e, 49; destino dos judeus e, 64; deportação dos poloneses

para a Alemanha e, 70; estrela judaica e, 55; "solução final" e, 360
Frank, tenente-general August, e os "bens e posses dos judeus evacuados", 465
Frankfurt sobre o Meno: criação de instituto para estudar a "questão judaica", 181; bombardeada, 279; deportação de judeus de, 321, 331, 342
Freetown (África Ocidental), ataque a comboio, 476
Freisler, Roland, "solução final" e, 376
Frenkel, Getzel, 31
"frente norueguesa", foco de resistência, 179
frente ocidental, Hitler revisita (1940), 148
Frentz, Walter, 140
Freud, Sigmund, 138
Freyberg, general Sir Bernard, 242, 249
Fricke, almirante Kurt, 125
Fritsch, capitão da SS Karl, e experimentos com gás venenoso, 291
From, dr. Benjamin, 267
Fuchs, Klaus: chega ao Canadá, 152; entrega segredos atômicos à Rússia, 316, 446
Fujiwara, major Iwaichi, e "a Ásia para os asiáticos", 359
Fukuei, general Shempei, 458
Furth (Alemanha), deportação de judeus, 399
Furutaka (cruzador pesado japonês), afundado, 470

Gabčík, Jozef: missão atrás das linhas alemãs, 366, 420; assassinado, 428
Gainsborough, pinturas evacuadas, 181
Gajowniczek, Franciszek, 290
Galatás (Creta), batalha em, 249
Gale, praça Victor, 458
Galen, bispo Clemens von (de Münster), denuncia a eutanásia, 296
Galícia Oriental (Polônia), 31, 396, 399, 405, 463
Galípoli (Turquia), 123
Gällivare (Suécia), minério de ferro, 71; planos de cerco a, 80, 83, 89
Gamelin, general Maurice Gustave, 104

Garbo, agente duplo, 281, 429, 445
García, Juan Pujol, agente duplo, 281, 429
Gatchina (Leningrado): obras de defesa, 287; capturada, 297; atividade de guerrilheiros, 322
Gaudo, ilha de (Creta), derrota da marinha italiana, 224
Gauger, Martin, 280
Gaultherot, Henry, 294
Gavrilović, Milan, embaixador da Iugoslávia em Moscou, 229
Gavutu (ilhas Salomão), desembarque em, 448
Gazala (Cirenaica), 482
Gdynia (Polônia), bombardeada, 23; expulsão dos poloneses, 47; campo de trabalhos forçados nas imediações, 53
Gebhardt, professor Karl, experimentos médicos e, 436
Gelman, Polina, 434
Gelsenkirchen (Alemanha), bombardeada, 116, 203
Genebra (Suíça): Guerra Russo-Finlandesa e, 61; um relatório sobre as intenções alemãs, 449
Gênova (Itália), bombardeada, 132, 483
Genzken, dr. Karl, 60
George I, agente britânico na França, 242
George VI, rei da Inglaterra: rainha da Holanda e, 98-9; batalha na França e, 110; recebe o governo polonês exilado, 145; aliados com quem somos obrigados a ser gentis, 149; "espírito agressivo" da Alemanha e, 162; Blitz de Londres e, 173, 211; naufrágio de navios de guerra italianos e, 193; "encorajamento" de Roosevelt e, 250; mais ajuda norte-americana e, 333; "deprimido", 392; primeiro encontro de Churchill com Stálin e, 445; El Alamein e, 478; "futuro em 1943" e, 495
Georges, general Alphonse Joseph, 132
Georges, Pierre, 297
Geórgia (União Soviética), planos alemães para, 259
Geórgios II, rei da Grécia, 249
Gestapo, 126; invasão alemã da Polônia e, 22; prisões, 29, 70; execuções na Polônia, 47, 148,

484; captura de poloneses em Cracóvia, 52; "execuções públicas", 55; em Paris, 137, 360, 432; na Crimeia, 381; general Giraud e, 408; chave de comunicação secreta, 451; destino de comando britânico e, 460; bombardeio ao quartel-general de Oslo, 466; em Bruxelas, 476; na Noruega, 484

GGG, quebra de um código alemão, 383

Ghormley, contra-almirante Robert Lee, 168

Gibraltar: Batalha de Malta e, 161; ataque aéreo italiano, 168; ajuda ao Egito via, 170, 193, 197; Hitler oferece à Espanha, 186; Hitler propõe tomada de, 194, 197, 201; ajuda à Grécia via, 204; ataque a comboios de, 214; expulsão dos britânicos de, 254; torpedeamento do *Ark Royal*, 333; tiro em espião de, 417; força de invasão norte-africana, 477; Giraud é levado a, 478; ataque de torpedos tripulados, 489

Gilbert, capitão, 103

Gilbert, ilhas (Pacífico): desembarque japonês, 356; fortificação japonesa, 452

Giorgione, pinturas evacuadas, 274

Giraud, general Henri: capturado, 105; escapa do cativeiro, 408; resgatado da França, 478; comanda o Marrocos e a Argélia, 494

Gironde, rio (França), 490

Gitomir (Rússia), assassinato de judeus, 289, 290; quartel-general de Himmler em, 440

Gitter, Asscher, fuzilado, 31

Giulio Cesare (encouraçado italiano), gravemente danificado, 155

Glasgow (Escócia): chega ajuda americana, 150; emissário de Roosevelt em, 207

Gleaner (navio caça-minas), e a máquina Enigma, 76

Gleiwitz (Alta Silésia Oriental), eclosão da guerra e, 22, 53

Globočnik, Odilo: judeus e, 54, 400, 433; evidências dos assassinatos em massa e, 469

Glomfjord (Noruega), missão de sabotagem, 463, 476

Glorious (porta-aviões britânico), afundado, 129

Gloucester (cruzador britânico), afundado, 248

Glubb, major John Bagot, 245

Glücks, major-general da SS Richard: experimentos médicos e, 60, 436; criação de Auschwitz e, 74

Gneisenau (cruzador de batalha alemão), 210, 217, 221, 286, 386

Goebbels, dr. Joseph: judeus e, 50, 61, 128, 296, 335, 388, 394, 399, 400-1, 420, 422, 491; bomba britânica e, 173; filme antissemita e, 178; bombardeios britânicos e, 179, 404, 410, 412; relata "perdas consideráveis", 203; Noruega e, 219; humores de Hitler e, 232; John Bull e, 239; invasão alemã da Rússia e, 264-6, 287; eutanásia e, 296; Subhas Chandra Bose e, 392; represálias e, 394, 412; guerrilheiros soviéticos e, 397, 418; general Giraud e, 408; ataque a Heydrich e, 420, 422; "interesses da segurança" e, 421

Goerdeler, Carl, "brutal conduta" da Alemanha e, 30; possíveis conversações de paz, 83, 85

Goethals, coronel, 68

Goldenberg, Heléne e Lotty, deportadas para a morte, 455

Golfinho, chave criptográfica alemã "recuperada", 76

Golikov, general Filipp Ivánovitch, 222

Gomel (Rússia), 268, 279

Gona (Nova Guiné): desembarque japonês, 442; derrota japonesa, 478; luta contínua por, 482, 490

Gonzaga (Filipinas), desembarque japonês, 357

Görden (Alemanha), eutanásia em, 34, 150

Göring, Hermann: "intenção" de, 28; missão de paz e, 44; perímetro de Dunquerque e, 110; guerra aérea contra a Grã-Bretanha e, 162, 166, 171; planos alemães contra a Rússia e, 196; pilhagem de tesouros de arte e, 220; judeus e, 290; bombardeio de Colônia e, 421; trabalho escravo e, 446; voluntários estrangeiros na frente oriental e, 446 Hitler zomba de, 458; transferência de aeronaves de transporte e, 481;

Górki (Bielorrússia): assassinato de judeus, 333; operação alemã contra guerrilheiros soviéticos, 468

Górki (Volga), planos alemães de invasão, 162; reforços soviéticos, 347
Górki, rua (Moscou), marcha de tropas soviéticas, 331
Gort, marechal e comandante em chefe britânico Lord, batalha na Bélgica e, 112; batalha na França e, 119
Gospić (Iugoslávia), ocupação italiana, 297
Gotemburgo (Suécia), 210, 404
"Gothenland", a proposta de Hitler de nome para a Crimeia, 330
governo-geral, 44, 50, 54; trabalhos forçados no, 63; fome, 66; envio de poloneses para a Alemanha, 70; futuro dos poloneses, 118, 150; futuro dos judeus, 360, 376, 440, 449; campo de extermínio, 396
Goya, destino das pinturas de, 181, 220
Grabow (Polônia), 377
Grã-Bretanha: declara guerra à Alemanha, 24; espiões alemães e, 39; Diretiva n. 5 de Hitler e, 41; planos de guerra de Hitler e, 45, 57; voluntários canadenses e, 51, 64; Guerra Russo-Finlandesa e, 61, 78; máquina Enigma (em 1940) e, 69, 76, 90, 108, 122-3, 127, 149, 154, 164, 169, 192; debilidade da força aérea e, 80; missão de paz para a, 80; Noruega e, 80, 83-5; apoia a Bélgica, 96-7; batalhas pela França, Bélgica e Holanda e, 99; Batalha da Inglaterra, 164-75; Blitz e, 173, 177, 183, 189, 204, 206, 211, 213, 221, 225, 233, 240, 243; estratégia anglo-americana e, 210, 225, 363; principal inimigo" de Hitler (junho de 1941), 256; serviços de inteligência enviados à Rússia, 270, 279, 283, 311, 314, 467, 478, 485, 490; bomba atômica e, 281; Japão e, 286; Irã e, 298, 381; ajuda à Rússia, 314, 323, 381, 404; bomba-foguete alemã (V2) e, 427; ver também Blitz; Churchill, Winston S.; Enigma (máquina de codificação alemã); Londres (Inglaterra); política de bombardeio
Graebe, Hermann, testemunha o assassinato de judeus, 469
Grafeneck (arredores de Stuttgart), 300
Grafton (contratorpedeiro britânico), 119

Grande Danzig-Prússia Ocidental, 47, 54, 69
Graz (Áustria), visita de Hitler, 239
Grazier, Colin (marinheiro de convés), 477, 491
Grécia: invadida pela Itália, 188, 232; ajuda britânica, 189, 217-8; repele forças italianas, 197; intenções alemãs, 202-3, 214, 217; Roosevelt e, 215, 220; invadida pela Alemanha, 229; evacuação de tropas britânicas, 235; rendição, 236-7; evacuação de forças Aliadas, 237; baixas na Batalha da, 239; ações de represália, 318; operação antiguerrilha, 413; plano de embuste e, 445;
Greer (submarino dos EUA), atacado, 303
Greiser, Arthur: domínio alemão na Polônia, 47, 177, 185; planos de Hitler para o Leste Europeu, 188; propõe "tratamento especial" para poloneses doentes, 413; judeus e, 481
Grierson, John, 140
Grodno (Polônia): planos de defesa soviéticos e, 227; resistência russa, 271
Groenlândia (colônia dinamarquesa), ocupada pelos EUA, 233
Grojanowski, Jakub, 377, 424
Grom (contratorpedeiro polonês), atingido, 93
Gross-Rosen (Silésia), campo de concentração, 334
Groves, brigadeiro-general Leslie R., e a bomba atômica, 464
Grózni (Cáucaso), 443, 454, 457, 464, 478
Grüber, pastor Heinrich, 185
Grudziądz (Polônia), 216
Grynszpan, Yekhiel, 494
Guadalcanal (ilhas Salomão): desembarques, 448; combates, 461, 464, 477, 481, 488-9, 493; ataque a reforços a caminho da ilha, 470; ataque japonês rechaçado, 474
Guam (Pacífico), 341; bombardeada, 353; rendição norte-americana, 359
Guarda de Ferro, ataque a judeus (na Romênia), 208
Guderian, general Heinz: chega ao Mosa, 98, 101; entra em Santi-Quentin, 104; no leste de Sedan, 104; na Rússia, no rio Berezina, 272; em Borisov, 292; perto de Kiev, 307

Guerisse, Albert-Marie (capitão de corveta Pat O'Leary), 239
Guernsey (ilhas do canal da Mancha), ocupação alemã, 149; ataque de comando britânico, 156
Guerra Franco-Prussiana (1870-71), 134
Guggenberger, tenente, 333
Guildford (Inglaterra), 165
Guilherme de Hohenzollern, príncipe, morre em decorrência de ferimentos, 107
Guilherme II (ex-cáiser): exilado na Holanda, 98; neto morre em decorrência de ferimentos recebidos em ação, 107; objetivo de guerra de, 125, 134; falece, 252
Guilhermina, rainha da Holanda, atravessa o mar do Norte, 99
Guilin (China), 418
Günther, Hans, 215
Gurs (França), deportação de judeus para, 185, 400
Gustavo, rei da Suécia, 162

Haakon, rei da Noruega, no exílio, 125, 128
Haapsalu (Estônia), 41
Habbaniya (Iraque), 239, 245
Haia (Holanda), atacada, 96; rainha Guilhermina parte de, 99
Haifa (Palestina), 432
Haile Selassie, imperador da Abissínia, 242
Halban, Hans von, 138
Halder, general Franz, 28-9, 85, 105, 111, 157, 161, 165, 190, 199; tanques russos e, 212; necessidade de um "ataque surpresa" e, 254; guerra com a Rússia e, 271, 275-7, 279, 310, 338, 344, 347, 363, 392, 457; demitido, 464
Halfaia, passo de (Egito): recapturado por Rommel, 251; retirada de Rommel, 247
Halifax (Nova Escócia), 170, 184, 191, 309, 328
Halifax, Lord: missão de paz e, 44; Noruega e, 67; Finlândia e, 78; Narvik e, 81; França e, 136; "oferta de paz" de Hitler (julho de 1940), 157
Hals, Frans, pintura roubada, 220
Hamar (Noruega), 88

Hamborn (Alemanha), bombardeada por engano, 397
Hamburgo (Alemanha): sistema de espionagem *double-cross* e, 40; apreensão de judeus, 48; chuva de folhetos, 77; enforcamento de oficial da SS, 115; bombardeada, 143, 197, 279; planos de reconstrução de Hitler, 148; deportação de judeus de, 321, 331
Hango (Finlândia), 61, 81, 350
Hannover (Alemanha), 95, 105, 279
Hanói (Indochina francesa), 362
Hansteen, Viggo, 306
Hardelot (França), 409
Hards, Fred, 137, 246
Haringzelles (França), 385
Harrer, capitão, 112
Harriman, Averell, em Moscou, 294, 314
Harris, almirante Sir Arthur, 196, 402, 422
Harstad (Noruega), 89, 91, 98, 101
Hartenstein, capitão, 460
Hartle, general Russell P., 375
Harwood, H., 80
Hassell, Ulrich von (diplomata): possíveis negociações de paz e, 83-4; rumores de guerra e (junho de 1941), 257
Hasty (contratorpedeiro britânico), avariado, 427
Hauge, Eiliv, e a invasão alemã da Noruega, 88
Haugesund (Noruega), 208
Havaí, 312, 348
Hayate (contratorpedeiro nipônico), afundado, 358
Hayes, fatídica saga, 460
Hearst Press, entrevista de Hitler, 135
Hecht, Gerhard, sobre poloneses e judeus, 55
Hector (cruzador mercante armado britânico), afundado, 404
"Heil Hitler!", poloneses proibidos de usar a saudação, 49
Heilmann, Ernst, 85
Heinisch, dr. Friedrich Anton, e a deportação de judeus de Przemyśl, 433
Hel, península de (Polônia), batalha, 36, 42
Helfgott, Ben, 24
Heligoland (Alemanha), 86

Helldorf, conde Wolf Heinrich von, atrocidades dos alemães e, 92
Helsinque (Finlândia), bombardeada, 59, 71; chegada de voluntários, 61; tropas soviéticas chegam a, 79
Hendaye (França), Hitler em, 186
Héraklion (Creta), operações antiguerrilha, 247
Hereward (contratorpedeiro britânico), 99
Héring, general Pierre, e a queda de Paris, 134
Hermes (porta-aviões britânico), afundado, 404
Hermione (cruzador britânico), afundado, 427
Hermitage, Museu (Leningrado), evacuação de tesouros, 274, 283
Herói da União Soviética, condecoração, 272, 337, 415
Herzen, Aleksandr, 299
Hess, Rudolf, voo para a Grã-Bretanha, 244
Hewel, Walther: sobre os humores de Hitler, 230, 239, 250; na Rússia com Hitler, 278, 292; e o segredo do destino dos judeus, 347; e a reação de Hitler a Pearl Harbour, 354
Heyde, professor Werner: eutanásia e, 34; experimentos de gaseamento, 339; e o gaseamento de doentes, 357
Heydrich, Reinhard, 27, 35, 38, 71, 155; "solução final" e, 252, 290, 321-2, 335, 345, 360, 376; emboscada, 420, 422; morte de, 425, 428, 467
HG-76 (comboio de Gibraltar), 363
Hiei (encouraçado japonês), afundado, 482
Hildebrandt, dr. Richard, e eliminação em massa de judeus, 69
Hilferding, Rudolf, 208
Hilkovec, Kurt, 380
Hill, Tony (tenente e líder de esquadrilha), 472
Himmler, Heinrich, 24, 43, 47, 49, 54, 60, 69, 74; "futuro da Polônia" e, 118, 149; filme antisemita e, 178; eutanásia e, 202; invasão alemã da Rússia e, 228; experimentos médicos e, 247; "solução final" e, 252, 335, 407, 433, 495; matança no leste e, 275, 282, 288, 291, 426; judeus de Berlim e, 296, 345; fim da emigração judaica e, 321; homossexuais e, 334; trabalhos forçados e, 350; nova categoria de vítima das câmaras de gás e, 357; reflexões de Hitler, 361; "sangue germânico" e, 405; Giraud e, 408; destino dos poloneses e, 413; morte de Heydrich e, 425; discurso à SS, 426, 427; visita Auschwitz, 440, 449; "destino dos elementos associais" e, 462; em Vinnitsa com Hitler, 469; destino dos ciganos e, 491
Hindenburg, marechal de campo Paul von, 33
Hipper (cruzador pesado alemão), 436
Hirsch, Alice e Hella, 417
Hiryu (porta-aviões japonês), afundado, 423
Hitler, Adolf: Blitzkrieg e, 22; iminência da guerra e, 22, 24; "medidas de polícia e segurança" atrás das linhas alemãs na Polônia e, 23; judeus e, 27, 54, 66, 144, 200, 207, 218, 275, 278, 296, 306, 321, 335, 347, 366, 378, 381, 388, 399-400, 420, 437, 467, 470, 479, 481, 495; visita a Polônia, 27, 31; "extermínio racial" e, 30; em Danzig, 33-4; fronteiras polonesas e, 41; assina uma anistia secreta para homens da SS, 43; em Varsóvia, 43; planeja uma ofensiva à Europa Ocidental, 44, 51, 56-7, 63, 67, 94; protestos contra, 44, 55, 65; visita de um emissário da paz, 44; eutanásia e, 45, 202; planeja uma ofensiva no leste, 49, 124, 157, 159-60, 167, 171, 173, 188, 190, 195, 199, 202, 218, 226, 252, 254-5, 262; em Munique, 52, 64, 142, 193, 331, 479; minas magnéticas e, 56, 64; decreto "Noite e neblina" e, 61; visita a frente ocidental, 65; Mussolini e, 67, 83, 131, 142, 182, 186, 188, 205, 209, 299, 409; protesto contra a SS e, 70; União Soviética e, 75; Escandinávia e, 77-9; missão de paz, 80; Noruega e, 86, 88, 90-1, 93; Dinamarca e, 88; distribui pessoalmente condecorações, 97, 103, 210, 312, 433; invasão da França, Bélgica, Holanda e Luxemburgo e, 97, 101, 105, 107, 110, 113, 119, 122-3, 129; Himmler e, 118, 202, 405; em Cambrai, 119; em Bruxelas, 122; em Charleville, 124; em Brûly-de-Pesche, 127, 140, 145, 148; Itália e, 131; entrevista à Hearst Press (1940), 135; possível invasão da Grã-Bretanha e, 141-2, 152, 156, 159, 171, 174; queda da França e, 144, 148; visita Paris, 145;

em Lille, 148; planos de construção, 148, 155, 235, 339, 375, 417; visita a frente ocidental de 1914-1918, 148; tesouros de arte de Paris e, 149; retorna a Berlim (julho de 1940), 154; adia a invasão da Grã-Bretanha, 174, 192; em Hendaye, 186; em Montoire, 186; encontro com Franco, 186; encontro com Pétain, 186; reunião com Laval, 186; em Florença, 188; encontro com Ciano, 197; guerra aérea contra a Grã-Bretanha e, 199; Grécia e, 202, 205, 213, 223-4; em Boulogne, 203; filme *O eterno judeu* e, 207; "ano crucial" (1941) e, 212; Rommel e, 213, 430, 478, 487; Iugoslávia e, 214, 223-4; em Viena, 217; Ordem dos Comissários e, 218, 226, 252, 256; adia a invasão da Rússia, 225; passa a noite em um abrigo antiaéreo, 230; em Mönichkirchen, 232, 235, 236, 239; encontro com Horthy, 236; planeja a invasão de Creta, 237; é informado sobre os preparativos de defesa soviéticos, 238; Maribor e Graz, 239; Reich de mil anos e, 241; Hess e, 244; prioridades (maio de 1941), 249; perda do *Bismarck* e, 250; encontro com Antonescu, 253; "principal inimigo" (junho de 1941) e, 256; invasão da Rússia e, 260, 264, 277, 279, 282-3, 289, 306, 316-7, 330, 332; em Berdítchev, 292; em Borisov, 292; em Brest-Litovsk, 299; em Uman, 300; dr. Todt e, 321, 345, 365, 385, 388; denúncia de suas perversidades, 333; Norte da África e, 341, 467; Batalha de Moscou e, 342, 345, 348, 350; encontro com o mufti de Jerusalém, 344; árabes e, 345; trabalhos forçados e, 351, 366, 399; Pearl Harbour e, 354; política de terra arrasada na Rússia e, 355; declara guerra aos EUA, 357-8; ordens de "parada", 361, 363, 370, 485; recusa uma retirada de Leningrado, 361, 372; "Fortaleza Europa" e, 365; guerra na frente oriental (1942-4) e, 397, 402, 436, 443; "fúria sombria" de, 408; furioso, 410; prevê "grandes vitórias", 411; "No fim das contas venceremos", 421; em Poltava, 435; guerra no mar e, 436; em Vinnitsa, 440, 451, 457, 462, 468; questão do petróleo no Cáucaso, 449, 464; "muralha do Atlântico" e, 451, 458; Dieppe e, 453; Stalingrado e, 466, 473, 485, 493; Sark e, 468; debate sobre a destruição dos corpos de judeus assassinados e, 469; Batalha da Tunísia e, 480, 487; ocupação da França de Vichy e, 481; em Berchtesgaden, 485; aceita uma retirada no Cáucaso, 494

Hola (Polônia), 364

Holanda: agente duplo, 39; planos de guerra de Hitler e, 56, 67, 94; invadida, 96-7; batalha na, 99, 101-2; futuro do país, 125; sob ocupação alemã, 147; soldados holandeses na Grã-Bretanha, 158; retirada de obras de arte, 181; protestos, 198; medidas antijudaicas, 207; execuções, 218, 220; deportação de judeus da, 273, 407, 438, 441, 446, 449, 463, 467, 472, 491; voluntários holandeses na frente oriental, 446; tentativa de sabotagem e represálias, 452; retirada de bombardeiros alemães, 477

homossexuais, a serem executados, 334, 462

Hong Kong, 153, 193; tropas canadenses a caminho, 341; ataques do Japão, 351, 354; desembarque japonês, 361, 364; rendição, 365; destino dos prisioneiros de guerra, 468

Hood (cruzador de batalha britânico), afundado, 249

Hopkins, Harry: emissário de Roosevelt, 206, 207, 211, 225; em Moscou, 288, 290; na baía de Placentia, 293

Hornet (porta-aviões dos EUA), primeiro bombardeio norte-americano do Japão e, 408; afundado nas ilhas de Santa Cruz, 475

Hörnum (Alemanha), bombardeada, 82

Horodenka (Galícia Oriental), deportação de judeus para a morte, 405

Horthy, almirante Miklós: alinha a Hungria com a Alemanha, 228; visita Hitler, 236, 306

Höss, Rudolf, em Auschwitz, 92

Hotel Adlon (Berlim), e um raide britânico, 179

Hôtel Crillon (Paris), 136

Hötz, tenente-coronel, assassinado, 323

Houghton, capitão B. J., missão e destino, 463

Houston (cruzador pesado dos EUA), afundado, 391

Hübener, Helmuth Gunther, executado, 475
Hudson, coronel Duane Tyrell, desembarca na Iugoslávia, 310
Hull, Cordell: queda da França, 136; intenções japonesas e, 342
Hulme, sargento Clive, em ação, 248
Humberside (Inglaterra), bombardeada, 243
Humbie (Escócia), 50
Hungria: invasão alemã da Iugoslávia e, 224; invasão alemã da Grécia e, 228; tratamento dispensado aos judeus e sérvios, 234; declara guerra à Rússia, 270; morte de judeus húngaros em Kamenets-Podolsk, 300; declaração de guerra da Grã-Bretanha, 350; exigência alemã de "evacuação" dos judeus, 465
Husseini, hadji Amin el- (mufti de Jerusalém), encontro com Hitler, 344

I-23 (submarino japonês), afundado, 391
Iakhroma (perto de Moscou): chegada dos alemães, 341; expulsão dos alemães, 350
Ialta (Crimeia), entrada dos alemães, 332
Iároslavl (Rússia), evacuação de crianças, 271
Iaşi (Romênia), 272
Iefremov, coronel, últimas palavras de, 408
Ielets (arredores de Moscou), batalha, 350
Ielnia (Rússia), vitória alemã, 292; captura soviética de, 303; guerrilheiros soviéticos na região, 382, 398
Igreja Católica: assassinato de membros da, 30, 38; protestos da, 70; advertência à, 94; carta de protesto para a, 326; judeus abrigados pela, 455
Igren (sul da Rússia), 384
Ihler, general Marcel, rendição, 134
Ijmuiden (Holanda), desembarque de tropas britânicas, 103
Ilja (Bielorrússia), assassinato de judeus, 398
Illustrious (porta-aviões britânico): chega ao Egito, 170; em ação, 193; muito danificado, 205-6
Ilmen, lago (Rússia), 416; guerrilheiros em ação, 344
Ilomantsi (Finlândia), 61

Imita, cume (Nova Guiné), expulsão dos australianos, 461
Império Britânico, não deve ser destruído (Hitler), 142
Imphal (Índia), retirada, 418
Inber, Vera, em Leningrado, 299, 346
"Incendeiem a Europa!", 151
Índia: necessidade de tropas, 105; admiração de Hitler pelo domínio britânico, 124; tropas indianas em ação na Malásia, 366, 382, 386; Japão e, 406; retirada do general Stilwell, 412; desvio da ajuda ao Egito, 432; tropas indianas no Norte da África, 434, 457; acesso bloqueado à, 480
Índias Ocidentais Francesas, 152
Índias Orientais Holandesas: Japão e, 286, 330, 372; capturadas, 394-5
Índico, Oceano, 144-5, 193, 404
Indochina francesa: Japão e, 153, 158, 274, 286, 325, 344; ataque de tropas japonesas à Malásia, 353-4
Indomitable (porta-aviões britânico), encalhado, 348
İnönü, İsmet (presidente turco), 215
"investida da Mancha", e a máquina Enigma, 386
Ióssif Stálin (vapor soviético), afundado, 461
Ipswich (Inglaterra), e possível invasão alemã, 172
Irã (Pérsia): ocupação anglo-soviética, 298; Tratado Anglo-Soviético, 381; ameaça aos campos de petróleo, 445; ajuda norte-americana à Rússia via, 469
Iraque: desembarque de tropas britânicas, 235; rendição de Rashid Ali, 251; plano de expedição alemã, 254
Islândia: ocupação da, 98; defesa da, 255, 276; rota do comboio russo e, 314, 404, 417
Ismay, general Sir Hastings: neutralidade sueca e, 117; Batalha da Inglaterra, 165; Blitz e, 233
Issel, rio (Holanda), 97
Istra (perto de Moscou), 340, 359
Ístria (Itália), 230
Itália: Finlândia e, 61; declara guerra à França e Grã-Bretanha, 131; ocupa Menton, 145; batalha na Calábria, 155; ocupa Berbera, 168; Japão e,

180; invade a Grécia, 188, 197; revés no Egito, 200; reveses na África Oriental, 209, 224; não consegue restabelecer o equilíbrio militar na Albânia, 221; desembarque em Creta, 250; declara guerra à Rússia, 266; ataque a Malta, 286; quebra de código secreto da, 289, 332, 457; ataque a Alexandria, 362; represálias na Iugoslávia, 415; bem-sucedida ação naval ao largo do Egito e, 428; soldados italianos na frente oriental, 454, 485, 490; judeus da Tunísia e, 491

Iugoslávia: recusa-se a aderir ao Eixo, 214; adere ao Eixo, 223; volta-se contra o Eixo, 224; a ser atacada, 225; invadida, 229; conquista alemã da, 230-2; domínio alemão, 233; rendição formal, 234; Hitler visita a região norte, 239; guerrilheiros de Tito na, 276; atrocidades na, 323; resistência na, 366; operações antiguerrilha na, 372, 415, 435, 491; destino dos judeus na, 380

Izbuchenski (sul da Rússia), batalha de cavalaria, 454

Izium (sul da Rússia), 379, 417

Izmail (Bessarábia), 149

Jack, agente duplo, 332

Jacobi, Harry, 103

Jadovno (Iugoslávia), assassinatos em massa, 297

Jaeckeln, general Franz: assassinato de judeus da Hungria e, 300; operação contra os guerrilheiros soviéticos, 393

Jaeger, e os judeus da Lituânia, 347, 384

Jakobs, Josef, executado, 212

James, tenente, 201

Japão: espionagem soviética, 76; Indochina francesa e, 153; adere ao Eixo, 180; vitória naval britânica sobre a Itália e, 194; temores soviéticos e, 205; assina pacto de neutralidade com a União Soviética, 233; quebra de seu sistema de criptografia Magia e, 240, 351; instigado a entrar em guerra pela Alemanha, 274; ocupa a Indochina francesa, 286; garantias de Hitler, 298; governo de Tōjō e, 320; defesas aéreas, 325; preparativos para Pearl Harbour, 325, 330, 331, 343; exigências norte-americanas ao, 343; ataques a Pearl Harbour, 352; primeiras vitórias em todo o Sudeste Asiático, 355-6, 359; Austrália e, 361; pressão alemã, 402; bombardeado, 408, 412; Batalha da Nova Guiné e, 413, 434, 438, 442, 444, 455, 461, 478, 482; submarino ancora em Lorient, 446; batalha de Guadalcanal, 448, 464, 470, 474, 477, 481, 488; bombardeios contínuos ao, 483; *ver também* Magia; prisioneiros de guerra; Púrpura (máquina de codificação japonesa); Tóquio (Japão)

Jarocin (Polônia), 23

Jarosław (Polônia), 31

Java (cruzador ligeiro holandês), afundado, 391

Java (Índias Orientais Holandesas), 390-1, 392, 394

Java, mar de, 391

Jawiszowice (Alta Silésia Oriental), campo de trabalhos forçados, 452

Jdanov, Andrei, sai de férias (19 de junho de 1941), 259

Jean Bart (encouraçado francês), 143, 155

Jeff, agente duplo, 332

Jersey (ilhas do canal da Mancha), ocupação alemã, 149

Jervis Bay (cruzador mercante armado), 191

Jewish Chronicle (Londres), e as "inomináveis perversidades" de Hitler, 333

Jlóbin (Rússia), expulsão dos alemães, 276

Jodl, general Alfred, 107, 113, 159, 200, 218; planos de execução alemães para Rússia e, 246; guerra com a Rússia e, 265

John Bull, "de joelhos", 239

Johore, estreito de (Malásia), 386

Jonge Jan (navio de pesca belga), em Dunquerque, 120

Jônico, mar, ação naval, 193

Jösing, fiorde (Noruega), 73

Jovanović, Mara, e o massacre de Šabac, 297

Joyce, William (Lord Haw-Haw), transmissões de rádio, 33, 162, 165, 422

judeu Süss, O, exibido em Berlim, 178; exibido em Breslau, 207 judeus: assassinados (1939), 24, 26, 29, 31, 36, 53-4, 61; assassinados (1940), 70, 74, 92, 150, 200; assassinados (1941), 208, 244, 266, 272, 278, 282, 284, 287-90, 294, 297, 300-1, 303, 306, 308, 313, 316, 318, 321, 324-6, 328, 331, 333, 335, 338, 342, 345-6, 348; assassinados (em 1942), 374, 378, 380, 381, 383, 392-3, 394, 397, 405, 413, 416, 418-20, 422, 424-5, 432, 442, 454, 469; ameaça de "aniquilação", 27, 207; obsessão de Hitler, 27, 54, 66, 144, 207, 218, 241, 275, 278, 296, 306, 321, 335, 347, 366, 378, 381, 388, 399-400, 420, 437, 467, 470, 479, 481, 495; deportados, 48, 54, 82, 185, 320-21; vítimas de indignidades, 50; alvos de represálias, 55; trabalhos forçados e, 74; dr. Goebbels e, 128, 178, 296, 335, 388, 394, 399-401, 420; eutanásia e, 150, 431; filme antissemita e, 178, 198; disseminação de medidas antijudaicas e, 178, 180, 207; em Belgrado, 233; na Iugoslávia ocupada pelos húngaros, 234; em Bagdá, 251; Himmler e, 252, 275, 282, 288-9, 291, 335, 407, 426, 433, 469, 481; na Noruega, 273; na Iugoslávia, 297; na Eslováquia, 306; decisão de extermínio por gás tóxico, 326; protestos em nome dos, 327, 371; resistência dos, 333, 422, 442, 479, 494; solidariedade aos, 333-4; mufti de Jerusalém e, 345; campo de extermínio de Chełmno e, 354-5, 360, 465; ciganos e, 364; campo de extermínio de Bełżec e, 376, 396, 399, 405, 413, 449, 463, 465, 472, 491; campo de extermínio de Auschwitz-Birkenau e, 413, 429, 437, 440, 449, 455, 463, 467, 472, 475, 491; campo de extermínio de Sobibor e, 413, 418, 449, 465, 472, 491; campo de extermínio de Maly Trostenets e, 416, 425, 449, 465; assassinato de Heydrich e, 422, 425; bombardeio britânico de Colônia e, 422; cobaias de experimentos médicos, 437, 455, 469; campo de extermínio de Treblinka e, 440-1, 444, 450, 454, 465; campo de extermínio de Majdanek e, 479

Júkov, marechal Gueórgi: vitorioso no Extremo Oriente, 22; perigo alemão e, 216, 227; preparativos soviéticos (maio de 1941) e, 238; tenta advertir Stálin (maio de 1941), 255; iminência da guerra e, 260; chegada da guerra (junho de 1941) e, 264, 268; cerco de Leningrado e, 308; Batalha de Moscou e, 318, 344; Batalha de Stalingrado e, 458-9;

Julgamentos de Crimes de Guerra de Tóquio, 393

Julich (Alemanha), deportação de judeus para a morte, 399

Júlio César (Shakespeare), encenada na "ferrovia da morte", 443

Jung, dr. Edwin, experimentos, 60

Jupiter (contratorpedeiro britânico), afundado, 391

Juventude Hitlerista: filme antissemita e, 178; 1942 como o "ano do serviço militar no leste e na pátria", 369

Juvisy (França), 134

Kachira (perto de Moscou), 341

Kafka, Franz, 138

Kaga (porta-aviões japonês), afundado, 423

Kagoshima, baía de, 331

Kain, piloto Edgar James, 47

Kainz, Ludwig, 206

Kalach (Rússia), batalha, 485

Kalinin (Rússia), 350; cai para os alemães, 319, 344; recapturada pelos russos, 361, 370

Kalisz (Polônia), 47; assassinato de judeus em caminhões de gás, 326

Kaliteiev, capitão Viátcheslav, executado, 299

Kallmeyer, dr. Helmut, especialista em gaseamento, 326

Kaluga (Rússia), capturada pelos alemães, 319; evacuação dos alemães, 381

Kalz, Hillel, espião soviético, 429

Kamenets-Podolsk (Rússia): organização de guerrilheiros, 268; judeus assassinados em, 300

Kamensk (Rússia), abandonada, 438

Kampar (Malásia), batalha, 366

Kandalakcha (Rússia), ataque alemão, 273

Kantorovitch, Liev, morto em combate, 272

Kaplan, Chaim, em Varsóvia, 54, 61, 79, 200, 335

Karasev, A. V. (historiador soviético), e a iminência da guerra (em junho de 1941), 265
Karczew (Polônia), assassinato de judeus, 491
"Karl", novo morteiro alemão, 284
Karlsruhe (Alemanha), e minas no Reno, 100
Kassala (Sudão anglo-egípcio), retirada italiana, 209
Katiucha, foguete russo, 279-80
Katowice (Polônia): medidas antijudaicas, 35; execução em massa de poloneses, 77
Kattegat, estreito de: interesse russo, 195; minas no, 254
Katyn (União Soviética), e prisioneiros de guerra poloneses, 86
Kaufbeuren (Baviera), eutanásia, 483
Kawaguchi, general Kiyotake, em Guadalcanal, 474
Kazakhistan (navio de transporte de tropas soviéticas), heroísmo, 299
Kazan, estação ferroviária (Moscou), 233
Kazimierz Dolny (Polônia), assassinato de poloneses, 484
Kazinets, Isai, enforcado, 415
Kearney (contratorpedeiro dos EUA), torpedeado, 320
Kedainiai (Lituânia), assassinato de judeus, 284, 300
Keeble, tenente, 161
Keitel, general Wilhelm: execução de civis poloneses e, 30; planos alemães no Ocidente e, 44; futuro da Polônia e, 47; armistício francês e, 144; invasão alemã da Rússia e, 282, 302, 307; política de terra arrasada e, 355; baixas alemãs e, 464; destino da Rússia e, 473; ações antiguerrilha, 491
Kelly (contratorpedeiro britânico): em ação em Namsos, 93; atingido, 94; afundado ao largo de Creta, 249
Kempner, Vitka, missão de sabotagem, 425
Kendari (ilha Celebes), desembarque japonês, 377
Kennedy, Joseph P., desmentido, 168, 206
Kennington (Londres), 174

Kerch (Crimeia), assassinato de judeus, 338; batalha, 415, 417
Kerch, estreito de (Rússia), 293; desembarque de tropas soviéticas, 365-6, 369; plano de avanço alemão, 437
Keren (Eritreia), expulsão dos italianos, 224
Key, José, espião, 417
Khatskilevitch, general Mikhail, morto em combate, 266
Kherson (sul da Rússia), assassinato de judeus e russos, 313
Khimki (perto de Moscou), 347
Khmelnik (Ucrânia), assassinato de judeus, 309
Kholm (Rússia), expulsão dos alemães (1942), 379
Khruschóv, Nikita: defesa de Kiev e, 256; organização dos guerrilheiros e, 260, 307
Kichinev (Bessarábia), assassinato de judeus, 290
Kidney Ridge (El Alamein), 474
Kiel (Alemanha): lançamento de panfletos, 77; bombardeada, 183
Kielce (Polônia), campos de trabalho, 49
Kieta (ilhas Salomão), desembarque japonês, 377
Kiev (União Soviética): plano alemão contra, 161, 202; defesas soviéticas na área, 227, 230, 238; concentração de tropas soviéticas, 241; planos de última hora para, 257, 260; às vésperas da guerra, 262; fábricas evacuadas, 274; contra-ataque soviético, 278; chegada dos alemães, 305-6, 311; retirada russa, 310; assassinato de judeus, 313, 374; "germanização", 330; execução de guerrilheiros, 384
Kimberley (contratorpedeiro britânico), danificado, 89
Kimmel, almirante Husband, intenções japonesas e, 342
King, Mackenzie, e o futuro da Grã-Bretanha, 147
King's Award (condecoração por bravura), 176
Kingisepp (Rússia), abandonada, 287
Kinugasa (cruzador pesado japonês), afundado, 482
Kirishima (encouraçado japonês), afundado, 482

Kirkenes (Noruega), correspondente de guerra alemão e, 255; pedido de Stálin, 283
Kirponos, general Mikhail: recebe ordens de Stálin, 257, 307; ordena uma nova linha de defesa, 273; morto em combate, 310
Kisaragi (contratorpedeiro nipônico), afundado, 358
Kiska (Aleutas): desembarque japonês, 423; ataque de bombardeiros norte-americanos, 460
Kislovodsk (Cáucaso): invasão alemã, 452; assassinato de judeus, 459
Kita, Nagai, e Pearl Harbour, 222, 312, 325, 351
Kitzelmann, Michael, protesto e execução, 426
Klapper, general Hendrik, rendição de Tobruk, 430
Klein, sargento Zigmund, 199
Kleist, general Paul von: forças britânicas em torno de Dunquerque e, 110; leste de Kiev, 307; proibido de recuar, 345
Kletnia (Rússia), guerrilheiros soviéticos, 425
Kletsk (Rússia), assassinato de judeus, 328; fuga de judeus, 442
Klimovskikh, general Vladímir: iminência da guerra e, 259; fuzilado, 287
Klin (arredores de Moscou), chegada dos alemães, 340; expulsão dos alemães, 361
Klintsi (Rússia), assassinatos em massa, 394
Klisura (Grécia), 204-5
Klop, tenente Dirk, morre em decorrência dos ferimentos, 53
Kluge, general Günther von: em Paris, 136; visita de Hitler a Paris e, 146; visita de Hitler a Lille, 148; oposição alemã a Hitler e, 288
Knochen, Helmut: condecorado, 53; dirige a Gestapo de Paris, 137, 317
Knochlein, capitão da SS Fritz, ordena um massacre, 115
Knox, Frank, e Pearl Harbour, 194, 210
Kobe (Japão), bombardeada, 408
Koblenz (Renânia), deportação de judeus, 422
Kobona (lago Ladoga), suprimentos, 339
Kobrin (Polônia), 262; posto de comunicação do exército, 257

Koch, Erich, visita Hitler, 459
Koedel, Marie, agente alemã, 66
Koeppen, Werner, e os planos de Hitler para a Rússia, 462
Kokkorevo (lago Ladoga), chegada de suprimentos, 339
Kokoda (Nova Guiné): defesa dos australianos, 438; recuo dos australianos, 442; captura pelos japoneses, 444; australianos forçados a recuar, 455, 461
Kolbe, padre Maximilian, sacrifício, 290
Kolo (Polônia), bombardeada, 23; deportação de judeus para a morte, 354
Kolomna (perto de Moscou), batalha, 347
Kolomyia (Galícia Oriental), assassinato de judeus, 463
Komet (cruzador corsário alemão), 155
Königsberg (Alemanha), bombardeado, 265; planos de Hitler, 375
Königstein (Saxônia), 408
Konoe, príncipe Fumimaro: sobe ao poder no Japão, 158; renuncia, 320
Konstanz (Alemanha), 52
Konstruktor (canhoneira soviética), 330
Kopeć, professor, executado, 220
Korçë (Albânia), 197
Koren, Arieh, 489
Kormoran (cargueiro alemão), em ação, 338
Korobkov, general, assassinado, 277
Korosten (Rússia): linha de defesa soviética, 273; contra-ataque soviético, 278; assassinato de judeus, 306
Korizis, Aléxandros, comete suicídio, 235
Korzec (Volínia), assassinato de judeus, 418
Kościuszko, general, destruição do monumento ao herói nacional, 53
Kosigin, Aleksei, e a remoção de fábricas, 266
Kosmodemianskaia, Zoia, enforcada, 345
Kossak, Zofia, ajuda os judeus, 489
Kostroma (Rússia), reunião de reforços, 347
Kota Bharu (Malásia), 325
Kotelnikovo (sul da Rússia): chegada dos alemães, 445; ataque aos alemães, 490; recapturada pelos russos, 495

Kott, Andrzej, capturado, 70
Kovner, Aba, testemunha ocular, 301
Kovno (Lituânia): violação da fronteira, 259; bombardeada, 264; batalha em, 265; assassinato de judeus, 272, 275, 295-6, 313, 317, 326, 342, 374, 397; protesto contra o assassinado de judeus, 327; gueto judaico, 347; assassinato de prisioneiros de guerra soviéticos, 434-5
Kovpak, Sidor, líder guerrilheiro, 488
Kowale Pańskie (Polônia), morte de judeus pela exposição a gases tóxicos, 360
Kowalke, Gottlieb, 51
Kowarski, Lew, deixa a França, 138
Kozara, montanhas de (Iugoslávia), operação antiguerrilha, 435
Kozelsk (União Soviética): prisioneiros de guerra poloneses e, 86; saída dos alemães, 366
Kragujevac (Iugoslávia), massacre, 323
Kraljevo (Iugoslávia), ação de represália, 318; massacre, 323
Kramatorsk (sul da Rússia), evacuação de maquinário, 315
Kramer, capitão de corveta Alvin, e Pearl Harbour, 351
Krancke, capitão Theodor: Noruega e, 77; afunda o *Jervis Bay*, 191
Krāslava (Rússia), deslocamento de tropas soviéticas (maio de 1941), 247
Krasnáia (Rússia), represálias, 312
Krasnodar (Cáucaso): planos alemães, 259; chegada dos alemães, 449
Krass, capitão da ss, condecorado com a Cruz de Ferro, 97
Krause, general Walther, e voluntários holandeses na frente oriental, 446
Krebs (traineira alemã), 219
Krebs, coronel (mais tarde general), Stálin e, 233
Kreiser, general Jakov, em ação, 272
Kremenchuk (União Soviética), movimentação de tropas soviéticas (maio de 1941), 247; prefeito fuzilado, 313
Kremer, dr. Johann, em Auschwitz, 455, 470, 472

Kremer, Simon Davidovich, recebe segredos atômicos, 316
Kremlin (Moscou): pináculos das torres, 263; bombas, 287; euforia alemã, 317; alemães próximos do, 347
Kretschmer, capitão Otto, capturado, 221
Kriesshaber, Theodor, executado, 53
krimchak (judeus), executados, 348
Kristiansand (Noruega), 77, 85, 87
Kriukovo (arredores de Moscou), "o ponto final da retirada", 341
Krivoi Rog (Ucrânia): assassinato de judeus, 309; plano de Hitler, 309
Kronstadt (Leningrado), bombardeada, 311
Kropotkin (sul da Rússia), 445
Krośniewice (Polônia), assassinato de judeus, 392
Krotoszyn (Polônia), evacuação, 23
Krupp, fábricas de armamentos (em Essen), bombardeadas, 193
Kruszyna (Polônia), assassinato de judeus, 491
Książki (Polônia), assassinato de poloneses, 28
Kuala Lumpur (Malásia) abandonada, 372
Kuantan (Malásia): desembarque japonês, 357; batalha em, 366; ocupada, 369
Kuban, rio (Cáucaso), travessia das tropas alemãs, 444-5
Kube, Wilhelm: encaminha um protesto, 327; assassinado, 464
Kubiš, Jan: missão atrás das linhas alemãs, 366, 420; assassinado, 428
Kublichi (Bielorrússia), assassinato de judeus, 375
Kuczynski, Ruth (Sonya), recebe segredos atômicos, 316
Kuhmo (Finlândia), 61, 65
Kúibichev (Rússia), evacuação para, 320
Kujawiak (contratorpedeiro britânico com tripulação polonesa), afundado, 428
Kulik, general Grígori, e a cavalaria, 75
Kummert, cabo da ss, 118
Kunming (China), 356, 362
Kuntsevo (arredores de Moscou), vala antitanque, 322

Küpfinger, capitão de corveta Hans, e a máquina Enigma, 219
Kurgan (União Soviética), evacuações, 266
Kursk (Rússia): retirada alemã, 354; efeito da resistência em Sebastopol, 431
Kuttabul (navio-depósito australiano), atingido, 423
Kuznetsov, almirante Nikolai, em Liepāja, 222; tenta alertar Stálin, 255; preparações de última hora e, 259
Kwajalein (ilhas Marshall), ataques aéreos norte-americanos, 382; decapitação de fuzileiros navais norte-americanos, 452

La Pallice (França): embarque de tropas, 141; ataque a navios de guerra alemães, 286; estaleiros de submarinos alemães, 446
Laborde, almirante Jean de, afunda navios deliberadamente, 487
Labuan, ilha de (Bornéu), desembarque japonês, 370
Laconia (navios de transporte de tropas britânicas), afundado, 460
Ladoga, lago (Leningrado): chegada dos alemães, 303; travessia de canhoneira russa, 330; travessia de suprimentos para Leningrado, 339, 346, 365; evacuação de soldados feridos, 381
Lae (Nova Guiné): desembarque japonês, 380; ocupada, 396; atacada, 434
Lahousen, coronel Erwin Heinrich René: prisioneiros de guerra soviéticos e, 323; "cenas indescritíveis" de assassinatos em massa, 328; sabotagem alemã na Grã-Bretanha e, 332
lama, na frente oriental, impede o avanço alemão, 319, 331
Lammers, dr. Hans, e a eutanásia, 45, 155
Lancastria (transatlântico britânico), afundado, 141
Landau, sargento da SS Felix, e o assassinato de judeus, 280, 288
Langeron, Roger: desafia os alemães, 137; preso, 208
Langley (porta-aviões dos EUA), afundado, 391
Langley, Jimmy, escapa, 182

Langsdorff, capitão Hans, e o encouraçado *Admiral Graf Spee*, 63
Laranja II, quebra de um código alemão, 383
Larsen, Leif, missão de torpedo tripulado, 475
Las Palmas (ilhas Canárias), 424
Lashio (Birmânia): passagem de suprimentos, 183; chegada dos japoneses a, 412
Laval (França), chegada de tropas canadenses, 138, 139
Le Cateau-Cambrésis (França), 105
Le Creusot (França), 472
Le Crotoy (França), chegada dos alemães, 107
Le Havre (França), ataque de comando, 392; evacuação, 130, 135
Le Mans (França): tropas Aliadas, 135; ocupação alemã, 143
Le Matin (Paris), 146
Lebel, Reb Bunem, morto a tiros, 26
Lebensborn (centros especiais de reprodução humana), 50
Leda (navio caça-minas alemão), afundado, 459
Ledo (Índia), 418
Leeb, marechal de campo Wilhelm von: sitia Leningrado, 302, 305; protesto de, 307; envio de tanques para a frente de Moscou, 310; permissão para retirada é negada, 361, 372
Legião Árabe, "vai lutar contra quem quer que seja", 245
legião de voluntários holandeses, na frente de Leningrado, 382
Legião Estrangeira: na Noruega, 90, 100; em Bir Hakeim, 251, 420
Lehmkuhl, Kurt, capturado, 51
Lehoux, capitão Jacques, morto em ação, 103
Lei da Marinha de Dois Oceanos, 157
Lei de Controle de Exportações, e o Japão, 153
Lei de Empréstimos e Arrendamentos, 192, 205, 213, 220, 328, 331
Lei de Neutralidade, contornada (maio de 1940), 103; parcialmente revogada (novembro de 1939), 51
Lei de Treinamento e Serviço Militar Seletivo (EUA), alistamentos, 184
Leibstandarte-SS (regimento), massacre, 117

Leiden (Holanda), atacada, 96
Leikina, Fania, 334
Leipzig (Alemanha): presença de tropas, 203; Hitler a caminho de, 486
Leis de Nuremberg (de 1935), 376, introduzidas em Luxemburgo, 178
Lembicz, Edward, condenado à morte, 220
Lemelsen, general Joachim: e a Ordem dos Comissários, 266; protesto, 266
Lemnos (Grécia), ocupação alemã, 236
Lemp, Julius: naufrágio do *Athenia* e, 24; afogado, 242
Lênin, forte (Sebastopol), 429
Lênin, mausoléu de (Moscou), 240, 331
Leningrado (Rússia), 272; proteção, 71; invasão de tropas alemãs, 98; plano de avanço alemão, 162, 199, 202; defesas áreas, 232; engenheiros alemães deixam, 258; defesa de, 268; cartazes, 270; evacuação de fábricas, 274; evacuação de tesouros de arte, 274; aproximação de forças alemãs, 276, 283, 287, 295, 297, 453; primeiros voluntários partem para a linha de frente, 278; cerco a, 297, 301, 305-6; bombardeio, 311; ações de guerrilheiros, 316; fome, 318, 346, 365, 367, 381, 392, 407, 417; primeira neve (1941), 319; evacuação em massa, 328; bombardeada, 331; despejamento de folhetos, 331; concerto, 332; suprimentos, 339, 356; Hitler dá ordem de "parada", 361; guerrilheiros atrás das linhas, 382; bondes voltam a circular, 407; objetivo alemão no final de 1942, 443
Leonardo da Vinci, duas pinturas evacuadas, 274
Leopoldo, rei belga: exorta seus soldados, 111; cede à pressão alemã, 116
Lepel (Rússia), guerrilheiros soviéticos, 424
Les Milles (França), judeus, 400
Les Petites Dalles (França), 131, 230
Letônia: tratado com a Rússia, 41; bases soviéticas, 75; entrada de forças soviéticas, 136; anexada, 157; destino dos judeus, 347
Leuna (Alemanha), bombardeada, 141
Levinson-Lessing, Vladímir, e tesouros de arte de Leningrado, 274
Lewi, Israel e Liebe, executados, 24

Lexington (porta-aviões dos EUA), afundado, 414
Ležáky (perto de Praga), ação de represália, 425
Lgov (Rússia), atividades de guerrilheiros, 471
libaneses, em Bir Hakeim, 251
Líbano, batalha, 253
Libesis, cabo da SS, e a Ordem dos Comissários, 273
Líbia, 131, 149; forças italianas em, 170, 174, 198; forças britânicas em, 202, 338, 481, 493, 495
Libreville (África Equatorial Francesa), forças dos Franceses Livres, 194
Lichtenburg, padre Bernard, protesto, 300
Lichtheim, Richard, e a destruição dos judeus, 429
Lida (Polônia), centro soviético de comunicação, 257; ocupada, 266
Lídice (perto de Praga), massacre em represália, 425
Liebehenschel, tenente-coronel da SS, condecorações para carrascos, 334
Liebeskind, Adolf, 493
Liepāja (Lituânia): voo alemão sobre, 222; bombardeada, 264; execuções de judeus em, 334
Liga das Nações, expulsão da União Soviética, 61
Liga dos Jovens Comunistas de Moscou, execução de membros, 363
Lightoller, comandante Charles Hebert, em Dunquerque, 122
Lightoller, piloto Herbert Brian, 26
Lille (França), 182; visita de Hitler, 148; base de circuito de sabotagem, 483
Lindell, Mary, salta de paraquedas atrás das linhas alemãs, 472
Linden, dr. Herbert (diretor do Ministério do Interior), desejo de destruir evidências dos assassinatos em massa, 469
"Linha Pat", rota de fuga Aliada, 239
Linz (Áustria): planos de reconstrução de Hitler, 148, 155, 262, 417; construção das Torres Flak, 467
Lisbon Maru (navio mercante japonês), afundado, 468

Lisichansk (sul da Rússia), chegada dos alemães, 437
Liskof, Alfred, um desertor, 260, 271
List, marechal de campo Wilhelm, dispensado, 459
Lituânia: União Soviética e, 40, 75, 136; anexada, 157; assassinato de judeus, 272, 347, 384
Liubliana (Eslovênia), 232
Liverpool (Inglaterra), 24, 28; bombardeada, 173, 243; ataque a navio, 184
Liverpool, rua (estação de metrô em Londres), 182
livro de códigos da marinha mercante britânica, capturado, 193
"Lobisomem" (Werwolf), quartel-general de Hitler em Vinnitsa, 440, 451
Lodeinoie Polie (lago Ladoga), 305
Łódź (Polônia): batalha em, 28; judeus em, 50, 53-4; criação de um gueto, 92; fome no gueto, 241; deportações para, 320-1
Lofoten, ilhas (Noruega), ataque naval, 219
Löhr, general Alexander, 475
Lohse, Hinrich: "solução final" e, 286; imposição de medidas de restrição aos judeus e, 295; matança de judeus por gás tóxico e, 326; interrompe os assassinatos por razões econômicas, 334; ciganos como "um duplo perigo" e, 364
Loire, rio (França): retirada para o, 131; evacuação do governo francês para o, 132
Loknia (Rússia), assassinato de judeus e ciganos, 383
Lokot (Rússia), operação antiguerrilha, 462
Londres (Inglaterra): ameaça de bombardeio e, 43; retorno das crianças para, 67; aguarda ataque de paraquedistas, 106; bombas alemãs (1940-1), 168, 170-2, 174, 177, 183, 189, 196, 205, 221, 234, 244; "dias ruins para..." (Goebbels), 239; "forte ira" em, 392
Longoskayan, cabo (Filipinas): desembarque japonês, 379; destruição de cabeça de ponte japonesa, 381
Lord Haw-Haw *ver* Joyce, William
Lorengau (ilhas do Almirantado), Japão, 405

Lorient (França), base de submarinos alemães, 184, 446
Loustalot, tenente Edwin V., morto em combate, 453
Lübeck (Alemanha): despejamento de panfletos, 77; bombardeada, 402, 410
Lublin (Polônia): deportação de judeus para, 48, 82; tribulações dos judeus, 54; deportação dos judeus para a morte, 396, 400, 479
Lubni (Ucrânia), batalha nas proximidades, 306
Luchno (Rússia), bravura alemã, 312
Lúcio, chave criptográfica "recuperada", 76
Luga (Rússia): guerrilheiros soviéticos na região, 277; linha de defesa soviética, 287
Luknitski, Pável (escritor russo), e o enterro dos mortos em Leningrado, 368
Luleå (Suécia), implantação de minas, 117
Luteyn, Tony, fuga, 371
Luther, Martin, e a "solução final", 376, 465
Lütjens, vice-almirante Günther: afunda o *Bismarck*, 249; em ação, 217, 221, 249; afunda com seu navio, 250
Lutsk (Polônia): entrada dos alemães, 266; assassinato de judeus, 278, 435
Lützow (encouraçado alemão), 436
Luxemburgo, 44, 67; invasão de, 96; introdução de leis contra os judeus, 178; deportação de judeus, 321, 441
Luzon, ilha (Filipinas): bombardeada, 355; desembarque japonês, 357, 364; baixas em, 434
Lwów (Polônia): rendição polonesa, 32; anexação soviética, 40; preparativos soviéticos nos arredores, 238; movimentação de tropas alemãs, 241; grupo guerrilheiro e, 268; resistência russa e, 271; invadida, 272; retirada, 273; assassinato de judeus, 278, 286
Lydie Suzanne (navio de pesca belga), em Dunquerque, 120
Lyon (França), a ss em ação, 143

M19 (inteligência militar britânica), e fugitivos, 418
MacArthur, general Douglas: Japão e, 286, 330, 344; chega a Corregidor, 364; "A ajuda

dos Estados Unidos está a caminho", 375; ordena retirada, 377; "Pretendo lutar até a destruição completa", 379; recebe ordens para deixar as Filipinas, 390; deixa Luzon, 396; na Austrália, 405

Macedônia (Iugoslávia), oferecida à Bulgária, 225

Mackesy, general Pierse Joseph, na Noruega, 91

Mačva (Iugoslávia), massacre, 323

Madagascar: judeus e, 144; desembarque britânico, 414; ataque de submarinos japoneses, 423

Madeira (Portugal), 194, submarinos alemães atacam comboio, 476

Madras (Índia): em perigo, 391; bombas, 405

Madri (Espanha), regresso de Franco, 186

Magdalenka (Polônia), assassinato de poloneses, 420

Magia, mensagens diplomáticas japonesas lidas pelos EUA, 240

Magnitogorsk (Urais), evacuação para, 274

Maiakóvski, estação de metrô (Moscou), 330

Maidstone (Inglaterra), 165

Maikop (Cáucaso): alvo alemão, 443; chegada dos alemães, 449

Mainz (Alemanha), e minas no Reno, 100

Maiski, Ivan, e uma "saga nórdica de heroísmo", 284

Majdanek (Polônia), campo de concentração, 479

Makhach-Kala (mar Cáspio), planos alemães, enviados por Churchill a Stálin, 467

Makin, atol de (Pacífico): desembarque japonês, 356; malfadado desembarque norte-americano, 452

Maksim Górki (cruzador soviético), em ação, 305

Maksim Górki, forte (Sebastopol), 429

Maksímov, Ivan, atravessa o lago Ladoga, 339

Malásia, 153, 193; reconhecimento aéreo japonês, 325; alvo, 330; tropas japonesas a caminho, 343, 348; invasão japonesa, 351, 354, 356, 359, 366, 369; execuções, 388

Maldegem (Bélgica), 114

Maleme (Creta), atacada, 247

Maloelap, atol de (ilhas Marshall), ataques aéreos norte-americanos, 382

Maloiaroslávets (Rússia), ocupada, 322

Måløy (Noruega), 365

Malta: batalhas aéreas, 161, 438; bombardeada, 132, 206, 246; Hitler procura isolar, 197; chegada de suprimentos, 198, 205, 242, 409, 415, 450-1, 487; ataque de torpedos, 286; suprimentos afundados, 401; em perigo, 410; ataque à escolta naval, 427; reforço para, 450; recebe a Cruz de George, 461; novos ataques aéreos, 470; ponto de desembarque da Operação Tocha, 479

Maly Trostenets (Rússia), campo de concentração alemão, 279

Manado (Índias Orientais Holandesas), capturada pelos japoneses, 372

Mancha, canal da: ataque a comboio britânico, 155; Dia da Águia e, 164; possível invasão alemã e, 171; movimento de forças aéreas alemãs para os Bálcãs e, 225; movimento de forças aéreas para a Polônia e, 237; ataque de comandos, 391; falsos ataques aéreos, 406; exercícios de ataque pré-invasão, 409, 452, 453; campo de extermínio, 416, 422, 424-5, 449, 465

Mancha, ilhas do canal da: evacuadas, 143; ocupação alemã, 149; ataques de comandos, 458, 468

Manchester (cruzador britânico), afundado, 450

Manchester (Inglaterra): discurso de Churchill, 70; bombardeada, 174

Manchester Guardian, The (jornal), e os judeus da Polônia, 74

Mandalay (Birmânia), 356; bombardeada, 405

Mandel, Georges: luta contra a subversão, 105; impede a fuga de funcionários públicos, 125

Mandel, Georges, 136, 144

Mangin, general, destruição de sua estátua, 146

Manila (Filipinas), 286, 312, 364, 380; evacuada, 366; entrada das forças japonesas, 371

Mannerheim, general Carl Gustaf Emil, 252; "guerra santa", 268

Mannerheim, Linha (Finlândia), atacada, 71; contornada, 79

Mannheim (Alemanha), bombardeada, 201, 279, 331, 418

Manoora (cruzador mercante armado australiano), em ação, 132
Manor Park (Londres), bomba, 201
Manstein, general Fritz Erich von: reflexões de Hitler e, 321; judeus e, 338, 467; promovido a marechal de campo, 435
Maori (contratorpedeiro britânico), resgata sobreviventes, 249
máquinas, "As máquinas vencerão as máquinas" (Churchill), 133, 143
Mar de Coral, Batalha do, 413
mar Negro, e Hitler, 167
Marat (encouraçado soviético), em ação, 305
"marcha da morte", nas Filipinas, 406
Marcinkańce (leste da Polônia), assassinato de judeus, 479
Marcks, general Erich, e planos alemães contra a Rússia, 157, 162
Marcus, ilha (oceano Pacífico), ataque em retaliação, 389
Margerie, Roland de, 121
Maria, rainha, 149
Mariampolé (Lituânia), assassinato de judeus, 282
Maribor (Iugoslávia), visita de Hitler, 239
Marienburg (Prússia Oriental), encontro entre Hitler e Horthy, 306
Marienwerder (Prússia Oriental), chegada de tropas alemãs, 252
Marimbondo, quebra de uma chave secreta da Luftwaffe, 370
Marinenko, capitão Aleksandr, avista transporte de tropas alemão, 260
Maritza (navio-tanque italiano), afundado, 341
Mariupol (sul da Rússia): evacuação, 274; chegada dos alemães, 318; recuo alemão para, 347; planos alemães para o mar Cáspio, 467
Mariveles, montanhas (Filipinas), 379
Marrocos: tropas em ação, 106, 143; desembarque Aliado, 444
Marrocos espanhol, intenções alemãs, 194
Marrocos francês, 143
Marselha (França), 182

Marshall, general George: ajuda para a Grã-Bretanha e, 121; preparativos contra o Japão e, 330; Filipinas e, 371; ajuda ao Egito e, 432
Marshall, ilhas, ataques aéreos norte-americanos, 382
Martel, major-general Giffard, em ação, 107
Marxstadt (Volga), deportações, 305
Massawa (Eritreia): revés naval italiano, 227; rendição, 230
Mastiff (navio caça-minas britânico), destruído por uma mina magnética, 56
Matabele (contratorpedeiro britânico), afundado, 375
Matapão, cabo (Grécia), derrota naval italiana, 224
Matsuoka, Yosuke (ministro das Relações Exteriores do Japão), 233
Mauban-Abucay, Linha (Filipinas), retirada norte-americana, 377
Maurício, ilhas (Oceano Índico), 145; tropas combatem em Bir Hakeim, 251
Mauthausen (Áustria), campo de concentração, 159; envio de poloneses para, 177; envio de judeus para, 215, 273; envio de mulheres e crianças tchecas, 425
Max, salta de paraquedas na França, 370
May, Doris, e a ameaça de Rommel à Palestina, 432
Mazaniuk, Elena, mata um assassino, 464
McIndoe, Archibald (cirurgião plástico neozelandês), trabalho de cura dos feridos, 182
Meaux (França), entrada de alemães, 134
Mechelen (Bélgica), deportação de judeus para Auschwitz, 400, 476
Mechelen-aan-de-Maas (Bélgica), pouso forçado em, 68
Médaille Militaire, condecoração, 408
Medalha de George, condecoração, 177, 477
Medalha de Honra, condecoração, 353, 414
Medalha de Prata da Coroa do Rei Zvonimir, condecoração, 435
Medalha de Serviços Distintos, condecoração, 100

Medalha Goethe, condecoração, 215
Medin (Rússia): retirada alemã, 354; batalha em, 366
Mégara (Grécia), evacuação, 237
Meindl, general de divisão Eugen, ferido em ação, 248
Meknès (navio mercante francês), afundado, 158
Melun (França), sabotagem, 415
Memel: "missão" de Hitler e, 34; bombardeada, 265
Menin (Bélgica), 111
Mennecke, dr. Fritz, experimentos médicos, 228-9, 339, 342, 346
Menton (França): ocupada pela Itália, 145; cartazes anti-italianos, 197
Menzies, Sir Stuart, e informações de inteligência para Stálin, 490
Mermagen, Tubby, e a rendição francesa, 140
Merritt, tenente-coronel, em Dieppe, 453
Mersa Matruh (Egito), 248; recuo dos britânicos, 431
Mers-el-Kébir (Argélia): base naval francesa, 151; bombardeio britânico, 152; "honra da França" e, 186
Messmer, capitão Pierre, em Bir Hakeim, 251
Metaxás, general Ioánnis, e a libertação da Albânia, 198
Metz (França), tropas alemãs, 129
México, golfo do, e submarinos alemães, 409
México, um fugitivo retorna à Alemanha, 210
Mga (arredores de Leningrado): ocupação alemã, 301; recapturada pelos russos, 301; nova ocupação alemã, 346
Miami (Flórida), submarinos alemães ao largo da costa, 423
Michiels, general Oscar, e a derrota da Bélgica, 114
Midway, ilha (Pacífico): reforçada, 343; bombardeada, 353; ataque rechaçado, 423
Miecislau (Rússia), assassinato de judeus, 333
Mielec (Polônia), deportação de judeus para a morte, 396
Mierzwa, piloto oficial Bogusław, 234
Mieth, major-general Friedrich, protesto de, 70

Mihailović, coronel Draža: foco de revolta na Iugoslávia, 244; contato com agente britânico, 310; ataque a guerrilheiros de Tito, 332
Mikolajczyk, Jan, condenado à morte, 220
Milch, marechal de campo Erhard, e o foguete alemão, 427
Miller, Lusia, "Mas realmente não quero morrer", 471
Millerovo (sul da Rússia): abandonada, 438; expulsão dos alemães para, 494
mina magnética, 56-7, 64
Mindanao (Filipinas), desembarque japonês, 363; MacArthur chega à Austrália por, 396
Mineralnie Vodi (Cáucaso): entrada de forças alemãs, 451; assassinato de judeus, 459
Minha luta (Hitler), e o comunismo, 66
Minneapolis (cruzador pesado dos EUA), danificado, 488
Minsk (Bielorrússia): centro soviético de comunicações, 257; bombardeada, 264; batalha, 270, 271; "operações de limpeza", 277; campo de concentração alemão nas proximidades, 279; assassinato de judeus, 291, 328, 392; massacres em massa na região, 292; promulgação de medidas contra os judeus, 295; ação contra os guerrilheiros, 319; execução pública em, 328
Mińsk Mazowiecki (Polônia), assassinato de judeus, 491
Mir (Bielorrússia), assassinato de judeus, 449
Mir (Sarawak), desembarque japonês, 361
Mius, rio (sul da Rússia), recuo de tropas alemãs, 345
Mława (Polônia), assassinatos na estrada, 384-5
Modlin (Polônia), batalha, 36
Mogilev (Rússia Ocidental): centro de comunicação, 257; linha de defesa, 268; formação de grupos guerrilheiros, 274; assassinato de judeus, 333; resistência e represálias, 333-4; operações antiguerrilha, 458
Mohnke, capitão Wilhelm (mais tarde major-general), 118
Mojaisk (Rússia): batalha, 320; em chamas, 322; recapturada pelos russos, 376

Mölders, Werner: alvejado, 127; morto em ação, 335

Mólotov, Viátcheslav: divisão da Polônia e, 32, 36; Finlândia e, 81; Pacto Tripartite, 195; alerta militar a, 216, 218; substituído como premiê soviético por Stálin, 243; assina a aliança anglo-soviética, 419

Mona's Isle (vapor de turismo britânico), resgata soldados, 116

Monastir (Iugoslávia), 229; tropas inglesas perto de, 231

Monday *ver* Creswell, Michael

Monemvasia (Grécia), evacuação, 235

mongóis, sucessores, 298

Mönichkirchen (Áustria), 232, 235-6, 239

Monowitz (perto de Auschwitz), fábrica de gasolina e borracha sintéticas, 418

Montauban, monsenhor Théas, bispo, protesto, 456

Montgomery, general Bernard L.: na Bélgica, 104; desfere um ataque contra Rommel, 457; em El Alamein, 473

Montoire (França), 186

Montreal (Canadá), 24

Monumento da Libertação, projeto para construção em Linz, 339

Moosejaw (corveta canadense), em ação, 305

Moravská Ostrava, deportação de judeus, 48

Morden, Eileen Beryl: na França, 137; morta, 246

Morgenthau, Henry, "boa vontade", 102

Moron (Filipinas), envio de tropas japonesas, 379

Mosa, rio (Bélgica, Holanda), travessia de tropas alemãs, 97, 98

Mosca, quebra de uma chave secreta da Luftwaffe, 370

Moscou (Rússia): Ribbentrop, 40; assinatura de tratado comercial germano-soviético, 75; relatório para Tóquio, 77; negociações com a Finlândia, 79; assinatura de tratado russo-finlandês, 81; planos alemães contra, 161, 199, 202; defesas aéreas, 232; Pacto de Neutralidade Soviético-Japonês, 233; preparativos para a defesa soviética, 238; evacuação de fábricas, 241, 274; preparação para a guerra, 259; criação de um conselho de evacuação, 266; avanço alemão, 271, 279, 282; planos alemães para, 275, 277; bombardeada, 284, 287, 299, 328; estratégia de Hitler e, 297, 303, 305, 314; ataque alemão, 316-20; defesa, 322, 328; temperatura cai abaixo de zero (12 de novembro de 1941), 332; batalha prolongada, 338, 340-50; perdas alemãs na batalha, 363; suprimentos chegam de Arkhangelsk, 367

Mosjöen (Noruega), tropas britânicas em, 98

Mosley, Sir Oswald, preso, 108

Mosquito, quebra de uma chave Enigma, 429

Mostar (Iugoslávia), 441

Moulin, Jean, salta de paraquedas na França, 370

Mountbatten, Lord Louis: em Namsos, 93; na Holanda, 94; ao largo de Creta, 249; ataque a Dieppe e, 453

Mozdok (Cáucaso), retirada alemã para, 490

Mozir (Rússia), e uma linha de defesa soviética, 268, 272

Mrocza (Polônia), atrocidade em, 27

Müller, dr. Joseph, missão secreta, 94

Müller, tenente-general Heinrich, e assassinatos em massa, 292

Munique: atentado à vida de Hitler em, 52, 56; retorno de Hitler, 64, 142, 193; planos de reconstrução de Hitler, 148; bombardeada, 193; filme antissemita e, 207; deportação de judeus de, 342; construção das Torres Flak, 467; Hitler é informado dos desembarques Aliados no Norte da África, 479

Münster (Alemanha), protestos do bispo, 296

Munthe-Kaas, coronel, e a rendição norueguesa, 129

"muralha do Atlântico", a ser construída, 451, 458

Murillo, pinturas evacuadas, 274

Murmansk (norte da Rússia): passagem de tropas alemãs, 98; planos alemães de captura, 273; chegada de pilotos britânicos, 294, 308; linha férrea cortada, 305; comboios para, 375, 417, 419

Mussolini, Benito: encontro com Hitler, 67, 83, 142, 182, 186, 209; declara guerra à França

e à Grã-Bretanha, 131; confidência de Hitler, 186; invade a Grécia, 188; reveses no Mediterrâneo e no Norte da África, 198, 205, 212; não consegue convencer Franco, 214; invasão alemã da Rússia e, 260, 267; em Brest-Litovsk com Hitler, 299; em Uman com Hitler, 300; Malta e, 409; rumores sobre, 416; vai para a Cirenaica, 432; retorna à Itália, 434
Mutt, agente duplo (Jack), 332
Muzio Attandolo (cruzador ligeiro italiano), afundado, 489
Myitkyina (Birmânia), 418

"Nações Unidas": criação, 369; comprometidas com a "destruição" do militarismo alemão e japonês, 390
Nagoya (Japão), bombardeada, 408
Nakagawa, tenente, execuções de prisioneiros de guerra, 382, 389
Nalewki (Varsóvia): bombardeada, 31; represália, 55
Namsos (Noruega): desembarque, 89; evacuação, 92
Namur (Bélgica), "perdida", 104
Nancy (França), bombardeada, 96
Nanquim (China), 344
Nantes (França): embarque de tropas, 141; ocupação alemã, 143; represálias, 323
Napoleão: Hitler visita túmulo, 146; marcha para Moscou (1812), 263
Nápoles (Itália), navio de guerra afundado, 489
Naro-Fominsk (perto de Moscou): vala antitanque, 322; expulsão dos alemães, 347
Narva (Estônia), 41
Narvik (Noruega): minério de para a Alemanha, 67; minério de ferro para a Alemanha, 71; planos e contraplanos para, 77, 80, 84 desembarques alemães, 87; ataque naval, 88; desembarques britânicos, 89, 91; desembarque francês nas imediações, 100; desembarque britânico, 117; evacuação, 123, 127, 129, 134; plano de embuste e, 445
Naujocks, Alfred, rapto, 53
Náuplia (Grécia), evacuação, 235

Nauru, ilha (Pacífico): uma escaramuça naval, 132; bombardeada, 199
Nautsi (Finlândia), 61
"navios da liberdade" (navios mercantes dos EUA), 314
Navlia (Rússia), guerrilheiros soviéticos, 462
nazismo: folhetos denunciam as mazelas do, 77; tirania do, 85; ideologia antissemita, 199
Neave, Airey, 371
Nebe, general da SS Arthur: métodos de assassinatos em massa e, 291; Hitler mantido informado, 292
Nehru, Jawaharlal, alarmado, 406
Nejin (Ucrânia), batalha, 306
Neman, rio: travessia de Napoleão (1812), 264; batalha (1941), 265
Nerissa (navio de transporte de tropas), afundado, 240
Nesterenko, Liúba, heroísmo, 466
Nestor (contratorpedeiro australiano), avariado, 427
Nettleton, John Dering, premiado com a Cruz de Vitória, 408
Neumann, Peter, testemunha uma atrocidade, 272
Neva, rio (Leningrado): armas navais em ação, 301; tropas alemãs falham em atravessar, 305
Nevada (encouraçado dos EUA), em Pearl Harbour, 348
neve: nas montanhas da Iugoslávia, 232; primeiras lufadas na frente russa, 307; primeiras lufadas em Rastenburg, 317; primeiras lufadas em Leningrado, 319; "sonhos mais delirantes" da Alemanha e, 321; cai na frente de Moscou (25 de outubro de 1941), 328; em Rastenburg (1º de novembro de 1941), 330
Nével (Rússia), 283
Nevers (França): vilarejo ocupado, 143; batalha, 144
New Orleans (cruzador pesado dos EUA), danificado, 488
Newport (País de Gales), queda de um bombardeiro, 173
Niblack (contratorpedeiro dos EUA), 232

Nichiporovitch, coronel Vladímir, forma uma unidade de guerrilha, 277
Nicholson, brigadeiro Claude, em Calais, 114
Nicolau II, tsar de todas as Rússias, 252
Nicolson, tenente de voo James, bravura recompensada, 165
Niedziałkowski, Mieczysław, 149
Niedzinski (moleiro polonês), punição, 178
Niehoff, Rolf, capturado, 51
Nieśwież (leste da Polônia): destino de um prisioneiro de guerra, 270; fuga de judeus, 442
Nieuport (Bélgica), atacada, 112
Niévski, Aleksandr, condecoração em homenagem, 444
Niger (navio caça-minas britânico), afundado, 436
Nikitin, general, morto em ação, 266
Nikoláiev (sul da Rússia): evacuação dos russos, 295; assassinatos de judeus e russos, 313, 321
Nilo, delta do (Egito), submarino alemão afundado, 477
Nimi, vice-almirante Masaichi, 361
Niš (Iugoslávia), 229
Nissenthall, Jack, em Dieppe, 453
Nitsche, professor, e o gaseamento de prisioneiros, 357
Nizami Ganjavi (poeta), 323
Noé (França), 400
Noguès, general Auguste, aceita armistício, 147
"Noite e neblina", decreto de Hitler, 61
Norfolk (cruzador pesado britânico), atacado, 82
Norland (regimento da SS), 91
Norte da África Francês, 121, 136, 139, 140, 144; desembarques, 478-80; planos de desembarque dos Aliados, 445, 473, 477
Norte, cabo (Noruega), 148
Norte, mar do, ataque aéreo britânico, 25-6
North Carolina (encouraçado dos EUA), severamente danificado, 461
Northampton (cruzador pesado dos EUA), afundado, 488
Northern Prince (navio mercante britânico), afundado, 230

Noruega: minério de ferro para a Alemanha, 67; protesto da, 73; planos alemães para, 79, 85; planos anglo-franceses, 83; invadida, 87; incapaz de lutar, 92; última resistência Aliada, 98, 100, 101, 117, 123; futuro da, 125; tropas Aliadas a caminho da França, 127; fim dos combates, 129; tropas na Grã-Bretanha, 158; ato de rebeldia na, 202-3; grupo de resistência na, 208; manifestações, 230; avanço das tropas alemãs a partir da, 271; deportação de judeus, 273, 472; desembarque de comandos em Spitzbergen, 298; detenções e execuções em massa, 306; planos de Hitler para o granito da, 308; "Fortaleza Europa" e, 365; torpedeamento do *Prinz Eugen*, 390; protesto do clero luterano, 405; água pesada e, 409, 484; resistência e represálias, 412; missões de sabotagem, 463, 484; navios de guerra noruegueses atacam "como cães terriers", 471; novas execuções, 476; bombardeiros alemães saem da, 477, 481
Norwich (Inglaterra), bombardeada, 410
Nova Guiné (Pacífico), luta por, 396, 413, 434, 438, 442, 444-5, 461, 478, 482, 488, 493
Nova Jerusalém (perto de Moscou), chegada dos alemães, 340
Nova York: ajuda à Grã-Bretanha, 150, 152; espião alemão em, 184; fuga de von Werra para, 210; submarinos alemães próximos a, 389, 423
Nova Zelândia: tropas na Grécia, 235; tropas em Creta, 242, 248, 249; tropas no Norte da África, 338, 434, 457, 474; declara guerra à Finlândia, Hungria e Romênia, 350
Novaia Ladoga (lago Ladoga), 330
Novas Hébridas (Pacífico), ação naval, 461
Novgorod (Rússia), 372
Novgorod-Volinsk (oeste da Rússia), às vésperas da guerra, 262
Novi Sad (Iugoslávia): entrada dos húngaros, 232; assassinato de judeus e sérvios, 378
Novorossiisk (sul da Rússia): objetivo alemão, 443; guerrilheiros soviéticos na área, 462, 487-8

Nuremberg (Baviera): planos de reconstrução de Hitler, 148, 308, 375; construção das Torres Flak, 467

"o diabo", em Lille, 148
O'Callagan, soldado William, sobrevive a um massacre, 115
O'Leary, Patrick, capitão de corveta (Albert--Marie Guerisse), 239
Oahu (base no Havaí), 343
Oakley (contratorpedeiro britânico), afundado, 428
Obersalzberg (Baviera), Hitler em, 155, 157, 159, 197, 209
"oboé", dispositivo de bombardeio de feixes de rádio, 495
Ocean, ilha (Pacífico), ocupação japonesa, 455
Odessa (União Soviética): preparativos das tropas soviéticas, 241; bombardeada, 264; "não deve se render", 293; começa a ser evacuada, 319; assassinato de judeus, 324; deportação de judeus, 374
Oerhn, capitão, ataca comboios, 214
Ohio (petroleiro dos EUA), chega a Malta, 451
Oise, rio (França), chegada dos alemães, 104
OK, agente duplo, 332
Oka, rio (Rússia), batalha nos arredores, 341, 344
Oklahoma (navio de guerra dos EUA), em Pearl Harbour, 348
Olander, Sven, ato de resgate, 191
Olovo (Iugoslávia), expulsão de Tito, 372
Onega, lago (norte da Rússia): avanço dos finlandeses para, 301, 316; grupo de reforço no, 347
Oostende (Bélgica), ataque a, 112; barcaças de invasão, 171
Operação Abercrombie, contra a costa francesa, 409
Operação Águia, contra guerrilheiros soviéticos, 442
Operação Aída, investida de Rommel no Egito, 432
Operação Alfabeto, evacuação Aliada de Narvik, 117

Operação Amarelo, planos de Hitler para a invasão da Europa Ocidental, 44, 66-8, 93
Operação Ameaça, tomada de Dacar, 177
Operação Andorinha, pouso de paraquedistas na Noruega, 484
Operação Antropoide, contato com a resistência tcheca, 366
Operação Ariel, evacuações da costa francesa, 141
Operação Armadilha de Salmão, contra a ferrovia de Murmansk, 273
Operação Armadura, contra Madagascar, 414
Operação Ática, ao longo da costa do mar Negro, 464
Operação Átila: contra a França de Vichy, 201; adiada, 228
Operação Azul, ofensiva alemã de verão, 402, 433
Operação Bamberg, contra guerrilheiros soviéticos, 398
Operação Barbarossa, invasão alemã da Rússia, 202, 212
Operação Basalto, contra a ilha de Sark, 468
Operação Blücher, ofensiva alemã para o Cáucaso, 437
Operação Brevidade, contra Rommel, 247
Operação C, contra o Ceilão, 404
Operação C3, possível ocupação alemã de Malta, 409
Operação Calendário, para reforçar Malta, 409
Operação Canto do Pássaro, contra os guerrilheiros soviéticos, 425
Operação Capa, para reforçar o Egito, 193
Operação Carruagem, contra Saint-Nazaire, 401
Operação Catapulta, contra a frota francesa, 151-2
Operação Centáurea Azul, resgate de prisioneiros de guerra, 461
Operação Cerebus, façanha da marinha alemã, 386
Operação Chapéus, reforços para o Egito, 170
Operação Claymore, contra as ilhas Lofoten, 219
Operação Coleira, suprimentos de guerra para Malta e Egito, 198

Operação Colosso, contra um viaduto italiano, 214
Operação Compostura, ocupação anglo-soviética do Irã, 298
Operação Costa, contra Varsóvia, 37
Operação Cottbus, contra guerrilheiros soviéticos, 424
Operação Cruzador, contra Rommel, 337
Operação Demônio, evacuação de tropas Aliadas da Grécia, 236
Operação Dente, decretada por Himmler, 179
Operação Derrubada, plano de engodo, 445
Operação Desempenho, tentativa de fuga de navios mercantes, 404
Operação Dínamo, evacuação de Dunquerque, 113-23
Operação Embaixador, contra Guernsey, 156
Operação Escombros, resgate de navios mercantes, 210
Operação Excesso, ajuda à Grécia, 204
Operação Exportador, contra a Síria e o Líbano, 253-4
Operação Febre do Pântano, contra guerrilheiros soviéticos, 393
Operação Félix, apreensão de Gibraltar, 194, 201
Operação Flor do Pântano, contra guerrilheiros soviéticos, 436
Operação Fritz, invasão alemã da Rússia, 200
Operação Frondoso, aeronaves para Malta, 415
Operação Griffin, contra os guerrilheiros soviéticos, 451
Operação Hannover, contra guerrilheiros soviéticos, 419
Operação Heydrich, contra tchecos e judeus, 425, 431
Operação Himmler, farsa na fronteira, 22
Operação Idade da Pedra, comboio rumo a Malta, 487
Operação Índigo, desembarque na Islândia, 276
Operação Isabella, posse do litoral da Espanha e de Portugal, 254
Operação Jubileu, ataque a Dieppe, 452
Operação Julgamento, contra a frota italiana, 193

Operação Karlsbad, contra guerrilheiros soviéticos, 319
Operação Kennecott, plano de embuste, 445
Operação Leão-Marinho, plano alemão (abandonado) de invadir a Grã-Bretanha, 156, 159, 182
Operação Leopardo, desembarque de armas na Argélia, 478
Operação Lila, apreensão de navios em Toulon, 487
Operação Lustro, tropas britânicas na Grécia, 219
Operação Machado de Batalha, contra os alemães na Líbia, 256
Operação Malária, contra guerrilheiros soviéticos, 384
Operação Manopla, 298
Operação Mar do Norte, contra guerrilheiros soviéticos, 458
Operação Marita, contra a Grécia, 202
Operação Mercúrio, a invasão de Creta, 237
Operação Milênio, bombardeio de Colônia, 421
Operação Minerva, resgate do general Giraud, 478
Operação Mordida, ataque através do canal da Mancha, 391
Operação Movimento do Cavalo, ataque alemão contra comboios do Ártico, 436
Operação Munique, ação alemã contra guerrilheiros soviéticos, 397
Operação Munique II, contra guerrilheiros soviéticos, 488
Operação Nascer do Sol, contra cruzadores de batalha alemães, 286
Operação Olimpo, contra guerrilheiros gregos, 413
Operação Otto, fortificações no rio Bug, 181, 243
Operação Paul, implantação de minas do Báltico, 117
Operação Pedestal, para reforçar Malta, 450, 451
Operação Polo Norte, contra agentes britânicos na Holanda, 428
Operação Providência, defesa do norte da Nova Guiné, 438

Operação Punição, bombardeio de Belgrado, 229
Operação Quadrângulo, contra guerrilheiros soviéticos, 462
Operação Raposa de Prata, contra Murmansk, 273
Operação Regata, contra guerrilheiros soviéticos, 468
Operação Repúdio, ajuda a guerrilheiros iugoslavos, 384
Operação Rufar de Tambores, ofensiva de submarinos alemães, 374, 392
Operação Savana, atrás das linhas na França, 221
Operação Solo, um plano fraudulento, 445
Operação Tempestade de Inverno, para aliviar forças alemãs em Stalingrado, 487, 490
Operação Tigre, envio de reforços britânicos ao Egito, 235, 242
Operação Tiro com Arco, contra o oeste da Noruega, 365
Operação Tocha, desembarques Aliados no Norte da África, 444, 473, 477, 479, 481
Operação Torre de Vigia, contra Guadalcanal, 448
Operação Triângulo, contra guerrilheiros soviéticos, 462
Operação Trio, contra guerrilheiros da Iugoslávia, 415
Operação Tufão: ataque a Moscou, 303; decodificada pela inteligência britânica, 305; prioritária, 307; envio a Stálin de informações sobre, 314; lançamento, 316
Operação Vigorosa, suprimentos para Malta, 427
Operação Warzburg, implantação de minas alemãs no Báltico, 254
Operação Weserübung, contra a Escandinávia, 78
Operação Wilfred, contra Narvik, 80-1
Operação XD, destruição das instalações portuárias na foz do Escalda, 97, 104
Operação Z, ataque a Pearl Harbour, 194
Orã (Argélia), 151, 153; desembarque de força Aliada, 479, 480
Orbeli, professor Ióssif, uma breve celebração, 323

Orcha (oeste da Rússia), centro de comunicações, 257; linha de defesa, 268; nova arma soviética e, 279; guerrilheiros soviéticos, 451
Ordem da Bandeira Vermelha, condecoração, 299
Ordem de Lênin, concedida a oito vítimas do terror nazista, 363; concedida a quatro ingleses, 308
Ordem de Serviços Distintos, condecoração, 76, 100
Ordem de Suvorov, condecoração, 444
Ordem dos Comissários, e a invasão alemã da Rússia, 218, 226, 256, 266, 272, 289
Ordem nº 227, "Nem um passo atrás", 443
Ordjonikidze (Cáucaso): planos alemães, 259; alemães rechaçados, 478
Oregon (Estados Unidos): submarino japonês ao largo da costa, 431; bombas japonesas, 460
Orel (Rússia): reforços soviéticos, 276; capturada, 317; retirada alemã, 354; batalha a oeste, 366
Organização Judaica de Combate, 444, 493
Organização Todt: sistema de campos de trabalho e, 78; espião soviético e, 206; trabalhadores afogados, 390; estaleiros de submarinos alemães, 446; quebra de um código secreto de comunicações, 467
Origny (França), chegada dos alemães, 104
Orion (cruzador britânico), 250
Orion (Filipinas), um revés japonês, 380
"Orquestra Vermelha": círculo de espionagem de Stálin, 307; destruição da, 428-9
Osborn, subtenente John Robert, coragem, 362
Ōshima, general conde Hiroshi, em Berlim, 223, 402
Osinovets (lago Ladoga), partida de refugiados, 330
Oslo (Noruega), 77, 85, 87-8, 93; embuste alemão, 95; manifestações, 230; estado de emergência, 306; protestos, 405; ataque aéreo britânico, 466
Oster, coronel Hans: adverte o Ocidente, 51, 68, 85, 87, 94; possíveis conversas de paz e, 83; atrocidades alemãs e, 92

Ostra, quebra de uma chave criptográfica, 76
Ostrów (Polônia): deportação de judeus, 48; execução de judeus, 54
Ostrówek (Polônia), destino de prisioneiros de guerra soviéticos, 476
Oświęcim (Polônia) *ver* Auschwitz
Othmer, Waldemar, espião alemão, 211
Otranto, estreito de, batalha naval, 193
Ott, major-general Eugen, e resistência russa, 271
Otto, Linha: em construção, 181; concluída, 243
Otwock (Polônia), deportação de judeus para a morte, 454
Ovruch (Rússia), assassinato de judeus, 307
Owens, Arthur, agente duplo, 39-40, 176
Oxford (Inglaterra), e possível invasão alemã, 172

Pabianice (Polônia), batalha, 28
pacientes mentais, assassinato de, 60, 70, 108, 309, 319, 329, 384, 422, 454, 483
Pacífico (Oceano), cruzador corsário alemão e, 155, 199; expansão naval norte-americana (julho de 1940), 157; sucesso britânico (maio de 1941), 242
Pacto Anticomintern, firmado em Berlim, 341
pacto de não agressão nazi-soviético (Pacto Mólotov-Ribbentrop), 32, 98, 240
Pacto de Neutralidade Soviético-Japonês, assinado em abril de 1941, 233
Pacto Tripartite (Alemanha, Itália e Japão), 195 ingresso de Romênia e Eslováquia, 198; Bulgária se recusa a aderir, 205; Bulgária adere, 217; Iugoslávia adere, 223; denunciado, 224
Paderewski, Ignacy Jan, primeiro-ministro da Polônia no exílio, 271
Pag, ilha de (Iugoslávia), ocupada pela Itália, 297
País de Gales: agentes alemães no, 39; bombardeada, 155
Países Baixos *ver* Holanda
Palaiochora (Creta), evacuação de, 250
Palatinado (Alemanha), deportação de judeus de, 185
Palembang (Sumatra), desembarque japonês, 386
Palestina: necessidade de tropas, 105; em perigo, 214; judeus palestinos em ação, 254; possível expulsão dos britânicos da, 254; mufti de Jerusalém e, 345; chegada de Rommel e, 432
Pallas Athena (escultura), evacuada, 274
Palmiry (Polônia), execuções em, 70, 148
Panamá, 210; agentes japoneses no, 312; ataque a navios mercantes, 435
Panamá, canal do, fechado à navegação nipônica, 286
Panevėžys (Lituânia), movimentação de tropas, 259
Panteão do Exército, a ser construído em Berlim, 324
Papágos, marechal Aléxandros, cogita a rendição da Grécia, 234
Paradis (França), massacre, 114
Parczew (Polônia), assassinato de judeus, 463
Parczew, floresta de (Polônia), caçada a judeus, 489, 494
Parichi (Rússia), assassinato de judeus, 362
Paris: governo polonês no exílio em, 41; ameaça de bombardeio e, 43; missão de paz, 80; Churchill em, 104; pânico em, 104; caçada e detenções maciças (para evitar a subversão), 105; recuo das tropas francesas para, 110; governo belga no exílio em, 116; bombardeada, 125; batalha, 128-9; governo francês deixa a capital, 132; declarada cidade aberta, 134; chegada das tropas alemãs, 136; visita de Hitler, 145; ocupação alemã, 149, 180; ato de rebeldia em, 194; desprezo alemão pela cultura francesa, 198; execuções, 203, 294, 360; espiões soviéticos, 206; pilhagem de obras de arte, 220; represálias, 235, 298, 394; romance sobre a queda de Paris publicado em Moscou (1941), 238; morte de cadete alemão em, 297; sete sinagogas dinamitadas, 317; judeus usam a estrela amarela, 420; deportação de judeus para Auschwitz, 429, 432-3, 455, 457
Parit, Sulong (Malásia), 377
Park, John Mungo, morto em ação, 255
Parkin, Ray, na "ferrovia da morte", 442
Parkinson, tenente de voo, gravemente ferido, 101
Pärnu (Estônia), russos adquirem direito de ocupação, 41

Parramatta (corveta australiana), afundada, 341
Pas-de-Calais (França), Göring em, 171
Patani (Tailândia), 356
Patrick Henry (navio mercante dos EUA), lançado, 313
Patton, tenente J. M. S., coragem, 177
Paulo (príncipe regente da Iugoslávia), 215; adere ao Eixo, 223
Paulus, general Friedrich von: em Stalingrado, 485, 487; encurralado, 493
Pavelić, Ante, governante da Croácia, 232; premia oficiais alemães, 435
Pávlov, general Dmitri G.: aviso, 216; executado, 287
Pawiak, prisão (Varsóvia), execução de poloneses, 420
Pawłowski, Leon, condenado à morte, 246
Pawłowski, padre, morto a tiros, 47
Pearl Harbour (Havaí): planos japoneses, 194, 325, 330-1, 348; um alerta, 210; recolha de informações pelos japoneses, 222, 312; envio de navios de guerra de, 343; ataque nipônico, 351-2, 354; envio de reforços para a ilha Wake, 364; navios de guerra japoneses afundados, 391, 423
Peary (contratorpedeiro norte-americano), afundado, 389
Pechki (perto de Moscou), chegada dos alemães, 341
Pedro, o Grande, tesouros evacuados, 274
Peenemünde (costa do Báltico), experimentos com foguetes, 427, 468, 494
Pegu (Birmânia), entrada de tropas japonesas, 395
Peklina (Rússia), guerrilheiros soviéticos em ação, 468
Penang (Malásia), bombardeada, 359
Pensacola (cruzador pesado norte-americano), danificado, 488
Percival, tenente-general Arthur Ernest, rendição em Cingapura, 386
Perekop (sul da Rússia), ocupada, 313
Peretz, dr. Aharon, e o destino de judeus deportados para Kovno, 342

Perpignan (França), resgate de prisioneiros de guerra, 461
Pérsia (Irã) *ver* Irã
Pérsico, golfo: desembarque de tropas britânicas, 235; avanço alemão para o Cáucaso e, 445
Perth (cruzador australiano), afundado, 391
Pétain, marechal Philippe: queda da França e, 121, 132, 139; armistício e, 140; estabelece seu governo em Vichy, 151; interrompe relações com a Grã-Bretanha, 153; negocia com o Japão, 153; revoga as leis de ódio racial pré-guerra, 178; reunião com Hitler, 186
Petritchevo (perto de Moscou), execução em, 345
petróleo: aquisição soviética, 40; alvos bombardeados na Alemanha, 103, 116, 141, 145, 166; intenções alemãs no Cáucaso e em Baku, 161, 440, 443, 449, 454, 478; primazia como alvo britânico, 201, 217; Japão e, 361, 372; Malta e, 401; fabricação de gasolina sintética na Alemanha, 418; bombardeio de campos em Ploieşti, 427; ameaça no golfo Pérsico, 445; Rommel e, 457, 493; forças alemãs em Stalingrado e, 493
Petrovac (costa da Dalmácia), desembarque de agente britânico, 310
Petrozavodsk (lago Onega), chegada de tropas finlandesas, 316
Petsamo (Finlândia): invadida, 61; suprimentos de guerra alemães, 283
Petter, Robert, enforcado, 180
Petzel, general Walter, protestos, 55
Pfannmüller, dr. Hermann, e a eutanásia, 34, 483
Philip da Grécia (mais tarde duque de Edimburgo), em ação, 204, 224, 248
Phillips, Malcolm, rapaz judeu preso, 174
Phillips, Myrtle, menina judia presa, 174
Piadítchev, general Konstantin, fuzilado, 287
Piaśnica (Polônia), e a eutanásia, 45
Piatigorsk (Cáucaso), assassinato de judeus, 459
Piatnitsa (perto de Moscou), russos empurrados de volta, 341
Pickard, tenente e líder de esquadrilha (posteriormente capitão de grupo) Charles, e um filme de guerra, 284

Pilar-Bagac, estrada (Filipinas): retirada de tropas norte-americanas, 377; ataque japonês, 379
Pilsen (Tchecoslováquia): bombardeio de fábricas de armamentos, 197; missão clandestina, 366
Pilva (Rússia), assassinato de judeus, 309
Pinguin (navio mercante armado alemão), 145; sucessos de, 228; afundado, 242
Pio XII: protestos de, 70; papa, alertas, 94
Piotrków (Polônia): assassinato de judeus, 26, 31; indignidades, 36; deportação de judeus para a morte, 471
Pipa, quebra da chave secreta de abastecimento do exército alemão, 370
Pireneus, 148, 185; uma rota de fuga, 371
Pireu (Grécia), 219, 229
Pirgos (Creta), expulsão dos alemães, 249
Piskarevski, cemitério (Leningrado), pilhas de cadáveres na estrada, 367
Placentia, baía de (Terra Nova), 293
Plakiás (Creta), evacuação, 250
"Plano de Guerra Básico Conjunto Número 1" (acordo anglo-americano), 225
Plano Guy Fawkes, sabotagem fictícia, 40
plano quadrienal alemão, e trabalho escravo, 446
Płaszów (Polônia), destino dos poloneses, 66
Platteau, L. C., protesto, 476
Pljevlja (Iugoslávia), assassinato de reféns, 415
Ploieşti (Romênia): poços de petróleo e a Alemanha, 173, 196, 197, 217; bombardeada, 427
Plutão, e o plutônio, 226
Plymouth (Inglaterra), bombardeada, 240
Poliarnoe (norte da Rússia), submarinos britânicos em, 294
política de bombardeio (da Grã-Bretanha), em 1940, 154, 166, 183, 189, 197, 201; em 1941, 277, 279; em 1942, 397, 402, 410, 422, 451, 459; (dos Aliados), em 1942, 483; *ver também* Blitz; folhetos; bomba atômica; V2
poloneses: assassinados (1939), 24, 26-8, 30-1, 43, 47, 50, 53, 60, 65; "escravos", 44, 185, 453; expulsos, 47-8, 54; regras para, 49; futuro dos, 55, 118, 149; destino cruel (1940), 66, 69-70, 74, 77, 91, 177, 199; deportação para a Alemanha, 70; destroçados, 106; em ação (na França), 113, 127; em ação (na Noruega), 117, 123; embarcados na França, 141; em ação (durante a Batalha da Grã-Bretanha), 173; em ação (contra Boulogne), 174; expulsos de partes de Varsóvia, 181; contra a Alemanha, 199, 234; prisioneiros de guerra na Alemanha, 207; execuções (em 1941), 220, 226; execuções (em 1942), 384, 396, 399, 413, 420, 426, 431, 471, 484, 489, 494-5; "deportados por ajudarem os judeus", 397; avisados para não ajudarem os judeus, 433; sentenças como "elementos associais", 462; seu destino, por ajudarem os judeus, 489; cobaias de experimentos médicos, 491;
Polônia: invasão alemã, 21-38; execuções, 23-31, 43, 47, 50, 61, 65, 70, 77, 79; divisão germano-soviética, 40; ocupação alemã, 47; expulsões, 48; deportações, 71; judeus poloneses e Madagascar, 144; governo no exílio em Londres, 145; planos alemães para, 149; forças polonesas na Grã-Bretanha, 163; deportação de judeus para, 208; tropas polonesas na Grécia, 236; trabalhadores forçados, 385; *ver também* poloneses; Varsóvia (Polônia)
"Polônia ainda não pereceu", trabalhador polonês executado por cantarolar hino nacional, 79
"polonismo", a ser erradicado, 54
Polotsk (Bielorrússia), 268, 283; guerrilheiros em, 398, 424
Poltava (Ucrânia): assassinatos em massa em, 329; visita de Hitler a, 435
Pomerânia (Alemanha), destino de pacientes mentais, 70
Ponary (arredores de Vilnius), assassinato de judeus, 282, 287, 289, 325, 425
Poniatowa (Polônia), assassinato de prisioneiros de guerra soviéticos, 495
Pook, tenente-coronel Hermann, e a Operação Dente, 179
Pooley, soldado raso Albert, testemunha ocular de massacre, 115
Pope (contratorpedeiro norte-americano), afundado, 391
Por que lutamos (série de documentários), 413

Porchunov, major, e suprimentos para Leningrado, 339
"porcos" (torpedos tripulados), em ação, 286
Port Moresby (Nova Guiné): ataque japonês, 413; avanço australiano, 438; recuo dos australianos para, 442, 455, 461; chegada das tropas norte-americanas, 462; japoneses empurrados para trás, 478
Port Swettenham (Malásia), abandonada, 372
Port-en-Bessin (França), ataque britânico, 460
Porteous, capitão Pat, em Dieppe, 452
Portland Bill (Inglaterra), ataque a estações de radar, 163
Porto Rafti (Grécia), evacuação de, 237
Porto Sudão (Sudão anglo-egípcio), bombardeada, 132; derrota naval italiana, 227
Portugal, emigração judaica e, 252; plano de Hitler para, 254
Porvoo (Finlândia), ataque repelido, 61
Potenza (Itália), um ataque de comando, 214
"Povo Eleito", "prazer" pelo seu destino, 450
Powers, tenente John James, um herói, 414
Poznań (Polônia): batalha nas proximidades, 29; campo de concentração, 38; deportação de judeus, 63; futuro dos poloneses e, 177; polacos condenados à morte, 220, 246
PQ-1, o primeiro comboio britânico de suprimentos para a Rússia, 314
PQ-13, comboio atacado, 404
PQ-16, comboio atacado, 419
PQ-17, comboio atacado, 435
PQ-18, comboio atacado, 459
Praça do Povo, a ser construída em Berlim, 324
praça Vermelha (Moscou), tropas soviéticas na, 331
Praga (Polônia), expulsão dos judeus, 181
Praga (Tchecoslováquia), 29; despejamento de folhetos, 80; deportação de judeus, 321, 346, 425; assassinato de Heydrich, 425, 428; sentenças de morte, 467
Préludes (Liszt), 262
prêmio Nobel, 180
President Doumer (navio mercante), afundado, 476

Prestissimo, coronel, capturado, 251
Pretzsch (Alemanha), e a "solução final", 252
Price, capitão de corveta Hugh, condecorado, 76
Prien, Günther: afunda o encouraçado *Royal Oak*, 46; afunda o transatlântico *Arandora Star*, 151; comboios no Atlântico, 184; naufraga com seu submarino, 220
Prince of Wales (encouraçado britânico): chega a Cingapura, 348; afundado, 357
Prinz Eugen (cruzador pesado alemão): no Atlântico, 249; sofre ataque, 286; no mar do Norte, 386; torpedeado, 390
Prior, general William Wain, contra um cessar-fogo, 87
Pripiat, pântanos de (oeste da Rússia), atuação de guerrilheiros, 488
prisioneiros de guerra: poloneses capturados e executados, 27, 54; indignidades contra poloneses e judeus, 36; destino de prisioneiros poloneses, 66, 86; libertados (britânicos), 73; em Dunquerque (britânicos), 123; na estrada Dieppe-Paris (franceses), 129; após a queda da França (franceses), 144, 186, 299; na Albânia (italianos), 197; punição a quem prestasse ajuda aos presos poloneses, 207; no norte da África (italianos), 210; travessia do Atlântico (alemães), 210; iugoslavos, 234; rotas de fuga, 239; cruel destino de presos soviéticos, 266, 270, 278, 300, 303, 319, 338, 348, 363-4, 384, 476, 495; construção da nova Berlim e, 339; em Hong Kong, 362, 365; fuga de prisioneiros Aliados, 371, 418; executados pelos japoneses, 374, 377, 382, 389, 393, 406, 409, 448, 458; trabalhos forçados no Extremo Oriente, 431, 442; morte no mar, 434, 468; algemados (britânicos e canadenses), 468
Procida (navio-tanque italiano), afundado, 341
Projeto Manhattan, a bomba atômica, 464
Proletarskaia (Rússia), chegada dos alemães, 444
Proskurov (Rússia), 273; assassinato de judeus, 289
Provence (encouraçado francês), afundado, 152
Providência, exaltação de Hitler à, 52
Prujani (Polônia), invadida, 266

Prússia Oriental (Alemanha): campo de concentração, 38; detenção e assassinato de pacientes mentais, 108; Hitler procura um quartel-general na, 165; deslocamento de tropas alemãs para (junho de 1941), 252, 256
Przemyśl (Polônia): assassinato de judeus, 31; deportação de judeus para a morte, 433
Pskov (Rússia): entrada de alemães, 277; guerrilheiros soviéticos em, 277; assassinato de judeus, 282; atuação de guerrilheiros, 444;
Púchkin (Leningrado), capturada, 308
Pulford, vice-marechal do ar Conway Walter, 395
Pulkovo, colinas de (Leningrado), armas navais, 301
Pułtusk (Polônia), deportação de judeus, 48
Purkaiev, general Maksim, às vésperas da guerra, 260
Púrpura (máquina de codificação japonesa), chega à Grã-Bretanha, 211
Purvis, Arthur, 51, 101-3, 121, 192; assassinado, 294
Purvis, George, coragem, 176
Puttkammer, tenente Karl von, 174

QP-13 (comboio do Ártico), atacado, 436
Queen Elizabeth (encouraçado britânico), gravemente danificado, 362
Quetta (Índia), chegada de tripulação aérea norte-americana, 416
Quezón, presidente Manuel, deixa Luzon, 389
Quinauan, cabo (Filipinas), desembarque japonês, 380
Quince, quebra de chave de comunicações da SS, 451
Quincy (cruzador pesado norte-americano), afundado, 448
Quisling, Vidkun: na Noruega, 87-8, 91; futuro da Grã-Bretanha e, 147

Rabaul (arquipélago de Bismarck): bomba japonesa, 371; batalha em, 377; prisioneiros de guerra massacrados, 383; bombardeada, 390; destino dos prisioneiros de guerra capturados, 434
Rabi (Nova Guiné), desembarque japonês, 455

Rádio Bremen, 162
Rádio Paris, explosão do transmissor, 415
Radochkovichi (Rússia), operação contra guerrilheiros, 488
Radom (Polônia): destino dos judeus, 159; trabalhadores forçados, 181
Radomisl (Rússia), assassinato de judeus, 309
Radziwillow (Polônia), assassinato de judeus, 420
Raeder, almirante Erich, 144; invasão da Grã-Bretanha e, 159, 171; planos de Hitler para Trondheim e, 260; na costa do canal da mancha, 385
Rafael, pinturas evacuadas, 274
Rafina (Grécia), evacuação, 237
Rahachov (Rússia), 276
"raides Baedeker", contra a Grã-Bretanha, 410
Rakov (Bielorrússia), assassinato de judeus, 383
Ramillies (encouraçado britânico), danificado, 423
Ramsay, codinome de um espião soviético, 77
Ramsay, vice-almirante Bertram, e Dunquerque, 113
Ramsbottom-Isherwood, tenente-coronel, no norte da Rússia, 294, 308
Rangers (unidade de elite do exército dos EUA), participação no ataque a Dieppe, 452
Rangun (Birmânia): bombardeada, 364; evacuado, 395
Raritan (Nova Jersey), ajuda norte-americana, 133
Rascher, dr. Sigmund, experimentos médicos, 247, 393
Rashid Ali: toma o poder, 226; britânicos agem contra, 235; sitia Habbaniya, 239; mantém a posse de Bagdá, 245; rendição de, 251
Rastenburg (Prússia Oriental): quartel-general de Hitler (junho-dezembro de 1941), 265, 277-8, 282-3, 289, 292, 296-7, 303, 307, 309, 317-9, 321, 324-5, 330, 345, 354-5, 361, 366; nevascas em (1941), 317, 321; quartel-general de Hitler (janeiro-dezembro de 1942), 385, 399, 402, 405, 420, 422, 433, 437; Hitler parte (julho de 1942), 440; Hitler volta (novembro de 1942), 486-7, 493-4

Rauter, general Hanns Albin, abre fogo contra grevistas em Amsterdam, 215
Ravensbrück (norte de Berlim), mortes, 425
Ravna Gora (Iugoslávia), um foco de revolta, 244
Rawalpindi (cruzador mercante armado britânico), afundado, 57
Reading (Inglaterra), e possível invasão alemã, 172
Récébédou (França), judeus em, 400
Reichenau, general Walther von: entra em Bruxelas, 104; na frente oriental, 318; fuzilamento de prisioneiros de guerra e, 323
Reichstadt, duque de, Hitler devolve restos mortais, 146
Reichstag (Berlim), Hitler fala de "deveres", 411
Reimann, Bruno, 51
Reims (França), chegada dos alemães, 132
Reinberger, major Helmut, acidente aéreo, 68
Rejewski, Marian, e a máquina Enigma, 69
Rembrandt, o destino de suas pinturas, 181, 220, 274
Renânia (Alemanha): "missão" de Hitler e, 34; bombardeio de alvos industriais, 254; deportação de judeus, 331
Rennes (França): passagem de tropas canadenses, 138; ocupação alemã, 143
Reno, rio (Alemanha): despejo de minas no, 84, 96, 100; travessia dos alemães em Colmar, 139
República de Palik (Rússia), um ataque, 424
Repulse (cruzador britânico): chega a Cingapura, 348; afundado, 357
resistência francesa, 101, 472
Resolution (encouraçado britânico), 93, 177
Rethondes (França), assinatura de armistício, 144
Reuben James (contratorpedeiro norte-americano), torpedeado, 328
Revolução de Outubro (encouraçado soviético), em ação, 305
Reynaud, Paul: torna-se primeiro-ministro da França, 83; propõe bombardeio de campos petrolíferos soviéticos, 83-4; em Londres, 88; avanço alemão em Sedan e, 102, 104; queda da França e, 120, 123, 127-8, 130-2, 139, 144; esquadra francesa e, 151

Reza Pahlavi, xá do Irã, abdica, 298
Rheinburg (Alemanha), incêndios propositais para servir de chamariz, 397
Riabchichi (Rússia), destruída por guerrilheiros soviéticos, 464
Riazan (Rússia), reforços, 344
Ribbentrop, Joachim von, 36, 40; "uma estrondosa bofetada", 191; no abrigo antiaéreo com Mólotov, 195; telegrama de Tóquio a Moscou, 219; Japão e, 274, 402; judeus e, 465
Richelieu (encouraçado francês): fora de ação, 155; em Dacar, 177
Ride, tenente-coronel Lindsay, dirige uma organização de fuga, 418
Rieff, Georges, escapa de um trem de deportação, 400
Riegner, Gerhart, relata o plano de assassinato de judeus, 449
Riga (Letônia): chegada dos alemães, 274; destino dos deportados judeus, 326, 345; assassinato de judeus em caminhões de gás, 424
Ringelblum, Emanuel: em Varsóvia, 181, 198, 200, 208, 336, 360; "minha morte já foi paga!", 422; verdade sobre Chełmno e, 424; "Nossa labuta... não foi em vão", 432
Rinok (Stalingrado), chegada de soldados alemães, 454, 458
Rivesaltes (França), 400
Riviera francesa: avanço italiano, 145; desembarque de agente britânica, 434
Rizzo, Edward, desembarca na França (1941), 239
Rjev (Rússia): linha de defesa próxima, 288; entrada dos alemães, 321; retirada alemã, 354; êxito russo nas imediações, 371; cercada pelos russos, 379; ofensiva russa, 389
Rjukan (Noruega), missão de sabotagem, 484
Robert E. Peary (navio mercante), construído em quatro dias, 314
Robotnik (jornal socialista da Polônia), assassinato do editor, 149
Rodes (ilhas do Dodecaneso), 219
Rodésia do Sul, voluntários, 162
Rodina (navio de passageiros russo), afundado, 436

"Rodovia de Moscou", guerrilheiros ativos, 451
Rohland, cabo, baleado, 235
Rokiškis (Lituânia), assassinato de judeus, 295
Rokossóvski, general Konstantin: às vésperas da guerra, 262; na Batalha de Moscou, 341
Roma (Itália): missão de paz, 80; como alvo, 189
Romênia: Alemanha e, 81; fuga de poloneses, 127; adere ao Eixo, 153; contrainteligência alemã, 168; missões do exército e da força aérea alemães, 173; medidas antijudaicas, 178; ocupação alemã, 182; invasão alemã da Rússia e, 196, 253; adere ao Pacto Tripartite, 198; como base alemã contra a Grécia, 202-3, 214, 217, 225; fronteira iugoslava e, 228; declara guerra aos EUA, 362; tropas romenas na Rússia, 485, 490
Rommel, general Erwin: "resolução" de Hitler e, 56; iminente guerra na Europa Ocidental e, 57; "gênio" de Hitler e, 91; na frente ocidental, 98, 102, 104-7, 110, 119, 125, 129; chega à costa do canal da Mancha, 131; em Saint--Valery-en-Caux, 134; em Cherbourg, 143; em Rennes, 144; avançando para a Espanha, 148; visita Hitler, 213, 467; no Norte da África, 214, 223, 226, 228, 230, 235, 238; no Egito, 239, 247, 251; "notícias maravilhosas" da Rússia, 319; reforços sofrem ataque, 332; expulso (novembro-dezembro de 1941), 338, 341, 344, 361; toma a ofensiva, 377, 385; espera que a guerra termine em 1942, 416; renova a ofensiva, 420, 427-8, 457; retoma Tobruk, 430; chega a El Alamein, 432, 434; sofre derrota no desfiladeiro Ruweisat, 438; linhas de abastecimento sob ataque, 450; contínua escassez de combustível, 493; El Alamein e, 473, 478; recebe ordens para "aguentar firme", 478; empurrado para o oeste, 480, 482; seu conselho é rejeitado por Hitler, 487
Romolo (navio mercante italiano), atacado, 132
Ronarch, capitão Pierre, perícia, 143
Roosevelt, presidente Franklin Delano: neutralidade norte-americana e, 24, 51, 188; energia atômica e, 45-6; Churchill e, 64, 135, 177, 189, 293-4, 340, 363, 369, 371, 386, 421, 430; mina magnética e, 64; missão de paz e, 80; batalha na França e, 102, 105, 114, 135-6, 139; suprimentos militares da Grã-Bretanha e, 102-3, 133, 189, 192, 203; ataque da Itália à França, 131; insiste em lidar com a Alemanha "por meio da resistência, não do apaziguamento", 157; acordo de "contratorpedeiros em troca de bases" com a Grã-Bretanha e, 165; "Continuaremos a ajudar", 183; "Estamos mobilizando nossos cidadãos", 184; reeleito (novembro de 1940), 191; "arsenal da democracia" e, 203; "quatro liberdades humanas essenciais", 204; emissário para a Grã-Bretanha, 206-7, 211; cooperação anglo-americana e, 210, 233; Bálcãs e, 215; Lei de Empréstimos e Arrendamentos e, 220; "A única coisa que devemos temer é o próprio medo", 250; congela ativos alemães e italianos, 255; informado da iminente invasão alemã da Rússia, 256; morte de Paderewski e, 271; Japão e, 286, 293, 298, 340, 342; ajuda à Rússia e, 294, 331; perdas navais dos EUA (setembro-outubro de 1941) e, 303, 320, 328; nova alteração à Lei de Neutralidade (novembro de 1941) e, 333; Pearl Harbour e, 352, 355; declaração de guerra alemã aos EUA e, 356; aliança anglo-americana, 363; Nações Unidas e, 369; produção norte-americana de armas e, 371; general MacArthur e, 389-90; "batalhas finais" e, 390; bombardeio de Tóquio e, 412; Batalha do Mar de Coral e, 414; rumor circula no gueto de Varsóvia, 416; queda de Tobruk e, 430, 432; frente oriental e, 459
Rosenberg, Alfred, 88, 181, 215, 258, 282; protesto contra os assassinatos em massa, 327; demandas econômicas a serem "ignoradas" e, 334
Roslavl (Rússia), 268; guerrilheiros em ação, 418, 425
Rosler, major, testemunha ocular dos assassinatos em massa, 291
Ross, sargento Wilhelm, executado, 107
Rossoch (sul da Rússia), entrada dos alemães, 437
Rosten, capitão Leo, e a máquina Púrpura, 211
Rostock (Alemanha): embarque de tropas, 86; bombardeada, 410, 412

Rostov sobre o Don (sul da Rússia): plano de avanço alemão, 162; chegada dos alemães, 338; alemães forçados a desistir, 344; recapturada pelos alemães, 433, 443; forças soviéticas escapam, 443

Roterdam (Holanda): atacada, 96; embarque da rainha Guilhermina em, 99; bombardeada, 100; rendição, 102; tentativa de sabotagem, 452

Rouen (França), aproximação de tropas alemãs, 130

Roulers (Bélgica), uma brecha em, 114

Rovno (Polônia): pouso forçado de um avião alemão, 234; bombardeada, 264; grupo guerrilheiro em, 268; assassinato de judeus, 317, 459

Rowley, capitão Henry Aubrey, morto em combate, 248

Royal Oak (encouraçado britânico), afundado, 46

Rubens, o destino de suas pinturas, 181, 220, 274

Rudellat, Yvonne (Jacqueline), desembarca na França ocupada pelos alemães, 434

Rudin, professor Ernst, elogia Hitler por implementar "medidas racial-higiênicas", 159

Rudnia (Rússia): assassinato de judeus, 362; guerrilheiros soviéticos em, 398

Ruge, general Otto: na Noruega, 92; prisioneiro, 129

Ruhr (Alemanha), 26, 45, 80; bombardeada, 103, 105, 116, 141, 163, 254

Ruma (Iugoslávia), "marcha da morte", 380

Rumbuli, floresta de (Riga), fuzilamento de judeus, 345

Rundstedt, general Gerd von: perímetro de Dunquerque e, 110, 112-3; planos de Hitler para o leste e, 124; visita de Hitler (em Uman), 300; zombaria de Hitler, 458

Russell, ilha (Pacífico), desembarque japonês, 381

Rússia asiática, uma barreira a ser erguida, 202

Rute, Livro de, citação, 207

Ruweisat, desfiladeiro (Deserto Ocidental), atacado, 438

Ryder, major Lisle, e um massacre, 114

Ryder-Richardson, Colin, ato de bravura, 176

Rypin (Polônia), poloneses fuzilados, 50

Ryti, Risto (primeiro-ministro finlandês), negociações, 71, 79

Ryuho (porta-aviões japonês), 408, 455

Rzeszów (Polônia), campos de trabalho nas imediações, 49

S-1, e a bomba atômica, 351

Saarlouis (Alemanha), ação em, 28

Šabac (Iugoslávia): assassinato de judeus e sérvios, 297; destino de uma criança em, 380

Sable, cabo (Nova Escócia, Canadá), 217

Saboia, Cavalaria da, em ação no Don, 454

Saburov, Aleksandr, líder guerrilheiro, 488

Sachs, Alexander, e a energia atômica, 45

Sachsenhausen (norte de Berlim): campo de concentração, 23, 33; morte de poloneses, 52; "prisioneiro especial de Hitler", 52; experimentos em, 60, 228; criminosos enviados para Auschwitz como chefes de alojamentos, 92; pastor Grüber em, 185; assassinato de prisioneiros de guerra russos, 319; matança de judeus, 422; envio de judeus para Auschwitz, 472

Safi (Marrocos francês), Aliados no controle, 479

Saigon (Indochina francesa), entrada dos japoneses, 286

Saint-Germain (França), entrada de tropas alemãs, 134

Saint-John (brigada de ambulâncias), fuzilamento de três homens, 361

Saint-Malo (França), evacuações, 139, 141

Saint-Maur (França), entrada de alemães, 134

Saint-Nazaire (França): evacuações, 141; aproximação dos alemães, 143; ataque naval e de comandos, 401; estaleiros de submarinos alemães, 446; bombardeada, 483

Saint-Quentin (França), forças alemãs nos arredores, 104

Saint-Valery-en-Caux (França): tropas isoladas em, 130; tropas evacuadas, 131; rendição em, 134

Saint-Vincent, general de, se recusa a cooperar com as deportações, 456-7
Sajmište (Iugoslávia), assassinato de judeus, 380
Sakai, general de divisão Takashi, não se rende, 361
Sakamaki, alferes Kazua, torna-se prisioneiro, 352
Sakowicz, Kazimierz, testemunha ocular de assassinatos em massa, 287, 289
Salamaua (Nova Guiné): ocupada, 396; invadida, 434
Salangen (Noruega), desembarque, 89
Salomão, ilhas (oceano Pacífico): planos para a libertação, 438; avanços de tropas norte-americanas, 454
Salsk (sul da Rússia), chegada dos alemães, 444
Samat, monte (Filipinas), 379
Samotrácia (Grécia), ocupação alemã, 236
San Andrea (navio-tanque italiano), afundado, 457
San, rio (Polônia): batalha, 31; matança nas imediações, 31
Santa Cruz, ilhas de (oceano Pacífico), batalha naval ao largo da costa, 474
"Santíssima Trindade", 246
Santos, José Abad, executado, 414
Sapojnikova, Olga, e a defesa de Moscou, 322
Sarajevo (Iugoslávia), missão britânica, 384
Sarátov (Volga), reforços, 347
Sarawak, desembarque japonês, 361
Sardenha: Batalha de Malta e, 161; ação naval ao largo da costa, 198; possível invasão, 477
Sark (ilhas do canal da Mancha), ataque de comando, 468
Sarre (Alemanha), deportação de judeus de, 185
Sas, coronel Jacobus, e os planos de guerra alemães, 51, 68, 85, 94
Satzkis, Lily, impedida de sair da Alemanha, 327
Sauckel, Fritz, e trabalhos forçados, 399
Savitcheva, Tânia, o destino dela e de sua família, 417
sc-104 (comboio do Atlântico), atacado, 471
Scapa Flow (ilhas Órcades, Escócia), 46, 82, 86, 210, 283

Scharnhorst (cruzador de batalha alemão): afunda o *Rawalpindi*, 57; no mar do Norte, 210; em ação, 217, 221; ataque a, 286; perseguição e danos ao, 386
Schellenberg, Walter, e a imigração de judeus, 252
Schepke, capitão Joachim, afogado, 221
Schijvenschuurer, Leen, fuzilado, 218
Schlabrendorff, tenente Fabian von, 288
Schlüsselburg (lago Ladoga): capturada pelos alemães, 303; recaptura considerada "impossível", 308; alemães no controle, 346
Schmidt, Wulf, torna-se agente duplo, 176
Schmitt, Philip (oficial da SS), recebe seu primeiro prisioneiro, 177
Schmundt, coronel Rudolf: triunfos de Hitler e, 34; judeus e, 275
Schneidemühl (Alemanha), deportação de judeus, 82
Schniewind, almirante Otto, e a invasão da Grã-Bretanha, 159
Schuhart, tenente Otto, e o porta-aviões *Courageous*, 32
Schulenburg, conde Friedrich-Werner von der, relatórios de Moscou, 243
Schultze, Walther (comissário para a Saúde da Baviera), e uma "dieta especial", 483
Schumann, dr. Horst, e assassinato por gás tóxico, 300
Scott, capitão de corveta Peter, ajuda uma evacuação, 131
Scott, Robert Falcon, 131
Scott-Ford, Duncan, capturado e enforcado, 67
Sea Witch (porta-aviões britânico), missão abortada, 392
Seal, Eric, e o moral britânico, 211
Seattle (Washington), e agentes japoneses, 312
Sebastopol (Rússia): a ser defendida, 202; bombardeada, 264; evacuação, 319; assassinato de judeus, 338; sitiada, 365, 367, 415; invadida, 429; efeito da resistência, 431
Seção de Controle de Londres, 445
Sedan (França): alemães nas imediações, 98, 101; avanço alemão, 102, 104

Seela, capitão da SS Max, em ação, 313
"segunda frente", Stálin busca abrir uma na Europa, 450
Selijarovo (Rússia), 268
Sena, rio (França), recuo, 131
Sephton, suboficial Alfred, em ação, 248
"Sereia", sinal de artilharia, perto de Stalingrado, 485
Seria (Brunei), desembarque japonês, 361
Serokomla (Polônia), assassinatos, 91
Serra Leoa, ataque a um comboio a caminho de, 311
Serviço Secreto Alemão, 211
sérvios: executados, 234; perseguidos, 244; assassinados, 297; mortos em ações de represália, 318; massacres de, 378; "cem sérvios para cada alemão morto", 399
Seyss-Inquart, dr. Arthur, governador-geral alemão na Holanda, 147
Sfakiá (Creta), evacuação, 250
Shakespeare: "Shakespeare derrota Hitler", manchete de jornal, 183; peça exibida na "rodovia da morte", 443
Shanghai (China), ação japonesa, 355
Sheffield (Inglaterra), bombardeada, 201
Sherbrooke, capitão Robert, em ação, 495
Shirer, William: no Ruhr, 105; em Berlim, 169; relatórios sobre o efeito dos bombardeios britânicos, 170, 179; ouve Hitler falar, 171; notícias sobre a morte de um polonês, 178; reeleição de Roosevelt e, 191
Shklarek, Moshe, sobrevivente de massacre, 407
Shoeburyness (Grã-Bretanha), e a mina magnética, 56
Shoho (porta-aviões japonês), afundado, 414
Short, general Walter, movimentações navais no Pacífico, 343
Šiauliai (Lituânia), judeus no gueto de, 347
"Sibéria", codinome para um ponto no oceano Índico, 145
Sibéria, forte (Sebastopol), 429
Sibéria, movimentações de tropas soviéticas, 241
Sicília: bombardeiros alemães na, 205; alemães bombardeiam Malta, 470; considerada o verdadeiro alvo dos desembarques da Operação Tocha, 479
Sidi Barrani (Egito): forças italianas em, 189, 200; bombardeiros de mergulho alemães ao largo da costa, 273; defesa de Rommel, 480
Siedlecki, professor Michał, morre em Sachsenhausen, 52
Siemens, fábrica em Berlim atingida por bombas britânicas, 170
Siemiatycze (Polônia), às vésperas da guerra, 262
Sienna (Polônia), movimentação de tropas nas proximidades, 259
Sieradz (Polônia), fuzilamento de poloneses e judeus, 31
Sierpc (Polônia): expulsão dos judeus, 55; assassinato de judeus, 384
Siilasvuo, coronel Hjalmar, e "o caminho da glória", 65
Sikh (contratorpedeiro), afundado, 461
Sikorski, general Władysław: estabelece o governo polonês no exílio, 41; denuncia "crimes de guerra", 374; descreve o destino dos poloneses e judeus, 426
Simferopol (Crimeia), assassinato de judeus, 388
Simović, general Dušan, retira-se do Pacto Tripartite, 224
Singh, major Mohan, e "a Ásia para os asiáticos", 359
Singora (Tailândia), 356
Sinkov, major Abraham, e a máquina Púrpura, 211
siques, forçados a realizar uma execução, 458
Síria: planos alemães para, 190; armas, 227; batalha, 253
Siteía (Creta), desembarque italiano, 250
Skagerrak: interesse russo em, 195; fuga de navios mercantes, 210, 404
Škoda, fábrica de armamentos (Pilsen, Tchecoslováquia), bombardeada, 197
SL-125 (comboio de navios mercantes britânicos), atacado, 476
Slavin (guerrilheiro soviético), e operação antiguerrilha, 462
Słochy Annopolskie (Polônia), assassinato de habitantes, 266

Slonim (Polônia): contra-ataque, 274; ações antiguerrilha, 454
Slutsk (Rússia Ocidental): centro de comunicações, 257; execuções em, 322; protesto contra as execuções, 327
Smith, general Holland M., e uma "uma tolice de manobra", 452
Smolensk (Rússia): prisioneiros de guerra poloneses e, 86; centro de comunicações, 257; em uma linha de defesa, 268; Enigma e, 279, 311; cercada, 281, 287; ofensiva antiguerrilha, 319; atuação de guerrilheiros em, 322; prisioneiros de guerra soviéticos, 323; rumores sobre, 416; suprimentos ameaçados por guerrilheiros, 458, 465
Smukala (Polônia), tortura e morte, 38
Snow, agente duplo, 39
Sobibor (Polônia), campo de extermínio, 376, 399, 407, 413, 418, 424, 429, 449, 472, 479
Sochaczew (Polônia), anúncio divulgando punições, 178
Sochi (mar Negro), 259; alvo alemão, 464
Sófia (Bulgária), bombardeio de pátios e terminais ferroviários, 230
Sokal (Polônia), às vésperas da guerra, 262
Soldau (Prússia Oriental): campo de concentração, 38; assassinato de doentes mentais alemães, 108
Sollum (Egito): ocupada pela Itália, 174, 200; ocupada por Rommel, 239; afundamento do navio de guerra britânico *Barham*, 341
Solnechnogorsk (arredores de Moscou), chegada dos alemães, 340
"solução final": em discussão, 252; antecipada, 286; "mais do que merecida", 335; debatida em Wannsee, 377
Somali (contratorpedeiro britânico), afundado, 459
Somalilândia, avanço britânico, 209
Somalilândia Britânica, 131, 168
Somme, rio (França): chegada dos alemães, 106, 107; resistência dos franceses, 120; apreensão de Hitler, 123; batalha, 127
Sommer, Margarete, corajoso protesto, 326

Sompolno (Polônia), assassinato de judeus, 385
Sonnenstein (arredores de Dresden), experimentos médicos, 300
Sonya (codinome de Ruth Kuczynski), recebe, e repassa, segredos atômicos, 316
Soputa-Sanananda, trilha (Nova Guiné), resistência japonesa, 488
Sorge, Richard: trabalho de espionagem, 76, 196, 203, 216, 219, 227, 241, 247, 274, 295, 320; preso, 322
Soryu (porta-aviões japonês), afundado, 423
Sosnkowska, Jadwiga: bombardeio de Varsóvia (1939) e, 37; queda de Varsóvia (1939) e, 41
Souk el-Arba (Tunísia), pouso de paraquedistas norte-americanos, 482
Southampton (cruzador britânico), avariado, 205
Southampton (Inglaterra): chegada de tropas da França, 139; governo polonês no exílio, 145; bravura nos céus, 165; bombardeada, 174, 198
Southwark (Londres), dezoito pessoas mortas, 189
Sowacoad (ilha de Amboina), destino de prisioneiros de guerra, 382
Speer, Albert: "sonhos" de Hitler e, 146; nova Berlim e, 235, 297, 308, 339; planos de Hitler para Trondheim e, 260; dr. Todt e, 365; sucede o dr. Todt, 385; trabalhos forçados e, 385; bombardeio de Colônia e, 422; bomba-foguete alemã e, 427; estaleiros de submarinos alemães e, 446; "muralha do Atlântico" e, 451
Spicheren (França), 65
Spitzbergen (Oceano Ártico), um ataque de comandos, 298
Spooner, contra-almirante Ernest John, 395
Sportpalast (Berlim), discurso de Hitler, 467
SS: centros especiais do programa Lebensborn, 50; criticada, 70, 74; ampliada, 91; repetidas atrocidades, 91, 115, 117-8, 336, 469, 489; em ação na França, 106-7, 111-2, 114, 117, 143; futuro da Polônia e, 118; na Bélgica, 177; filme antissemita e, 178; Operação Dente e, 179; em Amsterdam, 215; Operação Barbarossa e, 228, 259, 268, 271, 282, 389; homossexuais

e, 334; guerrilheiros soviéticos e, 344; quebra de códigos secretos e, 383, 451; exortação de Hitler à, 388; Operação Heydrich e, 425; "inabaláveis", 427; em Treblinka, 440; propriedades de judeus "evacuados" e, 465, 475

SS Germânica, ato de resistência contra, 489

SS-Totenkopfverbände: na Polônia, 23, 60; em ação na França, 106, 107, 111-2, 114, 144; deslocam-se para a Prússia Oriental, 252, 256; em ação contra a Rússia, 268, 271, 312-3; primeira forte nevasca (outubro de 1941) e, 319; queixas de covardia, 334; guerrilheiros soviéticos e, 344

Stálin, forte (Sebastopol), 429

Stálin, Ióssif: Tratado de Fronteira e de Amizade Germano-Soviético e, 40; aniversário de sessenta anos, 64; tratado comercial germano-soviético e, 75; Japão e, 76, 233, 320; recebe relatórios de inteligência de seu espião em Tóquio, 77, 196, 203, 227, 241, 247, 274, 295, 320; Estados bálticos e, 157; preparativos alemães contra a Rússia e, 196, 205, 227; advertência do general Pávlov a, 216; cautela, 222, 240; Iugoslávia e, 229; preparativos militares russos (antes de junho de 1941) e, 227, 229-30, 233, 235, 238, 241; torna-se primeiro-ministro soviético, 243; iminência da guerra e, 255-7, 259, 260; ajuda britânica, 255, 270; chegada da guerra e, 264, 268, 275, 283; recebe informes dos serviços de inteligência da Grã-Bretanha, 270, 276, 279, 311, 314, 467, 485; ajuda norte-americana e, 288; "maior fraqueza" de Hitler e, 290; deportação de alemães do Volga, 305; defesa de Kiev, 305, 310; cerco de Leningrado e, 307; contínua ajuda da Grã-Bretanha e dos EUA e, 314, 317, 328, 331; bomba atômica e, 316; Batalha de Moscou e, 322, 344; "guerra de extermínio" e, 330; "santa Rússia" e, 331; defesa de Stalingrado e, 437, 443, 458, 469; Churchill e, 445, 450-1, 467, 469, 490; segunda frente e, 450

Stalingrado (Rússia): alvo alemão, 199, 402, 417, 443; assalto alemão, 437, 444, 451, 454, 457, 458, 461-2, 464, 466, 469, 471; batalhas finais, 471, 477, 481, 482; desvio de aeronaves de transporte, 480; dá esperança aos povos cativos, 484; contraofensiva soviética, 485, 490; envio de informações de inteligência a Stálin, 490; êxitos soviéticos, 493

Stalino (Rússia), chegada dos alemães, 321

Stanisławów (Polônia): guerrilheiros soviéticos e, 268; judeus enviados para a morte, 399

Staraia Russa (Rússia), forças russas isolam corpo do exército alemão, 391

Staraia Siniava (Rússia), assassinato de judeus, 309

Stari Ciepielów (Polônia), assassinato de poloneses, 489

Stark, almirante Harold R.: intenções japonesas e, 342; "alerta" e, 344

Starokonstantinov (Rússia), linha de defesa soviética, 273

Stavanger (Noruega): ação Aliada em, 72, 77, 80, 85, 87; execução em, 484

Stavropol (Cáucaso), chegada dos alemães, 445

Stawiski (Polônia), alemães matam judeus, 295

Steckelsdorf (perto de Berlim), deportação de judeus, 419

Steel Seafarer (navio mercante dos EUA), afundado, 303

Stein, Edith, destino, 449

Stellbrink, Karl Friedrich, executado, 405-6

Stenda, Robert, voluntário fuzilado, 296

Stepinac, Alojzije (arcebispo de Zagreb), protestos, 395

Stettin (Alemanha): deportação de judeus, 82; embarque de tropas alemãs, 86

Stevens, major Richard Henry: sequestrado, 53; promoção de seu sequestrador, 137

Stilwell, general Joseph, retira-se da China para a Índia, 412

Stralsund (Alemanha), hospital psiquiátrico em, 60

Strasbourg (cruzador de batalha francês), escapa, 153

Strassburg (Volga), deportações, 305

Strong, general de brigada George V., chega a Londres, 168
Stronghold (contratorpedeiro britânico), afundado, 391
Struma, rio (Grécia), ações de represália, 318
Stuckart, Wilhelm, e a "solução final", 376
Student, general Kurt: na Holanda, 96, 102; em Creta, 248
Stülpnagel, Otto von, ordena represálias, 235
Stumme, general Georg, morre de ataque cardíaco, 474
Stureholm (navio mercante sueco), e um ato de resgate, 191
Stutthof (Danzig): campo de concentração, 38; assassinato de poloneses, 60; assassinato de judeus, 91
suástica, bandeira hasteada no monte Elbrus (Cáucaso), 453; em Stalingrado, 466
Subic, baía de (Filipinas), envio de tropas japonesas, 379
Suchożebry (Polônia), destino de prisioneiros da União Soviética, 476
Suchumi (mar Negro), objetivo alemão, 464
Suda, baía de (Creta), ação naval italiana, 223
Sudão, um sobrevivente chega à Inglaterra, 115
Sudão anglo-egípcio, retirada de italianos do, 209
Sudetos, e a "missão" de Hitler, 34
Suécia: negociações de paz via, 44; destino de um navio mercante sueco, 56; minério de ferro para a Alemanha, 67, 71, 78, 84, 89, 117; Finlândia e, 71, 78; "brincadeira de soldados" e, 297; planos de Hitler para o granito da, 308; previsão de Hitler para os judeus da, 380; assassinatos por eutanásia na Alemanha e, 389; uma reunião secreta na, 421; pouso forçado, 459
Suez, canal de (Egito), 132, 189, 200; em perigo, 214; planos de Rommel para captura do, 238; necessidade urgente de defesa, 251; expulsão dos britânicos, 254; avanço final de Rommel, 457
Suffolk, conde de: na França, 137; morto, 246

Suíça: "brincadeira de soldados", 297; previsão de Hitler para os judeus da, 380; permite a entrada de judeus, 455-6
Sukhinichi (Rússia), retomada pelos russos, 381
Sulejów (Polônia), bombardeada, 24
Sumatra (Índias Orientais Holandesas), morte em, 395
Sunday (codinome de Donald Darling), ajuda fugitivos, 371
Sundberg, Dolores, morre na mesa de operação, 59
Sundowner (iate particular), em Dunquerque, 122
Suner, Serano, encontra-se com Hitler, 197
Suomussalmi (Finlândia), batalha, 63, 65
Surcouf (submarino francês), morte de um marinheiro, 153
Süssman, tenente-general Wilhelm, morte de, 248
Suvorov, general Aleksandr, dá nome a uma ordem militar, 444
Sverdlovsk (Urais), evacuações para, 266, 283, 302
Swansea (País de Gales), bombardeada, 173
Świecie (Polônia), assassinatos, 43
Sydney (Austrália), ataque de submarinos japoneses, 422-3
Sydney (cruzador australiano), 273, 338
Sydney (Nova Escócia), comboios, 184, 305, 320
Sylt (Alemanha), bombardeada, 82
Sym, Igo, assassinado, 220
Szarkowszczyzna (leste da Polônia), assassinato de judeus, 442
Szczgiel e seu filho, assassinados, 65
Szczurowa (sul da Polônia), assassinato de ciganos, 435

T-34 (tanque russo), em ação, 313, 318-9, 337, 351, 356
T-4, programa de eutanásia alemão, 34, 150, 202, 301
Tabarka (Tunísia), ocupada por forças britânicas, 482
Taelvag (Noruega), resistência e represálias, 412

Taganrog (Rússia): chegada dos alemães, 321; evacuação dos alemães, 345
Tailândia (Sião): invasão japonesa, 356; "ferrovia da morte" e, 431, 442
taitianos, em Bir Hakeim, 251
Taiwan *ver* Formosa
Tallinn (Estônia), evacuação, 299
Tâmisa, estuário do (Inglaterra): comboios e, 28; mina magnética e, 56
Tanaka, coronel Hisakazu, ordens para não poupar a vida de ninguém, 361
Tanambogo (ilhas Salomão), desembarque, 448
Tankan, baía de (ilhas Curilas), e Pearl Harbour, 340
Tarakan, ilha de (Bornéu holandês): conquista completa, 372; desembarque japonês, 372
Tarana (embarcação britânica), resgate de prisioneiros de guerra, 461
Taranto (Itália), batalha naval, 193
Tarawa, atol de (ilhas Gilbert), desembarque japonês, 356
Tarnopol (Galícia Oriental): grupo de guerrilha, 268; assassinato de judeus, 275, 278; deportação de judeus, 399
Tarnów (Polônia), envio de poloneses para Auschwitz, 138
Tartu (Estônia): chegada dos alemães, 276; assassinato de judeus, 309
Tarusa (Rússia), ocupada, 322
Tasos (Grécia), ocupada pelos alemães, 236
Tass (agência de notícias soviética), e a Finlândia, 60
Tassafaronga (ilhas Salomão), batalha ao largo da costa, 488
Tate, agente duplo, 176
tchecos: presos, 29; enviados para a Alemanha para trabalhos forçados, 70; destroçados, 106
Tchecoslováquia: um agente da, 51; forças tchecas na Grã-Bretanha, 158, 173; missão clandestina, 366; deportação de judeus para a morte, 416
Tcheliábinsk (Sibéria): evacuações, 266; evacuações para, 302
Tcherbakov, general Vladímir, demitido, 308
Tcherbátseivitch, Volódia, guerrilheiro executado, 328
tchetniks, na Iugoslávia, 245, 332
Tchudovo (perto de Leningrado): bombardeada, 295; capturada, 297
Tchúikhov, comissário político, demitido, 308
Teleki, conde Pal, comete suicídio, 228
Tempelhof, aeroporto de (Berlim), bombas britânicas nos arredores, 169
Tenedos (contratorpedeiro britânico), afundado, 404
Teniers, pinturas saqueadas, 220
Tennant, capitão, em Dunquerque, 124
Teodósia (Crimeia): desembarque de tropas soviéticas, 365-6; assassinato de guerrilheiros russos, 380, 394
Terboven, Josef: na Noruega, 91, 179, 219; judeus e, 273; proclama estado de emergência em Oslo, 306
Terek, região de (Cáucaso), contra-ataque russo, 487
Terioki (Finlândia), entrada dos finlandeses, 301
Termópilas (Grécia): defesa Aliada, 235; tropas Aliadas forçadas a se retirar, 237
Terra Nova, 103, 293; ataque de submarino alemão, 446
Tessalônica (Grécia), 229; ocupação alemã, 230
TGD, chave de comunicação alemã ininterrupta, 451
Thanbyuzayat (Birmânia), e a "ferrovia da morte", 432
Theresienstadt (norte de Praga): campo de concentração e gueto, 346; judeus deportados para a morte, 425, 449, 475
Thielt (Bélgica), uma lacuna entre as tropas, 114
Thierack, Otto, e o destino de elementos "associais", 462
Thomsen, Hans, e o código Magia, 240
Thor (cruzador corsário alemão), sucesso, 228
Thümmel, Paul, uma fonte decisiva, 51, 168
Thyssen, Fritz, protesto de, 65
Tianjin (China), ação japonesa, 355
Ticiano, pinturas evacuadas, 274

Tiesenhausen, tenente von, afunda o encouraçado britânico *Barham*, 341
"Tigres Voadores", em ação, 362, 364
Tigris (submarino britânico), no norte da Rússia, 294
Tikhvin (perto de Leningrado): aproximação dos alemães, 330; ocupada pelos alemães, 332; ataque russo, 354; conquista russa, 356, 365
Tilsit (Alemanha), assassinato de judeus, 282
Time and Tide (revista de Londres), protesto, 80
Times, The (jornal de Londres): promessa judaica e, 27; assassinatos em massa na Polônia e, 425
Timor (Índias Orientais Holandesas), combates, 382
Timotchenko, general Semion: Finlândia e, 71; perigo alemão e, 216, 227, 255; iminência da guerra e, 259-60, 265; retirada soviética de Kiev e, 310; defesa de Stalingrado e, 437
Tio Sam, 379
Tipperary (Irlanda), um herói (Edward Fegen), 191
Tiro (Líbano), entrada de tropas britânicas em, 254
Tirol do Sul (Itália), futuro, 437
Tirpitz (encouraçado alemão): preparativos, 161; no Ártico, 396; ataque à sua doca seca, 401; no norte da Noruega, 436; um plano de ataque contra, 475
Titanic (transatlântico), 26, 122
Tito (Josip Broz): lidera forças de guerrilheiros comunistas na Iugoslávia, 244, 276, 310; chegada de emissários britânicos, 310; atacado por Draža Mihailovic, 332
Tiulenev, general Ivan, e a iminência da guerra, 260
Tjebia, ilha (ao largo de Sumatra), mortes, 395
Tjilatjap (Java), missão Aliada abortada, 392
Tłumacz (Galícia Oriental), judeus deportados para a morte, 405
TNT (trinitrotoluol) novo explosivo, adquirido pela Grã-Bretanha, 121
Tobruk (Líbia), 149, 154, 204-5; expulsão dos italianos, 209; tropas australianas sitiadas, 232, 235, 273, 297; a ser "aniquilada", 254; navio afundado em, 341; cerco alemão é rompido, 344; retirada de Rommel a oeste, 361; avanço de Rommel, 377; ataques de Rommel, 406; tomada por Rommel, 430; ataque malsucedido a, 461; navios de combustível de Rommel afundam, 473; Rommel forçado a abandonar, 482
"Toca do Lobo" ("Wolfsschanze"): quartel-general de Hitler na Prússia Oriental, 265; Hitler parte para o "Lobisomem", 440
Todt, dr. Fritz: sistema dos campos de trabalho e, 78, 83; reflexões de Hitler e, 321; avisos de, 345, 365; morto, 385; seu funeral, 388
Tōjō, general Hideki, chega ao poder em Tóquio, 320
Toombs, soldado Alfred, testemunha ocular de massacre, 117, 118
Topola (Iugoslávia), e uma ação de represália, 318
Tóquio (Japão): relatórios de inteligência chegam a Stálin, 76, 203, 219, 227, 241, 247, 274, 295, 320; um novo governo (julho de 1940), 158; exige informações sobre Pearl Harbour, 222; simulação de blecaute em, 325; ordem para atacar Pearl Harbour e, 330; envio de reforços de, 380; bombardeada, 408, 412, 416
Torres Flak, construção, 467
Toruń (Polônia), campo de concemtração, 38
Toulon (França): chegada de navios de guerra franceses, 153; planos alemães para controlar, 201, 487
Tournai (França), avanço alemão, 113
Tours (França): governo francês em, 135; desembarque de agente britânica em, 434
Tovey, almirante Sir John, e a destruição do *Bismarck*, 250
Trácia (uma província da Grécia), anexada pela Bulgária, 236
Transcaucásia (União Soviética), a ser usada como base alemã, 254
Transiberiana, ferrovia, e mercadorias soviéticas para a Alemanha, 240
Tratado Anglo-Soviético, assinatura, 420
Tratado de Fronteira e de Amizade Germano-Soviético (setembro de 1939), 40

Tratado de Versalhes, e a Polônia, 43
Treblinka (Polônia), campo de extermínio, 376, 399, 440, 444, 449, 454, 471-2, 479
Trentu (cruzador pesado italiano), afundado, 428
Trepper, Leopold, um dos espiões de Stálin, 206, 216, 307
Tresckow, major-general Henning von, 288
Tributs, almirante Vladímir: planos alemães e, 258, 259; evacuação de Tallinn e, 299
Trident (submarino britânico): no norte da Rússia, 294; torpedeou o *Priz Eugen*, 390
Trignano, viaduto ferroviário de (Itália), atacado, 214
Trincomalee (Ceilão), perdas navais, 404
Trinidad (cruzador britânico), 404, 417
Trinidad, submarinos alemães próximos a, 389
Trípoli (Líbia): reforços alemães para, 209, 214; Hitler insiste na retenção de, 212
Tripolitânia (Líbia), "deve ser assegurada", 205
Tromsø (Noruega): embarque do rei Haakon, 128; deportação de judeus de, 273
Trondheim (Noruega): planos Aliados para, 72, 77, 80, 85, 87, 89, 91, 93; planos de Hitler para, 262, 375; fuzilamento de judeus em, 273; plano de embuste, 445; missão de torpedos em, 475; fuzilamento em, 476
Trotobas, Michael, salta de paraquedas na França, 483
Trus, Kirill, guerrilheiro executado, 328
Truskolasy (Polônia), execução de poloneses em, 24
Tsimlianski (sul da Rússia), chegada dos alemães, 445
Tuapse (mar Negro), objetivo alemão, 464
Tubarão, chave Enigma utilizada pelos submarinos alemães, 490
Tube Alloys, pesquisa da bomba atômica, 316, 409, 446
Tuchola (Polônia), visita de Hitler, 27
Tuguegarao (Filipinas), capturada pelos japoneses, 359
Tula (Rússia): evacuações, 274; batalha em, 349; treinamento de paraquedistas, 471

Tulagi (ilhas Salomão): ataque japonês, 413; desembarque em, 448
Túmulo do Soldado Desconhecido (Paris), coroas de flores (1940), 194
Túnis (Tunísia), a ser mantida pelos alemães, 480; tratamento dos italianos aos judeus em, 491
Tunísia, luta pela, 480-2, 487, 489, 492, 494-5
Turek (Polônia), maus-tratos aos judeus em, 50
Turim (Itália): bombardeada, 132; morte de um piloto nos céus, 408
Turku (Finlândia), ataque repelido, 61
Turquia: proclama sua postura de "não beligerância", 148; planos de Hitler para o leste e, 190; mantém neutralidade, 224
Tyszelman, Szmul, executado, 294

U-110, capturado, 242
U-156, afunda o *Laconia*, 460
U-29, afunda porta-aviões *Courageous*, 32
U-30, e o *Athenia*, 24
U-32, forçado a emergir, 185
U-33, afundado, 76
U-331, afunda o *Barham*, 341
U-47: afunda o *Royal Oak*, 46; afundado, 220
U-559, afundado no delta do Nilo, 477
U-567, desaparecido sem deixar vestígios, 363
U-81, afunda o *Ark Royal*, 333
Ucrânia: planos alemães para, 168; evacuação das fábricas, 266; assassinato de judeus, 289; batalhas na, 306; estradas precárias, 365; guerrilheiros soviéticos na, 488
Udet, Ernst: insultado, 162; comete suicídio, 335
Ulex, general Wilhelm, protesto de, 73
Uljan, ilha de (Iugoslávia), ocupação italiana, 232
Ulster (Irlanda do Norte), chegada de tropas norte-americanas, 380
Uman (Ucrânia): visita de Hitler e Mussolini a, 300; assassinatos em massa de judeus, 309
Umanskii, Konstantin, 218; recebe alertas acerca das intenções alemãs, 222

"União Anglo-Francesa", proposta, 140
União Britânica de Fascistas, prisão dos líderes da, 108
União Soviética: Pacto Germano-Soviético e, 22, 32, 40, 45, 66, 75; Báltico e, 48, 195, 216; Finlândia e, 59, 61-2, 65, 68, 71-2, 75, 78; Japão e, 76; Lituânia e, 136; Romênia e, 148, 195; segredos atômicos e, 152, 447; cruzador corsário alemão *Komet* e, 155; planos alemães contra, 157, 159-60, 167, 171, 173, 188, 190, 195, 199, 202, 218, 226, 252, 254-5; invasão alemã, 264-80; ajuda britânica, 276, 404, 459; ajuda da inteligência britânica, 276, 437, 467; assina um pacto de assistência mútua com a Grã-Bretanha, 279; Irã (Pérsia) e, 298, 381; raides britânicos de chamariz em nome dos russos, 406; *ver também* Leningrado (Rússia); Moscou (Rússia); prisioneiros de guerra; Stálin, Ióssif; Stalingrado (Rússia)
"unidade especial", assassinato de pacientes mentais (em 1940), 108
Universidade de Moscou, heroísmo de Polina Gelman, 434
Upham, segundo-tenente Charles, coragem de, 248
Urais, montes, 243, 274-5, 282, 299; como a nova fronteira da Rússia, 309; transferência de fábricas para, 315, 321, 356
urânio, como fonte de potência explosiva, 38, 226, 281, 488
Ursel (Bélgica), uma brecha, 114
Urso, ilha do (oceano Ártico), comboios do Ártico e, 417
Uruguai, e o *Admiral Graf Spee*, 63
Usachi (Bielorrússia), assassinato de judeus em, 375
Ustaša, assassinatos em massa, 297
Užice (Iugoslávia), capturada por guerrilheiros de Tito, 310

V2, bomba-foguete alemã, bombardeio das instalações de montagem, 427
Valera, Éamon de, 380

Valetta, porto de (Malta): bombardeado, 206; entrada de um comboio, 487
Valiant (encouraçado britânico): chega ao Egito, 170; escolta tropas para Creta, 204; em ação ao largo de Matapão, 224; danificado em Creta, 248; seriamente danificado em Alexandria, 362
Valter, nome de Tito em Moscou, 244
Vampire (contratorpedeiro britânico), afundado, 404
Van Dyck, pinturas evacuadas, 274
Vandegrift, major-general Alexander A., e soldados japoneses em ação, 448
Vannes (França): ocupada, 143; operação clandestina em, 221
Varsóvia (Polônia): bombardeada, 23; batalha em, 30, 31-4, 36-7, 39, 41; Hitler em, 43; campos de trabalho próximos a, 49; detenções em, 54, 177; espancamentos, 54; execuções em, 61, 220, 472; destino dos judeus, 66, 79, 181, 208, 385; folhetos britânicos despejados em, 82; trabalhadores forçados de, 181; relatos de poloneses mortos, 203; poloneses ajudam os judeus em, 489
Varsóvia, gueto de (Polônia): criação, 181; cristãos mortos a tiros nas cercanias, 198; judeus fuzilados, 200, 335, 360, 422; deportação para, 208; fome, 241, 340, 385; sorrisos no, 265; Pearl Harbour e, 357; rumores otimistas, 416; "bom humor" após o bombardeio de Colônia, 422; deportações para Treblinka, 440-1, 444, 449
Vaticano: advertido, 94; faz advertências, 94
Velázquez, pinturas evacuadas, 274
Velij (Rússia), guerrilheiros na região, 398
Velikie Luki (Rússia): batalha em, 299; atuação de guerrilheiros, 398
Venev (arredores de Moscou): alemães atacados em, 337; alemães expulsam russos, 341; batalha nas imediações, 350
Venlo (Holanda), um rapto, 53
Verdun (França): "herói" de, 121; capturada pelos alemães, 139

Verkhne-Bakanskaia (Cáucaso), represálias, 488
Vermork (Noruega): a ser atacada, 410; paraquedistas nos arredores de, 484
Verona (Itália), tropas italianas partem para a Rússia, 267
Versalhes (França), entrada de tropas alemãs, 134
Versis, major de artilharia, comete suicídio, 236
Vertchóvski, Senitsa (prefeito de Kremenchuk), preso e morto a tiros, 313
Vespa, quebra de uma chave secreta da Luftwaffe, 370
Vian, capitão Philip, agraciado com a Ordem de Serviços Distintos, 73
Vianga (norte da Rússia), pilotos britânicos em ação na região, 308
Viázma (Rússia): atividade de guerrilha nas proximidades, 287; avanço alemão, 287; linha de defesa próxima a, 288; russos empurrados de volta a, 317; russos forçados a abandonar, 319; atuação da guerrilha próximo a, 322, 419; chegada de paraquedistas russos, 376
Vichy (França): governo de Pétain em, 151; Indochina francesa e, 153, 158, 286; exigências de Hitler para, 186; possível bombardeio britânico de, 187; Síria e, 190, 227, 253, 259; perde o Gabão, 194; plano de ocupação de Hitler, 201; força policial entrega um refugiado, 208; Madagascar e, 414; desembarques Aliados no Norte da África e, 444, 480; judeus e, 455; ocupação alemã, 481, 487
Victoria (estação de metrô de Londres), queda de avião, 174
Victoria Point (Birmânia), evacuada, 359
Victorious (porta-aviões britânico), em ação, 396
Viena (Áustria), 29; "missão" de Hitler e, 34; deportação de judeus, 48, 321, 342, 422; filho de Napoleão e, 146; Hitler em, 217, 223; futura construção das Torres Flak, 467;
Vigan (Filipinas), desembarque japonês, 357
Viipuri (Finlândia), atacada, 79
Villefranche (França), combate, 144
Vilnius (Polônia): assassinato de judeus, 275, 282, 287, 289, 301, 325, 326; judeus no gueto, 347; destino de um prisioneiro de guerra soviético e de uma judia, 363; judeus enlutados em, 369-70; judeus cogitam a resistência, 378; sabotagem e represálias, 425
Vincennes (cruzador pesado dos EUA), afundado, 448
Vingador do Povo (jornal da guerrilha), 383
Vinnitsa (Ucrânia): avanço alemão, 274; assassinato de judeus, 289, 309; quartel-general "Lobisomem" de Hitler, 440, 451, 457, 459, 466, 468-9
Vinogradov, general Aleksei, na Finlândia, 63, 65
Vístula, rio (Polônia), e a divisão germano-soviética da Polônia, 40
Vitebsk (Rússia), 268, 283; guerrilheiros soviéticos, 292, 398, 451; assassinato de judeus, 319, 362
Vitegra (norte da Rússia), agrupamento de reforços, 347
Vitória, rainha, 93
"Viva a Polônia!", grito durante uma execução, 53
Vizagapatam (Índia), bombardeada, 405
Vladivostok (Extremo Oriente da União Soviética): Japão e, 402; pouso forçado de um bombardeiro norte-americano, 416
Volga, rio (Rússia), 202; tropas soviéticas se deslocam para o oeste, 243; evacuação de crianças para, 271; deportações do, 305; evacuações de fábricas para, 315, 321; evacuação do governo soviético para, 320; "muralha oriental" proposta por Hitler e, 402; chegada das forças alemãs, 454, 458; contra-ataque no, 459; travessia de tropas siberianas, 464; transporte de soldados soviéticos através do, 471
Völkischer Beobachter, jornal do Partido Nazista (Berlim), o soldado russo e o desprezo pela morte e, 271
Volkovisk (Polônia), centro de decodificação de sinais, 257
Vologda (Rússia), linha férrea interrompida, 330
Volokolamsk (região de Moscou): chegada dos alemães, 328; ato de coragem em, 337; recapturada pelos russos, 359
Vólos (Grécia), navios afundados em, 219

Voltaire (cruzador mercante armado britânico), afundado, 228
Vomécourt, Pierre de, salta de paraquedas na França, 242
Vorochílov, marechal Kliment, 73, 202, 265, 274
Vorónej (Rússia): alvo alemão, 402; capturada, 436; linha de defesa alemã, 438

Wagner, general Eduard: "guerra de guerrilha" e, 26; "intenção" de Hitler e, 28; sentença de morte e, 29; Batalha de Moscou e, 317, 328
Wainwright, tenente-general Jonathan M.: em Corregidor, 406; se rende, 414
Wake (canhoneira dos EUA), se rende, 355
Wake, ilha (Pacífico): a ser reforçada, 343; bombardeada, 353; defendida, 358; invadida, 364; atacada em retaliação, 389
Wakefield (contratorpedeiro britânico), afundado, 120
Waldau, general Hoffman von: êxitos alemães na Rússia e, 289; "verdadeira provação", 306; "A chuva e a neve derreteram nossos sonhos mais delirantes", 321
Waldheim, tenente Kurt: na Rússia, 296; na Iugoslávia, 435
Walmer Castle (navio mercante britânico), afundado, 311
Wandsworth, prisão de (Londres), execução de um espião, 417
Wannsee (Berlim), discussão sobre a "solução final", 376
Warburton-Lee, capitão Bernard Armitage, morto em ação, 88
Warlimont, coronel Walther, e os planos alemães contra a Rússia, 159, 163, 200
Warspite (encouraçado britânico), em ação, 155
Warthegau, expulsão dos poloneses, 54, 66; um protesto, 55
Washington, D.C.: sucessos dos britânicos em, 101, 121, 158; transmissão radiofônica em, 131; encontro de autoridades anglo-americanas, 210; Lei de Empréstimos e Arrendamentos e, 213; espionagem alemã e, 217; interceptação de mensagens japonesas e, 312, 325, 348, 351; bomba atômica e, 351; presença de Churchill durante a queda de Tobruk, 430
Waskiewicz, piloto Mieczysław, morto em combate, 234
Wasp (porta-aviões norte-americano CV-7): transporta aviões para Malta, 409; segunda incursão no Mediterrâneo, 410; afundado no Pacífico, 461
Waterhen (navio de guerra australiano), afundado, 273
Waters, soldado raso Harold, executado, 458
Watt, Harry, *Alvo para esta noite*, 284
Wavell, general Sir Archibald, retirada de Java, 391
Waverley (navio a vapor com propulsão de roda de pás convertido em caça-minas), afundado, 119
Wawer (Polônia), represálias, 65
Wealdstone (arredores de Londres), falsa sabotagem, 332
Węcłaś, Stanisław, condenado à morte, 246
Wedemeyer, major Alfred C., e o futuro da Rússia, 307
Weiss, Ernst, comete suicídio, 138
Weizmann, Chaim, oferece os serviços dos judeus às democracias, 27
Weizsäcker, barão Ernst von, e o estado de ânimo de Hitler, 308
Wejherowo (Polônia), execução de poloneses, 53
Welles, Sumner: busca uma fórmula de paz, 80; adverte a Rússia acerca das intenções alemãs, 218, 222
Wells, tenente, e a Operação XD, 104
Welshman (navio lança-minas britânico), chega a Malta, 415
Wencel, Stanisław, condenado à morte, 246
Wenzel, Johann, agente soviético capturado, 428
Werra, Franz von: fuga, 210; visita Hitler, 232
Werth, Alexander, em Moscou, 284
Werzel, juiz Alfred, e o uso de caminhões de gás para matar judeus, 326
Weserübung, Operação contra a Escandinávia, 78

Wessex (contratorpedeiro britânico), afundado, 78

Westerbork (Holanda), deportação de judeus para Auschwitz, 400, 491

Western Prince (navio mercante britânico), leva armas para a Grã-Bretanha, 152

Wetzel, Eberhard, sobre poloneses e judeus, 55

Weygand, general Maxime: plano de, 108, 110, 112; apelo de, 127; desejo de rendição, 131; queda de Paris e, 134; pede armistício, 135

Wheless, capitão Hewitt T., coragem de, 359

Whitehall (Londres): a ser defendida, 106; chegada dos serviços de inteligência, 108

Whitmarsh, aviador Reginald, morto em seu primeiro voo noturno solo, 77

Wiart, general Carton de, impedido de desembarcar pela artilharia alemã, 89

Wickstrom, Rolf, executado, 306

Wiegand, Karl von, entrevista com Hitler, 135

Wieruszów (Polônia), assassinato de judeus, 24

Wijsmuller, Geertruida, ajuda a salvar crianças, 103

Wilhelmshaven (Alemanha), bombardeada, 26

Williams, Gwilym, agente duplo, 40

Wilson, general sir Henry Maitland, e a Legião Árabe, 245

Winant, Gilbert, testemunha a Blitz, 233

Włocławek (Polônia), "ação judaica" em, 36

Wola Przybysławska (Polônia), poloneses executados por ajudarem judeus, 489

Wolff, general da ss Karl: experimentos médicos e, 60; testemunha ocular de assassinatos em massa, 291; deportações de judeus de Varsóvia para Treblinka, 450

Wormhout (França), massacre em, 117-8

Wotje (ilhas Marshall), ataques aéreos norte-americanos, 382

Woyrsch, general da ss Udo von, 24, 35

Würzburg (Alemanha): professor da universidade local e a eutanásia, 34; deportação de judeus para a morte, 399

Yamamoto, almirante Isoroku, e Pearl Harbour, 194

Yarra (corveta australiana), afundada, 391

Yokohama (Japão), bombardeada, 408

Yokosuka (Japão), bombardeada, 408

York (cruzador britânico), danificado, 223

York (Inglaterra), bombardeada, 410

York, cabo (Austrália), japoneses a 1300 quilômetros do, 405

Yorktown (porta-aviões dos EUA), afundado, 423

Young, Sir Mark, rejeita a rendição, 361

Ypres (Bélgica), batalha, 111

Zagare (Lituânia), assassinato de judeus, 316

Zagorsk (Rússia), reunião de reforços, 344

Zagreb (Iugoslávia): entrada de tropas alemãs, 232; partida de Tito, 244; demolição da sinagoga, 369; protestos, 395

Zakrzewski, professor, executado, 220

Zamkowy, Samuel, morto em ação de represália, 55

Zamość (Polônia), envio de judeus para a morte, 407

Zaporíjia (Ucrânia), destruição de barragem, 299

Zara (Itália), marcha de tropas italianas, 230

Zasavica (Iugoslávia), assassinato de judeus e ciganos, 318

Zborów (Galícia Oriental), assassinato de judeus, 275

Zdzięcioł (Bielorrússia), assassinato de judeus, 449

Zeebrugge (Bélgica), ataque a, 112

Zeeland (Holanda), resistência holandesa, 99

Zehbe, Robert, fuga, 174

Zeitzler, general Kurt: e a guerra na Rússia, 464; insiste em retirada, 494

Zemun (Iugoslávia), "marcha da morte" para, 380

Zgierz (Polônia), execução em, 399

Ziffer, Adolf, judeu deportado para Auschwitz, 434

Zolochev (Galícia Oriental), assassinato de judeus, 278

Zona de Segurança Pan-Americana, operação dos alemães, 356

Zoppot (Danzig), presença de Hitler, 34

Zossen (Alemanha), planos em, 77

Zulu (contratorpedeiro britânico), afundado, 461
Zvietkovo (arredores de Moscou), batalha, 347
Zwaluw (barco de pesca belga), em Dunquerque, 120

Zweibrücken (Alemanha), ação em, 28
Żychlin (Polônia), assassinato de judeus, 392
Zyklon-B, e assassinatos em massa, 291

ESTA OBRA FOI COMPOSTA PELA ABREU'S SYSTEM EM INES LIGHT
E IMPRESSA EM OFSETE PELA GEOGRÁFICA SOBRE PAPEL PÓLEN NATURAL
DA SUZANO S.A. PARA A EDITORA SCHWARCZ EM JUNHO DE 2023

A marca FSC® é a garantia de que a madeira utilizada na fabricação do papel deste livro provém de florestas que foram gerenciadas de maneira ambientalmente correta, socialmente justa e economicamente viável, além de outras fontes de origem controlada.